国家出版基金项目
NATIONAL PUBLICATION FOUNDATION

国家社科基金重大项目成果

"十三五"国家重点图书出版规划项目

中国老学通史

刘固盛 主编

刘玲娣 著

魏晋南北朝隋唐卷

海峡出版发行集团
THE STRAITS PUBLISHING & DISTRIBUTING GROUP

福建人民出版社
FUJIAN PEOPLE'S PUBLISHING HOUSE

图书在版编目（CIP）数据

中国老学通史．魏晋南北朝隋唐卷／刘固盛主编；刘玲娣著．――福州：福建人民出版社，2023.9
ISBN 978-7-211-08980-2

Ⅰ.①中… Ⅱ.①刘… ②刘… Ⅲ.①老子－哲学思想－研究－中国－魏晋南北朝时代②老子－哲学思想－研究－中国－隋唐时代 Ⅳ.①B223.15

中国国家版本馆 CIP 数据核字（2023）第 021675 号

中国老学通史·魏晋南北朝隋唐卷
ZHONGGUO LAOXUE TONGSHI · WEIJIN NANBEICHAO SUITANG JUAN

作　　者：刘固盛　主编　刘玲娣　著
责任编辑：郑翠云
责任校对：林乔楠
出版发行：福建人民出版社　　　　　　电　　话：0591-87533169（发行部）
网　　址：http://www.fjpph.com　　　电子邮箱：fjpph7211@126.com
地　　址：福州市东水路 76 号　　　　邮政编码：350001
经　　销：福建新华发行（集团）有限责任公司
印　　刷：恒美印务（广州）有限公司
地　　址：广州市南沙区环市大道南 334 号
开　　本：710 毫米×1000 毫米　　1/16
印　　张：42
字　　数：603 千字
版　　次：2023 年 9 月第 1 版　　　　2023 年 9 月第 1 次印刷
书　　号：ISBN 978-7-211-08980-2
定　　价：138.00 元

目　录

第一章　魏晋南北朝隋唐时期的
思想文化背景

　　如果我们要对魏晋隋唐的思想文化背景进行概括的话，那么没有比儒释道三教的冲突与融摄更恰当的用语了。"三教"作为一个概念，在魏晋南北朝时期就已经出现，隋唐以降则频见于史籍，一直沿用至今。这一概念的出现，本身就反映了儒释道三教长期共处一个历史大舞台的事实，这就好比汉代"黄"、"老"连称"黄老"体现了黄帝之学和老子之学的结合一样。陈寅恪早在20世纪30年代就指出："南北朝时，即有儒释道三教之目，至李唐之世，遂成固定之制度。如国家有庆典，则召集三教之学士，讲论于殿廷，是其一例。故自晋至今，言中国之思想，可以儒释道三教代表之。此虽通俗之谈，然稽之旧时之事实，验以今世之人情，则三教之说，要为不易之论。"① 因此，将魏晋隋唐时期的思想和学术置于儒释道三教的冲突与融摄的历史坐标中去考察，不失为一种合情合理的方法。

　　589年，隋文帝杨坚灭掉陈朝，结束了东汉末年以来长达四个世纪的分裂动荡局面。然而隋朝的统一仅仅是昙花一现，不到四十年就轰然坍塌。李渊、李世民在隋末农民起义的废墟上重建了大一统帝国，中国历史进入"盛唐"时期。隋唐两朝的统治者在天下略定，政局一统后，即用心文教，大兴儒学教育。唐太宗时，气象初成，"四方秀艾，挟策负素，坌集京师，文治焕然勃兴"。史臣总结唐朝历代统治，以为"武为救世砭剂，文其膏粱欤！乱已定，必以

---

① 陈寅恪：《冯友兰中国哲学史下册审查报告》，见陈寅恪：《陈寅恪集·金明馆丛稿二编》，生活·读书·新知三联书店2001年版，第283页。

文治之","武创业，文守成，百世不易之道也"。①

经过魏晋南北朝长达四个世纪的不断积累，隋唐之际释道二教不仅拥有成熟的宗教组织和经教体系，它们宣扬的宗教观念也早已深入人心，并渗透到各种社会习俗之中，虔心追随的信众更是遍及大江南北。像敦煌这种边陲之地也出现了香火缭绕的景象，大量敦煌遗书反映了敦煌与中原文化的密切联系。在这样的背景下，尽管六朝以来的儒释道三教相争局面依然存在，但是由于统治阶级在国家政治一统的任务完成后再次确立了儒家思想的正统地位，唐太宗时期儒家经学也再度实现了南北统一，三教之争遂在儒家作为官方意识的权威地位趋于稳固的前提下，逐步蜕化为佛道之间的论争。

隋唐时期，大多数统治者承认佛道二教与儒学一样，有教化百姓的社会功能，三教之间存在互补关系，因而普遍实行开放和包容的三教并用政策。在这一政策主导之下，佛道二教的地位或许有彼先此后的变化，但已无关三教在更为宽松和开放的氛围内互融互摄的整体格局。三教融合的脚步进一步加快，其深度和广度都超越了前代。

总之，魏晋隋唐时期儒释道三教关系的发展和变迁以及三教地位的消长变化，不仅构成了自汉代佛教传入中土以来中国思想文化和学术发展的重要内容，也在一定程度上塑造了华夏民族文化的特点，决定了其发展的走向和趋势。与此同时，随着隋唐时期对外交通的极大拓展，隋唐制度和文化开始在世界范围内产生广泛而深远的影响。儒释道三教文化也以各种形式远播海外，渗透到所到之地的文化传统之中，中国周边地区特别东亚地区尤其受其影响。正如《剑桥中国隋唐史》所说："也许更重要的是，它们建立了由若干独立国家组成的隔离地带，中国的文化、思想体系、文学、艺术、法律和政治制度和使用的文字在这些国家中处于支配地位。"②

---

① 欧阳修等：《新唐书》卷一百九十八《儒学上》，中华书局 1975 年版，第 5636、5637 页。

② （英）崔瑞德编，中国社会科学历史研究所西方汉学研究课题组译：《剑桥中国隋唐史（589—906 年）》，中国社会科学出版社 1990 年版，第 7 页。

第一节　玄学兴起与儒学的调整

中国思想学术于汉魏之际发生巨变，其源头自然可追溯至汉末，但其实质性变化却发生于曹魏正始前后，其突出表现则是玄学作为一种新思潮和新学风的崛起。可以说，玄学既是特定时代的产物，也是汉代思想学术自身内在逻辑发展的必然结果。照汤用彤的说法，正始玄学之所以是中国思想学术上的一大变化，是由于玄学"已不复拘拘于宇宙运行之外用，进而论天地万物之本体。汉代寓天道于物理。魏晋黜天道而究本体，以寡御众，而归于玄极……于是脱离汉代宇宙之论（Cosmology or Cosmogony）而流连于存存本本之真（ontology or theory of being）"[①]。而这一根本性转变的发生及其在魏晋时期的变迁，可以说是儒释道三教之间不断碰撞、交融和相互启发的结果。

一、玄学的兴起与发展

自汤用彤开始，学界普遍称魏晋思想为"魏晋玄学"，虽然这是以特殊表示整体，但"魏晋玄学"的确是这一时期的核心思想和文化，这已是公认的事实。围绕这一核心，魏晋时期的儒学、佛教、道家和道教等社会文化的方方面面无不卷入其中，它们相互激荡，相互启迪，相互促进，相辅相成，在前所未有的历史性碰撞中，不断焕发出新的活力。

作为魏晋时期的重要时代思潮，玄学反过来也从不同层面反映了时代特点和历史变迁。从学理上看，玄学是由汉末清议发展而来的清谈的产物，以刘劭《人物志》为代表的鉴识人物的风气实为正

[①] 汤用彤：《魏晋玄学流别略论》，见汤用彤：《魏晋玄学论稿》，上海古籍出版社2001年版，第43—44页。

始玄学的温床；从学术渊源上看，正始玄学的中坚、玄学发展史上的里程碑——王弼之学是汉末荆州之学的余绪；从学术发展的脉络看，玄学是对汉代僵化繁琐的儒家章句之学的反动；从时代背景看，玄学是魏晋"天下多故，名士少有全者"时势逼迫下士人的无奈选择，是士人从安身立命这一精神需要出发，从有无本末之辨入手，对名教与自然关系这一时代课题的新回应；而从儒释道三教关系看，玄学首先是融道入儒的产物，后来则出现汇玄入佛的思潮。

玄学的兴起，与汉魏之际的政治环境、社会风气、文化氛围和学术发展等都有着密切的关系。儒家学说重视纲常伦理和礼乐教化，以宗法血缘关系为基础，以亲亲尊尊为原则，别贵贱、辨亲疏，致力于上下有序、尊卑分明的社会等级秩序的建立，具有很强的社会治理功能。司马谈《论六家之要指》已经指出儒家的特点是"若夫列君臣父子之礼，序夫妇长幼之别，虽百家弗能易也"①。班固服膺儒学，他在《汉书·艺文志》中对儒家的社会整合功能说得十分透彻："儒家者流，盖出于司徒之官。助人君顺阴阳明教化者也。游文于六经之中，留意于仁义之际。祖述尧舜，宪章文武，宗师仲尼，以重其言，于道最为高。孔子曰：'如有所誉，其有所试。'唐虞之隆，殷周之盛，仲尼之业，已试之效者也。"②汉初社会凋敝，物质匮乏，百废待兴，朝廷重黄老，倡无为，休养生息。至汉武帝时，社会彻底复苏，国家积累了大量财富，汉武帝遂以解决匈奴扰边为契机，变黄老无为为进取有为，同时在意识形态上独尊儒术，表彰六经。汉武帝在下令举贤良文学的诏书中所说，颇能体现历代进取之君的心态："朕获承至尊休德，传之亡穷，而施之罔极，任大而守重，是以夙夜不皇康宁，永惟万事之统，犹惧有阙。故广延四方之豪俊，郡国诸侯公选贤良修洁博习之士，欲闻大道之要，至论之极。今子大夫褒然为举首，朕甚嘉之。子大夫其精心致思，朕垂听而问焉。"③ 他

① 班固：《汉书》卷六十二《司马迁传》，中华书局1962年版，第2712页。
② 班固：《汉书》卷三十《艺文志》，第1728页。
③ 班固：《汉书》卷五十六《董仲舒传》，第2495页。

统治时期，首置五经博士，发展学校教育，积极推广儒学，儒家经学由此大兴。儒学不仅在很大程度上塑造了汉代政治的品格，还借助汉代政治获得了全新的生命力，"孔子继承远古所提出的仁学结构，主要便是通过汉代一系列的行政规定如尊儒学、倡孝道、重宗法，同时也通过以董仲舒儒学为代表的'天人感应'的宇宙图式，才真正具体地落实下来"①。

汉宣帝甘露三年（前 51），召诸儒于石渠阁"讲议五经同异"，确定了儒家经典文本及其解释权的官方权威；东汉章帝建初四年（79），仿孝宣甘露石渠故事，召诸王诸儒于北宫白虎观，汉章帝亲自称制临决。这次会议继承西汉甘露会议传统，以当时流行的今文经学为基础，规定以《白虎议奏》"永为世则"，再次确定了儒家经典的官方解释权，儒家经学由此进入鼎盛时期。

然而，正如董仲舒《春秋繁露》所说，"圣人所欲说，在于说仁义而理之"，"不然，传于众辞，观于众物，说不急之言而以惑后进者，君子之所甚恶也"。秦以后儒学之失，失在穿凿不实。司马谈《论六家之要指》已经指出儒家的弊端是"博而寡要，劳而少功"。先秦儒者本以六艺为法，传至汉代，"六艺经传以千万数，累世不能通其学，当年不能究其礼"，太史公父子的这一批评针对的正是汉初儒学。② 孔子博文约礼以为教，《论语》所载孔门师生对话简练直接，并不玄奥。孔子卒后，弟子分散，中经秦火，典籍残损不全。汉代重振儒学，学者虽宗承孔子，阐幽发微，但牵合勉强者不免多有。"自武帝以后，崇尚儒学，怀经协术，所在务会，至有石渠分争之论，党同伐异之说，守文之徒，盛于时矣"③。到东汉前期，经学流

---

① 李泽厚：《秦汉思想简议》，见李泽厚：《新版中国古代思想史论》，天津社会科学院出版社 2008 年版，第 139—140 页。

② 这段话可能是司马迁借用晏婴之语对其父所说"博而寡要，劳而少功"的解释。《史记》卷四十七《孔子世家》记载，孔子适齐，齐景公问政于孔子，心有所许，欲以尼溪田封孔子，而晏婴不同意，他对齐景公说："今孔子盛容饰，繁登降之礼、趋详之节，累世不能殚其学，当年不能究其礼。"但是晏婴所言，针对的是儒家的繁琐礼节而不是经传之学。

③ 范晔：《后汉书》卷六十七《党锢列传》，中华书局 1965 年版，第 2185—2186 页。

弊重重，班固在《汉书·艺文志》中批评汉儒之弊说："然惑者既失精微，而辟者又随时抑扬，违离道本，苟以哗众取宠，后进循之，是以五经乖析，儒学寖衰，此辟儒之患。"又说："后世经传既已乖离，博学者又不思多闻阙疑之义，而务碎义逃难，便辞巧说，破坏形体，说五字之文，至于二三万言，后进弥以驰逐，故幼童而守一艺，白首而后能言。安其所习，毁所不见，终以自蔽，此学者大患也。"

西汉后期，儒家经学和谶纬神学相结合，为经学的最终不振埋下了伏笔。《后汉书》卷三十五《郑玄传》记载郑玄论说东汉经学的情况："及东京，学者亦各名家，而守文之徒，滞固所禀，异端纷纭，互相诡激，遂令经有数家，家有数说，章句多者或乃百余万言。学徒劳而少功，后生疑而莫正。"徐幹《中论·治学》说得更直白："凡学者，大义为先，物名为后，大义举而物名从之。然鄙儒之博学也，务于物名，详于器械，矜[考]于诂训，摘其章句，而不能统其大义之所极，以获先王之心。此无异乎女史诵诗、内竖传令也。故使学者劳思虑而不知道，费日月而无成功，故君子必择师焉。"班固和徐幹均为东汉人，而其所讥实为汉代经学盛极而衰的表现。

玄学兴起的另一个重要原因是两汉之际政治环境的恶化。东汉末年发生的两次党锢之祸，使大批名士遭到政治暴力的摧残与压迫。为了避祸远害，一些士人开始拒绝与当权者合作。汉末以评论朝廷政治和人物优劣为主要内容的清议，一变而为讨论抽象玄理、无关实事的清谈。唐长孺论魏晋学术说："从王弼以后清谈重心集中于有无、本末之辩，具体的人物批评不被重视，于是清谈与清议从互通变为不同的意义。可是清谈家实在并非完全不谈人物……只是不再以儒家的道德标准衡量，亦不具体指出其行为而已。这种批评当然和汉代的清议有所区别，然而在渊源上仍然是清议的演变。"① 谈什么，不谈什么，以什么作为谈论的标准，反映的正是时代巨变中的思想分裂。

---

① 唐长孺：《清议与清谈》，见唐长孺：《魏晋南北朝史论丛》，商务印书馆 2017 年版，第 292 页。

　　魏晋玄学最初是从探讨《老》、《庄》、《易》所谓"三玄"之书的义理开始的。尽管玄谈的主要内容是本末、有无、体用等抽象问题，但是这些抽象问题所指向的现实关怀却非常明确。可以说，玄学家们大致是以老庄自然为体，以儒家名教为用，试图从自然与名教关系的反复辩论中，开辟出一条能够心安理得的安身立命之道。

　　如果从清谈在玄学发展中所扮演的角色来看，魏晋两朝的清谈可以分为前后两期，即魏末西晋为前期，东晋一朝为后期。前期清谈"为当日政治上的实际问题，与其时士大夫的出处进退关系至为密切。换言之，此时期的清谈，是士大夫藉以表示本人态度及辩护自身立场的东西"；后期的清谈，"只为口中或纸上的玄言，已失去政治上的实际性质，仅只作为名实身份的装饰品"。① 名教与自然关系的问题之所以成为清谈的核心问题，在东晋以前，有其政治上的实际目的和功用，并非完全是脱离社会现实的空谈。但是降至东晋，由于清谈在整体上越来越流于形式，戏剧性、表演性大于实质性内容，玄学也就丧失了其自身作用于社会的积极性，开始走向了自己的反面。

　　如果从玄学对名教与自然关系问题的不同回答来看，魏晋玄学或者说魏晋思想史一般可以划分为四个阶段：正始时期、元康时期、永嘉时期和东晋时期。曹魏齐王曹芳正始年间，名教与自然问题正式凸显，何晏、王弼是这一时期的核心人物，这是魏晋玄学的初始阶段。其次是名教与自然问题发生正面冲突的元康时期，又称竹林七贤时期，以七贤之一嵇康被司马氏杀害为终点。再次是名教与自然的调和阶段，其理论表现除了晋惠帝时期向秀、郭象的《庄子注》，还有同一时期裴頠反对何、王贵无说的《崇有论》。最后一个阶段是东晋时期，主要表现是玄、佛合流。

　　以上阶段性发展中，三玄中的易、老先盛，庄学后起。到东晋时期，玄、佛合流，佛学最盛。这四个时期的玄学家代表，从正始时期的何晏、王弼，到元康时期的嵇康、阮籍，再到永嘉时期的向

① 陈寅恪：《清谈误国》，见万绳楠整理：《陈寅恪魏晋南北朝史讲演录》，黄山书社 2000 年版，第 44—45 页。

秀、郭象，他们都必须面对有无、本末以及自然与名教之关系等时代课题，但他们回应这一时代课题的答案却千变万化，这就决定了魏晋玄学新意迭出、流派纷呈的基本面貌。

以何晏、王弼为核心人物的正始玄学以贵无为其思想特征，在名教与自然的关系上，主张名教出于自然。《晋书》卷四十三《王衍传》记载："魏正始中，何晏、王弼等祖述《老》、《庄》，立论以为'天地万物皆以无为本。无也者，开物成务，无往不存者也。阴阳恃以化生，万物恃以成形，贤者恃以成德，不肖恃以免身。故无之为用，无爵而贵矣。'衍甚重之。"何晏、王弼不仅谈《老》注《老》，于《周易》、《论语》等儒道经典均有精深研究，翩翩少年即为一时玄谈领袖。何、王二人中，以王弼才华和成就更为卓越，他是魏晋玄学的里程碑式人物，在短暂的二十四年的生命里，留下了《老子注》、《老子微旨例略》、《周易注》、《论语释疑》等传世之作。

关于王弼的学问渊源，钱大昕说："自古以经训颛门者，列于儒林。若辅嗣之《易》，平叔之《论语》，当时重之，更数千载而不废。方之汉儒，即或有间；魏晋说经之家，未能或之先也。"[1] 认为王弼、何晏注《周易》、释《论语》，属于"以经训颛门者"，当入"儒林"。汤用彤在谈到玄学的渊源时，也有如下论说："世人多以为玄学之兴源自老学、庄学之突盛，而忘忽玄学实亦儒学之蜕变。王弼解《老》固精，苦心独创处甚多，而其注《易》释《论语》更称绝伦。"[2] 而王弼注《易》之创新，实际上也是渊源有自，"远承今古学之争，而近续荆州章句之'后定'"[3]。表面上看，玄谈重《老子》、《庄子》，谈虚论无，谈玄论道，是道家思想的复兴，实质上玄学家所有言论

① 钱大昕：《潜研堂文集》，上海古籍出版社1989年版，第29—30页。
② 汤一介、孙尚扬：《〈魏晋玄学论稿〉导读》，见《魏晋玄学论稿》，第6页。
③ 《三国志》卷六《刘表传》裴注引《英雄记》曰："州界群寇既尽，（刘）表乃开立学官，博求儒士，使綦毋闿、宋忠等撰《五经章句》，谓之《后定》。"荆州宋氏经学与郑玄经学不同，大开喜张异义、轻视章句的学风，而王弼承父祖家学，与宋氏及荆州之学有着极深的渊源。参见汤一介、孙尚扬：《〈魏晋玄学论稿〉导读》，见《魏晋玄学论稿》，第6页。

指向的根本目标，不外乎为合乎自然的儒家名教寻找理论根据，本质上与儒家经学有着血肉相连的密切关系。如果我们将魏晋玄学置于经学史的历史脉络之中去认识，那么魏晋可以说是经学的"中变"时期。①

正始末年，玄谈领袖何晏被杀，王弼病逝，标志着"正始之音"的结束。紧接着登台的是以竹林七贤为代表的一些清流，他们大约活动于曹魏齐王曹芳嘉平初年至魏元帝曹奂景元年间，这一时期是曹魏与司马氏两大集团的斗争进入白热化的阶段。高平陵事变后，司马氏手握大权，对异己分子大开杀戒，名士多感朝不保夕，内心愤懑而无奈。《晋书·阮籍传》说的"名士少有全者"，主要就是针对这一时期而言。

据《世说新语·任诞》记载，竹林七贤是指"常集于竹林之下，肆意酣畅"的七位名士——阮籍、嵇康、山涛、刘伶、阮咸、向秀和王戎，其领袖和核心是嵇康和阮籍。②"七贤"是当时人对他们的称呼，内含褒扬、称赞和推崇意味。后世所称"魏晋风度"，主要就是指七贤身上表现出来的才华、性情、气质等风貌。在自然与名教的关系问题上，他们态度更为激进，主张"越名教而任自然"。阮籍借《大人先生传》塑造的理想人物"大人先生"之口，抨击"世俗"社会的"君子"，"汝君子之礼法，诚天下残贼、乱危、死亡之术耳，而乃目以为美行不易之道，不亦过乎？"这是典型的竹林士人口吻。

以《庄子注》留名史册的西晋士人郭象，才情超绝，人称"王弼之亚"。流传至今的《庄子注》，虽然留下了郭象是否剽窃向秀的

---

① 周予同著，朱维铮编校：《中国经学史讲义》（外二种），上海人民出版社 2012 年版，第 37 页。周予同认为王弼和何晏二人与儒家经学关系密切，其文化底子来自古文经学，而其思想内容超越了今文经学。他认为魏晋经学只是经学的"中变"时期，而不是晚清经学家皮锡瑞《经学通论》中说的"中衰"时期。

② 关于竹林七贤的由来，陈寅恪认为先有七贤，后有竹林，"七贤"之名出自《论语·宪问》的"作者七人"："子曰：'贤者辟世，其次辟地，其次辟色，其次辟言。'子曰：'作者七人矣。'""竹林"则源于印度佛典中的"竹林精舍"，是佛经中译使用格义方法的结果。参见陈寅恪：《清谈误国》，见《陈寅恪魏晋南北朝史讲演录》，第 48—49 页。

千古公案，但这并不影响《庄子注》本身的超拔卓绝。作为西晋玄学思想的代表作，《庄子注》反对王弼等人主张的"有生于无"的贵无说，反对将"无"作为世界的根源，提出了"无既无矣，则不能生有"、"造物者无主，物各自造"、"物之生也，莫不块然自生"的自生自化的独化说。有无关系是作为名教与自然关系的逻辑前提而存在的，所以"郭象注《庄子》是讲政治学说，至于其讲形上学（Metaphysics）乃欲完成其政治学说也"①。嵇康、阮籍等人将名教与自然对立起来，以超越名教、独任自然为追求，最终却流于放达悖礼，使自然成为纵欲的借口，郭象力图纠正这种风气。他主张"任自然"，即"师夫天然而去其过分"，只有不"过分"，才能"大道至"。这里的"分"，指的是"性分"。从郭象《庄子注》对"性"、"分"和"性分"的论述，如"夫仁义者，人之性也"、"夫仁义自是人之情性"等来看，"性分"实质上是指儒家名教。可见郭象所代表的西晋玄学，以肯定名教就是自然为前提，摒弃了竹林时期的过激言行，避免了将名教与自然断为两截，最终在理论上实现了儒道归一。

西晋玄学的另一代表人物是主张崇有论的裴頠，他与郭象一样，都反对贵无说，不满当时因贵无（自然）而弃有（名教），公开违背传统礼法的社会风气。据《晋书》本传记载，晋惠帝时，裴頠"深患时俗放荡，不尊儒术，何晏、阮籍素有高名于世，口谈浮虚，不遵礼法，尸禄耽宠，仕不事事；至王衍之徒，声誉太盛，位高势重，不以物务自婴，遂相放效，风教陵迟，乃著崇有之论以释其蔽"。裴頠《崇有论》批判持贵无论的学者是"察夫偏质有弊，而睹简损之善，遂阐贵无之议，而建贱有之论"，其逻辑结果是，"贱有则必外形，外形则必遗制，遗制则必忽防，忽防则必忘礼"，由贵无而至忘礼，忘礼则动摇了为政的根基，"礼制弗存，则无以为政矣"。裴頠注意到，当时并不是没有人不满贵无说，但是那些反对者"辞不获济，屈于所狃"，无法在语言文辞上驳倒对方，不得不附和贵无之

---

① 汤用彤：《崇有之学与向郭学说》，见《魏晋玄学论稿》，第178页。

说，"因谓虚无之理，诚不可盖。唱而有和，多往弗反"，结果就是贵无之说大盛。在他看来，贵无派对《老子》"有生于无"的理解完全是错误的，因为他们没有领会老子著"贵无之文"的真正目的是"全有"："宜其以无为辞，而旨在全有……若谓至理信以无为宗，则偏而害当矣。"裴頠的以无全有之论很高明，据说当时玄谈领袖王衍攻难交至，都不能驳倒他。

随着晋室东迁，衣冠南渡，玄风随之南移，批评贵无说的声音越来越多，东晋初年范宁的观点颇有代表性，他认为士风"浮虚相扇，儒雅日替"的源头是王弼、何晏的贵无说，二人之罪深于桀纣，因而著文称："王、何蔑弃典文，不遵礼度，游辞浮说，波荡后生，饰华言以翳实，骋繁文以惑世。搢绅之徒，翻然改辙，洙泗之风，缅焉将坠。遂令仁义幽沦，儒雅蒙尘，礼坏乐崩，中原倾覆。古之所谓言伪而辩、行僻而坚者，其斯人之徒欤！……桀纣暴虐，正足以灭身覆国，为后世鉴戒耳，岂能回百姓之视听哉！王、何叨海内之浮誉，资膏粱之傲诞，画螭魅以为巧，扇无检以为俗。郑声之乱乐，利口之覆邦，信矣哉！吾固以为一世之祸轻，历代之罪重，自丧之衅小，迷众之愆大也。"[①] 后人评价魏晋玄学，常引范宁上述激愤之语。

西晋以来从印度传来的大乘佛教空宗逐渐流行，它与玄学贵无说在思想上有着天然的亲近感。它们的相遇，不仅极大地促进了佛教在中国的发展，也使玄学在与佛学的融合中发生了质变，中国思想史上迎来了所谓"玄、佛合流"时期，或者说"佛教的玄学化"时期，玄学最终消融在佛学之中而为佛教的光芒所覆盖。

由于魏晋玄学主要围绕先秦诸子中语言和思想都更为抽象《老子》、《庄子》、《周易》做文章，关心本与末、有与无、言与意、名教与自然之辩等问题，因此在内容上大体表现出儒道融合、儒道兼综的特征，而这也决定了玄学性质的特殊性。有人称玄学为"新道家"，认为玄学创造性地解释了先秦老庄道家，是以道家思想为根

---

① 　房玄龄等：《晋书》卷七十五《范宁传》，第 1984—1985 页。

基，改造和会通了儒家思想，而不是相反；也有人在儒家思想发展的总体历史脉络之中去把握玄学，认为玄学是汉代经学式微之后儒家经学的继续发展，王弼、何晏之学是"汉学的变种，或者说中变、派生形态"①。也有人主张跳出非儒即道的简单思维模式，认为玄学就是玄学，亦儒亦道，非道非儒。

其实，无论将玄学定位为何种属性，有一点是肯定的，那就是，玄学在思想史上的最大贡献是它突破了儒道之间的思想壁垒，将老庄道家的根本价值观"自然"引入了关于儒家外在性名教的理论探讨之中，从而使名教的本质得到了前所未有的深刻反思。不过，我们也应该注意到，在一定程度上，正是由于玄学对"自然"的强调，导致了以礼教为核心的儒家名教堡垒的松动和社会秩序的混乱。两晋士风在历史上是空前绝后的，以范宁为代表的玄学批判派一直到晚近还后继有人，西晋亡于玄学也是经久不衰的老生常谈。玄学的批判者多半是饱受儒家文化熏陶的士人，他们是儒家纲常伦理和现存秩序的坚定维护者，也是社会精英中的绝大多数，魏晋以后儒学的复兴只是时机问题。

二、隋唐儒学的统一和复兴

如前所述，魏晋时期，两汉处于官方独尊地位的儒家经学体系开始坍塌，玄学一跃而为引领时代的思想主流。与此同时，战争和苦难为宗教传播培育了厚实的土壤，两汉之际传入中土的佛教以及东汉末年引发大规模社会震荡的道教，都在东汉王朝崩溃、社会陷入动荡之后，逐渐走向了蓬勃发展的道路。到南北朝末期，佛教和道教都已成长为重要的社会力量，信徒遍及天下，庙宇鳞次栉比。但是，不管思想学术和宗教信仰如何变迁，儒学经过两汉四百年的发展，已经深深扎根于社会之中，儒学的内在价值和社会功能很难被另一种新兴的思想意识取而代之。后世史臣作史，常常抚今追昔，慨叹汉代儒学之盛，哀痛今不如古。例如《北史》卷八十一《儒林

---

① 周予同著，朱维铮编校：《中国经学史讲义》（外二种），第37页。

传》说："儒者，其为教也大矣，其利物也博矣，以笃父子，以正君臣，开政化之本原，凿生灵之耳目，百王损益，一以贯之。虽世或污隆，而斯文不坠。"史臣对"自永嘉之后，宇内分崩，礼乐文章，扫地将尽"现象痛心疾首。再如《宋书》卷五十五的史臣语："庠序黉校之士，传经聚徒之业，自黄初至于晋末，百余年中，儒教尽矣。"类似论述频频见于史籍，俯拾皆是。

从东汉末年天下分崩离析到杨坚再度实现统一的这段历史，西晋永嘉之乱是重要分水岭。永嘉以后，北方长期处于分裂状态，南方政权更迭频繁，内乱不断，南北儒学发展的具体情况较为复杂。总的来说，以北魏为代表的汉化程度较深的上层统治者一般都比较重视儒学教育。例如北魏道武帝初定中原，"虽日不暇给，始建都邑，便以经术为先。立太学，置五经博士生员千有余人"。道武帝以后历代北魏君主都曾采取一些措施推行儒学教育，至孝文帝时儒风臻于鼎盛，"及迁都洛邑，诏立国子、太学、四门小学。孝文钦明稽古，笃好坟籍，坐舆据鞍，不忘讲道。刘芳、李彪诸人以经书进，崔光、邢峦之徒以文史达。其余涉猎典章，闲集词翰，莫不縻以好爵，动贻尝眷。于是斯文郁然，比隆周、汉"。北齐统治者继续阐扬儒学，儒业复盛。但是到北齐末年时，由于统治阶层的腐朽堕落，儒学教育渐渐徒有形式，"贵游之辈，饰以明经"；宇文泰禅周后，儒学再度受到重视，"周文受命，雅重经典"，儒学兴盛一时，"虽通儒盛业，不逮魏、晋之臣，而风移俗变，抑亦近代之美也"。①

东晋南朝儒学发展的情况又是另一番景象，与上举《北史》、《宋书》等痛惜儒学之衰一样，《南史》卷七十一《儒林列传》也说："洎魏正始以后，更尚玄虚，公卿士庶，罕通经业。"无论这样的论说是否夸张，士人在儒学之外另寻精神寄托，不再"白首穷经通秘义"可能已成普遍现象。精神枷锁一旦解除，建立在儒家价值观念系统上的社会秩序也必然受到冲击。崇儒的范宁批评王弼、何晏之罪深于桀纣，就是将他们看作是破坏儒家礼法和社会秩序的罪魁祸

---

① 李延寿：《北史》卷八十一《儒林列传》，中华书局 1974 年版，第 2704—2707 页。

首。这股批判思潮，在整个两晋南朝时期一直都存在。事实上，这个时期不同政权的统治者大多都比较重视儒学教育，儒学仍然是维护政权稳定和治理天下的不二选择。《晋书》卷九十一《儒林列传》认为，晋武帝时期就有"复修立学校，临幸辟雍"等举动，认为这个时期的儒生"未足比隆三代，固亦擅美一时"。然而西晋立国本来就很短暂，自第二代君主晋惠帝开始即陷入长期混乱，直至被匈奴灭亡，"衣冠礼乐，扫地俱尽"。317 年，晋元帝司马睿在江东重建晋朝，"运钟百六，光启中兴，贺、荀、刁、杜诸贤并稽古博文，财成礼度"，颇有兴复儒学的气象。但是由于玄风流煽，儒学的权威始终没有真正建立起来，"虽尊儒劝学，亟降于纶言，东序西胶，未闻于弦诵。明皇聪睿，雅爱流略，简文玄嘿，敦悦丘坟，乃招集学徒，弘奖风烈，并时艰祚促，未能详备"。《晋书》作者认为，整个两晋时期，名教废弛，"有晋始自中朝，迄于江左，莫不崇饰华竞，祖述虚玄，摈阙里之典经，习正始之余论，指礼法为流俗，目纵诞以清高，遂使宪章弛废，名教颓毁，五胡乘间而竞逐，二京继踵以沦胥，运极道消，可为长叹息者矣"。

总体来说，南北朝时期，随着门阀士族的逐步衰落，已经沦为门阀士族装点门面的玄学也随之渐渐退出了历史舞台。北朝长期处于少数民族统治之下，统治者大多重视利用汉族士人，为政更加务实。即便是偏安窃据之国，亦知以经术为重，故"北朝经学较南朝稍盛"[1]。《隋书·儒林传序》说："自晋室分崩，中原丧乱，五胡交争，经籍道尽。魏氏发迹代阴，经营河朔，得之马上，兹道未弘。暨夫太和之后，盛修文教，搢绅硕学，济济盈朝，缝掖巨儒，往往杰出，其雅诰奥义，宋及齐、梁不能尚也。"[2] 赵翼《廿二史札记》论北朝经学则说："六朝人虽以词藻相尚，然北朝治经者尚多专门名家。盖自汉末郑康成以经学教授，门下著录者万人，流风所被，士

① 赵翼著，王树民校证：《廿二史札记校证》卷十五《北朝经学》，中华书局 2013 年版，第 312 页。

② 魏征等：《隋书》卷七十五《儒林列传》，中华书局 1973 年版，第 1705 页。

皆以通经绩学为业，而上之举孝廉，举秀才，亦多于其中取之，故虽经刘、石诸朝之乱，而士习相承，未尽变坏。"① 大概元魏时经学以徐遵明为大宗，周、隋间以刘炫、刘焯为大宗。据《北史·儒林列传》记载，北朝大儒徐遵明深究汉代经学，精通《易》、《尚书》、《春秋》和三礼，尤擅《左氏春秋》，"河北诸儒能通服氏《春秋》者，并出徐生之门"②。他的弟子李炫作《三礼义疏》，熊安生作《周礼》、《礼记义疏》。与徐遵明同时代的刘献之则以《毛诗》名世，著有《毛诗序义》，其门徒李周仁、程归则等人传承有序，均以儒学为世人所称。但是北朝经学的缺点是趋于保守，说经多依东汉经师旧说，少见变通和革新。王弼《周易注》和杜预的《左传注》都是魏晋名作，南朝经学多重之，但在北朝却不受重视。《隋书·儒林列传》分析南北经学之不同在于"大抵南人约简，得其英华；北学深芜，穷其枝叶"。而其所以有此不同，则是由于"用与不用，知与不知"："考其终始，要其会归，其立身成名，殊方同致矣。爰自汉、魏，硕学多清通；逮乎近古，巨儒必鄙俗。文、武不坠，弘之在人，岂独愚蔽于当今，而皆明哲于往昔？在乎用与不用，知与不知耳。"后来唐朝孔颖达奉敕修撰《五经正义》，即重南（约简）轻北（深芜），重魏晋新注，轻汉儒旧说。这一点，在孔颖达为《五经正义》的每一经"正义"所写说明文字中有详细的阐述。

但是不可忽视的是，北朝儒学一直保持着正统地位。范文澜论北朝经学说："北朝经学虽然衰落，但在政治上仍保持佛道两教不敢争夺的正统地位。"他举出了一系列北朝不同政权的数据来说明，比如"魏道武帝进入中原，便在平城设立太学，置五经博士生员千余人，后又增至三千人。魏献文帝设立乡学，大郡置博士二人，助教四人，学生一百人；最小郡也置博士一人，助教一人，学生四十人。魏迁都洛阳后，私学尤为盛行，儒生开门授徒，多或千余人，少也不下数百。官学私学的学生，同样可以被州郡选为茂异（州）孝廉

---

① 赵翼著，王树民校证：《廿二史札记校证》卷十五《北朝经学》，第 312 页。
② 赵翼著，王树民校证：《廿二史札记校证》卷十五《北朝经学》，第 312 页。

（郡），取得官职。魏乱以后，私学仍盛"。至于皇室教育，也非名儒不延，如"高欢得卢景裕（徐遵明弟子），使教诸子经学，齐诸帝都是暴君，却照例要选名儒教自己的儿子。宇文泰尤重儒学，以至实行《周礼》。周武帝定三教先后，儒为第一。鲜卑人逐渐革去落后习俗，儒学所起作用是不小的"。[1] 隋唐王室出于北朝，隋、唐两朝建国之初诸帝均锐意儒学，与此不无关系。

《梁书·儒林列传》说，汉末丧乱，儒道渐衰，至于宋齐之世，"国学时或开置，而劝课未博，建之不及十年，盖取文具，废之多历世祀，其弃也忽诸。乡里莫或开馆，公卿罕通经术。朝廷大儒，独学而弗肯养众，后生孤陋，拥经而无所讲习。三德六艺，其废久矣"。南朝历代统治者大多以军功起家，质胜于文，讲求实际。如宋武帝刘裕在建国之初，即发布诏令，"博延胄子，陶奖童蒙，选备儒官，弘振国学"，要求"主者考详旧典，以时施行"。[2] 不过南朝政权更迭频繁，政局动荡，儒学发展也受其影响，"兼以上之人不以此为重，故习业益少，统计数朝，惟萧齐之初及梁武四十余年间，儒学稍盛"。梁武帝本人佞佛，在位长达近半个世纪，但梁代国策以崇儒重道为本，当时"不特江左诸儒崇习经学，而北人之深于经者亦闻风而来，此南朝经学之极盛也"。[3]

儒学的真正复兴是在隋唐时期。皮锡瑞在《经学历史》中指出，儒家经学从隋唐开始，由分立时代进入了统一时代，而其标志是孔颖达于唐太宗时期奉敕编写《五经正义》，儒家由此进入一个新的发展阶段。

隋文帝和隋炀帝都很重视儒学教育。隋文帝虽然笃信佛教，且重用道士张宾等人，但是他深谙儒学的政治功能，曾说："儒学之道，训教生人，识父子君臣之义，知尊卑长幼之序，升之于朝，任之以职，故能赞理时务，弘益风范。"[4]《隋书·儒林传序》这样描述

---

① 范文澜著，刘洋编著：《据史言儒》，孔学堂书局2014年版，第54页。
② 沈约：《宋书》卷三《武帝本纪下》，中华书局1974年版，第58页。
③ 赵翼著，王树民校证：《廿二史札记校证》卷十五《南朝经学》，第315页。
④ 魏征等：《隋书》卷二《高祖帝纪下》，第46—47页。

隋初儒学发展的整体面貌："高祖膺期纂历，平一寰宇，顿天网以掩之，贲旌帛以礼之，设好爵以縻之，于是四海九州强学待问之士靡不毕集焉。天子乃整万乘，率百僚，遵问道之仪，观释奠之礼。博士罄悬河之辩，侍中竭重席之奥，考正亡逸，研核异同，积滞群疑，涣然冰释。于是超擢奇隽，厚赏诸儒，京邑达乎四方，皆启黉校。齐、鲁、赵、魏，学者尤多，负笈追师，不远千里，讲诵之声，道路不绝。中州儒雅之盛，自汉、魏以来，一时而已。"不过，晚年的隋文帝"不悦儒术，专尚刑名"，似乎有悖儒学的仁政要领。仁寿年间，地方学校遭废弃，儒学教育不振。隋炀帝即位后，学校逐步得到了恢复。他在位期间最大的创新是实行科举制度，将儒家经学纳入朝廷控制的全国性考试体系之中。但是隋朝历时短暂，儒学总体上耆老凋零，后继少人，唯刘炫、刘焯等儒生有声誉。二刘之学虽渊源于北学，却能吸收南学重义理的长处，其《五经述义》总集南北经学之大成，代表了隋朝经学的最高成就。然而隋炀帝末年，大量学校和儒家经典在战争中化为灰烬。

唐朝基本实行三教并用的政策，但在三教之中，儒家始终居于主导和统治地位，佛、道只是儒学教化天下的辅助性工具。唐高祖和唐太宗都有较为深厚的儒学修养，在位期间也很重视儒学教育。唐高祖李渊"建义太原，初定京邑，虽得之马上，而颇好儒臣"[1]，建国之初就确立了以儒治国的总体方略，"置国子、太学、四门生，合三百余员"[2]。武德二年（619）的诏令里说："朕君临区宇，兴化崇儒，永言先达，情深绍嗣。宜令有司于国子学立周公、孔子庙各一所，四时致祭。仍博求其后，具以名闻，详考所宜，当加爵土。"[3]唐太宗李世民更是诚心信服儒学，他曾说："朕今所好者，唯在尧、舜之道，周、孔之教。"[4]在他的大力倡导下，唐朝展开了一系列大

---

[1]　刘昫等：《旧唐书》卷一八九《儒学传序》，中华书局 1975 年版，第 4940 页。

[2]　司马光：《资治通鉴》卷一八五，中华书局 2006 年版，第 5792 页。

[3]　刘昫等：《旧唐书》卷一八九《儒学列传》，第 4940 页。

[4]　吴兢撰，谢保成集校：《贞观政要集校》卷六《慎所好》，中华书局 2009 年版，第 331 页。

规模的文化建设工作，儒学也在一片祥和中逐渐走向复兴。其中颜师古奉诏与诸博士"考定五经，颁于天下"，"孔颖达与诸儒撰定五经义疏，凡一百七十卷，名曰《五经正义》，令天下传习"，① 都是大规模的文化一统建设。这些措施的实行，基本上结束了魏晋以来南北经学的分裂状况。经义的统一伴随着科举制度的创立和完善，儒家经学正是通过科举制度实现了彻底的意识形态化，而儒家的价值观念也随之渗透到社会各阶层以及人们生活的方方面面。

隋唐儒学的统一和复兴过程始终伴随着儒释道三教的深度融合，融贯三教也是隋唐儒学的重要特点。北朝末年和唐朝初年的儒学，已经具有明显的三教兼融色彩。比如北朝儒生颜之推提出"内外两教，本为一体，渐积为异，深浅不同"②，惯用儒学名目比附佛教概念；隋末大儒王通则明确主张"三教可一"；孔颖达《五经正义》虽以儒家为主，但也旁采佛道思想。隋唐三教的并行发展与经学的统一并不存在矛盾，"唐代经学的统一不同于汉代的经学统一，因为两者的文化背景不同，所形成的文化格局亦不完全相同。两汉思想是先秦百家思想的汇集与综合，主要表现为儒家与道家两大思潮既相互对立而又相互补充的文化格局。唐代则是儒、释、道三教并存，又斗争又统一，合流的趋势日渐加强"③。

《五经正义》实现了儒家南北经学的真正统一，科举制度和学校教育使儒学得到了大面积推广，这些都促成了隋唐儒学的繁荣。但是经学的统一以及儒学作为意识形态的权威化，也遏制了儒学的生机和活力，使儒学演变为僵化的教条和士人攫取名利的工具，阻碍了儒学的进一步发展。早在唐高宗、唐中宗时期，刘知幾著《史通》，其《疑古》、《惑经》两篇已开唐代疑经之先河。唐代宗大历年间，疑经思潮再起，并发展成为一股影响深远的时代思潮，其具体表现是以儒生啖助、赵匡为先驱，陆淳集大成的新春秋学的兴起。

---

① 刘昫等：《旧唐书》卷一八九《儒学传序》，第 4941 页。
② 颜之推：《颜氏家训集解》卷五《归心第十六》，中华书局 1993 年版，第 368 页。
③ 许凌云：《中国儒学史》（隋唐卷），广东教育出版社 1998 年版，第 2 页。

新春秋学突破了唐代官方儒学故步自封的思想束缚，开后世《春秋》解经三传会通、以经驳传、自为弃取的学风，皮锡瑞称之为"开通学之徒，背专门之法"。"今世所传合三传为一书者，自唐陆淳《春秋纂例》始。淳本啖助、赵匡之说，杂采三传，以意去取，合为一书，变专门为通学，是《春秋》经学一大变。宋儒治《春秋》者皆此一派，如孙复、孙觉、刘敞……"①《四库全书总目提要》认为唐初的这种新学风为唐代中后期乃至北宋儒生所继承，成为理学兴起的催化剂。

唐代儒学的复兴，不得不提的还有唐代中叶的韩愈和李翱。佛、道的繁荣及其强大社会影响，令韩愈和李翱等为代表的儒生十分忧心，他们二人对佛、道均持强烈的排斥态度，提出了影响深远的道统说。道统说以韩愈在《原道》中所说为重要内容："斯吾所谓道也，非向所谓老与佛之道也。尧以是传之舜，舜以是传之禹，禹以是传之汤，汤以是传之文、武、周公，文、武、周公传之孔子，孔子传之孟轲，轲之死，不得其传焉。"②李翱著《复性书》，也表达了相近的思想，他认为圣人孔子之学传于颜子，下传子思，再孟子，然孟子之后"性命之书虽存，学者莫能明，是故皆入于庄、列、老、释"，儒学却成为"缺绝废弃不扬之道"。③北宋理学的推陈出新，其思想渊源均可追溯至上述唐代中叶出现的儒家经学的新气象和新变化。

第二节 道教的整顿与壮大

道教是中国土生土长的宗教，尽管它在东汉后期才以比较明确的面目出现在历史舞台上，但其源头却可上溯至先秦，远早于佛教

---

① 皮锡瑞著，吴仰湘点：《经学通论》，岳麓书社 2012 年版，第 1579 页。
② 韩愈注，马其昶校注：《韩昌黎文集校注》，上海古籍出版社 1986 年版，第 18 页。
③ 李翱：《李文公集》卷二，《钦定四库全书》，第 1 册，第 4 页。

传入中国的时间。南北朝时期是道教发展的关键时期，汉代天师道经过清理和整合，社会影响进一步扩大。与此同时，道教宗教组织进一步完备，道教教理教义获得了重大发展。道教不仅创立了独特的三洞四辅的经教体系，而且在与佛教的长期碰撞和交流中，融摄了大量理论知识，道教义理方面取得了长足进步。

陈寅恪在谈到宋代新儒家广取博收以成其新时，盛赞道教善于吸收外来文化："至道教对输入之思想，如佛教、摩尼教等，无不尽量吸收，然仍不忘其本来民族之地位。既融成一家之说以后，则坚持夷夏之论，以排斥外来之教义。此种思想上之态度，自六朝时亦已如此。虽似相反，而实足以相成。"道教对待外来文化的这种相反而相成的态度，陈寅恪称之为"道教之真精神，新儒家之旧途径，而二千年吾民族与他民族思想接触史之所昭示者也"。他进而指出："六朝以后之道教，包罗至广，演变至繁，不似儒教之偏重政治社会制度，故思想上尤易融贯吸收。"① 兼收并蓄、融会贯通，是南北朝时期道教理论获得迅速发展的根本原因。

一、魏晋南北朝道派的衍化与南北天师道改革

道教最初主要活跃在民间。在谈到融道入儒的魏晋玄学与汉代学术的关系时，汤用彤曾论及道家和道教，认为汉代之学本来都是驳杂不纯的"杂家"，都是阴阳、儒、道、神仙等揉成一团，而以阴阳五行之说为骨干。但是汉代学术发展过程中有一个"净化运动"在暗暗发展，比如汉末王充等人反对方术之论，就是"净化"的表现。而这个"净化运动"的结果之一，就是阴阳和儒、道各派之分离，分离的结果之一是"阴阳五行之说（本）与神仙家言（末）自成一集团，是为道教"。正因为如此，"道教初或为民间之宗教，正如玄学为上层之学问"。② 道教在汉代一开始被称为黄老道，它杂糅

---

① 陈寅恪：《冯友兰中国哲学史下册审查报告》，见《陈寅恪集·金明馆丛稿二编》，第284—285页。

② 汤用彤：《贵无之学（下）——道安与张湛》，见汤用彤：《理学·佛学·玄学》，北京大学出版社1991年版，第296页。

战国以来的神仙家和各种民间巫术方术，长期以"黄老"的名义流行于社会。东汉末年，由张角兄弟领导的北方太平道和由张陵创立于巴蜀的五斗米道最为活跃，它们都与宽泛的黄老道有密切的关系。黄巾起义后，起义军依托的宗教组织太平道遭到镇压，大量黄巾军被曹操收编，这部分人的宗教信仰和宗教组织具体情况如何，后续影响如何，史籍缺乏明确记载。五斗米道则由其创始人张陵之孙张鲁在汉中建立起政教合一的政权，张鲁在汉中据说是"以鬼道教民"，维持数十年的割据统治。汉末建安年间，曹操征讨汉中，张鲁先战后降，大量五斗米道信徒被曹操迁往北方，部众分散。张鲁封镇南将军，张氏家族获曹氏优遇。经历了一段时间的调整和艰难发展后，五斗米道（天师道）继续在南北传播，并逐渐向上层社会扩散。

晋代奉天师道者甚众，包括一些高门世族，陈寅恪《天师道与滨海地域之关系》一文考证甚详。据统计，两晋南北朝时期世代信奉天师道的家族有琅琊王氏，高平郗氏，吴郡杜氏，会稽孔氏，义兴周氏，陈郡殷氏，丹阳葛氏、许氏、陶氏，吴兴沈氏，等等。据《晋书·王羲之传》记载，王羲之奉天师道，其次子王凝之信之尤笃。在同样信奉天师道的孙恩攻打会稽时，王凝之竟然毫不设防，唯入静室请祷，企图用大道鬼兵助其破贼。这一时期也有帝王奉道的明确记载，如东晋哀帝、简文帝等。

东晋南北朝时期，南北分裂，天师道在南北方的发展各有其鲜明特点。这一时期，为了适应时代发展，消除汉末道教与统治阶级的对立，祛除"妖贼"、"妖道"之丑名，南北天师道都在道教杰出领袖的主导下，进行了一系列改革运动。这场改革运动主要发生在东晋中叶到南北朝初年一个多世纪的时间里。南方的道教改革从传说中的杨羲等人造作"上清经"开始，下至陆修静、陶弘景等人的系统整理。北方的道教改革则以寇谦之的"清整道教"为主要标志。

宗教经典是我们了解道教历史的重要依据，但是东晋以前的道教经典详情已不可考。东晋初年葛洪所著《抱朴子内篇》有《遐览》

篇，照葛洪自述，所谓"遐览"者，"欲令好道者知异书之名目也"，"后生好书者，可以广索"。篇中记载其师郑思远所藏两汉以来各种经记符图一千三百余卷，数量已相当可观。葛洪笔下的郑思远是一个好学多才、博涉勤求、无所不窥的老师，"郑君不徒明五经、知仙道而已，兼综九宫三奇、推步天文、河洛谶记，莫不精研"。葛洪记下的当然不可能是当时已有道经的全部，甚至不可能是郑君藏书的全部。因为道教讲求师徒密授，葛洪得到亲授的并不多，所见郑君之书，多不敢窃写，"是以徒知饮河，而不得满腹"。这些经书能够流传到南北朝的就更少。

据陶弘景《真诰叙录》和《真经始末》称，大约在西晋哀帝兴宁年间，曾从天师道祭酒魏华存之子刘璞授《灵宝五符》的琅琊王司徒公府舍人杨羲，以及句容许氏许谧、许翙等人，假托魏华存等仙真下降，以扶乩降笔的方式授以神书（《真诰叙录》称"众真降杨"），开始大量造作后来被称为"上清经"的道经。陶弘景称"一杨二许"授经时用隶书手书的经传为"三君手书"，后来被道教信徒视为无上珍品。陶弘景居茅山四十余年，专事收集和整理上清经，编为《真诰》。所谓"真诰"，是指"真人口授之诰也，犹如佛经皆佛说"，"凡三君手书，今见在世者，经传大小十余篇，多掾（许翙）写。真嗳四十余卷，多杨（羲）书"。[①]《真诰》之外，陶弘景还撰写了《登真隐诀》，汇集以上清派为主体的修仙登真之方术秘诀。

不过在杨、许去世后的很长时间内，上清经影响有限。东晋元兴元年（402），许翙之子，时年十七岁的许黄民收集先世所写经符秘录，奉经入剡，为马朗、马罕堂兄弟礼敬供养。崇信道教的孔默、王兴也曾抄写二许所传经书。这一阶段，三君之法仅为马氏兄弟这样的好道者"禀奉而已"，未大规模流通。这之后则有"才思绮拔，志规敷道"的王灵期出现，据说他看到葛巢甫"造构灵宝，风教大行，深所忿嫉，于是诣许丞（黄民），求受上经"。许黄民为王灵期

---

① 陶弘景著，赵益点校：《真诰》卷十九《翼真检第一》，中华书局 2011 年版，第 333、340 页。

的诚意所感动，而王灵期得其私授后，复"窃加损益"，对上清经进行了一系列改造。王灵期之后，上清经的传播步伐大大加快，至陶弘景所在的南朝齐梁之时，数十年间已遍及南方大部分地区，"今世中相传流布，京师及江东数郡，略无人不有，但江外尚未多尔"。①

在杨、许造作上清经，开创上清道派之后不久，灵宝系道经也"出世"了。"灵宝"在东汉时用来指称道家经符，到东晋末年时，葛洪族孙葛巢甫对灵宝加以附会和引申，造作出一批灵宝类道经。同时葛巢甫还编造了一个灵宝道经的传承系统。陶弘景说葛巢甫"造构灵宝"，就是指这一造经运动。可见灵宝经主要是葛巢甫依托仙真和先祖所造作，和上清经依托魏华存等众仙真是同一个套路。但是，和上清经的命运有所不同的是，灵宝经问世后，很快就"风教大行"。葛巢甫之后，奉灵宝教义者不断增益，到南朝刘宋时，道士陆修静"更加增修，立成轨仪，于是灵宝之教，大行于世"。作为南方道教改革运动的领袖人物，陆修静的最大贡献是广搜道书、经书、斋醮、科仪等类目，创立了一套道阶制度，并以三洞为目对道经进行系统分类，将上清、灵宝、三皇、正一等道派建设成规整的体系，史称"总括三洞"。宋明帝泰始七年（471），陆修静奉上《三洞经书目录》，这是道经分类目录之始。之后孟法师又以四辅附之，道教三洞四辅的分类原则得以确立。

大约在葛巢甫开始造作灵宝经前后，北方天师道也在寇谦之的领导下开始了以"清整道教"为口号的改革。关于寇谦之清整道教，据《魏书》卷一一四《释老志》记载，主要是通过两次假托神授的方式进行的。一次是北魏明元帝神瑞二年（415），寇谦之"忽遇大神，乘云驾龙，导从百灵，仙人玉女，左右侍卫，集止山顶，称太上老君。谓谦之曰：'往辛亥年，嵩岳镇灵集仙宫主，表天曹，称自天师张陵去世已来，地上旷诚，修善之人，无所师授。嵩岳道士上谷寇谦之，立身直理，行合自然，才任轨范，首处师位，吾故来观

---

① 陶弘景著，赵益点校：《真诰》卷十九《翼真检第一》，第 339 页。

汝，授汝天师之位，赐汝《云中音诵新科之诫》二十卷。号曰并进。'言：'吾此经诫，自天地开辟已来，不传于世，今运数应出。汝宣吾《新科》，清整道教，除去三张伪法，租米钱税，及男女合气之术。大道清虚，岂有斯事。专以礼度为首，而加之以服食闭练。'使王九疑人长客之等十二人，授谦之服气导引口诀之法"。之后，又在明元帝泰常八年（423），有李谱文至嵩岳，自称是老君之玄孙，"赐寇谦之《天中三真太文录》，劾召百神，以授弟子"等事情发生。经过寇谦之改革，北方天师道自曹操北迁后组织涣散、戒律松弛的状况大为改善，成为道教发展史上的一个里程碑。[①] 当然，寇谦之的清整运动主要推行于北魏以及后来的东魏。相较而言，南方以陶弘景、陆修静为主导的道教改革在广度和深度上都要大于北方。

东晋南北朝时期道教的改革运动以及这一时期产生的大量道经中的内容和思想，都体现了鲜明的三教融合的特点。潘雨廷论南北朝道教说："综观南北朝的道教情况，大体而言，南朝以吸收佛教为主，北朝以排斥佛教为主。自北魏的寇谦之（365—448），南朝的陆修静起，对佛教的态度各有不同，而同在因佛教教义日在发展，当有以改革道教。寇谦之结合崔浩，犹合儒道以排佛。陆修静创立三洞，已在庐山有以吸收慧远东林寺的仪规（慧远于公元386定居庐山，陆修静于公元453入庐山），于明帝太始七年（471）上《三洞经书目录》，实为总结并发展道教的教义，有划时代的作用。"[②] 东晋南北朝时期出世的上清经、灵宝经都对佛教有所吸收，灵宝经尤其大量吸取佛教教义。北朝寇谦之虽以排佛为手段加强道教，其思想未必不受佛教影响。陈寅恪曾从寇谦之的家族史、活动轨迹及其思想倾向，推理出寇谦之吸收了从天竺传入的医药天算之学（"新盖天说"等），以改进他的家族世传的道教（服食饵药之"张鲁之学"），又利用佛教律学清整旧传的天师道。寇谦之的清整道教运动，也是

---

① 陈寅恪：《佛教三题》，见《陈寅恪魏晋南北朝史讲演录》，第356—357页。
② 潘雨廷著，张文江整理：《道教史发微》，上海古籍出版社2017年版，第85—86页。

道教发展史上的一个里程碑。①

二、唐代道教的兴旺

魏晋南北朝时期的道教，经过葛洪、陆修静、陶弘景、寇谦之等一批道教领袖的整顿、改革和建设，逐步发展壮大起来。进入隋唐后，随着统一帝国的建立，南北道教也走向统一。李唐皇室出自北朝，有胡人血统，为了寻求其权力合法性，他们抬出与皇家同姓的李耳——老子，奉为自己的圣祖，老子其人其书在唐朝受到前所未有的尊崇。而老子本身早已是道教的教主，道教因此自然而然地成了李唐王朝的国教。唐代道教的兴旺主要体现在以下几个方面。

首先，李唐王室奉道教为国教，道教得到官方的空前支持。道教在唐朝的发展，大致以唐玄宗为界，分为前后两个阶段。唐初，抬高老子的地位，优容道教的发展，成为帝国建立之初一项稳定社会秩序的重要国策。李唐代隋，道士有功，唐初即有部分道士受到皇室优宠。贞观十一年（637），唐太宗颁布《道士女冠在僧尼之上》诏，称"朕之本系，起自柱下"，定道、佛次序，规定"道士女冠，可在僧尼之先"；又修老子庙于亳州，并在贞观十二年诏颁布《氏族志》，逐步显露出尊老子为先祖之意。乾封元年（666），唐高宗在亲自上祀昊天上帝于泰山南之后，再至亳州谷阳县，谒老君庙，将谷阳县改为真源县，上尊号"太上玄元皇帝"，首次冠老子以"皇帝"之名。唐玄宗崇道最笃，他于天宝二年（743），尊老子为"大圣祖玄元皇帝"，天宝八年加尊号"圣祖大道玄元皇帝"，天宝十三年，再加"大圣祖高上大道金阙玄元天皇大帝"，并诏令道士女冠隶掌天子族亲属籍的宗正。又于各地设崇玄馆，将《道德经》纳入学校教育体系和科举考试体系，"置生徒，令习《老子》、《庄子》、《列子》、《文子》，每年准明经例考试"②，尊奉老子达到登峰造极的地步。安史之乱后，唐朝走向衰落，道教也随之走上下坡路。唐后期比较热

---

① 陈寅恪：《佛教三题》，见《陈寅恪魏晋南北朝史讲演录》，第356—357页。
② 刘昫等：《旧唐书》卷九《玄宗本纪下》，第213页。

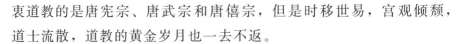

衷道教的是唐宪宗、唐武宗和唐僖宗，但是时移世易，宫观倾颓，道士流散，道教的黄金岁月也一去不返。

其次是道教管理制度的完善。唐代道教管理的一大特点是道官制度。北齐在太常寺内设有崇虚局，管理在京及诸州道士簿账等事。西魏按《周礼》六官制设有春官府，北周沿用，春官府中的司玄（中士和下士）即掌道门之政。隋朝正式建置专职管理佛道事务的机构崇玄署。唐初沿用隋代管理办法，道士女冠隶属宗正寺崇玄署管辖范围。但是唐朝在隋制基础上有所革新，并最终建立了较为完备的道教管理制度。《新唐书·百官志》在"宗正寺"下属"崇玄署"条目中有详尽记录，并附载天下道观和僧尼数目，从中可见唐代道教之繁荣。崇玄署设令一人，正八品下；丞一人，正九品下，"掌京都诸观名数与道士账籍、斋醮之事"。当时"天下观一千六百八十七，道士七百七十六，女官九百八十八；寺五千三百五十八，僧七万五千五百二十四，尼五万五百七十六。两京度僧、尼、道士、女官，御史一人莅之。每三岁州、县为籍，一以留县，一以留州；僧、尼，一以上祠部；道士、女官，一以上宗正，一以上司封"。唐朝立国二百余年，崇玄署下设各机构和地方各种崇道名目历经变迁，反映了唐朝对道教管理的高度制度化和规范化。

再次是道教经典的系统整理和集成。这一工作主要是在唐玄宗时期完成的。先天年间，初登基的唐玄宗即命太清观史崇玄等人仿照佛教经藏体系，修撰《一切经音义》。唐玄宗亲自作序，称"朕问大道幽深，妙门虚极……恭惟老氏，国之本宗，遗述元经，朕之凤好。详其乖舛，深可吁嗟。爰命诸观大德及两宫学士，讨论义理，寻绎冲微。披《珠丛》、《玉篇》之众书，考《字林》、《说文》之群籍，入其阃阈，得其菁华。所音见在《一切经音义》，凡有一百四十卷，其音义目录及经目，不在此数之中"①。之后，唐玄宗又外遣求道使，在《一切经音义》的基础上，广搜道教经籍，编为道藏，名

---

① 周绍良主编：《全唐文新编》卷四十一《玄宗皇帝》，吉林文史出版社 2000 年版，第 518 页。

《三洞琼纲》（又名《开元道藏》），共收道书三千七百多卷。《三洞琼纲》修成后，唐玄宗又命崇玄馆缮写多部，分送诸道采访使。

最后是道教义理的新发展，主要表现是道教重玄学的发展和内丹学的兴起。两晋南北朝时期，佛道二教在碰撞和调和中互相影响，南北朝时期很多新出道经特别是灵宝经，佛教化色彩非常明显。发轫于东晋、发展于南北朝、鼎盛于隋唐（特别是唐初）的道教重玄学，也是佛道二教互融互摄的产物。重玄学之"重玄"二字出自《道德经》第一章"玄之又玄，众妙之门"，"玄之又玄"即"重玄"，也称"二玄"。重玄学者将大乘佛教中观思想融入道教之中，主张"不滞空有"。如成玄英注"玄之又玄"云："有欲之人，唯滞于有。无欲之士，又滞于无。故说一玄，以遣双执。又恐行者滞于此玄，今说又玄，更祛后病。既而非但不滞于滞，亦乃不滞于不滞，此则遣之又遣，故曰玄之又玄。"[①] 这是对何谓"重玄"的代表性解释。略晚于成玄英的李荣注"玄之又玄"则云："道德杳冥，理超于言象；真宗虚湛，事绝于有无。寄言象之外，论有无之表，以通幽路，故曰玄之。犹恐迷方者胶柱，失理者守株，即滞此玄，以为真道，故极言之，非有无之表，定名曰玄。借玄以遣有无，有无既遣，玄亦自丧，故曰又玄。"[②] 唐末道士杜光庭在《道德真经广圣义序》中，总结前代注《老子》成就，列举诸多注家，认为有一派是以"重玄"为宗的，这一宗始于东晋道士孙登，继之者则有梁朝道士孟智周、臧玄静，陈朝道士诸糅，隋朝道士刘进喜，唐朝道士成玄英、蔡子晃、黄元赜、李荣、车玄弼、张惠超、黎元兴。除孙登外，皆为六朝隋唐道士。其中，生活在唐初的成玄英是重玄之道的集大成者，他对《老子》和《庄子》的注疏都是重玄学的代表作。

内丹学兴起于唐末，是道教修持方法的重大变革。"内丹"是相对于"外丹"而言的道教修炼术，内丹学的兴起，是对唐代外丹学

---

① 成玄英：《老子道德经开题序诀义疏》，见熊铁基、陈红星主编：《老子集成》第一卷，宗教文化出版社 2011 年版，第 288 页。

② 李荣：《道德真经注》，见《老子集成》第一卷，第 350 页。

困境的突破，是外丹学盛极而衰的结果。唐朝道教兴盛，外丹术发达，但外丹的弊端也很明显，如古诗《驱车上东门》所云，"服食求神仙，多为药所误"。《隋书·经籍志》说："金丹玉液长生之事，历代靡费，不可胜纪，竟无效。"隋炀帝笃好丹药，宠用嵩山道士潘诞，大张旗鼓，耗资巨万，炼丹数年不成，恼羞成怒杀死潘诞。唐朝皇室迷信丹药，追求长生不老，有过之而无不及，而唐太宗实开其端。《资治通鉴·唐纪》记载，唐太宗显庆二年（657），"王玄策之破天竺也，得方士那罗迩娑婆寐以归，自言有长生之术，太宗颇信之，深加礼敬，使合长生药。发使四方求奇药异石，又发使诣婆罗门诸国采药。其言率皆迂诞无实，苟欲以延岁月，药竟不成，乃放还"。赵翼《廿二史札记·新旧唐书》"唐诸帝多饵丹药"条列举大量史实，统计出"唐代服丹药者六君"——太宗、宪宗、穆宗、敬宗、武宗和宣宗，认为六君之崩实由于服食丹药。他批评"穆宗昏愚，其被惑固无足怪"，然而"太、宪、武、宣皆英主，何为甘以身殉之？实由贪生之心太甚，而转以速其死耳"。上行下效，"其臣下之饵金石者"也不在少数。《廿二史札记》还举出了几个典型例子，如杜伏威"饵云母被毒暴卒"，李道古"终以服药欧血而卒"等。

内丹学兴起的另一个思想背景是隋唐道教重玄学对道教心性理论的探索，它为内丹学打开了一扇新大门。重玄学作为一种道教理论创新，虽"在一定意义上改变了道教信仰关切生命的基本立场，但由于它张扬了内在的'心性'修持在超越世俗追求上的意义，却为唐末道教向内丹道的发展奠定了基础"[1]。作为唐以后道教的主要修持方法，内丹"是一种综合道教文化的宇宙论、人生哲学、人体观、修持经验为一体的理论体系和行为模式"[2]。内丹道最显著的特点是追求性命兼修，即精神超越和身体炼养相结合。唐末五代以后，

---

[1] 冯达文：《中国古典哲学略述》，广东人民出版社 2009 年版，第 211—212 页。

[2] 胡孚琛：《道教内丹学揭秘》，见詹石窗总主编：《百年道学精华集成》第四辑《大道修真》卷六，上海科学技术文献出版社 2018 年版，第 81 页。

内丹成为道教修炼术的主流，内丹学则成为道教义理探索的主要阵地。

当然，内丹学的发展，仍然离不开对佛教知识和理论的吸收，"至于修炼的方法，佛教禅定之学，与道士修炼内丹之方，其基本形式与习静养神的根底，完全形似。佛家出家观念，与道家避世高蹈的隐士观念，也极相同。佛家密咒、手印与道术的符箓法术，又多共通之处，于是融合禅定，瑜伽、丹道而为一的后世正统道家内丹修炼方法，便于此时深植种子"①。

第三节　佛教中国化与三教论衡

西汉时期中西交通获得了历史性进步。汉武帝建元和元朔年间，张骞两次奉命出使西域，首次实现了中西陆路交通史上的"凿空"，陆上丝绸之路得以开辟；元鼎六年（前111），汉武帝平定南越，划出象郡和南海郡余壤，设立合浦郡，合浦港成为汉代海外贸易的始发港，海上丝绸之路由此开端。大约从此时开始，印度佛教逐渐通过丝绸之路，从陆路和海路传播到中国边疆和内地。东汉时开始出现汉译佛经。魏晋时期，随着佛教译经事业的逐步推进和玄学的崛起，佛教在华夏大地上的传播速度大大加快，南北朝时期进入鼎盛。佛教在中国的传播，始终伴随着与以儒学和道教为代表的华夏本土文化的冲突与调适，至唐代最终完成其中国化历程，形成稳定的宗教形态。事实上，佛教传入中国之日就是其中国化历程开始之日，同时也是中国传统文化受其影响，产生新现象、发生新变化之时。

一、玄佛互融与佛教中国化历程

汤用彤论外来文化和本土文化的关系，曾这样说："外来文化思

---

① 南怀瑾：《中国道教发展史略》，复旦大学出版社2016年版，第30页。

想在另一地方发生作用，须经过冲突和调和的过程。'调和'固然是表明外来文化思想将要被吸收，就是'冲突'也是他将被吸收的预备步骤……'调和'是因为两方文化思想相同或相合，'冲突'是因为两方文化思想的不同或不合。"又说："外来思想之输入，常可以经过三个阶段：（一）因为看见表面的相同而调和。（二）因为看见不同而冲突。（三）因再发见真实的相合而调和。"在这三个阶段，外来文化和本土文化之间的调和与冲突不断深入。从第一阶段的"外来文化思想并未深入"，到第二阶段"比较深入"，再到第三阶段"外来文化思想已被吸收，加入本有文化血脉中了"。而在最后一个阶段内，"不但本有文化发生变化，就是外来文化也发生变化。到这时候，外来的已被同化"。汤用彤举的外来文化的例子就是佛教，"佛教已经失却本来面目，而成功为中国佛教了"。① 的确，佛教在中国的发展，最能反映上述调和与冲突的规律。

现有史料表明，印度佛教至迟大约在西汉末年已从西域传入我国汉地。据《三国志·魏志》卷三十裴松之注引曹魏鱼豢《魏略·西戎传》，"昔汉哀帝元寿元年，博士弟子景卢受大月氏王使伊存口授《浮屠经》"，然"中土闻之，未知信也"。东汉明帝夜梦金人，遣郎中蔡愔等入天竺求佛法，于是有了白马负经和洛阳白马寺的故事，这些无法确证的记载都已成为佛教初传中土时的象征。

佛教初入汉地，被视为众多方术中的一种，先是借助汉代流行的黄老之学和民间方术，之后则依附老庄之学和玄学而流播、壮大，早期佛教因此而具有十分浓厚的道家色彩。汉地第一批佛经是由东汉末年安息人安世高和大月氏人支娄迦谶（简称"支谶"）所译出，这两位早期佛经翻译家和汉地外籍僧人都明显受到了老庄和黄老思想的影响。其中安世高以汉译小乘佛经和注重禅法为特征，汤用彤认为安世高的学说"盖即是受道教养生成神之说之影响也，故安世

---

① 汤用彤：《往日杂稿》，见汤用彤：《汤用彤全集》第五卷，河北人民出版社2000年版，第280—281页。

高一系之佛道大体上与汉之方术同"①。

魏晋时期的清谈，以《易》、《老》、《庄》三玄为主题，但论题绝不止于三玄范围，而是触及儒道释三教共同关心的一些义理和深层次问题。这一时期玄、佛在理论上的互融大致经历了僧肇之前和僧肇之后两个阶段。前期三教关系以玄学融道入儒为主，后期则主要体现为释子以佛释玄的玄、佛合流。由于佛学借助玄学而兴盛，因此而有"佛玄"和"玄佛"的说法。汤用彤论魏晋佛学时说："佛教在汉称为佛道……牟子称道有九十六种。而以佛道为最盛。佛道亦如各派发展，净化之结果乃有汉末以后'佛玄'之产生，而残留之渣滓则与神仙学说混在一起。"② 所谓"净化"是指佛教脱离汉代依附方术的过程，"佛玄"则明确了玄学的佛学性质，也揭示了佛学正是借助玄学才显露出其本来面目。

佛教在中土的大盛，是在大乘佛教般若经译入之后，而大乘般若学的流行，又是在与玄学的相互促进中实现的。三国时第一位西行求法的汉地僧人朱士行，从于阗国抄录《大品般若经》梵本（即《放光般若经》）。在此之前，汉末吴初已有两种般若经，一是支谶所译《道行般若经》，另一种是支谦重译的《大明度无极经》。然而在玄学兴起前，他们译出的大般若经并未受到应有的重视。玄学兴起后，般若才借助玄学之势，与老庄互相发明，进而大盛于中土。支谶译经与安世高不同，他讲神与道合，近老庄学，或者说近玄学，被认为是玄、佛合流运动的开始即"佛玄之始"。《隋书·经籍志》说："魏黄初中，中国人始依佛戒，剃发为僧。先是西域沙门来此，译《小品经》，首尾乖舛，未能通解。甘露中，有朱仕行者，往西域，至于阗国，得经九十章。晋元康中，至邺译之，题曰《放光般若经》。太始中，有月支沙门竺法护，西游诸国，大得佛经，至洛翻译，部数甚多。佛教东流，自此而盛。"

西晋以后，佛教显示出旺盛的上升势头，至隋唐而不减。《隋

---

① 汤用彤：《论格义》，见《理学·佛学·玄学》，第 298 页。

② 汤用彤：《贵无之学（下）——道安与张湛》，见《理学·佛学·玄学》，第 296 页。

书·经籍志》描述十六国时期后秦姚苌统治时期，"时胡僧至长安者数十辈，惟鸠摩罗什才德最优。其所译则《维摩》、《法华》、《成实论》等诸经，及昙无忏所译《金光明》、昙摩罗忏所译《泥洹》等经，并为大乘之学。而什又译《十诵律》，天竺沙门佛陀耶舍译《长阿含经》及《四方律》，兜佉勒沙门昙摩难提译《增一阿含经》，昙摩耶舍译《阿毗昙论》，并为小乘之学。其余经论，不可胜记。自是佛法流通，极于四海矣"。唐释法琳《辩正论》卷三对两晋南北朝的寺庙和僧尼数目有一个统计，"西晋两京，合寺一百八十所，译经一十三人七十三部，僧尼三千七百余人。东晋一百四载，合寺一千七百六十八所，译经二十七人二百六十三部，僧尼二万四千人"，又"宋世合寺一千九百一十三所，译经二十三人二百一十部"，"齐世合寺二千一十五所，译经一十六人七十二部，僧尼三万二千五百人"，"梁世合寺二千八百四十六所，译经四十二人二百三十八部，僧尼八万二千七百余人"，"后梁二帝治在江陵三十五年，寺有一百八所"，"陈世五主，合三十四年，寺有一千二百三十二所，国家新寺一十七所，百官造者六十八所，郭内大寺三百余所"等。北朝佛教兴盛程度与南朝相埒，《魏书·释老志》说宣武帝"延昌中，天下州郡僧尼寺，积有一万三千七百二十七所，徒侣逾众"，足见杜牧《江南春》诗句"南朝四百八十寺，多少楼台烟雨中"毫不夸张。不过，历史上四次灭佛事件也发生在这一时期。北魏太武帝、北周武帝灭佛发生在南北朝时期，唐武宗和后周世宗灭佛发生在唐五代时期。这几次事件的发生，既是佛教与世俗政治之间矛盾的爆发，也是佛教和道教之间激烈冲突的结果。佛教虽屡遭打击，但是继任的君主大多会再次弛禁。比如北魏太武帝灭佛后，继任的文成帝就恢复了佛教的地位，北朝佛教再次兴盛，至北周时期进入空前繁荣阶段。而此时南朝梁武帝则以佞佛著称，史载"时帝大弘释典，将以易俗"，"帝溺情内教，朝政纵弛"。①

佛教在其最初传入阶段，依托方术而流播。之后由于译经需要，

---

① 李延寿：《南史》卷七十《郭祖深传》，第 1721、1720 页。

多依托老庄概念。东晋释道安在《鼻奈耶序》中说，阿难所出佛经十二部后来随天竺沙门来华，"遇而便出于十二部"。在这十二部中，"毗曰罗部最多"，原因是"以斯邦人庄老教行，与方等经兼忘相似，故因风易行耳"。汤用彤讲魏晋玄学，就将道安、僧肇和道生放在玄学中讲。

　　般若经和般若学在其入华的早期阶段就有明显的老庄化迹象。道安说佛之著作"真人发起，大行于外国，有自来矣。延及此土，当汉之末世，晋之盛德也"①，即是就般若因老庄大盛而言。汉末支谶译《道行般若经》为现存最古般若经汉译本，翻译中使用了很多老庄道家的概念，如无、自然等。"道"是《老子》的核心概念，经名《道行般若经》之"道行"可能就与《老子》经文有关。《老子》第五十三章有"使我介然有知，行于大道"，第四十一章有"上士闻道，勤而行之"，第三十七章有"道常无为而无不为"，都是将"道"与"无为"之"行"联系起来。

　　两晋时期佛经翻译速度加快。在从西晋武帝到东晋安帝大约一个半世纪里，史籍记载的译经者就有近三十人，所译佛经总数达到了二百五十来部，近一千三百卷。② 西晋时期所译般若系经典是继汉末支谶首次译出《道行般若经》十卷和孙吴支谦译出《大明度无极经》六卷之后的重译和再译。据统计，在玄奘译出《大般若经》六百卷之前，西晋所译般若经最多，其中《般若》（四论）的译出，对中土影响最大。从西晋中叶到东晋初，般若学在中土遍地开花，前期以道安般若为主，后期则以鸠摩罗什般若（大、小品）为主，而这一时期也是玄学的鼎盛时期。

　　般若在两晋之世的大盛，与当时的社会环境有着密切的关系，《晋书·阮籍传》论及阮籍所处时势的用语已为我们熟知，"魏晋之际，天下多故，名士少有全者"，"天下多故"即是"名士少有全者"的时代大背景。像阮籍这样的名士，为形势所迫，不得不另寻出路，

---

①　释僧祐撰，苏晋仁等点校：《出三藏记集》卷五，中华书局1995年版，第227页。
②　郭朋：《汉魏两晋南北朝佛教》，齐鲁书社1986年版，第243页。

或放浪形骸，或明哲保身，或别有寄托。般若自汉末传入，而于其时兴盛，正在于此。般若宣扬的诸法性空与玄学倡导的"天地万物，皆以无为本"，在精神上息息相通，而般若分析问题之玄妙甚至更胜玄学一筹，玄、佛合一可以说是历史的必然。郭朋曾将玄学比作是印度般若学在中国入乡问俗的"向导"，是"你中有我，我中有你"，生动形象。魏晋名僧和名士大多既通般若，又深究老庄，佛玄双修，亦僧亦士。在这些僧人中，既有译经者，也有谈玄论佛者，他们几乎都能玄、佛互释，相得益彰。一些义学沙门，同时也是玄谈高手，是名士的谈友和倾慕对象。

魏晋时期，玄、佛互融互摄，互相激荡前行，佛教借助玄学获得极大发展，真正在中国站稳了脚跟。在与魏晋玄学的互相激荡下，佛教产生了三家、六家七宗乃至十二家之说。东晋时期，由于中观三论学和涅槃学的传入，佛教进一步与包括玄学、儒家和道家在内的中国本土的文化传统相结合，逐步形成了自己独立的思想体系。禅宗的产生和迅猛传播充分展现了中外文化碰撞的巨大动力，佛教最终完成了中国化的历程。

关于佛教般若之学众说分立的现象，有吉藏所说的"长安本有三家义"的三家说，有慧达所言"六家七宗，爰及十二"之说。据宋僧昙济《六家七宗论》所载，"六家"指本无宗、即色宗、识含宗、幻化宗、心无宗和缘会宗，而本无宗又分为二宗，故又有七宗之说。六家七宗之中，本无、即色和心无宗为显学，与玄学的互动也最多。之所以如此，主要是由于此时谈玄论佛之人大多兼通佛学和老庄，而各人对老庄和般若理解有异。所以，《出三藏记集》卷八所收僧睿之《毗摩罗诘提经疏序》对六家之说未达性空之本颇有批评："自慧风东扇，法言流咏已来，虽曰讲肆，格义迂而乖本，六家偏而不即。"僧睿所说六家，均为东晋般若之学。后秦时期鸠摩罗什到达长安，译出大、小品和中观四论，"六家之偏"才被纠正，般若真义才真正显露。

汤用彤论玄学有一个重要观点，他认为玄学最重要的流派有四个——一是王弼之学，二是向秀、郭象之学，三是心无义，四是不真空义。心无义和不真空义都是佛学，而和王弼之学、向郭之学最接近的则是佛教的本无宗和即色宗，说明玄、佛之间存在密切的内在思想关联。不真空义的倡导者是东晋僧人僧肇，他兼通佛典和老庄，洞悉佛学与老庄之异，对佛教"空"义的理解非常深刻，能明辨佛教之"空"与老庄之"无"的不同，因而被鸠摩罗什誉为"中华解空第一人"。般若学至僧肇出，于玄学藩篱几欲突破。①

说到玄、佛互融，还必须提到的是佛教翻译和教学中"格义"方法的使用。这种方法是魏晋南北朝时期沟通佛教和中国固有思想的桥梁。这一时期，佛经被称为"内典"或"内书"，佛学被称为"内学"，对应的中国固有的经典和学术则被称为"外典"、"外书"或"外学"。格义就是用中国原有的观念和概念对比外来佛教的观念和概念，使传授对象以熟悉的中国固有的概念去充分理解外来佛教的一种方法，这是东晋以前僧人在佛经翻译和教学过程中使用的一种行之有效的方法，西晋时期盛行于黄河以北地区。据释慧皎《高僧传》卷四《竺法雅传》记载，这种方法最早由西晋僧人竺法雅在教授那些通晓固有文化的本土弟子的过程中使用，即"以经中事数拟配外书"。利用这种方法，竺法雅"（彼）外典佛经，递互讲说，与道安、法汰每批释凑疑，共尽经要"。汤用彤将格义称为"最早一种融合印度佛家和中国思想的方法"②。"事数"即是佛教的"法数"，如四谛、五荫、五力、五根、七觉、十二因缘等等。"拟配"就是使用中国固有的观念与这些事数相匹配，最典型的例子就是"四大"（地火风水）与"五行"（金木水火土）的互配。格义方法的使用建立在外来佛教思想和中国固有思想的某些因素存在相似和相通之处这一前提下，这是毋庸置疑的。但是，若从精神实质看，佛教其实是完全不同的一种文化，无论是其具体的法数，还是佛教的基本教理教义和追求目标，都与中国固有思想存在巨大的差异。因此一些精通佛教且深谙中国文化的高僧，例如道安就对格义颇有批评，他

---

① 参见汤用彤：《魏晋玄学流别略论》，见《魏晋玄学论稿》，第43—55页。

② 汤用彤：《论格义》，见《理学·佛学·玄学》，第282页。

指出"先旧格义，于理多违"，认为格义在佛经翻译和理解上如果要达到"弘赞理教"的目标，"宜令允惬"。道安认识到格义虽然有助于佛经被中土人士理解，但格义过程中概念与概念之间的匹配，往往更注重形式上的相似，这必然造成两种思想之间理解的误差。为了避免误差，一些思想家们"开始采用一种新的思想方法，这可以叫作'言意之辨'。这种方法的逐步运用，起了重要作用，使整个汉代文化的性质和哲学精神转变成有不同精神和特性的魏晋新时代"①。

总之，玄、佛之间是互融互摄的关系，佛学借玄学而发展，玄学借佛学而深入。般若学的中心问题是有无和本末问题，是通过分析有无本末等问题而展开，也就是假有以体认世界之"本无"（即"性空"）。而"般若学之诸系，其分别也在本末、有无之争"，可见般若与玄学内在关系之密切。"心灵与物质之分，中国思想史中讨论最少，而佛教对于心理、物理之分析皆极细密"，因此，魏晋玄学最初崇无，可能就是玄学附会般若。② 汤用彤认为般若之形上学，至少在表面上与老庄很相似，比如"性空"与老庄的"道"。"性空"后来译为"真如"，其实最早是译为"本无"，而"本无"正是以何晏、王弼为代表的玄学贵无派的说法。东汉末年支谶翻译的《道行般若经》，将般若的"性空"译为"本无"，可能就是受到了正始玄学的影响。

二、从三教相争到三教论衡

三教论争主要是两晋南北朝至唐初儒释道三教之间围绕三教关心的议题展开论辩的历史现象，论争既发生在佛教与本土文化儒学和道教之间，也发生在佛教和道教两大宗教之间，而以后者为重点。后人据以了解三教之争的主要史料是佛教文献《弘明集》和《广弘明集》。

---

① 汤用彤：《论格义》，见《理学·佛学·玄学》，第 292 页。

② 汤用彤：《贵无之学（下）——道安与张湛》，见《理学·佛学·玄学》，第 299—300 页。

　　《弘明集》由南朝齐梁间僧人释僧祐编撰，僧祐自称"撰古今之明篇，总道俗之雅论"，目的是"摧邪破惑"，"弘道护法"，"弘道明教"，故书称"《弘明集》"。僧祐站在佛教立场上，搜集凡有益于发扬佛教的文字，所收之文上起东汉，下迄僧祐生活的南朝齐梁间。

　　从弘道护法的角度出发，僧祐总结出前朝至他所处时代不利于佛教发展的六种观点："一疑经说迂诞，大而无征；二疑人死神灭，无有三世；三疑莫见真佛，无益国治；四疑古无法教，近出汉世；五疑教在戎方，化非华俗；六疑汉魏法微，晋代始盛。"《弘明集》中收集的文章就是针对这些问题的，所谓"总释众疑"。这些文章涉及的问题，其实远远超过了僧祐列出的六大类，基本上反映了佛教传入中土后与我国固有文化之间的主要矛盾和冲突。在《弘明集后序》中，僧祐从这六个方面一一驳斥其非，如他批驳第二种观点"疑人死神灭"说："若疑人死神灭，无有三世，是自诬其性灵，而蔑弃其祖祢也。然则周孔制典，昌言鬼神。"先后举《易》、《诗》、《礼》、《书》为例，批判"俗士执礼而背叛五经，非直诬佛，亦侮圣也。若信鬼于五经，而疑神于佛说，斯固聋瞽之徒，非议所及"。又如批驳第六种观点"疑汉魏法微，晋代始盛"说："寻沙门之修释教，何异孔氏之述唐虞乎？孔修五经，垂范百王。然春秋诸侯，莫肯遵用，战伐蔑之，将坠于地。爰至秦皇，复加燔烬，岂仲尼之不肖，而诗书之浅鄙哉？迄及汉武，始显儒教，举明经之相，崇孔圣之术，宁可以见轻七国，而遂废后代乎？……故儒术非愚于秦而智于汉，用与不用耳。佛法非浅于汉而深于晋，明与不明耳。故知五经恒善，而崇替随运；佛化常炽，而通塞在缘。"

　　《广弘明集》是《弘明集》的续编，由唐朝僧人释道宣编纂，书名内含"广综弘明"之意。《广弘明集》不仅收集了齐梁以后的相关文章，也补充了《弘明集》未收录的齐梁以前的部分文章以及佛教诗文，共计四百多篇。

　　三教论衡指的是南北朝时期由朝廷以诏令的方式召集三教代表，主要在宫廷内部举行的三教论辩活动，也有少数由寺庙或地方政府组织。论辩过程中，三教代表坐而论道，按照事先确定的惯例或步骤，轮番上场，往返多个回合。整个过程呈现明显的程式化和娱主化倾向，以帝王满意为主要目标。

关于三教论衡，陈登原以为"始于北周，继见于隋"①。较早的记载见于《册府元龟》卷四十："周武帝建德二年十二月，集群臣及沙门、道士等，帝升高座，辩释三教先后。以儒教为先，道教为次，佛教为后。"《隋书·李士谦传》中有主客对谈三教的记载："客又问三教优劣，士谦曰：'佛日也，道月也，儒五星也。'客亦不能难而止。"又韦绚《嘉话录》记载："德宗诞日，三教论议，儒者第一赵需，第二许孟容，第三韦渠牟。"唐代记载三家论衡的史料比较丰富，唐高祖已开其端。《新唐书·儒林传》叙陆德明事，说唐平定王世充后，"高祖已释奠，召博士徐文远、浮屠慧乘、道士刘进喜各讲经，德明随方立义，遍析其要"。可见朝廷公开召集三教名士，共处一堂，各讲其经，并非只讲儒经。这次讲经的结果是"帝大喜"，曰："三人者诚辩，然德明一举辄蔽，可谓贤矣！"如果说陆德明是儒家的代表，那么这一次显然是儒家胜出。释道二教胜负如何，不得而知，可以想象的是，这种讲经结果对双方而言，已无关紧要，与南北朝时期儒道白热化的口舌之辩不可同日而语。

两唐书中的三教论衡大致都是以这种"取悦"圣上的风格被记载下来的。如《新唐书》卷一六七《韦渠牟传》说："贞元十二年，德宗诞日，诏给事中徐岱、兵部郎中赵需、礼部郎中许孟容，与渠牟及佛老二师并对麟德殿，质问大趣。渠牟有口辨，虽于三家未究解，然答问锋生，帝听之意动。"《太平广记》卷二五二《徘优人》引高彦休《阙史》："唐咸通中，俳优人李可及滑稽谐戏，独出辈流。……尝因延庆节，缁黄讲论毕，次及倡优为戏，可及褒衣博带，摄齐以升座，自称三教论衡。"这两次三教论衡的直接效果是"听之意动"、"上意极欢"。贞元是唐德宗年号，咸通是唐懿宗年号，属唐代中、后期。陈登原认为："据上所记，三教论衡，极盛于唐。然在节目进行之内，以优戏列于其后，是则对于三教，均为无情之讽刺。

---

① 陈登原：《国史旧闻》第二册（上），辽宁教育出版社 2000 年版，第 152 页。

盖儒在汉武已后，本有一尊之虚名；佛自六代以来，常得士夫之信仰；道则老子姓李，巧与唐为同姓。势均力敌，此所以有三教论衡之故也。"①"一尊之虚名"虽未必准确，然而三教"势均力敌"的确是唐代盛行"三教论衡"的前提。

"大和元年十月，皇帝降诞日"，白居易"奉敕召入麟德殿内道场，对御三教谈论"。白居易详细记载了参加的三方代表和自己所作序言、僧问，以及往复对、难的过程。三方代表是秘书监、赐紫金鱼袋白居易，安国寺赐紫引驾沙门义林，太清宫赐紫道士杨弘元。白居易记载他作为第一座的开场白是："谈论之先，多陈三教，赞扬演说，以启谈端。伏料圣心，饱知此义；伏计圣听，饫闻此谈。臣故略而不言，唯序庆诞、赞休明而已。圣唐御区宇二百年，皇帝承祖宗十四叶。大和初岁，良月上旬，天人合应之期，元圣庆诞之日。虽古者有祥虹流月，瑞电绕枢，彼皆琐微，不足引谕。伏惟皇帝陛下，臣妾四夷，父母万姓，恭勤以修己，慈俭以养人。戎夏乂安，朝野无事。特降明诏，式会嘉辰。开达四聪，阐扬三教……"②完全是一篇颂词。

三教论衡既有助于儒道释之间的沟通，同时也推动了佛教中国化的进程。陈寅恪在《冯友兰中国哲学史下册审查报告》中说："夫政治社会一切公私行动，莫不与法典相关，而法典为儒家学说具体之实现。故二千年来华夏民族所受儒家学说之影响，最深最巨者，实在制度法律公私生活之方面。而关于学说思想之方面，或转有不如佛道二教者。如六朝士大夫号称旷达，而夷考其实，往往笃孝义之行，严家讳之禁。此皆儒家之教训，故无预于佛者之玄风者也。释迦之教义，无父无君，与吾国传统之学说，存在之制度，无一不相冲突。输入之后，若久不变易，则绝难保持。是以佛教学说，能于吾国思想史上，发生重大久远之影响者，皆经国人吸收改造之过

---

① 陈登原：《国史旧闻》第二册（上），第 153 页。

② 张春林编：《白居易全集》卷六十八《三教论衡》，中国文史出版社 1999 年版，第562 页。

程。其忠实输入不改本来面目者，若玄奘唯识之学，虽震动一时之人心，而卒归于消沈歇绝。近虽有人焉，欲燃其死灰，疑终不能复振。其故匪他，以性质与环境互相方圆凿枘，势不得不然也。"佛教在魏晋时期获得巨大发展并在隋唐时期达到鼎盛，正是陈寅恪归纳的这一规律的体现。

第二章　魏晋南北朝隋唐老学文献
概况及发展特点

中国古代史志目录和各种道教典籍记载的《老子》注疏数不胜数，但是由于众所周知的原因，流传下来的只是其中一小部分。近代以来，以敦煌遗书、马王堆汉墓帛书和郭店战国楚墓竹简为代表的几次重大考古发现，极大地推动了《老子》的文献学整理和思想史研究。本章首先概述魏晋隋唐时期老学著作存佚情况以及近代以来《老子》的文献学整理概况。其次，在基本把握这一时期老学文献整体状况的前提下，总结《老子》的流传及老学发展的阶段性特点。

第一节　魏晋南北朝隋唐老学著作存佚概况

中国历史上系统的图书著录始于西汉后期官方主导的图书整理活动。《汉书·艺文志》记载，秦始皇"燔灭文章"，先秦典籍遭受严重破坏。汉兴，"改秦之败，大收篇籍，广开献书之路"。至汉武帝时，"建藏书之策，置写书之官，下及诸子传说，皆充秘府"，先秦以来的典籍开始得到系统整理。汉成帝时，"以书颇散亡，使谒者陈农求遗书于天下"，光禄大夫刘歆等人受诏校理群书。刘歆校书，每校一书，"辄条其篇目，撮其指意，录而奏之"，称"叙录"。众书叙录完成后，合众篇为一书，称《别录》。刘向去世后，子刘歆继承父业，以《别录》为基础，删繁就简，成《七略》。《七略》将所有图书分为六大类——六艺略、诸子略、诗赋略、兵书略、术数略和

41

方技略，另有辑略为六略之总。六略下再分若干小类。这是我国图书分类目录之始。《别录》、《七略》原书已佚，但《七略》的义例和内容，均保存于《汉书·艺文志》。张舜徽论《汉书·艺文志》，说六艺与诸子实密不可分，皆为"学艺"。古人以"文学"与"诗书百家语"相连并称，用来概括一切书籍，由来已久。"艺文志"之"艺文"，"艺"谓群经诸子之书，"文"谓诗赋文辞。"艺者，学也，谓六种学艺也。旁逮诸子百家，皆以立意为宗，悉可以'艺'统之"①。

《汉书·艺文志》的诸子略以刘歆《七略》分类为基础，首列儒家五十三家，八百三十六篇；次列道家三十七家，九百九十三篇。以下依次列阴阳二十一家，三百六十九篇；法家十家，二百一十七篇；名家七家，三十六篇；墨家六家，八十六篇；纵横十二家，百七篇；杂家二十家，四百三篇；农家九家，百一十四篇；小说十五家，千三百八十篇。从数量上看，道家之"家"数仅次于儒家，但"篇"数却超过了儒家。从《汉书·艺文志》中诸子的先后顺序看，这一排序似乎兼顾了当时诸子的地位和各家著述的数量多寡。道家在这两方面都仅次于儒家，列于儒家之后。

《汉书·艺文志》著录的道家三十七种著作中，有四种以"老子"为题，即《老子邻氏经传》四篇、《老子傅氏经说》三十七篇、《老子徐氏经说》六篇和刘向《说老子》四篇。根据《汉书·艺文志》原注"邻氏传其学"、"述老子学"和"传老子"，这四种典籍中，除了刘向《说老子》四篇体例不明外，其他三种均可能属于《老子》一书的注疏类著述。

《汉书·艺文志》之后，后世官私所修魏晋六朝历代正史均阙艺文志，直到唐修《隋书》，才再续《汉书·艺文志》，改"艺文志"为"经籍志"，著录前代典籍目录。唐之后，后晋刘昫等人所修《旧唐书》和宋祁、欧阳修等人所修《新唐书》均有"艺文志"（按《旧唐书》沿袭《隋书》仍称"经籍志"）。这些正史目录成为我

---

① 张舜徽：《广校雠略　汉书艺文志通释》，华中师范大学出版社 2004 年版，第 167 页。

们了解晋唐时期包括老庄等道家著述在内的子书状况的主要资料来源。除此之外，也有一些相关记载散落在各种官私著述和佛、道典籍中。

魏晋隋唐的《老子》注疏情况，除了上述三种艺文志外，在唐宋道书特别是《道德经》集注本中有较为集中的反映，例如唐初岷山道士张道相（又作"君相"）的《三十家道德经集解》（又作"《三十家道德经集注》"）①、唐末五代道士杜光庭的《道德真经广圣义》序言、南宋饶阳居士李霖的《道德真经取善集》、南宋道士范应元的《道德经古本集注》、南宋道士彭耜的《道德真经集注杂说》的总说部分、南宋道士董思靖的《道德真经集解》、金人赵秉文的《道德真经集解》等。但是这些目录或概述对前代《老子》注疏的记载并不完整，相互之间也有舛误。

晋唐书籍散佚之多，除了时代久远这一历史必然因素影响外，与书籍载体和书写方式因时代递进而不断发生变迁也有着密切的关联。关于造纸术的发明和普遍推广，一般认为《后汉书·蔡伦传》的记载是可信的："自古书契多编以竹简，其用缣帛者谓之为纸。缣贵而简重，并不便于人。伦乃造意，用树肤、麻头及敝布、鱼网以为纸。元兴元年奏上之，帝善其能，自是莫不从用焉，故天下咸称'蔡侯纸'。"汉和帝元兴元年即公元 105 年。所谓"自是莫不从用焉"，表明书写载体以纸代简的历程最早在汉和帝时期可能已经开始，其完成时期大约在东汉末年。

纸张代替简牍，极大地促进了书籍的流传和知识的传播。唐初雕版印刷术兴起后，书籍的刻写和流传更为便利。然而相较传统书写载体简牍来说，纸张也更不易保存。魏晋隋唐四百年间的各种著述，仅史志目录所见，已是车载斗量。可是我们今天能够看到的，仍不过恒河一沙。

---

① 参见蒙文通：《晋唐〈老子〉古注四十家辑存》附录《诸家考略及遗文索引》，见蒙文通：《道书辑校十种》，巴蜀书社 2001 年版，第 251 页。

彭耜《道德真经集注杂说》① 总结前代《老子》注疏，引用了两宋之际藏书家董逌的《广川藏书志》，颇能说明古代书籍亡佚的规律：

> 广川董逌《藏书志》云：唐玄宗既注《老子》，始改定章句为《道德经》。凡言道者，类之上卷；言德者，类之下卷。刻石涡口老子庙中。又云：唐道士张道相《集注道德经》七卷，凡三十家，其名存者：河上公、《节解》、严遵、王弼、何晏、郭象、锺会、孙登、羊祜、鸠摩罗什、卢景裕、刘仁会、顾欢、陶弘景、松灵、裴处思（按，应为"恩"）、杜弼、张凭、张嗣、臧玄静、孟安期、孟智周、窦略、宋文明、褚柔、刘进喜、蔡子晃、成玄英、车惠弼。今考之新旧《唐书》艺文志，则又有毋丘望之、湘（逸其姓）、程韶、王尚、蜀才、袁真、释惠严、惠琳、义盈、梁旷、树锺山、傅奕、杨上善、李允愿、陈嗣古、任真子、冯郭、玄景先生、杨上器、韩杜、梁武帝、梁简文帝、贾大隐、辟闾仁谞、刘仲融、王肃、戴诜、玄宗、卢藏用、邢南和、冯朝隐、白履忠、李播、尹知章、陆德明、陈庭玉、陆希声、吴善经、孙思邈、李含光四十家。而道相所集郭象、刘仁会、松灵、裴处思、杜弼、张嗣、臧玄静、窦略、宋文明、褚柔、刘进喜、蔡子晃、车惠弼，此十四家不著于志。
>
> 按志称道相《集注》四卷，而董所收乃有七卷，恐后人之所增也。我朝崇宁中再校定《道藏》经典，此书藏中已不复见，其余诸家仅存玄宗、河上公、严遵、陆希声四注，及傅奕所传

---

① 彭耜生卒年不详，所著《道德真经集注》序后题有"绍定己丑重九日，鹤林真逸彭耜谨序"。绍定己丑年即南宋理宗绍定二年（1229）；另彭耜为其师白玉蟾编纂的《海琼白真人语录》后有其跋语："载念曩岁丁丑暮春，师辕南游，得遂瞻礼。"落款为"淳祐辛亥季冬甲子，鹤林彭耜稽首敬书"。丁丑年即南宋宁宗嘉定十年（1217），淳祐辛亥年即南宋理宗淳祐十一年（1251），前者为彭耜拜师之年，后者为彭耜编纂语录之年，可见彭耜主要活动于南宋宁宗、理宗朝。参见连镇标、连宇：《彭耜与〈道德真经集注〉》，《人物春秋》2000年第2期。

古本《道德经》耳。外李约、李荣、贾清夷各有注说，王、顾等奉玄宗命撰所注经疏，杜光庭又从而为《广圣义》，亦皆唐人，并见《藏室》①。始知志所著录犹有未尽，惜乎名存而书亡者十盖八九也。②

董逌是两宋之际的著名藏书家，所著《广川藏书志》二十六卷是其私家藏书目录，早佚，后世仅有零星征引。③ 上引第一段为彭耜所引《广川藏书志》原文，应该是董逌对唐道士张道相《集注道德经》的内容提要。董逌在编辑藏书目录时，先列出张道相集注本《道德经》已收唐初以前旧注三十家。修于后晋的《旧唐书·经籍志》收后晋以前旧注四十家，然而这四十家中，见于张书者就有十四家未收入。在引用《广川藏书志》后，彭耜进一步指出，唐人李约、李荣、贾清夷之注，以及王、顾等奉唐玄宗命撰写的经疏以及唐末五代著名道士杜光庭所作《道德真经广圣义》，均为重要注疏，唐志均失载；更令人遗憾的是，到北宋徽宗崇宁年间官修《道藏》时，张道相集注本《道德经》已佚，且张书所记三十家旧注，亦仅存唐玄宗、河上公、严遵、陆希声四注及傅奕所传古本《道德经》数种。彭耜这篇总结性文字，揭示了古代书籍著录之阙以及散佚速度之快。

根据历代志书和近现代学者的梳理和统计，见于文献记载的晋

---

① 彭耜所言《藏室》，应该是指宋神宗时期道士陈景元所著《道德经藏室纂微篇》。正统《道藏》本有瞻山灵应观杨仲庚于南宋理宗宝祐戊午上元日所写陈景元及《藏室》简介："碧虚子陈君景元，师事天台山鸿蒙子张无梦，得老氏心印，有《道德经藏室纂微篇》。盖撮诸家注疏之精华，而参以师传之秘，文义该赡，道物兼明……熙宁中，召对便殿，因进所著。"见《老子集成》第二卷，第577页。
② 彭耜：《道德真经集注杂说》卷上，见《老子集成》第四卷，第700页。
③ 南宋彭耜《道德真经集注杂说》卷上和董思靖《道德真经集解》都引用了董逌这段话。陈振孙《直斋书录解题》在"《广川藏书志》"条下说："以其家藏书考其本末，而为之论说，及于诸子而止。盖其本意专为经设也。"董逌，《宋史》无传，其见于记载的有明确时间的活动发生在绍兴十一年（1141）。参见王宏生：《董逌生平考略》，《古籍整理》2015年第1期。

唐《老子》注疏作品约有八九十家。① 然而，正如彭耜所说："始知志所著录犹有未尽，惜乎名存而书亡者十盖八九也。""古书散失，行世者少"是图书流传的基本规律。

第二节　近代以来传统老学文献目录整理

道家之书有专门书目，始于南朝刘宋陆修静所修《三洞经书目录》。到明代白云霁作《道藏目录详注》，著录正统《道藏》和《续道藏》所含书目，几乎囊括明以前道家道教所有典籍。《老》、《庄》、《文》、《列》等先秦道家诸子之书，在传统目录框架中，隶属于四部分类法中的丙部（子部），并无专书著录。在道教的经典系统中，它们也是与道教丹书、符箓、斋醮、炼养等道经相为混杂。

近代学人受到西方学科分类体系的影响，开始以道家属哲学，而以道教属宗教。与此同时，在不否定二者存在紧密联系的前提下，它们之间的区别得到进一步强调。《老》、《庄》等经典与其他先秦典籍一样，在二千多年的漫长历史中都曾被反复阅读、注释和解读，累积了大量相关文献。对这类文献进行专门统计、考订、著录和研究，成为近代学术史的重要内容。这项工作在 20 世纪早期已经开始，著名版本目录学家王重民编著的《老子考》上下两册，于 1927 年出版，② 开近代专门著录《老子》目录之先河。《老子考》之后最重要的专门目录是 1975 年台湾学者严灵峰编著的《周秦汉魏诸子知见书目》第一卷，该书目的第一部专列"中国老子书目录"，收录中国历史上绝大部分与《老子》相关的著述，隋唐以前史籍所见书目收罗殆尽。本书对晋唐老学文献的梳理，主要参考了这两种目录。

---

① 参见蒙默为《晋唐〈老子〉古注四十家辑存》所作整理后记，见《道书辑校十种》，第 242 页。

② 王重民：《老子考》，中华图书馆协会 1927 年版。严灵峰《无求备斋老子集成续编》收录。

王目和严目著录的《老子》书目，不仅包括后人对《老子》的注疏，也包括与《老子》相关的其他形式的作品，甚至还包括《老子》白文本，旁及当时所见海外译作和研究论著，这是两目的共同点。由于两目著录的作品绝大部分已经亡佚，而大量以"音"、"论"、"说"、"纲"、"钞"、"记"和"要略"等命名的著述可能并非严格意义上的注疏体例，故本书统称为"老学文献"或"老学作品"，而不称"老子注疏"。

《老子考》是王重民在北京师范大学跟随袁守和学习目录学的牛刀小试，从 1925 年冬着手收集资料，到 1927 年春即告完成，当年 7 月作为"中华图书馆协会丛书"第一种，由中华图书馆协会出版。正如袁守和在该书序言中所说，传统目录学或注重学术源流，或偏重版本考证，近代学术分科体系传入中国后，"专门目录之书"远未跟上世界学术步伐，亟待学者补救。王重民当时只有 24 岁，他自谦"年在弱冠，为其稚作"，但是"其书其志，均足以继朱（按，指朱彝尊《经义考》）谢（按，指谢启坤《小学考》）二氏之后"。① 作为中国近代以来第一部专门的老子目录，《老子考》集老学作品著录与研究为一体，首次提要钩录了历代《老子》著述"几五百家"②，成为后来治老学者之门径。

《老子考》包括正文七卷和附录六种，书后附有内容详尽、编次清晰的《老子考》引用书目表和索引表。正文七卷著录汉代至清代的《老子》书目，兼及每种文献的存藏情况记录和作者的初步研究。前三卷分别著录两汉、三国晋六朝和唐代《老子》书目，后四卷分别著录宋、元、明、清四朝《老子》书目。所收诸家《老子》著述，元明以前务求其详。据《老子考》目次统计，其著录的老学著述，汉代十二家，三国晋和六朝八十五家（包括四家见于《隋志》但不详年代的作品），隋唐五代五十三家。若同一著者有多种《老子》著

---

① 袁守和：《序》，见《老子考》，第 1 页。

② "都中外几五百家"为王重民自序所言，据笔者核对，这个数字应该是《老子考》正文和附录部分著录的文献种类的大致合计。

述，则分别计算。正文后附有六种附录，包括：

（1）"存目"。

（2）"通论与札记略目"。这个略目主要著录正文不收的《老子》专书之外各种论说、杂议等文章，如从《韩非子》中析出的《解老》和《喻老》、从《广弘明集》中析出的孙盛的《老聃非大贤论》和《老子疑问反讯》、从魏收《魏书》中析出的《释老志》等。它们都不是专书，却都是阐发《老子》的重要篇章，不断为后人称引。这部分附录弥补了正文因体例限制而不能容纳其他相关文献的缺憾。

（3）"日本老子注疏略目"。日本老学研究历史悠久，成果丰富，王重民当时所见有限，仅列出四种。《老子考》即将付印前，王重民又辗转托人在日本国内收集到不少日人著述，以《老子考补遗》的形式附录在篇末。

（4）"老子译书略目"。著录当时所能收集到的英法德三个语种的《老子》外译本以及外文期刊杂志上的论文。

（5）"老子传记略目"。著录有关老子其人的原始文献及后人研究，上自《史记·老子列传》，下迄当时年轻学人郎擎霄的《老子学案》。

（6）"道德经碑幢略目"。著录历代史书及金石著作中的各种《道德经》碑幢及铭文的存藏情况。

此书刊印多年之后，台湾学者严灵峰将其二十多年里收集整理诸子目录的成果汇编成册，于1975年出版了五卷本《周秦汉魏诸子知见书目》[1]（以下简称"《知见书目》"），他在序言中高度评价王重民《老子考》的学术价值："道书精华，不外《老》、《列》、《庄》三子，本隶丙部，世无专书著录。迨民国十六年，高阳王重民氏撰

---

[1] 中华文化复兴运动推行委员会主编，严灵峰编著：《周秦汉魏诸子知见书目》（全五卷），台北正中书局1975年版。该书以严灵峰先行出版的《老庄列三子》、《墨子》、《管子晏子》三种知见书目为底本，加以补正而成。而历代《老子》注疏文本收录于严灵峰辑《无求备斋老子集成初编》，台北艺文印书馆影印，1965年版大型丛书中。

《老子考》一书，实开《老子》专著书录之先河。"①《知见书目》和《老子考》体例同中有异，它不仅包含了《老子考》已有的大部分内容（《知见书目》不收《老子考》所收序、跋、题、记和论文类目录），并以《老子考》为基础，增补了王目阙载漏录以及20世纪20年代到70年代新增的书目。

《老子考》中的书目（不包括敦煌《老子》文献），著录之时已有取舍，即不录疑为伪托、同书异名之书，以"宁缺不滥"为原则。②而《知见书目》则本着尽力方便学者访求的原则，罗列唐朝之前所有见载于古今史籍的中国《老子》书目，凡一百三十三种（不包括首列的《老子五千言》白文二卷和《韩非子·解老》和《喻老》各一卷），起于河上丈人《老子》，止于无名氏《老子兵书》。和《老子考》类似，严目所收各书性质，以专著为先，"凡专书或读书札记而属于注疏、解释、考证、校勘、章句、音义、评点、辑佚、节本、书录均在著录之列"③。同样出于方便学者访求诸子资料的目的，严目采取了详远略近的策略，即明代以前的论说、杂著等，尽量收录，而序跋和清人与民国以来的论说则割爱不收，其他专书和单篇则入"附目"。严目按照书名、卷数、作者姓氏略历、著作年代、内容概述、存佚状态等类目，依次列表以示，作者自己的观点则在"内容概述"中加以阐述。

王目凭个人精力，在一年多一点的时间内完成，遗漏在所难免，而严目在吸收王目成果的基础上，又经历年艰苦搜检，所得《老子》书目确有较大增加。逐条对照两书可见，严目在王目基础上，新增魏晋六朝《老子》书目五十八种。这些新增书目，有些的确是《老子考》漏载的，也有一些是《老子考》有意舍弃的，例如严目所列河上丈人《老子》，见于南宋谢守灏《混元圣纪》。严目注明"疑系伪托"，而《老子考》弃而不载。严目中还有部分属于失考书目，由

---

① 严灵峰编著：《周秦汉魏诸子知见书目》第一卷《序》，台北正中书局1975年版，第1—2页。
② 王重民：《老子考》自序，第2页。
③ 严灵峰编著：《周秦汉魏诸子知见书目》第一卷《凡例》，第2页。

于资料有限，很难判断是否同书异名或者有意伪托，如李奇《老子注》，仅有数条见于北宋范应元《道德经古本集注》征引，属失考书目，严目皆收，并有简短的说明或考证。由此可见，王目的特点是"真"，所列书目皆有"考"，故曰"老子考"；严目的特点是"全"，过眼全录，故曰"知见"。为便于读者对历代《老子》著述的整体把握，下面先按时代顺序罗列《老子考》著录的三国至隋唐时期的老学文献及存佚情况，再列出严目中我们认为比较重要而王目未著录的书目。

《老子考》著录的书目①：

三国：钟繇《老子训》、董遇《老子训注》、张揖《老子注》、虞翻《老子注》二卷、王弼《老子注》二卷及《老子略论》一卷和《老子指例略》二卷、何晏《老子道德论》二卷、何王等《老子杂论》一卷、王肃《玄言新记道德》二卷（按，《旧唐书·经籍志》将此书系于王弼名下）、钟会《老子道德经注》二卷、荀融《老子义》、范望《老子注训》二卷、葛仙公（葛玄）《老子序次》一卷。

又，两唐志均著录有"葛洪《老子道德经序诀》二卷"，误题"葛玄"为"葛洪"。王重民疑隋志中的《老子序次》即宋志中的葛玄《老子〈道德经〉节解》二卷，而以《老子序次》和《老子道德经序诀》同为葛玄所著。《老子道德经序诀》只是一篇序文，不是专书，故《老子考》正文未予著录。

现存：王弼《老子注》和《老子微旨例略》、《老子节解》辑本数种；南宋李霖《道德真经取善集》等唐宋集注本引钟会《老子道德经注》佚文数条，有辑本数种。见蒙文通《晋唐〈老子〉古注四十家辑存》和严灵峰《老子集成初编》第一卷。

晋：羊祜《老子道德经解释》二卷、王伦《老子例略》、阮籍《通老论》、郭璞《老子注》、蜀才（范长生）《老子道德经注》二卷、佛图澄《老子注》二卷、张凭《老子道德经注》二卷、李轨《老子音》一卷、邓粲《老子注》、戴逵《老子音》一卷、刘黄老《老子

---

① 参见王重民：《老子考》，第77—195页。

注》、鸠摩罗什《老子注》二卷、孙登《老子注》二卷以及《老子音》一卷、王尚《老子述》二卷、程韶《老子集解》二卷、袁真《老子道德经注》二卷、裴处恩《老子注》二卷、张嗣《老子道德经注》二卷、巨生《老子道德经解》二卷、邯郸氏《老子注》二卷、常氏《老子注》二卷、盈氏《老子注》二卷、僧义盈《老子注》二卷、僧肇《老子注》四卷、刘遗民《老子玄谱》一卷、玄景先生《老子道德经简要义》五卷。

现存：无完本。南宋李霖《道德真经取善集》等唐宋集注本引孙登、鸠摩罗什、僧肇等注佚文数条。见蒙文通《晋唐〈老子〉古注四十家辑存》。

六朝：释慧观《老子义疏》一卷、释惠琳（按，"惠"当作"慧"）《老子道德经注》二卷、释慧严《老子注》二卷、王玄载《老子道德经注》二卷、顾欢《老子义纲》一卷及《老子义疏》一卷、沈麟士《老子要略》、祖冲之《老庄义释》、梁武帝《老子讲疏》六卷及《老子义疏理纲》一卷、贺场《老子讲疏》、陶弘景《老子注》四卷、庾曼倩《庄老义疏》、梁简文帝《老子义》二十卷及《老子私记》十卷、梁元帝《老子讲疏》四卷、张系天《老子注》、陆先生《老子注》、孟安排《老子注》二卷、孟智周《老子义疏》五卷、窦略《老子注》四卷、臧玄静《老子疏》四卷、韩壮《老子玄示》四卷、宗塞《老子玄机》三卷、山宗《老子幽义》五卷及《老子志》一卷、庐光《道德经章句》、刘仁会《老子注》二卷、周文帝《老子注》二卷和《老子义疏》四卷、卢景裕《老子道德经传》二卷、梁旷《老子注》四卷和《道德经品》四卷、卢景裕等《老子注》二卷、杜弼《老子道德经注》二卷、周弘正《老子疏》五卷、诸糅《老子玄览》六卷（按，"诸"或应作"褚"）、张讥《老子义》十一卷、张羡《老子庄子义》、韦录《老子义疏》四卷、李播《老子注》二卷、刘仲融《老子道德经二卷》、戴诜《老子义疏》九卷、无名氏《老子章门》一卷、无名氏《老子节解》二卷。

现存：无完本。正统《道藏》原题"吴郡征士顾欢"撰《道德真经注疏》和南宋李霖《道德真经取善集》等唐宋集注本引顾欢、梁武帝、祖冲之、臧玄静、卢景裕等人注《老》佚文数条。见蒙文通《晋唐〈老子〉古注四十家辑存》。

隋唐：刘进喜《老子通诸论》一卷及《老子疏》六卷、陆德明《老子疏》十五卷及《老子音义》二卷、颜师古《玄言新记明老部》五卷、魏征《老子要义》五卷、傅奕《老子注》二卷及《校订古本老子》二卷和《老子音义》二卷、成玄英《老子注》二卷及《道德经开题序诀义疏》七卷、李荣《老子道德经注》二卷、贾大隐《老子述义》十卷、辟闾仁谞《老子注》二卷、孙思邈《老子注》、杨上善《老子道德经注》二卷及《老子道德指略论》二卷、宋文明《老子义泉》五卷、车惠弼《老子疏》七卷、张君相《三十家老子注》八卷、卢藏用《老子注》二卷、尹知章《老子注》、冯朝隐《老子注》、陈廷玉《老子疏》、刑南和《老子注》、唐明皇《道德经注》二卷及《道德真经疏》十卷和《道德真经疏》四卷、李含光《老子学记》一卷及《老子义略》一卷、尹愔《老子新义》十五卷、吴善经《道德经注》二卷及《道德经小解》二卷、王真《道德经论兵要义》四卷、李约《老子道德经新注》四卷、陆希声《道德经传》四卷、杨上器《太上玄元皇帝道德注》二卷、陈嗣古《老子注》二卷、树锺山《老子注》二卷、李允愿《老子注》二卷、冯廓《老子指归》十三卷、谷神子《注诸家道德经疏》二卷、白履忠《老子注》、符少明《道德经谱》二卷、刘应真《道德经解意》、胡超《老子义疏》十卷、安丘《老子指归》五卷、尹文超《老子简要义》五卷、王玄辩《河上公释文》十卷、徐邈《老子注》四卷、何思远《老子指趣》二卷及《老子玄示》八卷、赵坚《老子讲疏》六卷、贾至《道德经述义》十一卷、黎元兴《老子注义》四卷、任太玄《老子注》二卷、申甫《道德经疏》五卷、龚法师《老子集解》四卷、张慧超《老子志玄疏》四卷、强思齐《道德真经玄德纂疏》二十卷、杜光庭《道德经广圣义疏》五十卷、乔讽《道德经疏义节解》二卷、徐铉《三家老子音义》一卷、僧文悦《道德经疏义》十卷。

现存：赵坚《老子讲疏》（即赵志坚《道德真经疏义》）残卷、唐明皇《道德经注》和《道德真经疏》、李约《老子道德真经新注》、王真《道德经论兵要义》、陆希声《道德经传》、杜光庭《道德经广圣义疏》和强思齐《道德真经玄德纂疏》。敦煌遗书发现数种唐代老子残抄本，现当代学者据以辑佚数种，主要有署名颜师古的敦煌残抄本《玄言新记明老部》、成玄英的《老子道德经开题序诀义疏》辑本、李荣的《老子注》辑本。见蒙文通《晋唐〈老子〉古注四十家辑存》。

王目未著录而严目中增加的较为重要的书目有：

《老子道德经节解》二卷，葛玄撰。隋志、新旧唐志、宋志、《通志》均著录"《老子节解》二卷"，未著撰者。该书又称《老子节解》。严灵峰认为《老子节解》的作者是三国时人葛玄，辑有《辑葛玄老子节解》二卷，收入《无求备斋老子集成初编》。

尹先生《老子道德经内解》二卷（宋志著录）、阮籍《道德论》（《世说新语》注引）、阮咸《老子注》（范应元《古本集注》引）、杨孚《老子注》（范应元《古本集注》引）、钟会《道论》二十篇（《三国志》本传引）、杜预《老子注》（薛致玄《开题科文疏》及焦竑《老子翼》附录引）、郭象《老子注》（杜光庭《道德真经广圣义序》等引）、郑隐《老子注》（《崇文总目》著录）、韩伯《老子注》（范应元《古本集注》引）、陆修静《老子道德经杂说》（宋志等著录）、顾欢《老子道德经（义）疏》四卷（《旧唐书》著录，《新唐书》著录为："《道德经义疏》四卷，又《义疏治纲》一卷"）、伏曼容《老子义》（《梁书》及《南史》引）、王俭《老子注》（范应元《古本集注》引）、卢广《道德经章句》（《北史·卢同传》引）、孟智周《老子玄德》（法琳《辩正论》引《诸子目录》）、顾越《老子义疏》（《南史》本传引）。

晋唐《老子》古注的辑佚工作，蒙文通贡献最大。20世纪40年代，他完成《晋唐〈老子〉古注四十家辑存》长文，共辑得晋唐古注四十七家（原书尚存的河上公、王弼、陆希声、李约、王真各家除外），注文近六百条，后收入《道书辑校十种》。这四十七家是佚文尚存的，蒙默在整理后记中说："今兹所辑四十七家遗文见于唐后诸书者，或仅数条、十数条、数十条不等，其逾百条者止《节解》

一家而已。他之四十余家则已无可考见……"① 一些重要历史人物的老学著作仅存数条佚文,如郭象《老子注》仅余六章,钟会《老子注》仅余二十八章。② 这些佚文片段,虽然弥足珍贵,但还不足以反映注者的整体思想。本书在讨论魏晋六朝时期的老学时,只选取了现存文本较多的三种:《老子节解》残本、顾欢《老子义疏》残本以及王弼《老子注》。

隋唐时期的《老子》注疏,除了考古发现和现当代学者辑佚的数种,例如署名颜师古的敦煌残卷《玄言新记明老部》、成玄英的《老子道德经开题序诀义疏》辑本、李荣的《老子注》辑本等,文本能够保存至今的仅有赵志坚的《道德真经疏义》残卷、《唐玄宗御注道德真经》和《唐玄宗御制道德真经疏》、李约的《道德真经新注》、王真的《道德经论兵要义述》、陆希声的《道德真经传》、杜光庭的《道德真经广圣义》和强思齐的《道德真经玄德纂疏》等数种,而它们基本都是赖明正统《道藏》才得以保存。

第三节　近代以来敦煌老学文献目录整理

20 世纪初以来,敦煌遗书中的大量晋唐《老子》白文和注疏抄本陆续被发现,《老子》的文献学研究再次成为学术研究的新热点。

敦煌老学文献基本上可归入敦煌道教类文献中。据估计,已知的敦煌文献总数目是 6 万件左右,其中道教类文献的总数不超过

---

① 蒙默为《晋唐〈老子〉古注四十家辑存》撰写的整理后记,见《道书辑校十种》,第 242 页。

② 《隋书·经籍志》著录钟会著有《老子道德经注》二卷,王重民、蒙文通均有辑佚,严灵峰《老子集成初编》有辑补,近年陈金梁又辑得数条。参见陈金梁:《钟会〈老子注〉与魏初才性之辩》,见王宏志等编:《中国文化的传承与开拓——香港中文大学四十周年校庆国际研讨会论文集》,香港中文大学出版社 2009 年版,第 181—221 页。

1000 件，显得有些微不足道。或许是因为数量较少的缘故，在敦煌文献最初的目录分类中，它们往往与一些杂类文献被置于"非佛教文献"中。比如由陈垣编纂的我国最早公开出版的敦煌文献目录《敦煌劫余录》（1931），将当时京师图书馆馆藏敦煌卷子编为十四秩，按照十个类别编次著录。由于这批卷子绝大部分是佛经，陈垣以佛经内容为中心对它们进行了大致分类，如大乘经、小乘经等，其中第十三秩第十类著录包括道教文献在内的"非佛教文献"（"敦煌卷子中之《道藏》佚书"）。又如 1929—1935 年北京图书馆写经组所编《敦煌石室写经详目》（及《续编》）的分类方法也是在参考了日本《大正藏》和《卍字藏》的基础上形成目录结构，这个目录共分为阿含部、本院部等 26 类，其中最后一类为"附录"，收录"非佛教文献"及"俟考诸经"，道教文献著录其中。① 敦煌文献以佛经为大宗，涵盖的内容异常广泛，将敦煌文献分为佛教文献和非佛教文献，在当时不失为一种简便而又合理的方法。

但是随着公开刊布的敦煌文献数量逐年增多，这样的简略处理自然不能满足敦煌学日益深广的学术需求。在后来逐步问世的众多敦煌文献目录中，针对这部分"非佛教文献"，也有不少采用我国古代图书分类法的主流——四部分类法。例如由王重民编纂出版的《敦煌古籍叙录》，就是按照经史子集的次序，分类著录敦煌遗书中佛、道、经变文等以外的大约 200 种汉文典籍。该目录共计著录经部 24 种，史部 25 种（牒、户籍除外），子部 62 种，集部 33 种（含俗文学作品）。在"编辑述例"中，王重民有两个说明，一个是"又关于佛经、道经、单篇诗文、金石拓本的题记，也不收录"。另一个是"凡古宗教书排在子部佛道之后"。② 可以看出，王重民将佛道典籍分为两类，一类是佛道之"经"，一类是佛道之"子"。敦煌老学文献收录于"子部佛道"中。该目录共收"子部佛道"22 种，其中

---

① 因编于战乱之中，此目录未正式公布。详情参见方广锠：《中国国家图书馆藏敦煌遗书六种目录述略》，《上海师范大学学报》2013 年第 7 期。

② 王重民：《敦煌古籍叙录》，商务印书馆 1958 年版，第 6 页。

有十几种属于传统诸子的道家文献，除《老子》外，还有《庄子》、《文子》、《列子》、《抱朴子》和《老子化胡经》等。排在这些书目之后的另7种"古宗教书"则分属佛教、景教、摩尼教文献，没有道教文献。

其实敦煌道教文献的分类整理工作早在《敦煌古籍叙录》出版之前就已开始，比较早的是陈国符，吉冈义丰和大渊忍尔等日本学者也非常关注这方面的工作。大渊忍尔于1978—1979年出版的《敦煌道经目录编》和《敦煌道经图录编》是这方面的代表作，该目录集学界分类整理敦煌道教文献之大成，自问世以来就是学者的案头必备工具书。

1949年，陈国符出版专著《道藏源流考》，在当时极为动荡的环境中，尽可能对所知敦煌道教文献进行了收集和整理。他利用陈垣《敦煌劫余录》、向达《伦敦所藏敦煌卷子经眼目录》（1939），以及王重民在巴黎国家图书馆抄录的敦煌卷子中的道经目录，汇集了大量敦煌文献中的《道藏》佚书及当时还不知其名的道经。共计著录《敦煌劫余录》中的"敦煌卷子中之道藏佚书"所列道书4种、向达见伦敦藏道书目录40种、王重民见巴黎藏道书目录192种，总计236种。其中有敦煌《老子》文献数种。由于当时能看到的目录和原卷十分有限，陈国符在条列这些道经时，是按照馆藏编号排序，起自2002《无上金玄上妙道德玄经》，止于2407《道德经序诀》，[①]没有根据内容进行实质性的分类。这个目录的优点除了全面汇集之外，还对一些重要道经进行了考证，为以后包括《老子》在内的道经整理和研究奠定了很好的基础。

大渊忍尔花费数十年工夫，于1978—1979年出版《敦煌道经目录编》和《敦煌道经图录编》，囊括了当时所能收集到的全球敦煌道教文献。目录共著录敦煌道经496件，其中《道德经》类抄本有65件，在整个敦煌道教文献中，《道德经》类抄本数量仅次于能够确定

---

① 陈国符：《道藏源流考》，中华书局1963年版，第209—225页。陈书省略了编号中的S和P字样。

道经属性的"灵宝经类"道经（252 件）。鉴于《道德经》类文献较多且特征明显，大渊在"灵宝经类"和"上清经类"之后，专立"道德经类"予以著录。

在大渊目问世之前，中国传统的目录分类系统中从未出现过"道德经类"的专门文献著录。《道藏》使用的是六朝时期形成的三洞四辅体系，《敦煌道经目录编》没有沿用这套体系，而是独创了一套目录分类方法。大渊认为，敦煌文献中的道经是夹杂在大量佛经中被偶然保存下来的，不仅具有"偶然性"，还具有"特殊性"。所谓特殊性，是指"从古道教的整体来看只是极有限且相当偏颇的部分"，在道经体系中也只占极少数且不具有代表性和系统性。再加上他认为明《道藏》使用的三洞四辅道经传统分类法已经失去实际意义，所以《敦煌道经目录编》是按照道经属性进行分类的。这样做的一大好处就是目录中《道德经》类敦煌文献一目了然。次年出版的姊妹篇《敦煌道经图录编》刊布了 300 余件敦煌道经写本的图版，两书对照使用，极为便利。

随着大量新材料不断刊布，大渊目录日益显得过时，对新出敦煌道教文献进行增补和重新编目势在必行。1999 年由李德范主编的大型敦煌文献《敦煌道藏》（全五册）影印本出版，该书共著录了 500 余件敦煌道教文献的图版，比大渊的《敦煌道经图录编》多出了 200 余件，进步显而易见。但是《敦煌道藏》存在收录不够全面、图版不够清晰、道经定名不确等缺憾。① 王卡长期致力于敦煌道教文献的整理和研究，2004 年出版《敦煌道教文献研究——综述·目录·索引》②，这是目前为止，著录敦煌《老子》文献和敦煌其他道教文献最详备的目录。

王卡目录有意抛弃了大渊忍尔的分类法，按照道教经典的传统分类法三洞四辅法对敦煌道经进行重新分类，最大限度体现了对道

---

① 参见刘屹：《李德范〈敦煌道藏〉》，见季羡林等主编：《敦煌吐鲁番研究》第六卷，北京大学出版社 2002 年版，第 384—389 页。

② 王卡：《敦煌道教文献研究》，中国社会科学出版社 2004 年版。

教传统的尊重。他将所有的敦煌道教文献分为十一类（不包括附录部分"其他"），它们是洞真上清部、洞玄灵宝部上、洞玄灵宝部下、洞神及洞渊部、太玄部上、太玄部下、太平部、太清部、正一部、道教经目及类书、道教相关文书。在这十一大类中，第五和第六类是四辅之一太玄部经典，其中上部著录"道德经注及道家诸子经论"，下部著录"本际经、海空经等隋唐经书"。

太玄部上著录有《道德经》类19种，包括《道德经》白文本、注本及少量经论，它们是：《老子道德经序诀》、《老子道德经五千文》（分为甲本有字数注记抄本和乙本无字数注记抄本）、《老子道德经》（白文本）、《太上玄元道德经》（伪抄）、《老子道德经河上公章句》、《老子道德经想尔注》、《老子道德经节解》、《老子道德经论注》（何晏注?）、《老子道德经顾欢注》（拟）、《玄言新记明老部》（颜师古）、《老子道德经开题序诀义疏》（成玄英）、《老子道德经李荣注》、《老子道德经义疏》（佚名）、《唐玄宗老子道德经注》、《唐玄宗老子道德经疏》、《宋文明道德义渊》（拟）、《佚名氏辩道释名论》（拟）、《玄门大论道德义》（拟）和王玄览《道德经论难》（拟）。余下的是《道德经》之外的道家诸子经论，如《南华真经》白文本等。

太玄部上著录的《道德经》类注本，除了《老子道德经河上公章句》和《老子道德经想尔注》两种被学术界普遍认为成书于汉代，其他皆为魏晋隋唐时期的作品。这些《道德经》注的敦煌残抄本，有些是传世文献没有记载的，如《玄言新记明老部》，有的是有记载却无传本的，如《老子道德经想尔注》、《老子道德经开题序诀义疏》等。这些残抄本经整理缀合后，再结合传世文献的征引，有些可以得到部分或全部复原。

王卡目录著录的敦煌《道德经》抄本，无论是在体例格式上还是在内容上，都体现了敦煌学研究百年来取得的最新成就，其进步是显著的。以太玄部上首列的《老子道德经序诀》为例，这篇序文在敦煌抄本中多次出现，一般抄写在道教内部使用的《老子》五千文本经文正文的前面。正统《道藏》所收《老子道德经河上公章句》和宋张氏《道德真经集注》本的前面，都录有此序。在"道德经注及道家诸子经论"条目下，王卡列出了 S.0075、P.2370.1① 等 13 件相关抄本以及附录吐鲁番文书一件。著录目录的同时，王卡对它们的性质和关系进行了分析，比如 S.0075 和 P.2370.1，大渊都有著录，但大渊将前者著录在"其他"类的"道德经序诀"里，后者著录在"无注本道德经"之"A 五千字本"（大渊将无注本道德经分为"A 五千字本"和"B 非五千字本"两类）。王卡将 P.2370.1 的序言单独列出来，置于"老子道德经序诀"中，紧接在 S.0075 后，并加按语如下："按以上两件校补并除重复，可得《序诀》全篇，合计存文 92 行。"② 两者的关系就一目了然了。

　　敦煌道教文献特别是其中的《道德经》类，是晋唐老学的重要组成部分。20 世纪以来，随着敦煌文献的发现和逐步刊布，一些早已湮没在历史中的晋唐《道德经》文献得以重现，一些残损的文献得以进一步完善。在敦煌道教文献目录的著录之外，《道德经》的辑佚、校勘、整理等方面的成果也颇为丰富。其中最值得一提的是唐代高道成玄英的《老子道德经开题序诀义疏》和李荣的《道德真经注》的辑校和整理工作。成玄英书大约在唐代后期已无完本，宋以后全佚。蒙文通结合敦煌抄本和正统《道藏》收录的多种《道德经》集注本的征引，竟得以辑成完书，成《辑校成玄英道德义疏》。③ 唐代另一高道李荣的《道德真经注》，在唐宋时期也颇有影响，除了正统《道藏》所载之外，鲜见其他传本，但是《道藏》本不是完本，仅存原书序文和《道经》三十六章注文，《德经》全缺。幸运的是，敦煌残抄本中有《道经》第三十七章和《德经》四十四章的全部注文。罗振玉曾怀疑其作者是李荣或者隋朝道士刘进喜。蒙文通在辑

---

① 敦煌抄本中的《老子》五千文本有甲乙两种，两种有细微差别，王卡目录中的"老子道德经五千文"分为"有字数注记抄本"和"无字数注记抄本"。他将 P.2370 分为两部分——P.2370.1 和 P.2370.2，其中 P2370.1 著录在"老子道德经序诀"中，P.2370.2 著录在"老子道德经五千文"的"无字数注记抄本"中。参见王卡：《敦煌道教文献研究——综述·目录·索引》，第 158、165 页。

② 王卡：《敦煌道教文献研究——综述·目录·索引》，第 158 页。

③ 《辑校成玄英道德义疏》于 1946 年 5 月辑成，后收入蒙文通《道书辑校十种》。

校成玄英书的过程中，发现"凡引成说诸籍，皆引《李荣注》，因并辑之"，成《李荣注》辑本。这个辑本的《道经》部分可与《道藏》本校勘。《李荣注》辑本既成之后，蒙文通又得友人赠巴黎所藏敦煌无名氏《老子》注抄本三种，"验之其一为《开元御注》，其他二种为李注《德经》之后卷"。巧的是，正统《道藏》残本所佚《道经》第三十七章经注全文，皆存于敦煌抄本《德经》之末。蒙文通遂以敦煌本校《德经》辑本，"于是佚亡已将千载之《李注》，遂亦为完璧，固可异耶"①！

除此以外，近代以来老学文献整理的成果主要有：

（1）蒙文通：《晋唐老子古注四十家辑存》。

（2）楼宇烈：《王弼集校释》，内附《老子道德经王弼注》二卷、《老子指略》等。

（3）严灵峰：《辑葛玄老子节解》。

（4）严灵峰：《辑严遵老子注》。

（5）严灵峰：《辑严遵道德指归论》。

（6）严灵峰：《辑钟会老子注》。

（7）饶宗颐：《老子想尔注校证》。

（8）王卡点校：《老子道德经河上公章句》。

（9）王德有点校：《老子指归》。

（10）郑成海：《老子河上公注疏证》。

（11）王重民：《老子考》。

（12）严灵峰：《老子知见书目》以及《三子论说目录》、《三子版本目录》、《三子序跋题记目录》中的老子条目。

（13）大渊忍尔：《敦煌道经目录编》（上下）。

（14）王卡：《敦煌道教文献研究——综述·目录·索引》。

（15）熊铁基、陈红星：《老子集成》（十五卷）。

本书使用的各种《老子》注疏经注文主要以《老子集成》为底本，同时参考明正统《道藏》所收《老子》注疏及上列整理成果。

---

① 蒙文通：《辑校李荣〈道德经注〉》，见《道书辑校十种》，第554页。

第四节 魏晋南北朝隋唐老学的基本特点

老学史的主要研究对象是历代《老子》注疏文本。和儒家五经一样,《老子》是从先秦流传下来的不朽经典之一,从《韩非子》开始出现注解和论说《老子》的著述。战国秦汉之际流行黄老之学,而黄老之学实际上是托名于黄帝,以《老子》思想为核心,广泛吸收融合诸多思想形成的,体现了道家的包容性。① 东汉末年,儒家章句之学盛极而衰,以《老》、《庄》、《易》三玄为谈资的玄学应时而起,老庄之学大盛,儒生释子兼通老庄,名僧名士往来对谈,几成时代风尚。与此同时,在汉末正式登上历史舞台的道教开始蓬勃发展,老子被信徒尊为道祖,《老子》一书的地位随之上升,不仅成为道士日常诵习的主要经典之一,注解和解说《老子》也成为道教义理发展的重要依托。

隋唐结束了魏晋南北朝近四百年的动荡分裂,儒释道三教并行,道教也在李唐王室的支持下迎来了其发展的黄金时代。道俗两界解《老》释《老》者更多,唐玄宗更是亲注《道德经》,开后世帝王注解《道德经》之先河。这一时期流传下来的《老子》注疏文本,最完整的就是唐玄宗的注和疏,当然还有部分赖明《道藏》得以保存下来的文本,如李约、王真、陆希声的注疏以及唐末道士强思齐和杜光庭的综合性老学著述,它们全都成书于唐玄宗以后。尽管魏晋隋唐大部分《老子》注疏书目只见其名,不得其实,或一鳞半爪,难窥其全,但对于我们了解当时的老学发展情况仍有帮助。通过上节老学文献目录的分析,我们大体上可以总结出该时期老学发展的一些基本特点。

---

① 熊铁基:《秦汉新道家与黄老之学》,《光明日报》2016 年 5 月 16 日。

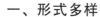

一、形式多样

老学在魏晋兴盛，故两汉称"黄老"而魏晋称"老庄"。见之于文献记载的有一百多种各类老学作品，这个数字完全可以和研究儒家五经的作品数量相媲美。《韩非子》中已有《解老》、《喻老》二篇①专门解释和发挥《老子》思想，涉及今本《老子》八十一章中的二十一章，可以看作是对《老子》最早的专门性研究。秦汉时期，《吕氏春秋》、《淮南子》、《说苑》等典籍中都有大量文句明引和暗引《老子》，对《老子》的某些文句进行新的解释。如《吕氏春秋·君守》暗引《老子》之言："故曰：不出于户而知天下，不窥于牖而知天道，其出弥远者，其知弥少。"今本《老子》第四十七章作："不出户，知天下；不窥牖，知天道。其出弥远，其知弥少。"帛本有字词差异，基本内涵无二。这些都可以看作是对《老子》的直接和间接的运用和研究。

把《老子》作为一本完整的学术经典，对其文字和思想进行系统注解，始于黄老学兴旺的西汉时期。汉初奉行黄老之学，《史记·外戚世家》载："窦太后好黄帝与老子言，帝及太子诸窦不得不读黄帝、老子，尊其术。"班固在《汉书·扬雄传》中指出："昔老聃著虚无之言两篇，薄仁义，非礼学，然后世好之者以为过于五经，自汉文景之君及司马迁，皆有是言。"既然"好之者尚以为过于五经"，专门的注释发挥之作也就应运而生。汉武帝时，儒学取代黄老而获独尊，这以后，《老子》与神仙方士之养生术相结合，《老子》作为指导性的原则，在修身养生的实践中长期流传，传授《老子》心得的人大有人在。东汉末年，儒学危机重重，道家之学复兴，学术向高度抽象化和哲理化的玄学转化，《老子》愈发得到重视，谈老注解成为一种时代风尚，老学作品也渐渐多了起来，到唐代达到一个相

---

① 《韩非子》中的《解老》篇和《喻老》篇，虽然是对《老子》原文的注释和发挥，但方法与后世不同。后世一般是先经后注，《韩非子》却先申说己意，再以"故曰……"二字引出原文；《解老》、《喻老》二篇所据《老子》经文，始于今本第三十八章，采取寻章摘句的方法，涉及八十一章中的二十一章内容，并非完整的注解。

对的高峰。

魏晋隋唐的《老子》研究作品有注、训、说、传、论、义、述、音、要义、要略、例略、注训、解释、章句、集解、解释、义疏、义纲等。其中既有所谓的章句之学，也有义理之学，仅从这些名目即可看出当时对《老子》的研究是比较全面的。其中特别值得一提的是义疏体。魏晋南北朝时期，清谈和佛家讲经盛行。在清谈和讲经过程中，为了便于听众对某一话题或经义的理解，谈者不仅要围绕典籍和经文的文字和典章制度进行训解，还要注意发挥文字内含的义理，即既解经文，又兼解注文，进而发挥己见，此为义疏之由来。据《魏书》卷六十七《崔光传》，北魏崔光崇信佛法，"每为沙门朝贵请讲《维摩》、《十地经》，听者常数百人，即为二经义疏三十余卷"。义疏，简单讲，就是"解说其意"①，以明其义理。受义疏的影响，儒家典籍的注解也开始注重发挥义理，一改汉代章句之学繁琐呆板的寻章摘句之风。儒家典籍的义疏，主要针对的是汉代已作的注释，在此基础上，参照先秦典籍，对原有的经文和汉代的注释进行重新注释，注释过程中再作进一步的辨析，往往会提出一些有意义的新见。如《陈书》卷三十三《儒林传》载沈文阿少承家学，研精章句，长而"又博采先儒异同，自为义疏。治三礼、三传"。注释风格的改变，运用到子书的注释上，道理也一样。魏晋隋唐时期以"义疏"为题的《老子》注释不少，存世者有成玄英的《老子道德经开题序诀义疏》等。义疏体例对于进一步挖掘《老子》的思想，无疑具有促进作用。

二、习老成风

魏晋南北朝时期是一个大动荡大分裂时期。280年，西晋灭吴，完成统一战争，结束了东汉末年以来近一个世纪的分裂局面。但是在"支属肇其祸端，戎羯乘其间隙"的内忧外患之中，西晋政权很

---

① 《汉书》卷七十五《夏侯胜传》："胜复为长信少府，迁太子太傅。受诏撰《尚书》、《论语说》。"颜师古注曰："解说其意，若今义疏也。"

快就亡于匈奴之手，北方也开始陷入长期动荡之中。317年，司马氏在江东重建政权，政治和文化中心逐步由洛阳转入建康。相对北方而言，东晋南朝政局较为稳定，文化血脉传承不断。这一时期的老学也异彩纷呈，尤以南朝为甚。

首先，从文献记载来看，研习、注解《老子》的社会阶层十分广泛，老子其人其书的影响进一步扩大。从注释者的身份来看，既有帝王，如梁武帝、梁简文帝，① 也有寻常百姓；既有道士，也有僧侣和儒者。尤其值得注意的是，由于道教的蓬勃发展，这个时期出现了大量道教信仰者的《老子》注疏，如葛仙翁（葛玄）、范长生、孙登、陆修静、顾欢、沈麟士、孟景翼、梁旷、刘仁会、陶弘景、孟智周、宋文明、窦略、臧玄静、诸糅、赵志坚、成玄英、李荣、杜光庭、强思齐等。儒生研读《老子》更是一贯的传统，魏晋玄学兴盛时期，《老子》作为三玄之一，得到儒生的集中关注，如上列钟繇、虞翻等是著名的《周易》学者，王肃、钟会、荀融是家学深厚的大儒。值得注意的是，汉末魏晋时期研习和注解《老子》者，大多数同时还注释儒家经典。也有不少人兼通三教，以三教互证互诠。如马融是东汉末年的通儒，长于古文经学，遍注儒、道经典，如《孝经》、《论语》、《诗》、《易》、三礼、《尚书》、《老子》、《淮南子》、《离骚》等书；② 作《匡老子》的刘陶，"明《尚书》、《春秋》，为之

---

① 《隋书·经籍志》著录梁武帝有《老子讲疏》六卷，简文帝有《老子义》和《庄子义》各二十卷。又据《颜氏家训·勉学篇》论南朝玄风，"洎乎梁氏，兹风复阐。《庄》、《老》、《周易》，总谓三玄。武皇、简文，躬自讲论"，则当时雅好《老》、《庄》者，自不必一定就是道教信仰者，而只是玄风流扇的表现。但是众所周知，梁武帝早年沉溺道法，中年后舍道归佛。《广弘明集》载梁武帝《舍道归佛文》，自述"弟子经迟迷荒，耽事老子"。《隋书·经籍志·道经部》也说："武帝弱年好事，先受道法。及即位，独自上章。朝士受道者众。三吴及边海之际，信之逾甚。"汤用彤据此认为，梁武帝弱年之所以奉道，"由家世之熏染"，"盖武帝一系恐原系道教世家"。（汤用彤：《汉魏两晋南北朝佛教史》，见《汤用彤全集》第一卷，第358页。）从这个角度看，可以将梁武帝、梁简文帝父子视为道教信仰者。另参见陈国符《道藏源流考》论梁武帝崇道。

② 范晔：《后汉书》卷六十《马融传》，第1972页。

训诂"，又作《中文尚书》；① 作《老子训注》的董遇"历注经传"②；作《老子注》的虞翻"又为《老子》、《论语》、《国语》训注"③；贺场"兼五经博士……撰《五经义》，所著《礼》、《易》、《老庄讲疏》、《朝廷博议》数百篇"④；周弘正"特善玄言，兼明释典，虽硕学名僧，莫不请质疑滞"，"所著《周易讲疏》十六卷、《论语疏》十一卷、《庄子疏》八卷、《老子疏》五卷、《孝经疏》两卷、《集》二十卷，行于世"。梁元帝曾著《金楼子》，称："余于诸僧重招提琰法师，隐士重华阳陶贞白，士大夫重汝南周弘正。其于义理，清转无穷，亦一时之名士也。"⑤ 又如何晏、王弼、钟会、王肃等玄学中人，在儒家经典之外，不仅注释《老子》，还有以"略例"、"论"等为名的综论性质的老学著述问世。这种现象在当时极为普遍，体现了知识分子反对繁琐和呆板，另辟蹊径、会通儒道的努力，汉武帝时期儒道互黜的局面已不复存在。

佛教徒也有注释《老子》者，如佛图澄有《老子注》二卷，名僧鸠摩罗什、释慧观、释慧琳、释慧严都有《老子》注，充分体现了玄学发展到东晋以后与佛学合流的趋势。封建帝王对《老子》感兴趣的也不少，如南朝萧梁王朝中，梁武帝萧衍、梁简文帝萧刚、梁元帝萧绎，父子相承，有多篇《老子》研究作品。武帝有《老子讲疏》六卷、《老子义疏理纲》一卷；简文帝有《老子义》二十卷、《老子私记》十卷；元帝有《老子讲疏》四卷。北周则有周文帝《老子注》二卷、《老子义疏》四卷等。

其次，学习、传授、抄写、注释、实际运用，也是魏晋南北朝老学发展的重要表现。就道教内部而言，天师道自创立以来，就很重视老子其人其书。⑥《三国志·张鲁传》注引《典略》曾记载张修

①　范晔：《后汉书》卷五十七《刘陶传》，第 1849 页。
②　陈寿：《三国志》卷十三《魏志·王肃传》，中华书局 1959 年版，第 420 页。
③　陈寿：《三国志》卷五十七《吴书·虞翻传》，第 1321—1322 页。
④　姚思廉：《梁书》卷四十八《儒林列传》，中华书局 1973 年版，第 672 页。
⑤　姚思廉：《陈书》卷二十四《周弘正传》，中华书局 1973 年版，第 308—310 页。
⑥　参见王承文：《敦煌古灵宝经与晋唐道教》，中华书局 2002 年版，第 267—275 页。

在汉中传播五斗米道时，除了从事符祝治病、净室思过等基本宗教活动外，还非常重视教育信徒学习《老子》。《后汉书·刘焉传》说五斗米道"又使人为奸令祭酒，主以《老子》五千文，使都习，号'奸令'"。敦煌文书中发现的六朝写本《老子想尔注》残卷《道经》部分，饶宗颐认为是五斗米教的头领向群众宣讲《老子》的注解本。张修、张鲁之后，道徒在日常宗教活动中诵读《老子》，成为魏晋南朝的道教传统。

东晋南朝时期，灵宝、上清等新道派也十分重视学习《老子》，并在各自的经典系统中创造性地融汇《老子》的思想，现存道经可以看到这一影响。如敦煌道经 P.2337《三洞奉道科戒仪范》，著录道徒"高玄弟子"所授道经目录为：《老子道德经》二卷、《河上真人注》上下二卷、《想尔注》二卷、《五千文朝仪》一卷、《杂说》一卷、《关令内传》一卷、《诫文》一卷。再如敦煌道经 S.1351《太极左仙公请问经上》尊老子为"太上太极高上老子无上法师"，经云："道家经之大者，莫过《五千文》，大洞玄真之咏也。此经虚远，诵之致大圣为降，云车宝盖，驰骋龙驾，白日升天。《五千文》是道德之祖宗，真中之真，不简秽贱，终始可轮读。敷演妙义则王侯致治，斋而诵之则身得飞仙，七祖获庆，反胎受形，上生天堂，下生人中王侯之门也。"[①]《道藏》收录的六朝道经《太极真人敷灵宝斋戒威仪诸经要诀》云："唯道德《五千文》，至尊无上，正真之大经也。大无不包，细无不入，道德之大宗矣。历观夫已得道真人，莫不学《五千文》者也，尹喜、松、羡之徒是也。所谓大乘之经矣。"六朝道教把以《老子》等经典组成的太玄部经典称为"大乘"。"故正一云，三洞虽三，兼而该之，一乘道也。太玄为大乘、太平为中乘、太清为小乘，正一通于三乘也。"灵宝派有传授《老子》的种种复杂科仪，如《上清太极隐注玉经宝诀》所引《太上玉经隐注》记载了传授《老子》的一套仪法。这说明《老子》是灵宝派的基本经典和主要经典，地位甚高。而大量存世的古灵宝经文也从多方面融摄了

---

① 张继禹主编：《中华道藏》第四册，华夏出版社 2004 年版，第 120 页。

《老子》五千文的义理。

南朝道经《传授经戒仪注决》规定道士应诵习的经目是：太玄部卷第一：老君大字《道经》上；太玄部卷第二：老君大字本《德经》下；太玄部卷第三：《老君道经》上、《道经》下、河上公《章句》；太玄部卷第四：《老君德经》上、《德经》下、河上公《章句》；太玄部卷第五：《老君道经上·想尔训》；太玄部卷第六：《老君德经下·想尔训》；太玄部卷第七：《老君思神图注决》；太玄部卷第八：《老君传授经戒仪注决》；太玄部卷第九：《老君自然朝仪注决》；太玄部卷第十：《老君自然斋仪》。唐玄宗时道士张万福撰写的《传授三洞经戒法箓略说》，在说经演戒的目录序次中，有"道德经目"，依次是："《道德》上下二卷；《河上公注》上下二卷；《想尔注》上下二卷；大存图一卷；《传仪》一卷；《朝仪》一卷；《斋仪》一卷；《老君西升》一卷；《妙真》上下二卷；《内解》二卷；《节解》二卷；《高上传》一卷，《无上真人传》一卷，《紫虚箓》一卷。"《老子》在道教的修道活动中占有重要一席。

三、托老述道

《道德经》注疏在道教义理形成和发展过程中占有十分重要的地位。李养正综论道教义理的发展轨迹，有这样的归纳："考道教义理，主要是沿着三条轨道发展，一是依托《老子》以寄宗，从宗教角度引阐《老子》以为根本教义；二是以鬼神崇拜为实质内涵的符箓醮仪为设教基础；三是以仙道信仰及炼养方术为追求自由幸福、长生久视的途径。道教在修持方面的理论和方法，也主要是沿着三条途径发展，一是清静无欲；二是天神护佑；三是仙术炼养。总之，都不外乎自然天道、神道、仙道相互关联、三位一体的范畴。"[①] 道教徒借助老子的权威地位，以直接依托《道德经》文本为手段，根据不同时代的理论需求，对《道德经》进行不同层面的宗教性阐发，

---

① 李养正：《试论支遁、僧肇与道家（道教）重玄思想的关系》，《宗教学研究》1997年第 2 期。

是道教义理得以建立和发展的基本途径之一。

先秦流传下来的道家典籍中最受后世推崇的无疑是《老子》和《庄子》，汉代已经"老庄"连称。但是在道教的信仰系统中，《老子》和《庄子》的作用和地位都大不相同。《老子》至少在东汉末年已经是道士尊奉和吟诵的对象，从汉末至隋唐，注《老》疏《老》也一直是道教内部的传统。《庄子》大约在魏晋以后才引起道教徒的深入研究的兴趣，魏晋六朝注《庄》疏《庄》者不少，但是基本出自文人士大夫和僧人之手，唐初成玄英作《庄子疏》，被认为是历史上道士注《庄》之始。成玄英之后，道士注《庄》也远不如注《老》。

以《老子河上公章句》和《想尔注》为代表的《道德经》早期注释，已经从整体上将《道德经》纳入了道教的宗教信仰系统。南北朝隋唐时期道教内部所传《道德经》文本以"五千文本"最有影响。此本正文前有一篇序文《老子道德经序诀》，原题"太极左仙公葛玄造"。葛玄为三国时吴人，为葛洪从祖，题名葛玄可能是南北朝道士伪托。序文生动描述了太上道君遣神人河上公下教汉文帝的故事，据说河上公将《道德经》的"希微之旨"传授给汉文帝，自此以后，"道人即信誓传授"。根据序文所述，五千文本自老子于函关授尹喜，传至"至人"河上公，"比字校定"，纠正了"外儒所行杂传多误"的乱象，文本自此获得统一。五千文本的诞生，意味着道教试图通过《道德经》经文的标准化，确定"圣人本文"的权威性，宗教意图十分明确，即序文所说"使与玄洞相应，十方诸天人神仙、天地鬼神所宗奉文同，无一异矣"。序文还借葛玄徒弟郑思远之口，追溯葛玄从其师真人徐来勤处得传授口诀的历史，强调"此文道之祖宗也，诵咏万遍，夷心注玄者，皆必升仙"。[1] 成玄英广引内外典籍，证明老子"西化戎夷，竟无死迹"[2]。道教宣称《道德经》只传授给有"应仙之相好者"，"无应仙之相好者不传"。

---

① 葛玄：《老子道德经序诀》，见《老子集成》第一卷，第195页。
② 成玄英：《老子道德经开题序诀义疏》，见《老子集成》第一卷，第283页。

　　《老子》和《庄子》本身并没有明显的神仙思想，却很早就被信仰者纳入了道教的经典系统。对于这一现象，道教徒自有其宗教性解释。比较有代表性的如唐朝道士吴筠《玄纲论·长生可贵章第三十》所言："又《道德经》、《南华论》，多明道以训俗，敦本以静末，神仙之奥，存而不议。其幽章隐书，炼真妙道，秘于三洞，非贤不传。故轻泄者获戾于天宫，钦崇者纪名于玄录，殃庆逮乎九祖，升沉系乎一身。何可使行尸之徒，悉闻悉见耳。"即所谓"非贤不传"。吴筠曾广引《老》、《庄》经文，解答他人的问难。有人问他："道之大旨，莫先乎老庄。老庄之言，不尚仙道，而先生何独贵乎仙者也？"吴筠说："何谓其不尚乎？曰老子云死而不亡者寿。又曰子孙祭祀不辍。庄子曰孰能以死生为一条。"又问："圣人以形骸为逆旅，此其证乎？"吴筠说："玄圣立言，为中人尔，中人入道，不必皆仙。是以教之，先理其性，理其性者，必平易其心，心平神和，而道可冀。故死生于人，最大者也。谁能无情？情动性亏，只以速死。令其当生不悦，将死不惧，翛然自适，忧乐两忘，则情灭而性在，形毁而神存，犹愈于形性都亡，故有齐死生之说，斯为至矣。何为乎不尚仙者也？夫人所以死者，形也。其不亡者，性也。圣人所以不尚形骸者，乃神之宅，性之具也。其所贵者，神性尔。若以死为惧，形骸为真，是修身之道，非修真之妙矣。老子曰：深根固蒂，长生久视之道。"① 吴筠是道教内丹思想的开创者之一，他对《道德经》在道教修道中的认识具有一定代表性。

　　当然，也有道派和道士不甚重视老庄，但这并非主流，如葛洪《抱朴子》说："昔者之著道书多矣，莫不务广浮巧之言，以崇玄虚之旨，未有究论长生之阶径。"② 他认为："五千文虽出老子，然皆泛论较略耳，其中了不肯首尾全举其事，有可承按者也。但暗诵此经，而不得要道，直为徒劳耳，又况不及者乎？至于文子、庄子、关令

---

① 吴筠：《玄纲论》，见董沛文编：《金丹元旨》，宗教文化出版社 2015 年版，第 63 页。
② 葛洪著，王明校释：《抱朴子内篇校释》卷十四《勤求》，中华书局 1985 年版，第 260 页。

尹喜之徒，其属文笔，虽祖述黄老，宪章玄虚，但演其大旨，永无至言。或复齐死生，谓无异以存活为徭役，以殂殁为休息，其去神仙，已千亿里矣，岂足耽玩哉？其寓言譬喻，犹有可采，以供给碎用，充御卒乏，至使末世利口之奸佞，无行之弊子，得以老庄为窟薮，不亦惜乎？"① 葛洪是金丹思想的集大成者，他深信神仙实有，神仙可求。以此为标准，老庄当然是"泛论较略"的，修道者仅仅暗诵此经自然不够，成仙还要靠服食金丹大药。

以《老》、《庄》为核心的道家经典在道教思想发展史上发挥的作用和影响，蒙文通等学者均已有论述。蒙文通综合刘咸炘等较早涉猎道教的学者的研究，将道教的"思想学说"单独提拈出来，从整体上指出了《老》、《庄》注疏与道教宗派和道教发展史的密切关系：

> 晚周以来之道家，虽不必为道教，然自魏、晋而后，《老》、《庄》诸书入道教，后之道教徒莫不宗之，而为道教哲学精义之所在，又安可舍《老》、《庄》而言道教？顾道教在中国已近二千年，注《老》、《庄》者亦蜂起猬集，一如历代儒家之宗仲尼而注五经，其间旨义之同异不可胜究。而言道教史者每混然不分，未能表见各宗各家之面目。②

在《坐忘论考》中，他再次强调《道德经》注的重要性："至历代《道德经》注，尤为要籍。由今之所存，以推见所亡。大要先后道家思想之变，无不可于《老经》之注求之者。"③ 由于感慨治儒家思想史、先秦诸子学史和佛经史的学者皆能返本溯源，区别经注异同，而"乃道教史之作，于此殆有歉然"，蒙文通首次较为系统地梳理了老学史与道教思想发展史的关系，提出了道教思想发展史的

---

① 葛洪著，王明校释：《抱朴子内篇校释》卷八《释滞》，第151页。
② 蒙文通：《道教史琐谈》，见蒙文通：《古学甄微》，巴蜀书社1987年版，第317页。蒙文通认为《黄帝》、《老子》之书，皆战国晚期之作，今天看来已经过时。
③ 蒙文通：《坐忘论考》，见《古学甄微》，第367—368页。

"五阶三变"说，对我们理解汉魏六朝隋唐老学与道教发展的关系很有启发意义。

五阶是指从汉代到宋代的五个阶段，正如蒙文通指出的："历代道教徒莫不尊《老子》、注《老子》，故论道教思想当以有关《老子》之著作为主。"① 这五个阶段，与其说是道教思想发展的五个阶段，毋宁说是老庄学思想演进过程的五个阶段。第一个阶段，道教于汉魏始兴，源头有三，即太平道、天师道、神仙道共同构成道教的源头；道家盛于晚周，而道教兴起于汉末，两者初无大关系。但道教产生后，遂奉老子为神，尊《老子》、《庄子》为经典，于是道家和道教遂不可分。第二个阶段，魏晋玄风大炽，三玄研究成为热点，老学极盛。主要的道教徒无不注《老》解《庄》，王弼、何晏的《老子注》风行一时，道教理论出现大发展，道教的组织、教仪、经典亦日趋大备。第三个阶段则是隋唐以还，历经一变，以后两个阶段是指隋唐和宋，再历经两变，是为三变。这相当于说六朝隋唐时期是道教思想发生重大转变的时期。这一时期的具体变化，均与道教深入吸收佛教思想有关。在《坐忘论考》一文中，蒙文通还结合唐代坐忘思想的流行，分析了隋唐以降道教受到佛教轮回等观点影响，为之两变的思想理路："隋唐已还道教诸师，皆信轮回之说，不以形躯即身成道为旨要，以不生不死言长生。此为罗什注《老》以来，道家之一变。道家以三一为宗，而归于神与道合，神与道合则不生不死，此余所知于唐、宋道家之说也。隋、唐道士所取于佛法者，为罗什以来之般若宗，司马子微后逮于两宋，道家所取于佛法者为智者之天台宗。不言白日飞升，为隋、唐道教之一变。"司马子微即唐上清道士司马承祯，唐玄宗曾命其校正《道德经》，呼其为"道兄"，被认为是道教名篇《坐忘论》的作者。蒙文通把司马承祯《坐忘论》作为道教思想在唐代发生重大变化的转折点。从司马承祯下至宋代，道教内丹学说取代外丹学说，道教再次发生转变，"宋之道教，凡钟吕传道所谓，实近于陈图南之传，远绍子微，而经箓外丹

---

① 蒙文通：《道教史琐谈》，见《古学甄微》，第 318 页。

之说以衰，此道教之又一变也"。①

　　道教受佛教影响，义理出现新变化，六朝隋唐时期的《老子》诠释集中体现了这些新变化。"言佛学史者，论东土大乘之盛，首为中观宗（三论宗），继之者为天台宗（法华宗），后则为禅宗。余观道教之发展亦与此有关。上已述重玄一宗殆撷取般若之精，而唐世坐忘之说昔人显谓其出于天台，而金、元之全真则禅宗也"②。"自佛法来东土，般若最盛。继之则天台最盛。又继之则禅宗最盛。宜道家进展之迹，亦依此三宗"③。赵志坚和成玄英都是唐初力倡坐忘论的道士，他们的著作《道德真经疏义》和《老子道德经开题序诀义疏》都是以佛入老，重点阐发了坐忘思想，具有浓厚的佛道相融互摄的理论色彩。《唐玄宗御注道德真经》和《唐玄宗御制道德真经疏》的佛教色彩略有减弱，但仍有坐忘论的思想痕迹，特别是《唐玄宗御制道德真经疏》表现更为明显。现存唐中期以后的《老子》注疏中，坐忘论的思想痕迹并未消失，在唐末杜光庭的《道德真经广圣义》中，杜光庭继续了成玄英和唐玄宗的坐忘思想，他对"坐忘遗照"的解释，可谓得坐忘真精神："义曰：坐忘者，堕肢体，黜聪明，遗形去智，以至乎大通，谓之坐忘。至道深微，不可以言宣，止可以心照。既因照得悟，其照亦忘，故曰坐忘遗照。此皆大乘之道也。"④　这也印证了蒙文通对道教思想三变的判断。

　　道教受佛教的影响已大致如上所述。其实，老庄之学本身就是魏晋隋唐时期玄学和道教思想的重要组成部分，也是促进儒道佛三教融合的重要催化剂。这一时期几乎所有《老子》注疏都反映三教互融互通的特点。近代以来，中国传统文化的研究者特别重视发掘道家经典在中国思想史和哲学史上的价值，继蒙文通之后，许多学者续有发明。例如汤一介在《要重视〈道德经〉注疏的研究》一文中，从创建中国经典解释学的角度，以实例论证了《老子》注疏的

---

① 蒙文通：《坐忘论考》，见《古学甄微》，第365—366页。
② 蒙文通：《道教史琐谈》，见《古学甄微》，第325页。
③ 蒙文通：《坐忘论考》，见《古学甄微》，第366页。
④ 杜光庭：《道德真经广圣义》，见《老子集成》第二卷，第27页。

哲学价值。他举出《道藏》所收北宋苏辙的《道德真经注》中有晁说之和熊克的"记"，均谓王弼注《老》深得老子之旨，因此推测苏注可能深受王注影响。另外，金朝赵秉文的《道德真经集注》对《老子》部分经文的注解全引苏注，表明这两个注本存在一定的关联。但是如果具体分析注文，又可以发现苏、赵之注在某些问题比如"仁义"与"道"的关系即儒道关系上，与王弼注有着本质性差别。汤一介借此例说明，对《老子》注疏的研究有助于研究儒道关系发展史。① 此外，他还以宋元《老子》注疏对同一概念的不同解释，比如"此两者同出而异名"的"此两者"，说明经典注疏中核心概念的历时性解释的价值，以此提醒研究者重视此类变化以及这种重视对于创建中国解释学的意义。这些对于我们认识汉魏六朝隋唐时期的老学发展规律具有重要意义。

---

① 汤一介：《早期道教史》（增订本），中国人民大学出版社 2016 年版，第 363 页。

第三章　王弼《老子注》与魏晋玄学

在魏晋玄学名士中，曹魏时期的王弼是公认的天才型人物，生前已有令名，身后盛名有加。汤用彤论魏晋玄学，盛赞"王弼之伟业，固不在因缘时会，受前贤影响。而在其颖悟绝伦，于形上学深有体会"，又说"其思想之自由不羁，盖因其孤怀独往，自有建树而然也"。[①] 王弼一生十分短暂，只活了二十四岁，然而他的《周易注》和《老子注》等经历了时间的检验，成为传世经典。王弼《老子注》是魏晋隋唐时期文人士大夫研习《道德经》的通行读本，在中国思想史上影响深远。

第一节　王弼生平事迹及著述

王弼[②]字辅嗣（226—249），山阳高平人，出身于世家大族。王家在汉魏时期名人辈出，王弼的先祖至少可追溯到东汉安帝时的太尉王龚，《后汉书》卷五十六《王龚传》说到王龚的出身时，已经用"世为豪族"来表达。王龚初举孝廉，稍迁青州刺史，在青州刺史任上，因不畏强暴，"劾奏贪浊二千石数人"，得汉安帝赏识，征拜尚书，后转太仆、太常、司空，拜为太尉，为汉三公。王龚子王畅，

---

① 汤用彤：《王弼之〈周易〉、〈论语〉新义》，见《魏晋玄学论稿》，第 82—83 页。
② 王弼的生平事迹，可参见王葆玹著《正始玄学》（齐鲁书社 1987 年版）、王晓毅著《王弼评传》（南京大学出版社 1996 年版）。

名在八俊，官至御史中丞、司空，继其父为三公。《后汉书》卷六十一史臣论赞说到汉顺帝时，"士得用情，天下喁喁仰其风采"，极力表彰"王龚、张皓虚心以推士"。又论桓灵之时"硕德继兴"，匡难济时，激扬风流，所列"硕德"就有王畅。王弼祖父名王凯，娶汉末群雄之一荆州牧刘表的女儿为妻。王凯有族弟王粲，为"建安七子"之一，王粲的祖父就是王畅。王粲有二子，因受建安末年魏讽谋反事件牵连，被诛，绝后，魏文帝将王凯之子王业过继给王粲为嗣。王业生王宏和王弼两兄弟，官至魏尚书郎、谒者仆射。王弼为王粲之嗣孙。

王弼个人生平资料主要来自《三国志·魏书》卷二十八《钟会传》裴松之注引何劭为王弼所作传记。另外，《世说新语》、《博物记》、《晋书》等史籍也零散提到王弼。根据这些记载，可知王弼早慧亦早卒。《钟会传》叙述钟会生平，在结尾处有一小段文字涉及王弼：

> 初，会弱冠与山阳王弼并知名。弼好论儒道，辞才逸辩，注《易》及《老子》，为尚书郎，年二十余卒。

裴注所引何劭《王弼传》，文不足一千，但却透露了不少有关王弼的关键信息。传文除了大致交代王弼不甚成功的仕途之外，主要突出的是他的高识卓才和不通世务。如称王弼"幼而察慧"，"天才卓出，当其所得，莫能夺也"，"性和理，乐游宴，解音律，善投壶"等。当时的名士裴徽、傅嘏、何晏、钟会、司马师等人，无不称誉。从传文还可以看出，王弼年少，专精学问，不谙世务，对曹爽和司马氏集团的政治斗争不敏感，远不如与他年龄相仿且相善的钟会，如传文说"弼通俊不治名高"，"为人浅而不识物情"等。王弼曾得到正始时期曹魏集团的核心人物吏部尚书何晏赏识，于正始九年（248）出任尚书郎。但是"弼在台既浅，事功亦雅非所长，益不留意焉"，终究未得重用。当时王弼年轻气盛，仕途受挫后，心有不满，与王黎、荀融等人的友情也因此不能持久。正始十年，曹爽集团在高平陵事件中被司马氏一网打尽，何晏被杀，王弼可能受到牵连，"以公事免"。同年秋天，王弼"遇疠疾亡，时年二十四，无子，绝嗣"。

王弼的早慧和卓识，与他的家族及其交游有密切的关系。据《三国志·魏书·王粲传》和裴松之注引《博物记》，汉末名臣蔡邕十分欣赏王粲，王粲首次拜访蔡邕时，蔡邕激动得连鞋子穿倒了都没发觉。晚年蔡邕将藏书近万卷悉数赠予王粲。王粲去世后，蔡邕赠给王粲的书籍，全部由王弼父亲王业继承。可想而知，和同龄人相比，王弼的家族为他提供的教育条件是多么优越。

王弼很早就显露出超出其年龄的智慧。王弼十七岁时与吏部侍郎裴徽相遇，据说裴徽"一见而异之"，与之论圣人与老子的关系，王弼语惊四座。这段著名的对话，何劭《王弼传》记录如下：

> 时裴徽为吏部郎，弼未弱冠，往造焉。徽一见而异之，问弼曰："夫无者诚万物之所资也，然圣人莫肯致言，而老子申之无已者何？"弼曰："圣人体无，无又不可以训，故不说也。老子是有者也，故恒言无所不足。"

《世说新语·文学》对这次见面的描述大致相同，唯王弼的回答，字句稍有不同："圣人体无，无又不可以训，故言必及有。老、庄未免于有，恒训其所不足。"

何晏为一时士林领袖，长王弼二十多岁。据《世说新语·文学》记载，两人首次见面的情形如下：

> 何晏为吏部尚书，有位望，时谈客盈坐。王弼未弱冠往见之。晏闻弼名，因条向者胜理，语弼曰："此理仆以为极，可得复难不？"弼便作难，一坐人便以为屈。于是弼自为客主数番，皆一坐所不及。

何劭《王弼传》说何晏"甚奇"王弼，发出"后生可畏"的感叹："仲尼称后生可畏，若斯人者，可与言天人之际乎！"传文还记载了王弼如何挑战了何晏的权威观点：

> 何晏以为圣人无喜怒哀乐，其论甚精，钟会等述之。弼与不同，以为圣人茂于人者神明也，同于人者五情也。神明茂故能体冲和以通无。五情同故不能无哀乐以应物，然则圣人之情，应物而无累于物者也。今以其无累，便谓不复应物，失之多矣。

《世说新语·文学》还记载，何晏曾注《老子》，"始成，诣王辅嗣。见王注精奇，乃神伏曰：'若斯人，可与论天人之际矣！'因以所注为《道》、《德》二论"。又："何晏注《老子》未毕，见王弼自说注《老子》旨。何意多所短，不复得作声，但应诺诺。遂不复注，因作《道德论》"。从上述记载来看，至少在对《老子》的疏解上，王弼为之一时之冠。

王弼与裴徽、何晏所谈之理，正是当时名士关心的一大问题即圣人的人格问题。《王弼传》说，何晏"以为圣人无喜怒哀乐"，喜怒哀乐是情，也就是说何晏主张圣人无情。这种说法为时人认可，何劭说"其论甚精，钟会等述之"。但是王弼不赞同何晏，主张圣人有情，"以为圣人茂于人者神明也，同于人者五情也。神明茂故能体冲和以通无"。圣人与凡人一样，都有五情，圣人之情与凡人之情的区别在于圣人"应物而无累于物者"。王弼认为圣人不同于凡人的是"神明"，神明是圣人之所以为圣人的决定性因素。照何晏的圣人无情之说推理，无情之圣人也是不能应物的。

裴徽首次见到王弼，讨论的也是有关圣人人格的话题。王弼论无和有的关系，以"圣人体无"而"不说"无，老子"言无"（《老子》书是明证）是"有者"来评判孔老位次，认为"老不及圣"。裴、王表面上谈的是有和无的关系，实际上谈论的是孔老关系或者说名教与自然的关系，体现在哲学上则是圣人人格问题，是本末、体用问题。老不及圣说对玄学的发展影响很大，西晋时期郭象上承王弼圣人人格说，进一步发挥了《庄子》的"内圣外王"说。汤用肜论向秀、郭象之庄学，说郭象注《庄子》，大论庄周之人格，其说与上引王弼评论老庄之义"实颇相同"："此言圣人体无，于无反莫肯致言。老庄于体无则有所不足，乃申之无已，而发为狂言。"而郭象在其《庄子注》序文中称，"心无为者，则'言唯谨尔'（用《论语》句，本指孔子），未体化者，则'游谈于方外'（《庄子》）。王曰，言及有，乃足以训。郭曰，言非物事，虽高不行。郭说与王弼论圣人与老、庄之不同，实无有异也"。结合王弼《论语释疑》佚文"子欲无言，盖欲明本，举本统末以示物于极者也"，证以《论语》"子曰，予欲无言"，可见"孔子固亦王辅嗣之圣人也"。[①]

王弼著作不少，[②] 主要有《周易》、《老子》、《论语》三注。根据何劭《王弼传》的记载，王弼"注《老子》，为之《指略》，致有理统。著《道略论》，注《易》，往往有高丽言"。又说："太原王济好谈，病《老》、《庄》，常云：'见弼《易》注，所悟者多。'"此可见王弼在当时的声望。现存王弼著作主要有《老子注》（或称《老子道德经注》、《道德真经注》等）、《老子微旨例略》（或称《老子指略》、《老子指略例》）、《周易注》、《周易略例》，以及《论语释疑》辑本。《老子微旨例略》可能是《老子注》的附属部分，属于例言或后叙性质，原本与《老子注》合为一体，后代才拆分为二。《周易略例》和《周易注》大概也是这种关系。

王弼所有著述中，影响最大的是《老子注》和《周易注》。《老子注》受后代推崇的程度，陆德明的论说颇能说明问题："其后谈论者，莫不宗尚玄言。唯王辅嗣妙得虚无之旨。（今依王本博采众家，以明同异）。"[③] 王弼老学先受推崇，其后则是其易学。如王葆玹所论，"自魏正始至东晋末年，何晏、王弼的老学影响很大，其易学则

---

① 汤用彤：《向郭义之庄周与孔子》，见《魏晋玄学论稿》，第98页。
② 历代史志书目著录王弼著作很多，除《老子注》、《周易注》、《周易略例》外，还有《老子微旨例略》（或称《老子指略》、《老子指略例》）、《道略论》、《老子杂论》、《老子略论》、《道德略归》、《周易大演论》、《周易穷微》、《易辨》、《易论》、《易传纂图》、《论语释疑》及《王弼集》等。参见王葆玹《正始玄学》第三章。
③ 陆德明：《老子音义》，见《老子集成》第一卷，第261页。

未能与王朗、王肃抗衡。至宋齐之际，玄学的易学著作才成为《周易》的权威注释，而其老学仍然盛行"。唐代，王弼老学逐步让位于其易学，加上重玄学兴起，王弼老学渐衰。就道家老学和庄学而言，王弼注《老》和向郭注《庄》，同为魏晋时期的名作，然而只有王弼老学在南朝曾立为官学（玄、佛、儒、道四门中的玄学），"南朝官学中的玄学著作主要是王弼作品，向、郭《庄子注》的地位不很显著。……何晏王弼的著作与东晋南北朝玄学的关系，有似先秦六经与汉代经学的关系"①。

后人总结西晋亡国的历史教训，往往归罪于魏晋士风大变，从士人放诞，不守礼法，进一步溯源正始玄风之滥觞，矛头直指何晏、王弼，认为二人实为罪魁祸首。顾炎武《日知录》卷十三"正始"条是比较典型的例子，文中举出若干例证说明两晋南朝人如何企慕正始玄风，以证其负面影响之大。例证中的"正始之音"、"正始余风"和"正始中人"等等都可以看作是两晋南朝对正始名士和正始玄风的追念。顾炎武说，"是以讲明六艺，郑、王为集汉之终；演说老庄，王、何为开晋之始"，表面看来是学术上的总结，实际上却是将西晋亡国的历史后果加于王弼、何晏为代表的正始玄学头上，这与东晋范宁批评何王二人之罪深于桀纣②没有根本不同，与《晋书·儒林传序》说西晋士风是"摈阙里之典经，习正始之余论，指礼法为流俗，目纵诞以清高"的论调，一脉相承。当然，这样的看法是偏颇的，当今学界已多有讨论。

实际上，王弼主要活跃在齐王曹芳正始时期，尽管这一时期曹氏和司马氏集团的权力斗争暗潮汹涌，政治上的改制运动也与玄学有一定的关系，但是由于王弼年少，在政坛上并无多少实质性表现，且王弼在高平陵事变后不久就去世了，远不如夏侯玄、何晏、钟会

① 王葆玹：《正始玄学》，第7—8页。

② 西晋亡于玄学，何、王为罪魁祸首之论，以东晋范宁最有代表性。后世虽然也有为玄学辩诬者，但直至近代，类似范宁的观点仍在流行，如余嘉锡《世说新语笺疏》在李慈铭议论下加按语："谓荀、陈虚声诚是。欲为王、何减清谈之罪，则非事实。"见余嘉锡：《世说新语笺疏·品藻第九》，中华书局2007年版，第600页。

等玄学名士对曹魏和西晋政治的影响，因此王弼的著述应该尽量置于思想学术发展的脉络中去认识，而不必从政治上过度解释乃至附会。

第二节　《老子》与魏晋玄学

汤一介为《魏晋玄学论稿》撰写导读，说"自用彤先生始，学界统称魏晋思想为魏晋玄学"①。在现代学者的中国思想文化史研究中，"魏晋玄学"常常与汉代经学、隋唐佛学和宋明理学相提并论，被用来概括魏晋时期的主要思想潮流，同时彰显这一阶段的时代特色，这已经是通例。其实以何晏、王弼为代表的学术，在三国两晋的历史文献中，一般称为"贵无"之学，不称其为"玄"学。裴頠著《崇有论》，也是以"贵无之议"称呼何、王为代表的言论。他批评贵无之议，是从贵无对传统礼法的破坏及其政治危害立论："察夫偏质有弊，而睹简损之善，遂阐贵无之议，而建贱有之论。贱有则必外形，外形则必遗制，遗制则必忽防，忽防则必忘礼。礼制弗存，则无以为政矣。"②

汤用彤认为魏晋玄学之所以为魏晋玄学，在于其思想体系中的哲学创新，即玄学为"本体之学，为本末有无之辨"，这是从纯粹的哲学角度做出的判断而无关乎现实政治问题。按此原则，他首次系统梳理了"玄风"渐起及其思想变迁历程，而这一历程，又主要紧

---

① 汤一介、孙尚扬：《〈魏晋玄学论稿〉导读》，见《魏晋玄学论稿》，第4页。
② 房玄龄等：《晋书》卷三十五《裴頠传》，第1044页。另余嘉锡说："《魏志·裴潜传》注引陆机《惠帝起居注》云：'頠理具渊博，赡于论难。著《崇有》、《贵无》二论，以矫虚诞之弊。'嘉锡案：頠《贵无论》即附《崇有论》后。此引无'贵无'二字，盖宋人不考《晋书》，以为頠既'崇有'不应复'贵无'，遂妄行删去。不知《崇有》只一篇，安得谓之二论乎？"见余嘉锡：《世说新语笺疏·文学第四》，第239页。

扣汉代宇宙论如何演进为魏晋玄学之本体论的问题，涉及新旧思想的交替和玄学的内在发展逻辑。王弼的老学、易学是玄学发端的正始时期的重要著作，被认为是从汉代旧学（易学）向新学（玄学）转变的枢纽，是玄学本体论得以建立的关键。

在正始玄学家眼里，虽然老子不能体无、老子不及孔子、老子达不到儒家圣人的境界，但老子却在五千文中表达了圣人所没有言说的最高真理，伏羲和孔子等玄圣素王所体之道正是这个由五千文所表达出来的最高真理，因此《老子》在正始时期备受玄学家的重视。正始玄学家们的任务就是通过儒道会通的学术理路发掘出《老子》五千文内涵的最高真理。

众所周知，魏晋玄学又称"玄理之学"，或者"玄远之学"，因为它研究的是具有浓厚思辨色彩的抽象的"玄理"。魏晋史籍多言某人崇尚"玄远"，好谈"玄理"，或者善言"玄理"，好"玄言"。所谓"玄理"、"玄言"，其实就是玄学家谈论和研究经典时体现出来的一种学理，代表着一种有别于汉代经学传统的新的学术方向。"汉代经学依于文句，故朴实说理，而不免拘泥。魏世以后，学尚玄远，虽颇乖于圣道，而因主得意，思想言论乃较为自由。汉人所习曰章句，魏晋所尚者曰'通'。章句多随文饰说，通者会通其义而不以辞害意"①。汤用彤对魏晋人治学方法的揭示，着眼于一个"通"字，那么汉人的治学特点便可以用"滞"来概括。若就经典的注释来看，则可以说汉人是章句之学，魏晋人是玄理之学。王弼注《老子》，首先是在方法上自觉扬弃了汉人的"随文饰说"，而代之以不拘泥于原文、不"以辞害意"的"会通"之法，这个方法就是"得意忘言"，或者叫"不以辞害意"。这个会通，其本质不仅是指内容上的儒道会通，更是解经方法上的扬弃和更新。

玄理之学的一个重要特点就是崇尚玄远，而"玄远"又是历来学者对道家特别是对《老子》思想的总体概括，因此"玄理"本质上应该是《老子》之学。《老子》之学被称为玄远之学，是由于《老

① 汤用彤：《言意之辨》，见《魏晋玄学论稿》，第 27 页。

子》将宇宙万物的根源和本始概括为一个"道"字，并赋予其虚无缥缈、玄妙不测的属性。在《老子》五千言中，共有 11 次提到"玄"，其中，最具代表性的是第一章对道的描述："道可道，非常道。名可名，非常名。无名，天地之始；有名，万物之母。故常无，欲以观其妙；常有，欲以观其徼。此两者，同出而异名，同谓之玄。玄之又玄，众妙之门。"此章述道和有无问题，用"玄"三次，把道进行了多重玄化。除了第一章以"玄之又玄"描写道的特点之外，在其他章节也使用了不少"玄"字，如第六章："谷神不死，是谓玄牝。玄牝之门，是谓天地根。"第十章"涤除玄览"、第十六章"古之善为道者，微秒玄通，深不可识"。还有"玄德"（第五十一、五十六章）、"玄同"（第五十六章）等种种说法。

《老子》虽然谈玄，其文辞意蕴充满玄妙之况味，但《老子》更是在谈论社会政治，所谓"君人南面之术"，书中对宇宙、人类社会的卓越远见及为圣为君之高超智慧随处可见。《老子》为了论证圣人和君子之为人处世的根本道理和原则——无为，往往要以天道证人事。有关"天"的学问是一个大课题，天之道为天道，天道是人道的来源和根据，是永恒的法则和规律。为了描述天或道的不可言说、不可模拟，老子开篇便用了三个"玄"字来名其不可名，道其不可道，这是老子被后人称为玄远之学的根本所在。

这里有必要追溯一下"玄"字的本义。许慎《说文解字》释玄："玄，幽远也。象幽，而人覆之也。黑而有赤色者为玄，凡玄之属皆从玄。"则玄的本意指赤黑色。所谓"赤黑色"，段玉裁在《说文解字注》中说，许慎以赤黑色释玄，"此别一义也"。段玉裁认为，古代的织物随所染颜色深浅而有不同的名称："凡染、一入谓之縓，再入谓之赪，三入谓之纁，五入为緅，七入为缁。"而按照郑玄注《周礼》和《仪礼》，则赤可能是四入之色，玄则是六入之色。六入之色介于緅和缁之间，尚留有赤色，故曰"黑而有赤色者为玄"。"玄"的本义是赤黑色，这是没有疑义的。

但是汉代"玄"字已从其赤黑色之本义引申出多方面的象征意义，《说文解字》就说"玄"是"幽远"之象征。又释"幽"为

"隐"。段玉裁注云："毛曰：'幽：黑色也。'此谓幽为黝之假借。""幽"字取其遮蔽于山后之意，故引申为黑色。许慎用"幽"释"玄"，揭示了"玄"被抽象化为隐蔽不见乃至幽深之意。但是为何"玄"有"幽远"之意，大概正如宋代苏辙所推测："凡远而无所至极者，其色必玄，故老子常以'玄'寄极也。""幽远"作为"玄"的引申义，"幽"字侧重于老子所言"道"的"夷"、"希"、"微"等"无状之状，无物之象"的本体性特征，而"远"字则侧重于说明道是"象帝之先"、"众妙之门"的终极性特征。

《老子》的"玄"论对后世思想产生了深远影响，东汉流行的元气化生宇宙说，就往往用"玄"描述作为万物之根的"元气"，也有直接把"玄"看作是宇宙根源的，如张衡论玄："玄者无形之类，自然之根；作于太始，莫之与先；包含道德，构掩乾坤；囊龠元气，禀受无原。"[1] 扬雄论玄："夫玄也者，天道也，地道也，人道也，兼三道而天明之，君臣父子夫妇之道"。"玄者，幽攡万类而不见形者也。资陶虚无而生乎规"。[2] 这些对玄的描写，都突出玄作为万物之本的无形、玄妙特征，与《老子》中的"玄"义大致相同。虽然汉代人谈玄和魏晋人谈玄，"固有根本之不同"，[3] 但汉代人语言和文字中的"玄"确已具有宇宙之根本道理的抽象之意，尽管尚不充分。扬雄把玄理解为"天"和天之"道"，并由天道而言地道、人道，这也和老子的思路是一致的。正如桓谭所说："扬雄……言圣贤著法作事，皆引天道以为本统，而因附属万类王政人事法度。"近人朱谦之《老子校释》说："盖华夏先哲之论宇宙，一气而已，言其变化不测，

---

[1]　转引自惠栋撰，郑万耕点校：《周易述》卷二十三《易微言下》，中华书局 2007 年版，第 462 页。

[2]　扬雄著，司马光集注，刘韶军点校：《太玄集注》卷十《玄图》，中华书局 1998 年版，第 212、184 页。

[3]　汤用彤认为："汉代偏重天地运行之物理（即本质），魏晋贵谈有无之玄致（即本体）。二者虽均尝托始于老子，然前者常不免依物象数理之消息盈虚，言天道，合人事；后者建言大道之玄远无朕，而不执着于实物，凡阴阳五行以及象数之谈，遂均废置不用。因乃进于纯玄学之讨论。汉代思想与魏晋清言之别，要在斯矣。"参见汤用彤：《魏晋玄学流别略论》，见《魏晋玄学论稿》，第 44 页。

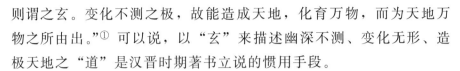

则谓之玄。变化不测之极，故能造成天地，化育万物，而为天地万物之所由出。"① 可以说，以"玄"来描述幽深不测、变化无形、造极天地之"道"是汉晋时期著书立说的惯用手段。

《老子》谈玄理，魏晋学者赖以为谈资，由此渐生专谈玄理的新思潮——玄学。对于老庄之玄论在魏初的兴起，《文心雕龙·论说》云："魏之初霸，术兼名法。傅嘏、王粲，校练名理。迄至正始，务欲守文。何晏之徒，始盛玄论。于是聃、周当路，与尼父争途矣。"自何晏"始盛玄论"，终整个魏晋南北朝时期，"玄"和"老庄"常常被联系在一起，以致颜之推把《老》、《庄》、《易》总称为"三玄"。三玄之"玄"和玄学家谈论的"玄理"在本质和精神上是相通的。玄学家谈论三玄、注解三玄并不是照搬三玄的"玄"理，否则，玄学就不成其为玄学了。仅就三玄之一的《老子》而言，玄学之"玄"和《老子》之"玄"既相关联又相区别。《老子》的"玄"意为玄妙不测，玄学的"玄"则意在抽象的思辨，更多地与精神境界和形上本体论相关联。

魏晋时期，凡是谈论和研究道家的学问，都被称为玄远之学，如《世说新语·归箴》说王衍"雅尚玄远"。《晋书·陆云传》记载的陆云夜游王弼之冢的故事中，就明言陆云与王弼"共谈《老子》，辞致深远"，并说"云本无玄学，自此谈《老》殊进"。这个故事中最值得注意的有两点，其一是说《老子》辞致深远，"深远"实际上与"玄远"同义；其二是把《老子》和玄学直接对应起来，老学就是玄学。玄学原本只在京师洛阳盛行，上述故事中陆云未入洛阳之前，在吴地接受的是传统的儒家经学教育，后来夜入王弼之冢，与之谈论《老子》，由此才算是知玄学。

魏晋南北朝注解《老子》作品甚多，有些是完整的注解，有些是综合性的概论，今存作品除王弼的《老子注》以外，众多的老学作品已湮没在历史洪流之中。偶有片言只语残留，亦难窥全豹。据汤用彤分析，王弼之所以对《老子》感兴趣，兼注《老子》和儒家

---

① 朱谦之：《老子校释》，中华书局 2000 年版，第 7 页。

经典《周易》、《论语》，其实与他想要通过重新注解《论语》和《周易》，突破旧经学之陈义、进一步"发明圣道"有关，"王弼之所以好论儒道，盖主孔子之性与天道，本为玄虚之学。夫孔圣言行见之《论语》，而《论语》所载多关人事，与《老》、《易》之谈天道者似不相侔。则欲发明圣道，与五千言相通而不相伐者，非对《论语》下新解不可。然则《论语释疑》之作，其重要又不专在解滞释难，而更在其附会大义使与玄理契合"①。

至于王弼为何特别重视《老子》并以新的方法重新注解《老子》，与王弼对《老子》一书以简驭繁之特质的认识有关，王弼说：

> 然则，老子之文，欲辩而诘者，则失其旨也；欲名而责者，则违其义也。故其大归也，论太始之原以明自然之性，演幽冥之极以定惑罔之迷。因而不为，损而不施；崇本以息末，守母以存子；贱夫巧术，为在未有，无责于人，必求诸己；此其大要也。……老子之书，其几乎可一言而蔽之。噫！崇本息末而已矣。观其所由，寻其所归，言不远宗，事不失主。文虽五千，贯之者一；义虽广瞻，众则同类。解其一言而蔽之，则无幽而不识；每事各为意，则虽辩而愈惑。②

汉末魏晋时期，不少人注解过《老子》或者提倡老学，如汉末经学家马融有《老子注》，郑玄也曾注《老子》。曹魏时期最著名的则有何晏的《老子注》、《老子道德论》，③钟会《老子注》以及王弼的《老子注》、《老子微旨例略》等老学著作。何晏、钟会著作已佚。王弼的《老子注》是对《老子》一书各章句的具体注解，《老子微旨例略》则是对《老子》思想的综述。有关王弼老学的研究已多，特别

---

① 汤用彤：《王弼之〈周易〉、〈论语〉新义》，见《魏晋玄学论稿》，第82页。

② 王弼：《老子微旨例略》，见《老子集成》第一卷，第238—239页。

③ 《世说新语·文学》："何晏注《老子》未毕，见王弼自说注《老子》旨。何意多所短，不复得作声，但应诺诺。遂不复注，因作《道德论》。"今二文均不存，唯《道德论》为《列子》张湛注所引数条见存。

是汤用彤进行的开创性研究，几乎涉及王弼学术的方方面面。在《魏晋玄学论稿》中，汤用彤从哲学视角对魏晋玄学"言意之辨"的方法论以及王弼注释经典的特点等问题，提出了许多深入独到的见解。后来学者对包括王弼在内的魏晋玄学的研究，多上承汤用彤等人的早期研究，以西方哲学体系为参照，采用严格的哲学思辨方式，从本体论上解读玄学的特质、从言意之辨上揭示玄学的方法论意义。本章在前人研究的基础上，主要从老学学术史的角度，从"道"的玄学化、有无问题的玄学化、自然与名教问题的玄学化三个方面分析王弼是如何通过对《老子》的注释和发挥建立其玄学体系的。

第三节 《老子注》的道论——无名则是其名

魏晋六朝典籍多以"贵无"两字总括正始玄学的特征。《晋书·王衍传》说："魏正始中，何晏、王弼等祖述老庄，立论以为天地万物皆以无为本。无也者，开物成务，无往不存者也。阴阳恃以化生，万物恃以成形。贤者恃以成德，不肖恃以免身。故无之为用，无爵而贵矣。"王弼老学提出的两个重要命题"以无为本"和"以无为用"，其前提是把《老子》的"道"解释为抽象的"无"，作为万物之"有"的根源。那么，《老子》中的"道"是否就是"无"呢？我们必须先看看《老子》中"道"的原始含义。

"道"在《老子》通行本中共出现了 76 次，除了单独以"道"字出现之外，还多次以"天道"或"天之道"的面目出现。但是《老子》中的"道"，在不同章的文字脉络中有不同的含义。有些地方，"道"是形而上的实存者，天下万物都从"道"而生；有些地方，"道"是指一种规律，宇宙和人类社会都必须遵循它；有些地方，"道"是指人生的一种规则、指标或典范。[①]

①　陈鼓应：《老子注译及评介》，中华书局 2009 年版，第 2 页。

首先，"道"是"万物之奥"，是"天下母"。《老子》首章说，"无名，天地之始；有名，万物之母"。又说"天下万物生于有，有生于无"。"无"和"有"都是"道"的属性。《老子》用"无"和"有"表达宇宙万物创生的过程，宇宙万物由无形质落向有形质的过程就是从无到有的过程。如果说《老子》中的"道"具有"无"的属性，那么，"道"之"无"主要体现在存在状态上的无形无名、不视不听等方面。《老子》往往用"大"来修饰"道"，称"道"为"大道"，如"大道废，有仁义"，"吾不知其名，强字之曰道，强为之名曰大。大曰逝，逝曰远，远曰反"，"大道泛兮，其可左右。万物恃之以生而不辞，功成而不有。衣养万物而不为主，可名于小；万物归焉而不为主，可名为大。以其终不自为大，故能成其大"，"使我介然有知，行于大道，唯施是畏"，"天下皆谓我道大，似不肖。夫唯大，故似不肖"。

其次，《老子》这个无形无名的"道"并不是空无一物，否则万物生成就失去了依据。所以《老子》又说："道之为物，惟恍惟惚。惚兮恍兮，其中有象；恍兮惚兮，其中有物。窈兮冥兮，其中有精；其精甚真，其中有信。"尽管我们无法用感观去感觉"道"的存在，但"道"的确是存在的，它是超越时空的，"独立而不改，周行而不殆"。

"无"字在《老子》中共出现了 100 余次，绝大多数都是当作副词或形容词使用，如"无名"、"无形"、"无誉"、"无道"、"无德"、"无知"、"无欲"、"无私"、"无尤"、"无离"、"无为"等。这些"无"字，几乎都是作为它后面的那个词的修饰性、限制性用语出现的。《老子》中的"无"作为名词使用的除了第十一章的三次"当其无"之外，只有两次出现在其他篇章，这就是第二章的"有无相生，难易相成"和第四十章的"有生于无"。仔细推敲《老子》原文论"道"和"有"、"无"的文字，"无"就是"道"的另一种表达。比如，既然第四十章说"天下万物生于有，有生于无"，第四十二章又说"道生一，一生二，二生三，三生万物"，那么逻辑推理的结论必然是——"道"作为宇宙生成的终极原因，就是"无"，不然"有生

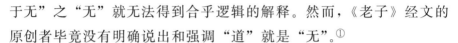

于无"之"无"就无法得到合乎逻辑的解释。然而,《老子》经文的原创者毕竟没有明确说出和强调"道"就是"无"。①

真正做到这一点的是王弼。王弼不仅从概念上明确了"道"就是"无",而且重点发明了《老子》经文中"无"的内涵。对于《老子》的"道"既是"有"又是"无"的属性,王弼首先是这样解释的:

> 无状无象,无声无响,故能无所不通,无所不往,不得而知,更以我耳目体不知为名,故不可致诘,混而为一也。欲言无邪,而物由以成。欲言有邪,而不见其形。故曰无状之状、无物之象也。不可得而定也。②

"无状无象,无声无响"是"道"作为实存者的特征,而"无所不通,无所不往"则是"道"的实际功用。因此,王弼认为,无和有,单独都不能作为"道"的"名",欲言道是无,而万物由之以成;欲言道是有,而道之形不可见。

在王弼《老子注》中,"无"字出现的频率更高,一共出现了300余次,几乎是《老子》中"无"字出现次数的三倍。虽然和《老子》原文一样,这些"无"字多半是用作修饰语,但是王弼却明确将"道"等同于"无"或"虚无",并强调"无名则是其名"。先看王弼注第二十一章:

> 孔,空也。惟以空为德,然后乃能动作从道。恍惚无形,不系之叹。以无形始物,不系成物,万物以始以成,而不知其所以然,故曰恍兮惚兮,惚兮恍兮,其中有象也。窈冥,深远之叹,深远不可得而见,然而万物由之,其可得见,以定其真,故曰窈兮冥兮,其中有精也。信,信验也。物反窈冥,则真精

---

① 参见刘笑敢:《经典诠释中的两种定向及代表作——王弼〈老子注〉与郭象〈庄子注〉》,《中国思想史研究通讯》2004年第3辑。

② 王弼:《道德真经注》,见《老子集成》第一卷,第212页。

之极得，万物之性定，故曰其精甚真，其中有信也。至真之极，不可得名，无名则是其名也。自古及今，无不由此而成，故曰自古及今，其名不去也。众甫，物之始也。以无名说万物始也。此，上之所云也。言吾何以知万物之始于无哉？以此知之也。①

这段注文，首先论"道"的空无，再论"道"的无名。"孔德之容"的"孔"，《老子河上公章句》和《想尔注》都释为"大"，前者把"孔德"理解为"有大德之人"，后者把"孔德"理解为"道甚大"。王弼不同，他把"孔"释为"空"，说"道"以"空"为德。王弼的"空"其实就是"无"，但是与六朝隋唐时期解《老》者以佛教之"空"释"无"不是一回事，这个"无"是"虚无"，空无一物的意思，与第五章"虚而不屈，动而愈出"的橐龠之"空"相近。王弼注解"天地之间，其犹槁龠乎？虚而不屈，动而愈出"，说"橐龠之中空洞，无情无为，故虚而不得穷屈，动而不可竭尽也"。橐龠是道的"以空为德"的形象化表达。最后王弼把"以阅众甫"的"众甫"解释为"物之始也"，继而提出"吾何以知万物之始于无哉"的问题。前以"空"释"道"，后以"无"释"万物之始"，那么"道"其实就是"空"，就是"无"。又，王弼注《老子》首章"道可道，非常道，名可名，非常名"云：

> 可道之道，可名之名，指事造形，非其常也，故不可道，不可名也。凡有皆始于无，故未形无名时，则为万物之始，及其有形有名时，则长之育之亭之毒之，为其母也。言道以无形无名始成万物，[万物]以始以成而不知其所以[然]，玄之又玄也。②

"道"是无形无名的，"道"以无形无名成就万物，这是《老子》的

---

① 王弼：《道德真经注》，见《老子集成》第一卷，第 215 页。
② 王弼：《道德真经注》，见《老子集成》第一卷，第 208 页。

原义，然而，王弼紧接着说，"凡有皆始于无"，万物"始于无而后生"，"无"就成了"道"的代名词，这很明显是对《老子》的发挥了。万物始于"无"，也就是万物始于"道"。王弼注第四十二章"道生一，一生二，二生三，三生万物"说："万物万形，其归一也。何由致一？由于无也。由无乃一，一可谓无。已谓之一，岂得无言乎？有言有一，非二如何？有一有二，遂生乎三。从无之有，数尽乎斯，过此以往，非道之流。"① 在这里，"道生一"变成了"由无乃一"，"无"代替了"道"作为万物之根源。再比如王弼注第十六章"天乃道，道乃久，没身不殆"："与天合德，体道大通，则乃至于极虚无也。穷极虚无，得道之常，则乃至于不有极也。无之为物，水火不能害，金石不能残。用之于心，则虎兕无所投其齿角，兵戈无所容其锋刃，何危殆之有乎！"② 这也是把"道"说成"穷极虚无"。

经文"自古及今，其名不去"的"名"，很容易误解为《老子》是肯定"道"是有"名"的。王弼之前的注《老》诸家，都把"名"看作是"道"的代名词，没有特别关注"名"与所名之物的关系。《老子河上公章句》释为"自古至今，道常在不去"，《想尔注》释为"古今常共此一道，不去离人也"，都是直接将"名"等同于"道"，与《老子》第一章"道可道，非常道；名可名，非常名"无法统一。王弼对这句话的注解是："至真之极，不可得名，无名则是其名也。自古及今，无不由此而成。故曰自古及今，其名不去也。"③ 这与他注解第一章的"名"，前后一致，他说："可道之道，可名之名，指事造形，非其常也，故不可道，不可名也。"如果说非要说"道"是有名的，那么，"无名则是其名"。

王弼注解《老子》的"道"，采用的基本方法是辨名析理。在注解第二十五章"吾不知其名，字之曰道，强为之名曰大"时，王弼说："名以定形。混成无形，不可得而定，故曰'不知其名也。"④ 按

① 王弼：《道德真经注》，见《老子集成》第一卷，第 224 页。
② 王弼：《道德真经注》，见《老子集成》第一卷，第 213 页。
③ 王弼：《道德真经注》，见《老子集成》第一卷，第 215 页。
④ 王弼：《道德真经注》，见《老子集成》第一卷，第 216 页。

照魏晋名理学的逻辑，因形而定名，无形则无名。《老子》的"道"无形可寻，当然也就不可定名。

王弼说："吾所以字之曰道者，取其可言之称最大也。贵其字定之所由，则系于大。大有系则必有分，有分则失其极矣。故曰强之为名曰大。"① 名是由具体事物的形状决定的本质性规定，即"名号出乎形状"。"道"无名却可以有"称"，这是因为"称谓出乎涉求"。"称"是认识主体从不同角度对"道"的描述，如果没有"称"，事物就无法讨论下去了。在王弼的注文中，"名"和"称"并没有严格的区别，如他说"凡物有称有名，则非其极也"，这里的"称"就是"名"，"名"就是"称"。王弼说，万物有名也有称，而万物之名和称都根源于"道"："物之所以生，功之所以成，皆有所由。有所由焉，则莫不由乎道也。故推而极之，亦至道也。随其所因，故各有称焉。"② 在王弼看来，《老子》中的"道"、"玄"、"深"、"幽"、"大"、"微"、"远"、"一"等词语，都是从不同角度对宇宙本根的称呼，并不是宇宙本根的"名"。因此他得出"无名则是其名"的命题，也就是用否定的形式完成了对宇宙本根的肯定。

在王弼《老子注》中，"无名"的另一种表达是"无称"，与"有名"、"有称"的万物形成对照。《老子》论"道"，反复声称"吾无不知其名"，但是却不得不"字之曰道，强为之名曰大"，为"逝"，为"远"，为"反"。又说"域中有四大，而王居其一焉"。王弼抓住一个"大"字，提出"无称为大"，他注"域中有四大"：

> 四大，道、天、地、王也。凡物有称有名，则非其极也。言道则有所由，有所由然后谓之为道。然则是道［道是］称中之大也，不若无称之大也。无称不可得而名，［故］曰域也。道、天、地、王皆在乎无称之内，故曰域中有四大者也。③

---

① 王弼：《道德真经注》，见《老子集成》第一卷，第216页。
② 王弼：《道德真经注》，见《老子集成》第一卷，第226页。
③ 王弼：《道德真经注》，见《老子集成》第一卷，第217页。此处注文还参考了王弼著，楼宇烈校释：《王弼集校释》，中华书局1980年版，第64页。

这个叫作"道"的"称",是所有"称"中的最大,所以才用它来称呼"道"。但是,一旦称其为"大",就有了大、小的分别,而一旦"有分",必然不能周全。王弼对"域中有四大"的"域"的解释与众不同,《老子河上公章句》释"域"为"八级之内",成玄英释"域"为"寰宇之表",唐玄宗释"域"为"限域",都是将"域"看作是一定的范围,王弼把"域"释为"无称不可得而名",可见"域"其实是王弼为"无称"强加的一个"名"。这与《老子》原义不符,但却符合王弼对《老子》"大"的逻辑推理,"域中有四大"说明"四大"在"域中",既然道是大,天是大,地是大,王也是大,而道、天、地、王都是"有称",能够涵盖它们的"域"必然是"无称"。在王弼的注文中,还可见到他将"道法自然"的"自然"也等同于"无称",在他看来,"道法自然"的意思就是"道不违自然,乃得其性。法自然者,在方而法方,在圆而法圆,于自然无所违也",而这个"自然",是"无称之言,穷极之辞"。①

总之,王弼用辨名析理的方法,将《老子》的"道"成功转化为"无"("无名"),道与万物的关系,就变成了无和有的关系,"以无为本"、"以无为用"两个命题也就随之而生。

汉代的气化宇宙论是以先秦天道观为基础,以元气化生论为基础的一种宇宙生成论。如《周易·乾凿度》所言:"有太易、有太初、有太始、有太素也。太易者,未见气也;太初者,气之始也;太始者,形之始也;太素者,质之始也。"《老子》从无到有的宇宙论本质上也属于宇宙生成论。王弼《老子注》将《老子》的"道"转化"无"的重要意义在于,《老子注》的"无"作为万物存在的本体,替代了《老子》的"道"作为万物存在的根源。在此基础上,王弼把《老子》"有生于无"的宇宙论转化成了"以无为本"的本体论。② 用王弼的话说,这个"无形无名者"是"万物之宗"。③

---

① 王弼:《道德真经注》,见《老子集成》第一卷,第 217 页。
② 关于魏晋玄学对汉代宇宙论的发展,可参见汤用彤《魏晋玄学论稿》的相关研究。
③ 王弼:《老子微旨例略》,见《老子集成》第一卷,第 237 页。

第四节　《老子注》论有无——以无为本

从玄学发展的整个历史来看，正如冯友兰所论，玄学三派虽然都围绕有无问题立论，但以何晏、王弼为代表的正始玄学和阮籍、嵇康为代表的竹林玄学的主要特点是"贵无论"，而以裴𬱈为代表的一派是"崇有论"，以郭象为代表的一派是"无无论"。[1] 王弼的《老子注》和《老子微旨例略》是正始玄学的主要理论代表作，他关于有无问题的论述，体现的学术旨趣就是"贵无"。

"贵无"是王弼《老子注》和《老子微旨例略》所表达的核心思想，其表现形式是"以无为本"。也就是说，王弼把有无问题转化为了本末问题，以"以无为本"作为形上根据，提出了"崇本息末"的观点，并将"崇本息末"的总原则运用到人生境界和政治层面上。王弼本人论证这些问题所使用的方法是"言意之辨"。汤用彤把王弼这种诠释经典的进路称为"玄学家所发现之新眼光新方法"[2]。

王弼论有无本末问题，紧紧围绕《老子》经文中出现的"本"字，阐幽诀微。这种注解方法，有学者从解释学的角度称之为"顺向"的解释方法，即在原有文本的基础上引申发挥，与原文的基本思想方向大体一致。反之，违背文本原意的，则称为"逆向"的解释方法。[3] 在

---

[1]　参见冯友兰：《中国哲学史新编》，人民出版社 1998 年版，第 412 页。

[2]　汤用彤：《言意之辨》，见《魏晋玄学论稿》，第 24 页。

[3]　刘笑敢：《经典诠释中的两种定向及代表作——王弼〈老子注〉与郭象〈庄子注〉》，《中国思想史研究通讯》2004 年第 3 辑。刘笑敢认为："从实际的诠释作品来说，最接近于纯文本性定向的作品可称为文义引申式诠释。这种诠释作品虽然不可能完全摆脱诠释者个人的思想文化背景的干扰和渗透，不能完全摆脱诠释者个人的创造性理解和解说，但是其基本思想是在文本的基础上引申发挥，应该与原文的基本思想方向大体一致，就可以称之为顺向的诠释。与此方向不同的就是异向的诠释，与此方向完全相反的就是逆向的诠释。"他还认为，代表顺向和逆向诠释的典型分别是王弼的《老子注》和郭象的《庄子注》。

王弼的《老子注》中，"末"出现了 16 次。《老子微旨例略》中，"末"出现了 4 次。"末"与"本"同时对举。例如王弼注解《老子》第四十章"反者道之用"时，就引用了《老子》第三十九章经文"贵以贱为本，高以下为基"：

> 高以下为基，贵以贱为本，有以无为用，此其反也。动皆知其所无，则物通矣。故曰反者道之动也。柔弱同通，不可穷极。天下之物，皆以有为生。有之所始，以无为本。将欲全有，必反于无也。①

王弼将《老子》第十一章"三十辐共一毂，当其无，有车之用……故有之以为利，无之以为用"，归纳为"有以无为用"。而"有以无为用"和"贵以贱为本，高以下为基"是并列关系，贵贱、高下、有无、本末在逻辑上是一致的。王弼接着提出了"有之所始，以无为本，将欲全有，必反于无也"的著名命题。

有和无这对抽象概念，在《老子》第十一章中是通过形象化的描述推导出来的："三十辐共一毂，当其无，有车之用。埏埴以为器，当其无，有器之用。凿户牖以为室，当其无，有室之用。故有之以为利，无之以为用。""有之以为利，无之以为用"，实际上就是说有是用，无是体，无具有一定的本体论意味，无的抽象性已经接近本体论的边缘。王弼的注解，有意识地将《老子》的"无"进一步朝着本体论的方向发挥。这种倾向，在王弼注解《老子》有关道生万物的篇章时，表现得更为明显，通过重新理解有无的关系，《老子》的宇宙生成论转化为了较为纯粹的本体论。

王弼"有以无为用"或者说"以无为本"的思想，至少有以下两层内涵，即无是本，有是末；无是体，有是用。这一思想，在《老子微旨例略》的开篇文字中表达得最为明确：

---

① 王弼：《道德真经注》，见《老子集成》第一卷，第 223 页。

夫物之所以生，功之所以成，必生乎无形，由乎无名。无形无名者，万物之宗也。不温不凉，不宫不商。听之不可得而闻，视之不可得而彰，体之不可得而知，味之不可得而尝。故其为物也则混成，为象也则无形，为音也则希声，为味也则无呈。故能为品物之宗主，苞通[天地]，靡使不经也。若温也则不能凉矣，宫也则不能商矣。形必有所分，声必有所属。故象而形者，非大象也；音而声者，非大音也。然则四形不象，则大象无以畅；五音不声，则大音无以至。四象形而物无所主焉，则大象畅矣；五音声而心无所适焉，则大音至矣。故执大象则天下往，用大音则风俗移也。无形畅，天下虽往，往而不能释也；希声至，风俗虽移，移而不能辩也。是故天生五物，无物为用。圣行五教，不言为化，是以道可道非常道，名可名非常名也。①

"无形"和"无名"，在这里都是指道体而言。道体无形无名，与宇宙世界中有形有名的现象世界相较，是"混成"之物。然而，正因为道是无形无名的，才能够"苞通天地"，才能为"万物之宗"。王弼在这里从两个层面阐述了道"无"的意义，即：道为什么是无形无名的，万物为什么是有形有名的，为何无形无名的"道"是有形有名的"万物"的根据和本源。《老子》经文多处使用"玄"、"大"等称呼"道"，王弼认为这些都是不得已的做法。他对《老子》第一章经文以"玄之又玄"称呼"道"的解释是：

玄者，冥也，默然无有也，始、母之所出也。不可得而名，故不可言。同名曰玄，而言同谓之玄者，取于不可得而谓之然也。谓之然则不可以定乎一玄而已，则是名则失之远矣，故曰玄之又玄也。②

---

① 王弼：《老子微旨例略》，见《老子集成》第一卷，第237页。
② 王弼：《道德真经注》，见《老子集成》第一卷，第209页。

"默然无有"就是"无",王弼很明确地将《老子》的"玄"释为抽象的"无",这个抽象的"无"乃始、母(万物)之所出。这个"无"也就是"道",因其"无"——不可言、不可名,方能为万物之"始"与"母",所以在这一意义上,"始"和"母"都可称之为"玄",也就是《老子》经文"同谓之玄"的内涵。但《老子》谓之为"玄"出于不得已,既然是不得已的做法,对"道"的理解就不能局限于"玄"字这个名称的束缚。如果局限于"玄"这个名,就是没有真正把握"道"的本质,"失之远矣"。

《老子》第一章论"道",一面说这个"道"不可道不可名,一面却又使用了多个字眼来表达这个"道"("字之曰道")。对此,王弼是这样解释的:

> 夫道也者,取乎万物之所由也;玄也者,取乎幽冥之所出也;深也者,取乎探赜而不可究也;大也者,取乎弥纶而不可极也;远也者,取乎绵邈而不可及也;微也者,取乎幽微而不可睹也。然则道、玄、深、大、微、远之言,各有其义,未尽其极者也。然弥纶无极,不可名细;微妙无形,不可名大。是以篇云"字之曰道"、"谓之曰玄",而不名也。[1]

王弼还认为,《老子》之所以勉强给"道"命名为"大",是因为"有系则必有分,有分则失其极矣。故曰强为之名曰大"[2]。"道"作为宇宙的根源,虽然是无名的,但人们却可以称呼它。"名"和"字"、"称"在王弼的哲学术语中有时候存在一些细微的差别,也并不等同于我们今天所说的复合词"名字"或"名称"。在王弼看来,宇宙本根虽然不可以定之以"名",但却可以称呼它,王弼用"称"和"谓"指称这种称呼。"名也者,定彼者也;称也者,从谓者也。

---

① 王弼:《老子微旨例略》,见《老子集成》第一卷,第238页。
② 王弼:《道德真经注》,见《老子集成》第一卷,第216页。

名生乎彼，称出乎我"。"名号生乎形状，称谓出乎涉求"。① 如果"道"是可言的、有形的，则"未足以官天地"，"未足以府万物"。"名必有所分，称必有所由。有分则有不兼，有由则有不尽；不兼则大殊其真，不尽则不可以名"。②"道"就是这种不兼、不尽的本体性存在，所以"道"不可言也没有形状，"道"有"称"而无"名"。

世界具体的现象和物质都是有形有名的，但是，由于"名则有所分，形则有所止。虽极其大，必有不周；虽盛其美，必有患忧"③，有形有名就必然受到一定程度的限制，正如是温的，就不能是凉的，是宫音，就不能是商音。任何形名都会使具体现象和物质只局限于此形此名，只有无形无名才不会受到任何约束和限制。道无形制之限，故能包容天下万形万象；道无名，故能称为所有有名之现象的宗主。所以王弼说："无形无名者，万物之宗也。"进一步说，则必然得出"以无为本"的结论："天下之物，皆以有为生。有之所始，以无为本。将欲全有，必反于无也。"④

这一观点，王弼在《周易注》中也有论述，他说："然天地虽大，富有万物，雷动风行，运化万变，寂然至无，是其本矣。""'名'由事物自身的形状所决定，表达了事物的本质。'称'则由说话者的不同观察角度而定，属于对事物不同侧面的描述。对无形的宇宙本根，虽然不能'名'，但可以从不同角度去称呼它，王弼根据这一名学理论，把'道'降为对宇宙本根的称呼之一"⑤。王弼把"道"降为对宇宙本根的称呼之后，宇宙本根则以"无"来体现。可以说，"以无为本"是王弼老学对《老子》道论和有无观进行发掘和改造后形成的玄学的核心思想，是《老子》玄学化的表现之一。

在"以无为本"的基础上，王弼对《老子》"有生于无"的宇宙论进行了重新解释。前面我们谈到《老子》宇宙论的基本观点是

① 王弼：《老子微旨例略》，见《老子集成》第一卷，第239页。
② 王弼：《老子微旨例略》，见《老子集成》第一卷，第238页。
③ 王弼：《道德真经注》，见《老子集成》第一卷，第222页。
④ 王弼：《道德真经注》，见《老子集成》第一卷，第223页。
⑤ 王晓毅：《王弼评传》，第243页。

"天下万物生于有，有生于无"和"道生一，一生二，二生三，三生万物"。王弼对前一句话的注解是："天下之物，皆以有为生。有之所始，以无为本。将欲全有，必反于无也。"这个注解是对《老子》有无问题和宇宙论的全新的创造性发挥。这段文字由三句话组成，几乎每句话都表达了一层新的意义。学术界对王弼这段注文的理解不一致，有人认为王弼既然谈"皆以有为生"，"生"字是生成之意，因此仍然是宇宙生成论。有人认为此处的"生"不能理解为具体事物的产生、生成。问题的关键在于对王弼"以有为生"的"有"理解不同。"有"是指具体的现象和物质呢，还是指道体之既有既无之"有"呢？笔者认为此处的"有"应该是指后者，因为王弼注《老子》第十四章说："欲言无邪，而物由以成。欲言有邪，而不见其形。"可见"无"和"有"都是对道体而言。王弼说"天下万物，皆以有为生"，是指"道"具有生化万物的妙用，是从万物之"有"看道体的"有"。紧接着，王弼说"有之所始，以无为本"，这是由道体的"用"，反观道体的"无"之本体，凸显的是道之有无是本末体用的关系。最后，王弼说"将欲全有，必反于无也"，这是从前面两句话中推论出来的逻辑结论，即落实到实践层面，必然是以无全有，也就是《老子》所言"反者道之动"。王弼对这句话的注解是："而有道者，务欲还反无为。"① 因为天下万物从根本上来看，皆因道体之"无"而存在，所以必须"反无"以"全有"。

同样，王弼注《老子》第一章说："凡有皆始于无，故未形无名时，则为万物之始。及其有形有名时，则长之育之，亭之毒之，为其母也。……两者，始与母也，同出者，同出于玄也。异名所施，不可同也。在首则谓之始，在终则谓之母。""无名"和"有名"是《老子》对道的描写。在这段注文中，"有"和"母"是指"道"的"有形有名"状态，"无"和"始"是指"道"的"无形无名"状态。"始"与"母"实际上就是"无"和"有"的关系，"道"既然是"始"是"母"，那么"道"便既是"无"也是"有"。因此，道体不

---

① 王弼：《道德真经注》，见《老子集成》第一卷，第218页。

仅具有"无形无名"的特点，当它体现生物妙用之时，还具有"有形有名"的特征。王弼对有名无名的理解不是从宇宙论的层面而是从本体论层面去理解的。王弼不说"道生万物"，而是说"道以无形无名始成万物"，这即是说，万物不是从一个具体的实存物"道"产生出来的。"道"在这里成了万物存在的终极根据，属于本体论的范畴。

王弼注第一章"无名，天地之始，有名，万物之母"，将"无名"之"无"拈出，提出了"凡有皆始于无"的命题：

> 凡有皆始于无，故未形无名之时，则为万物之始。及其有形有名之时，则长之育之，亭之毒之，为其母也。言道以无形无名，始成万物……①

对于接下来的经文"故常无欲，以观其妙；常有欲，以观其徼"，王弼这样注解：

> 妙者，微之极也，万物始于微而后成，始于无而后生。故常无欲空虚，可以观之始物之妙。徼，归终也。凡有之为利，必以无为用。欲之所本，适道而后济。故常有欲，可以观其终物之徼也。②

总之，王弼在此凸显了"以无为本"的思想，使《老子》的宇宙论转化为了本体论。如果我们比较一下《老子河上公章句》对这句话的注解，则王弼的本体论思想就更加突出。《老子河上公章句》注"天下万物生于有"云："万物皆从天地生，天地有形位，故言生于有也。"注"有生于无"云："天地神明，蜎飞蠕动，皆从道生，道无形故言生于无。此言本胜于华，弱胜于强。谦虚胜盈满也。"这

---

① 王弼：《道德真经注》，见《老子集成》第一卷，第208页。
② 王弼：《道德真经注》，见《老子集成》第一卷，第208页。

是以有形之"天地"释"有",以"无形"之"道"释"无",是一种典型的宇宙生成说。

王弼对第二句话的注解如下:

> 万物万形,其归一也。何由致一?由于无也。由无乃一,一可谓无。已谓之一,岂得无言乎?有言有一,非二如何?有一有二,遂生乎三。从无之有,数尽乎斯,过此以往,非道之流。故万物之生,吾知其主。虽有万形,冲气一焉。①

汉代黄老道家和具有黄老色彩的《老子》注在解释《老子》这句话时,都是把"道"理解为虚无,把"一"、"二"、"三"之间的渐"生"看作万物逐渐诞生的过程,并在其中引入"气"等经验材料来说明问题。但是王弼没有以经验材料去论证"道生一,一生二、二生三,三生万物"的具体过程,而是以思辨的方式说明为什么"虽有万形,冲气一焉"。王弼把"道生一"解释为"万物万形,其归一焉"。"一"和"无"都是指"道",分别代表"道"体的"有"、"无"二性。"道"本来就是无形无名的,所以,"一可谓无"。王弼对"一生二,二生三"的解释是,既然称"道"为"一",就是"有言",既然有言有一,那么有什么理由不说"二"呢?有了"一"和"二",就必然有"三"。万物万形都将"归一",因为那是道体之"无"成就万物之妙用的体现。从这个层面上讲,有是无之用。王弼说,万物万性之所以能"归一"、"至一",其根源是道体之"无"。从这个层面上,无是有之体,无和有是体用关系。可见王弼对这段话的注解体现了有无体用的本体论思辨色彩。虽然我们承认王弼并没有真正在理论上清楚论述这一问题,比如他在后面又说"虽有万形,冲气一焉",便不能完全脱离《老子》原文"冲气以为和"的表达,不可能不用具有物质性的"气"来说明问题,但是他尽力回避宇宙生成论,力求从本体论的角度理解有无问题的趋向是很明显的。

---

① 王弼:《道德真经注》,见《老子集成》第一卷,第224页。

第五节　《老子注》论自然——崇本息末

　　王弼有无本末之辨和以无为本、以无为用观点的确立，最后都可以归结为自然和名教的关系，这是王弼老学政治观玄学化的典型表现。正如王弼在《老子微旨例略》中的自道："论太始之原以明自然之性，演幽冥之极以定惑罔之迷……夫欲定物之本者，则虽近而必自远以证其始；欲明物之所由者，则虽显而必自幽以叙其本。故取天地之外，以明形骸之内。明侯王孤寡之义，而从道一以宣其始。故使察近而不及流统之原者，莫不诞其言，以为虚焉。"① 在王弼的哲学体系中，"自然"并非完全等同于"无"，但是由于宇宙本体的以无为本必须通过天下万物的自然之性表达出来，因此在理论上"自然"是对应于"无"，"名教"是对应于"有"的，王弼的有无本末关系也就可以相应转化为自然和名教的关系，以无为本也可以相应转化为以自然为本，以名教为末。玄学最后的理论归宿是政治和人伦，并非悬绝于虚空，这一点为学界所公认，也符合《三国志·魏书·钟会传》说王弼"好论儒道"的记载。王弼注解《老子》第五十七章"以正治国，以奇用兵，以无事取天下"云："以道治国则国平，以正治国则奇正起也。"② 《老子》所说"以正治国"，是指以清静之道治国，以不妄意干涉老百姓的日常生活来获取民心。王弼抛弃了《老子》"以正治国"的原义，把它理解为"以有为治国"。那么，王弼所言"以道治国"的具体内容是什么呢？或者说，什么才是王弼理解的"治国"之"道"呢？要弄清这个问题，我们必须从王弼注《老》的现实目标谈起。

　　玄学所要解决的中心问题是玄学家们面对的名教和自然的冲突，

---

① 王弼：《老子微旨例略》，见《老子集成》第一卷，第238—239页。
② 王弼：《道德真经注》，见《老子集成》第一卷，第228页。

王弼注《老》，也是着眼于此。"名教"本身是个充满政治色彩的词语，它主要是指儒家的纲常名分及其宗法等级制度，"所谓名教乃是因名立教，其中包括政治制度、人才配合以及礼乐教化等等"①，它的主要特点是人为的治理。而"自然"在王弼那里则基本上是一个本体意义上的概念，它主要指非人为的自然而然、本来如此，也可以看作是与主观相对立的客观状态。在《老子》一书中，"自然"是一个十分重要的概念，《老子》第五十一章说："道之尊，德之贵。莫之命而常自然。"所谓"莫之命"，就是指在宇宙万物背后并不存在一个主宰者，也不存在人为的干预力量，是宇宙万物自己本来如此。《老子》还用"自然"来充实"道"的内容，所谓"人法地，地法天，天法道，道法自然"，就是把"自然"作为"道"的本质属性。"道"、"自然"、"无为"在《老子》原文中是几个相互依存、相互关联的概念。在正始玄学阶段，士人之所以特别关注《老子》，就是因为《老子》表达了对儒家仁义礼智的尖锐批判和崇尚自然与无为的精神，为他们反思名教的本质和寻求新的出路提供了理论依据。王弼的《老子注》，企图以自然统摄名教，为名教本于自然的政治理论和士人安身立命做出理论铺垫。

在玄学家眼里，"自然"和"名教"是相对而言的一对概念，"名教"在一定程度上是对"自然"的限制。《老子》贵自然，儒家贵名教，双方都不得不重视名教和自然的关系。在汉代，自然和名教的关系一度十分紧张，以至于出现了儒道互黜的情况。儒家向往一切定于名分的尊卑有等、上下有差、长幼有序的社会秩序。而道家却认为事物的本来样子就是最好的状态，自然就是一种最为理想的秩序，自然界是如此，人类社会也是如此，自然或者无为就是君主治国的最佳原则。因此道家坚决反对儒家执着于有为的名教，认为礼义仁智都是有为的表现，都是对自然的破坏，都是要坚决摒弃的，通行本《老子》中有"绝圣弃智"、"绝仁弃义"、"绝巧弃利"之语。《老子》一书中，尽管没有出现"名教"这个词，但是《老

---

① 唐长孺：《魏晋玄学之形成及其发展》，见《魏晋南北朝史论丛》，第312页。

子》反对的仁、义、礼、智等就是名教的代名词，在《老子》那里，它们与自然是完全对立的。后来的黄老道家从理论上吸收了不少名教的内容，在一定程度上缓解了自然与名教的对立，汉初黄老道家一度成为居于统治地位的治国思想。但是总的来说，黄老道家并没有把自然和名教的关系上升到本末体用的高度，并没有从理论上根本解决二者之间的固有冲突。王弼以前的《老子》注如《老子指归》、《老子河上公章句》和《想尔注》等，都注意到了如何发挥《老子》一书的自然而然、无为而无不为的治国思想，倡导无为而治的理想政治。《老子指归》和《老子河上公章句》都是用汉代流行的黄老思想注解《老子》，在《老子》无为的政治观中融入了儒、法、名家等诸子的积极有为思想。如果说它们也承袭《老子》原义，注意到了名教和自然的矛盾，那么，它们关注的重心却并不是如何从根本上解决这一矛盾，而是停留在客观揭示二者之间的冲突，立足于现实需要，提出一些对君主治国有利而又在根本上不违背道家精神的主张。其中的根由，若从时代背景来看，是由于两汉时期名教和自然的冲突尚未激烈化。有汉一代，以名教治理天下是其政治上的最大特点。士人汲汲于名教所设定的种种道德原则和制度之中，对名教保持着真诚热烈的态度，尚名节、重德行是士人的最高价值观，名教也的确在一定程度上起到了一制度、齐人心、化风俗的积极作用，成为君主治理天下不可或缺的手段。但是，名教发展到汉末，已蜕化为士人追名逐利的工具，名教自身也因此丧失了其应有的社会功能，名教和自然的冲突遂成为时代面临的重大课题。何晏、王弼等正是在名教严重异化之后，开始自觉地重新思考和审视名教的合理性问题以及如何从根本上调和名教和自然的关系。

　　"自然"一词在《老子》经文中尽管只出现了五次，① 但《老子》一书中随处可见的"无为"、"自化"、"好静"、"自正"、"无事"、

---

① "百姓皆谓我自然"（第十七章）、"希言自然"（第二十三章）、"道法自然"（第二十五章）、"道之尊，德之贵，夫莫之命而常自然"（第五十一章）、"学不学，复众人之所过，以辅万物之自然而不敢为"（第六十四章）。王弼《老子注》中，"自然"出现了三十六次之多，兹不赘举。

"无欲"、"朴"等，都可以作"自然"义解。《老子》因崇尚自然，故常有菲薄仁义之语，如"大道废，有仁义；智慧出，有大伪；六亲不和，有孝慈；国家昏乱，有忠臣"（第十八章）、"绝圣弃智，民利百倍；绝仁弃义，民复孝慈；绝巧弃利，盗贼无有"（第十九章）等。如前所述，在《老子》那里，自然和以仁、义、礼、智为代表的名教处于绝对对立的状态。王弼注《老》的创造性在于，他既继承了《老子》的"自然"之义，又改造了《老子》中自然和名教的紧张关系，使自然和名教成为本末为一、体用不为二的统一体，也即本不离末、体不离用的关系。王弼更提出"崇本息末"、"守母存子"，使名教和自然在理论上获得了和谐共处的可能。

王弼认为，名教的产生具有合理性。他注《老子》第二十八章"为天下谷，常德乃足，复归于朴"说："朴，真也，真散则百行出，殊类生，若器也。圣人因其分散，故为之立官长。以善为师，不善为资，移风易俗，复使归于一也。"① 又注《老子》第三十二章"始制有名……知止所以不殆"云："始制，谓朴散始为官长之时也。始制官长，不可不立名分以定尊卑，故始制有名也。过此以往，将争锥刀之末，故曰'名亦既有，夫亦将知止也'。遂任名以号物，则失治之母也，故知止所以不殆也。"② 王弼将《老子》的"朴"理解为人类社会的理想状态，也就是《老子》第三十八章所说的"上德不德"时代，或者"小国寡民"社会。在那个时代，一切都纯真无瑕、自然朴素，无任何人为的干扰，是最本真、最完美、最理想的一种状态。但是，"朴"也有被破坏的时候，破坏的过程就叫"散"。"朴"的本质是"真"，"朴散"则"真散"，理想社会就不复存在，从此，人类社会开始进入有"官长之时"。所谓"官长"之制，就是"立名分，定尊卑"，实际上就是名教之制，它是圣人在"朴散"之后不得已而设立的制度，是一种不得不为之的"有为"。"不可不立"这四个字，说明在王弼心中，名教的产生是有合理性的，是人类社

---

① 王弼：《道德真经注》，见《老子集成》第一卷，第218页。
② 王弼：《道德真经注》，见《老子集成》第一卷，第219页。

会发展过程中的必然产物。

但是，"圣人因其分散"而设官长、立名分、定尊卑，是不是圣人的有意为之呢？我们从一个"因"字可以看出，圣人立名教乃是顺应社会发展的自然趋势而为，其中并无有意和执着之意。也就是说，名教是自然而然产生的，并非圣人的有意创立。或者说，名教本于自然，是合理的产物。那么，既然名教的产生是合理的，名教产生之后，其合理性又体现在哪里呢，或者说名教的实际作用是什么呢？王弼说，圣人设官分职、立名分、定尊卑，是为了"以善为师，不善为资，移风易俗，复使归于一也"。归于一也即归于朴。"朴"既然是一种理想状态，当它失去之后，并不是不能复归的，名教的功能就是移风易俗，使人类社会从朴散复归本然的真朴状态。王弼不像《老子》那样，完全把仁、义、礼、智看作非合理的产物，从而彻底否定名教的积极作用。这一点，可以说是王弼对《老子》自然政治观的重大改造。

名教的产生有一定的合理性，名教的施行也有一定的积极作用。那么，当名教与自然产生严重的冲突时，王弼是如何反思名教的弊端的？名教和自然应该是一种什么样的理想关系？如何正确处理二者的关系？也即如何正确对待名教呢？王弼对这些问题的思考，贯穿在他的所有著作中。《老子微旨例略》中有以下一段论述：

> 然则，老子之文，欲辩而诘者，则失其旨也；欲名而责者，则违其义也。故其大归也，论太始之原以明自然之性，演幽冥之极以定惑罔之迷。因而不为，损而不施；崇本以息末，守母以存子；贱夫巧术，为在未有；无责于人，必求诸己，此其大要也。而法者尚乎齐同，而刑以检之；名者尚乎定真，而名以正之；儒者尚乎全爱，而誉以进之；墨者尚乎俭啬，而矫以立之；杂者尚乎众美，而总以行之。夫刑以检物，巧伪必生；名以定物，理恕必失；誉以进物，争尚必起；矫以立物，乖违必作；杂以行物，秽乱必兴。斯皆用其子而弃其母。物失所载，

未足守也。①

这段文字的前面一部分是王弼从本末角度理解名教与自然的关系，它包含以下几层意思：其一，宇宙万物以"自然"为性；其二，崇本息末、守母存子；其三，法、名、儒、墨、杂等诸子百家，皆失本末之理，以末为本、用子弃母。王弼认为，《老子》一书的大旨是"崇本以息末，守母以存子"。之所以如此，是由于万物皆有"常性"，即"以自然为性"，"故可因而不可为也，可通而不可执也"②。"因"就是因循万物的自然之性，不人为加以干扰。如果有所造为、有所执意，则必定会有所失有所败。法家以刑罚整齐划一，名家以正名定实之真假，儒家进荣誉以全其所爱，墨家矫枉过正而尚俭吝，杂家总归众美以行之，都是"用其子而弃其母"，是本末倒置。那么，怎么才能像《老子》那样"崇本息末"、"守母存子"呢？王弼用两个字来概括，那就是"无事"：

> 以无事则能取天下也。上章云，其取天下者，常以无事。及其有事，又不足以取天下也。故以正治国，则不足以取天下，而以奇用兵也。夫以道治国，崇本以息末；以正治国，立辟以攻末。本不立而末浅，民无所及，故必至于奇用兵也。利器，凡所以利己之器也，民强则国家弱，民多智慧则巧伪生，巧伪生则邪事起。立正欲以息邪而奇兵用，多忌讳欲以耻贫而民弥贫。利器欲以强国者也，而国愈昏。多皆舍本以治末，故以致此也。上之所欲，民从之速也。我之所欲唯无欲，而民亦无欲而自朴也。此四者崇本以息末也。③

这里王弼对《老子》第五十七章"以无事取天下"的政治观进行了

---

① 王弼：《老子微旨例略》，见《老子集成》第一卷，第238页。
② 王弼：《道德真经注》，见《老子集成》第一卷，第218页。
③ 王弼：《道德真经注》，见《老子集成》第一卷，第228页。

发挥。"以道治国"的具体内容，实际上就是"崇本以息末"，以无为无事取天下。

与"以道治国"相对立的是"以正治国"和"以智治国"。《老子》反对"以智治国"，说"以智治国，国之贼；不以智治国，国之福"。王弼对这句话的解释是："智犹治也，以智而治国，所以谓之贼者，故谓之智也。民之难治，以其多智也。"① 他认为"以智治国"和"以正治国"都是舍本以治末，因为这些做法都是不识事物之"本"，他这样论述"本"与"末"的关系：

> 夫邪之兴也，岂邪者之所为乎？淫之所起也，岂淫者之所造乎？故闲邪在乎存诚，不在善察；息淫在乎去华，不在兹章；绝盗在乎去欲，不在严刑；止讼在乎不尚，不在善听。故不攻其为也，使其无心于为也；不害其欲也，使其无心于欲也。谋之于未兆，为之于未始，如斯而已矣。故竭圣智以治巧伪，未若见质素以静民欲；兴仁义以敦薄俗，未若抱朴以全笃实；多巧利以兴事用，未若寡私欲以息华竞。故绝司察，潜聪明，去劝进，剪华誉，弃巧用，贱宝货。唯在使民爱欲不生，不在攻其为邪也。故见素朴以绝圣智，寡私欲以弃巧利，皆崇本以息末之谓也。②

王弼认为，社会上存在邪、淫、盗、讼之事是不可避免的，但邪、淫、盗、讼之事的产生，其根源并不在于邪、淫、盗、讼本身，统治者若要彻底解决问题，不应该着眼于这些事物。也就是说，要止息邪、淫、盗、讼之事的发生，就不能着眼于"善察"以止邪、"滋章"以息淫、"严刑"以绝盗、"善听"以止讼。这样做是竭圣智、兴仁义、多巧利，是以名法之道治国，其结果必然是不能治巧伪、静民欲、敦薄俗。因为在王弼看来，这些做法都是只能攻其末而失

---

① 王弼：《道德真经注》，见《老子集成》第一卷，第231页。
② 王弼：《老子微旨例略》，见《老子集成》第一卷，第239页。

其本，没有认识产生这些现象的根本原因。从根本上"绝司察"、"潜聪明"、"去劝进"、"减华誉"、"弃巧用"、"贱宝货"、"见素朴"、"寡私欲"，才是解决问题的关键。王弼认为这样做就是真正的"崇本以息末"，只有这样才是真正的"得本以知末，不舍本以逐末"[①]。王弼还进一步指出，崇本息末的目的并不是放弃仁义礼法等名教的规定，这与《老子》绝仁弃义不同：

> 夫圣智，才之杰也；仁义，行之大者也；巧利，用之善也。本苟不存，而兴此三美，害犹如之，况术之有利，斯以忽素朴乎？故古人有叹曰：甚矣，何物之难悟也。既知不圣为不圣，未知圣之不圣也；既知不仁为不仁，未知仁之为不仁也。故绝圣而后圣功全，弃仁而后仁德厚。[②]

《老子》的无为思想概括起来不外乎一句话——"道常无为而无不为"。《老子》经文中有很多"不为物先"的语句，如"天地所以能长且久者，以其不自生，故能长生。是以圣人后其身而身先；外其身而身存。非以其无私邪？故能成其私"、"以其终不自为大，故能成其大"、"是以圣人终不为大，故能成其大"、"不敢为天下先，故能成器长"等。王弼说"绝圣而后圣功全，弃仁而后仁德厚"，与《老子》以上思想是一脉相承的。但是他把《老子》阐述天地无为而无不为的思想进一步引申到了政治和人伦层面，"圣"、"仁"在《老子》那里属于与自然对立的名教范畴，王弼却认为"圣智"是"才之杰"，"仁义"是"行之大者"，"巧利"是"用之善"，充分肯定了仁义圣智的合理性。从逻辑来看，"绝圣而后圣功全，弃仁而后仁德厚"，这种注解语言与《老子》原文的语言风格十分接近，是直接承袭《老子》而来，但它只是一种语言形式上的相似，而王弼通过类似的语言形式表达的内容已经大不相同，他改变了《老子》原文中

---

① 王弼：《道德真经注》，见《老子集成》第一卷，第216页。
② 王弼：《老子微旨例略》，见《老子集成》第一卷，第240页。

自然和名教的对立状况。这里，我们可以看到王弼对待名教的态度，他对名教的批评，其用意并不在于否定名教自身以及名教的社会功能，他所关心的是如何真正发挥名教的功能，使名教不至于流于虚伪。王弼在《老子微旨例略》的最后，以总结性的语言，阐述了他对名教与自然关系的看法：

> 夫恶强非欲不强也，为强则失强也；绝仁非欲不仁也，为仁则伪成也。有其治而乃乱，保其安而乃危。后其身而身先，身先非先身之所能也；外其身而身存，身存非存身之所为也。功不可取，美不可用。故必取其为功之母而已矣。篇云："既知其子"，而必"复守其母"。寻斯理也，何往而不畅哉！①

按照王弼的理解，不爱强大，并不是不想强大；绝弃仁义，并不是不要仁义。要想达到强大，实现仁义，关键不在于"为强"和"为仁"，也就是说，不在于强大和仁义本身。如果"本"不存而兴圣智、仁义、巧利"三美"，只会适得其反，对"三美"造成危害。在王弼眼中，圣智、仁义、巧利等等都是道之"末"，在它们背后还存在一个形而上的根据，这就是"无"。"无"是"末"之本，王弼把它称为"为功之母"②。对待圣智仁义之类现实生活中的名教原则，关键在于主体是否"守母"，也即"取其为功之母"，"弃其为功之末"，无为而无不为。"守母"是方法，"存子"是目的。"故有为，为之患矣。……以无为用，不能舍无以为体也。以无为用，［则］（德）［得］其母"，若"舍无以为体，则失其为大矣"③。质而言之，就是不执着于名教，使名教的功能得以充分发挥。

《老子》第三十八章描述了两个完全不同的世界，即"上德"之世和"下德"之世。在"下德"之世中，又包括"上仁"、"上义"、

① 王弼：《老子微旨例略》，见《老子集成》第一卷，第240页。
② 王弼：《道德真经注》，见《老子集成》第一卷，第221页。
③ 王弼：《道德真经注》，见《老子集成》第一卷，第221页。

"上礼"三个依次下落的世界，也就是"故失道而后德，失德而后仁，失仁而后义，失义而后礼"。王弼《老子注》对这一章大加发挥，其注文约有一千三百余字，是《老子注》中注文最长的一章。在这一章里，王弼比较系统地表达了他对名教的看法，以及如何全名教之功的思想：

> 德者，得也。常得而无丧，而无害，故以德为名焉。何以得德？由乎道也。何以尽德？以无为用。以无为用，则莫不载也。……是以上德之人，唯道是用，不德而德，无执无用，故能有德而无不为，不求而得，不为而成，故虽有德而无德名也。下德求而得之，为而成之，则立善以治物，故德名有焉。求而得之必有失焉，为而成之必有败焉，善名生则有不善应焉，故下德为之而有以为也。无以为者无所［偏］也，凡不能无为而为之者皆下德也。……①

上德之人和下德之人的主要区别在于上德之人"唯道是用"。什么是"唯道是用"呢？王弼认为，就是不以德为德，不执着于德；以无用为用，不求而得，不为而成，因此上德虽有德之实，却无德之名。相反，下德之德是"求而得之"、"为而成之"，以设立种种为善的道德标准使人民遵守来达到治理目标，因此，下德之德有德之名，有为有求，则必有偏失。上德之世，相当于《老子》原文中称之为"朴"的时期，下德之世则是王弼所说的"朴散真离"的时期。所以，上德和下德的实质性区别在于是否无为而为之。无为无求而至于上德，用王弼的话说，就是"载之以道，统之以母"，也就是"守母以存其子，崇本以举其末"。因为"本在无为，母在无名，弃本舍母而适其子，功虽大焉，必有不济。名虽美焉，伪亦必生"②，所以必须为在未有，功在不为。

---

① 王弼：《道德真经注》，见《老子集成》第一卷，第221页。
② 王弼：《道德真经注》，见《老子集成》第一卷，第221页。

王弼指出："守母以存其子，崇本以举其末，则形名俱有而邪不生，大美配天而华不作。故母不可远，本不可失。仁义，母之所生，非可以为母；形器，匠之所成，非可以为匠也。舍其母而用其子，弃其本而适其末，名则有所分，形则有所止。虽极其大，必有不周。虽盛其美，必有患忧。功在为之，岂足处也？"① 总之，"名教"属于有形可见、为之成之的物质世界，"自然"则是老庄道家思想的一个形而上的基本范畴。王弼继承和发扬了《老子》的自然思想，他对无为和有为关系的论述，实际上就是对自然和名教关系的探讨。王弼的《老子注》，按照崇本息末的解释理路，将自然和名教的关系明确为无和有、本和末、母和子的关系，提出以无为用、崇本息末、守母存子等对待名教的基本态度和方法，在一定程度上承认了名教源于自然的合理性，为名教更好地发挥自身的政治功能提供了形而上的理论依据，缓解了汉末以来自然和名教的剧烈冲突。

王弼注《老子》第五章"天地不仁，以万物为刍狗"：

> 天地任自然，无为无造，万物自相治理，故不仁也。仁者必造立施化，有恩有为。造立施化，则物失其真；有恩有为，则物不具存。物不具存，则不足以备载矣。地不为兽生刍而兽食刍，不为人生狗而人食狗。无为于万物，而万物各适其所用，则莫不赡矣。若慧由己树，未足任也。②

所以，"圣人不仁，以百姓为刍狗"的"不仁"，就是圣人效法天地"任自然"的美德，也就是"圣人与天地合其德"。可见，自然与名教是可以圆融的。

据《世说新语·言语》记载："晋武帝始登阼，探策得'一'。王者世数，系此多少。帝既不说，群臣失色，莫能有言者。侍中裴楷进曰：'臣闻天得一以清，地得一以宁，侯王得一以为天下贞。'

---

① 王弼：《道德真经注》，见《老子集成》第一卷，第 222 页。
② 王弼：《道德真经注》，见《老子集成》第一卷，第 210 页。

帝说，群臣叹服。"裴楷引《老子》之语迎合晋武帝，使晋武帝转悲为喜。如果把"一"理解为数字，那么"王者世数，系此多少"，"一"作为普通数字，是少，晋武帝当然不高兴了。裴楷引述《老子》第三十九章"得一"之"一"，当然不是普通的数字，而是一个本体范畴了。王弼对此有很精到的阐发。他注"昔之得一者"云："昔，始也。一，数之始而物之极也。"① 裴楷引《老》实得王弼之意，至于晚清学者李慈铭讥讽裴楷"取媚无稽"②，似乎不全在理。

---

① 王弼：《道德真经注》，见《老子集成》第一卷，第 222 页。
② 《世说新语》载："桓玄既篡位，后御床微陷，群臣失色。侍中殷仲文进曰：'当由圣德渊重，厚地所以不能载。'时人善之。"清人李慈铭评曰："案此学裴楷'天得一以清'之言，取媚无稽，流为狂悖。晋武帝受禅，至惠而衰，得一之征，实为显著。灵宝篡逆，覆载不容，仲文晋臣，谬称名士。而既弃朝廷所授之郡，复忘其兄仲堪之仇。蒙面丧心，敢诬厚地。券巉不食，无忌小人。临川之简编，夸其言语，无识甚矣！"见余嘉锡：《世说新语笺疏·言语第二》，第 187—188 页。

第四章 《老子节解》对《老子》的宗教化

在晋唐道教史上占有重要地位的《老子节解》早佚。东晋葛洪在《抱朴子内篇·暇览》篇中列举的他所知道的前代道书中就有"《节解经》",或许就是最初的《老子节解》。该书正式著录于唐初陆德明撰写的《经典释文·叙录》,之后隋志、两唐志和宋志都有著录,或称"《节解》",或称"《老子节解》"、"《节解经》"。今存明《道藏》不见《老子节解》。从历代史籍和道书目录记载的痕迹来看,该书大约亡佚于元朝。本章先从文献学的角度综述《老子节解》的成书时代研究、当代文本整理等内容,再从文本的性质出发,分析它对《老子》的宗教化解读方法及其表达的宗教思想。

第一节 《老子节解》的成书时代和性质

一、《老子节解》的成书

与"节解"有关的称引屡见于东晋南朝的道教典籍和唐宋时期的《老子》集注本,这一现象很早就引起相关领域学者的注意。清代学者已着手探讨《老子节解》的作者和时代,但未能深入。近代以来,吴承仕、王重民、严灵峰、武内义雄、藤原高男、楠山春树、王明、王卡、刘固盛、刘煜等海内外学者均有相关考证。[①] 经过几代

---

① 如吴承仕《经典释文序录疏证》(中华书局 2008 年版)、楠山春树《老子节解考》(见《老子传说的研究》,日本东京创文社 1979 年版)等。

学者的艰辛爬梳，《老子节解》佚文的辑录工作已基本完成，《老子节解》的性质和成书时代基本达成了共识，目前唯有该书的作者究竟是谁，还有不小的争议。下面先回顾相关问题的研究进展，再提出我们的见解和判断，最后在此基础上简要分析文本的思想内容和特点。

先举出两种征引《节解》的传世道教文献，以见其大概。第一种是成书于隋唐之际的灵宝类经典《洞玄灵宝三洞奉道科戒营始》（敦煌抄本题为"《三洞奉道科戒仪范》"）。据该书卷四《法次仪》，按照修行程度的深浅，修道之士可以分为二十四等，其中第十六等是"太上高玄法师"。这一等道士从师所授经书中，就有"《老子节解》二卷"，可见《老子节解》是较高位阶道士的必修经典。原文如下："《老子妙真经》二卷、《西升经》二卷、《玉历经》一卷、《历藏经》一卷、《老子中经》一卷、《老子内解》二卷、《老子节解》二卷、《高上老子内传》一卷、皇人三一表文（兼前，称太上高玄法师）。"① "兼前"指前文高玄弟子所授老子《道德经》二卷、《河上真人注》上下二卷、《五千文朝仪杂说》一卷、《关令内传》一卷、戒文一卷。这些经典大部分与《老子》有关，属太玄部经典，《老子节解》是其中之一。

第二种是唐初道士王悬河所编道教类书《三洞珠囊》卷八《诸天年号日月品》所引："《老子节解》序云：'老子以无极灵道元年七月甲子，授关令尹喜《五千文节解图》，受以长生也。'"② 这是《老子节解》的序文，文中出现"《五千文节解图》"，它和《老子节解》一样，据说都是关令尹喜从老子所受。《老子节解》和《五千文节解图》可能为同书异名，也可能是构成同一本书的两部分，一部分是文字，另一部分是图。

从以上两例大略可见《老子节解》在道教经教系统中的地位。

---

① 《洞玄灵宝三洞奉道科戒营始》，见张继禹主编：《中华道藏》第四十二册，第19页。

② 王悬河：《三洞珠囊》，见《中华道藏》第二十八册，第465页。《三洞珠囊》题"大唐陆海羽客王悬河修"。

关于这本道经的由来，上述《三洞珠囊》所引"《老子节解》序"自然不可看作信史而以老子为《节解》作者。陆德明《经典释文》也以"不详作者"载录："《节解》二卷。不详作者，或云老子所作，一云河上公作。"《老子节解》的作者为河上公的说法，不知从何而来，可能源于老子、尹喜的传说，可能也属于道教内部流行的传说。北宋王钦若等编《册府元龟》卷六〇五《学校部·注释第一》著录"河上公注《老子》四篇"的同时，"又云作《节解》二卷"云云。

吴承仕还就清代学者卢文弨有关《经典释文》的论述进行了如下辨正：

> 卢文弨曰："注称'或云老子所作'，'老子'二字，必非陆氏本文。"按：《道藏》本玄宗《御注疏外传》及杜光庭《老子广圣义序》列《老子注》六十余家，并有《节解》上、下篇，云"老子为尹喜解"，是道家旧题如是，盖六朝间已然矣。故陆氏引或说以存旧义，又以野言不足保信，故云"不详作者"。悉陆氏本文也，卢说未谛。①

卢文弨认为《老子节解》内容与《老子》不相类，判断《经典释文》中的"老子所作"一语，可能不是陆德明原文。吴承仕却认为卢文弨判断有误，陆德明的记载由来有自，应该尊重。他注意到唐代道士在《老子》注疏中多有引用《老子节解》注文，还判断《道藏》本唐玄宗《御注疏外传》（即正统《道藏》所收《唐玄宗御制道德真经疏》卷首之"外传"）及杜光庭《道德真经广圣义序》叙述该书的作者时，均只说"或云老子为尹喜解"，这应该是六朝道家的旧题，陆德明不过是尊重历史而已。以陆德明学问渊博、贯通三教的深厚学养，大概不会相信《老子节解》是"老子所作"。《经典释文》是陆德明在"研精六籍，采摭九流，搜访异同，校之苍雅"的基础

---

① 吴承仕疏证，张力伟点校：《经典释文序录疏证》，140 页。

上，费数年工夫而成。他判断《老子节解》"不详作者"，同时也记录了六朝以来流行的两种说法，这是他对待经典态度严谨的表现。吴承仕指出《老子节解》为道人借老子与尹喜之关系，假托二人之名所作，这一判断为现存六朝隋唐其他道教史料所证实。

上引唐王悬河《三洞珠囊》中有"《老子节解》序"，说明《老子节解》有序有文，可能还有与文字相对应的图。图的功能可能是为了配合《老子节解》的文字，因为《老子节解》主要以人的身体部位为喻，阐述和强调守一、行气、咽津、存想体内神等内修法术，图文相配，能快速指明修炼过程中涉及的泥丸、丹田、绛宫、华池等具体位置，展示人体内部结构，方便修道者按图索骥。序文中的"授关令尹喜"出于伪托无疑。杜光庭《道德真经广圣义序》著录前代注解《老子》者六十余家，其中也有"《节解》上、下，老君与尹喜解"字样，与《三洞珠囊》的记载相同。作为道教徒，他们可能有意舍弃了《经典释文》的"不详作者"一语。

当然，为了进一步确定《老子节解》在道教史上的地位，现当代学者在该书作者及成书时代上仍然付出了大量努力。如马叙伦认为，《老子节解》可能是已经失传的蜀人乔讽的《老子义疏节解》二卷。这一说法被王重民否定，在《老子考》中，王重民根据南宋马端临《文献通考》所引北宋官修书目《崇文总目》，考证出乔讽是五代时人，与《老子节解》早出的事实不符。王重民还提出唐道士"张君相《集解》所引有'《节解》曰'，当即此书"。至于此书的作者，王重民也有审慎的判断，他指出："张氏（君相）所集二十九家，二十八家皆著姓氏，独此书引作'《节解》曰'，则著者姓氏佚失久矣。"在《老子考》中，他很谨慎地使用"无名氏《老子节解》二卷"的题名。①

蒙文通在二十世纪三四十年代辑录《老子节解》等晋唐《老子》古注时，依据佚文内容与《老子河上公章句》相近，"皆属仙法长生之道"，首先否定了"河上公"在《章句》之外另作《节解》的必

① 　王重民：《老子考》，第131—132页。

要；又根据"道家在三张之后才转入神道"，认为《老子节解》的成书"上不得早于汉末，下不得晚于陈隋"。由于《宋史·艺文志》有"葛玄，《老子道德经节解》二卷"的著录，蒙文通以为，将《老子节解》作者归于葛玄，"或得其实"。① 当然，这不过是一个笼统的看法，并没有直接证据。之后，严灵峰肯定《老子节解》的作者就是葛玄，提出了两条理由作为《宋史·艺文志》的佐证，一是隋志著录葛仙翁（葛玄）撰有《老子序次》一书。他认为"次"当系"诀"之误，这个《老子序诀》，严灵峰认为应该就是法国巴黎国立图书馆藏敦煌唐写本（葛玄）《道德经序诀》（残卷）。二是《晋书·葛洪传》对葛玄相关事迹的描述，"足证葛玄所学，亦不外道家、方士、神仙、导引、服气、养生之法，与张君相《集解》所引《节解》之内容、旨趣若合符节。且此书《汉书·艺文志》未见著录，所传乃老子、尹喜所作，尤不可信。则当如宋志所载为葛玄之撰述矣"②。在后来出版的《老子知见书目》中，严灵峰正式为《老子节解》加上了作者"葛玄"，以"《辑葛玄〈老子节解〉》"为标题著录《老子节解》辑佚本。与严灵峰持相近观点的还有日本学者武内义雄等人。

由于这一观点以《宋史·艺文志》为主要依据，遭到不信任该书的学者的反对。如王明指出："《宋史》编修，芜陋蹐驳，久为世所诟病。其志载道书，多见纰缪……《老子节解》一书，自陆氏《释文》、隋志、两唐志、《通志》等俱不详作者，而《宋史》忽以属诸葛玄，恐其未必有确据也。……《节解》与《老子河上公章句》各自为书，显与葛仙公无缘。"③ 如果不能解决《宋史·艺文志》晚出和不可信的问题，葛玄说是很难成立的。

事实上，即便不考虑《宋史·艺文志》晚出的问题，严灵峰提

---

① 蒙文通：《晋唐〈老子〉古注四十家辑存》，见《道书辑校十种》，第 243 页。
② 严灵峰：《辑葛玄〈老子节解〉序》，见《老子集成》第一卷，第 198 页。《老子集成》所收为严灵峰《无求备斋老子集成》本。也可参见严灵峰编著的《周秦汉魏诸子知见书目》。
③ 王明：《道家和道教思想研究》，中国社会科学出版社 1984 年版，第 321 页。

出的两条理由都存在较明显的逻辑漏洞。首先，葛玄和《老子序次（诀）》的真实关系不易断定。《隋书·经籍志》的确著录了"《老子序次》一卷"，题"梁葛仙翁"著。《老子序次》也的确有可能就是六朝隋唐时期常见的传说为葛玄所作《老子道德经序诀》。正统《道藏》所收《老子道德经河上公章句》和张君相所编《道德真经集注》本前，都有《老子道德经序诀》。敦煌文书中发现的《道德经》抄本中也有该文，如 S.0075 和 P.2407，首题"《老子道德经序诀》，太极左仙公葛玄造"字样。在敦煌抄本中，《老子道德经序诀》多抄写在据传为天师道张鲁删节的五千文本《道德经》正文前，而五千文本是南北朝隋唐道士内部所传《老子道德经》读本，具有明显的宗教神学色彩。[①] "太极左仙公葛玄"是否真的是该序的作者，和老子、尹喜是否就是《老子节解》的作者一样，同样是不可信的。上引王明说"《节解》与《老子河上公章句》各自为书，显与葛仙公无缘"的论断看来更为合理。

其次，葛玄和《老子节解》的关系缺乏直接证据。《晋书·葛洪传》中描写的葛玄，所学"亦不外道家、方士、神仙、导引、服气、养生之法"，与《老子节解》体现的思想存在一定的关联，但这并不能说明葛玄就是唯一可能的作者，和葛玄所学内容相当的大有人在。根据《老子序次》与葛玄的某种关联以及葛玄的学术背景得出《老子节解》的作者是葛玄的结论，于义未安。这两个例证只能说明葛玄有可能是《老子节解》的作者，而不能确定葛玄就是《老子解决》的作者。

综上所述，在现有史料范围内，《老子节解》的作者不能确定。但是根据该书内容和相关信息，其成书时间还是可以大致确定的。

---

① 《道德经》五千文本是汉魏六朝五斗米道诵习的经典，其底本来源很早，传为汉末张鲁删改而成，计 4999 字。具体可参见饶宗颐《老子想尔注校笺》（上海古籍出版社 1991 年版）。敦煌遗书中有不少五千文抄本，可参见朱大星《从敦煌写卷看〈老子〉的成书——兼论敦煌五千文本〈老子〉的来源》（载《文献》2007 年第 3 期）。

学界一般认为该书成书年代的大范围在"汉末魏晋间"①，最有可能是在"晋代（约公元3—4世纪）"②。也有学者将范围进一步缩小至六朝末至唐初。③《老子节解》反映的主要是六朝时期的道教修炼思想，这一点大致可以肯定。

二、《老子节解》与《老子内解》

《老子节解》的内容，吴承仕在《经典释文序录疏证》中说："隋、唐志同。成玄英《疏》、张君相《集解》④ 所引《节解》，不下百六七十事，殆即此书。大抵以守一、行气、还精、补脑为说，诚米贼之遗法；其语近诞，而其来则甚古。"

六朝隋唐时期流行的道经中，与《老子节解》内容相近、关系密切的还有所谓《老子内解》一书。《老子内解》的著录，始见于陆德明《经典释文·叙录》，在上引《经典释文》"《节解》二卷"前，陆德明著录有"巨生《内解》二卷，不详何人"，没有著录时间。又《隋书·经籍志》有"梁有《老子道德经》二卷，巨生解"字样。

"巨生"究竟是何人？《老子内解》和所谓梁朝《老子道德经》是否是同书异名？这些问题目前还无法弄清楚，但是道经中有关《内解》、《节解》的零星史料透露了一些信息。

陶弘景《真诰》卷十七《握真辅第一》有一段注文，是对下面这段经文的注解："梦见一人似女子，着鸟毛衣，赍此二短折封书来。发读觉，见忆昔有此语，而犹多有所忘。又梦后烧香，当进前

---

① 王卡：《敦煌道教文献研究》，第171页。

② 王卡：《敦煌本〈老子节解〉残页考释》，见《道教经史论丛》，巴蜀书社2007年版，第320页。

③ 楠山春树：《老子节解考》，见《老子传说的研究》。

④ 张君相为初唐岷山道士，著有《道德经集解》，又称"集解《道德经》"，久佚。《正统道藏》洞神部收有原题"吴郡征士顾欢述"的《道德真经注疏》，多引唐宋人《道德经》注佚文，十分珍贵。阮元撰写的《四库全书总目提要》认为，该书实际上是宋晁公武《郡斋读书志》、王应麟《玉海》等著录的张君相《道德真经集解》，误题为顾欢著，此论影响很大。王重民、吴承仕、严灵峰等大多数现当代学者取其论，有的在行文中径以"张君相《集解》"称之。详情见本书第五章。

坐。"陶弘景说:"此并记梦,见张天师书信云:'张生者,即应是讳。'今疏示长史,故不欲显之。又见系师注《老子内解》,皆称'臣生稽首',恐此亦可是系师书耳。"文中出现"系师注《老子内解》",还有道书表示道士上章时常用的"臣生稽首"字样。"臣生"和《隋书·经籍志》中的"巨生"用字相近难以分别。一般来说,"巨生"、"臣生"很有可能因形近而误,"巨"当为"臣"。

此外,杜光庭《道德真经广圣义序》在罗列前代注《老》作品时,首先列出的是"《节解》上下,老君与尹喜解",次列"《内解》上下,尹喜以内修之旨解注",接着是"《想尔》二卷"和"《河上公章句》"。可见在杜光庭看来,《节解》和《内解》是两种著作,都是非常重要的《老子》注本。道教内部认为《老子内解》出自系师张鲁,[①] 地位较高是可以理解的。《老子内解》已佚,在现存文献中,我们还能见到数条与《内解》相关的不太确定的引述,如陶弘景《养性延命录》有两处引文分别来自所谓"老君尹氏《内解》"(或"《老君尹氏内解》")和"《内解》"。又唐初《艺文类聚》卷十七有引自"《养生要尹氏内解》"的文字"口为华池"。《艺文类聚》之后未见相关引述。仅根据以上材料,要弄清楚《内解》到底是一部什么样的书,《内解》和《节解》是什么关系,难度颇大。下面根据有限史料略作梳理。

先看看《养性延命录》卷上《教诫篇》所引"老君尹氏《内解》"的内容:

> 唾者,凑为醴泉,聚为玉浆,流为华池,散为精浮,降为甘露。故口为华池,中有醴泉,漱而咽之,溉藏润身,流利百脉,化养万神,支节、毛发,宗之而生也。

又,《养性延命录》卷下《导引按摩篇》引《内解》文:

---

① 蒙文通:《晋唐〈老子〉古注四十家辑存》,见《道书辑校十种》,第244页。

> 一曰精，二曰唾，三曰泪，四曰涕，五曰汗，六曰溺，皆所以损人也。但为损者，有轻重耳。人能终日不涕唾，随有漱满咽之。若恒含枣核咽之，令人爱气生津液，此大要也。

道经中所见《节解》引文与上述《内解》引文十分接近，例如《云笈七签》卷五十六《诸家气法部一》所收《元气论》（未著撰人）引述了多部道经，如《上清洞真品》、《仙经》、《九皇上经》、《太清诰》等，其中《太清诰》中有关于行气的大段经文，这段经文在"古仙誓重，传付于口，今以翰墨宣授，宜付奇人矣"后面，有这样一段文字：

> 道林云："此道亦谓玉醴金浆法。玉醴金浆，乃是服炼口中津液也。一曰精，二曰泪，三曰唾，四曰涕，五曰汗，六曰溺，人之一身，有此六液，同一元气，而分配五脏六腑、九窍四肢也。知术者，常能岁终不泄，所谓数交而不失出，便作独卧之仙人也。常能终日不唾，恒含而咽之，令人精气常存，津液常留，面目有光。"

紧接着引《老子节解》文：

> 唾者，溢为醴泉，聚［为玉浆］（按，原文似脱"为玉浆"三字），流为华池府（按，"华池府"之"府"可能是衍文），散为津液，降为甘露，漱而咽之，溉藏润身，通宣百脉，化养万神，支节毛发，坚固长春，此所谓内金浆也。可以养神明，补元气矣。若乃清玉为醴，炼金为浆，化其本体，柔而不刚，色莹冰雪，气夺馨香，饮之一杯，寿与天长，此所谓外金浆也。可以固形体，坚脏腑矣。

这之后的文字，则是阐述"六液"中的汗和溺的功用，从语义上无法判断是否为作者所引《老子节解》原文。仅就道林口中的"玉醴金浆法"而言，以上材料显示，其具体内容与《养性延命录》所引《内解》和"老君尹氏《内解》"极为接近，都是阐述服炼口中津液的方法。但是《太清诰》并未像《养性延命录》那样，将这部分文字和下面直接引述的《老子节解》的内容放在一起，似乎它们来源不同。这不得不让我们怀疑《内解》和《节解》两书的亲缘关系。

另一条材料来自《云笈七签》卷九十九《灵响词五首并序》序言所引"尹真人《节解经》"。其先引《道德经》云："'视之不见，听之不闻，搏之不得。'详乎老君之旨趋，盖喻以众庶之俗民，非修生之道民也。"次引尹真人《节解经》云：

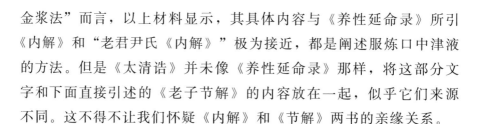

> 内观者睹神光，不可谓之不明；返听者闻神声，不可谓之无言。凡在道中之民，当须视不见之形，听不闻之声，抟不得之名。三者皆得，谓之道民。①

根据序文作者所言，这里的引文是尹真人《节解经》对《老子》第十四章经文"视之不见名曰夷，听之不闻名曰希，抟之不得名曰微"的注解。原文是略引，内容涉及道教内观术，与《老子》经文夷、希、微本义相去甚远。《老子》经文本义强调的是道的无形无名，《节解》注文恰好相反，神光可睹，神声可听，注文还以《老子》原文中的"三不"——不见、不闻、不得系之于俗民，以可见、可闻、可得系之于道民。

从以上材料可知，咽津以利神也是《节解》和《内解》都倡导的主要内炼方法之一。《养性延命录》总结前代多种养生方法，尤为推崇导引、行气、咽津、房中等术，卷上《教诫篇》在引述"老君尹氏《内解》"有关咽津术即玉醴金浆法的文字之前，先征引了魏晋时期广为流行的《黄庭经》经文："玉池清水灌灵根，审能修之可

---

① 这条佚文，未收入严灵峰的《辑〈葛玄老子节解〉》一文中。王卡《敦煌本〈老子节解〉残页考释》对《节解》重新做了辑佚，收入这条注文。见《道教经史论丛》，第300—301页。

长成，名曰饮食自然。自然者，华池者，口中唾也。呼吸如法，咽之则不饥也。"道教将人体的口部称为"华池"，认为口中有一泉，源源不断，生出津液，称为"甘泉"（或称"醴泉"、"金浆"）。对比《节解》释《老子》第八章"上善若水"的文字，可以看到它们之间的联系："'善'者，谓口中津液也。以口漱之，则甘泉出，含而咽之，下利万神。子欲行之，当以晨照漱华池，令津液满口，即昂头咽之，以利万神而益精气。"①

将上述有关《内解》和《节解》的佚文加以对比，不难看出二者在遣词造句上存在高度的相似性，甚至有部分文字直接重复，且都是假托关令尹喜所作。联系上引陶弘景《真诰·握真辅第一》的注文"又见系师注《老子内解》，皆称'臣生稽首'，恐此亦可是系师书耳"，可以推测《老子节解》和《老子内解》很有可能是同书异名，或二者存在衍生关系。② 若进一步对照现存其他道书中的《节解》佚文，这一关系将更为明确。

三、《老子节解》的文本整理

《老子节解》最早的辑佚工作始于蒙文通在 20 世纪三四十年代的工作，他发现现存文献中引用《节解》的文字涉及《老子》经文共五十四章的内容。③ 此后，楠山春树、王卡等学者又先后发现数条佚文。④ 现有《老子节解》辑本主要有以下几种：

---

① 《老子节解》，见《老子集成》第一卷，第 199 页。
② 以上参考了王卡等学者的相关研究，如王卡说："可能原是同书而异名，至少也应是内容大致相同的著作。或许《节解》出于东晋之前，时代较早，而《内解》则是南朝道教徒模仿之作。"王卡还说："又按《宋史·艺文志》子部道家类著录：'葛玄老子道德经节解二卷；道德经内解二卷，不知作者；老子道德经内节解二卷，题尹先生注。'可知元代《内解》、《节解》二书尚存。但可能因内容相近，故混合为一书也。"参见王卡：《道教经史论丛》，第 298 页。
③ 董文通：《晋唐〈老子〉古注四十家辑存》，见《道书辑校十种》，第 243 页。
④ 如楠山春树从《太上混元真录》和释法琳《辩正论》中辑出《老子节解》佚文数条。王卡还发现《云笈七签》卷五十六《元气论》和卷九十九《灵响词五首并序》各引有一条《老子节解》佚文。

（1）蒙文通辑本，已见前述。

（2）严灵峰辑本，该辑本内容始于《老子》首章"常无欲以观其妙"，止于第八十一章"信言不美，美言不信"，共涉及《老子》上篇二十三章和下篇二十九章共五十二章经文，收入严灵峰主编的《无求备斋老子集成初编》。严本使用的底本是前述《道藏》本原题"吴郡征士顾欢"的《道德真经注疏》，同时以唐末道士强思齐的《道德真经玄德纂疏》、北宋道士陈景元的《道德真经藏室纂微篇》、宋金道士李霖的《道德真经取善集》等唐宋《老子》注本和集注本为参校。

（3）日本学者藤原高男辑本，收入他所著《辑佚老子古注篇》和《辑佚老子古注篇补正》。

以上这些辑佚均以传世文献为依据。在研究敦煌道教文献的过程中，王卡辨识出敦煌文书 S.6228v 是《老子节解》的残片，存经注文十九行，起于第三十三章末句"死而不亡者寿"之注文，止于第三十五章"视之不足见"句。[①] 该残卷《英藏敦煌文献》题作"失名道经"，大渊忍尔《敦煌道经目录》未著录。据王卡记述，该残卷

---

① 《老子节解》辑佚本，主要有蒙文通的《老子古注四十家辑存》、日本学者藤原高男的《辑佚老子古注篇》、严灵峰的《辑葛玄〈老子节解〉》以及王卡《敦煌本〈老子节解〉残页考释》中的《老子节解辑佚》四种。四种都是以原题"吴郡征士顾欢"的《道德真经注疏》本引文为主，严本和王本都是将《老子节解》单独辑佚出来，按照《老子河上公章句》的分章次序排列。蒙本则省繁就简，将《老子节解》在内的四十家古注同时辑录。藤原高南本笔者未见。值得一提的是，王本只辑录了134条佚文，舍弃了严本和蒙本中部分佚文，而这部分佚文主要来自强思齐的《道德真经玄德纂疏》所引。例如严本《老子》第四章到第九章注文，有如下注语："《道藏》张君相三十家《集解》本阙注，兹据强思齐《道德真经玄德纂疏》引《节解》文补。"蒙本也采取了同样的方法，从强思齐《道德真经玄德纂疏》辑出佚文，补充顾欢本所阙。另有一部分佚文，原为《道藏》顾欢本所引《老子节解》，如"虚其心，无邪思也。实其腹，闭气养静也"，严本据其辑录为《老子节解》对第三章"虚其心，实其腹"的注文，但王卡辑本未收此条。强思齐所引《老子节解》内容，性质与顾欢本和李霖集注本所引接近，如严本中对应今本《老子》的第七、八、九三章的注文，大半内容与内炼有关，多次出现泥丸、丹田、绛宫、行一、含津等字眼，与《老子节解》其他佚文风格一致。本章暂以严灵峰辑本为准。

"经注文连书，字体大小不分。注文古拙简练，每条以'胃（谓）'字开始。首行注文见合《道德真经注疏》所引《节解》佚文，可确证此件是《老子节解》残片"①。非常可贵的是，该残片既有经文，又有注文，且第三十三章的三条注文有传世文献所引佚文相对照，于校勘《老子节解》（辑佚本）具有很高的参考价值。

《道藏》顾欢本《道德真经注疏》引《节解》第三十三章注文为："谓强昼夜行道，而不休息也。谓不失其一也。谓人尸解也者，死而后生也。"（释"强行者有志，不失其所者久，死而不亡者寿"）敦煌本这一章注文仅存"者死而复生也关令稽首"十字。王卡认为残片上的完整文字应该是"死而不亡者寿胃人尸解者死而复生也关令稽首"②。其中，"死而不亡者寿"是《老子》经文，"胃（谓）人尸解者，死而复生也"是注文，和上引顾欢本《节解》佚文一致。"关令稽首"四字和残卷上第三十四章结尾"臣稽首"三字，因后面文字残缺，且无其他佚文对照，无法准确判断其性质。但是根据前述道书托尹喜作《节解》的事实，以及陶弘景《真诰》中的"系师注《老子内解》，皆称'臣生稽首'"字样，可以大致判断该残卷与《老子节解》有关。另一个证据是，残卷第三十五章的注文与《节解》其他书所引佚文的内容也一致，这一章的注文是"下元属禁府。胃（谓）执道行一，其元皆往。胃（谓）道炁生丹田而不害。胃（谓）护神其身也。胃（谓）一生耳中，乐其神明，故谓过容止也。胃（谓）道行身中，啖然无味也。"③

现存《老子节解》的文字，要么是夹杂在各种不同的《老子》集注本中，要么是一些道书对注文的零散征引，仅据传世文献，很难判断它使用的是何种经文底本。敦煌本《老子节解》残卷经注文连书，未做分别，只需将经文和注文分开，即可见《老子节解》的底本面目，这是敦煌本的另一学术价值所在。此外，敦煌本《老子

---

① 王卡：《敦煌本〈老子节解〉残页考释》，见《敦煌吐鲁番研究》第六卷。
② 王卡：《敦煌本〈老子节解〉残页考释》，见《道教经史论丛》，第315页。
③ 王卡：《敦煌本〈老子节解〉残页考释》，见《道教经史论丛》，第316—317页。

节解》残卷涉及《老子》共三章的内容，除了第三十三章外，第三十四和三十五章注文不见于传世文献，于校勘有补缺作用。比对敦煌本和传世文献中的佚文后，可以发现敦煌本使用的底本与《老子河上公章句》的底本最为接近，[①] 与同样在敦煌遗书中发现的《老子想尔注》残卷使用东晋南朝道教内部流行的五千文本不同。

总之，根据敦煌残卷，结合传世文献，《老子节解》的成书时间可以进一步收缩在"晋代（约公元 3—4 世纪）"。虽然其确切年代尚无法确定，但从现存佚文和敦煌残抄本来看，《老子节解》与《老子河上公章句》、《老子想尔注》一样，均属道教早期发展阶段的重要注本，对于我们进一步了解隋唐以前道教教理教义的发展演变具有重要参考价值。下面将结合《老子河上公章句》和《老子想尔注》，概述《老子节解》的内容、思想及其在道教史上的地位。

第二节 《老子节解》的主要思想

司马迁对老子其人其事的模糊记载以及《老子》经文内容的抽象性和歧义性，不仅为老子在后世修道者心目中逐渐演变为仙真提供了条件，也为后人注解《老子》的多样化预留了空间。《史记·老子列传》说"盖老子百有六十余岁，或言二百余岁，以其修道而养寿也"；王充《论衡·道虚》篇说"老子恬淡无欲，养精爱气，世为真人"；桓谭《新论》说"老子用恬淡养性，致寿数百岁"，这些材料都说明老子的角色至迟在东汉时期已开始发生显著变化。

汉代老子其人被神化的同时，其书也逐渐被赋予了越来越多的神话色彩。班固在《汉书·艺文志》里给道家下的断语是："道家者

---

① 饶宗颐认为《老子想尔注》经文与敦煌抄本中的索洞玄本最为接近（见饶宗颐：《老子想尔注校笺》，第 93 页），王卡将索洞玄本列入"老子道德经五千文本"的"无字数注记抄本"内（见王卡：《敦煌道教文献研究》，第 165 页）。

流，盖出于史官，历记成败存亡祸福古今之道，然后知秉要执本，清虚以自守，卑弱以自持，此君人南面之术也。"但后世注《老》之人，多从自身理解和特殊需要出发，并不局限于从君人南面之术的视角去理解《老子》。我们知道，《老子》文句多属格言、警句，抽象而古奥，上下文之间往往并不存在明显的逻辑联系，语境也很模糊。在高度的思辨性之外，《老子》的部分经文还有相当的神秘性，有些经文被认为与形而下的身心修炼和肉体不死有关。例如第五十九章："有国之母，可以长久，是谓深根固柢①，长生久视之道。"此句本来说的是"有国"者可以"长久"，针对的是统治者。但后面"是谓深根固柢，长生久视之道"，却极易产生歧义。究竟何谓"深根固柢"？何谓"长生久视"？经文中又有"浴（谷）神不死，是谓玄牝"等涉及"不死"的言论。汉代黄老学和神仙方术广为流行，在儒家五经被反复注释并在西汉后期开始谶纬化和神秘化的同时，道家《老子》的注解也呈现出相似的趋势。或者我们可以说，《老子》在汉代开始黄老化和养生化，进而逐渐宗教化。能体现这一趋势的现存作品主要有《老子指归》、《老子河上公章句》和《老子想尔注》，后两种被大致确定为东汉末期的作品，《老子节解》则晚于两汉，造作于道教蓬勃发展的东晋南北朝时期。理解《老子节解》，必须将其置于道教发展的这一宏观的时代背景之中，并与现存内容相近的《老子河上公章句》和《老子想尔注》进行必要的对比。

　　整体上看，《老子节解》的内容与《老子想尔注》相同或相近之处较多，但是也存在显而易见的矛盾，如《老子想尔注》反对的"伪技"，正是《老子节解》大力倡导的修炼法门。若将《老子节解》与《老子河上公章句》对比，它们在形式上相同或相近之处更多，比如它们使用的底本大致一致，整体语言风格也更为接近。但是《老子节解》和《老子河上公章句》的不同，不是体现在某个具体的观点上，而是整体思想与解释旨趣的不同——《老子河上公章句》

---

① 　此句王弼本、傅奕古本都写作"深根固柢"，但《老子指归》、《老子河上公章句》、道教五千文本、唐宋本多写作"深根固蒂"。

既讲修身，也讲治国，而现存《老子节解》只讲修身，不谈治国。在这一点上，它似乎更接近《老子想尔注》，专注于宗教性解释，对社会政治毫无措意。当然，《老子想尔注》后出，对《老子河上公章句》的思想有吸收和借鉴，这是公认的事实。总之，《老子节解》和《老子河上公章句》、《老子想尔注》同属于幸存下来的早期重要老子注本，有助于我们认识道家经典在道教早期的义理构建中所起的作用。

受天人合一思维模式的影响，先人们很早就开始以人体为喻，以充溢宇宙、无所不在的气为核心，构建了独特的精气神思想，并在实践中总结出一套以调节人体气息为方法，以健康长寿为目的的修炼法门。汉末以降，随着有组织的道教教团的兴起，守一行气以及存思体内神的内修法术开始盛行，江南葛氏道派和上清道派尤其重视这种修炼术，现存上清经典《黄庭经》、《上清大洞真经》等集中体现上述修炼思想。陶弘景《真诰叙录》在陈述上清经之出世和散出时，对上清法术在当时的流行有如下描写："今世中相传流布，京师及江东数郡，略无人不有，但江外尚未多耳。"① 这些广泛流行于当时社会人群中的修炼术，渊源十分悠久，上述《老子》早期注解作品中都有不同的程度表达。可以说，依托道家《老子》的固有思想元素，建立起包括守一、行气、存思等修炼术在内的道教丹田思想及其相关法门体系，是汉晋六朝道教义学建构的重要途径。本章主要分析《老子节解》如何通过创造性注解《老子》来建构上述思想的。

一、体内神观念

体内神观念以及以丹田为中心进行服气养气实践的修炼思想，与《老子》和道家思想有着深刻的渊源关系，我们在东汉边韶的《老子铭》、《太平经》、《老子变化经》中已经见到其雏形。之后，《老子中经》、葛洪《抱朴子内篇》以及南朝上清派的《黄庭内景

---

① 陶弘景著，赵益点校：《真诰》卷十九《翼真检第一》，第 339 页。

経》、《大洞真经》、《太上灵宝五符序》等经书逐步建立起精密的体内神思想及存思法术。《老子节解》中的体内神观念和丹田思想，是道教体内神观念发展的重要一环。它先将《老子》经文中的"天"、"地"、"侯王"、"圣人"、"人主"、"国"、"邦"等概念彻底身体化，继而将道家道教有关守一行气、握固胎息、存思体内神等传统观念贯彻到注释之中。

人体内有神驻守的体内神观念，渊源于老庄道家。边韶在东汉桓帝延熹八年（165）所作《老子铭》说：

> 其二篇之书，称"天地所以能长且久者，以不自生也"。厥初生民，遗体相续，其死生之义可知也。或有"浴（谷）神不死，是谓玄牝"之言。由是世之好道者触类而长之，以老子离合于混沌之气，与三光为终始，观天作谶，□（升）降斗星，随日九变，与时消息，规矩三光，四灵在旁，存想丹田，太一紫房，道成身化，蝉蜕渡世……①

《老子》书中的"浴（谷）神不死，是谓玄牝"的"不死"字眼，最容易引起修道者的联想，所谓"触类而长之"。铭文中提到的"规矩三光，四灵在旁，存想丹田，太一紫房"等，反映当时社会上已经流行与存想有关的养生法术。其中的"存想丹田"，顾名思义，是将精神充分聚集于身体内部的丹田之处。《老子铭》文字简短，没有透露"存想丹田"的具体方法。存想的对象是什么不清楚，体内神思想还不明显。

大致成书于东汉至三国时期的早期道教经典《老子中经》② 是目

① 洪适：《隶释》卷三，中华书局 1985 年影印本，第 36—37 页。
② 《老子中经》的成书时间，法国学者施舟人认为在三国以前，刘永明认为是东汉，并认为是道经《玉历经》的一个传本，具体可参见施舟人《〈老子中经〉初探》（载陈鼓应主编：《道家文化研究》第十六辑，生活·读书·新知三联书店 1999 年版）及刘永明《〈老子中经〉形成于汉代考》（载《兰州大学学报》2006 年第 4 期）。

129

前已知较早的已经具备较为完整的存思体内神和行气观念的道经。现存《老子中经》共五十五章，每章均以"神仙（图）为名"，反复阐述人与宇宙的同构关系。该经将人体看成一个小宇宙，再将人体外的外宇宙与人体内的内宇宙从结构上一一对应，同时在不同的人体部位安排了不同的神仙驻守。如第六章说：

> 经曰：老君者，天之魂也，自然之君也。常侍道君在左方，故吾等九人九头君也。吾为上首作王父，余人无所作也。人亦有之，金楼乡小庐里，姓皮名子明字蓝蓝，衣青衣，长九分，把芝草，持青幡，侍道君在左方，从仙人仲成子。思之长三寸，常在己左方，正与己身等也。其妻素女，衣黄衣，长九分，思之亦长三寸。[①]

先说老君是自然之君，常侍道君，再说老君的形象服色，然后以"人亦有之"引出人体内对应的此神的姓氏名号、形象服色、所处位置等。在《老子中经》中，老君在道教诸神中仅列第七位，是处于第二神位的道君的旁侍。在老君之上有太上一道之父、无极太上元君（道君）、东王父、西王母、道君者一，之下则有太和者一、泥丸等神，此外还有五脏之神、三尸神等，不胜枚举。《黄庭外景经》说"老子闲居作七言，解说身形及诸神"；《黄庭内景经》说"散化五形变万神"，都旨在阐明一人之身，驻有万神。

又如第十七章对"丹田"之神的阐述如下：

> 经曰：丹田者，人之根也，精神之所藏也，五气之元也。赤子之府，男子以藏精，女子以藏月水，主生子，合和阴阳之门户也。在脐下三寸，附着脊膂，两肾根也。丹田之中，中赤、左青、右黄、上白、下黑，方圆四寸之中。所以在脐下三寸者，言法天、地、人。天一、地二、人三、时四，故曰四寸；法五

---

① 张君房编，李永晟点校：《云笈七签》卷十八，中华书局2003年版，第421页。

行，故有五色。清水乡敖丘里丹田名藏精宫，神姓孔名丘字仲尼，传之为师也。兆常以夜半存心之赤气，上行至绛宫、华盖，各右绕之，太一入黄庭，满太仓，养赤子，复入太渊，忽忽不知所在。复念太一气还入丹田中止。常念太一玄光道母养真人子丹，正吾身也，自兆名也，勿忘之。①

有意思的是，丹田神居然姓孔名丘字仲尼，可见其想象之丰富。将《老子》及其"道"拟人化，使其有具体的形象和服色，作为修道者存思冥思的对象，是体内神观念建立的基本目的。

和《老子中经》类似，《老子节解》中也有此类思想。在注解《老子》时，《老子节解》的作者首先将《老子》中的"道"释为"神"。众所周知，《老子》中的"道"，抽象玄妙，这是注解之人得以将其与"神"联系起来的内在依据。《老子节解》的思想基础是神秘的鬼神观，神和鬼各司其职，神护人，鬼能伤人。如《老子》第六十章经文中的出现的"鬼"和"神"，被《老子节解》大加发挥。其注文如下：

> 非谓鬼无神也，道在人身，故神不伤人也。谓人行治道，与神明合，内无阴过，故鬼不能伤也。外无阳罪，故圣人不能刑也。人之行一，天神在外卫身，在里护形，元气混沌，皆其治身。己之所行，上法于天，头戴日月光明，星辰列宿，皆在身中。精神呼吸，食玉英也。②

《老子节解》中的神，都有形象服色、声音动作，十分生动，栩栩如在眼前。例如其注第十二章"五色令人目盲，五音令人耳聋"：

> 非谓人之目盲。欲自有所见，但见玄黄之色，神明出入，

---

① 张君房编，李永晟点校：《云笈七签》卷十八，第428—429页。
② 《老子节解》，见《老子集成》第一卷，第205页。

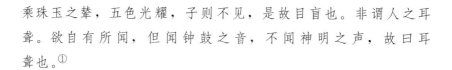

乘珠玉之萃，五色光耀，子则不见，是故目盲也。非谓人之耳聋。欲自有所闻，但闻钟鼓之音，不闻神明之声，故曰耳聋也。①

又释第十三章"得之若惊"：

谓得道则万神皆来，鸣于腹中，与子相见言语，知身五神，元气流驰，故曰得之若惊。②

不过，《老子节解》还没有给身体各部位安排具体的神灵驻守，只笼统地讲神、五神、万神和神明，这大概也反映了《老子节解》的早出。

除了鲜明的体内神观念外，《老子节解》将《老子》经文中但凡涉及圣人、人主、治国、用兵等属于"君人南面之术"的内容，全部从道教炼养角度去解释，将其中一系列概念统统置换为人体内外结构的组成部分，如将"国"置换为"身"、"形"，"兵"置换为"口"，"百姓"置换为"百脉"，"大国"和"小国"置换为"泥丸"和"丹田"……诸如此类，不一而足。

根据《老子节解》的这一显著特点，王卡推测，《老子节解》书名中的"节解"二字，可能是该书作者以《老子》八十一章比附人体的脏腑关节，每一章对应人身中的某一部位的神君宫符，讲述相应的内修存神修炼法术，故有此书名。③"节解"可能就是唐代道士赵志坚在《道德真经疏义》卷六批评的"以文属身，则《节解》之意也"的"以文属身"。这一推断有一定的合理性，但是若说《老子节解》将八十一章的每一章都和体人体某一部位的神君宫符相对应，似不太妥帖，因为在《老子节解》中，万神都是普遍意义上的神灵。

---

① 《老子节解》，见《老子集成》第一卷，第 200 页。
② 《老子节解》，见《老子集成》第一卷，第 200 页。
③ 王卡：《道教经史论丛》，第 318 页。

万神也并未驻守人体内某一具体部位，如三宫。神完全是人格化的，有服色，有声音，有动作，如"欲自有所见，但见玄黄之色，神明出入，乘珠玉之辇，五色光耀，子则不见，是故目盲也"；"谓得道则万神皆来，鸣于腹中，与子相见言语，知身五神，元气流驰，故曰得之若惊"；"谓神出入在身，故行一之士，法守自然，握固闭气，抱持魂魄也"。① 万神需要滋养，咽津可"下利万神"；万神在身中，利益不息，"神炁既行形中，万神合会，故口中甘泉自出"。② 应该说，《老子节解》体内神观念受到了《老子中经》的影响，考虑到《老子节解》的成书时间略晚于《老子中经》，那么其存神内修的炼养之术可以看作是《老子中经》存神方法的延续，并且在早期道教中十分流行。③

值得注意的是，《老子节解》的"守一"表面上是指守身神，实际上是指守气，因为"一"指的是"气"。《老子节解》常常将"守一"与"行气"并提，如"圣人怀精神，守一行气，握固胎息，故使此物不害之道处其心，真气俱存，故无刑杀之地也"④。身中有"万神"，而万神皆成于一气，"天、地、人、神灵、水泉，万物各共一以成"⑤。这是气化宇宙论的路数。

二、守一行气观念

"守一"是道教徒修炼实践的重要法门，又称"抱一"、"行一"或"守三一"。⑥《老子》、《庄子》、《太平经》、《老子河上公章句》、《老子想尔注》和《抱朴子内篇》等早期道家和道教典籍都曾谈及守一。东晋南朝上清和灵宝道派也十分重视守一术，《洞真太上素灵洞

---

① 《老子节解》，见《老子集成》第一卷，第 200—201 页。
② 《老子节解》，见《老子集成》第一卷，第 199 页。
③ 参见刘固盛：《〈老子节解〉的养生思想》，《湖南大学学报》2015 年第 1 期。
④ 《老子节解》，见《老子集成》第一卷，第 203 页。
⑤ 《老子节解》，见《老子集成》第一卷，第 202 页。
⑥ 关于道教守一法，参见萧登福：《道教"守一"修持法之源起及其演变》，《宗教学研究》2006 年第 1 期。

元大有妙经》、《太上灵宝五符序》等道经中也有集中论述。

道教的守一和元气思想，其理论来源可追溯至《老子》和《庄子》中的"一"、"抱一"和"守其一"的观念，其中最有代表性的是《老子》第三十九章中的"一"："昔之得一者，天得一以清，地得一以宁，神得一以灵，谷得一以盈，万物得一以生，侯王得一以为天下贞。其致之。天无以清将恐裂，地无以宁将恐发，神无以灵将恐歇，谷无以盈将恐竭，万物无以生将恐灭，侯王无以贵高将恐蹶……""抱一"则出自《老子》第十章"载营魄抱一"和第二十二章"圣人抱一以为天下式"。《庄子》将《老子》的"一"和"抱一"发展为"守一"。《在宥》篇描写黄帝在位十九年后，听闻广成子"达于至道"，遂前往见之，以"治身奈何而可以长久"为问。《庄子》借广成子之口向黄帝讲述何为"至道之精"和"至道之极"，最后以"我守其一，以处其和，故我修身千二百岁矣，吾形未尝衰"总结其修身之道。《庄子》的"我守其一"，相当于《老子》的"抱一"或"载营魄抱一"，它们是道教守一术的源头。

广成子口中窈窈冥冥、昏昏默默的至道之精、至道之极状态，和《老子》阐述的清净自守的精神一致，所谓"无视无听，抱神以静，形将自正。必静必清，无劳女形，无摇女精，乃可以长生。目无所见，耳无所闻，心无所知，女神将守形，形乃长生"。《庄子》"守一"的重心是"抱神以静"，追求精神上的虚静空阔，属于心性修炼的范畴，与《老子节解》、《老子河上公章句》以及后来道教的守一术有区别。值得注意的是，《庄子》的"我守其一，以处其和"一语，出自"修身千二百岁"却"形未尝衰"的仙人广成子之口，守一之术与修仙成真在这里被直接联系起来了。黄帝问道广成子的故事后来成为道教中具有象征意义的事件，广成子的仙人身份也因此得以正式确立，守一之术与长生成仙的关系得到强化，守一之术也因此成为道教徒修炼的必要法门之一。东晋葛洪《神仙传》为历代神仙立传，有《广成子传》，将广成子描述为"古之仙人"，说他住在崆峒山的石室之中，"黄帝闻而造焉"。

《老子》的"一"究竟指什么？历代注解者的解释不同。严遵释为"道之子"："一者，道之子，神明之母，太和之宗，天地之祖。于神为无，于道为有，于神为大，于道为小。"① 王弼注重从哲理角度理解《老子》，释"载营魄抱一"的"一"为"人之真"、"少之极"："载，犹处也。营魄，人之常居处也。一，人之真也。言人能处常居之宅，抱一清神。能常无离乎，则万物自宾也。"又注"圣人抱一以为天下式"云："一，少之极也。"② 都很重视《老子》的"抱一"，视"抱一"为神清气和的生命根本之所在。守一术也是《太平经》反复论说的对象，有"子知守一，万事毕"的说法。但是《太平经》中的"一"，主要是指精神性的意念，所谓"一者，心也，意也，志也。念此一身中之神也。凡天下之事，尽是所成也。自古到今，贤圣之化，尽以是成器名"；"一者，其元气纯纯之时也。元气合无理，若风无理也，故都合名为一也。一凝成天……下因地也，一下因地者，数俱于十乃生，故人象天数，至十月乃生也。一者，正是其施和洞洞之时也"；"夫一者，乃道之根也，气之始也，命之所系属，众心之主也"。总之，守一是道家道教重要的养生方法。③

由上可知，属于道经系统的《老子河上公章句》和《太平经》都将"一"解释为道和气的根本和起始，但是《老子河上公章句》已经直接将"抱一"的"一"物质化为"太和之精气"。它注"载营魄抱一"，把"营魄"解释为"魂魄"，谓"人载魂魄之上得以生，当爱养之。喜怒亡魂，卒惊伤魄。魂在肝，魄在肺。美酒甘肴，腐人肝脏。故魂静志道不乱，魄安得寿延年"；把"一"解释为"太和之精气"，"抱一"就是守住这种"太和之精气"。这种解释对后来道教修炼影响很大。《老子》第十章"载营魄抱一，能无离乎?"后面

---

① 严遵：《道德真经指归》，见《老子集成》第一卷，第71页。

② 王弼：《道德真经注》，见《老子集成》第一卷，第211、215页。

③ 道教守一术的源头，饶宗颐在《老子想尔注校笺》中认为，"守一"应该来自汉代太平道和天师道所论"守一"之说，本于《庄子·在宥》"我守其一，以处其和，故我修身千二百岁矣，吾形未常衰"。李养正对饶宗颐的观点有补充。参见李养正：《道教"守一"法非滥觞佛经议》，见陈鼓应主编：《道家文化研究》第七辑，上海古籍出版社1995年版。

紧接着的是"专气致柔，能婴儿乎？"在后世释《老》者眼里，前一句"抱一"与后一句"专气致柔"的"气"存在内在的逻辑关系，"气"被视为生命存亡之关键。通行本《老子》有三章直接涉及"气"，除了第十章外，还有第四十二章的"万物负阴而抱阳，冲气以为和"，第五十五章的"心使气曰强"，但这些有关"气"的经文比较抽象。王充《论衡·道虚》篇说道家有悠久的"食气者寿而不死"的传说，这种传说的流传不能不说与后人对《老子》这些经文的敷衍有关。《老子河上公章句》的一个鲜明特点就是气论，这可以说是对《老子》经文的最大发挥，关于"气"，它有多种称谓，如元气、和气、精气等。比如它说"天地之间空虚，和气流行，故万物自生"；"元气"既生万物又内在于万物，"元气生万物而不有"；人无贤愚，皆"同受气于天"；"天食人以五气"；万物皆"从道受气"，人不失其所受天之精气，则可以长久等。

道家专守精气的抱一法成为后来道教复杂气法的源头。道教徒在其宗教实践中，结合日渐成熟的丹田思想，将守一与行气的关系一步步强化，使两者相辅相成，成为极为重要的道教内炼法门。张君房《云笈七签·导引胎息篇》所引佚名道经《元气论》说："若人能专心服元气，更须专念于一，存而祝之，可与日月同明矣。"服气与念一（守一）密不可分。《元气论》还对修道者应该如何结合气之丹田念一有细致的描述："夫'天得一以清'，天既泥丸，有双田宫、紫宫，亦曰脑宫。宫有三焉：丹田、洞房、明堂，乃上三一神所居也。其名赤子、帝卿、元先，常存念之，即耳聪目明，鼻通脑实矣。'地得一以宁'，地即脐中气海，亦有丹田、洞房、明堂三宫，下三神所居也……'神得一以灵'，即心主于神，心为帝王，主神气变化，感应从心……但当念一，一来救人，必得免难，道不虚言。"这段文字进一步结合了道教的体内神观念和守一行气思想，也对《老子》第三十九章做出了创造性解释。《老子节解》描述的守一行气术远不如《元气论》复杂和系统，但是我们仍然可以在其残缺不全的注解中看到道教守一行气理论的一些构想。

《老子节解》对守一、行一的反复强调，是其解《老》的一大特点。"一"是反复多次出现的核心概念，除了多次单独出现外，还可见"守一"、"存一"、"行一"、"得一"、"重一"、"失一"等复合词。"一"不仅是物质性的精气，还是人格化的神。守一、行一、重一、得一的重要性及不能守一的危害，也被反复强调。下面再举数例：

> 谓天、地、人、神灵、水泉，万物各共一以成。故曰其致之也。谓泥丸不得一，则脑枯头白齿落，故曰裂。……谓守一不殆，老则得道。……谓人不修其一，朝夕自饰而失病，故心荒秽也。谓不守固其一，则五脏空乏，故曰虚也。谓好华服于身，一去邪来，带利剑，仗刃备，为鬼邪所病。谓好其甘肥，以养其容，一去其中，百病并生，乃以资货备于死丧也。谓人不行一，但念好服美食，可以为盗贼，不能止病却死，故非道也。……谓一行身中，除邪愈病，莫知尽极，则其命长存。①

《老子节解》还强调守一之功是修道者依托一己之力所能达到的，不必求诸外力，如释"故致数誉无誉"："抱一内守，不外求，故曰无誉也。"②

和守一同等重要的还有行气。《老子节解》特别强调守一必须和行气相结合，否则无法实现守一，行气亦废，这是继《老子河上公章句》将《老子》的"抱一"释为"守一"，又将"守一"等同于"专气"的进一步发展。如《老子节解》注解《老子》"以其无死地"："谓圣人怀精神，守一行气，握固胎息，故使此物不害之道处其心，真气俱存，故无刑杀之地也。"③

《老子节解》对《老子》第三十九章的注解要比上引《云笈七签》中的《元气论》简单得多，但是其基本思想与《元气论》是一致的，例如它释"天得一以清"，"谓泥丸在人头中，清气下降，故

---

① 《老子节解》，见《老子集成》第一卷，第202—205页。
② 《老子节解》，见《老子集成》第一卷，第202页。
③ 《老子节解》，见《老子集成》第一卷，第203页。

曰以清";释"地得一以宁","谓丹田不淫不乱,精神居其身,故曰宁也";释"神得一以宁","神谓心也。心为神灵五藏之主,故曰以宁";释"谷得一以盈","谷谓口也。口为华池宫,能致体泉,故曰以盈"。① 萧登福指出:"《太平经》仍旧以守精气神为说,以为'守一'是在凝守精、气、神三者,使合为一,与形体不离,但已逐渐加入宗教色彩,和以存思目光来作为修炼法门。而汉代的《五符经》、《仙经》及六朝上清经派等,以为'一'散入人身中,分处三宫,成为人体内三丹田之神祇;三丹田,在上为泥丸宫,中间为绛宫,在下为命宫之黄庭;三宫之神祇主司人命,监管身内百神。"② 因此,道经中的守一术,实际上是存思人体内上丹田(泥丸宫)、中丹田(绛宫)、下丹田(命宫)三处之守宫神祇。这三处之神祇,都称为"真一"或"一"。"守一"也就是"守三一",也就是观想存念驻守三丹田的神祇,神与我相偕,同升天庭,并还返各安于吾身三宫。炼我七魄,和我三魂,消灾散祸,辟邪除精。其目的在求与天上的三大神相感应,而现身相见,使我能名登仙册,白日飞升。③

总之,《老子节解》中的守一行气观念,体现的正是汉代以来典型的道教守一思想,它与此前道家道教的守一行气思想存在明显的继承关系。但是必须注意的是,尽管《老子节解》已经有鲜明的身神观念,但身神尚无明确的驻守功能,守一也不是守身神,而是守气。

三、丹田思想

丹田思想产生很早,《太平经》、《老子中经》等道经都述及丹田,《老子节解》的丹田思想也很鲜明。在《老子节解》中,凡《老子》经文中的上下、高低方位几乎都被解释为人体结构的不同方位和部位,比如《老子》的"高以下为基","高"和"下"分别被释

---

① 《老子节解》,见《老子集成》第一卷,第 202 页。
② 萧登福:《道教"守一"修持法之源起及其演变》,《宗教学研究》2006 年第 1 期。
③ 萧登福:《道教"守一"修持法之源起及其演变》,《宗教学研究》2006 年第 1 期。

为人体上方位置的泥丸（脑）和下方位置的丹田（脐部），其中下丹田被认为是养精补脑的基础性部位。

《老子节解》的注者根据泥丸（脑）、华池（口）和丹田（脐）在人体所处上中下方位的不同，将它们分别赋予了能够促进体内血、精、气、神等流动性生命因素的"上承"和"下流"的功能，如释第六十一章"大国者下流，天下之交"说："泥丸为大国，口为小国。口承上，下灌丹田，丹田则地郊也。"释"小国以下大国，则聚大国"："谓泥丸居上为大国，丹田处下为小国。行一之道，闭气咽液，下流丹田。液化为血，血化为精，精化为气，胎息引之，还补其脑，推而引之，云布四海，故上取下聚也。小国自卑下守分，雌柔聚于大国之中，钦风慕义也。"修道者若能闭气咽津，津液和体内之气下贯丹田，则津液可化为血，血可化为精，精可化为补脑之气，这其实就是炼精化气术。这种修炼术还需要辅之以胎息术，此补脑之气方可成功引入脑部。当修炼者大脑中充溢此精妙之气时，就可将此气推于身体各个部分。由此可见，这一内炼过程始于闭气，终于化气，其基本流程是从下至上，再由上而下的体内生命元素的循环往复和生生不息。

与"真气"相对的是"邪气"，修道之人要以行气握固等方法避免邪气入内，如释第三章"使民不为盗"："谓邪气不来，盗贼不入，行一握固。"释第二十七章"善闭无关键"："谓闭气握固，上闭天牝，下闭地牝，故曰无关键。"

"握固"出自《老子》第五十五章"含德之厚，比于赤子。蜂虿虺蛇不螫，猛兽不据，攫鸟不搏。骨弱筋柔而握固"。本意是指婴儿初生时手成紧握状，是婴儿与生俱来的一种身体状态。《老子》认为婴儿本性淳朴，无染于外，生而握固，遂有"含德之厚比于赤子"之喻。道教以逆修返归"婴儿"和"赤子"状态为修炼目标，将"握固"发展为一种与行气相连贯的具体的修炼术。据道书记载，"握固"大体上也属于一种炼气保精的方法。《云笈七签·服气疗病篇》引《服气经》对握固的方法有具体的描述，其云："道者气也。保气则得道，得道则长存。神者精也，保精则神明，神明则长生。

精者，血脉之川流，守骨之灵神也。精去则骨枯，骨枯则死矣！是以为道，务宝其精。从夜半至日中为生气，从日中后至夜半为死气。当以生气时正偃卧，瞑目握固（握固者，如婴儿之卷手，以四指押大指也），闭气不息，于心中数至二百，乃口吐气出之。日增息，如此身神具，五脏安。能闭气至二百五十息，华盖明。华盖明则耳目聪明，举身无病，邪不忓人也。"①《云笈七笺·导引按摩篇》又引《导引经》，其中也有握固术："清旦未起，啄齿二七，闭目握固，漱漏唾三咽气。寻闭而不息自极，极乃徐徐出气，满三止。便起，狼踞鸱顾，左右自摇曳不息自极，复三，便起下床，握固不息……按经云：'拘魂门，制魄户，名曰握固，与魂魄安门户也。'此固精明目留年还魄之法，若能终日握之，邪气百毒不得入（握固法：屈大拇指于四小指下把之，积习不止，即眼中亦不复开。一说云：令人不遭魔魅）。"② 当然，《节解》本质上是一部道家修炼之书，对于修道者来说，行气、握固的主要目的还是肉体长存，而不是兼济天下。气从广袤无垠的天地之间进入逼仄狭小的人体内部，经由以泥丸、口和丹田三个人体核心部位之间的上下流动，实现"还补气脑"，长生不老的目标。气在体内的运行，照《老子节解》所说，是由人体内的两种升降力量自然促成的，"泥丸欲气升，丹田欲气降，共成一神也"③。"泥丸下至绛宫，丹田上升行一，上下元炁流离，百节浸润，和气自生，大道毕矣"④。所谓"大道毕"，指的就是获得了长生。

四、养护精气

以精、气、神三者为元素的爱精惜气思想是道教的基础性炼养理论，《老子节解》非常强调精、气或者精气在修炼中的作用，这与《老子河上公章句》、《老子想尔注》是一致的，如《老子想尔注》释

① 张君房编，李永晟点校：《云笈七签》卷三十二，第726页。
② 张君房编，李永晟点校：《云笈七签》卷三十二，第728页。
③ 《老子节解》，见《老子集成》第一卷，第205页。
④ 《老子节解》，见《老子集成》第一卷，第199页。

第二十一章"其中有信":"古仙士宝精以生,今人失精以死,大信也。今但结精,便可得生乎?不也。要诸行当备,所以精者,道之别气也。"① 又《老子想尔注》释"谷神不死":"谷者,欲也。精结为神,欲令神不死,当结精自守。……男欲结精,心当像地似女,勿为事先。牝,地也,女像之。阴孔为门,死生之官也,最要,故名根。男茎亦名根。阴阳之道,以若结精为生……能用此道,应得仙寿,男女之事,不可不勤也。"② 《老子节解》将《老子》"其中有精"的"精"直接解释为体液之"精",与《老子想尔注》完全相同,如它说:"谓脑中元气化为精也。谓精也。精不化,血不藏,则为真人。"③ 《老子节解》反复申说精之珍贵,如:"谓人形中有精气神等,宝而藏之,可以持生也"。"谓厌生死者,故行一。爱气惜精,为生之宝"。"谓闭塞九窍,固精守气也"。④

和《老子想尔注》一样,《老子节解》也有"养精补脑"的说法,但是似乎还没有出现后来道教理论中的"还精补脑"思想。如它这样注解《老子》第三十九章"高必以下为基":"谓道人养精补脑,当用丹田为主,故为基也。"养精补脑和还精补脑都是渊源甚古的养生法术,与房中术关系密切。魏晋以来,在五斗米道中盛行的男女合气之房中术受到批判,寇谦之就声称要清整五斗米道遗留的"租米合气"旧习,以适应五斗米道在新时代的发展。寇谦之之后,房中术以及与之相关的还精补脑术并未消失,仍然在一些道派中流行。如葛洪《抱朴子内篇·微旨》一方面强调金丹的重要,另一方面也不忘告诫修道者:"凡服药千种,三牲之养,而不知房中之术,亦无所益也。"房中术被看作是不可或缺的炼养方法。房中术主男女双修,以阴阳思想为根基,在道教内部被理解为对顺阴阳与合自然思想的贯彻,葛洪《抱朴子内篇·至理》说:"然又宜知房中之术,所以尔者,不知阴阳之术,屡为劳损,则行气难得力也。"这是房中

---

① 《老子道德经想尔注》,见《老子集成》第一卷,第 186 页。
② 《老子道德经想尔注》,见《老子集成》第一卷,第 179 页。
③ 《老子节解》,见《老子集成》第一卷,第 200 页。
④ 《老子节解》,见《老子集成》第一卷,第 205、206、204 页。

术虽广受批评却仍然流行不衰的根本原因。

还精补脑术虽然并非仅在房中才能施行，但对道教徒来说，房中无疑是还精补脑的重要渠道。汉晋时期房中术颇为流行，门派不少，参差不齐。葛洪以为，众多房中之书，其实质不过是"还精补脑"，《抱朴子内篇·释滞》说："房中之法十余家，或以补救伤损，或以攻治众病，或以采阴益阳，或以增年益寿，其大要在于还精补脑之一事耳。"《老子节解》涉及房中养生的内容较为简单，它除了阐明养精补脑的原则外，主要强调的是宝精爱气、节制欲望等传统房中养生的基本精神，如"自恣交接者，则有丧祸之灾。宝谓精气也，轻敌数战则亡，失精神也"。"人无情欲，守一坚固，则精气淳厚，不衰耗也"。①

值得特别一提的是，《老子节解》十分重视一己之"口"在内炼中的作用，注文中多次以口德和口部的具体修炼解释经文。眼耳口鼻舌五官是人体感知外界现象的窗口，其中口鼻舌三器官的正常运行是人类生命得以延续的主要保障。《老子节解》重点从两方面阐述了口的作用，一是口作为重要的身体部位"华池"在咽津、行气、守一等具体修炼过程中的效用，二是口作为具有语言功能的人体器官而存在，人应该严守口德。如《老子》第七十四章经文"奈何以死惧之？常有司杀者杀"，《老子节解》说这一章也是有关口部的理论，所谓"谓口也"，并说口的左右两侧分别有体内神驻守，一为司阴神，一为司杀神。司阴神将人的"阴过"上白于天，司杀神则将人的"恶言"上白于司命神。司命神记下这些"恶言"后，待此人之罪累计至满则杀其人。至于什么是"恶言"，注文没有详说。与许多同时代的道经一样，在《老子节解》中，世人犯下的罪过也分阴阳二性，即"阴过"和"阳罪"，这阴阳二罪过都是修行者得道的障碍，"人行治道，与神明合，内无阴过，故鬼不能伤也。外无阳罪，故圣人不能刑也"②。

---

① 《老子节解》，见《老子集成》第一卷，第 205、204 页。
② 《老子节解》，见《老子集成》第一卷，第 205 页。

《老子》经文有不少地方是论兵论战的，或以论兵论战为喻，阐明某种道理。由于《老子节解》几乎不谈政治，其注者便将这些涉及兵、战的经文全部解释为"口"或与"口"相关的修道原则。下面列出《老子节解》的相关注解。

注《老子》第三十一章"夫佳兵者，不祥之器，非君子之器"：

> 谓轻言者，皆不活其身。身危则亡其器，此为不祥之器也。谓口致兵革之言也。阴强则杀身之斧也，故曰不祥之器也。①

注第六十一章"大国者下流，天下之交"：

> 泥丸为大国，口为小国。口承上，下灌丹田，丹田则地郊也。②

注第六十八章"善战者不怒，善胜敌者不争"：

> 谓闭口和精，万神喜悦也。谓以口行一，万鬼自伏，故曰不争。③

注第六十九章"吾不敢为主而为客"：

> 上兵谓口也，下兵谓阴也。口言妄则自伤，故言谦让也。轻用阴则丧精，故不敢为唱而为和也。④

注第七十四章"常有司杀者杀"：

---

① 《老子节解》，见《老子集成》第一卷，第 201 页。
② 《老子节解》，见《老子集成》第一卷，第 205 页。
③ 《老子节解》，见《老子集成》第一卷，第 205 页。
④ 《老子节解》，见《老子集成》第一卷，第 205 页。

谓口也。在口左为司阴，口右为司杀。①

注第七十六章"是以兵强则不胜"：

兵谓口也。口强为人所穷，阴强为女所侵也。②

注第七十九章"安可以为善"：

谓口也。言唱必有和，人能行道，道来应之。③

另外，与"水"有关的经文都被解释为津液，如将"上善若水"的"善"指为"口中津液也"，修道者"以口漱之，则甘泉出，含而咽之，下利万神"。《老子节解》的作者也常常借助其创作的注文，阐述有关炼养术的种种思想。如如何咽津，《老子节解》接着上文"以口漱之"说，"子欲行之，常以晨朝漱华池，令津液满口，即昂头咽之，以利万神，而益精炁"④，这已经完全是离开了《老子》经文的任意发挥了。

《老子》经文中还有一些字词也被《老子节解》强行解释为"口"，如第二十八章"为天下溪，常德不离"的"溪"，第三十九章"谷得一以盈"的"谷"，整句经文也被顺理成章地引向行一闭气、咽津吐纳等具体的炼养方法上。

最后，还值得一提的是，《老子节解》多次对"邪伪"提出批评，如注第五十三章"而民好径"："谓人好邪伪，行妄径也。"什么是"邪伪"呢？从《老子节解》的注文来看，"邪伪"往往是"一"或"守一"的对立面，凡是不能守一的行为及其导致的连贯性后果，都属于邪伪。《老子节解》反复告诫修道者，如果不能守一，危害至

---

① 《老子节解》，见《老子集成》第一卷，第 206 页。
② 《老子节解》，见《老子集成》第一卷，第 206 页。
③ 《老子节解》，见《老子集成》第一卷，第 207 页。
④ 《老子节解》，见《老子集成》第一卷，第 199 页。

重，将导致鬼邪害身等恶果，宗教恐吓气息十分浓厚。例如它这样注《老子》第五十三章：

> 谓人好邪伪，行妄径也。谓人不修其一……谓不守固其一……谓好华服于身，一去邪来……为鬼邪所病。谓好其甘肥，以养其容，一去其中，百病并生。①

有意思的是，《老子节解》反复强调的体内神等观念和一些相关的修炼方法，正是《老子想尔注》用力批判的所谓"伪技"。在《老子节解》那里，体内神几乎无处不在，作为最根本原则的"道"，其本身就是可见的可知的有形色服饰的人格化的"神"。《老子想尔注》则不然，在注解《道经》第一章有关"道"的文字时，它首先明确了"道"是不可见不可知的——"道虽微小，为天下母，故不可得臣"，"道至尊，微而隐，无状貌形像也；但可从其诚，不可见知也"，"道气在间，清微不见，含血之类，莫不钦仰"。②对当时流行的修炼法术，《老子想尔注》批评道："今世间伪伎，因缘真文，设诈巧，言道有天毂，人身有毂，专炁为柔辐，指形为辐辖，又培胎练形，当如土为瓦时；又言道有户牖，在人身中。皆耶（邪）伪不可用，用之者大迷矣。"③ 这一章的经文是以三个具体的事例说明"有之以为利，无之以为用"的道理，包括车的构成部分辐和毂，陶器的埏和埴，以及房屋的户和牖。"专炁为柔辐"（按，"柔"当为"輮"，和辐、辐、辖都是古代车的构成部件④）与"指形为辐辖"相对应。这一章"当其无，有器之用"句，《老子节解》注文为："谓古人为土器不烧炼，得水则败，为不成器也。子欲为道，不入室依时炼形者，则为俗人，必死也。"⑤ 而这正是《老子想尔注》

---

① 《老子节解》，见《老子集成》第一卷，第 203 页。
② 《老子道德经想尔注》，见《老子集成》第一卷，第 190、182、179 页。
③ 《老子道德经想尔注》，见《老子集成》第一卷，第 181 页。
④ 参见刘昭瑞：《老子想尔注杂考》，《敦煌研究》2004 年第 5 期。
⑤ 《老子节解》，见《老子集成》第一卷，第 199 页。

批判的对象。

又如，《老子想尔注》说：

> 道教人结精成神，今世间伪伎诈称道，托黄帝、玄女、龚
> 子、容成之文相教，从女不施，思还精补脑，心神不一，失其
> 所守，为揣悦不可长宝。……一者，道也，今在人身何许？守
> 之云何？一不在人身也，诸附身者悉世间常伪伎，非真道也。
> 一在天地外，入在天地间，但往来人身中耳，都皮里悉是，非
> 独一处。一散形为气，聚形为太上老君，常治昆仑。或言虚无，
> 或言自然，或言无名，皆同一耳。今布道诫教人，守诫不违，
> 即为守一矣；不行其诫，即为失一也。世间常伪伎指五藏以名
> 一，瞑目思想，欲从求福，非也，去生遂远矣。①

《老子想尔注》的"守一"为"守诫不违"，与《老子节解》将
"守一"解释为"守三一"、"守气"和守体内神全然不同。由此可
见，后汉三国时期，在五斗米道之外，至少还存在以《老子节解》
为思想代表的其他道派，其修道方法与五斗米道不同。

通过以上分析可知，《老子节解》与《老子河上公章句》和《老
子想尔注》在内容上有相近或相同的地方。蒙文通曾指出，"《节解》
遗文皆属仙法长生之道，河上《章句》亦主行气、爱精、养神以求
长生，与《节解》颇为相近"②。但是《老子节解》和它们的区别也
很明显。饶宗颐曾在对比《老子想尔注》和《老子河上公章句》后，
认为前者部分取自后者，"然河上仍兼顾老子哲理，及其文义上之融
贯。《想尔》则自立道诫，自表道真，于老子哲理几至放弃不谈，即
文理训诂，亦多曲解"③。如果拿《老子节解》与《老子河上公章句》
对比，《老子想尔注》所体现的这一特点，除了"自立道诫"这一点

---

① 《老子道德经想尔注》，见《老子集成》第一卷，第180页。
② 蒙文通：《晋唐〈老子〉古注四十家辑存》，见《道书辑校十种》，第243页。
③ 饶宗颐：《老子想尔注校笺》，第90页。

在《老子节解》中不见踪迹外，其余也适用于《老子节解》。如果说《老子节解》和《老子想尔注》的共同点是"于老子哲理几至放弃不谈"，且"文理训诂，亦多曲解"，那么它们的区别仅仅是在具体方法上有一些不同而已，如上文分析的关于守一和体内神的认识。这种差异，是汉晋六朝道教发展历程中的正常现象。

第五章　顾欢注《老》与道教重玄学的开展

　　西晋灭亡后，衣冠南渡，玄学在东南一隅继续蓬勃发展。玄理和佛理相互激荡，进入思想史上的佛玄互融时期。一方面，佛教般若学说大盛，出现了所谓"六家七宗"；另一方面，在经历了汉魏之际的巨大历史变迁之后，道教内部也开始了大规模的创新和整合运动。儒道佛三教展开了空前的思想交融，佛教和道教的宗教义理都产生了一些新因素。老学既是这一时代思潮的参与者，其自身的发展也深受此时代思潮的影响。

　　东晋南北朝时期是道教义理发展的关键时期，重玄学的兴起无疑是其中最为突出的表现。重玄学不仅推动了道教义理迈向精深的步伐，也深刻影响了道教的宗教实践方法和信仰形式，是晋唐时期思想史上值得浓墨重彩书写的历史现象。在重玄思辨方法的指引下，《老子》和《庄子》等旧典也获得了全新解释。[①] 本章以晋唐时期《老子》注疏中现存佚文较多的南朝道士顾欢《老子注》为中心，尝试分析南朝《老子》注疏的某些新变化。

第一节　重玄溯源

　　有关"重玄"一词的基本内涵，重玄学的历史轨迹和思想特色，

---

① 　刘固盛认为，唐代成玄英等人以重玄解《老》，是王弼以玄解《老》后，老子哲学的第二次突破。参见刘固盛：《〈老子〉哲学思想解释的三次突破》，《海南师范大学学报》2000 年第 1 期。

学术界已有深入辨析。① 现代学术史上的重玄学研究，事实上是一次重要发现。

晋唐人对《老子》第一章的创造性解释构成了重玄理论的基石，这在学界已是共识。通行本《老子》第一章的完整经文是我们熟知的："道可道，非常道。名可名，非常名。无名，天地之始；有名，万物之母。故常无欲，以观其妙；常有欲，以观其徼。此两者，同出而异名，同谓之玄。玄之又玄，众妙之门。"② 末句"玄之又玄"

---

① 主要学者有蒙文通、卿希泰、詹石窗、李刚、卢国龙、强昱、刘固盛、中岛隆盛等。蒙文通《校理〈老子成玄英疏〉叙录》一文为最早。卢国龙的《中国重玄学——理想与现实的殊途与同归》（人民中国出版社 1993 年版）是一部全面论述重玄学的专著。强昱的《从魏晋玄学到初唐重玄学》（上海文化出版社 2002 年版）对玄学到重玄学的转变和发展有深入研究，其中第一章第三节《重玄用例举隅与简析》钩沉史籍颇为详尽。日本学者中岛隆盛在其专著《云笈七签的基础研究》（东京研文出版社 2002 年版）的附录《所谓重玄派和重玄思想》中，对重玄是否是一个学派持谨慎态度。相关综述可参见黄海德：《二十世纪道教重玄学研究之学术讨论》，见方勇主编：《诸子学刊》第 15 辑，上海古籍出版社 2017 年版。

② 此章断句自古以来就有分歧。"有"和"无"都可以单独成词，也可以和它们后面的"名"、"欲"连读，构成词语"无名"、"有名"、"无欲"和"有欲"。王应麟《困学纪闻》卷十说："首章以'有'、'无'字下断句，自王介甫始。"在此之前，汉唐《老子》注疏均以"无名"、"有名"和"无欲"、"有欲"断句，如严遵、河上公、王弼、孙盛等人的《老子》注。王安石的断句和注解对宋代以降的注《老》风气产生了较大影响，成为争议的源头。从《老子》文本发展史看，王安石的断句似不符《老子》本义，这可从马王堆汉墓帛书《老子》甲、乙本得到证明，学界早有申论。此句帛甲本写作："无名，万物之始也；有名，万物之母也。故恒无欲也，以观其眇；恒有欲也，以观其所噭。"帛乙本虽缺字，但大致相同，写作："无名，万物之始也；有名，万物之母也。故恒无欲也，□□□□；恒又（有）欲也，以观其所噭。"整理者如此断句，是因为甲、乙两本在"无欲"和"有欲"后均有语气词"也"，作"恒无欲也"、"恒有欲也"。通行本删去了语气词"也"字，"恒"字也被"常"字替代（避汉文帝刘恒讳），变成了"常无欲"和"常有欲"，导致断句发生分歧。而在没有句读的情况下，"欲"后的语气词"也"被去掉，"欲"字的理解就变得不确定。王安石取"欲"的"将要"义，以"常无，欲以观其妙；常有，欲以观其瞰"断句。通行本还将帛书本"无名，万物之始也；有名，万物之母也"中的第一个"万物"用"天地"两字置换（傅奕本、河上公本和王弼本同），这也为王安石以"无，名天地之始；有，名万物之母"的断句提供了前提。相关论述可参见刘固盛：《〈老子〉首章无欲有欲问题辨析》，《中国哲学史》2015 年第 4 期。

有两个"玄"字，字面意义可理解为玄上加玄，也就是"双玄"或"重玄"，这是"重玄"一词的本义。

和很多古代汉字一样，"玄"字具有多重内涵。《老子》多次使用"玄"表达难以言说的深奥、玄妙或不可思议义，如"玄牝"、"玄德"、"玄同"、"玄览"、"玄鉴"、"玄之又玄"等。"玄"作为修饰语，用来表达事物的性质或行为的特征，如"生而不有，为而不恃，长而不宰，是谓玄德"，"玄德深矣，远矣，与物反矣"，"和其光，同其尘，是谓玄同"，"涤除玄鉴，能无疵乎"，"古之善为道者，微妙玄通，深不可识"等。

在这些用法中，以第一章最为难解，歧义也较多。王弼本经文原貌为："道可道，非常道。名可名，非常名。无名，万物之始也。有名，万物之母也。故常无欲，以观其妙。常有欲，以观其徼。此两者，同出而异名，同谓之玄。玄之又玄，众妙之门。"① 这一章是《老子》一书的总纲和根本所在，《老子河上公章句》题为"体道"，较为契合文义。经文最后两句"玄之又玄，众妙之门"② 的"众妙之门"究竟是指什么？这个"众妙之门"为何"玄之又玄"？关于这两个问题争议最多。后世解《老》者纷纷给出自己的解释，一般的理解是，由于"众妙之门"外，又有"玄牝之门"，因此可以理解为"玄牝"与"众妙"大约指向同一个意义，都是对"道"的比喻性描述。经文"无名，万物之始也；有名，万物之母也"（王弼本、帛

① 刘笑敢对比了出土简帛本和河上公本、王弼本、傅奕本后，结合汉代史籍对《老子》的引用，如《史记·日者列传》"此《老子》所谓'无名者，万物之始也'"等，指出"无名"、"有名"的断句是自古以来的断句。宋代王安石、司马光开创了以"有"、"无"断句的方法，不合原文。帛书本此句原文为"无名，万物之始也；有名，万物之母也"，"无名"和"有名"均指"万物"而言，《史记·日者列传》也是如此。今天我们见到的王弼本经文写作"无名，天地之始"，但是根据王弼注文可知，王弼本此句经文被后人篡改，原句本来应该是"无名，万物之母"，与帛书本和《史记》所引相同，接近古本之旧。参见刘笑敢：《老子古今》（上卷），中国社会科学出版社2006年版，第93页。

② "玄之又玄，众妙之门"在传世本和出土帛书本《老子》中无差别，简本缺对应文字，说明《老子》古本一开始就是这样写的。

书本等），是以"无名"、"有名"来表达"道"的一体两面，或者"道"与"万物"的关系，"道"不可见，也不可名，"万物"却是可见的，各有其名的。《老子》还多次使用"玄"字来表达"道"的不可言说和不可捉摸，如"玄之又玄"和"玄牝"、"玄牝之门"、"谷神"等。

如果说第一章是《老子》一书的总纲，是《老子》道论的高度提炼，那么第六章则主要是道论中的宇宙论，是有关宇宙万物从何而来的思考，也就是"天地根"是什么的问题。"天地根"其实就是"道"的代名词。"夫物芸芸，各复归其根"，也是万物终将回归之地。"玄牝之门"、"天地根"都是以现实世界的有形之物玄牝和天地比喻宇宙万物后面那个看不见摸不着的、最后、最高的根源和根据，是道家对宇宙生成问题深入思考的表达。但这种被后世认可的哲学高度，"就其与现实世界相贯通而非相隔绝的关系来说，则不能算是西方式形而上学的概念"[1]。帛书本和王弼本原来的经文均是以"万物"为主体，"有名"和"无名"都只是"万物"的一体两面，因此"万物之始也"之"始"和"万物之母也"之"母"，就与第六章从宇宙生成论角度讲"玄牝之门，是谓天地根"，以及"玄之又玄，众妙之门"有所不同。至少，第一章的本根论性质更为明显。

这就是为什么主要讲万物生成的《老子》第一章特别为后世注解者青睐，并据以发挥抽象思辨的根源所在。在晋唐时期的解《老》者笔下，这一章很自然地披上了一层新的形而上的色彩。被蒙文通称为"西华一疏，更集重玄之大成"的唐初道士成玄英这样注解"玄之又玄"：

> 玄者深远之义，亦是不滞之名。有无二心，微妙两观，源乎一道，同出异名。异名一道，谓之深远。深远之玄，理归无滞。既不滞有，亦不滞无，二俱不滞，故谓之玄。
>
> 有欲之人，唯滞于有，无欲之士，又滞于无，故说一玄，

---

[1] 刘笑敢：《老子古今》（上卷），第 137 页。

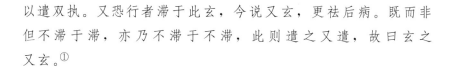

以遣双执。又恐行者滞于此玄，今说又玄，更祛后病。既而非但不滞于滞，亦乃不滞于不滞，此则遣之又遣，故曰玄之又玄。①

成玄英把"玄之又玄"中的第一个"玄"解释为"既不滞有，亦不滞无"。也就是说，头一个"玄"字的用意在遣除"滞有"、"滞无"的"双执"。第二个"玄"字，是表达"不滞双执"之遣除意，即"非但不滞于滞，亦乃不滞于不滞"的"遣之又遣"。"玄之又玄"，相当于说一个人的正确认识，要经过否定、否定和再否定的三重否定。经过这样的一再否定之后，最终进入了一个成玄英称之为"玄冥之境"的境界。成玄英还在他的《南华真经注疏》中，将这种"遣之又遣"的"双遣"方法用更为通俗的语言，明确归纳为"三绝"，而这种至高境界"玄冥之境"是"三绝"的必然结果：

> 一者绝有，二者绝无，三者（绝）非有非无，故谓之三绝也。夫玄冥之境，虽妙未极，故至乎三绝，方造重玄也。

"一者绝有，二者绝无"相当于"既不滞有，亦不滞无"的"玄之又玄"的第一个"玄"，"三者（绝）非有非无"则相当于"玄之又玄"中的第二个"玄"，即"又玄"。而此"至乎三绝"之"玄冥之境"，则是真正的"重玄"境界。成玄英在其他注文中又称其为"一中之道"。蒙文通指出，成玄英的"百非双遣二边而取中道，则已显为释氏中观之旨也"②。与成玄英大约同时的道士李荣在《老子注》中称这种境界为"众妙之门"，他这样解释成玄英疏：

> 道德杳冥，理超于言象。真宗虚湛，事绝于有无。寄言象之外，托有无之表，以通幽路，故曰玄之。犹恐迷方者胶柱，

---

① 蒙文通：《辑校成玄英〈道德经义疏〉》，见《道书辑校十种》，第 377 页。
② 蒙文通：《道教史琐谈》，见《古学甄微》，第 323 页。

失理者守株，即滞此玄，以为真道。故极言之，非有无之表，定名曰玄。借玄以遣有无，有无既遣，玄亦自丧，故曰又玄。又玄者，三翻不足言其极，四句未可致其源，寥廓无端，虚通不碍。总万象之枢要，开百灵之户牖。达斯趣者，众妙之门。[1]

这即是说，《老子》所言道德之意，既超乎言象，又绝于有无，必须在言象和有无之外才能把握真道，而这个把握过程，也必须经过"寄言象之外，托有无之表"和"非有无之表"的双重否定，先"寄"、"托"再"非"，这个过程与成玄英的"双遣"进路异曲同工。由于成、李对重玄的表述具有代表性，蒙文通推测二人或为师徒关系，又说："寻二家之文，重玄之义，不外乎此也。"[2]

唐末五代道士杜光庭在《道德真经广圣义序》里总结唐末之前《老子》注疏时说："《道德经》自函关所授，累代尊行，哲后明君，鸿儒硕学，诠疏笺注，六十余家……"他对这六十余家注《老》作品的特点进行了归纳，将重玄作为注《老》诸家之一。杜光庭说："所释之理，诸家不同。或深了重玄，不滞空有；或溺推因果，偏执三生；或引合儒宗；或趣归空寂。莫不并探骊室，竞掇珠玑。"又说："虽诸家染翰，未穷众妙之门；多士研精，莫造重玄之境。"杜光庭的序，是为了解决"后学披卷，多瞢本源"的问题，真正目的则是"广圣义"，即发掘唐玄宗注的奥义。他说诸家"未穷众妙之门"，"莫造重玄之境"，唯有"深了重玄，不滞空有"才最值得赞赏，可见他对以重玄之理解读《道德经》十分推崇。[3]

我们还可以以杜光庭自己对《道德经》首章的解释为例："明道之为无，亦无此无；德之为有，亦无此有。斯则无有无无，执病都尽，乃契重玄，方为双绝。"又说："夫摄迹忘名，已得其妙，于妙

---

[1] 蒙文通：《辑校李荣〈道德经注〉》，见《道书辑校十种》，第566页。
[2] 蒙文通：《辑校成玄英〈道德经义疏〉》，见《道书辑校十种》，第361页。
[3] 杜光庭：《道德真经广圣义》，见《老子集成》第二卷，第2—3页。

恐滞，故复忘之，是本迹俱忘。又忘此忘，吻合乎道。有欲既遣，无欲亦忘，不滞有无，不执中道，是契都忘之者尔。"① 前者说"无有无无"，是有无双遣；后者从本迹出发，是本迹俱忘。这样的解释十分接近成玄英和李荣，都是以"双遣"、"双绝"或"双忘"达乎重玄之境。

杜光庭对六十余家注《老》宗旨进行概括时，不仅提到成玄英是以"重玄为宗"，而且还详列东晋以来明"重玄之道"的解《老》诸家，这是现存史料中首次将重玄作为一个重要的学术现象集中论述。下引杜氏原文：

> 第四，宗趣指归者。《道德》尊经，包含众义，指归意趣，随有君宗。河上公、严君平，皆明理国之道；松灵仙人、魏代孙登、梁朝陶隐居、南齐顾欢，皆明理身之道；符坚时罗什、后赵图澄、梁武帝、梁道士窦略，皆明事理因果之道；梁朝道士孟智周、臧玄静，陈朝道士诸糅，隋朝道士刘进喜，唐朝道士成玄英、蔡子晃、黄玄赜、李荣、车玄弼、张惠超、黎元兴，皆明重玄之道；何晏、钟会、杜元凯、王辅嗣、张嗣②、羊祜、卢氏、刘仁会，皆明虚极无为、理家理国之道。此明注解之人意不同也。又诸家禀学立宗不同：严君平以虚玄为宗；顾欢以无为为宗；孟智周、臧玄静以道德为宗；梁武帝以非有非无为宗；孙登以重玄为宗。宗旨之中，孙氏为妙矣。③

研究中古道教思想特别是重玄思想的学者，几乎都注意到了杜光庭的这篇重要序文，并联系成玄英在《老子道德经开题序诀义疏》中的论述，从重玄学史的角度对序文内容的真实性和严谨性进行了深

---

① 杜光庭：《道德真经广圣义》，见《老子集成》第二卷，第39页。
② 蒙文通认为在《道藏》顾欢本中，"系师"（张道陵）可写作"张系"，则"张嗣"可能是指"嗣师"，即张道陵的孙子张鲁。参见蒙文通：《辑校成玄英〈道德经义疏〉》，见《道书辑校十种》，第347—348页。
③ 杜光庭：《道德真经广圣义》，见《老子集成》第二卷，第35页。

入研究。杜序说历代《老子》注解之人"指归意趣"不同,所谓"指归意趣",即杜序中所说的"注解之人意"。其中有些注解者的"指归意趣"是"明重玄之道",杜光庭列举了具有此特征的梁、陈、隋、唐四朝代表人物共 11 人。值得注意的是,他们的身份都是道士:梁朝道士孟智周、臧玄静,陈朝道士诸糅,隋朝道士刘进喜,唐朝道士成玄英、蔡子晃、黄元赜、李荣、车玄弼、张惠超、黎元兴。"指归意趣"外,杜光庭还认为前代《老子》注释存在"诸家禀学立宗不同",杜光庭将其划分为五类:虚玄、无为、道德、非有非无、重玄。重玄的代表人物是孙登,杜光庭认为"孙氏为妙矣"。

杜光庭生活于唐末五代,他的这篇序文,是对前代《老子》注疏较为全面的总结。虽然杜光庭十分推崇以成玄英为代表的道教重玄学,但是由于朝代更替和道教进入宋代以后发生了学术转型,重玄解《老》渐渐趋于沉寂。

重玄学术与思想光芒的重新焕发,可追溯自 20 世纪 40 年代四川大学蒙文通的道家研究。在辑校成玄英《老子》注疏作品时,蒙文通注意到上述杜光庭所撰《道德真经广圣义序》对前代老学的总结,同时他也注意到成玄英在《老子道德经开题序诀义疏》中对孙登以重玄解《老》的推崇,与杜光庭的论述相一致。成玄英说:"第三宗体者,夫释义解经,宜识其宗致。然古今注疏,玄情各别。而严君平《旨归》以玄虚为宗;顾征君《堂诰》以无为为宗;孟智周、臧玄静以道德为宗;梁武帝以非有非无为宗;晋世孙登云托重玄以寄宗。虽复众家不同,今以孙氏为正,宜以重玄为宗,无为为体。"[①]众家之中,成玄英独标孙登,"以孙氏为正"。杜光庭的归纳,就是基于成玄英这段文字。

通过系统辑佚和梳理晋唐《老子》注疏,蒙文通提出,晋唐时期存在一个被历史湮没的道家重玄学派。1946 年他正式发表题为《校理老子成玄英疏叙录——兼论晋唐道家之重玄学派》的文章,首

---

① 成玄英:《老子道德经开题序诀义疏》,见《老子集成》第一卷,第 285 页。

次提出重玄作为一个学派存在的历史事实，同时他还梳理出一个传承有绪的学派性质的发展脉络：孟智周（太平法师）—臧玄静（也称臧矜、臧靖、宗道先生）—成玄英（—李荣）—王远知—潘师正—司马承祯—李含光。由于资料不够充分，蒙文通梳理出来的这个脉络，有一些是基于推测，如说李荣注解《老子》，大致与成玄英相近，可能师事过成玄英；又如说成玄英疏独称臧玄静为"臧上人"或"臧公"，臧、成可能是师徒关系等，[①] 均与事实有偏差。尽管如此，蒙文通对晋唐道教重玄思想的发覆，为后来的研究者进一步深入探讨这一时期的道教义理以及三教关系奠定了基础。

杜光庭的说法颇受后人重视，现当代学者在研究老学时，多以此为准则，或将各家注《老》作品对号入座，或对其分门别类。学者们还在蒙文通的研究基础上，展开了对重玄的全面研究，发表了不少论著。关于重玄的源头，学者们大多遵循杜氏的说法，认为始于孙登。由于孙登解《老》著作已佚，我们现在已经无法了解孙登到底讲了些什么。

杜光庭对唐末以前老学源流的追溯和概括大部分是准确的，但也有一些问题需要加以辨析。例如杜氏上述有关重玄的纲领性论述，由于所列注《老》作品大多已佚，在无法通过全面分析六朝注《老》作品来确定重玄内涵的情况下，杜氏的叙述无疑是弥足珍贵的。通过杜光庭的记载，如何更加确切地去追溯重玄学发展的源流，则需要多费思量。

杜氏所谓"指归意趣"之不同，有理国、理身、事理因果、重玄、虚极无为并理家理国五个支流。从上引杜氏原文来看，这五者应是按作品的主要内容来划分的。如果可以这样理解的话，则这里的"重玄之道"应该是指道教修炼的境界而言才对（也即这些作品的主要内容是谈如何以重玄方法达成修道的目的），与重点谈理身之道或理国之道或事理因果之道的作品不同。就现存《老子》注疏作品的主旨而言，不外乎主修身、主治国、主身国两治，亦有部分佛

---

① 蒙文通：《校理老子成玄英疏叙录（节录）》，见《古学甄微》，第348页。

道人士的注解纯粹从宗教修炼的角度，置《老子》原文有关治国和社会的主张于不顾，径以宗教义解释《老子》的。成玄英注解《老子》即完全立于道教本位，以理身为重。但如果以"理身"二字来概括成玄英疏的特点，又不能反映它与其他以理身为重的注《老》作品的区别，即贯穿成玄英注《老》过程的"重玄之道"。因此，杜光庭的分类，也是就其大致情况而言的。杜氏列举的"明重玄之道"的 11 人，全都是道士，说明重玄与道教关系最为密切。

后面杜氏接着说，孙登是"以重玄为宗"的，但杜氏是从另一个角度即"禀学立宗"来概述前代注《老》作品的。所谓"禀学立宗"，从杜氏原文来看，大概是就注《老》过程中贯穿的主要方法或思想主旨而言。与重玄为宗并列的还有严君平的虚无为宗、顾欢的无为为宗、孟臧二人的道德为宗和梁武帝的非有非无为宗，也是五个支流。在"指归意趣"和"禀学立宗"所列各支流之中，唯有重玄一流前后重复。可见，"重玄"在杜光庭的老学思想中具有特殊的位置。

此外，杜光庭的序文，对前代解《老》概况的总结性归纳尚不够全面。魏晋以来，老学大盛，诠解注释之多，仅《隋书·经籍志》、《经典释文·叙录》和杜氏序文所录就有八九十家，正如蒙文通在《晋唐〈老子〉古注四十家辑存》所指出的那样，此时"诚所谓百家争鸣流派纷陈蔚为大观者也"。杜序虽及于其中六十多家，"而张系师、葛仙公者流之言仙道者尚未及焉"①。当然，我们不应该苛求，只是在利用杜序时，应该注意到它并非对晋唐《老子》注的完整总结。

成玄英和杜光庭提到的以重玄解《老》的作者，都是道士，这似乎给人一个印象，重玄方法仅为道士所掌握。然而事实并非如此，重玄作为一种思辨方法，应为当时学者所通用，不过道教学者或道门人士无疑是其主体，这是其一。其二，成玄英曾明言"晋世孙登托重玄以寄宗"，并认为"孙氏最妙"，自己也服膺重玄。所谓"托

---

① 蒙文通：《晋唐〈老子〉古注四十家辑存》，见《道书辑校十种》，第 242 页。

重玄以寄宗"之"托",可以理解为"借助"或"依托"之意,成玄英首先是将"重玄"看作一种表达个人思想的方法和凭借。孙登所主重玄,自有来源,由于孙登作品未能保存下来,重玄解《老》的最初情况无法明了。杜光庭晚于成玄英,十分推崇成玄英的重玄之道,在总结历代老学情况时,必然延续成玄英的说法,将孙登之重玄作为后来道教重玄之源,这是就重玄作为一种新的解《老》方法而言。而序文中所谓"皆明重玄之道",则是就重玄作为解《老》的主要内容而言。根据成玄英、李荣等人现存解《老》作品,这个内容只能是指道教修炼的方法和境界。①

六朝文献中的"重玄",有两层意义,一为"天"的代名词,二为《老子》之"玄之又玄"。"重玄"一词最早出现在西晋文学家陆机的《汉高祖功臣颂》中,陆机在赞美高祖群臣多谋善断时说:"曲逆宏达,好谋能深。游精杳漠,神迹是寻。重玄匪奥,九地匪沉。伐谋先兆,挤响于音。"唐李善注:"重玄,天也。"这是非常正确的。"玄"有赤黑、幽深之意,汉人常用"玄"来描写天的幽深不测。在陆机的笔下,"重玄"和"九地",一指天,一指地,是对应关系,但"重玄"是否与《老子》的"玄之又玄"有关,无从判断。

"重玄"的字面意义是两重天。如《广弘明集》载东晋僧人丘道护所译《道士支昙谛诔并序》:"超哉法师,道性自然,一心绝俗,只诚重玄,研微神锋,妙悟无间。"在道教那里,重玄可以指道教徒修炼的最高境界或者说是解脱境界,如道经《洞玄灵宝自然九天生神章经解义》卷二云:"于是天尊扶几高抗,凝神遐想,仰诵洞章,

---

① 当代学者在论述重玄的性质时,有"道家重玄"说、"道教重玄"说或笼统的"重玄学"等多种说法,对于是否存在一个重玄学派也有争议。笔者认为在探讨一个具有鲜明个性特色的历史现象时,不应仅仅局限在一些概念的逻辑辨析上,而是应该主要看这个现象是否是一个普遍现象,看这个现象在历史上的真实状况和影响如何。至于给它一个什么名称,归为哪一领域,并不是最紧要的事。晋唐时期,利用重玄思辨方法注解《老子》,道士是主要群体,重玄在道教中的运用对道教教义的发展意义重大,故"道教重玄学"的说法有其道理。

啸咏琳琅，良久忽然叹越曰：'上范虚漠，理微大幽，道达重玄，气冠神宵……'"

重玄的这一内涵，在东晋人的语言中，仍留有一定的痕迹，不过东晋时期的重玄已从描写神秘幽深之天引申出新意，重玄不再主要仅指实存的天。如东晋人李轨在注解西汉扬雄《法言》"鸿飞冥冥，弋人何慕焉？"时说："君子潜神重玄之域，世网不能制御之。"扬雄此语本是针对何为君子之问的回答，他认为君子应该像凤凰一样，"在治曰若凤，在乱曰若凤"，"治则见，乱则隐"。李轨则以"重玄之域"理解扬雄眼中的"君子"。尽管李轨对何为"重玄之域"没有详论，我们仍可以从注文中看出，他是在赞扬君子有"随时之义"，"治见乱隐"，有"凤之德也"。① 重玄之"重"，可能是指君子在显隐两种境况下的廓然自得之神秘幽深的精神状态。这是在不涉及《老子》原文的情况下，较早用"重玄"一词解释精神境界的例子。

在东晋僧人的著作中，"重玄"一词也常出现，然而其内涵颇为模糊。从现有史料看，精研老庄的支道林是僧人中最早使用"重玄"一词的，且该词在他的著作中出现了多次。如在《大小品对比要钞序》中，他说：

> 夫《般若波罗蜜》者，众妙之渊府，群智之玄宗，神王之所由，如来之照功。其为经也，至无空豁，廓然无物者也。无物于物，故能齐于物；无智于智，故能运于智。是故夷三脱于重玄，齐万物于空同，明诸佛之始有，尽群灵之本无，登十住之妙阶，趣无生之径路。何者？赖其至无，故能为用。②

此外，《广弘明集》中记载的支道林的两首玄言诗中，也有"重

---

① 扬雄撰，汪荣宝注疏，陈仲夫点校：《法言义疏·问明卷第六》，中华书局 1987 年版，第 194 页。

② 释僧祐撰，苏晋仁等点校：《出三藏记集》卷八，第 298 页。

玄"字眼。一首为《弥勒赞》："……寥朗高怀兴，八音畅自然。恬智冥徼妙，缥缈咏重玄……"另一首为《咏怀诗》："傲兀乘尸素，日往复月旋。弱丧困风波；流浪逐物迁。中路高韵溢，窈窕钦重玄。重玄在何许？采真游理间。苟简为我养，逍遥使我闲。"

支道林的即色论思想主要体现在《即色游玄论》等早已佚失的文章中。据隋唐之际僧人吉藏《中观论疏》说："支道林著《即色游玄论》，明即色是空，故言即色游玄论。此犹是不坏假名，而说实相。""即色"之意甚明，但"游玄"究为何意，莫衷一是，或可认为"游玄"是支道林在释《庄子·逍遥游》中表达的无待之逍遥，即他强调的"物物而不物于物"的"至人之心"。上引《咏怀诗》说："重玄在何许？采真游理间。苟简为我养，逍遥使我闲。"这很容易让我们想起支道林对《庄子·逍遥游》中"逍遥"的解释。支道林虽认为色之性为空，但不否定作为万物之色（有）的存在，这正是僧肇所批评的"此直语色不自色，未领色之非色也"。《肇论·不真空论》云："即色者，明色不自色，故虽色而非色也。"《大小品对比要钞序》中，支道林还从般若角度论述了无之非无，犹色之非色："夫无也者，岂能无哉！无不能自无，理亦不能为理。理不能为理，则理非理矣；无不能自无，则无非无矣。"[1] 这是反对玄学家"存无以求寂，希智以忘心"的思想基础，他说：

> 理冥则言废，忘觉则智全。若存无以求寂，希智以忘心，智不足以尽无，寂不足以冥神。何则？故有存于所存，有无于所无。存乎存者，非其存也；希乎无者，非其无也。何则？徒知无之为无，莫知所以无；知存之为存，莫知所以存。希无以忘无，故非无之所无；寄存以忘存，故非存之所存。莫若无其所以无，忘其所以存。忘其所以存，则无存于所存；遗其所以无，则忘无于所无。忘无故妙存，妙存故尽无，尽无则忘玄，忘玄故无心。然后二迹无寄，无有冥尽。是以诸佛因般若之无

---

① 释僧祐撰，苏晋仁等点校：《出三藏记集》卷八，第 298—299 页。

始，明万物之自然；众生之丧道，溺精神乎欲渊。"①

上述论述，着眼于大乘空宗对万物性空的解释。一切看得见的色相（有）皆因缘而生，本性为空。以此推论，那看不见摸不着的"无"，本性亦为空。支道林所言"忘无"即"遣其所以无"，即不执着于"无"。他用一系列词语来描写"忘无于所无"的过程：忘无—妙存—尽无—忘玄—无心。无心之境界即所谓"二迹无寄，无有冥尽"，既不执着于有，也不执着于无，此正合支道林以"至无"对《庄子》"逍遥"的理解，"至无"即"无心"。因此上引支道林诗文中使用的"重玄"，与其说体现了双遣之重玄义，不如说是他借"重玄"一词来表达佛教修行过程中至无空豁之境界，乃是针对贵无派玄学对无的执着而发，其不滞于滞的意涵还很模糊。

支道林和李轨大约为同时代人，② 文中的"无物于物，无智于智"，均为支道林之前解《老》的惯常语言。支道林诗文中的"重玄"，尚不明确具备成玄英所说的"遣之又遣"的重玄意涵。

《弘明集》收录的王该《日烛》一文说："今则支子特秀，领握玄标。大业冲粹，神风清肃。一言发则蕴滞披，三幡著则重冥昭，见之足以洗鄙吝，闻之可以落衿骄。"可知支道林也曾有"三幡"之论，可惜具体内容不得而知。或许"三幡"是支道林所言"三脱"，约相当于成玄英论重玄时提到的"三绝"或"三翻之式"。

支道林之后有僧肇，他的《涅槃无名论》中也出现过"重玄"字眼：

> 夫群有虽众，然其量有涯，正使智犹身子，辩若满愿，穷才极虑，莫窥其畔。况乎虚无之数，重玄之域，其道无涯，欲

---

① 释僧祐撰，苏晋仁等点校：《出三藏记集》卷八，第 299 页。
② 李轨字弘范，东晋尚书郎、都亭侯。据《隋书·经籍志》，李轨撰有泰始、泰宁、咸和等朝起居注。"咸和"为晋成帝司马衍的第一个年号，始于 326 年，终于 334 年，据此则李轨至迟于 334 年尚在人世，与支道林（314—366）大约同为东晋早中期人。

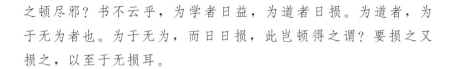

之顿尽邪？书不云乎，为学者日益，为道者日损。为道者，为于无为者也。为于无为，而日日损，此岂顿得之谓？要损之又损之，以至于无损耳。

和支道林一样，僧肇在这里也是借用"重玄之域"来表达涅槃境界。《涅槃无名论》中"双遣"的重玄意涵也不明确，但僧肇用《老子》的"损之又损，以至于无损"来表达"重玄之域"，却是非常生动和贴切的。两晋僧人常用《老子》中的这句话来表达佛教般若学说中的"阶差"。根据前述成玄英等人对"重玄"义的经典表述，所谓重玄实则为"三绝"的渐进功夫，约相当于《老子》"损之又损，以至于无损"。在僧肇的另一篇佛学文章《文殊师利问疾品第五》中，"双遣"的意蕴却非常明确，他说："群生封累深厚，不可顿舍，故阶级渐遣，以至无遣也。上以法除我，以空除法，今以毕竟空，空于空者，乃无患之极耳。"这即是说，必须通过对我执、法执和空的三重"阶级渐遣"式的否定与超越，方能臻于"重玄之域"。这三个步骤，相对于成玄英所言"三绝"。

玄佛互释也是晋唐僧人思想表达的重要途径，《老子》的"玄之又玄"被理解为"三绝"，被冠之于"重玄"，作为通向境界的方法。同时"重玄"也是僧人理解的佛教最高境界涅槃般若的借语。佛经中似已普遍使用"重玄"一词，如《首愣严三昧经注序》云："首楞严者，冲风冠乎知丧，洪绪在于忘言，微旨尽于七住，外迹显乎三权，洞重玄之极奥，耀八特之化筌。"唐人元康在《僧肇疏序》中明确说"重玄"是借自《老子》："重玄者，老子云：'玄之又玄，众妙之门。'今借此语，以目涅槃般若。"从支道林到僧肇，我们可以看到佛教重玄思维的发展过程。

东晋南朝时期佛道论争激烈，但佛教并不反对老庄，论争也并未妨碍僧人对老庄的兴趣。杜光庭《道德真经广圣义》中就有不少沙门注《老》的记载，如"沙门罗什，本西胡人，苻坚时自玉门关入中国，注二卷；沙门图澄，后赵时西国胡僧也，注上下二卷；沙门僧肇，晋时人，注四卷"等。其中，鸠摩罗什和僧肇师徒在重玄学的发展历程中，占有极其重要的地位。蒙文通认为："重玄之妙，虽肇乎孙登，而三翻之式，实始乎罗什，言《老》之别开一面，穷源乎此也。"① 这是对僧人在中土学术上所做贡献的正确评价。后秦弘始三年（401），姚兴将鸠摩罗什迎请至长安，以弟子礼师之。据慧皎《高僧传》记载，姚兴"崇信三宝，盛弘大化，建会设斋，烟盖重叠，使夫慕道舍俗者，十室其半"。在姚氏政权的支持下，鸠摩罗什留居长安十数年，这期间，除了主持翻译大量佛教经典外，还曾涉足道家经典。据佛教典籍记载，鸠摩罗什出生在佛教文化发达的龟兹，早年所学为小乘佛教，后来拜高僧须利耶苏摩为师，开始转向大乘，系统学习了《中论》、《十二门论》、《百论》等大乘中观派的基本经典，他后来在中土传播的佛教即主要来自后期所学。鸠摩罗什将中观三论首次系统译介到中国，并通过其弟子僧肇、僧叡、竺道生和僧朗等人的传承发扬，最终催生了中国佛教三论宗的诞生，使龙树和提婆为代表的般若性空学说在中土进一步发扬光大。吉藏正是在疏证三论的过程中，实现了印度佛教中观派思想的中国化，从而创立了中国佛教的三论宗。

　　鸠摩罗什和僧肇师徒二人都曾有注《老》作品，② 但都没有保存下来，自然是一件憾事，我们现在只能从片言只语中做一番推理。僧肇是中土人，少年时即精通老庄，追随鸠摩罗什后，对老庄与佛学特别是大乘中观学说关系的理解超越常人，鸠摩罗什誉僧肇为

---

① 蒙文通：《校理〈老子成玄英疏〉叙录》，见《道书辑校十种》，第 361 页。

② 汤一介在《要重视〈道德经〉注疏的研究》一文中，曾考察了僧肇是否有《老子注》的问题。僧肇著有《老子注》的记载，最早出现在杜光庭《道德真经广圣义》列举前代注疏作品的序文里，这之前的隋志和之后的两唐志以及《补晋书·艺文志》之类著述中均未见其身影。但是在赵秉文《道德真经集解》中，却出现了"肇曰"引出的五条注文，它们被学界理所当然地认为是出自杜光庭所提及的僧肇《老子注》。汤一介经过研究，发现这五条"肇曰"注语均出自僧肇《肇论》等佛学著述，引用时，或原文照搬，或略作改造。由此他推论，"在各种'目录'（如'经籍志''艺文志'）没有'著录'的'注疏'之类真实可靠性大概是很小的"。这一推论并非无懈可击，僧肇著有《老子注》还是不能轻易否定。但是他以实例为基础，提出了庞大的古代经典注疏文献的真实性和可靠性问题，值得重视。参见汤一介：《早期道教史》（增订本），第 361—366 页。

"解空第一"，吉藏则称之为"玄宗之始"。僧肇的成就与他精通老庄有很大的关系。上引僧肇《涅槃无名论》对《老子》"为学者日益，为道者日损"的理解，已展示鲜明的中观思想和重玄思维。僧肇现存著作有《般若无知论》、《维摩经注》、《不真空论》、《物不迁论》、《涅槃无名论》等。孙亦平认为鸠摩罗什和僧肇圆寂之后，僧朗"从北土远习罗什师义，来入南土"，于南朝齐梁年间南下来到建康，使鸠摩罗什和僧肇传扬的"'关河旧说'在江南逐渐敷演为'三论新说'，为南朝道教重玄学的兴起提供了理论资源"①。之后，僧诠、法朗继承僧朗的衣钵，继续在南朝传播三论学。正如孙亦平指出的，"尤其是南朝道士中的那些注《老》学者，他们与摄山栖霞寺僧朗、僧诠和法朗三代相承大约同时，主要活动于建康、扬州、茅山一带"，他们之间可能会相互影响。因此可以推测"三论学传入茅山，显然有助于促进佛道之间的交流，推动佛教三论学对道教的影响，从而成为重玄学在南朝道教中兴起的助力"。②

梳理了佛教与重玄和道教重玄学的关系后，再回过头来追溯以重玄解《老》的源头。成玄英、杜光庭都认为前代解《老》以孙登重玄"为妙"，而孙登的学术渊源我们却并不清楚。成玄英和杜光庭说的孙登，并不是同一个人。前者说"晋世孙登"，后者说"隐士孙登"。蒙文通最早对杜说进行了纠正，他说：

> 杜光庭记晋、唐注《老》者六十余家，总为六宗，谓"孙登以重玄为宗，宗旨之中，孙氏为妙"。杜以孙登为魏人，殆疑与嵇、阮同时居苏门之孙登，此为大谬。注《老》之孙登乃东晋人，见《经典释文序录》，即孙盛之侄，"少善名理"，重玄一宗始于孙登，殆即答孙盛之难。③

---

① 孙亦平：《摄山三论学派与道教重玄学初探》，《中国哲学史》2014 年第 1 期。
② 孙亦平：《摄山三论学派与道教重玄学初探》，《中国哲学史》2014 年第 1 期。
③ 蒙文通：《道教史琐谈》，见《古学甄微》，第 323 页。

重玄的源头，蒙文通说：

> 孙盛为孙统之从弟，而登则统之子也，是知重玄之说，实由"有欲俱出妙门，同谓之玄"之难诘而启之也。此《疑问反讯》之作，翻有以畅道家之精旨……①

孙登在《晋书》中附传于其祖孙楚和其父孙统之下，只有寥寥数语，谓孙登"少善名理，注《老子》，行于世，仕至尚书郎，早终"，此外别无其他文字。唐宋集注本中可见数条题名"孙登曰"的注语，看来孙登注《老》确有其事。但是这些注语零零碎碎，对于了解孙登的思想无大帮助，② 他的重玄思想只能置于东晋南朝学术发展的大背景下去考查。

孙登的家族学术活动是我们推测其学术源头的重要依据。孙氏家族本为太原中都人，孙登之父孙统年幼时，与弟孙绰和从弟孙盛过江，后为东晋望族。孙统、孙绰和孙盛三人均为两晋名士。《晋书》中孙绰和孙统之传附于其父孙楚之下，孙盛则和陈寿、王长文、司马彪、干宝、习凿齿等史家合为一传。孙氏家族文化氛围非常浓厚，玄学修养甚高，孙绰"少以文才垂称，于时文士，绰为其冠"③，与名僧支道林交往最为密切，著《道贤论》以支道林拟向秀，谓二人雅尚庄老，虽不同时，而风好玄同。孙盛则"博学，善言名理"，与殷浩齐名，所著反老二论说明他也是精通老庄和玄学的。以支道林在当时士人中的巨大影响力而言，孙登有可能受其影响，更何况孙氏家族与支道林关系是那样密切。孙盛对玄学不达"圆化"之道的批评，支道林对《庄子·逍遥游》的超拔性解说，以及二人思想

---

① 蒙文通：《校理老子成玄英疏叙录（节录）》，见《古学甄微》，第 350 页。
② 《道藏》顾欢本和宋人李霖的《道德真经取善集》引孙登注《老》约六七条，如注"不知常，妄作凶"曰："不能守静，则天命失常，是其凶也。"又注"大曰逝，逝曰远，远曰反"云："万物逝行，皆有停性之处，此道逝行，寻之弥远，莫究其源。"这些只言片语，看不出具体的重玄意蕴。
③ 房玄龄等：《晋书》卷五十六《孙楚传》，第 1547 页。

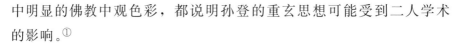

中明显的佛教中观色彩，都说明孙登的重玄思想可能受到二人学术的影响。①

蒙文通对孙盛论《老》给予高度评价：

> 周秦性道之辩不议空有，自印度思想入诸夏而六代论空有者纷纷，释氏之徒以空自高而斥儒为有，儒之愿者亦以有自诩，而斥释氏之空、老氏之无。于是儒堕负而不可救也。惟孙盛作《老聃非大贤论》，以为"中贤第三等之人，去贤有间"。其曰："崇无既失之矣，崇有亦未为得。"超有无以立论，自能深契儒家之旨，其度越时流远矣。盛又作《老子疑问反讯》曰："《道德经》云：常无欲以观其妙，常有欲以观其徼，此两者同出而异名，同谓之玄。因谓宜有欲俱出妙门，同谓之玄，若然以往，复何独贵于无欲乎？"据《老》以折无，洵千载之神解也。②

其实我们在孙登之前的汉代解《老》作品中，已经可以发现一些可能为后来的重玄学者吸收和利用的思想。比如《老子指归》，它是王弼《老子注》问世之前最具抽象思辨色彩的注《老》作品，在它的注文中已有"不滞有无"的蛛丝马迹。如《道生篇》解释"道生之，德畜之，物形之，势成之。是以万物尊道而贵德。道尊德贵，夫莫之爵而常自然"：

> 凡此六者③，皆原道德，千变万化，无有穷极，唯闻道德者，能顺其则。性精命高，可变可易；性粗命下，可损可益；

---

① 卢国龙推测孙登的学术源头可能与支道林有关系。参见卢国龙：《中国重玄学》，第17页。

② 蒙文通：《治佛道杂语》，见蒙文通：《佛道散论》，商务印书馆2017年版，第209页。

③ 据王德有点校的《老子指归》注文，六者指性、命、情、意、志、欲。见王德有：《老子指归》，中华书局1994年版，第45页。

若得根本，不滞有无。

"根本"一词为《老子指归》的常用语，如"不识元首，不睹根本"（《信言不美篇》）；"是故，帝王根本，道为元始"（《上德不德篇》）；"根本未据，奸雄将兴"（《其安易持篇》）。《老子指归》的"根本"，大意是指道德之虚无本性。如论述"道虚德无"，谓"知道以太虚之虚无所不禀，知德以致无之无无所不授"（《道生篇》）。这里的"不滞有无"，相当于成玄英所说"故说一玄以遣双执"之"不滞于滞"，即既不滞有，亦不滞无，离"不滞于不滞"的重玄思辨只差一步。生活在西汉的严遵对有无问题有如此深刻的思考，实在是难能可贵。①魏晋玄学虽然特别强调贵无贱有，却未能继承严遵对至无之虚无的强调，也没有沿着严遵"若得根本，不滞有无"的思想展开进一步的探索。佛教中观学说流行中土后，道家"双遣二边而取中道"的思维方式，与释氏中观之义若合符契，②佛道遂交相融汇，共同催生了以双遣双非为特征的重玄思潮。

---

① 《老子指归》释"为无为，事无事，味无味……"："神明之数，自然之道，无不生无，有不生有，不无不有，乃生无有。由此观之，忧不生忧，喜不生喜，不忧不喜，乃生忧喜。故居祸者得福，居福者得祸，祸福之主，在于元首。为之无形，听之无声，无形声则深远。故无功之功大而有功之功小，有德之德薄而无德之德厚。是以圣人，不为有，不为亡，不为死，不为生，游于无有之际，处于死生之间，变化因应，自然为常。"注文中的"无不生无，有不生有，不无不有，乃生无有"，最接近《庄子》的有无观，郭象在《庄子注》中进一步阐发为独化思想。严遵的这种不有不无思想，虽然基本上仍停留在汉代宇宙观的旧框架中，但他关于万物"自然为常"、"万物自生"的论述已具备了一定的本体论色彩，只是还没有后来王弼、成玄英等人那样周全。此外，《老子指归》反复强调的贵无、尚虚，与重玄本义还有一定距离，如它要求"炼情易性，变化心意，安无欲之欲，乐无事之事者"，如此才符合《老子》之"道与德"；"是故想道如念亲，恶货如失身。思无思之思，求无求之求……欲不欲而造虚玄，学不学而穷妙极"，仍然执着于虚无之心；"心志玄玄，形容睦睦，卧如死尸，立如槁木"的境界，似乎仍是执着追求的结果。参见严遵：《道德真经指归》，见《老子集成》第一卷，第104、107页。

② 蒙文通：《道教史琐谈》，见《古学甄微》，第323页。

第二节 道教以重玄解《老》的思想背景

从两晋的学术氛围来看，发端于孙登的重玄思想可以看作是一种新的时代思潮，是玄学发展到东晋以后的必然趋势，是向孙盛所言"圆化之道"的靠近。它与玄学在东晋南北朝的演进，玄学家以《庄》、佛解《老》，以及佛学与玄学的合流等，都有着非常密切的关系。

一、庄学的崛起及其对重玄思辨的启发

在"有"与"无"的关系上，《老子》说"天下万物生于有，有生于无"，"有物混成，先天地生。寂兮寥兮，独立而不改，周行而不殆，可以为天下母"，以无为有的来源，同时也以有为无的根据。《庄子》虽持有无相对论，但在"无"是"有"的本源这点上，与《老子》一脉相承。《大宗师》篇云："夫道有情有信，无为无形；可传而不可受，可得而不可见，自本自根，未有天地，自古以固存；神鬼神帝，生天生地，在太极之先而不为高，在六极之下而不为深，先天地生而不为久，长于上古而不老。"所不同的是，《老子》更重无是有的本源，《庄子》更重无是有的根据。我们可以将之归纳为"贵无论"。从王、何到嵇、阮，或重老，或扬庄，其主要论点不出"以无为本"的贵无论，王弼的《老子注》就十分鲜明地体现了这一特点。

贵无派玄学家认为名教出于自然，自然之性不能完全受制于名教，名教应充分考虑自然，自然是本，名教是末，不能舍本逐末，这是针对汉代名教的虚伪和严重危机而发出的时代之声。稍后嵇康、阮籍喊出"越名教而任自然"的口号，将名教和自然处于绝对的对立状态，本质上属于绝对的贵无论，其社会负面效应则是彻底不拘礼法。

玄学发展到西晋时期，其主要论点发生了一些微妙的变化。首先是贵无学说遭到一些责难，作为贵无说的对立面出现的崇有说一度成为士人们热议的主题。欧阳建的《言尽意论》以名实关系立论，对贵无派玄学"言不尽意"进行反驳。裴颜的《崇有论》则直接针对贵无派，力图改变"朝廷士大夫皆以浮诞为美，弛废职业"之时弊。有心救世，"然习俗已成，颜论亦不能救也"[1]。不仅不能救世，其玄理反被人抓住把柄，"时谈者或以为不虚达胜之道者，或以为矫时流遁者"也。物极必反，由贵无而崇有，从学理上看，均有偏于一端之失。

其实无论是贵无还是尚有，都不能解决人类自身面临的名教与自然的对立这一亘古不变的矛盾。孙盛在反老二论中所言贵无和尚无均未达"圆化之道"就是这个道理。《老子疑问反讯》这样批评《老子》和王弼之解：

> 《道经》云："故常无欲以观其妙，故常有欲以观其徼。此两者同出而异名，同谓之玄，玄之又玄，众妙之门。"旧说及王弼解，妙谓始，徼谓终也。夫观始要终，睹妙知著，达人之鉴也。既以（无）欲澄神昭其妙始，则自斯以已，宜悉镇之，何以复须有欲得其终乎？宜有欲（无欲）俱出妙门，同谓之玄。若然以往，复何独贵于无欲乎？

《圣贤同轨老聃非大贤论》批评裴颜和老子"不达圆化之道"，则云：

> 昔裴逸民作《崇有》、《贵无》二论，时谈者或以为不达虚胜之道者，或以为矫时流遁者。余以为尚无既失之矣，崇有亦未为得也。道之为物，惟恍与忽，因应无方，惟变所适。值澄淳之时则司契垂拱，遇万动之化则形体勃兴。是以洞览虽同，

---

[1]　司马光：《资治通鉴》卷八十二《晋纪四》，第 2621 页。

有无之教异陈，圣致虽一而称谓之名殊目。唐虞不希结绳，汤武不拟揖让，夫岂异哉？时运故也。而伯阳欲执古之道以御今之有，逸民欲执今之有以绝古之风。吾故以为彼二子者，不达圆化之道，各矜其一方者耳。

如前所述。孙盛注意到了崇有和尚无"各矜其一方"，但孙盛本人并未从玄学的学理上对此问题做出回答，即如何才能不"矜其一方"，继而通达"圆化之道"。在孙盛之前，郭象《庄子注》以万物"自生"和"独化"理论为前提，得出"仁义自是人之情性"的结论。那些看起来好似束缚个人自然本性的种种名教教条，是由人之自然本性所决定。郭象打了很多比方，比如"牛马不辞穿落者，天命之固当也。苟当乎天命，则虽寄之人事，而本在乎天也"。这即是说，社会上的种种名教规范，人之所以不能"辞"，也是"天命固当"。名教看起来是"寄之人事"，是人为的束缚，其本源却在于人的天性能够提供名教存在的条件。郭象开辟了一条重新沟通名教和自然的道路，对于缓和贵无派玄学影响下名教和自然的尖锐对立有着积极的现实意义。这也是郭象借重新解释《庄子》之契机，跳出执着于有无之失的困境，向"圆化之道"靠近的努力。

郭象等人将玄学的眼光转向《庄子》，与庄学自身的特质，[①]以及玄学自身的逻辑发展和历史需要是相一致的。正始玄学借以阐发新意的主要是《老子》和《周易》，即以《老子》和《周易》在义理上相互引发，相辅相成，建立了一个与汉代经学粲然有别的玄学思想体系。王弼的《老子注》、《周易略例》是这一时期的典型作品。《庄子》虽亦为士人们所喜好，但由于《庄子》思想本身与儒家的强烈对立，想要从经典注释的角度来解决名教与自然的矛盾，使之达

----

① 前期道教重《老》超过重《庄》，东晋以后，情况有所变化，《庄子》的玄义更适于道教依据经典发挥想象。东晋南朝注重冥想的道教上清派特别推崇《庄子》，如陶弘景《真诰序录》说："仰寻道经上清上品，事极高真之业；佛经《妙法莲华》，理会一乘之致；仙书《庄子·内篇》，义穷玄任之境。此三道足以包括万象，体具幽明。"将《庄子·内篇》与上清派和佛教的主要经典并列。

到两相和谐，不仅存在一些技术难题，也需要在理论上突破正始玄学过分强调贵无，从而使名教处于被抛弃的危险境地之弊端。魏晋禅代，社会政治和士人们的心灵世界都发生了很大的变化，放浪形骸只能暂时缓解士人们内心的焦虑，名教与自然的固有矛盾仍未得到真正解决。向秀和郭象将玄论的焦点由《老子》、《周易》转向《庄子》，不仅克服了道家经典解释中的技术难题，而且另辟蹊径，以全新的视角标举《庄子》本性自足的逍遥义和"独化于玄冥之境"的无待义，使玄学的主题回到了"内圣外王"这一儒家传统的政治和人生主题上。向、郭分别以《庄子义解》和《庄子注》将玄学推进到一个新阶段，① 三玄之中的《庄子》也从正始时期的晦暗不显跃居前台。这一学理变化也反映在佛教和道教的进展之中，那些深受玄学影响的僧人纷纷以般若空观学说连接和贯通道家老、庄思想，对玄学的进一步发展起了很大的推动作用。史载向、郭释《庄子·逍遥游》一出即耸动视听，无人能够超越，直到支道林出现。

郭象注《庄子》所持基本观点是不否认名教的合理性，并努力证明名教合乎人的自然本性，即"名教即自然"。东晋南朝的解《老》者融合道、佛而成重玄之学之前，郭象是最重要的启发者。② 成玄英虽自称其学以孙登为宗，然贯穿其解《老》释《庄》作品中的"双遣双非"思想，是以对郭象的《庄子注》的继承和发展为基础的，本质上是以《庄》、佛解《老》，③ 让我们来看看郭象《庄子注》的重玄色彩。

郭象注《齐物论》中的"类与不类，相与为类，则与彼无以异矣"：

> 今以言无是非，则不知其与言有者类乎不类乎？欲谓之类，

---

① 《晋书·向秀传》谓向秀注《庄》"发明奇趣，振起玄风，读之者超然心悟，莫不自足一时"。

② 汤用彤早已注意郭象的"遣之又遣"与隋唐重玄学的关系，参见汤用彤：《郭子玄哲学》，见《汤用彤全集》第四卷，第 280 页。

③ 陈鼓应：《老子注译及评介》，第 376—377 页。

则我以无为是，而彼以无为非，斯不类矣；然此虽是非不同，亦固未免于有是非也，则与彼类矣。故曰类与不类又相与为类，则与彼无以异也。然则将大不类，莫若无心。既遣是非，又遣其遣，遣之又遣之以至于无遣，然后无遣无不遣而是非自去矣。①

人们在认识中必然产生一定的是非观，但是非的标准却没有定性，因此而无所谓是非。郭象认为，要避免认识上的是非偏差，必须泯灭主客之分，摒弃任何有意识的主观认识，这就是他所说的"遣之又遣之，以至于无遣"。在注解《庄子·大宗师》"隳肢体，黜聪明，离形去知，同于大通，此即坐忘"时，他说："既忘其迹，又忘其所以迹者，内不觉其一身，外不识有天地，然后旷然与变化为体而无不通也。"②"迹"为有，"所以迹"为无，既忘有又忘无，外遣物事，内遣身心。这种"忘"之又"忘"、"与变化为体而无不通"的境界，就是《庄子》所言"道通为一"的境界，此乃忘却一切，心神全空的精神境界。

郭象的《庄子注》直接推动了晋唐道教重玄思辨的兴起。在成玄英眼中，《庄子》本身就是"所以申道德之深根，述重玄之妙旨，畅无为之恬淡，明独化之杳冥……实象外之微言者也"③，这种对《庄子》的理解非常符合《庄子》本义。成玄英对郭象的《庄子注》十分推崇，在疏解郭注时，常常以注文为引子，将郭象的"遣之又遣"等同于重玄之意。

例如上引郭象注《齐物论》："然则将大不类，莫若无心，既遣是非，又遣其遣。遣之又遣之以至于无遣，然后无遣无不遣而是非自去矣。"成玄英对这段注文的疏语是："既而遣之又遣，方至重玄也。"成玄英在还将郭象的"玄冥之境"解释为"三绝"："一者绝

---

① 郭庆藩撰，王孝鱼点校：《庄子集释》，中华书局2012年版，第79页。
② 郭庆藩撰，王孝鱼点校：《庄子集释》，第285页。
③ 郭庆藩撰，王孝鱼点校：《庄子集释》，第6页。

有，二者绝无，三者（绝）非有非无，故谓之三绝也。夫玄冥之境，虽妙未极，故至乎三绝，方造重玄也。"事实上，成玄英所言重玄境界并非完全等同于郭象所言玄冥之境，而是对郭象的超越。成玄英在疏解《逍遥游》中的"尧治天下之民，平海内之政，往见四子藐姑射之山"时说："而四子者，四德也：一本，二迹，三非本非迹，四非非迹也。言尧反照心源，洞见道境，超兹四句，故言往见四子也。"① 所谓"四子"，本是庄子虚构出来的神山藐姑射山上的四神，成玄英把"四"解释为本、迹、非本非迹、非非本迹，也即三绝之"遣"的循序渐进的过程。

事实上，《庄子》中已经蕴含着万物自生的迹象，郭象正是根据《庄子》所述，将《庄子》思想予以发挥，形成"独化"和"双遣"的思想。《大宗师》篇说："夫道，有情有信，无为无形；可传而不可受，可得而不可见。自本自根，未有天地，自古以固存。"就是说"道"本来就在那里，也就是"自本自根"。这已经暗含了万物"自生"的可能性。

前述《庄子》在道和有无问题上，继承了《老子》道是无、道在象帝之先、无能生有的万物之本源观点，但《庄子》又不是完全继承《老子》的有无观，它对《老子》的无能生有的宇宙生成论似乎是持怀疑态度的。《老子》第四十章明确说"天下万物生于有，有生于无"。《庄子》却有如下自问："夫吹万不同，而使其自己也，咸其自取，怒者其谁邪！"这是一个看似没有答案的问句，《庄子》的意思很明显，一方面大致认同《老子》有生于无的认识，另一方面又并未将有生于无之"生"看作是一种客观存在的力量。那么，万物为何是这样的呢？"咸其自取"！这就是《庄子》的回答，是自己本来就是那样的，后面并没有一个"怒者"推动。因此《老子》的"有生于无"，在《庄子》这里只能从有是无的根据这个角度去理解。郭象《庄子注》在此下注曰："故天者，万物之总名也。莫适为天，谁主役物乎？故物各自生而无所出焉，此天道也。"《庄子》在阐述

---

① 郭庆藩撰，王孝鱼点校：《庄子集释》，第 34 页。

这个问题时，设置了"人籁"、"地籁"和"天籁"三重境界，其中的"天籁"相当于万物自生的状态，郭象名之为"天道"。我们可以看到，《庄子》的"自取"相当于郭象的"自生"。

郭象独化说虽然是在《庄子注》中完整表达的，但这种思想未必不是从汉代解《老》作品中来的。汉代的《老子》注，如本书前面章节所论，《老子指归》最具抽象性，郭象《庄子注》的某些思想是对《老子指归》的继承。在解释"道生一，一生二，二生三，三生万物"时，严遵就引用了《庄子》对万物从何而来的追问："夫天人之生也，形因于气，气因于和，和因于神明，神明因于道德，道德因于自然，万物以存。故使天为天者非天也，使人为人者非人也。何以明之？庄子曰：夫人形腐，何所取之？聪明感应，何所得之？变化终始，孰者为之？"严遵的宇宙观基本忠实于《老子》的表达，故他接着说："由此观之，有生于无，实生于虚，亦以明矣。"① 但《江海篇》注"江海所以能为百谷王者，以其下之，故能为百谷王"时，严遵又说万物是"自生"的，是"自为之化"："道德不生万物，而万物自生焉；天地不舍群类，而群类自托焉；自然之物不求为王，而物自王焉。……何故哉？体道合和，无以物为而物自为之化。"② 如果我们不从本体论的角度去理解严遵的"有生于无"，也就不能理解严遵的万物"自生"和"自为之化"之说。

以上我们可以看到《庄子》自身以及以《老子指归》为代表的老学、郭象《庄子注》为代表的庄学三者，都可能为晋唐时期重玄思辨的发生提供可能。庄学的兴盛又为佛教中观学说的迅速流播提供了土壤。在玄、佛二者的交互影响和碰撞下，重玄终于破土而出。

二、玄佛合流与重玄的产生

重玄思潮的出现，有一个基本的学术前提，即老、庄道家学说

---

① 严遵：《道德真经指归》，见《老子集成》第一卷，第75页。
② 严遵：《道德真经指归》，见《老子集成》第一卷，第109页。

和佛学本有相通之处，以及在此前提下玄学和佛学的合流。玄、佛合流深刻影响了东晋南朝老学的发展，重玄解《老》即是以《庄》、佛解《老》。

佛教在汉末传入中土后，直至两晋之际才开始对中国思想文化产生重大影响，其中大乘空宗（中观学派）对中国影响尤大。空宗的创始人是印度僧人龙树和提婆，该派尊奉《大品般若经》为主要经典，龙树的《中论》、《十二门论》、《大智度论》和提婆的《百论》为该派的基本经典。自东汉末年支娄迦谶译出《道行般若经》和孙吴支谦译出《大明度经》，至南北朝时期，四百年间，汉译般若经典层出不穷。在中观学说传入中土后的很长一段时间内，由于中国玄学思潮如日中天，佛经翻译水平较低，"译理不尽"[①]，佛教往往以依附中国固有文化的"格义"式佛教呈现。"格义"的出现，充分说明佛玄之间原本是有共通之处的。佛教的"空"，常常被翻译和理解为道家的"无"，"涅槃"被翻译和理解为《老子》的"无为"。佛玄之间的这种奇妙关系，正是般若之学在西晋之后大盛的根本原因。东晋高僧道安在《戒因缘经鼻奈耶序》中曾说："以斯邦人，庄老教行，与方等经兼忘相似，故因风易行也。"因此六朝讲佛法者，多比附玄理；而谈玄学者，亦多引用佛典，佛老混为一谈。西晋时二者已渐入一流，至两晋之交，双方的融汇和互相启发进入高潮，出现了"《大品》顷来，东西诸讲习，无不以为业"[②] 的繁荣景象，同时也造就了众多兼通佛玄的名僧名士，催生了无数思想火花。

佛理大盛后并没有脱离玄学主题有、无、本、末之辩，这是玄佛合流的特征之一。汤用彤在《魏晋玄学流别略论》一文中，认为玄学可分为四期，每期都有释氏之贡献，一、二期的主角是王弼、向秀和郭象等士人，与之对应的有佛教般若学的"本无义"和"即色义"；三、四期的主角则是受玄学影响较深的僧人如支愍度、僧肇

---

① 释僧祐撰，苏晋仁等点校：《出三藏记集》卷十三，第 515 页。
② 释僧祐撰，苏晋仁等点校：《出三藏记集》卷九，第 332 页。

等，表现为般若学的"心无义"和"不真空义"。① 般若"本无义"在西晋相当流行，主要代表人物是释道安和慧远师徒等人，其思想约相当于王弼的贵无论。向郭之学，约相当于以支道林为代表的般若学"即色义"。玄、佛双方之所以存在上述大致的对应关系，主要是由于般若性空幻有之说与玄学本无玄虚之说可以相互比附和相互发明之处甚多。如释氏之"本无义"多比照《老子》，以格义之法体现。道安就曾以《老子》一书中的"道"解释真俗二谛，以"可道之道"释"世俗者"（俗谛），以"常道"释"无为者"（真谛）。孙绰《道贤论》也曾以竹林七贤拟配当时的七名僧，可谓独识。

主"即色义"的支遁深因谈论玄理超拔群伦，为东晋时贤所钦慕，士人乐于与其交往。支遁曾在经过会稽时，与王羲之论《逍遥游》，为了回答王羲之的问题"《逍遥》篇可得闻乎？"支遁"乃作数千言，标揭新理，才藻惊绝"，"王遂披衿解带，流连不能已"。孙绰《道贤论》将支遁与向秀并提，论云："支遁、向秀雅尚庄老，二子异时，风好玄同矣。"太原王蒙说支遁"实缁钵之王、何也"；名士郗超与亲友书，称："林法师神理所通，玄拔独悟，实数百年来，绍明大法，令真理不绝，一人而已。"② 究其原因，正如汤用彤所言："此其故不在当时佛法兴隆。实则当代名僧，既理趣符《老》、《庄》，风神类谈客。而'支子特秀，领握玄标，大业冲粹，神风清萧'，故名士乐与往还也。"③

佛教的空和玄学的无，表面上看是相通的，但其实貌合而神异。中观学派的空指一切现象皆因缘而生，刹那生灭，无独立实体，假而不实，故谓之"空"。此空指的是万物无自性之空，与老、庄道家之无指空无所有、玄学之无为万物存在之本体性的"无"不同。且"玄学家诠无释有，多偏于空形色，而不空心神"，执着于无，与真

---

① 参见汤用彤：《魏晋玄学流派略论》，见《魏晋玄学论稿》，第23—42页。

② 释慧皎撰，汤用彤校注：《高僧传》卷四《竺法雅传》，中华书局1992年版，第161页。

③ 参见汤用彤：《汉魏两晋南北朝佛教史》，见《汤用彤全集》第一卷，第136页。

正的印度中观佛学本质不同。① 中观论主张一切皆空，不仅形色为空，心神亦为空，不落两边，空于此空。

老子贵无，道法自然；庄子超脱，齐万物、同死生，这是老庄道家的核心思想。两晋时期玄学家在面临玄学的理论和现实困境时，必须以新思路和新方法给予老庄全新的解释，否则不能解决玄学本身的问题。然而玄学思潮中，无论是贵无论还是尚有论还是独化论，都不过是沿着老庄的思路，加以发明而已，在佛教一方看来，其执着于有无之分，是主要弊病。孙盛《老子疑问反讯》中的诘问正是针对玄学的这一弊病："宜有欲（无欲）俱出妙门，同谓之玄，若然以往，复何独贵于无欲乎？"② 唐代重玄思想的代表人物之一李荣注《道德经》，序文中总结前代学术时说："魏晋英儒，滞玄通于有无之际。"③

以《庄子》注为例，向、郭对《庄子·逍遥游》的解释是："夫大鹏之上九万，尺鷃之起榆枋，小大虽差，各任其性。苟当其分，逍遥一也。然物之芸芸，同资有待，得其所待，然后逍遥耳。唯圣人与物冥而循大变，为能无待而常通，岂独自通而已！又从有待者不失其所待，不失则同于大通矣。""夫小大虽殊，而放于自得之场，则物任其性，事称其能，各当其分，逍遥一也，岂容胜负于其间

---

① 两晋南北朝时期，格义作为比较研究的一种方法，使般若消融于玄学之中，道安是最早指出格义错误的佛教学者。南北朝时期，道安的认识逐渐成为佛教界的共识。如刘宋僧人慧琳于宋文帝元嘉十年（433）作《白黑论》，托言白黑两方人物，辨空无之异同，代表僧人的黑方指责老氏之空是"有无两行"，与佛教"即物为空，空物为一"不同。参见沈约：《宋书》卷九十七《夷蛮传》，中华书局1974年版，第2388页。

② 蒙文通认为，孙盛的诘难是启发重玄的因素之一，"是知重玄之说，实由'有欲俱出妙门，同谓之玄'之难诘而启之也。此《疑问反讯》之作，翻有以畅道家之精旨，适为攻错之他山也"〔蒙文通：《校理老子成玄英疏叙录（节录）》，见《古学甄微》，第350页〕。又说："（孙盛）据《老子》本文以析'无'，询千载之神解也。今之学者亦颇有以唯心自诩而斥唯物者。使孙盛处于今日，知必超心物以立论，而会其同所应反讯者，岂止十数端哉"（王家祐：《读蒙文通先师论道教札记》，见王家祐：《道教论稿》，巴蜀书社1987年版，第197页）。

③ 李荣：《道德真经注》，见《老子集成》第一卷，第349页。

哉！……苟足于其性，则虽大鹏无以自贵于小鸟，小鸟无羡于天池，而荣愿有余矣。故小大虽殊，逍遥一也。"[①] 向、郭逍遥意的核心是"各任其性"。支遁早年在余杭白马寺与刘系之等人谈论《逍遥游》时，刘系之等人秉持的是向、郭"各适性以为逍遥"的观点。《高僧传》说支遁不同意刘系之等人的说法，以为"夫桀跖残害为性，若适性为得者，从亦逍遥矣"。在白马寺之会后，支遁"退而注《逍遥游》"，可见他的《逍遥游》注主要是针对"适性以为逍遥"的论调。

支遁的《逍遥游》注，重点在于以"明至人之心"取代了向、郭对"适性"的解释。他说："夫逍遥者，明至人之心也。庄生建言大道，而寄指鹏、鷃，鹏以营生之路旷，故失适于体外；鷃以在近而笑远，有矜伐于心内。至人乘天正而高兴，游无穷于放浪，物物而不物于物，则遥然不我得；玄感不为，不疾而速，则逍然靡不适。此所以为逍遥也。若夫有欲当其所足，足于所足，快然有似天真，犹饥者一饱，渴者一盈，岂忘烝尝于糗粮，绝觞爵于醪醴哉？苟非至足，岂所以逍遥乎？"[②] 何谓"至人之心"？根据支遁的解释，至人之心在于"物物而不物于物"，即承认客观事物的存在，却不受它的影响，顺应万物而又超越万物，对外物不起任何执着之心，既不执着于有，也不执着于无。这种解释虽并不全合印度佛教般若学的实质，但若将其置于玄学的大背景下去看，支遁实际上是将"逍遥"理解为精神上的绝对自由，超越了道家和玄学对"无"的执着。

《庄子》以鹏、鷃为寓言作"小大之辩"，郭象解释为"小大虽差，各任其性。苟当其分，逍遥一也"，此所谓"有待"、"适性"之逍遥；支遁认为鹏虽大、鷃虽小，但鹏之心不足于外，鷃之心不足于内，二者皆为有待，皆未明"至人之心"。则"至人之心"既非鹏，亦非鷃，当为超越内外所待的"无待"境界。支遁释《逍遥游》，是用般若中观学说的"非有非无"对向秀、郭象贵无说的一种批判，

---

① 郭庆潘撰，王孝鱼点校：《庄子集释》，第1、9页。
② 参见《世说新语·文学》刘孝标注引，及《高僧传》卷四《支遁传》。

是对有无问题的新理解。二者的主要区别在于，"郭象讲名教即自然，内圣而外王等，是肯定双方的同一；支道林的无待，则是否定双方的同一。郭象思想是入世的运用，而支道林则是出世的解脱"①。

支遁将《庄子》的思想置于般若中观思想中去理解，开辟了一条以佛解《庄》的新路径。刘义庆评论支遁解《逍遥游》，"卓然标新理于二家（按，指郭象、向秀）之表，立异义于众贤之外。后遂用支理"。与支遁交往密切的东晋名士郗超十分赞赏支遁的观点，他对"空"的理解就深受支遁的影响，《世说新语·文学》刘孝标注引支遁《妙观章》："夫色之性也，不自有色，色不自有，虽色而空，故曰色即为空，色复异空。"郗超《奉法要》云："夫空者，忘怀之称，非府宅之谓也。无诚无矣，存无则滞封；有诚有矣，两忘则玄解。然则有无由乎方寸，而无系于外物。"也是强调心之至无，而非"府宅"之空，与支道林的般若思想相似。

支遁之前，对般若的理解还有以道安为代表的"本无"义，主张"无在元化之先，空为众形之始"；还有支愍度的"心无"义，主张"无心于万物"。本无义基本上可以看作是对玄学"以无为本"命题的继续发挥和进一步扬弃，如本无义理解的"崇本息末"是："夫人之所滞，滞在末有，苟宅心本无，则斯累豁矣。夫崇本可以息末者，盖此之谓也。"明确反对道家和玄学主张的"虚豁之中能生万有"的有生于无的贵无论。

支愍度创立的心无义，② 虽然被僧肇批评为"心无者，无心于万物，万物未尝无。此得在于神静，失在于物虚"，但心无义的流行在中观大师鸠摩罗什东来之前，其所引起的骇俗效应和对玄学家们的触动已经十分强烈。究其原因，盖"自汉以来，佛家夙主住寿成道。神明不灭，经修炼以至成佛。若心神空无，则成佛无据。即精于玄

---

① 卢国龙：《中国重玄学》，第 13 页。
② 支愍度的心无学说，略见于《世说新语·假谲》以及僧肇《不真空论》。另陈寅恪对支愍度学说有详细考证和论述，参见陈寅恪：《支愍度学说考》，见《陈寅恪集·金明馆丛稿初编》，第 186 页。

理之僧俗，于心神虚豁之意，亦所未敢言"①。然而自后秦姚兴迎鸠摩罗什至长安后，般若经典译本渐精，广出妙典，格义佛教渐废，心神全无之说遂流行一时。中观论倡导"假有性空"，"非有非无"，认为宇宙事物流转无常而又相续不断，凡执"有"执"无"，有"生"有"灭"之说，均为边见，而非中道。只有舍离"生"与"灭"、"有"与"无"，"言有而不有，言无而不无"，始为中道胜义。修行之人必须人我两忘，主客双遣，方能契合般若"空"理。鸠摩罗什、僧肇传扬的正是印度龙树、提婆的中观学说正理。吸收佛教般若学说中的"空心神"之说，是包括玄学和道家道教在内的中国思想发展过程中的大势所趋。

　　鸠摩罗什之后，虽然在形式上以仍有以《老》、《庄》和玄学的语言解释佛教义理的，但毕竟已经开始以真正的中观学说解读《老》、《庄》和玄学，这对中国学者重新认识《老子》的"道"具有重要影响。鸠摩罗什曾如此解释《老子》的"损之又损，以至于无为"云："损之者，无粗而不遣。遣之至乎忘恶，然后无细而不去。去之至乎忘善。恶者非也，善者是也。既损其非，又损其是，故曰损之又损。是非俱忘，情欲既断，德与道合，至于无为。己虽无为，任万物之自为，故无不为也。"② 其他如解释"大盈若冲"："空而能正曰冲。"解释"以其不争，故天下莫能与之争"："心形既空，孰能与无物者争？"解释"复归于无极"："……若能去智守愚，动与机合，德行相应，为物楷式，显则成行，隐复归道，道本不穷，故成无极。一是智慧无极，二是慧命无极。"解释"侯王若能守之，万物

① 汤用彤：《魏晋玄学流别略论》，见《魏晋玄学论稿》，第53页。
② 蒙文通：《晋唐〈老子〉古注四十家辑存》，见《道书辑校十种》，第207页。另鸠摩罗什之《老子注》二卷，仅见于两唐志著录，汤用彤曾对此问题有辨正。他认为"原以此书不见他处，疑为伪作"，后来在南宋李霖的《道德真经取善集》和《道德真经注疏》中发现鸠摩罗什《老子》注文十余条，遂对之前的说法产生怀疑。他认为《道德真经取善集》中所引"鸠摩罗什"注文，"颇有可注意之思想"，"这些思想都或与佛教般若思想有关"。由此看来，汤用彤对鸠摩罗什《老子注》的真实性基本上是由怀疑变为了肯定。参见汤用彤：《读〈道藏〉札记》，见《汤用彤全集》第七卷，第52页。

将自化"："心得一空，资用不失，万物从化，伏邪归正。"① 这些对《老子》文本的解释都具有明显的中观色彩。

鸠摩罗什弟子僧肇的《不真空论》认为，鸠摩罗什来华前，以"心无"、"即色"、"本无"为代表的中土般若学说对印度空宗的理解都有不足。他认为心无论主心无而实有，是不明白万物之自虚，不明白万物非实有；本无论尚无而离有，无在有之外。二者均是将有无隔离开来，所谓"不达圆化之道"之谓也。即色之论，主自性实无，色相实有，则是偏于崇有，而不知言像所得之非有。这种分别彼此、隔离有无的认识，都是堕入言像、执着有无的表现。《不真空论》将印度佛教大乘空宗之"空"解释为"不真空"，认为《中论》中的"诸法非有非无"并非指涤除万物，闭目塞听，而是指"万物自虚"。元康在《肇论疏》中如此解释僧肇的"不真空"义："诸法虚假，故曰不真。虚假不真，所以是空耳。"僧肇《不真定论》对有无问题的认识显然与玄学家不同："万物果有其所以不有，有其所以不无。有其所以不有，故虽有而非有；有其所以不无，故虽无而非无。虽无而非无，无者不绝虚；虽有而非有，有者非真有。若有不即真，无不夷迹，然则有无称异，其致一也。"

对于玄学和老庄学而言，僧肇这种非有非无的中道思想本质上可以看作是对魏晋玄学贵无、崇有两派的批评。汤用彤说："王弼注《老》而阐贵无之学。向、郭释《庄》而有崇有之论。皆就中华固有学术而加以发明，故影响甚广。释子立义，亦颇挹其流风。及至僧肇解空第一，虽颇具谈玄者之趣味，而其鄙薄老、庄（见《高僧传》），服膺佛乘，亦几突破玄学之藩篱矣。"② 他将僧肇作为魏晋玄学的终结者。据《高僧传》卷六《僧肇传》，僧肇家贫，以佣书为业，遂因缮写，历观经史，备尽坟籍。爱好玄微，以《庄》、《老》为心要。读《老子·德章》，叹曰："美则美矣，然栖神冥累之方，

---

① 蒙文通：《晋唐〈老子〉古注四十家辑存》，见《道书辑校十种》，第 204、226、184、192 页。

② 汤用彤：《魏晋玄学流别略论》，见《魏晋玄学论稿》，第 55 页。

犹未尽善也。"这种"鄙薄老、庄"的态度，或许可以看作是东晋南朝道教学者致力寻找新途径以平衡佛教势力的一种动力。

如前所论，重玄意趣本为老庄道家所固有，郭象注《庄》已显露此一特点。"寻诸双遣之说，虽资于释氏，而究之《吕览》之论圆道，《淮南》之释无为，知重玄之说最符老氏古义……固《吕览》、《淮南》之旧轨，何嫌释氏之借范也"①。重玄思辨是玄佛合流和会通的产物，它既有强烈的道家色彩，也有鲜明的佛教中观色彩。南朝道士们受此时代思潮的影响，偏好以抽象的重玄思辨来理解《老子》的"玄之又玄，众妙之门"，开启了晋唐道教重玄之门。

概而言之，以注解道家经典《老子》和《庄子》来阐发玄思，本是魏晋玄学得以展开的重要手段。玄学发展到东晋以后，大批深受玄学影响的僧人也加入玄思潮流中，从而将玄学推进到一个新阶段。"魏晋时代的玄学，历经长期的曲折过程才真正理解了般若的空。但是，如果把它视为中华民族自身思想的拓展，那么玄学是通过接触印度的般若思想才形成全新的形而上的思考和实践努力的"②。我们今天已看不到这一时期道教徒所作的完整的注《老》注《庄》作品，而留下来的道经又多符箓、禁咒、丹药、神仙之说，在很大程度上削弱了道教的思辨水平。魏晋南北朝时期社会上活跃着众多名士，无不以善谈玄理而著称。汤用彤论魏晋名士，谓"依史观之，有正始名士（老学最盛）、元康名士（庄学最盛）、东晋名士（佛学较盛）之别"③。在这几个玄学发展的阶段中，每一阶段均有著名士人或僧人为代表，但是却看不见道士的身影。这可能是由于道士多居山林宫观，或其神仙之说不合玄、佛之理，故不能入流之故。但如果我们把玄学理解为"有无本末之辨"的"本体之学"，④ 则重玄可以看作是玄、佛合流趋势下玄学在道教内部的继续发展。

---

① 蒙文通：《校理老子成玄英疏叙录（节录）》，见《古学甄微》，第349—350页。
② （日）柳田圣山著，毛丹青译：《禅与中国》，生活·读书·新知三联书店1988年版，第85—86页。
③ 汤用彤：《读〈人物志〉》，见《魏晋玄学论稿》，第12页。
④ 汤用彤：《魏晋玄学流派别论》，见《魏晋玄学论稿》，第53页。

三、佛道论争与重玄的开启

从南齐到梁初，吴兴道士孟景翼在都城建康讲道二十余年，经常面对来自各方的论战。例如，南齐时，文惠太子、竟陵王子良并好佛法，孟景翼应文惠太子"召入玄圃，众僧大会"，竟陵王子良"使景翼礼佛，景翼不肯"。萧子良"送《十地经》与之，景翼造《正一论》"比较佛道异同：

> 《宝积》云："佛以一音广说法。"《老子》云："圣人抱一以为天下式。"一之为妙，空玄绝于有境，神化赡于无穷。为万物而无为，处一数而无数。莫之能名，强号为一。在佛曰"实相"，在道曰"玄牝"。道之大象，即佛之法身。以不守之守守法身，以不执之执执大象。但物有八万四千行，说有八万四千法。法乃至于无数，行亦达于无央，等级随缘，须导归一。归一曰回向，向正即无邪。邪观既遣，亿善日新。三五四六，随用而施，独立不改，绝学无忧。旷劫诸圣，共遵斯一。老、释未始于尝分，迷者分之而未合。亿善遍修，修遍成圣，虽十号千称，终不能尽。终不能尽，岂可思议。[1]

孟景翼造《正一论》之前，顾欢作《夷夏论》，引发佛道之争。《正一论》没有流传下来，但"等级随缘，须导归一"应是其思想主旨。

另据《三洞群仙录》载："齐竟陵王盛洪释典，广集群僧，与景翼对辩二教邪正。景翼随事剖析，辞理无滞。虽蔺生拒嬴，来公折隗，蔑以加焉。"孟景翼与佛教群僧论辩"二教邪正"。梁武帝即位第二年置"大小道正"统领道教，孟景翼因精于道教教义并善于讲说而成为名重一时的道门领袖，时人称之为"大孟"。

杜光庭说，严遵明理国之道，孙登、顾欢明理身之道，鸠摩罗

---

[1]　李延寿：《南史》卷七十五《孟景翼传》，第1879页。

什、佛图澄明理事因果，何晏、钟会明虚极无为，臧玄静明重玄之道，梁武帝以非有非无为宗。成玄英疏兼言治国治身，合严遵、顾欢于一辙。疏中之臧玄静、孙登皆为重玄道宗。葛玄、顾欢、张惠超、王玄辩、徐来勒（托名河上公）乃仙道宗传。鸠摩罗什有弟子惠观、惠严皆注《老子》。"自裴处恩、梁武父子、大小二孟以来，皆以四句百非为说，以畅重玄、三一之义。接踵释氏，隋唐道士刘进喜、蔡子晃之属，亦其流也。成公之疏，不舍仙家之术，而参释氏之文，上承臧、孟，近接车、蔡，重玄一宗，于是极盛。"①

　　六朝隋唐流行的道教重玄学思潮，除了在道士造作的一些道经如《本际经》、《升玄经》、《坐忘论》等中有所体现外，还有一条重要的途径，那就是依托《老子》和《庄子》这两部道家经典的注疏。《老子》注疏在道教思想史上之所以占有特殊地位，就在于历代道人前赴后继地不断对它进行重新解释，自汉代以降至于今日，未曾断绝。而这些残留至今的《老子》再创造作品，不仅打上了深刻的时代烙印，也具体而微地再现了作者的思考和境界。六朝隋唐时期的老学，虽然不能说它们都可以被置于重玄学这个唯一的框架中，但现存大多数作品呈现出重玄思辨意趣，这就是时代烙印。如果说重玄学发端于晋代孙登，那么我们或许还可以说，其发展以六朝时期的孟智周、臧玄静、顾欢等人为代表，鼎盛于唐代的成玄英，继之者有李荣、唐玄宗、杜光庭等人。

第三节　顾欢老学与南朝道教

　　蒙文通根据杜光庭在《道德真经广圣义》卷五《释疏题明道德

---

① 蒙文通：《校理老子成玄英疏叙录（节录）》，见《古学甄微》，第346页。

义》中所言，首先对重玄解《老》在南朝隋唐时期的兴盛做了论证。杜氏分"降生先后"、"过关年代"、"说经时节"和"宗趣指归"四个要点，综论前人所说。在论及"宗趣指归"时，杜氏对他序文前面提到的前代注家进行了大致分类，从河上公、严遵，一直说到晋代孙登。蒙文通引杜氏原文"梁朝道士孟智周、臧玄静，陈朝道士诸糅，隋朝道士刘进喜，唐朝道士成玄英、蔡子晃、黄玄赜、李荣、车玄弼、张惠超（按，蒙原文漏掉"黎元兴"三字），皆明重玄之道。何晏、钟会、杜元凯、王辅嗣、张嗣、羊祜、卢裕、刘仁会，皆明虚极无为、理家理国之道"，据此有如下归纳："此知说老之义，义有多途，考其大较，二宗而已。正始已还，玄风盛于江左，梁、陈以降，清谈渐息，究不可振者，正以重玄一倡，卑视魏、晋，河公、辅嗣并遭讥弹，孟、臧之宗既张，遂夺何、王之席驾而上之也。此宗悉属羽流，前者并是白衣，道士一派，于是遂以完成。"[1]　正确指出了南朝梁陈之际"说老"出现了重要变化，即由何、王之魏晋玄学旧义向孟、臧之道教重玄新义的转变。

上列"说老"诸人中，唯卢景裕、刘仁会为北朝人物，杜光庭将二人说老归于何晏、王弼一流。若此说真实，则蒙文通的下列推测亦不无道理："北朝解《老》，犹袭魏、晋之道，重玄虽盛，不过江东，未尝行于河北也。"[2]　六朝道教的经教体系和组织建设在南北方几乎是同时进行的，但是和北方相比，南方以灵宝派为主的道派更加注重义理方面的建设，以重玄思想解《老》释《庄》主要出现在南方道教中，也在情理之中。杜序中提到的"重玄"十一家（上引蒙文中的"梁朝道士"和"唐朝道士"），的确"悉属羽流"，且尽为梁陈隋唐人。

据《南齐书》卷五十四《高逸传》和《南史》卷七十五《隐逸传》，顾欢，字景怡，一字玄平，吴郡盐官（今浙江海宁）人，南朝宋齐之际道士。又据《隋书·经籍志》，顾欢勤于著述，与《老子》

---

① 蒙文通：《校理老子成玄英疏叙录（节录）》，见《古学甄微》，第 354 页。

② 蒙文通：《校理老子成玄英疏叙录（节录）》，见《古学甄微》，第 355 页。

有关的就有《老子义纲》和《老子义疏》。成玄英、杜光庭将顾欢归入"皆明理身之道"和"以无为为宗"之类。虽然二人所列"以重玄为宗",或主"重玄之道"的南朝隋唐道士中,并无顾欢之名,但种种迹象显示,顾欢与重玄思想之间有若干值得我们注意的细节,顾欢在重玄学历史上应该占有一席之地。这主要体现在两个方面,一是顾欢的学术活动客观上开启了南朝重玄解《老》之门;二是顾欢解《老》总体上来说符合其道士身份,但已经明显受到佛教中观思想影响,具有一定的重玄意趣。我们可以将顾欢看作是解《老》历史上从魏晋玄学向唐代重玄学过渡的中间人物。

众所周知,南朝道教义理之所以获得重大发展,实与两晋南朝佛道论争关系甚大,而南朝佛道之争趋于白热化,以顾欢发表《夷夏论》为导火索。有关这次论争的过程和内容,佛教方面有较为完整的记录,如《弘明集》、《广弘明集》、《集古今佛道论衡》等。可能是由于道士在论争中总体上处于下风的原因,道教方面的记载较少。争论中,佛道双方在批评和指责对方的不足和缺陷的同时,也不同程度地阐述了自己的根本教理教义。从较为长远的历史眼光来看,这些争论对双方的发展都产生了非同寻常的影响。

顾欢之前,佛道二家"互相非毁"已成习俗,正如顾欢所言:"屡见刻舷沙门、守株道士,交诤小大,互相弹射。或域道以为两,或混俗以为一,是牵异以为同,破同以为异,则乖争之由,淆乱之本也。"[①] 顾欢之作,大意是要辨明"道"与"俗"的关系,平息旷日持久的大小、是非之争。顾欢的举动,并非出于纯粹的宗教动机,亦有为王纲一统服务的初衷在内。据《南齐书》记载,齐太祖萧道成登位后,征顾欢为扬州主簿,遣使迎往京城,顾欢不愿就任,唯以"山谷臣顾欢"为名上表,以尽其心。他在上表中说:"臣闻举网提纲,振裘持领,纲领既理,毛目自张。然则道德,纲也;物势,目也。上理其纲,则万机时序;下张其目,则庶官不旷。是以汤、武得势师道则祚延,秦、项忽道任势则身戮。……谨删撰《老氏》,

---

① 李延寿:《南史》卷七十五《顾欢传》,第 1877 页。

献《治纲》一卷。伏愿稽古百王，斟酌时用。"① 所言"纲"、"目"，皆《老子》以简驭繁之理的运用。顾欢是把《老子》看成无所不能的经典，《治纲》可能就是《隋书·经籍志》中著录的已经失传的《老子义纲》，是专谈《老子》的政治原则的。顾欢注《老子》"上德不为而无以为"云："言上德之化，处无为之事，行不言之教，其迹不彰，故曰无为。为既无迹，心亦无欲，故曰无以为。"② 注《老子》"吾言甚易知、甚易行……言有宗，事有君"云："言虽殊途，同本虚无，事虽异趋，同主静朴。"③《治纲》之论，大意应不出此类。

顾欢有非常明确的以一统众、以简驭繁的思想。他注释《老子》第十一章"三十辐，共一毂，当其无，有车之用。埏埴以为器，当器无，有器之用。无之以为用，有之以为利"：

> 古之作车，象月之致。月有三十日，车有三十辐。……共一毂者，既三十日共一月，亦三十辐共一毂，欲明诸教虽多，同归一理，一理虽少，能总诸教。治国论者，众必宗寡，弱以扶强，故以一毂之寡总诸辐之众。④

这是他为我们留下的非常宝贵的一段注文。"诸教虽多，同归一理"，大概是顾欢感时而发，正如其《夷夏论》开篇立论，便说"道则佛也，佛则道也"，肯定佛道有相通之处，这里的注文也是希望所有人都明白以"一毂之寡总诸辐之众"的道理。顾欢认为，佛道双方的差异就好比舟与车，舟只能涉川，车只能陆行，不存在高低好坏之别。但与顾欢初衷相反，《夷夏论》既出，争论却如火添油，愈燃愈炽。究其原因，在于顾欢立论别有目的，而其论据在佛教一方看来很难站住脚。《夷夏论》以佛道不二为前提，实际上坚持华夷有别，

---

① 萧子显：《南齐书》卷五十四《顾欢传》，中华书局 1972 年版，第 929 页。
② 蒙文通：《晋唐〈老子〉古注四十家辑存》，见《道书辑校十种》，第 193 页。
③ 蒙文通：《晋唐〈老子〉古注四十家辑存》，见《道书辑校十种》，第 230 页。
④ 蒙文通：《晋唐〈老子〉古注四十家辑存》，见《道书辑校十种》，第 158 页。

道先佛后。如他说"佛、道齐乎达化，而有夷夏之别"，"佛是破恶之方，道是兴善之术，兴善则自然为高，破恶则勇猛为贵。佛迹光大，宜以化物。道迹密微，利用为己。优劣之分，大略在兹"。① 因此被《南齐书》评以"欢虽同二法，而意党道教"。

《夷夏论》出台后，僧徒和一些受佛教影响的士人对顾欢的论调大为不满，纷纷著文驳斥，著名的有僧绍（明徵君）《正二教论》、谢镇之《折夷夏论》、慧通《驳顾道士夷夏论》、朱昭之《难夷夏论》、朱广之《疑夷夏论咨顾道士》、僧愍《戎华论》等。这些应景产生的佛教护教文章有两点值得特别注意：一是紧紧抓住《夷夏论》的关键论点，直击道教的理论弱点，即一面肯定老庄是真正的道家，有其独特的价值，如《正二教论》称"道家之旨，具在老氏二经；敷玄之妙，备乎庄生七章"，一面又毫不客气地指出道教的长生不死仙术及其他种种道术"大乖老、庄立言本理"。二是出于护教本能，对以往把佛、道混为一谈的一些问题进行了不同程度的辨正，指出二教本旨殊异，并非同一，这是佛教入华后与本土文化融汇交流过程中的一大转变。反对顾欢的人分别对《夷夏论》中的"二经之旨若合符契"，"道则佛也，佛则道也"，"泥洹仙化各是一术，佛号正真，道称正一，一归无死，真会无生，无生之教赊，无死之教切"等观点，一一加以驳斥和辨正。比如《正二教论》说："老子之教，盖修身治国，绝弃贵尚，事止其分，虚无为本，柔弱为用，内视反听，深根宁极，浑思天元，恬高人世，浩气养和，失得无变，穷不谋通，致命而俟，达不谋己，以公为度。此学者之所以询仰余流，而其道若存者也。安取乎神化无方、济世不死哉？"这是指出道教神仙不死背离《老子》。又如"佛法以有形为空幻，故忘身以济众；道法以吾我为真实，故服食以养生。且生而可养，则吸日可与千松比霜，朝菌可与万椿齐雪耶？必不可也"②。"佛明其宗，老全其生。守生者蔽，明宗者通。今道家称长生不死，名补天曹，大乖老、庄立

---

① 李延寿：《南史》卷七十五《顾欢传》，第 1877 页。
② 谢镇之：《折夷夏论》，见《中国佛教思想资料选编·汉魏六朝卷》，第 261 页。

言本理"①。这是指出佛法和道法的根本差异。僧人慧通的言辞最为激烈，《驳顾道士夷夏论并书》开篇便以嘲笑口吻釜底抽薪，谓顾欢《夷夏论》所引道经虚而无据："见《论》引道经，益有昧如，昔老氏著述，文指五千，其余淆杂，并淫谬之说也，而别称道经，从何而出？既非老氏所创，宁为真典？"又谓："老氏著文五千，而穿凿者众。或述妖妄以回人心，或传淫虐以振物性。"文中屡次引《老子》之言批评道教违背《老子》本义，如批评神仙之说无理可据："然则泥洹灭度之说著乎正典，仙化入道之唱理将安附？《老子》云'生生之厚，必之死地'。又云：'天地所以长久者，以其不自生也。'夫忘生者生存，存生者必死……子以必死为将生，其何反如之。故潜居断粮以修仙术。仆闻老氏有五味之戒，而无绝谷之训矣。"慧通批评道教重身养生之说荒诞乖违，同样是引《老子》为据："故《老子》云：'吾所以有大患者，为吾有身也，及吾无身，吾又有何患？'老氏以身为大患，吾子以躯为长保，何其乖之多也！"在慧通看来，道教既然推崇老子及其五千文，那么只要找出道教言行不符五千文之处即可驳倒对方。

《夷夏论》中，顾欢在比较二教异同时，往往比较双方教法和经典以立论，如他说："佛教文而博，道教质而精……佛言华而引，道言实而抑……佛经繁而显，道经简而幽。"顾欢这番比较，本意旨在论证二教异质，各有长处，各有其适应的人群，并非诋毁佛教。所谓"精非粗人所信，博非精人所能……抑则明者独进，引则昧者竞前……幽则妙门难见，显则正路易遵"。② 僧愍《戎华论》也对佛、道进行了一番比较，但他在比较中对道教极尽批评："道经则少而浅，佛经则广而深；道经则鲜而秽，佛经则弘而清；道经则浊而漏，佛经则素而贞；道经则近而暗，佛经则远而明。"句句直指道经浅陋。慧通更是鄙视《老子》以外的一切道经："仆谓老教指乎《五千》，过斯已外，非复真籍，而道文重显愈深，疑怪多是，虚托妍

---

① 萧子显：《南齐书》卷五十四《顾欢传》，第 934 页。
② 李延寿：《南史》卷七十五《顾欢传》，第 1877 页。

辞，空称丽句。"从佛教对道教这种片面的歪曲乃至恶意的攻击，可见当时佛道之争的激烈程度。

顾欢论证道佛不二的论据很多，主要方法是引经据典。"夫辩是与非，宜据圣典"，这是《夷夏论》开宗明义的一句话。然而顾欢所谓"圣典"是哪些呢？顾欢列举了三部：《玄妙内篇》、《法华无量寿经》和《瑞应本起经》。这三部"圣典"，有道教的也有佛教的。表面上看，似乎很公平，实则顾欢从三部"圣典"中引用的经文，均是于己有利的，或顾欢做了对自己有利的解释，内含佛劣道优、夷鄙华尊之意味。如《玄妙内篇》中的老子化胡说，自西晋产生以来，一直遭到僧人的强烈反对，顾欢却用以证明老子先于佛祖。顾欢本是道士，其说上溯于造作《老子化胡经》的道士王浮，自不足怪。

如此我们便可理解为什么佛教一方要正言厉色、毫不客气地批评甚至是诋毁道教和道经了。东晋南朝以来，随着一些新生道派的产生，各类道经层出不穷。这些道经多因宗教信仰的现实需要而产生，与是否符合《老子》原义关系不大，或者说，道教在创立这些道经时，一开始就没有以是否符合《老子》的义理为标准，这是道教和佛教不同的地方。印度佛教存在一个佛陀说法的时期，道教却没有。因此在佛教一方看来，道经中除《老子》外，其他均缺乏合法性。佛教徒还认为道经多违背《老子》本旨，随意发挥，妄加穿凿。道教的核心信仰长生成仙之说，依托《老子》，更是虚妄不经。佛教一方将批判的矛头对准两个问题：一是道教立教之根本信仰——长生不死，二是除《老子》以外所有道经存在的合法性。

面对种种诘难和攻击，道士虽百般辩解，仍不免理屈词穷，应对无方，落入前期佛道相争的死穴。如司徒袁粲托为道人通公驳斥顾欢，云"孔、老治世为本，释氏出世为宗。发轸既殊，其归亦异。符合之唱，自由臆说"。"又仙化以变形为上，泥洹以陶神为先。变形者白首还缃，而未能无死；陶神者使尘惑日损，湛然常存。泥洹之道，无死之地，乖诡若此，何谓其同？"顾欢如此应对：

> 神仙有死，权变之说。神仙是大化之总称，非穷妙之至名。至名无名，其有名者二十七品，仙变成真，真变成神，或谓之圣，各有九品，品极则入空寂，无为无名。若服食茹芝，延寿万亿，寿尽则死，药极则枯，此修考之士，非神仙之流也。①

顾欢的回应看起来不够有力，以"权变"之说解释"神仙有死"，其实也是顾欢不得已的权变之说。照顾欢的说法，真正的神仙无为无名，谁也没见过，那些死去的都不是真仙，这好比没有回答一样。而且，顾欢等人也未能圆满回答僧绍"佛明其宗，老全其生。守生者蔽，明宗者通"的质问。

试看六朝道教甚为重视的《老子河上公章句》、《老子节解》、《老子内解》、《老子想尔注》等，哪一种不是以羽化升仙、白日飞升来阐释《老子》的？道教内部若不从新的视角给老庄道家以新的解释，怎能面对佛教带来的愈来愈强大的压力？在这次论争中，佛道双方虽不免意气用事、互相诋毁，脱离学术争论应有的公正性和理性，但拨开双方意气之争这层帷幕，我们可以发现，即使在一些戾气很重的文章中，还是可以看到双方的争论已触及深层次的哲学问题。论争至少在两个层面深深触及了道教的弱点，一是如何解释大量道教经籍与《老子》本义之间的差距，二是如何在坚持道教宗教本色的前提下尽量避免佛教对道教修仙之术的攻击。佛道论争，从某种意义上说，"是以佛教的本体论哲学为依准，参照出《老子》哲学的相对局限性"②。以顾欢《夷夏论》为导火索的这次佛道论争，

---

① 萧子显：《南齐书》卷五十四《顾欢传》，第 934 页。
② 卢国龙：《道教哲学》，华夏出版社 2007 年版，第 187 页。

客观上还起到了促使道教重视如何更加合理地融摄《老子》义理入道教的作用。道教在争锋之后，归而援引重玄，从内部加强道经及其教义的建设，以避佛教的攻击，从而在一定程度上促进了道教义理的多方面发展。南朝以重玄解《老》的作品多出现在梁陈二朝，与此直接相关，顾欢老学则有开启意义。

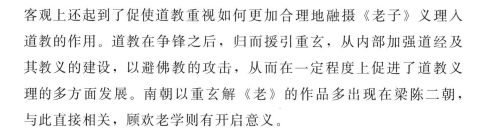

第四节　顾欢注《老》佚文略考

现存可能是顾欢注《老》佚文的材料，情况较为复杂，在使用前必须做一基本考察。

《隋书·经籍志》著录顾欢有《老子义疏》一卷、《老子义纲》一卷。《新唐书·艺文志》著录顾欢有《道德经义疏》四卷并《义疏治纲》一卷。《旧唐书》同《新唐书》，仅"治纲"因避高宗讳改为"义纲"。《经典释文》载顾欢有《堂诰》四卷，又说一作《老子义疏》。杜光庭《道德真经广圣义序》则云顾欢作《道德经注》四卷。据此大致可知，顾欢曾作《老子义疏》或《老子注》、《道德经注》一卷或四卷，《老子义纲》或《义疏治纲》一卷。根据《南史·顾欢传》记载，顾欢曾"删撰老氏，献《治纲》一卷"，柳存仁据此推论《老子义疏》乃顾欢为《老子》所作注疏体例之著作，而《义疏治纲》乃在《老子义疏》基础上的"钩玄撷英之作，非必为注疏体裁也"。① 这种推测是合理的。

另外，明正统《道藏》收录旧题"吴郡征士顾欢述"之《道德真经注疏》八卷，中引顾欢注四十余条，该书很明显并非全是顾欢注文。清代以来学者已注意此问题，近现代学人王重民、马叙伦、

---

① 柳存仁：《论道藏本顾欢注老子之性质》，香港《联合书院学报》1970 年第 8 期。

朱谦之、蒙文通、柳存仁等先生对此均有研究。① 柳存仁推测该书大概为宋人集注本之一种，概因其书引顾欢文为多，故归之于顾欢撰。

---

① 清代以来学者多根据晁公武《郡斋读书志》所载，推定《道藏》中题名顾欢的《道德真经注疏》为佚失的唐道士张君相所集《三十家道德真经集解》，如阮元的《揅经室外集》、莫友芝的《郘亭知见传本书目》等。阮元认为，该书实际上就是宋晁公武《郡斋读书志》、王应麟《玉海》等著录的张君相《道德真经集解》，误题为顾欢著。这一观点影响很大。莫友芝在《郘亭知见传本书目》卷十一的"《道德真经集解》八卷"下批注："唐岷山道士张君相撰。君相无考。此书旧本皆题吴征士顾欢述。欢齐时人，隋志载其《老子义纲》一卷、《老子义疏》一卷。又唐志有《道德义疏》四卷、《义疏治纲》一卷。不特书名、卷数均与此不合，不应齐时人而先引陶隐居、成玄英。惟晁氏《志》及《玉海》有岷山道士张君相《三十家道德经集解》，其列名二十九，盖君相自为一家并数之，其言颇与是书合，则为君相所集无疑。至书中兼有引唐玄宗御疏，则又为后人羼入。"王重民、吴承仕、严灵峰等大多数现当代学者取阮元论，有的在著作中径以"张君相《集解》"称之。较早对阮元的观点提出异议的是刘承幹，他对照《道藏》所收南宋李霖《道德真经取善集》所引"张君相曰"（刘承幹说"殆君相《集解》文也"），发现"无一事见于顾氏疏中"。他还发现，张君相集注本引前人注疏应该有三十家（包括张君相自注，共三十一家），但仅有十七家见于顾欢本，另十三家不见，遗漏过多，由此推断顾欢本非张君相《集解》。这一推断有明显的逻辑漏洞，但也不乏合理性。蒙文通在《辑校成玄英〈道德经义疏〉》序言中对阮、刘二家观点有细致评论，他认为阮刘二氏均有误，因为他注意到《道藏》顾欢本所引历代《老子》注疏共二十一家，其中有五家溢出了张君相《集注》本三十家的范围，而这五家多为唐宋人著述。比如唐玄宗注和成玄英疏，顾欢本有大量引用，而张君相本无。阮元以"后人羼入"来解释这些溢出的注疏以圆其论，其理不通。蒙文通倾向于认为《道藏》顾欢本可能是"别一家书"，其作成者既非张君相也非顾欢。但是这"别一家"到底是哪一家，他也不敢遽下断语，仅提出可能是唐高宗时任真子李荣《老子注》或者是唐玄宗时陈庭玉《老子疏》等猜测。其实，说顾欢本是李注、陈注或成玄英疏（马叙伦的观点），均有未谛，唯一能够确认的是顾欢本绝不是张君相集注本或成玄英疏本。在《道藏》顾欢本的编纂者到底是谁的问题上，王卡曾提出一个看法。他根据其中有北宋末陈象古《道德真经解》（今存《道藏》洞神部玉诀类中）的内容，推测顾欢本可能是宋朝道士纂集，但没有就此展开讨论。按，顾欢本中的确有"陈曰"字样，而董逌《广川藏书志》等宋代书目记张君相集注三十家中并没有陈姓者，仅此一点，就可以证明《道藏》顾欢本不是真正的张君相集注本。蒙文通认为顾欢本中的"陈曰"是指《新唐书·艺文志》记载的唐人陈嗣古（有《注》二卷），而王卡认为是指北宋人陈象古。如此看来，《道藏》顾欢本中的"陈曰"之"陈"至少有三种可能：陈嗣古、陈庭玉、陈象古，而顾欢本的编纂者也存在多种可能，但究竟是谁，实难考证。柳存仁认为该书应为北宋末南宋初的集解本。我们能够肯定的是，《道藏》本顾欢肯定是错题或误题，但它的价值在于保存了大量已经亡佚的唐代《老子》注疏，是我们了解唐代老学发展的珍贵文献。蒙文通根据《道藏》顾欢本等典籍进行的卓有成效的辑佚工作，奠定了晋唐老学研究的基础。本书称引时，一般写作"《道藏》顾欢本"。

真正为顾欢之言的，只有书中所言"顾曰"的数条注文。而在"注"、"疏"、"御"之外，所引之文，实不止顾欢一家，兼有南北朝迄唐注疏家若干人。① 另据日本学者藤原高男考证，除《道德真经注疏》中题"顾曰"、"顾等曰"的四十一条外，现存可能是顾欢注《老》佚文的尚有下列条目：唐法琳《辩正论》引二条、唐李贤《后汉书·朱穆传·注》引一条、唐陆德明《经典释文·老子音义》引十二条、宋董思靖《道德真经集注》引一条、宋李霖《道德真经取善集》引三十六条、敦煌文书 S4430 收八十七条。除敦煌遗书外，其他都已收入蒙文通辑校的《晋唐〈老子〉古注四十家辑存》。

《道藏》原题顾欢的《道德真经注疏》和李霖的《道德真经取善集》，均属集注本性质，被认为是保存顾欢佚文最多的文献。其中顾欢本总是以"顾曰"开头，间或也以"欢曰"、"顾等曰"、"顾、什等曰"开头，李霖本则径题"顾欢曰"，这是二者的主要区别。另外，唐初陆德明的《经典释文》中也引"顾云"注文数条。因此我们不免有一个疑问，"顾"仅指顾欢还是另有其人？

这样的疑问并非多余。据《南史》卷七十七《儒林传》，南朝梁陈名士顾越亦善老、庄，著有《老子》义疏若干卷，且与顾欢同为吴郡盐官人。顾越与汝南大儒周弘正为同时人，二人交游颇深，顾越、周弘正、张讥、陆德明四人有师承关系，因此陆德明《经典释文》中的"顾曰"，究竟是指顾越还是顾欢，也颇难下一结论。

按《南史·儒林传》载，顾越字允南，少时游学都下，受太子詹事周舍重视，周舍兄子周弘正、周弘直学于顾越。顾越以儒学知名，然亦"特善庄、老，尤长论难"。梁武帝曾于重云殿自讲《老子》，仆射徐勉举顾越论义，深得武帝赞美。《南史》著录顾越的著作有《丧服》、《毛诗》、《老子》、《孝经》、《论语》等义疏四十余卷。此乃统而论之，义疏为当时流行体裁，则《老子》是否单独成书不可得知，然亦不能免除可能。另据《日本国见在书目》，周弘正著有《老子赞义》六卷，不知是否《南史》所云《老子》义疏。顾、周、

---

① 参见柳存仁：《论道藏本顾欢注老子之性质》，香港《联合书院学报》1970 年第 8 期。

张、陆四人均晚于顾欢，顾欢生活在宋齐之世，四人则主要生活在梁、陈、隋三朝。周弘正为周颙之孙，周颙尤善佛理，著《三宗论》，兼善《老子》、《周易》。周弘正从小由伯父周舍教育，年十岁即通《老子》、《周易》，"特善玄言，兼明释典"，著有《庄子疏》八卷，《老子疏》五卷等。① 张讥年十四即通《孝经》、《论语》，笃好玄言，受学于周弘正。梁亡入陈，为东宫学士，陈宣帝亲授麈尾，令其于温文殿讲庄、老，轰动一时。陈亡入隋，后居家"讲《周易》、《老》、《庄》而教授焉"，门徒众多，有教无类。据本传，张讥学生很多，有吴郡陆德明、朱孟博、一乘寺沙门法才、法云寺沙门慧拔、至真观道士姚绥等。张讥著述也很丰富，仅道家类就有《老子义》十一卷，《庄子内篇义》十二卷、《外篇义》二十卷、《杂篇义》十卷、《玄部通义》十二卷。陆德明也是吴郡人，据《新唐书·儒林传》，陆德明初"受学于周弘正，善言玄理"。但据《南史·张讥传》，陆德明还是张讥的弟子，著有《经典释文》三十卷、《老子疏》十五卷、《易疏》二十卷。

从上述材料中我们看到，顾越、周弘正、张讥、陆德明四人既有师承关系，又都擅长老庄学，都有《老子》注疏作品，四人的老学思想或许有一定的师承关系，陆德明《经典释文》中的"顾曰"，有可能是顾越的注文。然而《经典释文》"顾曰"引文多是有关《老子》音义的，与我们要谈的老学义理关系不大。

顾欢本《道德真经注疏》中的"顾曰"，则可以基本断定是顾欢的佚文。判断的理由是，这些佚文性质不仅和顾欢的学识和身份相符，也符合杜光庭所说顾欢等人"明理身理国之道"、"以无为为宗"的解《老》特点。

据《南史》记载，顾欢虽曾被召，但并未出仕，一生大部分时间隐居山林，自称"山谷臣"②，《弘明集》称其为"顾道士"。李养

---

① 李延寿：《南史》卷三十四《周弘正传》，第 900 页。

② 《南史》卷七十五《顾欢传》："齐高帝辅政，征为扬州主簿。及践阼乃至，称'山谷臣顾欢上表'，进《政纲》一卷。时员外郎刘思效表陈谠言，优诏并称美之。欢东归，上赐麈尾、素琴。"

正认为"顾道士"是佛教一方对顾欢的蔑称。① 但据陈国符考证，顾欢的确是道士，而且是上清派道士。陶弘景《真诰》就是在顾欢《真迹》基础上撰写的。本传言顾欢善玄理，会稽人孔珪尝登岭寻觅顾欢，二人共谈《四本》。所谓《四本》，据《世说新语·文学》："钟会撰《四本论》始毕，甚欲使嵇公一见，置怀中既定，畏其难，怀不敢出，于户外遥掷，便回急走。"刘孝标注引《魏志》说，"四本者：言才性同、才性异、才性合、才性离也。尚书傅嘏论同，中书令李丰论异，侍郎钟会论合，屯骑校尉王广论离"。本传记载，顾欢与孔珪对谈，"欢曰：兰石危而密，宣国安而疏，士季似而非，公深谬而是"。兰石指傅嘏，宣国指李丰，士季指钟会，公深指王广，顾欢认为他们都有偏狭之处，"总而言之，其失则同；曲而辩之，其途则异"，至于原因，顾欢说："同昧其本而竞谈其末，犹未识辰纬而意断南北。群迷暗争，失得无准，情长则申，意短则屈，所以《四本》并通，莫能相塞。夫中理唯一，岂容有二？《四本》无正，失中故也。"顾欢评论落脚于本末问题和是否合于"中理"，即是否"失中"。《四本论》详情如何，什么是中理，何为失中，书中不详，不过根据当时佛教中观思想盛行于南朝并与玄学合流来看，顾欢的思想可能受到了佛教中观思想的影响，他论《四本论》的这段文字，体现了善玄理的个性。本传还载顾欢与孔珪论《四本论》后，又"著《三名论》以正之"，引来尚书刘澄、临川王常侍朱广之"并立论难，与之往复"，但具体辩论内容不得而知。

顾欢信奉道教，颇通道教法术。本传载其弟子鲍灵绥门前有一株树，十余围，"上有精魅，数见影。欢印树，树即枯死"。又记山阴白石村多邪病，村人哀求顾欢，顾欢前往村中"为讲《老子》，规地作狱"，为其解灾。《道德真经注疏》中的"顾曰"、"顾等曰"注文与一般的非道徒身份的注释者不同，有较明显的道教炼养思想，能体现顾欢既通玄理又奉道教的特征。如注第六十七章"天下皆谓

---

① 参见李养正：《顾欢〈夷夏论〉与'夷夏'之辩述论》，《宗教学研究》1998年第3期。

我道大，似不肖"：

> 不与物同，故云不肖。言老君道尊德贵，诚可以为大。然而晦迹同尘，隐显不测，不似智不似愚，故言不肖。①

注《老子》第六十章"以道莅天下，其鬼不神"：

> 神者，灵效之谓也。以道居位临理天下则太平，太平之代，鬼魅不敢神。以道修身，则真照得一，得一之士，尸魄不灵。②

注《老子》第五十章"朝甚除，田甚芜"：

> 夫峻宇雕墙，穷侈极丽，则人力凋尽，田芜荒废，内明徇名好利，弃少求多，道业不修，丹田荒废也。③

南宋末饶阳居士李霖编纂的《道德真经取善集》中的"顾欢曰"注文，有些和《道藏》顾欢本《道德真经注疏》中的"顾曰"注文完全相同，另有一些是《道德真经注疏》中未曾出现的注文，这些注文也具有明显的道教特色。如注《老子》第七十三章"勇于敢则杀，勇于不敢则活"：

> 不惧曰勇，必果曰敢，谓见威不惧，必果无回。强梁使气，杀身之术……独立不惧，不敢有为，守柔尽顺，活身之道。④

注第七十二章"夫唯不厌，是以不厌"：

---

① 蒙文通：《晋唐〈老子〉古注四十家辑存》，见《道书辑校十种》，第 226 页。
② 蒙文通：《晋唐〈老子〉古注四十家辑存》，见《道书辑校十种》，第 220 页。
③ 蒙文通：《晋唐〈老子〉古注四十家辑存》，见《道书辑校十种》，第 212—213 页。
④ 蒙文通：《晋唐〈老子〉古注四十家辑存》，见《道书辑校十种》，第 232—233 页。

> 人不厌生，生不厌人；人不弃道，道不弃人。故曰生与人相保，人与道相得。①

注第七十四章"民不畏死，奈何以死惧之"：

> 道德陵夷，刑罚深酷，则生不足怀，死不足畏。人不畏死，本由刑政之苛，如不慕大德以生人，更设严刑以惧物，民将抵冒而终不化，修己奢淫，则精穷气竭，万神交落，动之死地，不能制情遣欲，更为险行惊神。②

注"我有三宝，持而保之，一曰慈，二曰俭"：

> 宝精爱气，不为奢费。③

可以大致断定的是，李霖所引"顾欢曰"和《道藏》顾欢本中的"顾曰"、"顾等曰"，应是出自顾欢《老子注》。顾欢《老子注》南宋尚存世，李霖集注本言"顾欢曰"如何如何，必定来之有据。《道藏》顾欢本大约也是成书时间不晚于南宋的《道德经》集注本。

另一与顾欢有密切关系的是敦煌 S4430 号唐抄本，④原无卷题，属敦煌《老子》注疏文献中的一种，存《老子》经文及注文一百三十二行，每行约有文字二十四字，经注文连书，不分章节。首行起自通行本《老子》第七十章"吾言甚易知"句，末行止于第八十章"人之器而不用"句注文"谓在上无为，在"，"在"以下缺。藤原高男、严灵峰、王卡等认为此抄本应为《隋书·经籍志》记载的顾欢

---

① 蒙文通：《晋唐〈老子〉古注四十家辑存》，见《道书辑校十种》，第 232 页。
② 蒙文通：《晋唐〈老子〉古注四十家辑存》，见《道书辑校十种》，第 234 页。
③ 蒙文通：《晋唐〈老子〉古注四十家辑存》，见《道书辑校十种》，第 227 页。
④ 收入《中华道藏》第十册，第 281－286 页，附录于原题"吴郡征士顾欢述"的《道德真经注疏》八卷之后。

《老子义疏》或《老子义纲》,① 此意见值得重视。

认为该注为顾欢注的学者，主要依据是注文中有九条可与《道藏》顾欢及李霖所引述的顾注（"顾欢曰"）佚文相对应，如王卡认为"其中六条基本相同，两条半同半异，一条不同。故敦煌本大致可以拟定为顾欢所撰"②。事实上，《道藏》顾欢本和李霖本两集注本以"顾曰"、"顾欢曰"的形式所引《老子》第七十章之后的注文只有十条，其中一条是第八十章的注文，敦煌本原缺，另外有九条都可以在敦煌本中找到对应关系，对应率非常高，只有一条注文完全不同（《老子》第七十一章"夫唯病病，是以不病，圣人不病，以其病病，是以不病"的注文）。笔者仔细核对过这九条注文，认为敦煌本的注文比《道藏》顾欢本、李霖本中的顾欢注文更为通畅。如果我们把顾欢本的成书年代确定在至迟南宋末，唐抄本中的这些注文因抄写年代早于《道藏》顾欢本、李霖本，可能保存了古本原貌。如"是以圣人被褐怀玉"下，《道藏》顾欢本的注文是：

> 褐者，粗贱之服，玉是，精贵之宝。凡庸之人，心实不知，外假明哲，羊质虎皮，是乃德之病。③

敦煌本的注文是：

> 褐者，粗贱之服，玉者，精贵之宝也。圣人和光同尘，显粗于外，微妙玄通，藏精于内也。④

这两条的注文只有前面两句对"褐"、"玉"的解释基本相同，其他

---

① 如王卡推测该残卷是《新唐书·艺文志》著录的顾欢《老子义疏治纲》的残卷。参见王卡：《敦煌道教文献研究——综述·目录·索引》，第172—173页。

② 参见王卡为《敦煌本老子道德经顾欢注（拟）》（收入《中华道藏》第十册）所作校记。

③ 蒙文通：《晋唐〈老子〉古注四十家辑存》，见《道书辑校十种》，第230页。

④ 顾欢：《老子道德经注》，见《老子集成》第一卷，第242页。

均不同，且整体意思相差甚远。二者都把"玉"解释为"精"，或"精贵之宝"。顾欢本注文在解释完"褐"、"玉"之后，马上引申到凡庸之人不懂宝内贱外，为德之大病，是从反面入手。而敦煌本从凡庸的对立面圣人的角度，正面论述内重外轻的意义。但是顾欢本和敦煌本的注文都自成体系，顾欢本第七十章和第七十一章的注文逻辑和语言都是一致的，第七十章批评"凡庸之人"如何如何，第七十一章注"夫唯病病"等，仍以"凡庸之人"开头，而敦煌本则是以圣人为论说对象，这是很明显的区别。顾欢本在"玉是精贵之宝"后的注文不如敦煌本顺畅。敦煌本对接下来的《老子》其他经文的注解也和前面的注文一脉相承。比如"知不知，上也。不知知，病也"，敦煌本注文为：

> 内怀真知，外若无识，披褐怀玉，是谓上士也。心实不知，外假明哲，羊质虎文（皮），是谓病人也。[1]

顾欢本的相应注文为：

> 凡庸之人，妄执强知之病，以自分别，往而不返，良可叹息。其唯圣人，真知妙本，洞遣言教，独能以其慈仁，哀悯众生强知之病，盖以其自无病也。[2]

可能由于传抄失察或抄手有意摘录的缘故，两个版本都有注文和原文对应错误的可能。如顾欢本将注文"心实不知，外假明哲，羊质虎皮"置于经文"被褐怀玉"后，而敦煌本则置于经文"知不知，上也。不知知，病也"下，且最后一句注文抄写不同，一为"是乃德之病"，一为"是谓病人也"。"外假明哲，羊质虎皮"作为"不知知，病也"的注文似乎更为合理，可能是古本原貌。

---

[1] 顾欢：《老子道德经注》，见《老子集成》第一卷，第242页。
[2] 蒙文通：《晋唐〈老子〉古注四十家辑存》，见《道书辑校十种》，第231页。

总而言之，敦煌本注文为我们了解顾欢的老学思想提供了新的资料。

第五节　顾欢的老学思想

顾欢是促成道教理论宗风转变的关键人物，这种宗风之变，指的是道教哲学的玄学化，继而是道教重玄学之敷畅。[①] 南朝道士中有著名的大小二孟——孟景翼与孟智周，他们是南朝道教重玄学的代表人物，而二孟之学出于顾欢，"隋唐道宗之盛，源于二孟，称为梁朝道士。顾为南齐人，《弘明集》称为顾道士。宜孟氏之传，出于顾氏，而道士之传此为最早，诚以景怡所造之宏也"[②]，顾欢实为阐扬重玄学之第一人。

一、常道无体

道论是道家道教的核心哲学问题之一，顾欢《老子注》佚文中尚存数条论"道"的文字，有助于我们了解他的基本思想。

《老子》用"常道"和"非常道"来区分抽象的道与具体的世界万物，认为"常道"是"不可道"之"道"。它实际上是关于道与世界万物的关系问题，在哲学层面上属于道体论。在《老子》那里，道是无，也是有，有和无是一个辩证的统一体，相互依存，都不能独立存在，无不仅不能脱离万物之有，万物之有中自始至终贯穿着无，道既是关于宇宙生成的理论，又具一定的本体论意味。总之《老子》的无或道虽玄之又玄，但终究不是佛教的空无一物之"至无"。正如《老子》第二十一章所言："道之为物，惟恍惟惚，惚兮恍兮，其中有象；恍兮惚兮，其中有物。"道是混混沌沌的存在。

---

① 强昱：《从魏晋玄学到初唐重玄学》，第 80 页。
② 蒙文通：《辑校成玄英〈道德经义疏〉》，见《道书辑校十种》，第 346 页。

顾欢深刻了解《老子》的辩证思想，在忠实《老子》本义的基础上，顾欢对道物关系进行了合理发挥。他先是将"道"和"物"的关系确定为有和无的关系，然后再论有无体用，以此确立他的道体论。

顾欢在不少地方论述了道和物的关系，把道和物看作两个对等的概念，如他注《老子》"善结无绳约而不可解"时说："结之以道，虽无绳而自固；结之以物，虽约而不坚。故以威约人，虽三军而可离，以道结志，虽匹夫而难夺。"① 又如注"道隐无名，夫唯道善贷且成"："先与后得谓之贷，物得成道谓之成，成之则归道，道得之也。"② 注《老子》六十七章"天下皆谓我道大，似不肖"："不与物同，故云不肖。言老君道尊德贵，诚可以为大，然则晦迹同尘，隐显不测，不似智不似愚，故言不肖。"③ 顾欢的物是具体的，道是抽象的，物是有，道是无。

明确了道物关系后，顾欢进一步论述了道的特点。他注首章"无名天地之始，有名万物之母"云：

> 有名谓阴阳，无名谓常道。常道无体，故曰无名；阴阳有分，故曰有名。始者取其无先，母者取其有功，无先则本不可寻，有功则其理可说。谓阴阳含气禀生万物，长大成熟，如母之养子，故谓之母。④

顾欢注《老》往往是对《老子》自身哲学思想的发挥，《老子》中的道，分为"常道"和"非常道"，作为天地之始与母，同出一源。顾欢以"阴阳"和"常道"释《老子》的"有名"和"无名"，并进一步解释为何"常道"是"无名"的。他注"知者不言"云："明道则

---

① 蒙文通：《晋唐〈老子〉古注四十家辑存》，见《道书辑校十种》，第 182 页。
② 蒙文通：《晋唐〈老子〉古注四十家辑存》，见《道书辑校十种》，第 201 页
③ 蒙文通：《晋唐〈老子〉古注四十家辑存》，见《道书辑校十种》，第 226 页。
④ 蒙文通：《晋唐〈老子〉古注四十家辑存》，见《道书辑校十种》，第 146 页。

忘言，存言则失道。道可默契，不可口说。故庄云：'道无问，问无应。'"① 道不可言说，可言说则非道且失道。常道为何无名且不可言？顾欢说是因为它"无体"，有体则有名，无体则无名。或者说，道是看不见的，是万物背后那个终极性根据。但是顾欢又认为，道虽无名无体，却能"吐气布化"，为万物之始，道似乎又是实存的。道、气关系是道家哲学的基本问题，道家认为在道与物之间，有一个神秘缥缈的气作为连接二者的媒介。顾欢论道、物、气三者的关系，依托传统认识，认为气分阴阳，气相对于道而言，是有形有名的，因此顾欢又说"有名谓阴阳"。这种对道、气关系的论述，服务于万物禀阴阳之气而生的传统宇宙生成论，这是我们非常熟悉的观点。《老子河上公章句》注解《老子》第二十五章就说："道育养万物精气，如母之养子。我不见道之形容，不知当何以名之。见万物皆从道而生，故字之曰道。"顾欢注也不例外："谓阴阳含气禀生万物，长大成熟，如母之养子。"在注解首章"玄之又玄，众妙之门"时又说："虽同禀气于天，盖人有高卑、气有清浊，天弥高弥清，地逾卑逾浊。人禀得清气者则为贤智，禀得浊气者则为凡愚。贤智无欲观见其妙，凡愚有欲观见其徼，自然有此。"又注第三十九章"天得一以清，地得一以宁"："天者纯阳之气，得一故轻清于上；地者纯阴之质，得一故安静处下。"② 这里可以看到顾欢道论的复杂性，它并非纯粹的本体论。

由道物和道气关系引申而来的更为抽象的一层哲学内涵是有无关系，顾欢论道体，主要是从这个层面展开的。注《老子》第十一章"有之以为利，无之以为用"即是典型的例证：

> 利，益也。毂中有轴，器中有食，室中有人，身中有神，皆为物致益，故曰有之以为利也。然则神之利身，无中之有，有亦不可见，故归乎无物。神为存生之利，虚为致神之用，明

---

① 蒙文通：《晋唐〈老子〉古注四十家辑存》，见《道书辑校十种》，第 216 页。
② 蒙文通：《晋唐〈老子〉古注四十家辑存》，见《道书辑校十种》，第 147、194 页。

道非有非无，无能致用，有能利物。利物在有，致用在无。无谓清虚，有谓神明。有俗学未达，皆师老君全无为之道。道若全无，于物何益？今明道之为利，利在用形，无之为用，以虚容物故也。①

《老子》明确把有和无的关系理解为利和用关系，无能致用，有能利物，利物在有，致用在无，有无是不能分开来讲的。有无问题实质上是道论问题的具体化。汉魏以来，学者们就《老子》提出的有无问题做了多种理论化的解释，但道是有还是无，《老子》没有说清楚这个问题，无有不能分开，道似有似无。汉代河上公、严遵解《老》，都特别强调道的虚无属性，谓"道者，空也"，"无无无之无，始未始之始，万物所由，性命所以，无有所名者谓之道"。贵无派玄学家则把无提高到万物存在的本体论高度，谓"天下万物皆以无为本"，"圣人体无"。佛教中观学说则倡言"非有非无"。那么，顾欢是怎样认识这个问题的呢？

上引注文非常清楚地表达了顾欢对《老子》有无体用关系的认识和在有无关系的层面上对道体的深入思考。他先是肯定《老子》将有和无看作利与用的关系，"无能致用，有能利物。利物在有，致用在无"。但他又说"无谓清虚，有谓神明"，这似乎又是继承严遵的说法，强调道的虚无。接下来顾欢批评"俗学皆师老君全无之道"，反对过分强调这种虚无。顾欢的这句话与其说是在批评《老子》之"道"，不如说他是借此批评玄学和佛学过分偏重"空"和"无"。同样，顾欢也反对崇有，如他这样注解"故有无相生"："有无相生，其犹有高必有下。然则有无虽殊，俱未免于有也。此乃言象之所以形，故借出有无之表者以袪之。"② 既不能学"老君全无之道"，又怀疑"有无虽殊，俱未免于有"，则"无"和"有"都不值得信任，都不能执着。如此，顾欢水到渠成地得出道是非有非无的

---

① 蒙文通：《晋唐〈老子〉古注四十家辑存》，见《道书辑校十种》，第159页。
② 蒙文通：《晋唐〈老子〉古注四十家辑存》，见《道书辑校十种》，第148页。

结论。

此外，顾欢注《老子》六十七章："大圣人之故无所似也。若形有定质，智有常分，的有所似，则道有封执。此乃细碎之人，岂虚妙之大圣乎？"[1] 此处论及圣人形质，顾欢眼中的圣人作为道的体现者，形无定质，智无常分，无有封执。无封执即无界域之意，这似乎也接近重玄学者对道的理解。唐代重玄学的代表人物李荣的注文与顾欢基本相同，谓："唯当大圣之人，故无所似也。若形有定质，智有常分，的有所似，道有所封。此乃细碎之小人，岂是虚通之大圣也？"[2] 这应是李荣直接援引顾欢注。"封"出于《庄子·齐物论》，[3] 成玄英以"封执"释"封"："初学大贤，邻乎圣境，虽复见空有之异，而未曾封执。"[4] "封执"是佛教和重玄学者常用的词语。

顾欢将道理解为非有非无，还有一个非常重要的内在根源。我们不要忘了顾欢的道士身份，道教的义理建设无不是为其宗教信仰和实践服务的。诚如卢国龙所言，道教的义理"都不外乎自然天道、神道、仙道相互关联、三位一体的范畴"，道教的思考，不可能像佛教一样，专注于纯粹的哲学性思辨。进一步讲，"道教的整体教义和修持观，在指导思想上都是归依在哲学思想上尚'有'的根子上的"。[5] 假如道是全无，如顾欢所言，于物何益？或者说，如果道是全无，道教的宗教性将在哪里落脚？顾欢在论述道与物的关系时，已指出道虽"不与物同"，但"物得成道谓之成，成之则归道"，道自物成的那一刻，就始终贯穿于物之中。顾欢认为《老子》之所以说"有无相生"，就好比高下必须相对待而存在一样，高下不同，有无必殊。不过，即使是强调无是有的根源，仍不免是一种执着，所

---

① 蒙文通：《晋唐〈老子〉古注四十家辑存》，见《道书辑校十种》，第 227 页。

② 蒙文通：《辑校李荣〈道德经注〉》，见《道书辑校十种》，第 650 页。

③ 《庄子·齐物论》："其次以为有物矣，而未始有封也。其次以为有封焉，而未始有是非也。"郭象注曰："虽未都忘，犹能忘其彼此；虽未能忘彼此，犹能忘彼此之是非也。"

④ 郭庆藩撰，王孝鱼点校：《庄子集释》，第 75 页。

⑤ 李养正：《试论支通、僧肇与道家（道教）重玄思想的关系》，《宗教学研究》1997年第 2 期。

谓"俱未免于有"。他认为《老子》是借"有无相生"跳出有无之表，以祛此"有"之滞。这种解释和王弼、郭象等玄学家的解释是完全不同的。我们可以看到顾欢在这里是如何回应孙盛"不达圆化之道"的理论诘难的。他在注解《老子》"道之为物，唯恍唯惚。……其精甚真"时又说：

> 欲言定有，而无色无声，言其定无，而有信有精，以其体不可定，故曰唯恍唯惚。如此观察，名为从顺于道，所以得。言至道之精虚，至真无假。①

这段话完全可以看作是顾欢对为什么道是非有非无的进一步阐述，而这种具有重玄色彩的表达方式，也透露出顾欢已受到当时学术界玄、佛合流思潮的影响。但是应该特别注意的是，顾欢对道体非有非无性质的认识，本质上和佛教中观思想的非有非无是不同的。中观学说中的"无"根源于对万法本性空寂的认识论，无并非存在论意义上的空无一物，无是指无万物自性而言。因为万物皆由因缘而生，故无自性；因其无自性，故纷繁世界之万"有"均为假有，这是纯粹思辨的结论。般若的主张原来重在阐明认识论的逻辑性，而不在现实的实践方面。鸠摩罗什、僧肇等僧人的著作中，这种由思辨逻辑推导出来的非有非无的中观思想就非常明确。顾欢则是从物象的角度来理解道的，因为道无声无色，视之不见，听之不闻，所以不能是"有"；又因为道有信有精，恍恍惚惚，万物赖之以生，所以不能说是"无"。这是两种完全不同的认识，不能混为一谈。虽然蒙文通对此评价甚高，以为"孙盛以来《疑问反讯》之作，景怡可谓能塞其难也，斯亦重玄之教也"②，然而我们不能否认，这种差异恰恰可以充分说明顾欢关于道体的认识，介于从中国固有的学术传统向融合玄、佛的重玄新思想的过渡阶段。顾欢强调的是道"其去

---

① 蒙文通：《晋唐〈老子〉古注四十家辑存》，见《道书辑校十种》，第174页。

② 蒙文通：《校理老子成玄英疏叙录（节录）》，见《古学甄微》，第349页。

无迹，混然无际"① 的不可捉摸性，并不是强调道是绝对的无。

顾欢之后另一位以重玄思辨方法解《老》的梁朝道士臧玄静对"道"的认识也与顾欢一致，他一方面强调道"妙一之体，绝乎言相，非质非空，且应且寂"②，但又说《老子》第十四章的"夷"、"希"、"微"相当于"精"、"气"、"神"，三者是"不见"、"不闻"、"不得"之意，但《老子》却不说"无色"、"无声"、"无形"，偏要说"夷"、"希"、"微"，是因为要"明至道虽言无色，不遂绝无。若绝无者，遂同太虚，即成断见。今明不色而色，不声而声，不形而形，故云夷、希、微也，所谓三一者也"③。如果《老子》用"无色"、"无声"、"无形"来论道，便是"绝无"，"绝无"则等同于空无一物之"太虚"，这是道教不能接受的。

一般来说，对《老子》首章"道可道……玄之又玄，众妙之门"的注解最能体现一个人思想的大致倾向，或者一个人的思想是否有重玄意趣。臧玄静也是被杜光庭列为重玄一宗的，我们就以他为例来说明问题。杜光庭《道德真经广圣义》卷五《释疏题明道德义》引臧玄静对"道可道，非常道"的注解如下：

> 道以通物，以无为义。德者不失，以有为功。道无则能遣物有累，德有则能祛世空惑。
>
> 智慧为道体，神通为道用也。又云：道德一体，而具二义，一而不一，二而不二；二而不二，由一故二；一而不一，由二故一，不可说言。有体无体，有用无用，盖是无体为体，体而无体，无用为用，用而无用。然则无一德非其体，无一用非其功。寻其体也，离空离有，非阴非阳，视听不得，搏触莫辨；寻其用也，能权能实，可左可右，以小容大，以大容小，体既无己，故不可思而议之，用又无功，故随方（不）示见。④

---

① 蒙文通：《晋唐〈老子〉古注四十家辑存》，见《道书辑校十种》，第 165 页。
② 蒙文通：《晋唐〈老子〉古注四十家辑存》，见《道书辑校十种》，第 164 页。
③ 蒙文通：《晋唐〈老子〉古注四十家辑存》，见《道书辑校十种》，第 163 页。
④ 蒙文通：《晋唐〈老子〉古注四十家辑存》，见《道书辑校十种》，第 146 页。

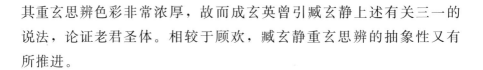

其重玄思辨色彩非常浓厚，故而成玄英曾引臧玄静上述有关三一的说法，论证老君圣体。相较于顾欢，臧玄静重玄思辨的抽象性又有所推进。

二、宝精爱气

虽然顾欢佚文中，论述道的文字不少，但我们也不能忘了杜光庭曾说"梁朝陶隐居、南齐顾欢，皆明理身之道"。自秦汉黄老道家以来，道家道教就强调身国同治，道教的核心思想也是如何治身以图长生久寿。顾欢是道士，他的《老子注》佚文有许多是关于如何爱生、如何修身的，道教色彩很浓厚，这些修身思想可以用他在注《老》佚文中多次强调的"以道修身"来概括。顾欢佚文中有多处论及守道的重要性如注《老子》第七十二章"夫唯不厌，是以不厌"：

> 人不厌生，生不厌人，人不弃道，道不弃人，故曰生与人相保，人与道相得。[①]

注第六十五章"常知稽式，是谓玄德。玄德深矣远矣，与物反矣，然乃至大顺"：

> 虽与俗为反，而于道为顺。[②]

直接承继钟会"反俗以入道，然乃至于大顺也"和王弼"反其真也"。注第七十三章"勇于敢则杀，勇于不敢则活"：

> 见威不惧，必果无回，强梁使气，杀身之术。谓独立不惧，不敢有为，守柔尽顺，活身之道。[③]

---

① 蒙文通：《晋唐〈老子〉古注四十家辑存》，见《道书辑校十种》，第232页。
② 蒙文通：《晋唐〈老子〉古注四十家辑存》，见《道书辑校十种》，第226页。
③ 蒙文通：《晋唐〈老子〉古注四十家辑存》，见《道书辑校十种》，第232－233页。

在强调以道修身，以"活身之道"避免"杀身之术"的同时，顾欢的具体修身理论也值我们重视，在顾欢仅有的几十条佚文中，我们看不到六朝时期一些道派内甚为流行的炼养法术，而正是这些法术，频频为佛教所攻击。现就佚文中出现的"得一"略作分析。

顾欢在注《老子》第六十章"以道莅天下，其鬼不神"时说：

> 神者，灵效之谓也。以道居位临理天下则太平，太平之代，鬼魅不敢神。以道修身，则真照得一。得一之士，尸魄不灵。①

隋初道士刘进喜的注文大致和顾欢相同："神者，效验灵也。非此鬼无灵效，但人君用道，鬼乃福佑于人，不能伤害于物。"他们都承认鬼魅是存在的，认为人君若能"以道居位"，"以道修身"，鬼魅就不敢伤害人，反而会护佑人。顾欢把以道修身的理想状态称为"得一"。何为"得一"？顾欢佚文没有透露。但自老子提出"得一"、"抱一"等观念之后，后世黄老道家和道教在阐述修身理念时常常用以表达修道的根本原则，"守一"术则成为道教的基本炼养方法。如《庄子·在宥》："我守其一，以处其和。故我修身千二百余岁矣，吾形未尝衰。"《太平经》云："欲解承负之责，莫如守一。"但是道家和道教对"守一"的理解，在不同的道派那里是不一样的。大致有三种情况：一种是以天师道系的《老子想尔注》为代表，认为道就是"一"，"一"可以变化："一散形为气，聚形为太上老君"，"一不在人身也"，"一在天地外，入在天地间，但往来人身中耳"，"守一"即是"守诫"。一种是《老子想尔注》批评的世间"伪伎"之一，认为"一"附于人身，"指五藏以名一，瞑目思想，欲从求福"，这种存思五脏神的民间炼养术起源甚早，六朝时期甚为流行，《老子节解》正是把"一"看作是人格化的存在，"谓一在身中常行之也"②。葛洪《抱朴子内篇·地真》充分发扬了这种观点，他把"守一"称

---

① 蒙文通：《晋唐〈老子〉古注四十家辑存》，见《道书辑校十种》，第 220 页。
② 蒙文通：《晋唐〈老子〉古注四十家辑存》，见《道书辑校十种》，第 151 页。

为"守玄一",说"守玄一,并思其身,分为三人,三人己见,又转益之,可至数十人,皆如己身,隐之显之,皆自有口诀,此所谓分形之道"。"一"作为"道"的别名,已经被彻底人格化了。还有一种以《老子河上公章句》为代表,把"一"解释为"精气",认为"一"在人身中,人要"抱一","使不离于身,则长存"。顾欢所言"得一"之"一",大约相当于臧玄静所言精、气、神之类,是一种专注精神修炼的方法,为上清派所重视,这是对《老子河上公章句》"精气"说的继承和发展。顾欢既然认为人乃禀气而生,则重视气为理所当然,佚文中好几处都提到精、气,如注解《老子》第三章"弱其志,强其骨"时说:"骨以含精,精散则骨弱。保精爱气,则其骨自强。"注解"其精甚真"则云:"言至道之精虚,至真无假。"注"希言自然"云:"希,少也。人能爱气少言,则行合自然。"注"民不畏死,奈何以死惧之":"修己奢淫,则精穷气竭,万神交落,动之死地,不能制情遣欲,更为险行惊神。"注"天下皆知美之为美,斯恶已":"一切众生,皆知耽美前境,五欲声色等诸尘为美。美之不息,必以身为患,斯恶已。"①

顾欢注《老子》第六十七章的注文大部分保留了下来,这一章也最能集中体现他宝精爱气的理身思想。顾欢注曰:

> 宝精爱气,不为奢费。履谦居后,不为物先。治身爱气,则性命自延。治国爱人,则德化自广。弃舍慈悲,且为勇敢,谓负气轻死,以不惧为勇。不宝其气而舍散其精,不爱其人而广用其力,舍其后己,但为人先,所行如此,动入死地。②

这段注文体现了顾欢重生、爱生、宝精、爱气等养生思想,这些都是对道家道教传统的继承,道教自身的特色非常明显。但顾欢的养

---

① 蒙文通:《晋唐〈老子〉古注四十家辑存》,见《道书辑校十种》,第151、174、176、234、148页。

② 蒙文通:《晋唐〈老子〉古注四十家辑存》,见《道书辑校十种》,第227页。

生思想中极少包含盛行于六朝时期的仙道法术，从上述对"得一"的分析中也可以看到这一点。"玄悟"① 是顾欢在注文中偶一提及的得道门径，从字面意义上亦可见顾欢十分注重精神修炼而非肉体修炼。

顾欢注文中唯有注《老子》五十三章"朝甚除，田甚芜"时出现"丹田荒芜"一词，似与丹道有关。蒙文通曾举此例说明顾欢学术承上启下的重要性，谓顾欢"兼综王、葛二派，并取罗公，以下开二孟，则顾氏之业，不其伟欤！疑二孟之业，即出顾氏，以释言玄，斯为最著，以下逮成、李，此李荣《集解》所由径题顾氏者也。重玄之论，即畅于此，源远流长，自为足贵"②。这一分析是站得住脚的。

此外，顾欢佚文中还有不少地方体现了他无为而治、以贱为本、智者务本、执一统众的政治思想，如他注《老子》第六十六章"江海所以能为百谷王者，以其善下之"："江海处下，故百谷宗之，王者居谦，则万物归之。"注《老子》第二章"行不言之教"："圣人因天任物，无所造为，心常凝静于前，美善处而无争，故不为六境之所倾夺。"注"高以下为基，是以侯王自谓孤寡不穀"时说："夫言高以下为基者，贵非自贵，由乎贱者所崇；高非自高，缘于下者所载。然则贵因贱立，得不以贱为本乎？是以智者务本，故居谦而不危，愚者殉末，故穷高而自坠。""孤是无父之称，寡是偏丧之名。不穀者，不善也，谓'德'非'物'宗，不能总众之辞。凡此三者，皆人之所贱，而侯王自以为称，岂非以贱为本乎？"③ 顾欢的政治思想基本是对《老子》无为而治、守柔持顺政治思想的继承。

据《南史》本传记载，顾欢成年后，曾从吴兴邵玄之受五经，

---

① 顾欢注第六十一章"不日以求得"云："无假远索，日日求之。但行积于身、得之于心，玄悟在我也。"参见蒙文通：《晋唐〈老子〉古注四十家辑存》，见《道书辑校十种》，第223页。

② 蒙文通：《辑校成玄英〈道德经义疏〉》，见《道书辑校十种》，第359页。

③ 蒙文通：《晋唐〈老子〉古注四十家辑存》，见《道书辑校十种》，第226、149、196页。

二十岁后，从豫章大儒雷次宗咨玄儒诸义。因此，尽管顾欢和当时的很多士人一样兼通儒道，"好黄、老，通解阴阳书，为数术多效验"①，著《夷夏论》"意党道教"，但由于顾欢年轻时的儒学背景，他《老子》注也就更加理性。

总之，道教学者依托《老子》经文所做的创造性解释和形而上层面的思考，是重玄思想得以展开的基本方式，它弥补了道教的理论不足，为道教义理的发展做出了重大贡献。卢国龙认为南北朝的道教义学、重玄学的发展变化，大概有五条脉络可寻，其中一条就是以顾欢为首的《老子》学。② 顾欢的《老子注》和南北朝时期的《老子节解》、《老子内解》等老学作品相比较，体现了南朝道教老学发展的一个新方向——道教仙学的哲理化，重玄学则是其典型体现。重玄学在顾欢等道教学者的持续推衍下，到唐代达到鼎盛。

---

① 李延寿：《南史》卷七十五《顾欢传》，第 1874 页。
② 卢国龙：《中国重玄学》，第 22 页。

第六章　赵志坚的老学思想

　　赵志坚是唐初道士，生平不详。目前可以确定的赵志坚的传世著作只有收入明正统《道藏》洞神部玉诀类的《道德真经疏义》残卷（以下简称"《疏义》"）。原书应为六卷，《道藏》仅有署名，无序跋，且仅保存了《德经》四十四章中的二十八章经注文。其中卷四缺第九至十五章，卷六缺第二十九至三十七章。前三卷《道经》全缺。

　　唐代老学发展的分水岭无疑是开元年间《唐玄宗御注道德真经》（以下简称"《御注》"）和《唐玄宗御制道德真经疏》（以下简称"《御疏》"）的问世。由于《御注》和《御疏》得到官方的大力推广，《老子》注疏出现了一统的趋势，不仅晚于《御注》、《御疏》的唐代《老子》注疏深受其影响，而且关涉大量唐玄宗之前的《老子》注疏的传播。赵志坚《疏义》残卷保存到今天，显得尤为珍贵。《疏义》基本上是一部融合佛理和道家道教思想的著作，与稍后成玄英的《老子道德经开题序诀义疏》（以下简称"《老疏》"）有许多共同点。

第一节　赵志坚与《道德真经疏义》

一、赵志坚对待经论的态度

　　赵志坚《疏义》称《道德经》为"《经》"，多用"《经》云"或"此《经》"的用语，且频繁引用道经特别是《西升经》，注文透露出鲜明的道教信仰。比如注解第五章"道生一"章，引《西升经》

云："吾与天地分一气而治，自守根本是也。"① 把"吾将以为教父"的"吾"释为"老君"，强调"老君之教意"②。

作为教内信徒，赵志坚将《道德经》看作道教的神圣经典，多方加以维护。如注第十七章"子孙祭祀不辍"：

> 此《经》所说不以道俗为限，有子孙者岂不得怀道邪？下文则云修身，修家，广及天下。故知《经》意普被，道俗咸资，不可以黄服先生，顿隔白衣道士。③

注"信言不美，美言不信"：

> 信实之言谓名教也。夫《经》法所言，当理直说，词质义举，而无虚饰美艳，无隐无曲，易知易行，此真《经》也。巧说美言，绮饰词句，虚陈祸福，引诱贪愚，虽来浅俗，更迷深理，此则有华无实，非真《经》也。以此信美二文，通辩一切名教真伪。④

虽然如此，赵志坚对《道德经》某些经文也有抱怀疑态度的。比如第二十七章，赵志坚从佛教心性论的视角，认为这一章主旨是表明"宿心未动，祸难不生"的，认为原经文有两层意义，"初明心神安静，嗜欲无萌"，"次明因小不除，积成祸败"。在解释这几句经文时，赵志坚还认为"其脆易破，其微易散"两句经文的逻辑与其前后皆有矛盾。他认为从"其安易持"到"其微易散"只有一个主题，就是"论心从无向有，自微成著，皆劝早图，于事甚易。如其不早除绝，事渐成长，从斯已往，滋蔓难图"。既然是从微至著，按理应该"其微易散"句在前，"其脆易破"句在后，这是由于"其脆

---

① 赵志坚：《道德真经疏义》，见《老子集成》第一卷，第396页。
② 赵志坚：《道德真经疏义》，见《老子集成》第一卷，第404页。
③ 赵志坚：《道德真经疏义》，见《老子集成》第一卷，第400页。
④ 赵志坚：《道德真经疏义》，见《老子集成》第一卷，第414页。

为虽未坚牢，已全体质破，则云易。分段犹存，良为时久，而事著也"，逻辑上应该先微后脆。赵志坚还进一步推论，"其脆易破，其微易散"句，前有"其安"、"未兆"（按，指"其安易持，其未兆易谋"），后云"未有"、"未乱"（按，指"为之于未有，理之于未乱"），这前后四句都是"先妙后粗"，而"其微其脆"两句夹在这四句中间，是"先粗后妙"，于理不通。赵志坚怀疑，"今以微后脆前者，或恐录《经》者误耳"。①

如此大胆的怀疑精神，在宋代以前的《道德经》注疏史上是罕见的。要知道，《道德经》在唐代是朝廷圣经，道教等同于国教，《道德经》早已和圣祖老子一起被神圣化。道教徒根据题名太极左仙公葛玄的《老子道德经序诀》所述，认为《道德经》为玄元皇帝太上老君函关所授，授时已分为《道》、《德》二篇，且文止五千，先有定数。经文字数尚且是圣人老子所定，经文就更不用说了。在唐代，有胆量怀疑并改动经文的大概只有唐玄宗了，他做的最大改动是将《道德经》第二十章经文"我独异于人，而贵食母"，改作"我独异于人，而贵求食于母"，增添"求"和"于"两字。唐玄宗认为这是一种"便今存古"的合理变通，因为既然要以《道德经》作为教化的工具，"畅理故义不可移，临文则句须稳便"②。言下之意，他认为《道德经》的原有经文不够"稳便"，改动以后，句子就更合乎逻辑了。然而赵志坚毕竟只是一个道士，尽管他怀疑抄录有误，但是最后只能说："若是圣人本意，愚所未详。"③ 把疑问留给了读者。

至于其具体的注释，赵志坚常常给出"两解"。比如《道德经》第十六章经文"朝甚除，田甚芜，仓甚虚"，赵志坚分别从治国和修身两方面阐发。首先从理政的角度解释：

> 朝者，弘道之庭也。五等同会，四夷共归，应表之以谦柔，

---

① 赵志坚：《道德真经疏义》，见《老子集成》第一卷，第 408 页。
② 唐玄宗：《唐玄宗御注道德真经》，见《老子集成》第一卷，第 425 页。
③ 唐玄宗：《唐玄宗御注道德真经》，见《老子集成》第一卷，第 408 页。

旌之以俭素。除，殿阶也。亦谓除故饰新也。毁茅茨土阶之质，饰飞轩文陛之华，极雕峻以夸人，肆崇侈而自贵，此言朝甚除也。夺农功，役丁壮，东皋不作，南亩荒凉，田甚芜也。嘉谷不登，垣颓室露，百姓不足，家国无储，仓甚虚也。①

再从理身的角度做出解释：

> 理身者朝谓心也。心为五神百灵之所会，名利得失之所交。是非思虑都集于心，故以为朝也。自可损之又损，以至无为，而乃轻质素，鄙淳朴，言无信实，词尚浮华，朝甚除也。嗜欲盈怀，是非积虑，灵府昏秽，智识不生，心田芜也。道业不修，功行亏阙，竖颈陈允，仓甚虚也。②

这种理身理国的双重诠释，体现出唐代道教老学的鲜明特色。

二、《道德真经疏义》的成书时代

从赵志坚对待《道德经》的虔诚态度以及注文多引《西升经》等道经，并将包括《道德经》在内的道经作为修炼之书来看，赵志坚的身份是道士无疑。但赵志坚究竟生活在唐代哪个时期还是一个问题。我们推测他生活在唐初，略早于成玄英，约与傅奕同时或稍后，理由如下。

首先，我们注意到，赵志坚在评价前人注《老》时，采取的是归类和举例相结合的方法，点名的只有王弼、孙登、严遵、韩非，没有提到晋代孙登以后的任何注家，当然也没有评价隋唐之际的重玄学者臧玄静、刘进喜和唐初道门领袖成玄英、李荣，更没有涉及唐玄宗《御注》和《御疏》，这一点对确定赵志坚的生活时代有一定参考意义。赵志坚提到前代注家孙登时，只说"以事明理，孙登之

---

① 赵志坚：《道德真经疏义》，见《老子集成》第一卷，第399页。
② 赵志坚：《道德真经疏义》，见《老子集成》第一卷，第399页。

辈也"。但其实孙登解《老》的突出特点应该是成玄英在《老疏》开题中所说，"晋世孙登云托重玄以寄宗"。成玄英还自称"虽复众家不同，今以孙氏为正，宜以重玄为宗，无为为体"。① 后来杜光庭在《道德真经广圣义序》中概说历代注《老》，提及"注解之人意不同"时，列举了"魏②代孙登、梁朝陶隐居、南齐顾欢"，认为它们皆"明理身之道"。又说"诸家禀学立宗不同"，"孙登以重玄为宗"。杜光庭同时以"明理"和"重玄"概括孙登老学，而赵志坚仅用了"明理"二字。假如赵志坚在成玄英之后，他提孙登而不提孙登的重玄，也不提宗承孙登的成玄英，于理不通。据此也可以推测赵志坚可能是早于成玄英的唐初道士，其《疏义》的成书时间也早于成玄英的《老疏》。

其次，我们还注意到，赵志坚《疏义》中两次提到傅奕。第一次是注解《德经》第二章经文"是以侯王自谓孤、寡、不谷，此其以贱为本耶？非乎？故致数誉，无誉"，赵志坚在利用佛教四大假合缘起说解释了"王"这个名称其实是空幻无实之后，对自己的佛教化注解进行辩解，他说：

> 依文说义，不作此释。要须使依先儒训解，何以别于道俗之典乎？其傅奕徒，既其文未既其实，乃云流俗道士，染习胡义。若以道士可誙，遂云染习，欲将经论置在何方？③

"其傅奕徒"四字，点名反驳傅奕。这个傅奕，当然是指唐高祖和唐太宗时的太史令傅奕。唐初反佛废佛，以太史令傅奕为首领，他在唐高祖武德七年（624）上疏，请求朝廷除去释教。之后他又和唐太宗面对面讨论过废佛问题，但是终身未能如愿。傅奕本身并不反道，甚至可以说很欣赏老庄。《旧唐书》卷七十九《傅奕传》记载他临终

---

① 成玄英：《老子道德经开题序诀义疏》，见《老子集成》第一卷，第 285 页。
② 按，"魏"疑为"晋"的误写。
③ 赵志坚：《道德真经疏义》，见《老子集成》第一卷，第 394 页。

之前，诚其子曰："老、庄玄一之篇，周、孔六经之说，是为名教，汝宜习之。妖胡乱华，举时皆惑，唯独窃叹，众不我从，悲夫！汝等勿学也。"本传还记载他为《老子》作过注，并撰有《老子音义》一书，还有《高识传》十一卷行世。今存《道藏》本《道德经古本篇》上下卷（古本经文）的作者就是傅奕。赵志坚对傅奕不满意，是由于傅奕批评过"流俗道士染习胡义"，"胡义"显然指的是佛教。《旧唐书》本传还记载傅奕曾对唐太宗说："佛是胡中桀黠，欺诳夷狄，初止西域，渐流中国。遵尚其教，皆是邪僻小人，模写庄、老玄言，文饰妖幻之教耳。于百姓无补，于国家有害。"赵志坚、成玄英、司马承祯等思想活跃的唐代著名道士，受当时风尚影响，无不习佛，如果以排斥佛教的傅奕的标准来衡量，自然都是"邪僻小人"。至于傅奕批评的"模写庄、老玄言，文饰妖幻之教"，虽然是针对佛教徒的批评，但是他显然认为老、庄玄言不能与佛教混为一谈，这一点，也是赵志坚、成玄英等主张以佛解《老》的道士不能认同的。

在赵志坚《疏义》中，还有一次提到"奕"。《道德经》第四十一章经文"建德若偷，质真若渝"，赵志坚注云："偷，盗也。渝，变也。建立德行，如彼私窃，恐人知觉，意在藏名，因斥夸炫。有古本作'输'，谓'委'也。又云'愚'也。又作'揄'，引也。奕云异此字者，非书义也。"① 本章经文中有"偷"和"渝"两字，"建德若偷"的"偷"字，有的版本写作"输"，也有写作"揄"的。赵志坚在疏解这个字时，征引了一个叫"奕"的人的言论，说"奕云异此字者，非书义也"，然后进行了一通批判。他的结论是："虽有输、揄，以偷义为正。"可见他是反对"奕"的。前已论及，赵志坚曾批评"其傅奕徒"，说他"既其文未既其实，乃云流俗道士"如何如何，已表达不满。那么，这里"奕"是否指傅奕呢？

---

① 赵志坚：《道德真经疏义》，见《老子集成》第一卷，第395页。成玄英注此句云："偷，盗也。言建立大德之人，藏名隐迹，如彼偷窃，不用人知。故上经云：犹若畏四邻。"参见成玄英：《老子道德经开题序诀义疏》，见《老子集成》第一卷，第318页。这里再次看出赵志坚与成玄英注文的高度相近。

查傅奕《道德经古本篇》，此句作"建德若偷，质真若输"①。竹简本《老子》和帛书本《老子》甲本都写作"建德如偷，质贞如渝"。赵志坚使用的经文是"质真若渝"，"渝"字，傅奕《道德经古本篇》写作"输"。众所周知，傅奕《道德经古本篇》是依项羽妾冢本等多种传本校勘而成，保存了很多唐代以前《道德经》古本的原貌。但是今传傅奕《道德经古本篇》并没有"异此字者，非书义也"这句话，这又是怎么回事呢？

据我们推测，这句话可能出自傅奕为《道德经》所作注文。《旧唐书》卷七十九《傅奕传》记载他曾"注《老子》，并撰《音义》，又集魏、晋已来驳佛教者为《高识传》十卷，行于世"，卷四十七《经籍志》也记载"《老子》二卷，傅奕注"；《新唐书》卷一○七傅奕本传也有傅奕作《老子注》的记载，可见傅奕的确撰写了《老子注》，甚至还有《老子音义》问世。傅奕既然耗费大量精力校勘古本《道德经》，一定会撰写详细的字词疏解，不然无法确定一个定本并让人信任这个定本。而这些校勘文字，随着他的《道德经》注文一起亡佚了。现存《道藏》本傅奕《道德经古本篇》是无注白文本，每章仅在经文后标注章序和每章经文的字数，如"右第一章五十九言"。《续修四库全书提要》疑此本即傅奕所据以撰写《老子注》及《老子音义》之经文，而失其注及音义。赵志坚疏解经文字词，引傅奕校勘的《道德经》古本经注文，无论他是支持还是反对傅奕，都在情理之中。

对于"奕云"，赵志坚颇不以为然，他接着说：

> 但老君大圣为俗说经，务在当机得意为善，岂假腐儒训释，然后成经？虽有输揄，以偷义为正。渝又云浅色，内心纯质，守道不移，外迹顺时，随物变易。言浅者其迹非秽非净，似青白难辩之象也。②

---

① 傅奕：《道德经古本篇》，见《老子集成》第一卷，第51页。
② 赵志坚：《道德真经疏义》，见《老子集成》第一卷，第395页。

赵志坚用"腐儒"一词批评傅奕，与前面所言"其傅奕徒"，语气相差不远。这里需要讨论一下傅奕的身份，以便进一步确定赵志坚《疏义》的成书年代。历史上傅奕以排佛著称，有关他的生平事迹，除了两唐书的记载外，还有一部分来自佛教文献，比如唐京兆西明寺释道宣于唐高宗龙朔元年（661）编纂的《集古今佛道论衡》卷丙记载："傅奕者，先是黄巾（冠），深忌缁服，既见国家别敬，弥用疚心，乃上废法事十有一条。"后来的佛教典籍多沿用道宣的说法，对傅奕排佛痛加斥责，如元人编纂的《佛祖历代通载》卷十一说："奕在隋为黄冠，甚不得志，既承革政，得志朝廷，及为（太史）令，有道士傅仁均者，颇娴历学，奕举为太史丞。遂与之附合，上疏请除罢释教事。"由于《集古今佛道论衡》说傅奕曾是道士，加上《旧唐书》记载傅奕作有《老子注》和《老子音义》，临终又诫其子要以老、庄和六经为"名教"，现当代学者多据此认为傅奕的确曾为道士，其思想有道教信仰成分，甚至认为傅奕反佛是以道教反佛。我们认为，赵志坚《疏义》残卷两次提到傅奕，称其为"腐儒"，说明傅奕可能并不是道士。这两条材料不仅对考证傅奕的身份有参考价值，对确定《疏义》的成书年代也有帮助。

以两唐书的傅奕传为参照，可以发现，《集古今佛道论衡》有关傅奕的记载是不可信的。首先，《集古今佛道论衡》说道士傅仁均和道士傅奕互相附合，排斥佛教。据《旧唐书》卷七十九《傅仁均传》和卷二十五《历志》记载，傅仁均乃滑州白马人氏，与傅奕一样，善历算、推步之术，是唐初历法家第一人。唐高祖武德初年，傅仁均得到太史令庾俭、太史丞傅奕表荐，入朝修订新历《戊寅元历》。《新唐书》卷一二九《方技传》说"唐初言历者惟傅仁均"，评价非常高。傅仁均得傅奕举荐时，傅奕时为太史丞，而不是太史令。又据《新唐书》卷一〇七《傅奕传》记载，傅奕在唐高宗时，先为扶风太守，高宗践祚后，召拜太史丞。后来傅奕得到前任太史令庾俭"荐奕自代"，傅奕才迁任太史令。武德七年（624）傅奕上书去佛时，正在太史令任上。至于傅仁均，他的确是道士，《新唐书》卷二十五《历志》记载："高祖受禅，将治新历，东都道士傅仁均善推步之学，太史令庾俭、丞傅弈荐之。"但是傅仁均为道士一事，《旧唐书》不载。而《集古今佛道论衡》说傅弈"在隋为黄冠"，此事两唐书皆不载，不可信。

假如傅弈的确曾经是道士，后来入朝为官，史家也不能随意改变傅弈的道士身份，傅仁均就是如此。《新唐书》在重写二傅传记时，对《旧唐书》有所修正，这些修正，应该是有根据的，比如增加了《旧唐书》阙载的傅仁均是道士的记载，删除了《旧唐书》中傅弈临终前诫子书中明显有冲突的内容，因此二傅传记应依《新唐书》。此外，如果傅弈曾经是道士，赵志坚似乎没有足够的理由骂他是"腐儒"。从赵志坚两次批评傅弈的语气来看，他眼中的傅弈就是一个迂腐至极的儒生。前一次赵志坚举傅弈为例，论说《老子》经文不可全依"先儒训解"，否则无法区分道俗。后一次先举"弈云"，紧接着驳斥"腐儒"，傅弈也被看作是腐儒的代表。

《新唐书》记载傅弈于贞观十三年（639）卒，年八十五，这一年可视为傅弈《道德经古本篇》的成书下限。傅弈排佛事件发生在唐初，集中在唐高祖武德七年（624）到贞观初年，并未持续很久。赵志坚对傅弈看不起"流俗道士"颇感愤愤不平，或许与当时佛道白热化的斗争有关。从《疏义》的内容可以看出，赵志坚真诚叹服佛教理论，在注解中广为运用，可以看作是对傅弈排佛的回应，而这种情绪的宣泄，在时间上离傅弈排佛事件不会相距太远。

再次，除了傅弈可以作为赵志坚活动时代的参照坐标外，如前所述，成玄英可以作为另一个坐标。赵志坚的《疏义》和成玄英的《老疏》无论是在形式上，还是在内容和注解旨趣上，都有很多相似之处，但又不是抄袭自成玄英。成玄英于贞观五年（631）始入京师长安，显名一时，此时由太史令傅弈于武德七年（624）掀起的佛道白热化斗争已近尾声。据蒙文通考证，成玄英的《老疏》在此年可能已经成书。傅弈于贞观十三年去世，此时成玄英还很年轻。根据我们在第七章的分析，成玄英大约出生于隋文帝仁寿年间，卒于武周天授元年（690）。赵志坚没有提及成玄英，很有可能是在成玄英《老疏》流布之时已经去世，没有见到成书。

综合以上论述，可以大致推测赵志坚的生活时代略早于成玄英，约与傅奕同时或稍后，《疏义》可能成书于成玄英《老疏》之前。如果推测成立的话，那么，赵志坚的《疏义》就是现存最早的唐代《道德经》注本（残）。①

《疏义》采用了六朝隋唐时期流行于佛道经论中的科判体例，和成玄英《老疏》如出一辙，即在每章章题之下，先阐明这一章所以次于前章的理由以及本章大义和内容的逻辑层次，例如《德经》第一章开篇即是科判文，内容如下：

> 道是微妙之本，本尊故称上。德是慈济之迹，迹卑故言下。今此卷中合有四十四章，大分三别。初一章立宗，次四十二章广谈义理，后一章结会归宗。初章之中，自有五别，初明德有要执，遂成上下；次明五德降杀，由人与时；三明意渐浇讹，失道行礼；四明忠信不足，华薄有余；五明有道丈夫，去华归实。四句一。②

成玄英此章科判文云：

> 此经一卷，凡四十四章。一经大分，义开三别：第一，一章正开德宗，第二，四十二章，广明德义。第三，一章，总结前旨也。③

两人没有大的不同。需要注意的是，赵志坚称《道德经》为"《经》"，但文中的"《经》"并非都是指《道德经》，例如"《经》

---

① 唐初《道德经》注疏，还有敦煌抄本 P.2462《玄言新记明老部》，抄本署名唐初著名学者颜师古。但该残卷仅存综论章次和章义的少量文字，属于六朝隋唐时期流行的开题体裁的一部分，并非完整的《道德经》注疏。本书第十三章有详论。
② 赵志坚：《道德真经疏义》，见《老子集成》第一卷，第 391 页。
③ 成玄英：《老子道德经开题序诀义疏》，见《老子集成》第一卷，第 315 页。

云要诀：当知三界之中，三代皆空，虽有我身，皆应归空"①。这个
"《经》"是简称，具体名称赵志坚注文没有说，大约他认为读者应
该熟悉，不必说明。其实这里的"《经》"，是指大约出于东晋的古
灵宝经《太上洞玄灵宝智慧定志通微经》。②

在《德经》最后一章结尾处，赵志坚对《道德经》的精髓以及
前人注解做了一个简单总结：

> 一部妙《经》，事终于此，随立随遣者，意在忘言会道。故
> 以此章结遣五千奥旨，斯意若得，则何言不通。夫道者，遍覃
> 诸有，即有求之，终莫能得。有物之外，非则无道。离物求之，
> 又无得法。信知道无不在，所在皆无。欲有真求，无论方所。③

赵志坚的注解，当然也是基于对前代注家的不满意。他认为
《道德经》"文约理广，义体多含"，而已有注解"多依事物"，不能
从整体上把握《道德经》的奥义，都是"坐三隅"和"擅一曲"
之说：

> 比见诸家注解，多依事物，以文属身，则节解之意也。飞
> 炼上药，《丹经》之祖也；远说虚无，王弼之类也。以事明理，
> 孙登之辈也。存诸法象，阴阳之流也。安存戒亡，韩非之喻也。
> 溺心灭质，严遵之博也。加文取悟，儒学之宗也。又俗流系有，
> 非老绝于圣智；僧辈因空，嗤李被于家国。良由孔乏采真之务，
> 释无诠道之功，徒使竭性力而扬后名，馨珍资而市来福。所以
> 坐三隅而自是，擅一曲而曖昧。长迷大道，终天致惑。斯并争

---

① 赵志坚：《道德真经疏义》，见《老子集成》第一卷，第 400 页。
② 正统《道藏》中的《太上洞玄灵宝智慧定志通微经》："天尊曰：故欲相告，岂得
　　为隐，便曰要诀：当知三界之中，三世皆空，知三世空，虽有我身，皆应归空。
　　明归空理，便能忘身。能忘身者，岂复爱身。身既不爱，便能一切都无所爱，唯
　　道是爱。能爱道者，道亦爱之。得道爱者，始是反真。思微定志，理尽于斯。"
③ 赵志坚：《道德真经疏义》，见《老子集成》第一卷，第 415 页。

探理窟，角辩虚玄，正辟行心，傍亏理物然。①

赵志坚自己就是按照"随立随遣"、"忘言会道"的原则去理解《道德经》的。"今则思去物华，念归我实，道资身得，躐体坐忘，修之有恒，稍觉良益。"② 他的注解，以融佛入道为手段，以阐发《道德经》虚心坐忘、用道修身的思想为中心，体现了唐初佛道思想的交流碰撞和相互融摄。

第二节　赵志坚的坐忘思想

一、赵志坚与《坐忘论》

除《道德真经疏义》外，赵志坚可能还写过《坐忘论》，而坐忘思想恰恰是《道德真经疏义》重点阐述的思想，因此有必要讨论一下赵志坚与《坐忘论》的关系。

按，今存《坐忘论》有两种，一种是正统《道藏》所收北宋张君房编纂的《云笈七签》卷九十四《仙籍语论要记部》三所记载的《坐忘论》；还有一种是河南王屋山道观中保存的唐代碑刻《有唐贞一先生庙碣》碑阴抄录的《坐忘论》。碑铭中的"贞一先生"指的是唐初著名道士司马承祯。司马承祯号子微、白云子等，谥贞一。这两种《坐忘论》，可根据其内容特点，将前者称为"七阶《坐忘论》"，后者称为"形神《坐忘论》"。③ 也有学者根据其记载形式分别称之为正统《道藏》本《坐忘论》和石刻本《坐忘论》。众所周知，这两种《坐忘论》中，前者十分有名，对后世道教产生过重要

---

① 赵志坚：《道德真经疏义》，见《老子集成》第一卷，第 415 页。
② 赵志坚：《道德真经疏义》，见《老子集成》第一卷，第 415 页。
③ 参见朱越利：《〈坐忘论〉作者考》，《炎黄文化研究》2000 年第 7 期。

影响，宋代以来普遍认为是司马承祯所作。

《云笈七签》卷九十四中的《坐忘论》题名"《坐忘论》并序凡七篇"，不著撰人。照该文自序所言，《坐忘论》主要讲修道的七个阶次，它的完整内容应该包括三部分——自序、"安心坐忘之法七条"以及"枢翼"。七条是指"修道阶次"，依次为信敬、断缘、收心、简事、真观、泰定和得道；枢翼即"兼其枢翼"之意，起总括其旨的作用，相当于今天的文献提要。《云笈七签》没有提供任何有关该《坐忘论》作者的信息，文后也没有序言中提到的枢翼的具体内容，仅有正文七条。将其作者归于司马承祯，大约始于北宋。

正统《道藏》还收录了一个叫真静居士的人刻印的《坐忘论》，该居士自称他在读书过程中发现了唐代贞一先生的《坐忘论》七篇。这个刻本被刻印人真静居士改动过，但是内容比较完整，有《云笈七签》阙载的"枢翼"，而且刻印人明确地宣称《坐忘论》是"司马承祯子微撰"。

另一种《坐忘论》就是所谓形神《坐忘论》或石刻本《坐忘论》，为唐代碑刻《有唐贞一先生庙碣》碑阴上抄录的一篇文章。陈垣编撰的《道家金石略》收入全文时，根据缪荃孙艺文堂拓片原题，定名为"《白云先生坐忘论》"，以司马承祯为该《坐忘论》的作者。①

该碑原竖立在河南王屋山的岩台紫微宫（现存碑刻为北宋哲宗

---

① 陈垣：《道家金石略》，文物出版社 1988 年版，第 176 页。王屋山《坐忘论》碑文，北宋欧阳修曾搜集整理，其子欧阳棐复摭其略，别为目录，曰《集古录目》。欧阳修搜集的碑文仅有汇编跋尾而成的《集古录》十卷传世，其中无济源《坐忘论》跋尾。《集古录目》亦佚，缪荃孙辑有《集古录目》，在"原目"中著录曰："司马子微《坐忘论》，大和三年。"卷九唐代部分著录曰"司马子微《坐忘论》，白云先生撰，道士张弘明书，大和三年女道士柳凝然、赵景玄刻石，并凝然所为铭同刻后。又有篆书曰'卢同高常严固元和五年'凡十字。碑在王屋县。"《道家金石略》根据缪荃孙的拓本著录相关信息。朱越利《〈坐忘论〉作者考》一文考证甚详（载《炎黄文化研究》2000 年第 7 期）。另吴受琚辑释的《司马承祯集》中，将《坐忘论》记录在附录中。

时重刻），北宋以来代有著录。此碑刻抄录的文章末尾有"敕赠贞一王屋山道士张弘明坐忘论"字样，碑额题"卢同高常严固元和五年"，尾题为立碑人上清三景弟子女道士柳凝然、赵景玄自署："唐长庆元年遇真士徐君云游于桐柏山，见传此文，以今太和三年己酉建申月纪于贞石。"碑文中提到的三个年代——元和五年、长庆元年和太和三年分别为 810 年、821 年和 829 年，对应唐宪宗、唐穆宗和唐文宗三位唐代君主。据尾题可知，此《坐忘法》是由姓徐的云游道士在 821 年于桐柏山传授给女道士柳凝然、赵景玄（母女），柳、赵二人后居王屋山，于 829 年在山上勒石树碑。

七阶《坐忘论》在中国道教史上的影响非常大，其要旨，北宋以来多有人论及，如南宋陈振孙《直斋书录解题》卷九"道家类"著录曰："《坐忘论》一卷，唐逸人河内司马承祯子微撰。言坐忘安心之法，凡七条，并《枢翼》一篇，以为修道阶次。其论与释氏相出入。"而石刻本《坐忘论》却少有人知。

现存大多唐宋史料都认为《云笈七签》本《坐忘论》和石刻本《坐忘论》的作者都是司马承祯。但只要我们翻开两种《坐忘论》，就会发现它们的内容存在明显的矛盾，后者直接点名批评前者，并将其作者说成是"道士赵坚"："今世之人，务于俗学，竞于多闻，不能得其枢要。又近有道士赵坚，造《坐忘论》一卷七篇，事广而文繁，意简而词辩，苟成一家之著述，未可以契真玄。故使人读之，但思其篇章句段，记其门户次叙而已，可谓坐驰，非坐忘也。"[①] 文中把道士赵坚的七篇本《坐忘论》看作是与坐忘背道而驰的"坐驰"，这个批评相当严厉。

以上批评是否正确可以暂时搁置一旁，但是其中"道士赵坚"，究竟与本文论述的主角赵志坚是否有关联，却是我们应该注意的。现当代学者虽然也对七阶《坐忘论》的作者表示过不同程度的怀疑，但在无法确论的情况下，大多也只能将七阶《坐忘论》与司马承祯的其他著作相比照，从思想倾向上论证其一致性，从而取其作者为

---

① 陈垣：《道家金石略》，第 176 页。

司马承祯说。① 也有部分学者保持存疑态度，不轻易下结论。司马承祯不是本书讨论的主题，但对于石刻本《坐忘论》的作者明确指出"近有道士赵坚，造《坐忘论》一卷七篇"的记载不能视而不见。正如朱越利已经指出的，"唐代道士柳凝然、张弘明等把形神《坐忘论》作为司马承祯的作品刻在王屋山的石碑上，文中把七阶《坐忘论》归于赵坚名下。这是与司马承祯著七阶《坐忘论》之说截然相反的声音，而且是比其早出的声音"，理应引起我们的高度重视。蒙文通曾估计石刻本中的道士赵坚就是撰写《道德真经疏义》的唐代道士赵志坚，不过他并没有提供实质性的材料证明这一结论，只是笼统地说七阶《坐忘论》与赵志坚《道德真经疏义》思想相近。朱越利《〈坐忘论〉作者考》② 即顺着蒙文通的思路，补充并修正了其论证过程，推论七阶《坐忘论》的实际作者应该是赵志坚，而石刻本《坐忘论》的作者才是司马承祯，但这一结论尚未得到普遍重视和认同。

当然，还有一种可能，这个"赵坚"或许与写作《道德真经疏义》的赵志坚并不是同一个人。我们必须考虑到的一点是，蒙文通是根据南宋初道教学者曾慥的《道枢》卷二《坐忘篇》（上中下三篇）对石刻本的引述进行的推论，他似乎并没有见到石刻本原文，因此引述欠准确。曾慥（号"至游子"）自言："至游子曰：吾得《坐忘论》三焉，莫善正一。先生曰：'吾近得道士赵坚《坐忘论》七篇，其事广……'"根据这个记载，蒙文通认为《坐忘论》有三

---

① 如卢国龙即认为七阶《坐忘论》和司马承祯的思想是一致的。至于石刻本《坐忘论》为何不是司马承祯的作品，卢国龙是从该文的学风和深刻度来判断的，认为石刻本当为中晚唐道教富有时代特点的产物，而与司马承祯《修真秘旨》辑括各种道术为全面系统养生法的学风，极为不和，由此推论石刻本可能为"伪托之作"，"或即出于'真士徐君'之手"，参见卢国龙：《中国重玄学》，第353—354页。同样是从思想史的角度判断两种《坐忘论》的作者，朱越利却认为石刻本体现的思想才真正与司马承祯相合，参见朱越利：《〈坐忘论〉作者考》，《炎黄文化研究》2000年第7期。也有学者认为石刻本的作者不是赵志坚，而是司马承祯的弟子吴筠。

② 朱越利：《〈坐忘论〉作者考》，《炎黄文化研究》2000年第7期.

种：天隐子、赵坚和正一（司马承祯）三家（吴筠的《坐忘论》一卷不见，蒙文通推测可能是郑樵《通志》误记）。由于没有读到石刻本《坐忘论》原文，蒙文通不曾怀疑为何赵坚《坐忘论》也是七篇，与史载司马承祯的《坐忘论》如此相同，更不曾重视曾慥引司马承祯（即文中的"先生"）对"道士赵坚"的批评，未能注意两种《坐忘论》其实是矛盾的。他根据杜光庭《道德真经广圣义序》中提到的"法师赵坚"作《讲疏》六卷的记载合于今存正统《道藏》中署名赵志坚的《道德真经疏义》六卷（今存后三卷）的记载，[①] 推论赵志坚又名赵坚，继而推论曾慥提到的作《坐忘论》的赵坚就是赵志坚。此说只是一种不得已的推测。为了增加说服力，蒙文通详引赵志坚《道德真经疏义》卷五描写的三种观身法（有观、空观和真观），指出此三观就是佛门中天台宗三观之法，坐忘其实就是止观的另一种表达，而七阶之"真观"，即由此出。

石刻本《坐忘论》究竟说了些什么呢？

> 夫坐忘者，何所不忘哉？或曰：坐忘者，长生之门也，老子何得云及吾无身，吾有何患。若如无身，还同泯灭，不谓失长生之宗乎？余应之曰：所谓无身者，非无此身也，谓体合大道，不徇荣贵，不求苟进，恬然无欲，忘此有待之身。故圣人劝炼神合道，升入无形，与道冥一也。亦是离形去智，隳支体之义也。所贵长生者，神与形俱全也，故曰乾坤为易之蕴，乾坤毁则无以见易，形器为性之府，形器散则性无所存。性无所存，则于我何有？故所以贵乎形神俱全也。若独养神而不养形，犹毁宅而露居也，则神安附哉？则识随境变，托乎异族矣。故曰：游魂为变是也。[②]

可以看到，石刻本《坐忘论》首先将《老子》的"无身"看作是精

---

① 蒙文通：《坐忘论考》，见《古学甄微》，第362页。
② 陈垣：《道家金石略》，第176页。

神上的"忘身",是"体合大道"的行为,而不是接受佛教空观,直接否定这个肉体的真实存在。换句话说,"坐忘"之"忘",是指"无欲"于此不自由之肉身,而"忘身"之后所能达到的境界就是历代《老子》注疏中常见的"体合大道"、"与道冥一",或者相当于《庄子》说的"同于大通"。但是石刻本在强调精神上必须"忘身"、"无欲"之后,并没有将这种属于命功的目标看作是修身的唯一目标,而是明确提出"所贵长生者,神与形俱全也"。因为肉身只是修道者的"形器",而"形器为性之府",无这个形器,"性"(或者"神")将无所依存。这与七阶《坐忘论》只重炼神不重炼形有很大的不同。

学术界有关七阶《坐忘论》的讨论很多,但是比较忽视石刻本《坐忘论》。两篇《坐忘论》的矛盾显而易见,不可能都出自司马承祯。石刻本说:"近有道士赵坚,造《坐忘论》一卷七篇……但思其篇章句段,记其门户次叙而已,可谓坐驰,非坐忘也。"[1] 批评道士赵坚的《坐忘论》不够简约,是坐驰而非坐忘。但是这里的"《坐忘论》一卷七篇"究竟是否就是指七阶《坐忘论》呢?从现存七阶《坐忘论》文本看,好像是,因为它的确是有门户次第的,从"信敬第一"一步一步到达"得道第七",始于信敬,终于得道,事不可谓不广,文不可谓不繁。它列出的七条原则或者说七个渐阶,意在指明修道者由渐入顿的功夫进路,和唐代中后期崇尚简约直接的修道风格相较,的确有些繁琐。

如果我们想要确定七阶《坐忘论》的作者究竟是谁,在没有直接材料的情况下,唯有进行文本的思想对比,但这是相当危险的做法。石刻本《坐忘论》最突出的特点还不是修道形式的简约,而是它强调性命兼修,和七阶《坐忘论》强调修性不修命存在明显的差异,这也是石刻本中的先生批评道士赵坚的矛头所指。

比较七阶《坐忘论》与《疏义》中体现的思想,这个工作不难,但是结果可能并不能完美解决作者问题。这是因为,即便二者思想

---

① 陈垣:《道家金石略》,第 176 页。

相合，也不能说明七阶《坐忘论》的作者就一定是赵志坚，更何况赵志坚的《疏义》六卷只残留《德经》三卷中的一部分。卢国龙将七阶《坐忘论》断为司马承祯的作品，认为它与司马承祯思想相合，但也不得不指出，七阶《坐忘论》中的某些思想也体现在赵志坚的《疏义》中。这样看样，七阶《坐忘论》的作者也有可能是赵志坚。

总之，我们不能说，某种思想体现在某部作品中，这部作品就必定属于拥有这一思想的某人。思想相近或一致的人太多了。正如我们看到的，石刻本除了批评七阶程序繁琐、文缛义疏外，还批评了南北朝以来道教受佛教影响重修性轻修命的做法，主张性命双修，这些在总体上都符合司马承祯的思想特征，将其作者归于司马承祯不是没有道理。有意思的是，石刻本《坐忘论》的作者对七阶《坐忘论》明明是持批评态度的，可是论者无论是将两种《坐忘论》中的哪一种归于司马承祯，都认为这一种《坐忘论》和司马承祯的思想相一致。出现这种情况，主要还在于论者大多只关注两者的相同之处，对其不同之处视而不见。司马承祯只可能是这两种互相矛盾的《坐忘论》之一的作者，确定了这个前提，我们才能谈哪一种有可能是赵志坚的作品（假设"道士赵坚"就是赵志坚），而这个前提目前还无法确定。鉴于赵志坚现存著述能够确定的只有《疏义》残卷，而七阶《坐忘论》作为道教哲学史上一部影响较大的经典著作，还存在上述重要争议，我们在讨论赵志坚的老学思想时，暂不将七阶《坐忘论》确定为其作品，但仍然会重视二者可能存在的思想关联，以突出赵志坚老学思想的时代特点及其贡献。

二、赵志坚的坐忘思想

"坐忘"一词最早见于《庄子·大宗师》：

> 颜回曰："回益矣。"仲尼曰："何谓也？"曰："回忘仁义矣。"曰："可矣，犹未也。"他日复见，曰："回益矣。"曰："何谓也？"曰："回忘礼乐矣！"曰："可矣，犹未也。"他日复见，曰："回益矣！"曰："何谓也？"曰："回坐忘矣。"仲尼蹴

然曰："何谓坐忘？"颜回曰："堕肢体，黜聪明，离形去知，同于大通，此谓坐忘。"仲尼曰："同则无好也，化则无常也。而果其贤乎！丘也请从而后也。"

《庄子》中最重要的修炼方法坐忘竟然是借孔子和颜回师生之口说出来的，当然，这只是《庄子》书的"三言"笔法。后世注家对《庄子》描述的"坐忘"兴趣十分浓厚，无不尽力予以阐发。郭象注《庄子》，对"坐忘"的解释是："夫坐忘者，奚所不忘哉？既忘其迹，又忘其所以迹者。内不觉其一身，外不识有天地，然后旷然与变化为体而无不通也。"① 将坐忘看成是一种主体的精神涵养方法，具有一定的超越性。南北朝隋唐重玄学者也很重视坐忘，加之受佛教心性思想的影响，坐忘再次成为凝聚玄思的思想武器。成玄英的《老疏》六次提到"坐忘"，大多数时候是将"隳体"或"无为"与"坐忘"连用，如"所言无者，坐忘丧我，隳体离形，即身无身，非是灭坏而称无也"②，"隳体坐忘，不窥根窍，而真心内朗，睹见自然之道。此以智照真也"③，"不如无为坐忘，进修此道"④，"智符道境，了达真源，故自知也。四大假合，坐忘隳体，不自见也"⑤，"玄悟之士非色灭空，嗒焉坐忘，而生无相"⑥；李荣《道德真经注》也谈"坐忘"，如"内明虚心实腹，坐忘合道"⑦；唐玄宗《御疏》也有数次提到"坐忘"，这不是偶然的。赵志坚、司马承祯、李荣等人的坐忘思想都属于重玄思想的一部分。

在赵志坚不足半部的《疏义》中，也有六次提到"坐忘"。考虑到前三卷《道经》注文全部亡佚，《德经》亡佚超过三分之一，赵志

---

① 郭庆藩撰，王孝鱼点校：《庄子集释》，第285页。
② 成玄英：《老子道德经开题序诀义疏》，见《老子集成》第一卷，第297页。
③ 成玄英：《老子道德经开题序诀义疏》，见《老子集成》第一卷，第322页。
④ 成玄英：《老子道德经开题序诀义疏》，见《老子集成》第一卷，第334页。
⑤ 成玄英：《老子道德经开题序诀义疏》，见《老子集成》第一卷，第341页。
⑥ 成玄英：《老子道德经开题序诀义疏》，见《老子集成》第一卷，第342页。
⑦ 李荣：《道德真经注》，见《老子集成》第一卷，第383页。

坚提到"坐忘"的总次数可能不止六次。"坐忘"一词首次出现在第五十四章"故以身观身，以家观家，以乡观乡，以国观国，以天下观天下"的注文中。为了论述的方便，下面先列出赵志坚注文中出现"坐忘"的段落：

> 《经》理虽明，得之者终须行。合绝思虑杜事萌无为，坐忘自验，非谬若勤，如［加］披诵则语熟心迷，亦犹击潭求影，徒施鉴力。①
>
> 直以无为坐忘，道自来止。②
>
> 今因坐忘，罪自销灭。③
>
> 居则拱璧盈目，行则驷马先驱，诚为富贵之极。终不如无为坐忘，进修妙道……坐忘进道，上获神真。④
>
> 今则思去物华，念归我实，道资身得，隳体坐忘，修之有恒，稍觉良益。⑤

首先，赵志坚将无为坐忘与修道结果紧紧结合起来，可以说是以"坐忘"解读"无为"，强化了"坐忘"作为修道功夫的意义。

这六次之中，有三次是"无为"与"坐忘"连用。但是究竟怎样"无为坐忘"，赵志坚讲得不多，他强调的是"无为坐忘"的结果——不仅罪过会自动销灭，道也将自来之，人将与道合而为一。

值得注意的是，赵志坚将《德经》第二十五章"不如坐进此道"的"坐"释为"终不如无为坐忘，进修妙道"⑥，与成玄英释为"不如无为坐忘，进修此道"⑦，几乎完全相同。它们是否有同一来源，

---

① 赵志坚：《道德真经疏义》，见《老子集成》第一卷，第401页。
② 赵志坚：《道德真经疏义》，见《老子集成》第一卷，第407页。
③ 赵志坚：《道德真经疏义》，见《老子集成》第一卷，第407页。
④ 赵志坚：《道德真经疏义》，见《老子集成》第一卷，第407页。
⑤ 赵志坚：《道德真经疏义》，见《老子集成》第一卷，第415页。
⑥ 赵志坚：《道德真经疏义》，见《老子集成》第一卷，第407页。
⑦ 成玄英：《老子道德经开题序诀义疏》，见《老子集成》第一卷，第334页。

或者成玄英是否参考了赵志坚的《疏义》，难以判断。

　　"虽以拱璧，以先驷马，不如坐进此道"下句经文"古之所以贵此道者何？不曰求以得。有罪以免邪？故为天下贵"，赵志坚注云："此明修道得益，不曰求，言不须劳身苦心，日日远索，然后称得，直以无为坐忘，道自来止，故云得也。"① 又引《西升经》"罪是往时恶报，今因坐忘，罪自销灭"加以论证，说明"坐忘进道"就可"上获神真"②，就可消除罪孽。以"无为坐忘"为核心思想注解《老子》这一章，在现存唐代所有注家中，除了赵志坚，还有成玄英。不求而自得，即是说真道会自动来归，而真道之所以会自动来归，是由于无为坐忘的功夫，无为其实就是不执着，是无心无欲的"不求"。

　　第十三章的"及吾无身，吾有何患"，成玄英、唐玄宗等以重玄方法解《老》的人几乎都将"无身"与坐忘联系起来，如成玄英注云："只为有身，所以有患。身既无矣，患岂有焉？故我无身，患将安托？所言无者，坐忘丧我，隳体离形，即身无身，非是灭坏而称无也。"③ 唐玄宗《御疏》说："无身者，谓能体了身相虚幻，本非真实，即当坐忘遗照，隳体黜聪，同大通之无主，均委和之非我，自然荣辱之途泯，爱恶之心息。"④ 遗憾的是赵志坚《疏义》的《道经》

---

① 　此句经文，赵志坚本是"不曰求以得"，而不是河上公本的"不日求以得"。根据赵志坚此句注文，说修道者不须"日日远索"，又说"得之甚易"，则经文中的"不曰求以得"和注文中的"不曰求"的"曰"均为"日"之误。成玄英《老子道德经开题序诀义疏》经文写作"不日求以得"，注文为："言曩昔圣人所以珍贵此道者，何也？只为不经一日求之则得，言悟者目击道存，迷者累劫不会也。"说明经文无误。不过成玄英明确地使用"顿免"、"神力"来解释，意思是生死罪谴一时俱除。在《老子》的各种版本中，作"曰"与作"日"的本子都很多，文意相差明显。后世注家对"不日求以得"亦有两种完全不同的注解。一是表示得道很容易，如成玄英、赵志坚。另唐玄宗在《御注》中释为"道在于悟，不在于求，不如财帛，故可日日求而得之"，在《御疏》中进一步称，"言道在于悟，悟在了心，非如有为之法，积日计年，营求以致之尔。但澄心窒欲，则纯白自生也"。另一种表示得道很艰难，非一日之功，如李荣《道德真经注》说"求之非一日而得，行之免百年之祸"。

② 　赵志坚：《道德真经疏义》，见《老子集成》第一卷，第407页。

③ 　成玄英：《老子道德经开题序诀义疏》，见《老子集成》第一卷，第297页。

④ 　唐玄宗：《唐玄宗御制道德真经疏》，见《老子集成》第一卷，第460页。

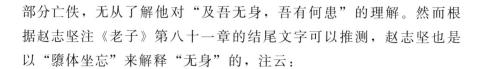

部分亡佚，无从了解他对"及吾无身，吾有何患"的理解。然而根据赵志坚注《老子》第八十一章的结尾文字可以推测，赵志坚也是以"隳体坐忘"来解释"无身"的，注云：

> 今则思去物华，念归我实，道资身得，隳体坐忘，修之有恒，稍觉良益。故知不龟手之药，是一漂絮裂地之殊信哉。①

前面论及赵志坚在注解"故以身观身"时，曾引"《经》云：要诀当知三界之中，三代皆空，虽有我身，皆应归空，故云空观"，"我身"既然是空幻无真的，"及吾无身"自然是隳体坐忘，以身为空，无牵无挂的，这自然也是受到了佛教缘起性空思想的影响。

其次，赵志坚坐忘论与成玄英、李荣的《老子》注疏中体现的坐忘论相近。

坐忘思想虽然源于《庄子》，但是它是在唐代前中期以《老子》注疏为代表的道家道教经典中，因吸收了佛教中观思想而得到发扬光大的。从本书的分析可以看出，无论赵志坚早于成玄英还是晚于成玄英，我们都可以将坐忘思想作为隋朝和唐朝前中期《老子》注解的一个特点。为了进一步说明这一点，下面简单对比一下赵志坚《疏义》与成、李二注。

成玄英注"不窥牖，见天道"："窥，觇视也。牖，根窍也。天道，自然之理也。隳体坐忘，不窥根窍，而真心内朗，睹见自然之道。此以智照真也。户通来去，譬从真照俗。窗牖内明，喻反照真源也。"注"故圣人自知不自见"："智符道境，了达真源，故自知也。四大假合，坐忘隳体，不自见也。"② 和赵志坚一样，成玄英把第六十二章的"虽有拱璧以先驷马，不如坐进此道"的"坐"释为"无为坐忘"③。在成玄英眼里，"玄悟之士"的特点是"非色灭空，

---

① 赵志坚：《道德真经疏义》，见《老子集成》第一卷，第415页。
② 成玄英：《老子道德经开题序诀义疏》，见《老子集成》第一卷，第322、341页。
③ 成玄英：《老子道德经开题序诀义疏》，见《老子集成》第一卷，第334页。

嗒焉坐忘，而生无相"①。修道者进入"隳体坐忘，物境既空"②的超越境界，并不是心如死灰一般，而是真心内朗，睹见自然之道，与道冥一。李荣论坐忘，和成玄英差不多，也是将坐忘与合道乃至心境空虚联系在一起："内明虚心实腹，坐忘合道，不假威权，无劳勇猛。"③ 以上简单比较可见赵志坚与成、李二人坐忘思想的高度一致。

再次，赵志坚与七阶《坐忘论》的思想存在较为密切的关联。

如前所述，尽管我们不能确定七阶《坐忘论》是否就是赵志坚的作品，但是必须重视赵志坚在《疏义》中体现的坐忘思想与七阶《坐忘论》思想的关联。七阶《坐忘论》是以依托《老子》和《庄子》经文来阐发坐忘之理，文中频引道家道教经典，除了《老子》和《庄子》外，还有《西升经》、《九天生神章经》等道经，我们可以将它看作是一部简略的《老子》诠释作品。

七阶《坐忘论》征引道经情况大致如下：首篇"信敬第一"，引用《老子》第十七章中"信不足，焉有不信"等为依据论述敬信的重要性。"断缘第二"，引用《老子》第五十二章"塞其兑，闭其门，终身不勤"，同时引《庄子·大宗师》篇的"不将不迎"一义。④ "收心第三"，引用《老子》第十六章"夫物芸芸，各复归其根，归根曰静，是谓复命，复命曰常，知常曰明"，以及第六十二章"虽有拱璧，以先驷马，不如坐进此道"，第七十章"吾言甚易知，甚易行。天下莫能知，莫能行。言有宗，事有君。夫唯无知，是以不我知"等经文。"简事第四"，没有引《老子》经文，而是引用了《庄子》"行名失己，非士也"句以及《西升经》"抱元守一，过度神仙，子未能守，但坐荣官。若不简择，触事皆为，心劳智昏，修道事阙"等经文。"真观第五"，引用《老子》第一章"常无欲，以观其妙"和第十三章"及吾无身，吾有何患"。"泰定第六"，也没有引用《老

---

① 成玄英：《老子道德经开题序诀义疏》，见《老子集成》第一卷，第 342 页。
② 成玄英：《老子道德经开题序诀义疏》，见《老子集成》第一卷，第 345 页。
③ 李荣：《道德真经注》，见《老子集成》第一卷，第 383 页。
④ 《庄子·大宗师》原文为："其为物无不将也，无不迎也，无不毁也，无不成也。"

子》经文，但是引用了《庄子·庚桑楚篇》的"宇泰定者，发乎天光"。"得道第七"，引《老子》第二十三章"同于道者，道亦乐得之"和第六十二章"古之所以贵此道者何，不曰求以得，有罪以免邪"。

详细列出七阶《坐忘论》征引《老子》的经文，是为了更清楚地展现唐代注家借助《老子》发挥坐忘思想的共同之处。下面我们看看赵志坚和成玄英、李荣、唐玄宗是如何注解这些经文的。由于赵志坚《疏义》严重残缺，七阶《坐忘论》中所引《老子》经文及其相关阐述，可与赵志坚《疏义》注文进行对比的，只有"断缘第二"和"收心第三"，与之相关的《老子》经文分布在第五十二章、六十二章和七十章中。先看"断缘第二"，七阶《坐忘论》说：

> 断缘者，谓断有为俗事之缘也。弃事则形不劳，无为则心自安。恬简日就，尘累日薄，迹弥远俗，心弥近道，至神至圣，孰不由此乎？故经云：塞其兑，闭其门，终身不勤。

赵志坚注"塞其兑，闭其门"曰：

> 门、兑，前已具释。塞闭有二，一以事闭，二以理闭。事闭者，口多贪味，以薰血成罪，自是非他，出言招祸。耳目闻见过患弥多，诸根起恶，昼夜不息。此则依《经》戒闭塞二。理闭者，为能闻道，境不乱心，欲食亦无所味，欲言亦无所道。恣耳目之视听，不足见闻，放心神于有城，寂然不动。中人闭塞，先事后理。上士悛悟，心境齐忘，心虚境无，诚谓善闭。①

七阶《坐忘论》引用经文"塞其兑，闭其门，终身不勤"，说明其"断有为俗事之缘"，方可形不劳、心自安的道理；赵志坚此句的注文较为复杂，但其主旨不外乎是如何使外界不扰乱一心，即"境不

---

① 赵志坚：《道德真经疏义》，见《老子集成》第一卷，第402页。

乱心"。"境不乱心"的"境"是指纷繁物境，也就是"俗所有法"。①
塞闭物境是使心不乱的关键途径，"心境两忘，物我齐贯，与道玄
同"②。赵志坚注文和七阶《坐忘论》使用的语言不同，表达的思想
却是一致的。

再来看七阶《坐忘论》之"收心第三"如何引用《老子》经文
发挥其坐忘思想：

> 心不受外，名曰虚心；心不逐外，名曰安心。心安而虚，
> 则道自来止。经云："人能虚心无为，非欲于道，道自归之。"
> 内心既无所著，外行亦无所为。非静非秽，故毁誉无从生；非
> 智非愚，故利害无由至。实则顺中为常，权可与时消息，苟免
> 诸累，是其智也。……
>
> 然此心由来依境，未惯独立，乍无所托，难以自安。纵得
> 暂安，还复散乱。随起随制，务令不动，久久调熟，自得安闲。
> 无问昼夜，行立坐卧，及应事之时，常须作意安之。若心得定，
> 但须安养，莫有恼触。少得定分，则堪自乐。渐渐驯狎，惟益
> 清远。平生所重，已嫌弊漏，况因定生慧，深违真假乎！牛马，
> 家畜也，放纵不收，犹自生梗，不受驾驭；鹰鹯，野鸟也，被
> 人羁绊，终日在手，自然调熟。况心之放逸，纵任不收，唯益
> 粗疏，何能观妙？经云："虽有拱璧，以先驷马，不如坐进
> 此道。"

前面已经提到赵志坚注"虽有拱璧，以先驷马，不如坐进此道"：
"居则拱璧盈目，行则驷马先驱，诚为富贵之极，终不如无为坐忘，
进修妙道。"又有注文"言不须劳身苦心，日日远索，然后称得，直
以无为坐忘，道自来止。故云得也"等。③ 其中"道自来止"，可在

---

① 赵志坚：《道德真经疏义》，见《老子集成》第一卷，第 392 页。
② 赵志坚：《道德真经疏义》，见《老子集成》第一卷，第 392 页。
③ 赵志坚：《道德真经疏义》，见《老子集成》第一卷，第 407 页。

七阶《坐忘论》中见到。七阶《坐忘论》引用《老子》经文"虽有拱璧，以先驷马，不如坐进此道"论证的是如何收心，强调此心由来依境，"常须作意安之"，这与赵志坚主张无为坐忘、摒弃外物的干扰，基本精神相同。

这两处是借助对《老子》同一经文的理解，对比七阶《坐忘论》和《疏义》的联系。除此之外，七阶《坐忘论》"真观第五"表达的思想与赵志坚注文中提到的三观法也有类似之处。"真观第五"还征引了《老子》经文"及吾无身，吾有何患"，可惜赵志坚这一章的注解没有保留下来。我们先看《坐忘论》"真观第五"是怎么说的：

> 夫真观者，智士之先鉴，能人之善察，究傥来之祸福，详动静之吉凶，得见机前，因之造适，深祈卫足，切务全生，自始之末，行无遗累。理不违者谓之真观。……
>
> 若病苦者，当观此病由有我身，若无我身，患无所托。经云："及吾无身，吾有何患？"次观于心，亦无真宰，内外求觅，无能受者。所有计念，从妄心生，然枯形灰心，则万病俱泯。若恶死者，应思我身是神之舍，身今老病，气力衰微，如屋朽坏，不堪居止，自须舍离，别处求安。身死神逝，亦复如是。

修道者观我之心，发现一切皆无真宰，执着于肉身，也是妄心所致。"枯形灰心"其实相当于"隳体坐忘"。

赵志坚的三观法出现在《德经》第十七章"以身观身，以家观家，以乡观乡，以国观国，以天下观天下"的注文中。第十七章经文的关键词是"修"和"观"，基本逻辑按身、家、乡、国逐步展开，即从修之身到修之家，再到修之乡和修之国。"修"之后的功夫是"观"，从观身开始，再逐一推及于观家、观乡和观国，其间逻辑环环相扣。"夫欲观人，先自观身"[①]，而"观身"的方法有三种——"有观"、"空观"和"真观"，三种观法呈进阶方式，体现了渐修的

---

① 赵志坚：《道德真经疏义》，见《老子集成》第一卷，第400页。

特点。

对比赵志坚的三观法和七阶《坐忘论》"真观第五"中的观法，可以发现它们的相通之处。"真观第五"对"真观"的界定以及它提到的各种观法，都可以在赵志坚的三观法中找到关联。七阶《坐忘论》"真观"的目的是祛除"心病"，使心得安，这也是修道目标。"心病已动，何名安心"？七阶《坐忘论》认为，"然一餐一寝，俱为损益之源；一行一言，堪成祸福之本。虽作巧持其末，不如拙诚其本"。那么什么是"诚本"呢？就是发挥内观的作用，"观本知末"。具体的观法，七阶《坐忘论》有详细的阐述，总而言之就是通过内观法，"收心简事，日损有为，体静心闲"，通过逐步修炼，最终观见真理，这就叫"真观"。这个"真观"的过程，其实就是除情去欲的过程，所以七阶《坐忘论》在阐述这番道理后，最后引《老子》"常无欲，以观其妙"进行强调。

七阶《坐忘论》的内观法是一个渐进的过程，这和赵志坚的三观是渐进的基本相同。心病如何才能祛除？先要"观此病由有我身"，这相当于赵志坚三观中的第一种观法"有观"，也即赵志坚所引《老子河上公章句》"以修道身观不修道身，执存执亡……但以存亡有迹覩迹，以知修与不修"；其次是要"观心"，这相当于赵志坚三观中的第二种观法"空观"，即"覩身虚幻，无真有，处定志"①。赵志坚"三观"中的最后一观是"真观"。七阶《坐忘论》的坐忘过程十分复杂，在"真观"之后，还有"泰定"和"得道"。与赵志坚三观之"真观"比较接近的是"得道"。"得道第七"是七阶中的最后一阶，讲的是道果，它描述的得道境界可以用"神与道合"四字来概括，也就是七阶《坐忘论》"真观第五"所引《老子》"同于道者，道亦得之"，《生神经》"身神并一，则为真身"，以及《西升经》"形神合同，故能长久"等类似的境界。

赵志坚这样描述三观中的"真观"：

---

① 赵志坚：《道德真经疏义》，见《老子集成》第一卷，第400页。

> 真观者，则依此《经》为观。当观此身因何而有，从何而
> 来，是谁之子。四肢百体，以何为质，气命精神，以谁为主，
> 寻经观理，从道流来。①

赵志坚对"真观"的界定，是"依此《经》为观"，《经》指《道德
经》无疑。赵志坚认为，"我身"究竟，完全可以从《道德经》中悟
出，所谓"从道流来"。赵志坚接下来描述的这个依《经》观身的
"真观"过程十分复杂玄妙，而他对他所描述的三观法也非常自信，
认为"以此文理，次第审观，历历分明"②。这段注文很长，是《疏
义》全部现存二十八章注文中最长的一篇。总体来说，"真观"是一
个贯彻《道德经》识母知子、复守其母精神的过程。"次第审观"的
过程如下：

第一步是观"初生"，即我身和世界万物从何而来：

> 初经一气，次涉阴阳，道布为精神，元和为气命，阴阳为
> 质绪，大道为都匠，总此数物，陶治成身。心是阴阳之精，而
> 为嗜欲之主。神是至道之精，而为气命之主。一身之用，无不
> 周矣。诸缘共聚，各有精粗，精者为贤圣，粗者为庸愚，及诸
> 鸟兽，皆遇然耳。此谓初身。

第二步是观"相生"，即观物物相生之意：

> 从此已后，则以形相生，有识无情，各自为种。蓬恶渐起，
> 读以成业，草木无情，种性不易，人兽有识，随业流转。以此
> 文理，次第审观，历历分明。

第三步是"观母"，即观道为之母，归于"母"，归之于道：

---

① 赵志坚：《道德真经疏义》，见《老子集成》第一卷，第400页。
② 赵志坚：《道德真经疏义》，见《老子集成》第一卷，第401页。

　　知道为母，道既是母，己即道子，识母知子，应早归母。故文云：天下有始，以为天下母。既得其母，以知其子。既知其子，复守其母。此诚真理，非明慧不知，故云真观。

　　以是当须自爱自惜，不坠道风，专心事母，竭诚孝养，不可纵情贪染，轻入死地，将道种性沦没三途。既知有母，不可安然有意寻求，先须知母所在，作何相貌。今且当观母之为物，既不是有，又不是无，来无所从，去无所适，离诸色象，不可相貌，求出彼空有，不可以方所定。迎不见首，随不见后，恍惚如失，不知所之。观母既知神妙莫测，实可尊贵，深忆深思，勤行法则。法则之要，事须异俗，不得住有，不得住无。空无所据，孤然不动，久而又久，不觉怡然。如有所得，向心比母。安措之法，虚静相类。心既类母，与一和同。道至神怡，故如有得。心冥此地，则是弱丧至家，玄珠已得，万事毕矣，余何所求。

　　赵志坚将"真观"之后所得境界称为"与一和同"，即与道合一，又称"玄珠已得"。以"玄珠"比喻道果，与唐代兴起的内丹法已有关联。

　　上述对比，目的是阐述赵志坚在《疏义》中表达的思想，而不是为了论证赵志坚是否是七阶《坐忘论》的作者。正如前文所说，即便二者思想相合，也不能说明七阶《坐忘论》的作者就一定是赵志坚。由于《疏义》仅存二十八章，赵志坚的坐忘思想并没有得到完整体现，因此我们无法勾画出他的坐忘思想的全貌。综上所述，赵志坚在《疏义》有限的篇章中表达出来的无为坐忘、内丹修道、佛道相融等思想，无不是唐初思想文化特别是道教思想的生动反映。后面我们将看到，赵志坚对《道德经》的很多具体解读，都可以在司马承祯、成玄英、李荣等备受当时重视的唐代高道的著作中看到似曾相识的内容，值得研究者重视。

第三节　道俗有别，用道修身

一、别道俗之典

赵志坚的很多注解都是充分借鉴了佛教思想后进行的自由发挥，这是《疏义》的鲜明特点之一。赵志坚这样做，必须先为自己找到一个正当理由，他申明，经论的训解不能完全遵循先儒传统，固守陈旧的注解，况且他的理解与包括先儒在内的"俗人"的理解必须有所不同。比如他以佛教缘起说论证诸法无实，与传统的《道德经》注疏就大异其趣，他辩解说："依文说义，不作此释。要须使依先儒训解，何以别于道俗之典乎？"换句话说，假如没有创新，假如没有弃旧，一切都依从先儒对《道德经》的字词训解，怎么可以显出《道德经》的与众不同呢？也就是说，不依文说义，正是区分道与俗的必要手段，而这也正是道典与俗文的真正区别所在。赵志坚的道士立场相当明确和坚定。

赵志坚还有一个理由，他认为以佛教思想为手段解读《道德经》，并不违背经义，因为《道德经》出于圣人，圣人为俗人说理，依俗人之性而有很多方便手段，借用任何理论都是"方便"。前文论及他反对傅奕在文字疏解上的意见即是例证，他说："但老君大圣为俗说经，务在当机得意为善，岂假腐儒训释，然后成经？"[1]

赵志坚注解《道德经》经文"是以侯王自谓孤、寡、不谷，此其以贱为本耶？非乎？故致数誉，无誉"时，就充分利用佛教空观来分析作为"名"的"王"是如何产生的，其实质又是什么。从佛教万物不实的角度看，百姓是虚假的，百姓上面的王当然也是虚假的。由于傅奕反对这种混淆佛、道的做法，赵志坚在注解中也不忘

---

[1]　赵志坚：《道德真经疏义》，见《老子集成》第一卷，第395页。

批驳傅奕，为自己的行为辩护。下面是他注"是以侯王自谓孤、寡、不谷"的详细注文：

> 王因众贵，共名为王。推王实体，无王定相。何则？四肢百体，各自有名。无名王者，若共名为王，则假合非实。检寻名起，从百姓来，由百姓自是虚假，名王何能有实。内则无王定体，外亦无王实名。内外皆无，非内非外，谁为名者？以此数誉，无誉可得。一切诸法，例同此妄。
>
> 有本作舆及车者，并同此释。然此经文约理广，义体多含，推斥众缘，洞忘心相。老君、庄子，具有成文。故庄子云：假于异物，托于同体，异物既假，同体未真。又云：今指马百体而不得马，而马系于前，谓之马也。又《西升经》云：合会地水火风四气，时往缘。地水火风言四大也，四气谓四时之气。四大假合，因时代谢，暂得成身，四大不能各生，要待众缘合会共成。人身四大各散，身在何处？①

所引《西升经》及其以地水火风四大假合共成人身来解释"身"，这是直接使用佛教的缘起论了。无独有偶，成玄英也是用佛教的四大假合思想解读经文"故致数舆无舆"："舆，车也。箱辐毂辋假合而成，徒有车名，数即无实。五物四大，为幻亦然。所以身既浮虚，贵将安寄？是故处贵应须谦下。"② 四大假合思想也是成玄英坐忘思想的基础，他说："智符道境，了达真源，故自知也。四大假合，坐忘隳体，不自见也。"③ 可见在接受佛教认识论上，成、赵二人高度接近。

或许是由于六朝以来以佛释《老》已成潮流，不断遭遇佛教徒和士大夫的严厉抨击，赵志坚在《疏义》中不得不一再为自己辩护。但其实赵志坚用来驳斥傅奕的《西升经》本身并不过硬，该经的造

---

① 赵志坚：《道德真经疏义》，见《老子集成》第一卷，第394页。
② 成玄英：《老子道德经开题序诀义疏》，见《老子集成》第一卷，第317页。
③ 成玄英：《老子道德经开题序诀义疏》，见《老子集成》第一卷，第341页。

作本身就明显受到了佛教的影响。而他引《庄子·大宗师》，说"假于异物，托于同体，异物既假，同体未真"①，认为它们都合于佛教的四大假合说，显然也是对《庄子》的佛教化疏解，与成玄英疏解《庄子》没有什么不同。

二、从道不从俗

道与俗反，是道士的基本价值取向。提倡从道不从俗，在道士的注《老》著作中屡见不鲜，成玄英、李荣等人的《老子》注疏中也常见道俗之分，扬道贬俗。赵志坚早于成、李，是唐代现存《老子》注疏中最早体现反俗思想的，注解中多见反俗和区分道俗，如"俗人所教，莫不易我无为之法，而行有为之教，故心无谦损，命有夭殇"② 等。

道与俗的根本区别是什么？赵志坚说："制心者入道，制形者从俗。"他注《德经》第一章"夫礼者，忠信之薄，而乱之首"：

> 忠则诚心唯一，信则从命无二，自淳至浇，礼为下极。忠信之心歇薄，空事容仪，身遂心邪，故为乱首。且道心无限，唯贵淳一，故拥肿鞅掌之与居，而遗其屈折也。礼文有数，务存规矩，故进退俯仰之中，节称以为上。此则道贵心而礼贵形，夫制心者入道，制形者从俗，心无道而从俗，不乱如何？③

注"是谓玄同"：

> 玄者，无滞之名。是前诸行，内能知道，外能顺俗，内外中间亦无住著，与理冥一，故云玄同。④

---

① 赵志坚：《道德真经疏义》，见《老子集成》第一卷，第 394 页。
② 赵志坚：《道德真经疏义》，见《老子集成》第一卷，第 397 页。
③ 赵志坚：《道德真经疏义》，见《老子集成》第一卷，第 392 页。
④ 赵志坚：《道德真经疏义》，见《老子集成》第一卷，第 402 页。

不仅如此，治国也有两种智，"道智"和"俗智"，[①] 道智就是以无为理国，是治国的楷式。凡人从俗，玄德从道。以道智治国则是大顺。而所谓大顺，就是上顺天道，下顺万民，在物无逆。

三、无身、观身

既然诸法皆空，那么身体同样也是虚幻不实的。成玄英、李荣等道教学者，无论是否钟情重玄思维，对何为《老子》的"无身"，理解相差并不远，几乎都是以主观意识上的"忘身"来解释"无身"。如成玄英指出"无身"并不是"灭境而称无"，"执着我身，不能忘遣为身愁毒，即是大患。故知贵我身者，与贵患不殊也……""无身"之"无"，不是灭毁和否定看得见摸得着的这个"肉身"，而是"坐忘丧我，隳体离形，即身无身"。患累的根源是不能"无身"，执着于肉身，"只为有身，所以有患。身既无矣，患岂有焉？故我无身，患将安托？"[②] 这种具有明显佛教因素的身体观，也是成玄英、李荣和唐玄宗等唐代注《老》者的共同认识。成玄英注"以其无死地"："今善摄生之人，忘于身相，即身无身，故无地之可死也。"[③] 李荣注"及吾无身，吾有何患"："虚己忘心，无身也。是夫患累起在于身。身苟忘也，则死生不能累，宠辱不能惊，何患之有？"[④] 唐玄宗《御注》则说："恐人不晓即身是患本，故问之。身相虚幻，本无真实，为患本者，以吾执有其身，痛瘵寒温，故为身患。能知天地委和，皆非我有，离形去智，了身非身，同于大通，夫有何患？"[⑤] 从上引成玄英、李荣、唐玄宗和赵志坚的注文可见，他们都是以佛教的缘起性空说为基础，否定"身"的真实本性。成玄英是他们之中受佛教思想影响最深刻的，他有很多直接来自佛教的论说，如"物我皆空，不见有我身相"就是智慧明照；相反，如果"不能忘

---

① 赵志坚：《道德真经疏义》，见《老子集成》第一卷，第 410 页。
② 成玄英：《老子道德经开题序诀义疏》，见《老子集成》第一卷，第 296、297 页。
③ 成玄英：《老子道德经开题序诀义疏》，见《老子集成》第一卷，第 325 页。
④ 李荣：《道德真经注》，见《老子集成》第一卷，第 356 页。
⑤ 唐玄宗：《唐玄宗御注道德真经》，见《老子集成》第一卷，第 421 页。

我，自见有身"则是非明智的"昏愚"。① 同样是"离形去智，冥于至道"，在成玄英看来，修道者必须认识到"物我虚幻，故能自他平等，贵贱不殊"②，从精神上超越身体之有无，才能达到最终目标。李荣认为真正的圣贤明智之举是指"清重玄之路，照虚寂之门，知人者识万境之皆空，自知者体一身之非有。一身非有内，岂贪于名利？万境皆空外，何染于声色？"③ 赵志坚则是用四大假合说身体非实："四大假合，因时代谢，暂得成身，四大不能各生，要待众缘合会共成。"④ 不过，赵志坚并不否定作为肉体的身体的重要性，他不得不极力调和佛教空观与道教修道之实的矛盾，相对于"身外之虚誉"之"名"，身体是"性命之实体"，"命无身则绝，身无名则久"。⑤ 修道者所能做到的，是做一名智者，最终仍然要以全身为目的，"智者藏名远祸以全身，愚者食名丧神以害命"⑥。

赵志坚在《疏义》中谈到的具体修炼方法，只有观身三法，即前文中提到的"有观"、"空观"和"真观"。其中第三个进阶"真观"，其实就是内观。这种方法与天台宗的三观法有关联，赵志坚显然是想把佛教的缘起性空论和道教的气化论和养性修命等炼神思想融合在一起。"真观"是观身法的最后一个进阶，其中有一个"观母"的过程，"知道为母，道既是母，己即道子，识母知子，应早归母"。这个"知道"的过程，类似六朝上清派的内观法，要"先须知母所在，作何相貌。今且当观母之为物，既不是有，又不是无，来无所从，去无所适，离诸色象，不可相貌，求出彼空有，不可以方所定。迎不见首，随不见后，恍惚如失，不知所之"。这种想象"母"之"相貌"的观身之法需要逐步积累，渐次进行，"久而又久，不觉怡然，如有所得"。当最后"玄珠已得"，表示身已修成，然后

---

① 成玄英：《老子道德经开题序诀义疏》，见《老子集成》第一卷，第 304 页。
② 成玄英：《老子道德经开题序诀义疏》，见《老子集成》第一卷，第 317 页。
③ 李荣：《道德真经注》，见《老子集成》第一卷，第 366 页。
④ 赵志坚：《道德真经疏义》，见《老子集成》第一卷，第 394 页。
⑤ 赵志坚：《道德真经疏义》，见《老子集成》第一卷，第 397 页。
⑥ 赵志坚：《道德真经疏义》，见《老子集成》第一卷，第 397 页。

可将这种修炼方法推至于家国，实现身治则国治的最终目标。①

四、止分、知止

赵志坚的修身说中比较值得一提的是他提出对待名利的原则是"止分"，将"止分"作为外在名利的解毒剂。所谓"止分"就是行为止于"性分"，以确保行为的正确性和合理性。而所谓"性"，相当于万物之本性。赵志坚认为《道德经》第二十七章经文"（圣人）以辅万物之自然，而不敢为"的"万物之自然"就是指"物之本性"，圣人顺应万物的本性而为，不敢妄为。②

《道德经》强烈批判追逐名利的行为，反复告诫世人要警惕名利对身心的戕害，如"祸莫大于不知足，咎莫大于欲得"（第四十六章），"天之道，损有余而补不足。人之道则不然，损不足以奉有余"（第七十七章），"知足者富"（第三十三章）。特别是通行本第四十四章的三连问，振聋发聩："名与身孰亲？身与货孰多？得与亡孰病？是故甚爱必大费，多藏必厚亡，知足不辱，知止不殆，可以长久。"历代注者都能抓住《道德经》的这一批判精神，深入揭露名利的危害。但是对于什么是正常的欲望，什么是名和利，如何把握分寸，为什么要如此等深层次问题，有些人没有特别注意，有些人却试图从理论上进行探讨。

赵志坚不否认名利，名利其实就是欲望，欲望带来烦恼，修道者要先破除烦恼。在赵志坚看来，无为无欲当然是祛除烦恼的根本方法，"知道者以身率众，口不言也。学道者目击心行，身无劳也。身无所为，心无所欲，先破烦恼，后入无间，无为之益也"③。但是前提是要对名利有正确的认识，否则烦恼难破。他说名是"身外之虚誉"，只有身才是"性命之实体"④，名是身的累赘，是修身的障碍。但是，名利又为"人所共资"，人人都需要面对。赵志坚提出的

---

① 赵志坚：《道德真经疏义》，见《老子集成》第一卷，第 401 页。
② 赵志坚：《道德真经疏义》，见《老子集成》第一卷，第 409 页。
③ 赵志坚：《道德真经疏义》，见《老子集成》第一卷，第 397 页。
④ 赵志坚：《道德真经疏义》，见《老子集成》第一卷，第 397 页。

解决办法就是必须要把握一定的分寸，也就是"止分"。以"分"为标准，"当则为福，过则为祸"。越过了这个"分"，就是过分，明智者需时时明鉴之。① 那么，究竟是什么是"分"？何为"过"、"分"呢？前文提及赵志坚以"物之本性"注解《道德经》"辅万物之自然"的"自然"，这是就无情之物而言。对于有情之人类而言，人人皆有自然之性，或者叫"人之本性"。"止分"即是从人性的角度来解决名利和欲望。我们先来看看赵志坚注《德经》第七章"故知足不辱，知止不殆，可以长久"的注文：

> 知足者止分内，其分有二：一者性分，二者物分。性分者如人饥须食，寒须衣，腹饱身温，性已足矣。其盈裘不衣，余食不味者，性分外也。……二物分者，我所应有之物，则是己分，分外不取为知止也，故无危殆。不止者分外强取，必有危亡。②

赵志坚将"止分"之"分"细分为两种，一为性分，一为物分。性分大致是指人与生俱来的寒则衣、饥则食等大欲，也就是我们所谓正当欲望，超出此限则为越分。所谓物分，其实与性分差别并不大，因为物究竟是否为我所应有，不在物，而在我。分外不取就是"知止"。

不过，究竟"分"的界限在哪里呢？赵志坚的注文没有展开论述，但他至少将欲望与人性结合起来了，以"分"作为《老子》提出的"知止"的落脚点。《老子河上公章句》注"知止不殆"，说："知可止则须止，乃财利不累于身心，声色不乱于耳目，则终身不危殆。"③ 强调知止的重要性，至于如何去做，却谈得不多或不够细致。严遵《老子指归》对名利带来的危害分析得也很深入，再三强调"伤害我身，莫大乎名"，"物蒙其毒，莫大乎货"，如果"强迫情性，

---

① 赵志坚：《道德真经疏义》，见《老子集成》第一卷，第397页。
② 赵志坚：《道德真经疏义》，见《老子集成》第一卷，第398页。
③ 河上公：《道德真经注》，见《老子集成》第一卷，第159页。

以损其神"，最后结果是"货名俱终"。至于如何才能避免名和货的伤害，《老子指归》已经触及人性，说："万物之性，各有分度，不得相干，造化之心，和正以公，自然一概，正直平均，无所爱恶……"① 这其实就是止分思想的早期表达。严遵之后的汉唐注家，常常引入人性论，作为解释"欲"的工具，如顾欢《老子道德经注》也说："是以圣人自知，知吾生有崖，不希求分外也。"② 唐代人性论更加深入，儒道佛三教人性论均有很大发展。反映在《道德经》注疏中，则是普遍使用性分说，将《道德经》的"知止"及其相关经文明确解释为"止分"、"受分"、"越分"、"过分"。例如成玄英说"守分知足，谦柔静退"③，唐玄宗《御注》说"难得之货，谓性分所无者，求不可得，故云难得"④，《御疏》说"皆得性分，谁为盗乎?"⑤ 赵志坚是较早将性分思想较为充分地运用到《道德经》注解中，并将其与佛教的心性说结合起来的唐代道士。他提出的性分和物分说，是对前人性分说的进一步具体化。

第四节　守本归一，内契道空

一、"一者，道之妙气"

道教人士论"道"，多秉承战国秦汉黄老道家气化宇宙论的基本精神。《老子》中有关天地万物生成的经句，也多被解释为一气化生万物。比如《老子指归》说"天地之外，毫厘之内，禀气不同，殊

---

① 严遵：《道德真经指归》，见《老子集成》第一卷，第78—79页。
② 顾欢：《老子道德经注》，见《老子集成》第一卷，第242页。
③ 成玄英：《老子道德经开题序诀义疏》，见《老子集成》第一卷，第294页。
④ 唐玄宗：《唐玄宗御注道德经》，见《老子集成》第一卷，第417页。
⑤ 唐玄宗：《唐玄宗御制道德真经疏》，见《老子集成》第一卷，第453页。

形异类，皆得一之以生，尽得一之化以成"①，就是典型的气化宇宙论，这个"一"就是"气"。赵志坚和成玄英、李荣等道教徒的道论以及解释宇宙生成的路数基本一致，但也有自己的特点。

赵志坚把《道德经》的"一"看作是"道"的代名词，并将"一"释为"元气"、"太和"或"道气"。作为"元气"的"一"，又称为"太和"或"元"，"太和"、"元"都是"一"的属性，并不是别的东西，"以数言之谓之一，以德言之谓之和，为气之始复云元"。他注《德经》第三章"天下之物②生于有，有生于无"云：

> 有，一气也。虽未形，已是有气。故言有天地万法，皆从一气而生，故云生于有。
>
> 无，道也。一气从道生，故言生于无。

注"道生一，一生二，二生三，三生万物"：

> 道至无也，一妙有也。至无不无，能生于一。道是一体，一是道气。气因体生，故云道生一。道虽生一，还在一中，神用资通，粗妙异耳。一外本［无］道，元无亏减。一者，元气也，亦曰太和。以数言之谓之一，以德言之谓之和，为气之始复云元。气妙有不有，无色无声，不有而有，能生于二。二者粗气，谓阴阳也。且一之为物也，从无涉有，至微至妙。理殊空寂，不得言无。器象未形，不可言有。③

"道生一"就是宇宙万物从"无"到"有"的过程。在解释了"道生一"后，赵志坚沿着阴阳剖判，清气为阳，浊气为阴，阳清升为天，阴浊降为地的传统思路，解释"二生三"和"三生万物"。天地人三

---

① 严遵：《道德真经指归》，见《老子集成》第一卷，第72页。
② 通行本写作"天下万物"。
③ 赵志坚：《道德真经疏义》，见《老子集成》第一卷，第396页。

者之中的"人"，则是"一气兼阴阳之妙"的"和气"凝聚而成，即"三合为和"。赵志坚对经文"二生三"后面接着说"三生万物"而不说"三生四"，有他自己独到的解释：

> 包含万象，混在其中，有神用能清能浊，清气为阳，浊气为阴，阴阳同出，故云生二。阴阳分判，一布二事，二外本一，全然若旧。二又生三。三者形质已具，谓天地人也。
>
> 纯阳清而为天，纯阴浊而为地，和气为人。和者一气兼阴阳之妙，三合为和。若以和清浊而为天地人者，此便以三生三。今言二生三，生为和，是一气布在二中，故唯言二。亦犹道遍三才，直以天地人为三，不可兼道为四。其天地人各怀阴阳和三气备足，然天地人外，阴阳和本气亦无耗损，其天地阴阳万物，若无和气不能自立，况能生物乎。①

这就是说，宇宙万物中，天地人为"三才"，没有其他可以与天地人并列的了，因此是不可以说"四"的。而天地人是由和气与阴阳二气共同气化而成。可是为何老子不说是"三生三"呢？这是因为和气分布在阴阳二气中，所以只能说"二"，可见"和气"并不是阴阳二气之外的另外一种物质，而是阴阳二气的调和之物。阴、阳、和这三气化成万物，绵绵不绝，万物因各含有和气而自足。可以看出，在赵志坚的宇宙生成论中，"和气"所占地位十分重要。

在解释天地人三才由一气而化之后，赵志坚又对这个过程的本质进行了阐述，强调这是一个从无适有，从妙向初的过程，"谓之生，非如今日以形相生也"，也就是说"道生一，一生二，二生三"的"生"，不能理解为"以形相生"，因为其时还没有形质，只有非无非有的虚凝之气。具体到人的产生，"其人始生而得和清浊二气，虚凝聚结，化生成形，其神识即和道之精秀，与天地同受气而生"，人与天地一样，都不过是从气化生而来，并非前后相生的关系。他

---

① 赵志坚：《道德真经疏义》，见《老子集成》第一卷，第396页。

又引《西升经》对此加以说明，"吾与天地分一气而治，自守根本是也"。赵志坚认为，从"三"到"万物"即"三生万物"的过程是一个"天地生万物，人又生人，兼长养之，万物咸得遂性"的过程，是一个自然而然的自洽过程。"自此之后，皆是阴阳交感，以形相生"。①也就是说"三生万物"这个阶段是"以形相生"，与之前不"以形相生"即天地人的生化本质上是不同的。赵志坚做出这样的分别，是为了突出天地人三才的特殊性。

由于将"一"等同于"气"，赵志坚注《德经》第二章"昔之得一者，天得一以清，地得一以宁"等，也是沿着气化宇宙论的方向进行解读："一，元气，道之始生者也。古昔天地万物，同得一气，而有生成。此句总说生由下别陈得一"；"一气分为阴阳，阳气清，上澄为天，天得一中之清气而为天，故清明也。阴气浊，下凝为地，地得一中之浊气而为地，故安宁也"。《德经》第二章经文中提到的天、地、神、谷、万物和侯王这六者，自然也都是气化而来，"同得一气，而有生成"。②

其实，无论是从道到三，还是从三到万物，赵志坚都是用有形质的"气"来解释宇宙生成问题，天地人是气化而成，万物本质上也是气化而成。尽管赵志坚以无形相生和有形相生对这个生成过程做了必要的区分，但他并未否认"气"的物质性特点。可是，如果不能否认"气"的物质性，也就无法解决《老子》的道是一和道生一的矛盾。赵志坚寻求从体用的角度来解决这个问题，也就是将"一"看作是虚无、无象的万物之本，称为"妙气"、"妙本"，"一者气之始，至虚无象者也"，"一者道之妙气，有形之本"。③"道"和"一"并不是两个不同的东西，而是体用关系，所以"道生一"的"生"并不是表示时间上的先后关系，而是本体论上的体用关系，"道，至无也，一，妙有也。至无不无，能生于一。道是一体，一是

---

① 赵志坚：《道德真经疏义》，见《老子集成》第一卷，第396页。
② 赵志坚：《道德真经疏义》，见《老子集成》第一卷，第393页。
③ 赵志坚：《道德真经疏义》，见《老子集成》第一卷，第393页。

道气。气因体生，故云道生一。道虽生一，还在一中，神用资通，粗妙异耳。一外本［无］道，元无亏减"①。

晚于赵志坚的成玄英、李荣等人也都把"一"释为"道"和"气"，如成玄英说"一者，道也"②；又注"万物得一以生"云："有识无情，通号万物。同禀一道，故得生成。"③ 但是成玄英不再像赵志坚那样区分无形相生和有形相生，而是直接从体用角度解释"生"，他注"道生一，一生二，二生三，三生万物"：

> 一，元气也。二，阴阳也。三，天地人也。万物，一切有识无情也。言至道妙本，体绝形名，从本降迹，肇生元气。又从元气，变生阴阳。于是阳气清浮，升而为天；阴气沉浊，降而为地，二气升降，和气为人。有三才，次生万物。欲明道能善贷，次第列之。④

又注"天下之物生于有，有生于无"云：

> 有，应道也，所谓元一之气也。元一妙本，所谓冥寂之地也。言天地万物皆从应道有法而生，即此应道，从妙本而起，元乎妙本，即至无也。⑤

比较赵志坚注"天下之物生于有，有生于无"：

> 有，一气也。虽未形，已是有气。故言有天地万法，皆从一气而生，故云生于有。
> 无，道也。一气从道生，故言生于无。推极生源指道为者，

---

① 赵志坚：《道德真经疏义》，见《老子集成》第一卷，第 396 页。
② 成玄英：《老子道德经开题序诀义疏》，见《老子集成》第一卷，第 316 页。
③ 成玄英：《老子道德经开题序诀义疏》，见《老子集成》第一卷，第 316 页。
④ 成玄英：《老子道德经开题序诀义疏》，见《老子集成》第一卷，第 319 页。
⑤ 成玄英：《老子道德经开题序诀义疏》，见《老子集成》第一卷，第 317 页。

> 欲令众兆归心有所。前言返者，返归此无也。①

将"有"释为"气"，将"道"称为"妙本"，从本迹关系理解"道"和"德"的关系，是赵志坚和成玄英、唐玄宗等注《老》的共同点。赵志坚在《德经》第一章的科判文中就已开宗明义："道是微妙之本，本尊故称上。德是慈济之迹，迹卑故言下。""微妙之本"即"妙本"，而"德"则是道之"妙用"，"一"是道之"妙气"。如果说"道"是"至无"，那么"一"就是"妙有"。在成玄英的道气关系中，他更强调的是"道"这个"妙本"，"从本降迹，肇生元气"的本迹关系，强调的是"道"的至无空豁和"道"作为天地万物之妙本的本体论意义。因此我们似乎可以说，成玄英解《老》的理论性比赵志坚更为圆融。

赵志坚认为，《德经》第五章"道生"章，紧接前一章"上士闻道"章，前一章最后一句经文是"夫唯道，善贷且成"，其宗旨是"明道唯善贷成就德业"，那么下一章"道生一"章的宗旨就是"明道有神妙为生源，成德生形"。这一章，赵志坚认为有四个方面的内容，第一就是"明生物因由，令识根本"。识得根本的用处是"归道会理"，"安闲归道"。

二、守本归一

道是一，是无，是本，是根，一切修道都是为了识得根本，不为"有"和"末"束缚。为此，赵志坚特别强调要"归一"、"守本"。类似说法还有"返本"、"归心"、"守一"等，例如他说：

> 一者道之妙气，有形之本。人若能归本守一，则生全。逐末失一，则性灭。②

---

① 赵志坚：《道德真经疏义》，见《老子集成》第一卷，第394—395页。
② 赵志坚：《道德真经疏义》，见《老子集成》第一卷，第393页。

又注"故贵以贱为本，高以下为基"：

> 夫守一道者，唯有冲虚，无论贵贱，其有谦损下贱则近道而安全，矜夸贵高则违道而毁灭也。①

赵志坚在《德经》第三章"返者道之动"的科判文中说："前明同气受生有为者，此明同人处代无事者。生逐末归本，对明得失有两别。前明弃迹有为，归本无事，后明指陈生本令物依寻。"② 又注"返者道之动"：

> 返，归本也。动者，事业也。凡人以移故就新为动。为道者舍末返本，是有道人之事业，故云道之动。身安心寂，不动也。舍有归无，云动也。……内心虚静，外行柔弱者，是返本之行。③

赵志坚的上述注文都是先阐发道的本体意义，作为个人身心修炼的依据。

三、契道内空

在修道境界上，赵志坚主张虚凝、兼忘，契道内空，空其所空。他注"上德不德"章云："道即上德也。后德谓下德也。上德合道，故名为道。初为对道，所以称德。今对后德，复以为道。"④ "上德"就是"虚忘之道"，与"下德"的"有为之执"相对应。"下德"的特征，赵志坚说："下德者，诸行备足，但不忘耳。"⑤ 王弼认为"上德之人，唯道是用，不德其德，无执无用"，他把"凡不能无为而为

---

① 赵志坚：《道德真经疏义》，见《老子集成》第一卷，第394页。
② 赵志坚：《道德真经疏义》，见《老子集成》第一卷，第394页。
③ 赵志坚：《道德真经疏义》，见《老子集成》第一卷，第394页。
④ 赵志坚：《道德真经疏义》，见《老子集成》第一卷，第392页。
⑤ 赵志坚：《道德真经疏义》，见《老子集成》第一卷，第392页。

之者"，都看作是"下德"，"下德"的具体表现就是"仁义礼节"。①
而赵志坚更重视的是主体的虚凝和"忘"，能到达此境界就是"上
德"。"忘"的真正含义实际上就是双遣，正如赵志坚注"下德不失
德，是以无德"说："夫心境两忘，物我齐贯，与道玄同者，方谓之
德"。与此相反，"下德"就是"不忘"，"不忘"的表现是"矜执未
袪，封著犹在，虽则德亦备矣"，是"自见犹存，为未全忘"。② 相对
于"全忘"，"不忘"只能称为"下德"。

又注"无有入于无间。吾是以知无为之有益"：

> 无有者心也，无间者道也。心除缘念，诸有皆尽，故云无
> 有。至道虚妙，无瑕无隙，故曰无间。入者契合也。道虽微妙，
> 间乃为心。无所有者，契道内空，心外弥宽，以此校量，故知
> 虚心之德，无为之行，于人大益。③

注"清静为天下正"：

> 清者外尘不染．静者内心不动。不染则六根清静，不动则
> 五神安宁。以此和静之德，可为天下轨范，故云为正也。④

能做到"境不乱心"，"寂然不动"的就是上士，"上士悛悟，心境齐
忘，心虚境无，诚谓善闭"。⑤ 赵志坚又说：

> 正者，处中之主，谓心也。福由善至，祸为恶来。祸福循
> 环，谁知限极。良为偏邪之心，妄生善恶，其能忘善恶之心者，
> 为正心也。上虽心忘，善恶为正，未能无心，执心为正，非至

① 王弼：《道德真经注》，见《老子集成》第一卷，第 221 页。
② 赵志坚：《道德真经疏义》，见《老子集成》第一卷，第 392 页。
③ 赵志坚：《道德真经疏义》，见《老子集成》第一卷，第 397 页。
④ 赵志坚：《道德真经疏义》，见《老子集成》第一卷，第 398 页。
⑤ 赵志坚：《道德真经疏义》，见《老子集成》第一卷，第 401 页。

正也。异他善恶故为奇，不招祸福，虽言善，未堪入道，复是
袄。袄者，道之邪也。契道则滓秽未尽，处俗则憎恶有余，适
为己之怪行，未始近于真善。①

注文中仍然可以看出明显的佛教破执之义。再如"为之于未有，理
之于未乱"之注："未有者，心未起时。未乱者，心未染时。此两句
覆结其安未兆，以起后义。"② 注"合抱之木，生于毫末"："喻人初
心起染，细如毫末，长恶深广，荫盖真性，如庭树也。"③ 意思是修
身之要在于去掉内心的妄念与执着。至于圣人"无心"，是说圣人本
来就没有欲和不欲二心之分别，但是为了向有欲者讲述"欲为于不
欲，使诸欲者效己无欲"④，达到天下治理的目的，"圣教"和"微
言"的存在也是合理的：

圣教微言，务存虚己……虚忘之极，妙与道合，德之
至也。⑤

大道平夷，无欲无事。内不劳心虑，外不费资财，安坐无
为，天下从化，此谓大道之行也。人莫能知之。⑥

从理身到理国，体现了赵志坚老学思想的主旨。

赵志坚注第十七章"故以身观身"时，提出"有观"、"空观"
和"真观"三观法，前面在讨论他的坐忘论时已经论及。赵志坚对
"真观"的定义是："真观者，则依此《经》为观。"⑦ 具体方法已如
前述。赵志坚注解下一句经文"吾何以知天下之然？以此"，对如何

---

① 赵志坚：《道德真经疏义》，见《老子集成》第一卷，第 404 页。
② 赵志坚：《道德真经疏义》，见《老子集成》第一卷，第 408 页。
③ 赵志坚：《道德真经疏义》，见《老子集成》第一卷，第 409 页。
④ 赵志坚：《道德真经疏义》，见《老子集成》第一卷，第 409 页。
⑤ 赵志坚：《道德真经疏义》，见《老子集成》第一卷，第 415 页。
⑥ 赵志坚：《道德真经疏义》，见《老子集成》第一卷，第 399 页。
⑦ 赵志坚：《道德真经疏义》，见《老子集成》第一卷，第 400 页。

观身又进行了进一步的阐述。既然《道德经》为"识母之良规，（告）悟真之要术"，那么得之者就必须从行动上做到与《道德经》所说之理相合，也就是要"绝思虑，杜事萌，无为坐忘，自验非谬"。那么怎样才能自验非谬，即避免错误的观身呢？赵志坚强调不能执着于经书，"若勤加披诵，则语熟心迷，亦犹击潭求影，徒施鉴力"。真正的观身是观而不观，忘遣一切，连"见空之心"都要舍弃："然则见空之心，犹对于有，悟真之慧，空有俱真。空唯舍有，真出空有也。"①

在赵志坚《疏义》残卷中，我们没有发现类似成玄英、李荣和唐玄宗在注解中使用的典型的重玄论述，但是从他留下的有限篇章中，我们还是可以窥见佛教中道思想对他的深刻影响。

---

① 赵志坚：《道德真经疏义》，见《老子集成》第一卷，第401页。

第七章 成玄英解《老》与道教
重玄学的鼎盛

　　蒙文通曾引唐末道士杜光庭《道德真经广圣义》论老学诸家之语"梁朝道士孟智周、臧玄静，陈朝道士褚糅，隋朝道士刘进喜，唐朝道士成玄英、蔡子晃、黄玄赜、李荣、车玄弻、张惠超，皆明重玄之道，何晏、钟会、杜元凯、王辅嗣、张嗣、羊祜、卢裕、刘仁会，皆明虚极无为、理家理国之道"，指出六朝隋唐"说老之义，义有多途，考其大较，二宗而已"，二宗即杜光庭文中所说"明重玄之道"和"皆明虚极无为、理家理国之道"。对于其间的学风嬗递，蒙文通指出："正始已还，玄风盛于江左，梁、陈以降，清谈渐息，究不可振者，正以重玄一倡，卑视魏、晋，河公、辅嗣并遭讥弹，孟、臧之宗既张，遂夺何、王之席驾而上之也。此宗悉属羽流，前者并是白衣，道士一派，于是遂以完成。"[①] 杜氏所列道士，从梁陈到隋唐，除了孟、臧、褚外，余下七人（刘、成、蔡、黄、李、车、张）均生活在隋唐之际和唐代初年，说明此阶段是重玄发展的高峰期，而在这个高峰期中，成玄英无疑是发扬"重玄之道"，使其臻于极盛的领袖人物。从思想发展的历时性进程来看，成玄英反复强调的重玄之道，作为一种时代思潮，不仅超越了魏晋玄学崇有和贵无两派的偏执，也是对肇始于南北朝时期的重玄思想的发扬光大和集大成，对后来的宋代理学融佛入

---

① 蒙文通：《古学甄微·校理〈老子成玄英疏〉叙录》，巴蜀书社 1987 年版，第354 页。

儒也有启发。① 重玄思想发展到成玄英时期，才算是真正达到了高峰。

杜氏所言重玄十一家中（实际上只有十家），说义之可考者，尚有七家，其中唐朝人除成玄英、李荣外，还有蔡子晃和车玄弻二家尚有少量佚文见于宋人李霖《道德真经取善集》。另二人各有十事和二事见于《道藏》顾欢本《道德真经注疏》征引。② 蒙文通认为"顾欢《注疏》，实本李荣《集解》"，蔡、车二人并在李荣之前，与成玄英同时（成玄英和李荣或许是师生关系）。③ 蔡、成同时是毋庸置疑的，《续高僧传》记载二人多次同时参与佛道论辩。蒙文通又根据《史记正义》可能征引"张君相曰"及其成书于开元二十四年（736）的事实，以及张君相《集解》中第二十六家至二十九家分别为刘进喜、蔡子晃、成玄英、车玄弻，判断蔡、车更在张君相前。至于刘进喜，上引杜序说他是"隋朝道士"，但是《大唐新语》卷十一记载唐高祖"幸国学，命道士刘进嘉讲《老子》"，"嘉"也许是"喜"之误，可见刘进喜大约主要活动在隋末唐初。

杜序提到的隋唐时期"皆明重玄之道"的七人，活动时间均在唐初。七人的作品大部分已佚，唯有成玄英的《庄子疏》和郭象的注合为一体，完整地保存了下来。他的《老子道德经开题序诀义疏》（以下简称"《老疏》"）虽然也早已亡佚，但是却在唐宋《老子》集注本中被大量征引，敦煌抄本中也发现了其残抄本。唐初另一道门领袖李荣的《道德真经注》亦有半部保存在《道藏》中，另半部

---

① 例如韩国学者崔珍皙认为成玄英哲学最主要的两大特点是"重玄"方法论和以"理"为最高中心范畴的形而上学体系。而成玄英上承魏晋玄学的本体论和道教传统，融汇佛教涅槃和诸法实相观念建立了他自己对"理"的理解系统。这一系统与宋明理学的理本体论有相通之处，二者或许存在继承关系。参见崔珍皙《成玄英的"理学"和宋明"理学"》（载陈鼓应主编：《道家文化研究》第十九辑，生活·读书·新知三联书店 2002 年版）。另可参见崔珍皙《成玄英的〈庄子疏〉研究》（巴蜀书社 2010 年版）附录《重玄学对宋明理学的影响——以成玄英、华严宗以及程朱理学之间的比较为中心》。

② 蒙文通：《校理老子成玄英疏叙录（节录）》，见《古学甄微》，第 354 页。

③ 蒙文通：《校理老子成玄英疏叙录（节录）》，见《古学甄微》，第 354—355 页。

也出现在敦煌抄本中。经现当代学者的收集和整理，现在几乎可以看到成、李二人几近完整的注本。本章和下章即分述成、李二人的老学思想。

成玄英的主要学术贡献在于构建了较为系统的道教重玄学体系，深化了道教的理论深度，而他赖以表达重玄思想的主要渠道是对《老子》、《庄子》这两部道家经典的注疏式解读。他对《老子》和《庄子》的创造性疏解以及对道教义理发展所做贡献，已有研究十分深入。① 本章在前人研究成果的基础上，系统阐述成玄英《老疏》的注释方法、思想脉络及主要特点。

第一节　成玄英生平事迹及著述

一、成玄英生平事迹考述

隋唐时期道教得到朝廷支持，不少道士走出深山，活跃于社会舞台。但是"唐宋以来，道教人物大都不见于史传，而道教传记亦散失甚多"②，这不能不说是道教研究者的一大遗憾。成玄英无疑是唐代道士中理论水平极高，与朝廷关系极为密切的杰出道士之一，他的生平事迹同样罕见于史传。《历世真仙体道通鉴》是元朝道士赵道一编纂的道教人物传记，书中不见成玄英的身影。现当代学者经过努力搜求，将散见于《经典释文》、《旧唐书》、《新唐书》等唐代史籍和一些道书、佛经中的零星资料综合起来，成玄英一生大致行迹方才约略可见。③ 目前可以见到的记载成玄英生平事迹和著述的史

---

① 相关成果很多，比如李刚《重玄之道开启众妙之门》（巴蜀书社 2005 年版），强昱《成玄英评传》（南京大学出版社 2006 年版），罗中枢《重玄之思成玄英的重玄方法和认识论研究》（巴蜀书社 2010 年版）等。

② 任继愈主编：《道藏提要》，中国社会科学出版社 1991 年版，第 221 页。

③ 参见强昱《成玄英评传》第一章第三节。

料主要有以下几种：

《旧唐书》卷四十七《经籍下》："《老子》二卷，成玄英注……《庄子疏》十二卷，成玄英撰。"《新唐书》卷五十九《艺文志三》"道家类"："道士成玄英注《老子道德经》二卷，又《开题序诀义疏》七卷；注《庄子》三十卷，《疏》十二卷。"在"《疏》十二卷"后有附注："玄英，字子实，陕州人，隐居东海。贞观五年召至京师。永徽中，流郁州。书成，道王元庆遣文学贾鼎就授大义，嵩高山人李利涉为序。唯《老子注》、《庄子疏》著录。"

值得注意的是，《新唐书·艺文志三》之"丙部子录"前序言云："凡著录六百九家，九百六十七部，一万七千一百五十二卷；不著录五百七家，五千六百一十五卷。"《新唐书》著录的子部十七类中包括"道家类"，不著录的，卷数约当著录的三分之一，这或许可以解释为何"唯《老子注》、《庄子疏》著录"。

南宋晁公武《郡斋读书志》卷十一张君相"《三十家注老子》八卷"条提到成玄英生活的时代："右唐蜀郡岷山道士张君相集河上公、严遵君平、王弼辅嗣、郭象子玄、钟会士秀、孙登公和、羊祜叔子、罗什、卢裕……车惠弼等注……君相，不知何时人而谓成玄英为皇朝道士，则唐天宝后人也。以绝学无忧一句，附绝圣弃知章末，以唯之与阿别为一章，与诸本不同。"《郡斋读书志》卷十一上"成玄英《庄子疏》三十三卷"条则云："右唐成玄英撰。本郭象注，为之疏义。玄英，字子实，陕州人，隐居东海。贞观五年，召至京师，加号西华法师。永徽中，流郁州。书成，道士王元庆邀文学贾鼎就授大义。"两处记载除了一些细节略有小异外，大部分与《新唐书》相同，如"遣文学贾鼎"与"邀文学贾鼎"就略有不同；又，在述及贞观五年（631）成玄英奉诏至京后，多出一句"加号西华法师"，但却脱漏"嵩高山人李利涉为序"一句。不过，这些是极小的差异，不影响理解。

晁志与《新唐书》最大的不同是将"道王元庆"写成"道士王元庆"。晁志显然有误，此处应从《新唐书》，为"道王元庆"。李元庆是唐高祖第十六子，为刘婕好所生，于武德六年（623），封为汉王；武德八年改封陈王；贞观十年（636）改封道王，授豫州刺史；麟德元年（664）薨。道王元庆的生活时代与成玄英相合。按照晁志所述，王元庆是"道士"，是没有资格"遣文学贾鼎"的。另外，查《新唐书·艺文志》，为成玄英《庄子疏》作序的嵩高山人李利涉确有其人，李是当时名士，著有《唐官姓氏记》，因"贬南方，亡其半"。总之，从上述零星记载可以看出，成玄英《庄子疏》在当时的确很受推崇。《老子注》和《庄子疏》的体例、文笔和思想都很接近，两书应有同等待遇。

南宋马端临《文献通考》成书晚于上述诸书，广泛参考了晁志。其书卷二百十一"成玄英《庄子疏》三十三卷"条云："晁氏曰：唐道士成元英撰，本郭象注，为之疏义。元英，字子实，陕州人，隐居东海。贞观五年召至京师，加号西华法师。永徽中，流郁州，不知坐何事。书成，道士元庆邀文学贾鼎就授大义。"几乎全录晁志，仅有几个细节不同，如因避唐玄宗讳，改"玄英"为"元英"，"道士王元庆"写作"道士元庆"，增加了无关紧要的"不知坐何事"一句话。

这样一位"道门之秀"，他的个人资料在现存唐宋时期的典籍中仅有上述简略而又大致雷同的信息可寻。成玄英虽然是一代高道，但从现存史料看，直至晚唐时期，他的名字及其为《老》、《庄》所作注疏的书名和内容才出现在道教文献中，其中最广为人知的是推重成玄英的唐末道士杜光庭在《道德真经广圣义》中的叙述。而其《老疏》文字，则集中见于同样推重成玄英，且与杜光庭大约同时代的道士强思齐的《道德真经玄德纂疏》中。

成玄英曾参与唐初佛道论辩，与玄奘同时，其一生活动在佛教典籍中留下一些痕迹。下面按照时间顺序列出成玄英一生中年份可考的主要行迹：[①]

---

① 　参见强昱：《成玄英李荣著述行年考》，见《道家文化研究》第十九辑。

贞观五年（631），太宗召其至京师，赐号"西华法师"①。
（《新唐书·艺文志》）

贞观十年（636），蔡子晃、成玄英等人与僧人释慧净论辩。
（《续高僧传》）

贞观二十一年（647），成玄英和蔡子晃等"李宗之望"三十余
人奉命集于京师五通观共译《道德经》为梵文，就《道德经》译梵
文一事之细节，如译"道"为"末迦"还是"菩提"，是否译《老子
河上公序》等，与玄奘等人发生激烈争论。（《集古今佛道论衡》、
《续高僧传》）

贞观二十二年（648），卷入吉州王氏《三皇经》事件（《法苑珠
林》）。

据《法苑珠林》卷五十五记载："有吉州囚人刘绍略妻王氏有
《五岳真仙图》及旧道士鲍静所造《三皇经》合一十四纸。上云：凡
诸侯有此文者，必为国王。大夫有此文者，为人父母；庶人有此文
者，钱财自聚；妇人有此文者，必为皇后。时吉州司法参军吉辩因
检囚席，乃于王氏衣笼中得之，时追绍略等勘问。云：向道士所得
之，受持州官，将为图谶。因封此图及经，驰驿申省奏闻，敕令省
官勘。当时朝议郎刑部郎中纪怀业等乃追京下清都观道士张慧元、
西华观道士成武英同等勘问，并款称云：此先道士鲍静等所作，妄
为墨书，非今元等所造。敕遣除毁。又得田令官奏云：如佛教依内
律僧尼受戒，得荫田人各三十亩。今道士、女道士，皆依《三皇
经》，受其上清下清，昔僧尼戒处，亦合荫田三十亩。此经既伪废
除，道士、女道士既无戒法，即不合受田，请同经废。京城道士等
当时惧怕，畏废荫田，私凭奏官，请将老子《道德经》替处。其年
五月十五日出敕，侍郎崔仁师宣敕旨云：《三皇经》文字既不可传，

---

① 加号西华法师一事，强昱认为"必不在此时（贞观五年）"，因为有道士秦英为患
病的太子承乾祈祷而病愈，唐太宗为其立西华馆，以其为西华法师，一观之内不
能同时有两个西华法师。

又语涉妖妄，宜并除之，即以老子《道德经》替处。有诸道观及以百姓人间有此文者，并勒送省除毁。"《集古今佛道论衡》卷丙也有记载："于时省司下诸州收《三皇经》，并聚于尚书礼部厅前于尚书，试以火热，一时灰烬。"《法苑珠林》中"成武英"之"武"疑为"玄"字之误。请以《道德经》替处《三皇经》一事，为京城道士的集体行为，成玄英等既被刑部要求共同勘问此事，可能也是此事的主谋者之一。

唐高宗永徽年间，成玄英因故流放至郁州。

另据韦述《两京新记》："垂拱中，有道士成玄英，长于言论，著《庄》、《老》数部，行于时也。"如果韦述记载可信，则武则天垂拱年间，成玄英尚在人世。

从年代可考的贞观五年（631）算起，至垂拱元年（685）成玄英活动的下限，成玄英至少有五十多年可靠的活动时间。考虑成玄英贞观五年入京之时已有盛名，年龄当在成熟之际，可以推测成玄英可能享有高寿。成玄英遭流放之后的活动缺乏明确记载，但这并不等于说从永徽到垂拱这段时间里，成玄英一直处于流放状态。

成玄英《庄子疏》前有"少而习《庄子》焉，精研覃思三十年矣"一语，这句话并无明确的时间坐标，不一定对应永徽至垂拱之间的三十年，可以理解为成玄英从少年时代研习《庄子》算起，到《庄子疏》成书，有三十年时间。如此，则《庄子疏》可能成书于成玄英壮年时期，即留居京师期间，不必一定是晚年流放期间的创作。

综合以上记载，我们可以勾勒出成玄英的基本生平。成玄英，字子实，玄英大概是他的名，陕州人（唐陕州治所在今河南三门峡市陕州区一带），主要活跃于唐太宗和唐高宗时期，贞观五年（631）入京师。晁公武据张君相语"成玄英为皇朝道士"，称成玄英为唐玄宗"天宝后人也"显然有误。成玄英可能在贞观初年已完成《老疏》，因而得以于贞观五年受诏入京。[①] 从贞观五年到唐高宗永徽年

---

① 蒙文通：《辑校成玄英〈道德真经义疏〉》，见《道书辑校十种》，第 345 页。

间"不知何故"被流放到郁州，成玄英留居京师长安的时间大约有二十至二十五年。成玄英约生于隋文帝仁寿年间，卒于武周天授元年（690）左右。[①]

在上述成玄英一生行迹中，贞观年间奉召入京是其道士生涯的重要转折点。现有记载显示，成玄英入京后，多次参与朝廷主持的重大文化活动，赢得"道门之秀"的美称。其中颇值得注意的有两件事，一是在三教论辩中与佛教徒多次论辩，特别是他与名僧释慧净的往复诘难；二是奉命与玄奘等佛教徒共译《道德经》为梵文。

先说贞观十年（636）成玄英与释慧净的论争。

释慧净是隋末唐初名僧，俗姓房氏，常山真定（今河北正定）人，唐释道宣所编《续高僧传》说他"家世儒宗，乡邦称美"。他十四岁出家，遍观佛典，于隋文帝开皇末年来到长安，"屡折重关，更驰名誉"。慧净在京师颇有时望，曾参与译经，笔受《大庄严论》，词旨深妙，曲尽梵言，被玄奘称为"东方菩萨"。

《续高僧传》记载，还在隋炀帝大业初年，慧净就曾在长安智藏寺与道士于永通辩论《老子》之道的"有物混成"问题。于永通所立辩题为《老子》第二十五章"有物混成，先天地生，吾不知其名，字之曰道"，慧净反问永通："有物混成，为体一故混？为体异故混？若体一故混，正混之时，已自成一，则一非道生；若体异故混，未混之时，已自成二，则二非一起。"可见慧净反驳的目标并不是有无是否混成的问题，而是直接针对《老子》有关万物生成的论断，这涉及佛道二教有关万物起源的不同认识，也是二教义理的根本分歧所在。

贞观十年（636），慧净又在长安纪国寺开讲，"王公宰辅才辩有声者，莫不毕集，时以为荣望也"。道教方面与会的至少有"黄巾蔡子晃、成世（玄）英"，二人被《续高僧传》称为"道门之秀"。这一年是成玄英奉诏入京后的第六年，论辩的大致过程被描述为下列情景，道教一方"才申论击，因遂征求，目覆义端，失其宗绪"，颇

---

① 强昱：《成玄英〈庄子疏〉研究》，巴蜀书社 2010 年版，第 10 页。

为不堪。相比之下，慧净成竹在胸，"安词调引"。辩论结果是"（蔡子）晃等饮气而旋，合坐解颐，贵识同美"。这次论辩的主题是什么，以及蔡、成如何"自覆义端，失其宗绪"，《续高僧传》没有记载。

杜光庭《道德真经广圣义序》总括唐代老学时提到蔡子晃，把他和成玄英等人并列，可惜他的著作没有流传下来。释慧净这样的佛门辩才，是蔡子晃、成玄英等道门之秀遭遇的劲敌。三年之后的贞观十三年（639），唐太宗再次召集诸臣及三教学士于弘文殿，延请释慧净开阐《法华经》，蔡子晃被要求与释慧净抗论。不过这一次，蔡子晃所竖义为佛理，"经称序品第一，未审序第何分"云云。释慧净"频入宫闱与道抗论，谈柄暂拈，四坐惊耸"，而蔡子晃等"道门锋领"似无力抵抗释慧净锋芒，"屡逢屈挫，心声俱靡"。

成玄英在京期间另一件值得一提的大事发生在贞观二十一年（647）。这一年，成玄英受命与蔡子晃、玄奘等人将《道德经》译为梵文，释道宣《集古今佛道论衡》卷丙和《续高僧传》卷四均有详细记载。据释道宣叙述，在《道德经》译梵过程中，成玄英、蔡子晃与玄奘发生了激烈争论，争论的焦点有两个，一是如何翻译《道德经》的"道"字，二是是否有必要翻译《道德经》（河上公注本）前的序言《老子道德经序诀》。

"道"关乎《道德经》的书名和道篇的篇名，"道"也是《道德经》的核心概念，《道德经》开篇第一章就反复出现"道"，如何处理它，是翻译工作中需要首先解决的问题。在佛教初传的魏晋时期，"附文求旨"的格义之法曾流行一时，这种方法不难理解，陈寅恪、汤用彤等早已有所梳理和发明，前文亦已有所述。不过，格义毕竟主要是在早期佛经翻译中使用的一种方法，既是自然而然的，也是不得已的一种选择。即便在格义流行的时代，一些学问精深的僧人就已认识到这种方法的弊端，指出泛用格义导致佛理扞格不通。《高僧传·道安传》记载，道安在与僧先的辩论中说，"先旧格义，于理多违"，僧先则说："且当分折逍遥，何容是非先达？"道安反问："弘赞理教，宜令允惬；法鼓竞鸣，何先何后？"道安显然对当时的格义现状很不满意，所以才有"先旧格义，于理多违"的批评，而僧先所说，则是当时一般僧人的见解。不过，我们也应该注意到，道安本人是格义方法的使用者，他的著作中多见以《老》、《庄》解说佛理。格义法在当时为一种不得不如此的接引方法。《高僧传·竺法雅传》中提到，竺法雅"风采洒落，善于枢机。外典佛经，递互讲说"。僧人经常聚众说佛，他也常"与道安、法汰每披释凑疑，共尽经要"。很难想象的是，道安在和擅长格义的竺法雅等人讲论时，如果不使用"格义"，如何可以做到"共尽经要"。或许道安批评的"先旧格义，于理多违"是有具体针对的，《高僧传》没有更进一步的记载。

道安批评的"于理多违"，大概和玄奘在译《道德经》为梵文的过程中遇到的问题属同一性质，也就是用老、庄的核心概念生硬对应佛教概念，比如用"无"比附"空"，用"涅槃"比附"无为"等。《高僧传》叙述道安之事，说"初经出已久，而旧译时谬，致使深藏，隐没未通。每至讲说，唯叙大意，转读而已。安穷览经典，钩深致远，其所注《般若道行》、《密迹》、《安般》诸经，并寻文比句，为起尽之义，乃析疑甄解，凡二十二卷"，又称赞道安"序致渊富，妙尽玄旨，条贯既叙，文理会通，经义克明，自安始也"。在般若大盛、众义纷出的晋代，道安持般若本无义，此说尽管受到了玄学的影响，但总体上是以王弼等人的贵无思想对般若学说所作的创造性转化，不同于机械的"先旧"格义。从道安所处东晋下至唐代，佛教在中土的传播获得了更为充分的发展，玄奘取经返回中土后，在组织佛经翻译的过程中必然对格义之法的弊端有了更深刻的认识，这种认识终于在译《道德经》为梵文时充分表露出来。必须强调的是，无论是佛教徒还是道教徒，将道经译为梵文都无先例可循，双方在翻译原则和策略上出现矛盾是不可避免的，只是时间早晚问题。

据道宣记载，当时朝廷组织佛道两方人员翻译《道德经》，采用的底本是在唐代道教内外广为流行的《老子道德经河上公章句》。成玄英、蔡子晃、李荣注解《道德经》，参照的经文都是河上公本，这是经过南北朝道教徒改造过的所谓减字本。底本的选择，佛道双方应该没有异议。河上本公正文前面有一篇署名"太极左仙翁葛玄"所作《老子道德经序诀》的序言。这篇序言由三段文字组成，叙述老子的诞生、降世以及为汉文帝传授章句等内容，道教宗教色彩十分鲜明。它不仅与《道德经》经文风格大异其趣，与河上公本的注文也有相当的差距。对于这篇序文，参与译事的佛道两方意见分歧很大，成玄英、蔡子晃等道士当然希望全部译为梵文，但玄奘只同意译经，反对译序。在具体的译文上，双方矛盾也十分尖锐。

《道德经》翻译中的这两大分歧最后均以玄奘胜出而告终。至于成玄英、蔡子晃等道士作何感想，此事对道教产生了什么影响，我们不得而知，估计对道教刺激不小。双方在这两个问题上的分歧，反映出唐代佛教和道教对自身宗教身份认同秉持的标准不同，双方对佛道二教关系的认识也存在很大差距。此时的佛教已经摆脱了依附中国固有文化特别是道家文化的阶段，格义方法遭到了玄奘旗帜鲜明的反对。然而道教一方似乎并未明确认识到这一点，他们将佛教讲经和译经过程中曾经使用过的格义方法看作是理所当然，没有意识到格义方法对佛教和道教的意义是完全不同的。或者可以这样说，道教继续强调二教之同，力主殊途同归；佛教则强调二教之异，希望划清界限。

道教求同，佛教排异，两方态度完全背离，这是《道德经》翻译过程中发生冲突的根本原因。道教对佛教的吸收在佛教传入中国之后就已开始，这种吸收既是迫不得已的情势使然，也是道教一方的主观努力所致。南朝隋唐时期道教正处于深入吸收佛教思想的阶段，成玄英疏解《老》、《庄》大量使用佛教术语就是一个例证。然而我们也应该注意到，佛教对道教"理所当然"的吸收十分反感，这种反感情绪自东晋南朝以来，越来越鲜明。《弘明集》、《广弘明集》、《集古今佛道论衡》、《法苑珠林》等汇编性佛典中记载了很多对此讥讽和批驳的文章，措辞中常见"偷"、"盗"、"诬"等词汇，用以描述道教对佛经和佛理的借用。《法苑珠林》的编者释道世和成玄英是同时代人，曾在唐高宗显庆年间参与玄奘译场工作，书中批评"京城道士杂糅佛经，偷安道法"，这"京城道士"自然包括成玄英在内。"偷安道法"、"偷安道经"、"偷我佛语，著己法中"、"所言天尊之号，出自佛经"、"窃我圣踪，施乎己典"等直截了当的批评在该书中更是俯拾皆是，如"又至麟德元年，西京诸观道士郭行真等，时诸道士见行真恩敕驱使，假托天威，惑乱百姓，更相扇动。简集道士东明观李荣、姚义玄、刘道合，会圣观道士田仁惠、郭盖宗，总集古今道士所作伪经前后隐没不行者，重更修改。私窃佛经，简取要略，改张文句，回换佛语、人法名数，三界、六道、五阴、十二入、十八界三十七道品、大小法门，并偷安道经，将为华典"。又如批评道士妄改佛经，"如道经之内本无优婆塞、优婆夷、檀越、贤者、达嚫之名，今诸道士并皆偷用。未知此名为是汉语，为是梵音。若是汉语，何故诸史无文？若是梵音，未知此言翻表何义。庄老复非西人，故知偷用，真伪可测"。又批评道教模仿"偷用"佛教建造偶像，"如老子依书乃是周时柱下藏史，执板称臣，共俗无异。今时即安别观，如似伽蓝。天尊老子，并涂金色。如佛经旧称佛为'天尊'，复即偷用"。佛教甚至认为"道士"这一名号也是道教"偷"来的，"如汉魏已来，及至苻、姚，并唤僧名'道士'，复偷将己用"。"（寇谦之）始窃'道士'之名，私易祭酒之号"。

《法苑珠林》点名批评的道士为数甚多，除"道门之秀"成玄英、蔡子晃等人外，同时代的西京西华观道士秦英、郭行真，以及为武则天行厌胜之术的会圣观道士韦灵符、还俗道士朱灵感等，无一不是"上托天威，惑乱百姓"。而受到皇室恩遇的成玄英等人，都是"谬承供奉"。

在唐朝前期三教不偏废的政策下，宫廷里多次出现三教讲论的情景，宫观寺庙里也多次发生佛道二教的论辩。据佛教方面的资料记载，这些讲论和论辩几乎都以道教徒理屈词穷、尴尬败落收场。佛教的记载当然存在偏颇之处，不过，频繁的思想交锋，客观上促进了道教徒对道教义理的思考。隋唐时期以成玄英为代表的重玄思辨高峰的到来与此应有深刻的关联。

二、成玄英著述略考

成玄英流传至今的著作主要有两种，即《老疏》和《庄子疏》。除此之外，至少还有《度人经注》。①但《度人经注》似乎影响不大，仅见于北宋陈景元《度人经集注》的少量征引，难窥全貌。成玄英的思想，还得从他对《老》、《庄》的疏解中才能把握。

成玄英注解《老》、《庄》大量吸收佛教概念和思想，他的著述也曾引起佛教徒的注意。现存佛教典籍可见一些零星征引和评论，如唐代宗时高僧释澄观在《大方广佛华严经随疏演义钞》中说："现今时成玄英尊师作《庄》、《老》疏，广引释教，以参彼典。但见其言有小同，岂知义有大异。后来浅识，弥复惑焉。"可见与一些佛教徒出于护教情绪妄加诋毁道士及其著述相比，释澄观对成玄英态度友好，不仅称其为"尊师"，也能真正领会其《老》、《庄》注疏的精神。这三部著作的成书时间，可能《度人经》注最早，其次是《老疏》，最后成书的是《庄子疏》。

但是成玄英到底有几种《老》、《庄》方面的著述，还是一个问题。据《新唐书》，成玄英有《老子》注疏类两种：注《老子道德经》二卷、《开题序诀义疏》七卷。《庄子》注疏类也有两种：注《庄子》三十卷、《疏》十二卷。但《旧唐书·经籍志》只记载了"《老子》二卷，成玄英注"，又"《庄子疏》十二卷，成玄英撰"。撇开种数不说，仅《庄子疏》的卷数记载就有好几种。宋代目录有十二卷和三十三卷的不同说法，如晁公武《郡斋读书志》卷三上"成玄英《庄子疏》三十三卷"；南宋郑樵《通志》说成玄英著"《庄子疏》十二卷"，"十二卷"的记载与两唐志相同；南宋王应麟《玉海》说"唐成玄英疏三十三卷，本郭象注，为之疏义"，和晁公武说法相

① 参见强昱《成玄英李荣著述行年考》。据强昱考证，成玄英曾作《周易流演穷寂图》五卷、《九天生神章经注》，均在宋以后亡佚。成玄英的存世著述除了《老疏》和《庄子疏》外，还有《度人经疏》，收于宋人陈景元著《元始无量度人上品妙经四注》。该书收南朝齐道士严东和唐李少微、薛幽栖、成玄英四人的注疏，正统《道藏》收有残卷。

同；南宋马端临《文献通考》说"成玄英《庄子疏》三十三卷"。而成玄英《庄子疏序》却说："依子玄所注三十篇，辄为疏解，总三十卷。"

目前仅见成玄英对《老》、《庄》的疏，未见注，且《庄子注》仅《新唐书》有载，因此成玄英是否有《庄子注》颇值得怀疑。大渊忍尔、蒙文通等学者均对此做过辨正。成玄英自言其《庄子疏》依托郭象的三十三卷《庄子注》而成，如果其自序没有被篡改，那么成玄英似乎没有理由在郭象注之外另起炉灶，不然他为何要依托郭象之注为之疏义？卷数记载的差异，也可以得到合理解释。成玄英依注为疏却并不受其约束，他将《庄子疏》改编为三十卷而不是郭象的三十三卷，《玉海》所说成玄英《庄子疏》"三十三卷"应该是郭象《庄子注》的卷数。至于两唐志说成玄英《庄子疏》有十二卷的说法，可能是当时流行的另一种分卷不同的郭注成疏。分卷不同是常见的做法。明人爱《庄》，《明史·艺文志》记载的明代道家典籍有二百六十七卷，与《庄子》有关的就有一百一十卷，占总数的将近一半。但明人对《庄子》有多种分卷方式，如正统年间所刻《道藏》本《南华真经注疏》为三十五卷，经文后附郭注成疏；嘉庆年间所刻《道藏辑要》本《南华真经》为八卷，同样附郭注成疏。

以上是对成玄英的《庄子疏》略作说明。对于《老子》，按《新唐书·艺文志》的著录，有两种，"道士成玄英注《老子道德经》二卷，又《开题序诀义疏》七卷"。大渊忍尔认为，这两种其实只是一种，即《道德经义疏》五卷、《开题》一卷和《序诀义疏》一卷，共七卷。但是杜光庭说"道士成玄英，作《讲疏》六卷"[①]。之所以出现六卷和七卷之差异，可能是杜氏没有将《开题》算在内。强思齐《道德真经玄德纂疏》所引成玄英《老子道德经义疏》正文中有"其委曲玄旨，俱见《开题》义中"[②]一语，可能表明《开题》不是《义

---

① 杜光庭：《道德真经广圣义》，见《老子集成》第二卷，第6页。
② 成玄英：《老子道德经开题序诀义疏》，《老子集成》第一卷，第287页。

疏》整体的组成部分。但不管怎样，成玄英的《老疏》与《老子注》应该是同一部书。

中唐史学家韦述在《两京新记》中说："垂拱中，有道士成玄英，长于言论，著《庄》、《老》数部，行于时也。"这是来自史学家的客观记载，可信度高，说明成玄英的《庄》、《老》二疏在当时的确颇为流行。但是成玄英的《庄子疏》完整地保存下来了，《老疏》却未能逃脱亡佚的命运。据南宋道士彭耜《道德真经集注》引北宋末年董逌私人藏书目录《广川藏书志》，成玄英的《老疏》在唐末五代已无完秩，至迟在北宋已经亡佚。

《老疏》和《庄子疏》为何命运如此不同，我们推测可能有以下几个原因。

首先，成玄英的《老疏》虽然颇有新意，但为《老子》作注作疏是汉魏以来道教徒的传统，成玄英也说自己注《老》是以"托重玄以为宗"的晋代孙登为榜样，上承梁道士臧玄静和大小二孟。但是唐代中后期道教内丹学兴起，以佛学解说《老子》的传统受到了新的挑战，重玄学亦盛极而衰，故而其《老疏》盛行于唐代前期，后期逐步湮没。

其次，成玄英的《庄子疏》与《老疏》不同，它不仅是历史上第一个有明确记载的由道士为《庄子》所作的疏解，更重要的是，成玄英的疏解虽声称依托郭注，但并不受郭注束缚，大有超越郭注，后来居上之势。《庄》佛之间在精神上本来就有相通之处，成玄英疏《庄》，则是在魏晋六朝释子《庄》佛互释的基础上，进一步融佛理于其中。成玄英虽然是以道士的身份疏解《庄子》，却能充分发扬郭象的玄思，并为教内外普遍认可。《老子》则不同，成玄英的疏解，本质上是汉魏以降道教徒注《老》传统中的一环，他的《老疏》上承六朝道士臧、孟解《老》的重玄宗趣，宗教性色彩远比《庄子疏》浓厚。现存敦煌残抄本初唐颜师古《玄言新记明老部》和初唐道士赵志坚的《道德真经疏义》，注解风格与成玄英《老疏》颇为接近，这说明成玄英的《老疏》只是当时众多同类解《老》作品中的一种。

收入《老子集成》的成玄英《老子道德经开题序诀义疏》，是经多位现当代学者整理而成的结晶。这部整理本实际上由以下几部分构成：《老子道德经开题》一卷、《老子道德经序诀义疏》一卷和包括八十一章科判文在内的《老子道德经义疏》五卷，合计七卷。为了理解的方便，下面先对这一整理本予以说明。

第一部分是《老子道德经开题》（以下简称"《开题》"），一卷。所谓"《开题》"，一般认为是指成玄英在《老子道德经义疏》正文篇首所列简短科判文中所云"此经是三教之冠冕，众经之领袖……其委曲玄旨，俱在《开题》义中"① 之"《开题》"。《开题》文字早佚，后见于敦煌抄本编号 P.2353，共 114 字。日本学者神田喜一郎《敦煌秘籍留真新编》最先以"《老子开题残》"为名收录，②王重民《敦煌古籍叙录新编》③ 子部和大渊忍尔《敦煌道经目录篇》也有著录。该抄本前后皆残，文字始于"始内有终"，终于"今明立教利物，故寄之两……"照成玄英的说法，"其委曲玄旨，俱在《开题》义中"，本来是成玄英综论老子及《道德经》的文字。《开题》可能别自为书，不附于成玄英《老疏》，这大概也是《开题》后来亡佚的主因。

整理本《开题》残卷的内容也可分为两部分。第一部分，成玄英广引原题葛玄的《老子道德经序诀》（以下简称"《序诀》"）及《文始内传》、《神仙传》、《九天生神章经》、《西升经》、《升玄经》等道经，从宗教神学的角度，从老子之号（"老子"）、名氏（姓李名耳字伯阳外字老聃）、法体（圣人以玄元始三气为体）、时节（老子生卒年及其一生主要事迹）、方所（老子出生地）五个方面，详细阐

---

① 成玄英：《老子道德经开题序诀义疏》，见《老子集成》第一卷，第 287 页。

② 神田喜一郎：《敦煌秘籍留真新编》（下），台湾大学 1947 年影印本，第 53 页。神田喜一郎在法国留学时，拍摄了巴黎国民图书馆藏伯希和所得敦煌遗书珍本，于 1938 年出版《敦煌秘籍留真》上下册，收敦煌遗书精华凡 63 种。1947 年，神田喜一郎拍摄的其他敦煌遗书 23 种由台湾大学分两册影印出版，题名《敦煌秘籍留真新编》。

③ 《敦煌古籍叙录新编》（台湾新文丰初版股份有限公司 1986 年版），系在王重民《敦煌古籍叙录》（商务印书馆 1958 年版）基础上续编而成。

述《道德经》的创作者老子的生平事迹。例如第一段（卷首残，始于"始内有终"，根据文义，残卷首句是解释《老子》"无始无终"的）解释老子为何叫"老子"，以及为何"老子"名号有多种。成玄英征引古道经《玄妙内篇》①"老子不生不灭，无始无终"，又引《序诀》"老子之号，因玄而出，在天地之先，无衰老之时，故曰老子"，以及《西升经》"智亦不独生，皆须对因缘"等文字，阐明"老子"名号名目多有，其义归一。

"老子"这个名号有三，成玄英的依据是《序诀》所说"老子之号，因玄而出，在天地之先，无衰老之期，故曰老子"，这是"据教而言"。但是从"教"和"理"的关系而言，即"约理而辩"，其实三只是一，② 这是道教三一义在"老子"名号上的体现。所谓"据教"，即是"逗机"而教，可以有多种，但道理却只有一个，"教"是明"理"的工具，"理"是兴"教"的目的，因此"若得其理，既不滞三，亦不滞一"，三、一皆应遣除，最后只剩一个理。"逗机"是佛教用语，指佛祖为接引众生，依其不同资质而随顺说法，也就是逗机不同、法无定说之意，明末僧人真可曾评价鸠摩罗什译经，就用到了"逗机"这个词："至于译经者流，无虑百余家。若夫文质精到，逗机不爽，无越什师。"六朝隋唐道教重玄学著述中常见借用。

从上引《开题》文字我们可以看出，成玄英不仅博通佛教知识，且能毫不滞涩地使用佛理来解释道教名目。教理之"教"，根据成玄

---

① 古道经《玄妙内篇》亡佚已久，仅见南朝及以后道书称引，其成书年代一直存在争议。已知见于称引的最早文献是南朝泰始三年（467）成书的顾欢《夷夏论》："道经云：老子入关之天竺维卫国，国王夫人名曰净妙。老子因其昼寝，乘日精入净妙口中。后年四月八日夜半时，剖左腋而生，坠地即行七步。于是佛道兴焉。此出《玄妙内篇》"，具有鲜明的老子化胡说倾向。反驳顾欢的僧绍作《正二教论》，引《夷夏论》有关《玄妙内篇》原文作为批判的对象，所引内容比现存《夷夏论》所引更为丰富，中有"此是汉中真典，非穿凿之书"语。王维诚在1934年发表的研究化胡说的论文中提到《玄妙内篇》，指出其书"实以老子入印度为佛，犹承受汉时老子入夷狄为浮屠之传说"。参见王维诚：《老子化胡说考证》，《国学季刊》4卷2号，1934年，第6页。

② 成玄英：《老子道德经开题序诀义疏》，见《老子集成》第一卷，第281页。

英所论，有广义和狭义之分，广义是指道教的"三洞尊文，七部玄教"所谓"法教"① 或者"经教"②，或者"玄天教主太上大道君"之"教"，"教存渐顿"之"教"；狭义则是指是"经教"之一——《道德经》之"教"。

在《开题》后半部分阐述老子一生行迹的"时节"时，成玄英在所引《文始内传》中有关尹喜与老子的故事中提到，尹喜预瞻紫气西迈，老子将于某月某日将乘青牛薄板车过关。尹喜迎老子，老子在关时，不仅授尹喜《道德经》上下卷，且于"临去之际又说《西升》事毕，乃示见神通，腾空数丈，存亡恍惚，老少无恒"。这部分文字基本是道教传统说法，讲老子其人。

接下来，"显所说正法"，也就是彰显老子在《道德经》里所讲"正法"。"正法"分为五部分："道德"、"释经"、"宗体"、"文数"和"章卷"，分别阐述《道德经》的书名"道"、"德"和"经"三个字的深刻含义以及成玄英理解的《道德经》的重玄旨意、五千文之"五千"数字的来历、《道德经》分上下二卷八十一章的理由。成玄英在篇首科判文中所说"委曲玄旨，俱在《开题》义中"之"委曲玄旨"，主要体现在这一部分。这部分文字既有继承也有成玄英自己的创造性发挥。这是讲《老子》其书。

《老疏》第二部分是"《老子道德经序诀义疏》"（以下简称"《序诀义疏》"），一卷，为成玄英疏解《序诀》的文字。《开题》和《序诀义疏》虽然内容主旨相同，但分工不同。前者概说老子其人其书，后者以疏解《序诀》内涵、发挥其义理为重。汉代《老子》分上下篇，本无序言，《序诀》是后来添补上去的，附在当时流行的《老子河上公章句》正文前，序与章句遂成为一体。《隋书·经籍志》引《梁录》所载"《老子序诀》一卷，葛仙公撰"，可能就是此《序诀》，与《新唐书·艺文志》所载"《老子道德经序诀》二卷，葛洪撰"应同为一书，《新唐书》误题"葛玄"为"葛洪"。

敦煌写本中还有编号为 S.5887、BD12237 和 S.12838 的《道德

---

① 成玄英：《老子道德经开题序诀义疏》，见《老子集成》第一卷，第284页。
② 成玄英：《老子道德经开题序诀义疏》，见《老子集成》第一卷，第291页。

经》文本残片，王卡认为三件属于同一抄本，共存经文 13 行，近 300 字，内容应为成玄英疏释《老子道德经序诀》的文字。该残卷经文用《老子》五千文本。①

《老疏》第三部分是包括八十一章科判文在内的《老子道德经义疏》五卷。

正统《道藏》所收唐末道士强思齐集纂而成的《道德真经玄德纂疏》（以下简称"《玄德纂疏》"）摘录唐玄宗《御注》并《御疏》、河上公《道德真经注》、严君平《老子指归》、李荣《道德真经注》和成玄英《老疏》等各家注疏文字，于每章之前引成玄英论八十一章相次之义之文，类似《易》之《序卦》，性质上属于道教科判文类。这种解释《老子》章序大义的篇章，很有可能原来是单独流行的，后来分开入于每章正文之前。前引《隋书·经籍志》说葛仙公撰"《老子序诀》一卷"之"序诀"也有可能是"序次"之误。② 所谓"序次"，即阐明八十一章章序所以如此的理由，这在唐代注《老》作品中比较常见。③ 假如真是如此，那么又该如何理解唐志著录的"《老子道德经序诀》二卷"呢？《序诀》原书仅有三段文字，是为一卷，与二卷的记载不合。因此也许可以理解为唐志记录的二卷本《老子道德经序诀》就是葛玄三序和《序次》之文的合称，④ 也就是说《老子序次》有两卷，成玄英的《序诀义疏》相应也有两卷，一卷为开题，另一卷论说章次的文字已散入各章，"不复自为卷也"。⑤ 从

---

① 收入《老子集成》第一册，第 286 页。
② 蒙文通：《辑校成玄英〈道德经义疏〉》，见《道书辑校十种》，第 349 页。
③ 比如正统《道藏》所收唐初赵志坚《道德真经疏义》残卷在《德经》第三章"返者章第三"（残本首章）疏解正文前，有一段文字，叙述前后两章的相次之由及两章大意："前明同气受生有为者，此明同人处代无事者。生逐末归本，对明得失有两别。前明弃迹有为归本无事，后明指陈生本令物依寻。两句前。"敦煌残本原题"颜师古"著《玄言新记明老部》残卷内容全部是这类解释章次的文字。此外，正统《道藏》所收《唐玄宗御制道德真经疏》十卷，也是这种疏解体例，在每章疏解正文之前，先有一段阐明章之大义及分疏每章内容层次的文字。
④ 蒙文通：《辑校成玄英〈道德经义疏〉》，见《道书辑校十种》，第 349 页。
⑤ 蒙文通未见《开题》和《序诀义疏》敦煌本。详见蒙文通：《辑校成玄英〈道德经义疏〉》，见《道书辑校十种》，第 348—349 页。

强思齐所引成疏来看，这些论述《老子》章序相次理由及综述各章内容及层次的篇章，在每一章的疏文前面都有，言简意赅且言之成理，如第一章"道可道"章这样论"序次"：

> 道可道章即是第一大段，标道宗致。就此章中又开四别：第一略标理教，第二泛明本迹，第三显二观不同，第四会重玄之致。①

这一章的经文就被划分为四个递进的层次，疏文则依此"四别"逐一铺开，直至"第四会重玄之致"对应的该章结尾处的经文"此两者同出而异名，同谓之玄，玄之又玄，众妙之门"。第二章"天下皆知"章，紧接上一章，成玄英在疏文前这样论述本章大意以及次于前一章的缘由：

> 天下皆知章即是第二大段第一章，广明道法。此章所以次前者，前章明有无二观，粗妙不同，故次此章即显无为之能，有为之弊。②

其他各章类皆如此。"此章所以次前章者"或者某章"所以次"某章者，是这类科判文论述章次的标准用语。成玄英这些解说章序章次的文字，从整体上将《道德经》八十一章建构成了一个前后连贯、逻辑清晰的整体，起着提纲挈领、总揽全局的作用。成玄英对《道德经》文本的疏解遂按照章序所述，娓娓道来，逐层展开。

《老子道德经义疏》，是成玄英疏解《老子》的正文，也是该书的主体部分。

强思齐《玄德纂疏》和《道藏》顾欢本《道德真经注疏》大量引用了成玄英的《老疏》文字，这可能是由于"成、李（荣）二家，

---

① 成玄英：《老子道德经开题序诀义疏》，见《老子集成》第一卷，第287页。
② 成玄英：《老子道德经开题序诀义疏》，见《老子集成》第一卷，第288页。

名重唐代，以故征引特多"①。蒙文通在 20 世纪 40 年代将其辑成《辑校成玄英〈道德经义疏〉》六卷，并校以传世《老子》碑刻，即"疏依顾氏，而校以强氏"，最大限度保证了经文的可靠性。

敦煌抄本 P.2517 残卷有尾题"老子道德经义疏卷第五"，存文302 行，起自第六十章，终于第八十一章末。罗振玉《鸣沙石室古籍丛残》影印本（1917）收录时，罗振玉曾猜测"殆即孟氏（智周）撰也"。王重民《敦煌古籍叙录》最早提出此书应为成玄英所撰《道德经义疏》残文，这一结论为大多数当代学者所接受。② 蒙文通辑校成玄英《道德经义疏》的工作结束后，以敦煌本为参照，最早证实了王重民的判断。③ 该抄本残卷尾题"老子道德经义疏卷第五"保留完整，说明成玄英《老子道德经义疏》正文应为五卷。

另据研究，中国国家图书馆藏敦煌唐写本 BD09524（殷 045 年）也是成玄英《老子道德经开题序诀义疏》残卷，④ 该残卷现存内容不多，存文起自第二十一章，终于第二十三章，共 63 行 1600 余字，背面抄写佛经。大渊忍尔《敦煌道经目录编》有著录。《中国国家图书馆藏敦煌遗书》定名为"《老子道德经义疏》"。⑤

由于文献记载有不同题名，现代人的辑佚本也相应地有不同名称。如蒙文通题名为"《辑校成玄英〈道德经义疏〉》"（四川省立图书馆 1946 年石印本，后收入《道书辑校十种》），之后则有严灵峰辑本"《道德经开题序诀义疏》"五卷（收入《无求备斋老子集成初编》），以及日本学者藤原高男辑本"《辑校赞道德经义疏》"（收入 1967 年《高松工业高等专门学校研究纪要》第二号）。藤原高男

---

① 蒙文通：《辑校李荣〈道德经注〉》，见《道书辑校十种》，第 554 页。
② 王国维认为是孟智周作，李梦楚认为是刘进喜作，王重民、蒙文通、严灵峰、蒋锡昌、王卡等人认为是成玄英作。参见王卡：《敦煌道教文献研究》，第 173 页。
③ 蒙文通：《辑校成玄英〈道德经义疏〉》，见《道书辑校十种》，第 373 页。
④ 刘波：《BD09524 唐写本成玄英〈老子道德经义疏〉残卷校读记》，见中国人民大学国学院主编：《国学的传承与创新——冯其庸先生从事教学与科研六十周年贺学术文集》下册，油印本，第 1262 页。
⑤ 《中国国家图书馆藏敦煌遗书》第 106 册，国家图书馆出版社 2009 年版，第 57—60 页。

辑本晚于蒙、严本，在二人基础上有细节更正。

本文所用版本为近年来在综合前人成果的基础上完成的《老子集成》本。该整理本虽以敦煌抄本为底本，但由于敦煌本残缺较多，误夺严重，实际上大部分文字是由蒙文通辑校本补出。按照《新唐书》的著录和杜光庭的叙述，《老子集成》本题名"《老子道德经开题序诀义疏》"。《老子集成》本充分利用了蒙文通、严灵峰等人的辑校成果，较为完整地呈现了现存成玄英的老学作品。蒙文通辑校本在每章结尾处用圆括号注明章次，《老子集成》本整理者则在每章前面加上章次和章名，便于观览。题名中"开题"、"序诀"和"义疏"三词并列，意图全面涵盖该书的三部分内容。《开题》和《序诀》均为敦煌残抄本，篇幅都不长，两部分合起来约相当于整本书的前言，起开篇引入和提纲挈领的作用。该书主体是成玄英所作五卷《老子道德经义疏》。

第二节　成玄英疏解《老子》的方法

成玄英对《老》、《庄》二书评价甚高，在《庄子疏》序言中，他说："夫《庄子》者，所以申道德之深根，述重玄之妙旨，畅无为之恬淡，明独化之窅冥，钳揵九流，括囊百氏，谅区中之至教，实象外之微言者也。"而在《老疏》开篇，他也申明："此经是三教之冠冕，众经之领袖，大无不包，细无不入，穷理尽性，不可思议。"成玄英对《老》、《庄》二书的疏解，以佛教中观思想为基本理论框架，以玄之又玄的重玄为功夫进路和理想的修道境界，通篇充满了佛教中观意趣。

一、融佛入道

广参佛理，大量引用佛教术语，无疑是成玄英疏解《老》、《庄》最鲜明的特点。以佛理为工具，成玄英《庄子疏》把陆德明《经典释文·序录》告诫读《庄》者"不可案文责也"发挥到了极致。其实《老疏》何尝不是如此。

翻开成玄英的《老》、《庄》二疏，随处可见"有识"、"无情"、"众生"、"诸法"、"实相"、"法相"、"性相"、"因果"、"果报"、"三业"、"三界"、"三毒"、"六道"、"六尘"、"六根"、"虚幻"、"妄心"等佛教用语，恍惚间会产生正在阅读某位佛教徒作品的错觉。只有继续通读全部篇章，这种错觉才会消失，成玄英的道士身份才会显露。

把老子之"道"解释为"法"，是《老疏》的一个鲜明特点，是该书融佛入道的具体表现。在《开题》中，成玄英说："（前残）第二名氏者……第三法体者……第四时节者……"所谓"法体"即是以道教三一义阐明的教主老子的"应身"问题，也就是"圣体"，即"圣人以玄元始三气为体，言同三天之妙气也"之类。《开题》部分先论老子名氏、法体、时节，之后才开始"显所说正法"。"正法"开为五别，即"第一道德"，"第二释经"，"第三宗体"，"第四文数"，"第五章卷"。其中"第二释经"，成玄英称："是知'经'者，法教之总名，至人之洪范。"又说："此一部妙经，五千奥典，上下二卷，八十一章，各有表明，咸资法象，岂徒然哉，良有以也。"①"大象，犹大道之法象也"②。可见成玄英不仅用"法体"指称老子之"身"，还以"正法"和"法教"指称老子之道和经。成玄还将君王之"王"释为天下归心的"大法王"，如第十六章"公能王"，疏云："王，往也。只为包容万物，公正无私，所以作大法王，为苍生之所归往也。"③

在成玄英的《老疏》正文中，"万法"、"诸法"等用语更是比比皆是，比如"诸法无实"、"诸法无常"、"万法无实"、"万法皆空"、"圣智能照万法"、"遣三业及一切法"、"知诸法，即有即空"等。又

---

① 成玄英：《老子道德经开题序诀义疏》，见《老子集成》第一卷，第 285 页。
② 成玄英：《老子道德经开题序诀义疏》，见《老子集成》第一卷，第 313 页。
③ 成玄英：《老子道德经开题序诀义疏》，见《老子集成》第一卷，第 299 页。

有将"众妙之门"的"门"释为"法门",更把经文"同其尘"的"尘"释为"色声等六尘",称色声为"法",五色皆为"假法"。

疏第十一章"三十辐共一毂,当其无,有车之用":"又车是假名,诸缘和合,而成此车。细析推寻,遍体虚幻。况一切诸法,亦复如是。"①

疏第二十七章"善行章",完全使用佛教的三业思想(身业、口业和意业)来解释,认为这一章的第一层意义是"明重静之人,三业清净"的,将本章经文中的"三善"——"善行无辙迹,善言无瑕谪,善计不用筹算"分别解释为身业净、口业净和意业净。而对三善的具体解释,无不是从佛教万法不实的认识论出发,例如疏"善计不用筹算":"妙悟诸法,同一虚假,不舍虚假,即假体真,无劳算计,划然明了。此明意业净"②。

成玄英对佛教术语的大量应用,并不是一种表面功夫,或者仅仅对相关文字做出似是而非的关联性解读,而是深入融汇了他对佛教中观学的理解,圆融地改造了道教的传统知识和修道理论。他似乎已经完全推倒了佛道之间的那面看不见的墙,无论是《老疏》还是《庄子疏》,读起来都首尾一贯,浑然一体。

与其他先秦经典相比,《老子》五千言的语言形式十分特殊,既言简意赅,又深奥难解,章次、句次并非都符合今人的思维逻辑。成玄英的疏解之所以读起来言顺意畅,远甚阅读原文,主要是由于两个因素,一是有一条极易辨认的思想主线贯穿首尾,他始终将《老子》所有经文都看成是道教的修道圣言;二是成玄英始终将佛教中观精神融入其修道思想,使道教的修道过程在认识和实践两个层面上达到了高度统一。

成玄英这样有名望有成就的著名道士,他们的信仰是道教,但个人思想却深受佛教影响,这在当时并不是个别现象。活跃在武后和玄宗、睿宗时期的著名道士司马承祯也是一位精通老、庄的人物,

① 成玄英:《老子道德经开题序诀义疏》,见《老子集成》第一卷,第 295 页。
② 成玄英:《老子道德经开题序诀义疏》,见《老子集成》第一卷,第 307 页。

其解读《老》、《庄》和成玄英如出一辙,《玉涧杂书》说:"司马子微作《坐忘论》七篇……道释二氏,本相矛盾,而子微之学,乃全本于释氏,大抵以戒定慧为宗,观七篇之序可见。"《坐忘论》即是一篇以佛教理论阐述道教修道思想的名作,其中处处可见佛教意味,如说:"夫欲修道成真,先去邪僻之行,外事都绝,无以干心,然后端坐,内观正觉,觉一念起,即须除灭,随起随制,务令安静。"这种修道方法,与佛教之止观禅定之功相近,"正觉"、"一念"等概念也很容易与佛教产生关联。

正是在这样的时代背景下,成玄英成长为兼通三教、思维活跃的杰出道士。他和司马承祯一样,他也有长时期把玩《老》、《庄》的经历,《庄子疏》序言里他自言:"玄英不揆庸昧,少而习焉,研精覃思三十矣……虽复词情疏拙,亦颇有心迹指归。"[①]《老疏》也是他多年修习和思考的结果,他在《老》、《庄》注疏里反复涵咏的"重玄之道"理应在此"心迹指归"内。与大部分庸常道士不同,成玄英以开放性的学习态度,广泛吸收佛教精义,这使得他的《老》、《庄》之疏展示了出色的思辨高度。《老》、《庄》二疏也体现了高超的文学水平,不仅文字明白晓畅,言简意赅,说理也深入浅出,举重若轻。通篇如行云流水,读之令人愉悦。

那么,成玄英为何会选择以佛教思想来疏解《老》、《庄》这两种道教的崇高经典呢?关于这个问题,蒙文通在纵论六朝隋唐老家历史时,有如下论述:

> 罗什、图澄皆注《老子》,其信否未可知,而惠琳、惠观、惠严皆有《老子注》,陆叙称为宋世沙门,则释氏注《老》,先有其事,故老家亦沿而用释,观、严两师,又皆什公弟子,自裴处恩、梁武父子、大小二孟以来,皆以四句百非为说,以畅重玄、三一之义,接踵释氏,隋唐道士刘进喜、蔡子晃之属,亦其流也。成公之疏,不舍仙家之术,再参释氏之文,上承臧、

---

① 成玄英:《南华真经注疏·序》,中华书局1998年版,第1页。

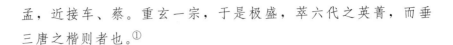

孟，近接车、蔡。重玄一宗，于是极盛，萃六代之英菁，而垂三唐之楷则者也。①

蒙文通在南朝隋唐大量释道解《老》的事实背后，钩沉索隐，发掘了贯通其中的思想旨趣——重玄之道，这是一个重大发现。但是将"老家"以佛解《老》单纯看作是"接踵释氏"，容易引起误解。事实上，佛道二家以释解《老》，在时间先后上的确存在"接踵"的先后关系，但道教徒以佛解《老》，是否因为释氏在先就起而效仿，两者是否存在因果关系，实难断定。"老家"注《老》自有其悠久传统，尽管《老子河上公章句》、《老子想尔注》等道教信仰系统的《老子》注不涉释氏，但是魏晋南北朝时期道教注《老》必然随着时代变化不断吸收新思想。且释氏注《老》和道教以佛释《老》虽同为援佛入道，但手段和目的却大有不同。

佛教初传东土，自附于老子，并依傍道术而流播，起初是一种自然而然的选择，所以汤用彤指出，汉末佛道混杂不分，盖因佛法"经义与道术可相附会"，且人心所信之理相近。但是，随着佛教在中土的流播，由此依附而产生的实际影响却非佛教所能控制。汤用彤也指出，"浮屠之教，当时既附于方术以推行，释迦自亦为李老之法裔"，"李老之法裔"身份恐怕不是汉魏以后佛教徒所希望的。《后汉书·桓帝本纪》注引《续汉志》所云延熹九年（166）桓帝"亲祠老子于濯龙宫，文为坛饰，淳金扣器，设华盖之坐，用郊天乐"一事，至少说明汉桓帝已将"夷狄之法"视为"道术之支流"，这种情况终东汉之世不曾有变，佛教正赖其"道术之支流"的身份而渐为人知，双方可谓相得益彰。这导致"后世佛徒，尤耻其教之因人成立，虽知之，而不愿详记"②。释道安说"佛之著教，真人发起，大行于外国，有自来矣，延及此土，当汉之末世，晋之盛德也"③，是对历

① 蒙文通：《校理老子成玄英疏叙录（节录）》，见《古学甄微》，第 346 页。
② 汤用彤：《汉魏两晋南北朝佛教史》，见《汤用彤全集》第一卷，第 43 页。
③ 释僧祐撰，苏晋仁等点校：《出三藏记集》卷五，第 227 页。

史的抹杀。

当然，"释氏注《老》，先有其事，故老家亦沿而用释"的"老家"，是相对于"释氏"而言，当泛指"释氏"以外习《老》注《老》者，不一定专指臧、孟、车、蔡、成、李等晋唐道士。沙门以佛理注《老》释《庄》在前，道士"接踵释氏"在后，这一前一后，其实包含着两个较长的阶段，并不只与时序先后有关。前一个阶段是"释氏注《老》，先有其事"，主要指两晋南北朝时期；"老家亦沿而用释"则主要指南北朝至隋唐时期。

与佛教徒先依附老、庄，后努力寻求脱离老、庄，标榜其真理独一不二有所不同的是，自魏晋玄、佛合流以来，"老家"融佛理于《老》、《庄》，从未出现过要分清彼此的身份化需求。道教重玄学自裴处恩、梁武父子、大小二孟以来，"皆以四句百非为说，以畅重玄、三一之义"，明明白白地借用佛理显明道教。臧、孟以降，这种注释倾向靡然成风。而此时佛教徒转而批评道经盗用佛理，佛道并用已为佛教徒所不容。

在这种背景下，成玄英的《老疏》对佛教理论的大规模借用，究竟应该如何看待呢？成玄英的《老疏》和《庄子疏》中并没有提到任何一部佛经的书名，那些明显来自佛教的知识和理论，在他看来，似乎是习以为常的大众化知识，可以信手拈来，毫不介意，可以不必说明来源。这一方面说明佛教在当时的确已经相当普及，另一方面也可能说明成玄英对佛教徒如何看待道教"窃取"佛教知识还没有足够的认识，这一点可以从贞观二十一年（647）成玄英和玄奘等人译《道德经》为梵文的争执中得到一定程度的证明。

除了佛经和佛理外，成玄英《老疏》中最常引用的是道家典籍《庄子》，这是因为在他看来，《庄子》不仅继承和发展了《老子》的思想，也和《老子》在"重玄之道"上契合无间。因此在《庄子疏》序言里，成玄英才会说："夫《庄子》者，所以申道德之深根，述重玄之妙旨，畅无为之恬淡，明独化之窅冥，钳揵九流，囊括百氏，谅区中之至教，实象外之微言者也。"据笔者统计，《老疏》共明引《庄子》近五十次，其中《道经》引用了二十七次，《德经》引用了二十二次。

成玄英的《老疏》还明引了一些其他重要道经，如《西升经》、《度人经》、《升玄经》、《三一解》、《上元经》、《文始内传》等，尤其重玄思想鲜明的《西升经》被引次数最多，尽管被引频率远不及《庄子》，但也有十次。《西升经》大约成书于魏晋时期，道教传说它是老子将过关时为关令尹喜所留，尹喜述之而为经。据唐高宗、武后时道士孟安排所编《道教义枢》记载，南朝时期开始形成的道经体系四辅之太玄部中，《西升经》和《道德经》、《妙真经》一起，最早由臧玄靖法师开列为"太玄"之"三部"。① 而所谓"太玄者，重玄为宗"② 也。《云笈七签》卷六三洞经教部解说太玄部云："太玄者，孟法师云是太玄都也。今为老君既隐太平之乡，亦未详此是何所，必非摄迹还本，遣之又遣，玄之又玄，寄名太玄耶？此经名太玄者，当是崇玄之致，以玄为太，故曰太玄也。"这正是重视重玄思想的成玄英常引用它的原因。

成玄英擅长细细揣摩《老子》经文，寻找能通过经文关联道教和佛教的意义"点"，这些意义"点"就是他认为能与佛教中观意趣相比附和相发明之处。这些意义"点"分布在《老子》的不同篇章中。受《老子》文本结构的影响，有些意义"点"前后呼应，意义交叉或重叠，通过成玄英的反复疏解得到了强化。

---

① 《云笈七签》卷六在追溯四辅之太玄部源流时说："当时运会未行，然此经所明，大略以玄为致，故《太玄经》云：无无曰道，义极玄玄。乐真人云：《道德五千文》，兹境之经也。旧云《道德经》有三卷……既说有三时，玄靖法师开为三部，宗致《道德》二卷，是先说以道德为体，其致则总，以其文内无的对扬之旨故也。《西升》次说以无欲为体，故云当持上慧，源妙真一。后说既盛明真一，故以真一为体。"据《道教义枢》，臧玄靖开列的三部，除了这里明言的《道德经》和《西升经》外，还有《玄妙经》。

② 《云笈七签》卷六述及四辅源流时，说"第一太清者太一为宗"、"第二太平者三一为宗"、"第三太玄者重玄为宗"。所谓"太玄者重玄为宗"出自道经《道门大论》，关于《道门大论》的成书时代，学界一般根据《云笈七签》卷六所引《道门大论》"三洞义并序"中有《太玄真一本际经》文字，此文据说是隋末唐初道士刘进喜造作，继由李仲卿续编为十卷，故而《道门大论》至迟应出于隋代。由此可见成玄英在《老疏》和《庄子疏》中所引道经，多具重玄意趣。

成玄英借《老子》经文表达的思想因此也发生了一些微妙的变化，这些变化中最重要的是成玄英对道教修道的态度、方法和修道境界的新理解。一方面，成玄英的道教修炼观念具有鲜明的佛教方法论色彩，如以佛教缘起性空论和中观论为基础的守中一之道和重玄之道；另一方面，对于在老、庄注疏传统中被认为涉及道教修炼核心思想的文字，如"抱一"、"太上"、"载营魄"、"塞其兑，闭其门"等内容，成玄英又能继承道教传统，以明显区别于佛教的道教术语进行本位解读。当然这种宗教性解读并没有完全脱离佛教思想因素的渗透，而是两种思想的奇妙融合。蒙文通在《校理〈老子成玄英疏〉》中说："成公之疏，不舍仙家之术，更参释氏之文。上承臧、孟，近接车、蔡，重玄一宗，于是极盛。"准确概括了成玄英疏解《老》、《庄》的基本方法以及他在道教义理发展史上的重要贡献。

二、特殊的义疏体例

冯友兰说，郭象"把《庄子》的比喻、隐喻变成推理和论证，把《庄子》诗的语言翻成他自己的散文语言。他的文章比庄子的文章明晰多了。但是，庄子原文的暗示，郭象注的明晰，二者之中，哪个好些？人们仍然会这样问。后来有一位禅宗和尚说：'曾见郭象注庄子，识者云：却是庄子注郭象'（《大慧普觉禅师语录》卷二十二）"[①]。这位禅宗和尚的话，完全可以移用到成玄英的《老疏》上。我们看到的是成玄英疏解《老子》，其实只是成玄英在借《老子》抒发自己的追求，这一点首先体现在成玄英《老疏》的体例上。

杜光庭在解释唐玄宗"《老子道德经疏》"的经题（或称"疏题"）时说："所言疏者，疏决开通之义也，谓经含众义，玄妙幽深，虽诠注已终，而文义未尽。故述此疏，开通幽赜，疏决玄微，分释意义，令可会入，故谓之疏。亦云疏者，条也，条理经义，令

---

① 冯友兰：《三松堂全集》第六卷，河南人民出版社 2000 年版，第 15—16 页。

人易晓。或云钞，钞以抄集为名。或云记，记以纪录为目。此盖随时立名，皆是包括义理之义也。"① 这即是说，"疏"是对已有"诠注"未尽的文义再作疏诀开通，使其幽隐微妙得以呈现。比如唐玄宗《御注》比较简略，《御疏》则是对《御注》的再解释，疏文紧紧围绕注文展开，解释、阐发《御注》未尽之意，是真正的疏体。

成玄英的《老疏》虽题为"义疏"，理应依"注"为"疏"，但是他却没有选择一种可以依托的注文，其基本形式是"惟出经文，不牒注说"②，其实是无注说可牒，完全是自成一家。《老疏》在唐以后散佚，不知原本是否有自序。现在能看到的只有敦煌 P. 2353 号残抄本《老子道德经开题》，和 S. 5887 号残抄本葛玄《老子道德经序诀义疏》，③ 它们被认为是《老疏》正文之外的一部分，在一定程度上可以作为序言，但它们都没有透露成玄英《老疏》是以依何种《道德经》注而作疏，正文更未提及。

成玄英《老疏》很少引征旧注，唯引《老子河上公章句》较多，但也不超过十条。引严遵《老子指归》的就更少。所引《老子河上公章句》基本上都是字词疏解，很少引用义理。例如注第六章"谷神不死"引"河上公言'谷，养也'"；注第十章"天地开阖"引"河上公本作'天门'"；第二十章"莽其未央"引"河上公本作'荒'，诸家云'莽'"；注第二十九章"或接或隳"引"河上本'或载'，此作'或接'"；注第四十九章"百姓皆注其耳目"引"河上作'注'，诸本作'淫'"。引其义理的只有一两条，如引"严君平云：'不道之道，不德之德，正之无也'"等。《老疏》引书最频繁的是《庄子》，有近五十次。可以说，成玄英《老疏》是一本《庄》、《老》、佛互诠的作品。以上旨在说明成玄英的《老疏》并没有一个类似《庄子》郭象注的事先确定的主要注本作为依据。

汉魏以来，解《老》作品众多，特别是两晋南北朝时期，注解

---

① 杜光庭：《道德真经广圣义》，见《老子集成》第二卷，第 587 页。
② 蒙文通：《校理老子成玄英疏叙录（节录）》，见《古学甄微》，第 344 页。
③ 标题均为整理者加，参见成玄英：《老子道德经开题序诀义疏》，见《老子集成》第一卷，第 281、286 页。

疏解《老子》已成为道教思想创造的重要途径，遗憾的是完整流传下来的极少。我们不清楚某些以"疏"为名的注疏本是否主从一注。从六朝到唐初，知识阶层和道教内部流行《老子河上公章句》和王弼注，学者多同时学习两书，或根据需要有所偏重。然而，纵观成玄英《老疏》全文，从头至尾，都只是成玄英在自由发挥，名为疏，其实只是就经为注。即便其中偶有引用河上公注者，大多也无关宏旨。至于魏晋以来享有极高声誉的王弼注，成玄英几乎弃之不用。

那么成玄英的《老疏》为何不像他的《庄子疏》那样，选择某一注本，作为展开疏解的基本依托呢？蒙文通在讨论成玄英的《老疏》时曾推测，成玄英另著有《老子注》，"六朝、唐、宋虽主《河上》者多，然成《疏》多违《河》义，又每显驳河公之本，不肯曲从其说，亦不符于王义，知亦不据辅嗣。唐志成公自有《道德经注》二卷，殆于古人皆不欲依之也"①。《新唐书·艺文志》记载成玄英还有"《道德经注》二卷"（按：《新唐书》原文为"道士成玄英注《老子道德经》二卷"），这就涉及成玄英到底有哪些著述的问题。

《新唐书·艺文志》还记载成玄英有《庄子》注疏两种，一种是"注《庄子》三十卷"，另一种是"《疏》十二卷"。既然有自注《庄》书，何必更依郭象注？以此类推，成玄英不必一定有自著《老子注》。成玄英为《老子》作疏解，若没有他满意的旧注，则不必依注，亦不必亲注，就经作疏即可，某种程度上，疏就是注，注就是疏。

这涉及六朝隋唐时期的经注体例义疏体。义疏是在章句和经注之外兴起的儒家解经体例，最早出现在佛教讲经兴盛的西晋时期，东晋中晚期后逐渐盛行。后起的义疏体例和章句、经注一样，都是中古儒家释义解经的重要体例，但它与章句和经注有一些明显的不同。过去一般认为儒家经典使用这种体例是对权威性注文的再疏解，一般处理注与疏的关系。甚至有学者将唐初学者总结的"疏不破注"

---

① 蒙文通：《校理老子成玄英疏叙录（节录）》，见《古学甄微》，第344页。

看作是当时注和疏的基本关系，①这其实是不确切的。义疏之所以能成为解经新潮流，与晋代经传之学内部的需要——去权威化有关。在此之前，儒家经传之学有一个权威化的过程，具体而言，魏晋经学的争论往往是经注之学的纷争，其中以郑玄、王肃的对立为典型。论证集中在到底承认哪一家的经注为权威。由于就经为注，经注不分，被认为具有权威性的经注的地位逐渐上升到与经文不相上下。②汉代经文的权威化发展为魏晋经注的权威化，无疑是对知识分子创造力的禁锢，也削弱了经学进一步发展的活力。用唐人王邵的话说，就是"魏晋浮华，古道湮替，历载三百，士大夫耻为章句，唯草野生专经自许，不能博究，择从其善"，以至发展到"徒欲父康成，兄子慎，宁道孔圣误，讳言郑、服非"的地步。③

　　这种经注的权威化，到了唐代稍有松动。唐初颜师古奉唐太宗命考定五经，是在经历长期动乱和分裂之后，"经籍去圣久远，文字多谬"的背景下发生的，颜师古的主要贡献是文字校正工作。之后孔颖达再奉唐太宗命，与诸儒撰定五经义疏，则是由于"儒学多门，章句繁杂"，《五经正义》以重新整理散乱、勘正舛误、统一儒家经注为目的。五经之"正义"，均以某种已具权威性的经注为核心，而这些经注的权威性是经过后人不断疏解建立的。例如《周易正义》，孔颖达选择以王弼注为主。又比如《春秋》经，孔颖达认为，"其为义疏者，则有沈文阿、苏宽、刘炫。然沈氏于义例粗可，于经传极疏。苏氏则全不体本文，唯旁攻贾、服，使后之学者钻仰无成。刘炫于数君之内，实为翘楚。然聪慧辩博，固亦罕俦；而探赜钩深，未能致远。其经注易者必具饰以文词，其理致难者乃不入其根节"④，多是批评之辞。但是孔颖达也不得不在其中选择刘炫之疏（即《春

①　例如牟润孙早年所作《论儒释两家之讲经与义疏》即提出义疏体例是来自佛教讲经传统的影响，参见牟润孙：《注史斋丛考》，中华书局1987年版，第239—302页。
②　潘忠伟：《中古儒家经学著述形式的转变：关于义疏体裁的研究》，载《中国社会科学院研究生院报》2012年第5期。
③　欧阳修等：《新唐书》卷二百，第5693页。
④　王鸣盛：《蛾术编》卷一《说录一》，商务印书馆1958年版，第16页。

秋述议》），因为刘疏"比诸义疏犹有可观"，遂"据以为本"，而以沈氏文补其疏漏。如果出现"两义俱违"，则由孔颖达自己"特申短见"，此可见《春秋正义》是以刘炫的义疏为底本略加损益而成。孔颖达对刘炫"疏漏"的批评，主要来自刘炫疏文中对权威注本——杜预《春秋左传集解》的批评，孔颖达认为刘炫"习杜义而攻杜氏"，找出"杜氏之失，凡一百五十余条"，是有悖师承的。孔颖达本人也尊杜，因此不能认为他批评刘炫，就意味着他认为疏不能破注。可见孔颖达整理五经注疏，基本原则是以某权威性的经注或疏为主，再参酌其他，这是典型的唐代儒家义疏方法。

作为一种注疏体例，义疏不限于儒生疏解儒家经典使用，这是不言自喻的。成玄英不是儒生，他也不是在为儒经作注疏，可以比较自由地选择以何种形式表达自己的思想，但也不能不受儒家解经形式的影响。他的《庄子疏》名义上以《庄子》的权威注本郭象注为疏解对象，但在疏解过程中并不拘泥于郭注，其疏文往往突破郭注，新见频出，仅这一点就比较接近真正的唐代儒家义疏体。而《老疏》虽名为"义疏"，实质上与《庄子疏》不同，与六朝隋唐时期盛行的义疏体例也大有不同，这是值得我们注意的。如前所言，由于并没有一种他认可的权威《老子》注本，他的《老疏》就全凭自由创造了。由此我们也可以看到，尽管重玄并不是成玄英的发明，成玄英的《老疏》却能借助对义疏体例的灵活运用，在继承六朝大小二孟等人开创的道教解《老》新传统上，呈现出一种全面超越前人的突破性姿态。

依托经典注疏表达思想是古人著述的主要方式，《老子》文本自身的结构对注释者产生的影响不可小视。在分析成玄英通过疏解《老子》所传达的思想时，这一点应该充分考虑进去。受经文字句、章句排列和逻辑展开等因素的限制，成玄英的有些疏解文字看起来比较杂乱，或前后重复，或强为之说，并不自然构成一个完整严密的逻辑体系。我们只能通过反复通读他的全部疏解文字，并且排除那些因受经文牵制而不得不勉强做出的说辞导致的矛盾，才能领会其思想之大概。

现有研究基本上认同成玄英疏解《老》、《庄》的最大价值是完善了道教的重玄思想，使道教义理达到了前所未有的高度，所以在研究成玄英的思想时，大都紧扣其重玄旨趣，将重点放在挖掘其注释体现出来的哲学高度上。这样的研究取向固然是有意义的，但有时不免先入为主，以一个预设的线索去理解注释，偏离成玄英所依托的《老》、《庄》文本的固有逻辑。本章虽然也是以成玄英的《老疏》文本为依据，但重点不是从哲学角度分析其做出的贡献，而是全面梳理他疏解《老子》的方法、内容、特征及其在道教思想发展史上的价值和意义。

第三节　成玄英《老疏》的体系化建构

一、形式的体系化

对《老子》的篇章结构进行外在形式的重构，是成玄英体系化建构《老子》的表现之一。在疏解《庄子》时，成玄英也做了一些重构《庄子》文本结构的工作，只不过这一工作和他对《老子》的重构相比，不够明显。先看成玄英对《庄子》的体系化建构。

郭象《庄子注序》对《庄子》的定位是："夫庄子者，可谓知本矣，故未始藏其狂言，言虽无会而独应者也。……可谓知无心者也，夫心无为，则随感而应，应随其时，言唯谨尔。故与化为体，流万代而冥物，岂曾设对独遘而游谈乎方外哉！此其所以不经而为百家之冠也。然庄生虽未体之，言则至矣。通天地之统，序万物之性，达死生之变，而明内圣外王之道，上知造物无物，下知有物之自造也。"这是从独化、无心的视角对《庄子》一书精义的高度概括。成玄英在郭象的基础上，将《庄子》的独化和无心精神进一步从重玄的视角推至无以复加："夫庄子者，所以申道德之深根，述重玄之妙旨，畅无为之恬淡，明独化之窅冥，钳揵九流，括囊百氏，谅区中之至教，实象外之微言者。"① 成玄英对《庄子》结构的重新建构，都是为了服务于他所归纳的这一主旨。

《庄子》现存三十三篇的分篇结构，始于郭象《庄子注》，与《汉书·艺文志》记载的古本五十二篇相比，篇目减少了十九篇。其内外篇之分，一般认为是始于汉人刘向校书。杂篇的划分，可能始于魏晋之际的司马彪，最终定型于郭象《庄子注》。② 陆德明《经典释文·叙录》谈及前代注《庄》情况时，也说"其内篇众家并同，自余或有外而无杂"。郭象《庄子注》正文前有自撰精简序言一篇概论《庄子》，但仅归纳《庄子》思想之精要，不曾论及《庄子》何以分内、外、杂篇。将内、外、杂篇赋予结构上的深刻意义的，始于成玄英的《庄子疏》。

据《世说新语》，在向秀、郭象之前，注《庄》者已有数十家，而"莫能究其旨要"，唯向秀于旧注外为解义，"妙析奇致，大畅玄风"。观今存郭象注《庄》可知，向、郭二人的主要贡献在于"解义"，而成玄英却向前迈了一步，解义外，还对《庄子》进行了结构性重构，将《庄子》三十三篇锻造成一部逻辑井然的道教经典，真所谓"道无深浅，见道有深浅"。明末清初人宣颖在《南华经解·庄解小言》中批评前人，谓"注庄者无虑数十家，全未得其结构之意"，又批评郭象"窃据向注，今古同推，要之亦止可间摘其一句标玄耳。至于行文妙处，则犹未涉藩篱，便为空负盛名也"，多少有些视而不见，求全责备。

在《庄子疏序》中，成玄英解说《庄子》为何分为内、外、杂篇时，有这样一段话：

> 所言内篇者，内以待外立名……内则谈于理本，外则语其事迹。事虽彰著，非理不通；理既幽微，非事莫显；欲先明妙理，故前标内篇。内篇理深，故每于文外别立篇目，郭象仍于

---

① 郭庆藩撰，王孝鱼点校：《庄子集释》，第 6 页。
② 崔大华：《庄学研究》，人民出版社 1992 年版，第 60 页。

题下即注解之，逍遥、齐物之类是也。自外篇以去，则取篇首二字为其题目，骈拇、马蹄之类是也。

成玄英虽引前人有关"逍遥"义三种，解释"逍遥"，如顾桐柏、支道林和穆夜之说，但似乎并不受其影响，仅罗列而已。接着他这样解说内、外、杂篇的结构用意："内篇明于理本，外篇语其事迹，杂篇杂明于理事。内篇虽明理本，不无事迹；外篇虽明事迹，甚有妙理；但立教分篇，据多论耳。"也就是，在成玄英看来，《庄子》全书结构之所以如此，是意义建构的需要，三十三篇的结构，本身就是构成一个完整的意义体系的前提条件。内篇和外篇，一明理本，一语事迹，理是本，事是迹；杂篇则理事不分，互为发明。内外之分，就是理事之分和本迹之别。最后，从重玄遣除的角度，内外究竟是无分别的，理事为一，本迹不二，理事事理，理事相反相成，本迹互为印证，"立教分篇"乃是不得已而为之。

成玄英认为，在内、外、杂篇的三分结构下，不仅内、外、杂三者相得益彰，三十三篇的分割和篇序也是井然有序的，而这一点完全是成玄英的建构。我们知道，传世本三十三篇序结构确立于郭象注《庄子》，郭象删除了部分重复和所谓"巧杂"的内容是可以确知的。但篇序何以如此安排，篇名何以如此确定，这里面究竟是否蕴含着什么深意，郭象并没有任何交代，这是成玄英得以在郭象的基础上，重新建构《庄子》全书意义体系的起点。

《庄子》一书语言恢宏，意象博大，篇幅漫长，向称奇书，很多读《庄》者读完全书仍不得要领，因此历代注庄者大都强调，读者心中必须先有全局观念，有方法策略，然后才能遨游庄境，例如林云铭《庄子杂说》称，但凡读《庄》，"先求其本旨，次观其段落，又次寻其眼目、照应之所在"。

如果说《庄子》内、外、杂篇的某些篇章的确如后人分析的那样，存在着结构或意义上的前后呼应，那么相比而言，《老子》八十一篇之间的结构性关联却要松散得多，这是大多数读《老》者不得不承认的事实。《道篇》和《德篇》的分篇问题以及章序问题，自马王堆帛书《老子》和郭店竹简《老子》出土以来，引起了大量讨论，通行本文本的形成，经历了一个不断被后人整理的过程，这是相当明显的。汉魏旧注几乎不谈《老子》的结构问题，要谈也只谈上下篇之分以及分章多少的问题。如严遵用天地阴阳之道为说，认为"上经配天，下经配地，阴道八，阳道九，以阴行阳"，阴阳相乘，所以《老子》有八九七十二章。上下经的章数，也是如此，"以五行八，故上经四十而更始；以四行八，故下经三十有二而终矣"①。至于为何上经在前、下经在后、上经多，下经少等问题，一概用阴阳象数思维来解释。其实，照严遵"上经为门，下经为户"的说法，上下经本没有什么实质性区别。

道教产生后，奉《道德经》为经典，于是《道德经》的篇章问题又成为道教徒需要面对的问题，原有的解释与宗教神学相结合，篇章结构之说愈发多样化。例如敦煌残抄本无名氏著《老子道德经疏义》（S.6604＋BD14677）就有这样的自问自答，"问曰：就此道德两经，依河上公分为八十一章者何？"答曰："八十一章者，此依天地之大数。故以四乘九，四九卅六，地数也。以五乘九，五九卌五，天数也。所以道经有卅六，德经有卌五，二经合为八十一章。道经卅六者，即是法廿八宿与八风……"② 这是将阴阳、奇偶、二十八宿、二十四节气、十二时辰、九州岛等一股脑儿地叠加在一起，强为其说。成玄英在解释上下经时，说："上经明道以法天，下经明德以法地，而天数奇，故上经有卅七章，地数偶，故下经有卌四章。"则是继承严遵以来的说法。

东晋南朝，在《老子》注疏中出现了开题和科判体例。在成玄英的《老疏》之外，今天我们能看到的最早使用科判的《道德经》注释类文本是敦煌残抄本 P.2462 署名颜师古的《玄言新记明老部》。据其记载，《老子》注疏中使用科判，大约始于南朝齐梁时期："晋宋之前，讲者旧无科段，自齐梁以后，竞为穿凿，此无益能艺而有妨听览。"③ 科判形式自齐梁至隋唐而不衰。现存唐代《老子》注疏，

---

① 严遵：《道德真经指归》，见《老子集成》第一卷，第 67 页。

② 无名氏：《老子道德经义疏》，见《老子集成》第一卷，第 254 页。

③ 颜师古：《玄言新记明老部》，见《老子集成》第一卷，第 269 页。

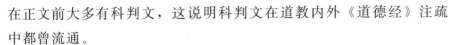

在正文前大多有科判文，这说明科判文在道教内外《道德经》注疏中都曾流通。

《老子》注疏中出现科判文，应该是受到了佛经三分科经即序分、正宗分和流通分的影响，也可能受到了《周易·序卦》说的影响。科判有助于从整体上把握一部著作的来龙去脉和主旨，对于道教经典而言，也是如此。正如清人宣颖《南华经解》卷首所说，"盖必目无全牛者，然后能尽有全牛也"①，否则不能理解《庄子》的首尾一贯和真精神。读《老子》也是同样的道理。好的科判文既是注疏者个人思想的集中表达，也是读者全面把握整部经典的助手。

在这些有科判文的《道德经》注疏中，敦煌残抄本（S.6044＋BD14677）无名氏著《道德真经义疏》，前后均残，仅保存了部分全书开题内容和《道经》共约七章（第一章至第七章）的分章科判文。敦煌残抄本颜师古《玄言新记明老部》同样首尾均残，仅保存了《道经》共十二章的分章科段文。而成玄英的《老疏》辑佚本的开题文字见于敦煌抄本，八十一章科判文赖强思齐《玄德纂疏》得以保存完整。

成玄英把《庄子》和《老子》都看作是内容自洽的体系化的道教经典。经郭象删定的《庄子》，内篇七，外篇十五，杂篇十一，各有篇名。内篇篇名取其要义，皆为三字。近代以前，一般都认为内篇是《庄子》一书精要所在，且篇名和内容均出自庄子本人之手，如宣颖说"庄子真精神，止作得内七篇文字"，又说"内七篇都是特立题目，后做文字"。② 但关于《庄子》内七篇篇名的由来，近代有学者指出可能出于汉人之手（刘向或淮南王刘安），并曾受到谶纬之学的影响。③ 至于外、杂篇，除少数篇名为三字，如"田子方"、"知北游"、"庚桑楚"、"徐无鬼"、"列御寇"外，余皆为两字，且两字

---

① 谢祥皓，李思乐辑校：《庄子序跋论评辑要》，湖北教育出版社2001年版，第326页。

② 谢祥皓、李思乐辑校：《庄子序跋论评辑要》，第327—328页。

③ 任继愈认为"内篇七篇从篇名到内容都带有浓厚的汉代宗教神学方术的特色。……和纬书的标题十分相似"，参见胡道静主编：《十家论庄》，上海人民出版社2004年版，第191—192页。

或三字皆取自该篇首句，如"骈拇枝指出乎性哉"（《骈拇》），"缮性于俗学"（《缮性》）等，似乎并无深意。陆德明《经典释文·叙录》说，《庄子》"内篇众家并同，自余有外而无杂"，并将《庄子》外、杂篇篇目的拟名方法归纳为"举事以名篇"、"以义名篇"、"借物名篇"和"以人名篇"等。陆氏之言，的确揭示了这些篇目的拟名具有某种外在的一致性，但这并不表明它们之间就具有内在的意义性关联，这就是说，外、杂篇的篇次没有什么值得探讨的深意。但是成玄英眼中的庄子和老子都是道教仙真，庄子是"南华仙人"，老子是道教的"教主"和"圣人"，因此《庄子》不仅内篇是庄子自作，外、杂篇非后学所敷衍，内、外、杂篇之间也是存在意义关联的，正是这种意义关联，才使他的《庄子疏》构成一个貌似逻辑井然、浑然一体、不可分离的意义整体。

成玄英继承了不少郭象《庄子注》的思想，对郭象的思想也有所引申和发展。但是成玄英对《庄子》的重新利用要比郭象更进一步。以郭象注对《庄子》文本结构的理解为基础，成玄英进一步从内在意义上将这七篇勾连整合成一个不可分割的整体。关于内七篇的篇序，成玄英是这样解释的：

> 所以逍遥建初者，言达道之士，智德明敏，所造皆适，遇物逍遥，故以逍遥命物。夫无待圣人，照机若镜，既明权实之二智，故能大齐于万境，故以齐物次之。既指马（蹄）天地，混同庶物，心灵凝澹，可以摄卫养生，故以养生主次之。既善恶两忘，境智俱妙，随变任化，可以处涉人间，故以人间世次之。内德圆满，故能支离其德，外以接物，既而随物升降，内外冥契，故以德充符次之。止水流鉴，接物无心，忘德忘形，契外会内之极，可以匠成庶品，故以大宗师次之。古之真圣，知天知人，与造化同功，即寂即应，既而驱驭群品，故以应帝王次之。①

----

① 郭庆藩撰，王孝鱼点校：《庄子集释》，第7页。

这段论述，从内七篇的《逍遥游》篇何以作为首篇（建初），以及何以《齐物论》、《养生主》等篇次第相继，直至何以以《应帝王》篇结尾，成玄英均有流畅自如的解说。这些论述看起来都能自圆其说，如《养生主》何以次于《齐物论》，成玄英的解释是，前篇《齐物论》中的"无待圣人"能够"混同庶物，心灵凝澹"，因而能"摄卫养生"，所以《养生主》次之，因为《养生主》就是讲"摄卫养生"的。而这个"无待圣人"，也就是更前一篇《逍遥游》中的"达道之士"，在《齐物论》篇里被解释为"无待圣人"，这相当于说"无待"是"达道"的必要条件之一。圣人既然能够做到"无待"，那么就能"照机若镜"，就能"明权实之二智"，就可"能大齐于万境"，《齐物论》所以次之于《逍遥游》。照这个逻辑，圣人能"大齐于万境"就成了"遇物逍遥"的必然结果，这是成玄英解释的《庄子》前两章的逻辑。如果我们将成玄英的前后文连贯起来看，显然他是将内七篇都看作是庄子对达道之士和无待圣人内冥外契、即体即用状态的描述。其实，就内篇而言，根据一般逻辑，《人间世》和《应帝王》两篇内容和性质相近，应该前后相次才对。可是在传世本中，它们之间却插进了《德充符》和《大宗师》两篇。客观上讲，内七篇章次前后的意义关联并不严密，这就给成玄英这样的注释者留下了个性化的解释空间。

以上是成玄英对《庄子》文本结构在内容和意义上的再建构。至于《庄子》的篇序，成玄英没有像疏解《老子》那样，每章前面都以科判的方式略陈章次的意义。这一方面是由于客观限制，因为成玄英认为"骈拇以下，皆以篇首二字为题，既无别义"，所以"今不复次篇也"；另一方面，《庄子》行文风格与《老子》大不一样。《庄子》语言具体而生动，大量利用寓言故事，夹叙夹议，有情节，有细节，难于强为发挥。而《老子》语言抽象古奥，无情节，无明确时空界定，容易再建新的解释。下面我们看看成玄英是如何从整体上建构《老子》的。

道教徒使用开题和科判的形式，直接目的当然是为了更加清楚明白地讲解疏通《老子》，在这个过程中，他们也将《老子》五千言建构成一个在语言文字、内容逻辑和篇章结构等方面均具有紧密内在联系的完整自足的体系，成玄英的《老疏》比较典型地体现了一个目标。在成玄英的《老疏》中，不仅《道经》和《德经》上下两篇各自是自成体系的，八十一章章次的前后安排也是环环相扣的。不得不说的，成玄英对八十一章序次内容的说明，通篇皆能瞻前顾后、左右逢源，且文字行云流水，义理畅达，其说理能力和衔接上下文的应变能力十分突出。

为了使他的《老子》注疏体系化，成玄英先从形式上对《老子》的文本结构进行了重新解释，建立了一个重新理解其内容的新框架。成玄英使用的底本是《道经》三十七章在前，《德经》四十四章在后的道教五千文传本，除了有些文字与教外传世本有异外，章序并没有不同。在注解《道经》第一章正文之前，有一段解题的内容，也属于科判文。这段文字不长，只有一百余字，首先综论《道德经》的地位和道、德之意，"此经是三教之冠冕，众经之领袖，大无不包，细无不入，穷理尽性，不可思议，所以题称道德"；"道是虚通之理境，德是志忘之妙智。境能发智，智能克境。境智相会，故称道德"。相当于前述《老子道德经开题》相关文字的缩写和重复，以"其委曲玄旨，具在开题义中"结尾。其次则是简述《道经》三十七章的总体结构，"就上卷三十七章，大分三别"。照他所说，《道经》三十七章可以划分为三个大的意义单元，成玄英称这三个单元为三"大段"。其中第一章（"第一大段"）是"标道宗致"，第二至三十六章（"第二大段"）是"广明道法"，最后第三十七章（"第三大段"）是"总结指归"。[①] 同样，在注解《德经》第一章正文之前，也有这样一段文字，概述《德经》的地位和《德经》四十四章的意义结构。首先阐明何以《道德经》分《道经》上和《德经》下，其次论《德经》四十四章的结构。《德经》四十四章也被成玄英划分为三个"大段"，第三十八章（"第一大段"）是"正开德宗"，第三十九至第八十章（"第二大段"）是"广明德义"，第八十一章（"第三

---

① 成玄英：《老子道德经开题序诀义疏》，见《老子集成》第一卷，第287页。

大段"）是"总结前旨"。唐初道士赵志坚《道德真经疏义》残卷《德经》前的解题文字与此类似："今此卷中合有四十四章，大分三别。初一章立宗，次四十二章广谈义理，后一章结会归宗。"①"三别"即是"三段"。

如果说这两段分别为《道经》和《德经》解题的文字是对《道德经》上下篇的综论，分别具有为上经和下经提纲挈领的作用的话，那么，成玄英对八十一章每一章章次的解释才是他系统化《道德经》的真正用力处。具体到每一章的释义解经，成玄英的科判一般都由两部分构成，一是解释章序，也就是此章为何下接上一章，上下文之间存在什么意义关联；二是说明这一章内含的意义有几个层面。科判结束后才开始按照科判中揭示的这一章的内容层次，逐条铺展，为该条目下的每一句经文作字句和意义两方面的疏解。成玄英使用的标准格式是"就此一章，义开（分）几别"。如果这一章有三层意义，则写作"义开（分）三别"，四层则写作"义开（分）四别"，以此类推。这里略举第一章为例以明其基本格式：

先看首章科判文：

> 道可道章即是第一大段，标道宗致。就此章中又开四别：第一略标理教，第二泛明本迹，第三显二观不同，第四会重玄之致。②

成玄英认为《老子》第一章的经文包含四层意义，而且彼此之间逻辑紧密。照他的解释，这一章的经文相应地由四个递进的单元构成：

（1）"道可道，非常道；名可名，非常名。"（略标理教）

（2）"无名，天地始；有名，万物母。"（泛明本迹）

（3）"常无欲，观其妙；常有欲，观所徼。"（显二观不同）

① 赵志坚：《道德真经疏义》，见《老子集成》第一卷，第391页。
② 成玄英：《老子道德经开题序诀义疏》，见《老子集成》第一卷，第287页。

（4）"此两者，同出而异名，同谓之玄。玄之又玄，众妙之门。"（会重玄之致）

接下来是对经文的逐一疏解。第一章疏解完成后，紧接着进入第二章。在注解该章经文前，是该章的科判文：

> 天下皆知章即是第二大段第一章，广明道法。此章所以次前者，前章明有无二观，粗妙不同，故次此章即显无为之能，有为之弊。就此章中，义分为两：第一明凡情执滞，颠倒生迷。第二显圣智虚凝，忘功济物。[①]

第一章"标道宗致"，它不仅是《道经》的要领，也是整个《道德经》的总纲，成玄英对这一章注解，落脚在揭示《道德经》的重玄旨趣上。这一章涉及众多广为人知的关键词汇，如道、名、常道、常名、有名、无名、有欲、无欲、玄、妙、门，等等。成玄英的注解，无论是在个别字词的疏解上，还是在经文意义的发明上，完全摆脱了汉代经学盛行以来名物训诂方法的束缚，他将佛教缘起性空说、境智观和中道思想等娴熟地融贯其中，使《老子》呈现出焕然一新的面貌。

当然，成玄英试图从形式上和内容上为《道德经》建构一个逻辑井然的完美体系，这是他对老子思想的个性化诠释。古代文本的流传过程相当复杂，人为划分的章节在不同版本中常常有不同的组合，简帛《老子》以及新出土的其他大量可与传世本对照的古文献，都证明了这一规律。"章节的排序、分组对古人来说并非至关重要，其思想意义主要在于各个独立的章节本身，也在于各个章节意义之上的内在联系，而章节的顺序并没有很重要的暗示意义"。后人出于后见之明和个性化的诠释目的，对《老子》文本和文义所作各种牵合，对老子的思想意义其实没有多大的影响。简帛《老子》出土后，关于《老子》篇章结构本来"应该"如何的争议更多，很多争议是

---

① 成玄英：《老子道德经开题序诀义疏》，见《老子集成》第一卷，第288页。

因先入之见而起，比如认为在时间上和文本形态上存在一个最早的母本或原本。尽管这样的讨论有利于我们对古书成书规律的认识，但是"古人根本没有在章节顺序的意义上有那么严格的思考，我们不必从章节顺序上挖掘太多微言大义。穿凿过深，反失其真"。如果一定要将本来就较为松散的结构说成是有逻辑严密的体系，那诠释者的主观发挥自然是在所难免的。①

今本《老子》的篇章顺序，有一些经过重新编排后似乎更符合一般的思维逻辑。以今本第四十章"反者道之动"章、第四十一章"上士闻道"章和四十二章"道生一"章为例，这三章的章序，有学者认为应该如出土帛书本《老子》一样，在今本第四十章和第四十二章之间，原本就没有今本第四十一章。从文义来看，第四十一章似乎是后来被人为插入两章之间的，插入后不仅导致了文义隔绝，而且因为插入了这一章，又将原本是一章的内容误分为了两章。② 也就是说，今本第四十章和第四十二章原本应该是一章，因为它们都是谈论宇宙本源"道"的，而夹在这两章中间的第四十一章与此主题不合。实际上，古人的划分有古人的道理，今人的认识有今人的理由，两者不必强为一致。而对今本第四十一章"上士闻道"等内容与第四十章和第四十二章的文义关联，成玄英是能够完美地解释的。我们来看他的阐发：

> 上士章所以次前者，前章明应道虚玄，本迹俱妙，故次此章即明上士能悟，非下士所闻。今就此章，义开三别：第一明三人闻道，机性不同。第二辨体道之人，韬光匿耀。第三叹道功能，生成庶品。③

> 道生章所以次前者，前章明大道权应，善贷生成，故次此章即明所生之物，无由次第。就此一章，义开三别：第一明权

---

① 刘笑敢：《老子古今》（上卷），第421页。
② 转引自刘笑敢：《老子古今》（上卷），第420页。
③ 成玄英：《老子道德经开题序诀义疏》，见《老子集成》第一卷，第317页。

道应化，生物所由。第二显出物情，劝修中顺。第三广辨柔弱，为学之先。①

今本第四十章经文非常短，只有二十一字："反者道之动，弱者道之用。天下万物生于有，有生于无。"成玄英解释说，第四十章是为了阐明前一章第三十九章谦虚用道的"得一之人"如何"从本降迹，俯应苍生"的，全章内容分为三层：第一明慈悲救物，反圣同凡；第二明虽复教迹多端，无过柔弱；第三明二仪万象，从道而生。从以上所引内容可以看出，成玄英对这三章的疏解，紧紧围绕"道"来做文章。虽然"夹在"三章中间的第四十一章偏重形而下，与前后两章偏重形而上的风格有所不同，但这一章经文的后半部分也有抽象论"道"的文字，只不过它们不是从宇宙本根意义上论"道"，如"建言有之：明道若昧，进道若退，夷道若类"，以及"夫唯道，善贷且成"。

科判这种形式决定了注家必须两次阐述同一章的主旨，第一次是在本章的科判中阐明为何本章次于前章，另一次是在下一章开题时阐明为何下一章要次于本章，也就是说，在相邻的三章中，中间一章需要在上下两章形成的前后章次中结构中得到重复解释。有意思的是，仔细阅读成玄英的科判文，我们发现他两次阐述同一章的主旨时，措辞不仅不一样，而且往往重点各有不同。以下是成玄英对《老子》上述三章主旨的概述，双斜线前面是他在解释下一章为何次于本章时所说，后面是他在解释为何本章要次于前一章时所说。

第四十章：明应道虚玄，本迹俱妙。（下一章）// 明此人从本降迹，俯应苍生。（本章）

第四十一章：明大道权应，善贷生成。（下一章）// 明上士能悟，非下士所闻。（本章）

第四十二章：明柔弱之教，为学道之先。（下一章）// 明所

---

① 成玄英：《老子道德经开题序诀义疏》，见《老子集成》第一卷，第 319 页。

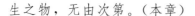

生之物，无由次第。(本章)

第四十三章：叹美柔弱，为道之枢机。(下一章) // 重显柔弱之能，无为之益。(本章)

为了看得更清楚些，这里把第四十三章的主旨也列出来了。将这些内容抽出来放在一起，可以发现成玄英对《老子》同一章主旨的两次归纳，并不是简单重复。如第四十三章的两次主旨归纳用语不同，意思大致接近，而第四十一章和第四十二章的两次主旨归纳，措辞完全不同，似乎针对的是完全不同的对象。第四十一章的主旨，一次是"明应道虚玄，本迹俱妙"，另一次是"明上士能悟，非下士所闻"。第四十二章的主旨，一次是"明大道权应，善贷生成"，另一次是"明所生之物，无由次第"。但前后两次归纳的主旨，似乎都契合同一章经文的内涵。可见成玄英两次对同一章主旨的归纳，大多数时候只是部分归纳而非完整归纳。然而这些由他归纳出来的主旨，当它们被作为因果关系，用来解释章序时，看起来似乎没有什么不合理的。

总而言之，成玄英力图在《道德经》每一章里发现多个意义点，然后根据上下文的自有逻辑和自己的理论需要，灵活地选取不同的意义点，用以连接上下文。这样，《老疏》在整体上读起来行云流水、浑然一体。这种以科判方式对本文进行的体系化建构，无疑起到了强化《道德经》作为一部宗教权威经典的系统性和神圣性。在成玄英的时代，《道德经》的圣典地位决定了他不可能像我们今人尝试去做的那样，打乱它原有的顺序，"恢复"其"原初"的文本结构，当然也完全没有必要。成玄英所做的，是使这样一本上下章之间有时并没有严格逻辑关联的经典，服务于他的思想诠释需要和宗教追求。总的来说，成玄英对《道德经》的体系化建构，无论是其形式，还是其内容，都是成功的。

二、内容的体系化

司马谈《论六家之要指》说："夫阴阳、儒、墨、名、法、道德，此务为治者也，直所从言之异路，有省不省耳。"所谓"务为治"即是说六家皆为治术。班固《汉书·艺文志》继承司马谈之说，说诸子"皆起于王道既微，诸侯力政，时君世主，好恶殊方，是以九家之术蜂出并作。各引一端，崇其所善，以此驰说，取合诸侯"，这只不过换了一种说法而已。班固根据《论六家之要指》所论，将道家概括为"知秉要执本，清虚以自守，卑弱以自持，此君人南面之术也"。司马谈将神形相须作为道家的思想要点："凡人所生者神也，所托者形也。神大用则竭，形大劳则敝，形神离则死。死者不可复生，离者不可复合，故圣人重之。"又说："不先定其神形，而曰'我有以治天下'，何由哉？"强调君主治国必须以定神为先，即以修身为前提，本质上与《礼记·大学》的修齐治平思想相一致。

道教所谓修身，有性修和命修双途。自从《老子河上公章句》以"经术政教之道"和"自然长生之道"将《老子》之"道"概括为治国和治身两大主题后，后世注家极少偏离这一主题诠释方向，区别仅在于不同注家各有偏重而已。例如《老子想尔注》更强调宗教性修炼，唐玄宗《御注》更强调治国，杜光庭《道德真经广圣义》强调身治则国治。成玄英《老疏》的特别之处在于它属于纯粹的道教修炼之书，通观全书，成玄英几乎不谈如何治国。凡是《老子》有关治国理政的经文，成玄英一律解释为道教修道之理。这样处理《道德经》当然首先是由他的道士身份决定的，但这不是唯一和必然的理由。同样是唐初高道，同样处于佛学高度繁荣的时代，李荣的《道德真经注》就与成玄英的《老疏》明显不同，李荣更强调《道德经》"佐时导俗"[①] 的政治功用。但是只谈修身，不论治国，并不表明成玄英不关心政治和现实，而是他有着更高一层的精神追求，那就是通过对《老》、《庄》两书的从形式到内容的重新解释，进而建构他有关精神超越的独特思想体系。

① 李荣：《道德真经注》，见《老子集成》第一卷，第351页。

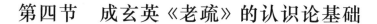

第四节　成玄英《老疏》的认识论基础

一、诸法虚幻

缘起性空、诸法虚幻是所有佛教宗派的共同理论基础，成玄英《老疏》非有非无的重玄中道思想就是根源于此。缘起性空的基本内涵是指一切事物都由众多条件和因素聚合而成，都不具有独立不变的恒常自性。无自性即是空，即是般若实相，所以空的基本内涵是万物虚幻不实，理体空明洁净。这正如成玄英在《老疏》中解释"有无相生"时所说，"有无二名，相因而立。推穷理性，即体而空"①，无无亦无有。

众所周知，缘起性空说的思想源头是印度龙树、提婆一系的大乘般若学。早在佛教初传东土的魏晋时期，它就和玄学贵无说互融互摄，给中国知识界带来了一股新风。空宗理论经由鸠摩罗什在中土大加阐扬，继而由吉藏集其大成，在中国思想界产生了很大的影响。龙树疏解《大般若经》而成的《大智度论》以及他所著《中论》、《十二门论》，与提婆所著《百论》一起，共同构成中土三论宗的思想来源。吉藏的新三论，实际上是对龙树、提婆中道思想的中国化阐述。除了缘起性空论、真俗二谛观等根本理论外，三论宗思想体系中，最鲜明的是丰富而复杂的中道观——二谛中道观、八不中道观、中假中道观、无所得中道观等。道教很早就开始吸收佛教教理，如《西升经》"智亦不独生，皆须对因缘"，未必不是来自佛教的启发。成玄英生活的唐初正是三论宗兴盛的时代，其著述深受大乘佛教和三论宗的影响，诸法性空、中道佛性论构成成玄英疏解《老》、《庄》的认识论基础。

---

① 成玄英：《老子道德经开题序诀义疏》，见《老子集成》第一卷，第288页。

　　《老子》对宇宙生成的表达主要集中在第四十二章："道生一……冲气以为和。"成玄英对这一章的疏解，形式上延续了以往的元气生化论，如释"一"为元气，"二"为阴阳，"三"为天地人三才，但其表达的基本观点却是创新的。"至道妙本，体绝形名，从本降迹，肇生元气"，这是从本与迹的角度将"道"（"至道"）释为"本"，"一"、"二"、"三"直至"万物"则为"迹"，"一生二"，"二生三"，"三生万物"的过程就是这个"至道"从本降迹的表现。因此，"有名"和"无名"、"始"和"母"的关系，就相当于"本"与"迹"的关系。《老子》第一章用了"玄之又玄，众妙之门"八个字来描述"道"的不可思议，成玄英称之为"重玄之道"。

　　成玄英分析"重玄之道"，首先是从"名"的分析开始的。照《老子》的意思，"重玄之道"本来是没有"名"的，可是《老子》文本中的"道"——作为"名"的"道"到底是一个"名"，那么它又是怎么产生的呢？成玄英从本迹角度进行解读："从本降迹，称谓斯起。"① 本是依据，迹是表现。既然任何事物都肯定存在一个从本降迹的过程，那么"道"作为一个"名"在《老子》中出现，首先是"圣人因有名诠无名"的结果（道士成玄英的"圣人"指的当然是老子）。紧接着的问题是，能否从"道"这个"名"的层面去把握"道"呢？成玄英提醒，那样做只是停留在言象的层面。这个"至道"之道，它"妙绝希夷，理穷恍惚"，不仅"不可以名言辩"，也"不可以心虑知"，必须于"言象之表，方契凝常真寂之道"。② 至于如何出于"言象之表"、如何才能契道，成玄英有精微的论述，后文将详说。我们常用"辨名析理"来概括王弼为代表的魏晋玄学使用的理论工具和方法，其实，以成玄英为代表的重玄学又何尝不是如此呢？

　　后面我们将看到，成玄英不仅仅是要否定"道"这个"名"，他还要否定所有万物及其万"名"。《老子》中的"万物"，之前的注解

---

① 成玄英：《老子道德经开题序诀义疏》，见《老子集成》第一卷，第 287 页。
② 成玄英：《老子道德经开题序诀义疏》，见《老子集成》第一卷，第 287 页。

几乎都不做其他解释，比如王弼注"三生万物"："言道以无形无名，始成万物。"注"天地不仁，以万物为刍狗"："天地任自然，无为无造，万物自相治理，故不仁也。"成玄英直接将"万物"释为"有识无情"，这完全是采用佛教的观点。所谓"有识无情，通号'万物'。同禀一道，故得生成"①。值得注意的，成玄英并不怎么关心宇宙是如何生成的，或者说，他的注意力并不在此。在接下来注"万物负阴而抱阳，冲气以为和"时，他似乎偏离了从本降迹的思维方向，转向从道教修身的角度阐发经文，"冲气以为和"被疏解为："言人欲得不死者，必须处心中正，谦和柔弱，此则长生也。故下文云'刚强者死之徒，柔弱者生之徒'是也。"②

《老子》第二章"天下皆知美之为美，斯恶矣"等，是辩证思维的集中体现，成玄英从佛教认识论的视角，指出该章宗旨是阐明"举体不真"和"诸法无实"的。就美与恶的分别而言，"一切苍生，莫不耽滞诸尘，妄执美恶。违其心者，遂起憎嫌，名之为恶；顺其意者，必生爱染，名之为美。不知诸法即有即空。美恶既空，何憎何爱？"③ 美与恶，属于价值观层面的问题，一事一物是美还是恶，因认识主体不同而不同。成玄英首先将分辨美恶这种人类的认识现象归于一心之我见，再从佛教缘起性空、万法不实的角度，将美和恶都定性为"空"——这个空不是《老子》说的有无之无，而是指性空，即物无自性。同样，有无二名，《老子》也是从二者的对待关系来认识这对概念的。成玄英解释说，它们是"相因而立"，"因"不是因循，而是佛教缘起论中的因缘和合，因此，如果"推穷理性，即体而空"。有名和无名的本性（"体"）是空。空的本质是什么？是"万法无实"。有无二名是对善恶、高低等宇宙万事万物万理的高度概括，有无是空，万法当然也是空。"无实"就是无实体、无自性的意思。以此类推，不仅美与恶无分别，难与易、长与短、高与下、

---

① 成玄英：《老子道德经开题序诀义疏》，见《老子集成》第一卷，第316页。
② 成玄英：《老子道德经开题序诀义疏》，见《老子集成》第一卷，第319页。
③ 成玄英：《老子道德经开题序诀义疏》，见《老子集成》第一卷，第288页。

音与声、先与后等《老子》经文所举六组对待关系的双方，都只是人为的分别，都只是"凡情执滞，颠倒生迷"①。这种思路的疏解，反复见于成玄英《老疏》的多个章节。如第三十九章"故致数舆无舆，不欲珠珠如玉，落落如石"，成玄英注云：

> 箱辐毂辋假合而成，徒有车名，数即无实。五物四大，为幻亦然。所以身既浮虚。贵将安寄？是故处贵应须谦下。
>
> 玉，贵也。石，贱也。珠珠，少也。落落，多也。若内惑于身，外迷于物者，则贱物而贵身也。今既数车无车，即悟物我虚幻，故能自他平等，贵贱不殊，离形去智，冥于至道，所以不欲珠珠如玉之可贵，落落如石之可贱也。②

沿着佛教万法不实这种思路，成玄英论名与实也充满了佛教趣味：

> 因无名以立有名，寄有名以明无名，方欲引导群迷，令其悟解也。道无称谓，降迹立名，意在引物向方，归根反本。既知寄言诠理，应须止名求实，不可滞执筌蹄，失于鱼兔。筌蹄既忘，妙理斯得。止名会实，故无危殆。③

传统的名实说和佛教性空说在这里被圆融地化为一体，用来阐明物我虚幻、名实俱空的道理。"实"是成玄英常用的词汇，大多是指实体、实法、实智之实，是相对俗、权、假、不真而言的，例如"见素抱朴"就是去华归实，④归实就是归真。圣人正是认识到万法皆空，故能"诱导苍生，令归真实"⑤。又如《老子》第五章有刍狗万物说，成玄英认为"圣人不仁"之"不仁"是指圣人视万物如一狗，

---

① 成玄英：《老子道德经开题序诀义疏》，见《老子集成》第一卷，第 288 页。
② 成玄英：《老子道德经开题序诀义疏》，见《老子集成》第一卷，第 317 页。
③ 成玄英：《老子道德经开题序诀义疏》，见《老子集成》第一卷，第 311 页。
④ 成玄英：《老子道德经开题序诀义疏》，见《老子集成》第一卷，第 301 页。
⑤ 成玄英：《老子道德经开题序诀义疏》，见《老子集成》第一卷，第 291 页。

这与传统解释相同，但他解释圣人所以如此的理由却是"刍狗之为物，但有狗名而无狗实也"。刍狗不仅无实，连刍狗之名也是假名，本质上都是虚幻无实。推而广之，"况一切万物，虚幻亦然，莫不相与皆空，故无恩报之可责也"。① 需要注意的是，成玄英有时候也将"名"用来指称外在的名利之名，"实"用来指肉体之身，例如疏第四十四章"名与身孰亲？身与货孰多？"为："身，内也，实也。名，外也，宾也。孰，谁也。世人皆求外丧内，贪名忘实。何者？夫令誉芳名，本为身也，身既为名致死，名竟何所施为？"②

成玄英基于佛教缘起性空论的名实论，在六朝隋唐援佛入《老》的著作中司空见惯，就拿唐玄宗《御疏》来说，相似的言论比比皆是，有些表达与成玄英疏高度一致，比如"难易无实，妄生名称，是法空。故能了之者，巧拙两忘，则雄易名息，亦如美恶无定故也"③，"竟无舆名，乃是轮辕假合，为舆之名"④ 等。如果我们对比一下严遵《老子指归》对"无实"的注解，六朝隋唐《老子》注疏中的深度佛教化就更为明显了，严遵注"无实"曰："有名无实，有实无名，名实相违，或正或倾，纵横反复，合于冥冥。"⑤ "名实相违"与名实皆空完全不同。

成玄英《老疏》是老学佛教化的代表。以对"圣人不仁"的注解为例，汉魏旧注一般将圣人视万物为一狗归因于圣人要法天地之无私，比如《老子河上公章句》说，"圣人爱养万民，不以仁恩，法天地之行自然"⑥，王弼《老子注》说"圣人与天地合其德，以百姓比刍狗也"⑦。这两种注解意思相近，只是王弼还解释了圣人何以要法天地——因为"圣人与天地合其德"，这个解释对后世影响很大。

---

① 成玄英：《老子道德经开题序诀义疏》，见《老子集成》第一卷，第 291 页。
② 成玄英：《老子道德经开题序诀义疏》，见《老子集成》第一卷，第 320 页。
③ 《道德真经御疏》，见《老子集成》第一卷，第 452 页。
④ 《道德真经御疏》，见《老子集成》第一卷，第 483 页。
⑤ 严遵：《道德真经指归》，见《老子集成》第一卷，第 97 页。
⑥ 河上公：《道德真经注》，见《老子集成》第一卷，第 139 页。
⑦ 王弼：《道德真经注》，见《老子集成》第一卷，第 218 页。

成玄英的注解，一方面对王弼有所继承，说"圣人者，与天地合其德，与日月齐其明，故能空心利物，功侔造化"，这是就圣人而言；另一方面也有新的发挥，他说"圣人虽复拯救苍生，竟不见能化所化，亦同刍狗，虚幻无实也"。① 换句话说，"视万物如一狗"这种"不仁"的结论是从两个方面推论出来的，一是圣人无心，二是刍狗不实，这样就将"圣人不仁"的根源最终落实在作为客体的刍狗上。或者说，正是由于刍狗不实，决定了圣人空心利物之必然，这与河上公、王弼的注解其实完全不同。若再进一步讨论圣人"心无"、"心虚"的理想境，成玄英所论，与河上公和王弼也是不同的，因为在成玄英那里，那是一个"既外无可欲之境，内无能欲之心"的物我皆空的境界。

正是由于以缘起性空、万法无实的佛教认识论作为思维的起点，成玄英依托《老子》发挥的道教修炼思想，最后必然是不落筌蹄，遣除一切的，重玄中道思想亦奠基于此。在成玄英的《老疏》文字中，相关表述俯拾皆是，略举如下：

> 诸法虚幻，舍而不贪。②
> 车是假名，诸缘和合，而成此车。细析推寻，遍体虚幻。况一切诸法，亦复如是。③
> 修行之人，知一切众生与己同体，不见愚智之别，等差一类也。④
> 不行者，心不缘历前境。而知者，能体知诸法实相，必竟空寂。……不见者，了知诸法虚幻，无可见之物也。⑤

综上所述，《老子》的思想与佛理在成玄英那里不落痕迹地结合在一

---

① 成玄英：《老子道德经开题序诀义疏》，见《老子集成》第一卷，第291页。
② 成玄英：《老子道德经开题序诀义疏》，见《老子集成》第一卷，第338页。
③ 成玄英：《老子道德经开题序诀义疏》，见《老子集成》第一卷，第295页。
④ 成玄英：《老子道德经开题序诀义疏》，见《老子集成》第一卷，第318页。
⑤ 成玄英：《老子道德经开题序诀义疏》，见《老子集成》第一卷，第322页。

起了。这里再举几例予以说明。第三十九章经文"故致数舆无舆"，成注："箱辐毂辋假合而成，徒有车名，数即无实。五物四大，为幻亦然。"① 由于认识到车不是车，只是假象，"即悟物我虚幻，故能自他平等，贵贱不殊，离形去智，冥于至道"②。贵贱只是妄心所起，故贵贱实无分别，认识这一点，就可以"不欲"于琭琭如玉之可贵和落落如石之可贱，因为贵贱本身就是分别。经文"故致数舆无舆"，不同版本的写法不同，如《老子河上公章句》本作"舆"作"车"，王弼本"舆"作"誉"，晚于成玄英的李荣本也作"誉"。"舆"指的是车舆之舆，"誉"是毁誉之誉。有意思的是，凡是受到缘起性空思想影响的唐代注家，无论"数舆无舆"的"舆"字怎么写，他们的解释变化都不大，这正如赵志坚在《道德真经疏义》中所言，"有本作'舆'及'车'者，并同此释"。车也好，赞誉也好，作为名，都和侯王之名一样，不过是"假合非实"的名，因此"一切诸法，例同此妄"③。例如李荣将"数舆无舆"释为"歌谣颂德，不以为誉"④，"数舆无舆"与"侯王自谓孤寡不谷"是一个道理，目的是警示那些体悟了真道的君子超越宠辱得失，心忘毁誉，喜愠不形于色。

佛教以缘起性空理解世界万象，眼前的芸芸万物不过是虚幻的存在，毕竟是空，佛教称其为"境"、"尘"或"尘境"。与外在的尘境对应的是内在的心、智。佛教主张众生六根清静，不染此境，境不乱心。空宗强调心境两忘、境智皆空。在成玄英的《老疏》中，"世境"、"世尘"、"尘境"、"物境"、"俗境"、"前境"、"有境"、"境智"和"心境"等词语频频出现，它们对应的是"有"，是世间法，而与"有"对立的是"空"，不再是"无"。下列注文可以说明：

① 成玄英：《老子道德经开题序诀义疏》，见《老子集成》第一卷，第 317 页。
② 成玄英：《老子道德经开题序诀义疏》，见《老子集成》第一卷，第 317 页。
③ 赵志坚：《道德真经疏义》，见《老子集成》第一卷，第 394 页。
④ 李荣：《道德真经注》，见《老子集成》第一卷，第 370 页。

适见世境之有，未体即有之空。①

可欲者，即是世间一切前境色声等法，可贪求染爱之物也。而言不见者，非杜耳目以避之也，妙体尘境虚幻，竟无可欲之法，推穷根尘，不合故也。既无可欲之境，故恣耳目之见闻，而心恒虚寂，故言不乱也。②

治身者言，躁竞之夫，心不怀道，纵于六根兵马，驰骋尘境之中，内不览真，恒缘外物，故云生于郊也。……可欲，境也。言前境美丽，称可欲之心，故言可欲也。然境能逼心，是起罪之缘，以戒行人不可染境也。……心贪前境。③

其实，就连"德合二仪"（与天地相合）、"空心利物"的圣人，本身也是虚幻不实的，"圣人虽复拯救苍生，竟不见能化所化，亦同刍狗，虚幻无实也"④。《老子》经文"天地不仁，以万物为刍狗；圣人不仁，以百姓为刍狗"中的"天地"和"圣人"，成玄英将其解释为"前举二仪，遍该无识，故称'万物'。后显圣人，意在有情，故言'百姓'"⑤，"有情"、"无情"全部网罗在内，一无所逃。那么圣人以教化苍生为职责，就不是因为圣人不化"无识"，而是因为"有识能秉教"。言下之意，"无识"不能禀教，故圣人教化不及于此。

需要注意的是，成玄英的《老疏》中，有关"性"的文字不少，有的是指物性，相当于物之"理"，如"水性柔和，不与物争，方圆任器，壅决随人"⑥；有的是指佛性，也就是性空之性，自性之性，相当于万物的本质，如"夫宫商丝竹，相和而成。推求性相，即体皆寂"⑦；还有的是指性情之性，如"根性不同，机悟差异"，"人皆

---

① 成玄英：《老子道德经开题序诀义疏》，见《老子集成》第一卷，第287页。
② 成玄英：《老子道德经开题序诀义疏》，见《老子集成》第一卷，第289—290页。
③ 成玄英：《老子道德经开题序诀义疏》，见《老子集成》第一卷，第322页。
④ 成玄英：《老子道德经开题序诀义疏》，见《老子集成》第一卷，第291页。
⑤ 成玄英：《老子道德经开题序诀义疏》，见《老子集成》第一卷，第291页。
⑥ 成玄英：《老子道德经开题序诀义疏》，见《老子集成》第一卷，第293页。
⑦ 成玄英：《老子道德经开题序诀义疏》，见《老子集成》第一卷，第288—289页。

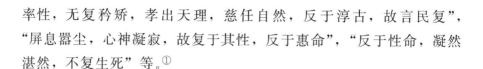

率性，无复矜矫，孝出天理，慈任自然，反于淳古，故言民复"，
"屏息嚣尘，心神凝寂，故复于其性，反于惠命"，"反于性命，凝然
湛然，不复生死"等。①

二、无物可生

"生而不有，为而不恃"在《老子》通行本的第二章、第十章和
五十一章重出，我们看看成玄英是如何注解这些经文的。先看第五
十一章，这一章原文主题比较明确，集中阐述道生德蓄的思想，主
题是《老子》的道生万物，也即道物关系。按成玄英的理解，这一
章有下面四层意义：

> 第一明道德应化，生育黎元。第二明劝示众生，尊道贵德。
> 第三广显虚通，慈悲生化。第四结成玄德，利物忘功。②

这四层意义分别对应该章的下列经文：

> 第一，"道生之，德畜之，物形之，势成之"；
> 第二，"是以万物莫不尊道而贵德，道尊德贵，夫莫之爵而
> 常自然"；
> 第三，"故道生之蓄之，长之育之，成之熟之"；
> 第四，"生而不有，为而不恃，长而不宰，是谓玄德"。

注文说，"至道虚玄，通生万物。上德慈救，畜养群生"，万物"禀
道而有形质"，"以德化导，陶莹心灵，令行业淳熟而成就也"③。"道
生之，德蓄之，物形之，势成之"意在"明道德应化，生育黎元"，
是有关世界万物的本源问题。这一章后面略显重复的经文"故道生

---

① 成玄英：《老子道德经开题序诀义疏》，见《老子集成》第一卷，第 300、301、
299 页。
② 成玄英：《老子道德经开题序诀义疏》，见《老子集成》第一卷，第 325 页。
③ 成玄英：《老子道德经开题序诀义疏》，见《老子集成》第一卷，第 325 页。

之畜之"四句和紧接其后的"生而不有"三句，成玄英认为它们之间构成如下逻辑关系："以上四双，明利物之德；以下三句，明能遣其功也。"① 这是不同于以往注家的解释，也就是说后三句是对前四句的遣除。这一章最后四句"生而不有"等，成玄英认为它们构成本章的第四层意义"结成玄德，利物忘功"。总之，前半章经文的重点是"生"，后半经文的重点是"遣"和"忘"。

本章经文的疏解，关键处是"生而不有"，以下是点睛之笔：

> 虽复能生万物，实无物之可生。刍狗群情，故即生而不有。有既有而不有，生亦生而不生。此遣道生之也。②

成玄英又疏"为而不恃，长而不宰"：

> 既生成万物，不有其生，施为法教，于何可恃。此遣德畜之也。
> 长养苍生，功侔造化，而能所俱幻，谁其宰乎？此遣长之等四双也。③

与此相应的还有第十章"生而不有，为而不恃"的疏文：

> 虽复陶铸万物，亭毒三才，妙体真空，故无苍生之可化。为而不恃，岂有功用之可称。只为无苍生之可化，故施为利物，亦无恩造之可恃也。④

很明显，这是直接从佛教空观出发，以空释有，以空释生。"生而不有"句经文，一般注家是从道和德的关系出发，释为道生万物之德。

---

① 成玄英：《老子道德经开题序诀义疏》，见《老子集成》第一卷，第325页。
② 成玄英：《老子道德经开题序诀义疏》，见《老子集成》第一卷，第325页。
③ 成玄英：《老子道德经开题序诀义疏》，见《老子集成》第一卷，第325页。
④ 成玄英：《老子道德经开题序诀义疏》，见《老子集成》第一卷，第295页。

至于万物之究竟，佛教传入之前的中国传统思想家几乎不曾加以认真探讨。严遵注解说："有类之属，得道以生，而道不有其德，得一而成，而一不求其福。"① 《老子河上公章句》说："元气生万物而不有"，"道生万物，无所取有"，"道生万物，不有所取以为利用"。② 王弼一边自问自答"何由而生？道也"，"物之所以生，功之所以成，皆有所由。有所由焉，则莫不由乎道也。故推而极之，亦至道也"，一边强调道是万物存在的依据，而不是万物的主宰，即所谓"物自长足，不吾宰成"，万物有德而无主。③ 可见汉魏旧注关心的是万物何以如此，而不是万物究竟是什么的问题。

成玄英先是顺着经文"道生之"的原有脉络，先承认"道""能生万物"和"生成万物"，然后再从两个方面消解前面的内容。第一，重新解释了"生而不有"之"生"，即"虽复能生万物，实无物之可生"；第二，以"遣道生之"重新解释了"生而不有"之"不有"。以"无物之可生"来解释"生而不有"，彰显《老子》经文内含的"道能生化，利物而忘功"的美德。但由于他对"物"的解释与旧解完全不同，因而也就具有完全不同的意义。"无物之可生"相当于以佛教万法皆空为理论根基，否定了"物"的真实存在。④

又第四章的"道冲而用之，又不盈，渊似万物宗。……吾不知谁之子，象帝之先"，其中"道冲而用之，又不盈"被解释为重玄中道，但"渊似万物宗。……吾不知谁之子，象帝之先"涉及道与万物的关系，成疏云：

---

① 严遵：《道德真经指归》，见《老子集成》第一卷，第 89 页。
② 河上公：《道德真经注》，见《老子集成》第一卷，第 138、142、162 页。
③ 王弼：《道德真经注》，见《老子集成》第一卷，第 226、211 页。
④ 这一倾向晚于成玄英的李荣在注解《老子》时，曾被刻意削弱。李荣的《老子注》似乎注意到了如果否定万物的真实性，理论上会遭遇难以克服的矛盾，他对"生而不有"的解释，与成玄英旨趣大异，"物"之究竟，不再是李荣论述的重点。例如他将《老子》第二章的"生而不有"释为圣王治理下的天下"付之于独化，日用而不知也"，把第十章和第五十一章的"生而不有"释为忘其功德的不德之上德，这些都与成玄英完全不同。

渊，止水也，以况圣人。言止水能鉴于人，圣智能照万法。故大匠取则于止水，众生宗极于圣人。而言似者，明无宗而宗，宗不定宗也。①

吾，老君自称也。言此即寂即应之圣道，不知从谁而生，故言谁子也。象，似也。帝，天也。既能生天生地，似如天地之先也。……然至道幽玄，寂寥恍惚，不生不灭，不先不后。而今言先者，欲明先而不先，不先而先，故加以象也。②

《老子》论道，常用天地和万物表达，似乎天地和万物为二物，如第五章言："天地不仁，以万物为刍狗"，圣人与天地合其德，所以天地常常是圣人效法的实实在在的对象，与此句经文并列的是"圣人不仁，以百姓为刍狗"。在成玄英笔下，道、天地、万物、圣人的逻辑关系在下面的疏解中体现出来：

虚玄至道，能生立二仪。

此深玄不滞之道，雌虚柔静之法，能开导万物，生化两仪，故云根也。

二仪覆载，亭毒群生，有大至功。

圣人与二仪合德。

圣人，即与天地合德者也。③

道生天地万物，天地（二仪）为万物之大且长养万物，圣人与天地合德，圣人法天地。天地的角色，成玄英是这样论述的：

二仪虽大，犹有劫尽之期。然就形相之中稍为赊远，故举天地以况圣人。

① 成玄英：《老子道德经开题序诀义疏》，见《老子集成》第一卷，第290页。
② 成玄英：《老子道德经开题序诀义疏》，见《老子集成》第一卷，第291页。
③ 成玄英：《老子道德经开题序诀义疏》，见《老子集成》第一卷，第291—292页。

> 天地但施生于万物，不自营己之生也。①

缘起性空、诸法不实这一佛教认识论贯穿在成玄英疏解《老子》有关宇宙论的所有经文中，以否定宇宙万物和一切有为法为前提，成玄英多方面阐述了修道者应该遵循的各种原则。同一章与"生而不有"并列的两个排比句"为而不恃，长而不宰"，成玄英以同样的思路进行了疏解：

> 既生成万物，不有其生，施为法教，于何可恃。此遣德畜之也。
>
> 长养苍生，功侔造化，而能所俱幻，谁其宰乎？此遣长之等四双也。②

"遣"是成玄英《老疏》和《庄子疏》中经常出现的高频率词汇，是成玄英重玄思想赖以表达的重要语言工具。在这段文字中，成玄英接连用了三个"遣"字解释三个否定词"不有"、"不恃"和"不宰"。

这一章最后一句"是谓玄德"，成玄英的疏解颇有深意。"玄"固然是"深远之名"，"德"固然是"以证护为义"，但此"玄德"却并不是遣除一切"有"和"有为"（生、恃、宰）之后的佛教涅槃境界，而是明确指向"体道之士"所要达到"利物忘功，以法圣人"的道教宗教超越境界。

就"道生之"和"生而不有"句的注解，我们可以对比一下李荣的《老子注》。李荣这样注"道生之"四句："至道运而无壅，何适而不能？玄德动而不滞，何事而不可？今约事分用，通生则理归于道，长畜则义在于德。生畜于物，物各有形。既秀而不实曰孰，生畜具全曰成也。"③ 几乎没有什么新意，不过是阐述道生德畜的一

---

① 成玄英：《老子道德经开题序诀义疏》，见《老子集成》第一卷，第292页。
② 成玄英：《老子道德经开题序诀义疏》，见《老子集成》第一卷，第325页。
③ 李荣：《老子道德经注》，见《老子集成》第一卷，第375页。

般内涵。但后面几句经文"生而不有……是谓玄德"，李荣基本上回到了传统的疏解路子上，和成玄英以空释"生"释"物"和以遣除意解"不"（不有，不恃，不宰）大异其趣。他说："夫伐其功者，非至功也。恃其德者，非大德。今既生既长，不恃不宰，深妙之德也。"① 整个注解最后落脚在什么是真正的功德上——以不矜其功、不显其德为至功和大德。这样的注解虽然忠实了《老子》原义，但却失去了成玄英的超越意味。

道生万物，生化群品，陶铸生灵，实际上无物之可生的这种道物关系，《老子》用了"生"、"母"、"始"等字眼，成玄英既然否定了物的真实性，就必须对它们都进行重新解释。他疏第三十四章"万物恃以生而不辞"：

> 一切万物恃赖至道而得生成，慈救善诱，终不辞惮也。又云物亦不谢，生于自然。②

第五十二章"天下有始，以为天下母"，《老子河上公章句》释为"（道）为天下万物之母也"。成玄英以本迹观注云：

> 始，道本也。母，道迹也。夫玄道妙本，大智慧源，超绝名言，离诸色象，天下万物皆从此生。今泛言天下者，欲令行人识根知本，故上经云"无名天地始"也。以为母者，言从本降迹，导引苍生，长之育之，如母爱子，故上经云"有名万物母"。③

经过成玄英的疏解，较之《老子河上公章句》，《老子》的哲理性大为增强。

---

① 李荣：《老子道德经注》，见《老子集成》第一卷，第375页。
② 成玄英：《老子道德经开题序诀义疏》，见《老子集成》第一卷，第312页。
③ 成玄英：《老子道德经开题序诀义疏》，见《老子集成》第一卷，第326页。

关于第十章"载营章"和第五十一章"道生之章"部分经文重出的问题，成玄英的处理也值得注意。第十章经文为"生之畜之，生而不有，为而不恃，长而不宰，是谓玄德"，第五十一章为"道生之，德畜之，物形之，势成之……故道生之畜之，长之育之，成之熟之，养之覆之，生而不有，为而不恃，长而不宰，是谓玄德"。这两处经文本身没有什么差异，但是成玄英却将"道"作为第五十一章的主体，将"圣人"作为第十章的主体，疏云："圣人自利道圆，利佗德满，故能生化群品，畜养含灵。"①圣人"虽复陶铸万物，亭毒三才……长养群生"，实际上是由于圣人"妙体真空，故无苍生之可化"②。事实上，这一章的经文比较繁杂，既有载营魄、抱一、专气致柔、涤除玄览等被认为是修身术的内容，又有爱民治国、明白四达等属于治国术的表述，又有似乎与二者毫无逻辑关系的道生德畜、玄德等具有较高抽象性的论述。不少研究者认为第十章的道生德畜是第五十一章经文的重出，应该从第十章的原文中删除，而第五十一章则意义表达完整，是专讲道生德畜、尊道贵德的。但是成玄英作为一名虔诚的道士，以尊重经文原貌为前提，分别以圣人和道作为两章的主体，加以别致的解说。整体上还算自圆其说。这同样说明成玄英在不违背其解经宗旨的前提下，十分注意每一章的内在逻辑和整体风格的一致。

第五节　成玄英的道教本位立场

还应该注意的是，成玄英是道士，他对佛理的吸收，无论达到了何种深度（甚至在很多方面突破了道教的传统），其道教本位立场都始终未曾偏离，这可以从他疏解《老》、《庄》的形式和内容两方

---

① 成玄英：《老子道德经开题序诀义疏》，见《老子集成》第一卷，第295页。
② 成玄英：《老子道德经开题序诀义疏》，见《老子集成》第一卷，第295页。

面得到证明。他完全接受了佛教缘起性空的认识论，并从这一认识论出发，依托《老》、《庄》经文，深入阐述了经文内含的思想，同时也从信仰立场，对道教徒的修道过程和境界以及达成此境界的方法进行了全新的论述，归结起来就是遣执去滞乃至于都无所滞的"重玄之道"。有学者在论述重玄学的特征时，认为"道教对佛教的融合，仍有一个坚持其本位立场的问题。例如上述道教重玄学虽对佛教有所借鉴，但从先秦道家、魏晋玄学到隋唐重玄学的演变发展来看，其基本立场并未完全偏离道家与道教，其理论指向的并不是佛教的出世主义，而是入世的逍遥无为、长生久视"①。成玄英的《老子》注解，的确体现了这一本位立场。

一、疏解不同道经的方法

成玄英留下的著述，除了《老》、《庄》二疏最为著名外，还有他对灵宝派的核心经典《度人经》所作注疏，宋人陈景元《原始无量度人上品妙经四注》有征引。我们知道，《度人经》主要宣扬"仙道贵生，无量度人"的思想，以元始天尊为最高神。日本学者砂山稔在他的《〈灵宝度人经〉四注札记》一文中，根据陈景元的《原始无量度人上品妙经四注》，认为"成玄英疏就是道教重玄派的《灵宝度人经》注解，这是成玄英《灵宝度人经疏》的特点"②。韩国学者崔珍晳的研究试图修正砂山稔的观点，他认为"成玄英当然是唐代重玄派的代表人物，撰《原始无量度人上品妙经四注》的宋代陈景元本身也可以说是一个带有以'重玄'解《老子》的道教义理学传统的人物"，但是成玄英的《度人经疏》不仅风格上与他的《老》、《庄》注疏都不太相同，在思想上也没有体现重玄，连"重玄"这个概念都没出现在疏文中。③ 因此，说成玄英的《度人经疏》也是"道教重玄派"的，有先入为主之嫌。《度人经疏》的确看不出有重玄的

---

① 洪修平：《隋唐儒佛道三教关系及其学术影响》，《南京大学学报》2003 年第 6 期。
② 砂山稔：《〈灵宝度人经〉四注札记》，《世界宗教研究》1984 年第 2 期。
③ 崔珍晳：《成玄英的〈庄子疏〉研究》，第 14 页。

痕迹，而且成玄英在疏解《度人经》与《老》、《庄》书中都出现的同一主题时，采用的是完全不同的表达方式。比如《度人经》中有道士需诵经的说法，成玄英疏"是时，一国是男是女，莫不倾心，皆受护度，咸得长生"："故知诵经十遍，上达诸天，起死回骸，长生久视。"而在他的《老》、《庄》注疏中，他是把中道或一中之道看作是达到长生久视的手段。这样的论述很多，比如"去此三惑，处于一中"，"治身则长生久视也"等。我们知道，诵经是北魏寇谦之开始大力提倡的道士得道成仙的传统方法，而中道是经过与佛教糅合和义理化以后在隋唐时期才出现的道教修炼新方法。

又如成玄英《老》、《庄》注疏中都把"玄"解释为"深远之义，亦是不滞之名"，而在《度人经疏》中，他把"玄"解释为物质性的"天"："龙有五色，而言玄者。玄，犹天也。"① 注意到这一区别有重要意义，它提醒我们在阅读经典注疏时，必须充分考虑注疏者的宗教身份。成玄英是一位博学多才、好学深思的道士，他对经典的把握和处理既不同于一般的信仰者，也不同于世俗中人。在《度人经疏》中，他释"玄"为"天"，的确是继承了道教的传统看法。但是在《老》、《庄》注疏中，他以"重玄"释"玄"，则既是所注解的经典本身及其注释传统决定的，也是成玄英作为注解者的创新意识决定的。

如果我们想要理解成玄英的道经注疏为何会出现以上差异，必须将经文的性质也考虑进去。历史上所有的经典注疏都是依经作注，注解者都不得不受到经文本身的限制和约束。《度人经》和《老子》、《庄子》的文本性质不同，成玄英对它们的注疏，自然会顺着经文本身的指引方向，做出尽可能完美的解释，而这些解释既要尽可能表达他自己的创见，又要在经文自身许可的范围之内，使个别经文的诠释符合整个文本的格调和逻辑。

二、道祖老子的形象塑造

成玄英的《老》、《庄》经典注疏，存在如何处理历史、佛学和

---

① 崔珍晳：《成玄英的〈庄子疏〉研究》，第 15 页。

道教信仰关系的问题。我们以成玄英注疏中涉及老子、庄子其人的部分文字为例。成玄英疏《庄子》，在序言中描述的庄子既有《史记》中的历史性记载，比如说庄子是蒙人、曾为漆园吏等，也有来自南朝以来道教内部的一些宗教性说法，比如说庄子"师长桑公子，号南华仙人"等，而后者往往没有《史记》这样的文献为基础，它只是传说和信仰需要的体现。

《庄子》多次提到老聃或老子之名，如叔山无趾语老聃、阳子居见老聃、崔瞿问于老聃、孔子往见老聃、士成绮见老子、孔子南之沛见老聃、夫子问于老聃、南荣趎南见老子等。成玄英的《庄子疏》一律将老子描述为大道之祖或者道教的圣人，老子不再是《史记》中描述的历史人物。成玄英《老疏》大量引用《庄子》，这自然给了成玄英再次塑造老子形象的机会。

例如《庄子》中的"夫子"，有些是学生对老师和长辈的尊称，如《养生主》篇说老聃死后，弟子问三号而出的秦失："非夫子之友邪？"这里的"夫子"指的是老子。又如《应帝王》："郑有神巫曰季咸，知人之死生存亡，祸福寿夭，期以岁月旬日，若神。郑人见之，皆弃而走。列子见之而心醉，归，以告壶子，曰：'始吾以夫子之道为至矣，则又有至焉者矣。'"这里的"夫子"是指壶子。《庄子》中也有一些"夫子"很明显是指孔子，如《庄子·天地》："夫子问于老聃曰：有人治道若相放，可不可，然不然。"但是，《庄子》中还有一些"夫子"并无明确所指，成玄英将它们中的大部分解释为具有道家意味的"老子"，如《庄子·天地》："夫子曰：'夫道，覆载万物者也，洋洋乎大哉！君子不可以不刳心焉。'"这里的"夫子"因无语境提示，是可以有多种解释的，成玄英明确疏解为："夫子者，老子也。庄子师老君，故曰夫子也。"[①]还有一些地方的"夫子"上下文语境模糊，难以推知具体所指，成玄英都作"老子"解，如《齐物论》："瞿鹊子问乎长梧子曰：'吾闻诸夫子，圣人不从事于务，不就利，不违害，不喜求，不缘道……'夫子以为孟浪之言，而我以

---

① 郭庆藩撰，王孝鱼点校：《庄子集释》，第 407 页。

为妙道之行也。吾子以为奚若?"这里的"夫子"究竟何指,过去一直有争议,陆德明《经典释文》引前人说,以为是指长梧子。俞樾不以为然:"瞿鹊子必七十子之后人,所称'闻之夫子',谓闻于孔子也。下文'长梧子'曰,是黄帝之所听荧也,而丘也何足以知之?丘即是孔子名,因瞿鹊子述孔子之言,故曰'丘也何足以知之也'。而读者不达其意,误以'丘也'为长梧子自称其名,故释文云'长梧子,崔云名丘。'此大不然。"① 成玄英虽然没有将这里的"夫子"当成老子,但他将"夫子"解释为瞿鹊子对其老师长梧子的尊称:"瞿鹊是长梧弟子,故谓师为夫子。夫体道圣人,忘怀冥物,虽涉事有而不以为务。混迹尘俗,泊尔无心,岂措意存情,从于事物。瞿鹊既欲请益,是以述昔之所闻者也。"② 这样理解,虽然在语义结构上是说得过去的,但是可以看出成玄英有意回避将"夫子"释为孔子。

作为道教教主的老子,在汉魏以来的道经中经历了从司马迁记载的历史人物演化为神仙的历程,道经中充满了各种有关老子的传说,宗教色彩浓厚。成玄英既要坚守道教信仰及其本位立场,也不能完全沿袭或否定旧有传统,更不能在这个问题上违背他坚持的重玄中道的整体原则,因此他借用佛理对老子的生死之事进行了重新解释。如庄子《养生主》叙述老子之死一事,成玄英另有一番解释:

> 老君即老子也。姓李,名耳,字伯阳,外字老聃,大圣人也,降生陈国苦县。当周平王时,去周,西度流沙,适之罽宾。而内外经书,竟无其迹,而此独云"死"者,欲明死生之理泯一,凡圣之道均齐。此盖庄生寓言耳,而老君为大道之祖,为天地万物之宗,岂有生死哉! 故托此言圣人亦有死生,以明死生之理也。故老君降生行教升天,备载诸经,不具言也。③

---

① 郭庆藩撰,王孝鱼点校:《庄子集释》,第98页。
② 郭庆藩撰,王孝鱼点校:《庄子集释》,第97页。
③ 郭庆藩撰,王孝鱼点校:《庄子集释》,第127页。

所谓"备载诸经",即成玄英在《开题》中征引的《出塞记》、《玄妙内篇》、《文始内传》、《神仙传》、《上元经》等有关教主老子神迹的道经,这些道经"并云关令尹喜预瞻,见紫云西迈,知有道人当过,即以其年十二月廿五日老子乘青牛薄板车,徐甲为御到关也。至廿八日日中授喜《道德经》上下卷",临去之际又说《西升》,之后则"示见神通,腾空数丈……适彼罽宾,逗机行化"①。《开题》还根据上述道经记载,说老子"西化戎夷,竟无死迹"。《庄子》中"老聘死,秦失吊之"不过是庄子用假设编造的寓言,"斯假设之辞耳,欲明死生之道均齐,凡圣之理泯一。犹如鸿蒙、云将之谈,盖寓言也"②。正文疏解《老子》中有关生死的经文,和此处论老子"无死迹"自始至终保持着一致。

成玄英认为,《老子》经文中"吾"、"我"、"太上"等都是老子自称,释为"老子"、"老君"或"教主"、"道君"、"大道君"等。如疏第五十七章"吾何以知天下之然?以此":"教主假设云:我何以知摄化天下,必须无事乎?用此。下文观之则知之也。"疏第五十四章"吾何以知天下之然?以此":"老君假设云:我何以知天下成败之事乎?只以此格量,足为龟镜矣。"疏第七十章"吾言甚易知,甚易行"的"吾言"是"老君之言",是"至言"。③

《老子》经文中的"圣人",成玄英认为就是老君自己,"老君自是圣人,执谦托诸他圣,故《庄子》云寓言十九也"④。老子为"圣人",老子之言是"圣言",老子之教是"圣教"。《老子》第十七章太上章,成玄英认为是阐明圣人"显感应随时,从本降迹"的过程,他将"太上(下知有之)"的"太上"解释为"玄天教主太上大道君"。至于太上如何"降迹",成玄英则完全遵循道经记载,"道君在玉京之上金阙之中,凝神遐想,为常应之处。利根之人,机性明敏,深悟妙本凝寂,体绝形名,从本降迹,故有位号,不执相生解,故

---

① 成玄英:《老子道德经开题序诀义疏》,见《老子集成》第一卷,第 283 页。
② 成玄英:《老子道德经开题序诀义疏》,见《老子集成》第一卷,第 283 页。
③ 成玄英:《老子道德经开题序诀义疏》,见《老子集成》第一卷,第 330、328、340 页。
④ 成玄英:《老子道德经开题序诀义疏》,见《老子集成》第一卷,第 331 页。

言下知有之，知有太上名号之所由也"。① 也就是说，世间有利根之人能体悟教主道君有"太上"这个名号，这个名号就是妙本之迹。第十八章，成玄英将"大道废，有仁义"的"大道"解释为"太上之教"②。诸如此类，不一而足。

成玄英道教本位立场还表现在他的《老》、《庄》二疏中多次援引老子化胡说，宣扬作为"教主"的太上大道君老子先于佛祖释迦牟尼，佛祖是老子教化而成。在《开题》部分，成玄英述及老子一生活动的"时节"时，即根据道经所载，说老子为尹喜说《道德经》上下卷，又授其《西升经》后，"于是适彼罽宾，逗机行化"。又引晋人皇甫谧《高士传》和道经《文始内传》有关老子化胡罽宾国的传说，同时将《史记》、《孔子家语》等相关记载一并载录并加以发挥，证明老子神功不测，感应无方，或见圣荣，或示凡迹，千变万化，不可思议。而在疏解《老子》第三十六章的"将欲歙之，必固张之"和"将欲夺之，必固与之"时，又引入老子化胡说，"昔者老君西入罽宾化胡之日，初恣其凶悖，然后化之以道是也。其委曲逗留，具在《文始内传》"。"先恣其恶，名曰与之。后令归善，名曰夺之。故老君先示凡迹，所以恣其刚戾。后见神通，于是胡人降伏，方得夺其凶恶，令归善道"。③

《老子化胡经》本是西晋时期出现的道经。化胡说在很长时间内是佛教和道教论辩中最能引发双方矛盾冲突的论题。南北朝以来，佛教对《老子化胡经》深恶痛绝，严加贬斥，指责它是西晋道士王浮伪造，意在证明老先佛后。在佛教徒的强烈要求下，唐朝前期朝廷多次召集百官和僧道集议《老子化胡经》真伪。唐高宗总章元年（668），首次集议，会后下令焚毁天下《老子化胡经》。然而此令未认真执行，道教也没有放弃老子化胡说。武周万岁通天元年（696）和唐中宗神龙三年（707），朝廷又组织了两次有关《老子化胡经》

---

① 成玄英：《老子道德经开题序诀义疏》，见《老子集成》第一卷，第300页。
② 成玄英：《老子道德经开题序诀义疏》，见《老子集成》第一卷，第300页。
③ 成玄英：《老子道德经开题序诀义疏》，见《老子集成》第一卷，第313、314页。

真伪的集议，最后定其为伪经，唐中宗下诏禁《化胡经》。成玄英生活的唐太宗和唐高宗时期，正是佛道双方围绕《老子化胡经》的斗争日益白热化的时期，成玄英《老疏》对化胡说的坚持，体现了他鲜明的道教立场。

为了合理解释老子化胡说，成玄英还将道教的感应说予以发展，创造出"别应"和"别感"，对应"通应"和"通感"，用来解释老君何以能感化胡人。他疏第四十八章"信与不信"云：

> 又经云：信者，学道之枢机也。问曰：圣人无心，有感必应，不应不感，不感不应者。故信者方教，不信者不教。而今信与不信，一种教之，亦应感与不感，一种皆应？
>
> 答曰：应有通有别，如治在玄都玉京，而恒救三界，此则通应善信是也。至如胡人有感，紫气西浮，授尹生《道德》之文，此则别应。若别应则待别感，通应则寻常慈照。故上经云：常善救人，而无弃人。[1]

可见成玄英对于如何弥合道教信仰和佛教理论是颇费思量的，这些夹杂着两种不同思想因素的注文，一方面体现了成玄英努力打通佛道藩篱的不凡智慧，另一方面也可见其艰难挣扎的不易。如何解释老子化胡说，才能既不违背道教教理，又能符合其重玄旨意，成玄英可谓绞尽脑汁。除了《开题》部分外，成玄英《老疏》也数次引证老子化胡说，都表明成玄英坚守道教本位立场的态度。

三、经文诠释的整体修道化

成玄英的《老疏》专注于阐发道教修道理论，他从以下几个方面将《老子》的诠释整体道教化了。首先，凡是《老子》中有关"国"、"王"和"治"等与治术相关的内容，统统从道教修身的角度予以阐发。

---

[1]　成玄英：《老子道德经开题序诀义疏》，见《老子集成》第一卷，第 323 页。

比如《道德经》第十六章，成玄英的科判文如下：

> 致虚极章所以次前者，前章正明境智相会，故能妙极重玄，故次此章显出重玄道果。今就此章，义分三别：第一略标道果，令物起修。第二劝返本还源，归根复命。第三示从小入大，妙契虚玄。①

成玄英将这一章看作是有关修道方法以及彰显"重玄道果"的内容。这一章经文中出现了"公"和"王"等与统治者相关的表述，如"知常容，容能公，公能王，王能天，天能道，道能久，没身不殆"，成玄英认为是表达"从小入大，妙契虚玄"的修道过程的。"知常容，容能公"的意思就是"体知凝常一中之道，悟违顺两空，故能容物也。……能包容庶物，所以公正无私也"。"公能王，王能天"中有两个"王"字，一般都理解为君王，如《老子河上公章句》说："公正无私，则可以为天下王。"唐玄宗《御疏》说："唯天为大，唯王则之。"成玄英虽然释"王"为"往"，但是所"往"却是"大法王"："只为包容万物，公正无私，所以作大法王，为苍生之所归往也。既作法王化主，为物所归，复能荫覆含灵，同于旻昊也。"②

又如疏第八十章"邻国相望"，将"国"释为"生死之域与道境"，"邻国相望"即是"言此二域近在内心，故言相望也"。经文"鸡狗之声相闻"就是用来"譬一切言教警长昏之夜，司智惠之晨。此之言教，近涂一心，故云不相闻也"。"使民至老不相往来"就是"会理体真，即俗即道，既不从生死而来，亦无道境可往，二域既一，故不相往来，二际无际也"。成玄英还将"使民有什伯之器而不用"的"器"释为"六根十恶之兵器"，"不用"就是"静息诸根，不染尘境"。经文"使民重死而不远徙"的意思是"诸行重静境，知足守分，故得终其天年而不远逐前境"，"虽有舟舆，无所乘之"就是

---

① 成玄英：《老子道德经开题序诀义疏》，见《老子集成》第一卷，第299页。
② 成玄英：《老子道德经开题序诀义疏》，见《老子集成》第一卷，第299页。

"舟舆谓三乘教也，舟在于水，喻教能舟航万物，渡于生死海也。""舆处于陆，能轮转，喻教能转凡成圣也。得理忘言，故能遣教而不用也"。① 很明显，这些都是成玄英有意识地将经文中有关治国的内容进行了道教化，这样的例子不胜枚举，遍布成玄英《老疏》之中。

当然，成玄英也并非不重治国，毕竟老子为李唐圣祖，老子在"开辟以前，复下为国师，代代不休，人莫能知之"。《道德经》经文中有"治国"两字而无法断然从修身角度解释的，比如第十章"爱人治国而无知"，成玄英仍然是从治国的角度去疏解：

> 前既自利道圆，此下应须接物。接物之行，莫先治国爱民。知，分别智也。慈悲覆养，是曰爱民。布政行化，名为治国。夫治国者须示淳朴，教以无为，杜彼邪奸，塞兹分别。如此则击壤之风斯返，结绳之政可追。故下文云以智治国，国之贼，不以智治国，国之德。②

不过，对于成玄英来说，治国仍然是治身的一部分，因为治国不过是"自利"之后的"利他"行为，因此经文"爱人治国而无知"即是"广显治国利他之行"。修道者必须内外两行，"自利"即内修，"利他"即外修，皆属修习法门。

《老子》原文中有不少词语和句子是可以从不同角度进行发挥的，这就为道教人士注解《老子》提供了发挥的空间。比如上引《老子》第十七章的经文"信不足，有不信。犹其贵言，功成事遂，百姓谓我自然"中的"信不足，有不信"与"犹其贵言"之间并不存在语义上的逻辑关联，成玄英却将它们疏解为"良由下机障重，信根不足，故疑毁圣文，有不信之罪也"。不信圣文的下机之人"犹其贵重世俗浮伪之言，故不信至道真实之教，是以迷惑日久，罪障滋深也"。如此大胆脱离原文，是由于成玄英为了圆融上章和本章的

---

① 成玄英：《老子道德经开题序诀义疏》，见《老子集成》第一卷，第345页。
② 成玄英：《老子道德经开题序诀义疏》，见《老子集成》第一卷，第294页。

逻辑，将上一章即第十六章"致虚极，守静笃。万物并作，吾以观其复"看作是太上老君以圣智观物之至极妙本，并劝物起修，而这被看作是重玄之道果的彰显。下一章即第十七章的主题也就顺乎逻辑地被确定为已得重玄之道果的圣人感应随时、从本降迹的显现。这一章的首句"太上，下知有之"，成玄英疏云："太上，即是玄天教主太上大道君也"，"太上"和上一章的"吾以观复"的"吾"都是指老君或道君。"下知有之"的意思是"言道君在玉京之上金阙之中，凝神遐想，为常应之处。利根之人，机性明敏，深悟妙本凝寂，体绝形名，从本降迹，故有位号，不执相生解，故言下知有之，知有太上名号之所由也"。那么，"其次，亲之誉之"和"其次，畏之侮之"的"其次"，就被分别解释为"中根之人"和"下机之人"。①这一章的重点最后就落在对中根之人和下机之人的批评上，中根之人之不足在于不能忘言证理，执相修学、耽著经教、亲爱筌蹄、依文生解、共相誉赞；下机之人之不足在于信根不足、疑毁圣文、重世俗浮伪之言等。

为了使其疏释前后呼应，成玄英处理《老子》篇章的方法不尽相同，其中一部分注解比较忠实于原文内涵和逻辑，但大部分是沿着道教信仰的轨道，或多或少偏离了经文原意，有的完全脱离了原文本身。比如第五十二章"天下有始，以为天下母"，这一章的前半经文明显属于《老子》的宇宙论范畴，《老子》借用"母"这一女性社会身份比喻宇宙的总根源"道"，将抽象的惟恍惟惚的"道"具体化和表象化，并以母子关系比喻"道"与"万物"的关系，既强调对世界万物的具体认识离不开对宇宙总根源的把握，也强调对"道"这一宇宙总根源的把握离不开对世界万事万物的具体认识。我们对比一下成玄英《老疏》和《老子河上公章句》对这一章的注解，以见成玄英的创新。

《老子河上公章句》释"天下有始，以为天下母。既知其母，复知其子"："始者，道也。道为天下万物之母也。子，一也，既知道

---

① 成玄英：《老子道德经开题序诀义疏》，见《老子集成》第一卷，第 300 页。

已，当复知一。"①《老子河上公章句》的"一"其实是"道德所生，太和之精气"②。成玄英则是以抽象的道教本迹论来解释："始，道本也。母，道迹也。夫玄道妙本，大智慧源，超绝名言，离诸色象，天下万物皆从此生。"③ 将"始"与"母"看成是道的一体两面，从哲学上升华了《老子》思想。

这一章后面的经文，从"塞其兑"到"无遗身殃"，《老子河上公章句》一律以修炼之术解说，将一些词语彻底身体化，如将"兑"和"门"分别释为五窍中的"目"和"口"，经文"塞其兑，闭其门，终身不勤"就是教导人们"当塞目不妄视，闭口不妄言，则身不勤苦"④。成玄英对这一章的理解，基本立足点是道教的修道方法和原则，这是对传统的继承。如前所述，在对"母"和"始"的理解上，成玄英与河上公完全不同，他是从本迹观的角度解释"始"与"母"，但是，他仍然和河上公一样，认为《老子》这一章的最终目的是教导修道者领悟"道为始母，劝物起修"的道理。从经文"塞其兑"开始，到本章结束，成玄英认为它们都是"显修习之方，闭塞之妙"的。⑤

当然，成玄英的道教修道思想中充分融合了佛教思想，比如这段经文中的几个关键词"塞"、"闭"、"兑"、"门"，成玄英将"兑"释为"口"，"门"释为"五门"，而"五门"即佛教五蕴"色、声、香、味、触诸尘境"。由此，"闭其门"和"塞其兑"的意义也就发生了根本变化，成玄英说：

> 闭塞之义有两，一者断情忍色，栖托山林，或却扫闭门，不见可欲；二者体知六尘虚幻，根亦不真，内无能染之心，外无可染之境，既而恣目之所见，极耳之所闻，而恒处道场，不

① 河上公：《道德真经注》，见《老子集成》第一卷，第 162 页。
② 河上公：《道德真经注》，见《老子集成》第一卷，第 148 页。
③ 成玄英：《老子道德经开题序诀义疏》，见《老子集成》第一卷，第 326 页。
④ 河上公：《道德真经注》，见《老子集成》第一卷，第 162 页。
⑤ 成玄英：《老子道德经开题序诀义疏》，见《老子集成》第一卷，第 326 页。

乖真境。①

这两种意义上的闭塞，成玄英认为是有根本区别的。后一种闭塞才是真闭塞，它绝不是前一种眼不见耳不闻的"杜耳掩目"，而是"见无可见之相，听无定实之声，视听本不驰心"，是真正的"闭塞之妙"。推而论之，既然"闭其门"之"门"是指"五门"、"五蕴"，因此门也就是"六根之总称"。可是六根之中，《老子》只说"塞其兑"，即闭塞"口"，这又是为什么呢？成玄英认为，这是因为"口"是三业六根之代表，"既是三业，又沾六根，为罪多也"。②

由此可见，这一章对《老子》经文进行的身体化改造，《老疏》与《老子河上公章句》和《老子想尔注》并没有什么根本不同。不同的是，成玄英对《老子》这段专讲"修习之方"经文的注解，几乎全是借用佛教思想，然而其落脚点却从未偏离道教本位立场。

第六节　重玄为宗，无为为体

成玄英的《庄子疏》是道教系统融《庄》入道的首例，无论是作为道教徒疏《庄》的第一人而言，还是从成玄英对郭象旧注的新疏解来看，成玄英的工作都是开创性的。成玄英疏《庄》的主要贡献在于虽然他在形式上依托郭象旧注，但其内容却是对郭象思想的继承和发展。如果说成玄英的《庄子疏》为道教义理开辟了新的方向，《老疏》的贡献亦庶几近之。

一、重玄概念的深化

杜光庭《道德真经广圣义》论前代老家"宗趣指归"，将梁陈隋

---

① 成玄英：《老子道德经开题序诀义疏》，见《老子集成》第一卷，第326页。
② 成玄英：《老子道德经开题序诀义疏》，见《老子集成》第一卷，第326页。

唐道士孟智周、臧玄静、诸糅、刘进喜、成玄英诸人皆归入"皆明重玄之道"① 一类。成玄英本人在《开题》中论《道德经》的"宗体"时，也对自己的学术宗旨有如下自述："夫释义解经，宜识其宗致，然古今注疏，玄情各别。而严君平《旨归》以玄虚为宗，顾征君《堂诰》以无为为宗，孟智周、臧玄静以道德为宗，梁武帝以非有非无为宗，晋世孙登云托重玄以寄宗。虽复众家不同，今以孙氏为正，宜以重玄为宗，无为为体。"② "以孙氏为正"即是继续孙登解《老》的方向，"以重玄为宗，无为为体"则点出了成玄英《老疏》的主旨。

《老子》五千言多次使用"玄"字来描述道、德或者修道德之人的状态或者特征，如"玄德"、"玄牝"、"玄览"、"玄通"和"玄同"等，"玄"大多数是作为修饰语与其他单字构成一个复合词，唯有第一章"同谓之玄"的"玄"是作为名词使用。至于什么是"玄"，可以从《老子》其他经文得到一些信息，例如第六十五章的"玄德深矣，远矣"，第十五章的"微妙玄通，深不可识"等。"玄"的本义是黑色，按照王弼《老子微旨例略》对"道"的解释，"玄"字是用来描述"道"出于"幽冥"，而"幽冥"又与黑色有关，所谓"夫道也者，取乎万物之所由也；玄也者，取乎幽冥之所出也"。在"玄"字之外，《老子》还用了很多其他的词汇来描述这个"幽冥"之"道"，所谓"深也者，取乎探赜而不可究也；大也者，取乎弥纶而不可极也；远也者，取乎绵邈而不可及也，微也者，取乎幽微而不可睹也。然则道、玄、深、大、微、远之言，各有其义，未尽其极者也"。③ 正因为"道"是"弥纶无极"的，所以不能说它是大，也不能说它是小，当然也不能说它是玄或者别的什么东西，这就是《老子》开篇"字之曰道，谓之曰玄，而不名也"的原因。换句话，"道"、"玄"等词汇都是"道"这个弥纶无极的宇宙本源的名，

---

① 杜光庭：《老子道德经广圣义》，见《老子集成》第二卷，第 35 页。
② 成玄英：《老子道德经开题序诀义疏》，见《老子集成》第一卷，第 285 页。
③ 王弼：《老子微旨例略》，见《老子集成》第一卷，第 238 页。

"深"、"大"、"微"、"远"等虽然各有其义，但它们单独或者累加起来都不可能"尽道之极"，都只能"强字之"。王弼理解的"玄之又玄"基于对"名"的本质性把握，从这个根本点出发，必然得出这样的结论："故名号则大失其旨，称号则未尽其极，是以谓玄则玄之又玄。"① 照王弼的逻辑，"玄"这个名未能尽"玄"之极，所以老子用"玄之又玄"来表达这层不能尽其致之意，"玄"之极即玄的本质必须出乎概念之表才能获得。

王弼从名实角度对"玄之又玄"的注解，着意于如何拨开现象的迷障，洞察事物的内在本质。尽管王弼没有使用"重玄"这个概念，但是他的注解已经显示出遣除名相的意味。此时大乘佛教万法皆空的思想尚未流行中土，王弼的"玄之又玄"仍然是以肯定事物存在的真实性为前提。西晋以后，玄、佛互相激荡，人们对《老》、《庄》的理解也更加深刻，《老子》的"玄之又玄"最终凝练成为"重玄"这个概念，用来表达主体的认识高度乃至空灵的精神境界，几乎是必然的结果。

"玄之又玄"，语义上有玄上再玄、玄上加玄的强化作用。"重"的表面意思是二次发生，成玄英称之为"重玄之道"或"二玄之教"②。在《老疏》和《庄子疏》中，成玄英多次阐述"玄"和"重玄"的内涵，以《老疏》第一章的阐述较为集中。成玄英这样解释"玄"："玄者，深远之义，亦是不滞之名。"③"不滞之意"是对王弼等人将"玄"理解为"深远之义"的重大发展，成玄英的重玄学说也从这里开始。

对于《道德经》第一章经文，成玄英在《开题》中说，本章的经文可划分为四个意义单位，第一"道可道，非常道；名可名，非常名"是"略标理教"，第二"无名，天地始；有名，万物母"是"泛明本迹"，第三"常无欲，观其妙；常有欲，观其徼"是"显二

---

① 王弼：《老子微旨例略》，见《老子集成》第一卷，第 239 页。
② 成玄英：《老子道德经开题序诀义疏》，见《老子集成》第一卷，第 344 页。
③ 成玄英：《老子道德经开题序诀义疏》，见《老子集成》第一卷，第 288 页。

观不同",第四"此两者同出而异名,同谓之玄,玄之又玄,众妙之门"则是"会重玄之至"。

《老子》第一章包含了道、有(名)、无(名)、有(欲)、无(欲)、常、玄、妙门等核心概念。这一段的断句历来就有分歧,主要分歧有二,一是"有"和"无"后面的字是否可以与"有"和"无"连称成为"有名"、"无名"、"有欲"、"无欲"。二是"此两者",究竟是指前面的"无(名)"和"有(名)",或者说是"始"和"母",还是"无(欲)"和"有(欲)"。成玄英断以"无名"和"有名","常无欲"和"常有欲",和《老子河上公章句》以及王弼的断句相同,与《史记·日者列传》所引"此老子所谓'无名者,万物之始也'"的断句也一样,是自古以来的读法。

但是"此两者同出而异名,玄之又玄"的"此两者",到底是指什么?《老子》经文说得很是含糊,断句不同,"两者"所指自然不同。其实即便断句相同,"两者"所指仍然会出现差异。如前所述,"此两者同出而异名,玄之又玄,众妙之门"处于这一章的结尾,从语义上可以理解为是对前面两大段话的总结,所以"此两者",既可以理解为"无(名)"和"有(名)",也可以理解为"无欲"和"有欲"。又由于"此两者同谓之玄"且"玄之又玄",为"众妙之门",因此对"两者"的理解,还关系到如何理解"玄"和"重玄"以及"此两者"与"玄"及"妙门"的关系。王弼理解的"两者"是"始"和"母",关注的是"有"和"无"作为万物之所出的意义,他说:"凡有皆始于无,故未形无名之时,则为万物之始。及其有形有名之时,则长之育之,亭之毒之,为其母也。言道以无形无名,始成万物,以始以成,而不知其所以玄之又玄也。"[①] 成玄英和王弼不同,他认为"此两者"指的是"无欲"和"有欲"二观,是两种认识客观对象的方法,而不是"无名"和"有名"。这一断句及

① 传世本河上公本、傅奕本和王弼本的此句经文为"无名,天地之始;有名,万物之母"。但根据王弼注文可知,王弼本经文原本写作"无名,万物之始;有名,万物之母",前后两句都是"万物",与帛书同,帛书本写作"无名,万物之始也;有名,万物之母也"。

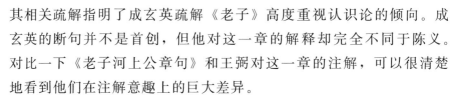

其相关疏解指明了成玄英疏解《老子》高度重视认识论的倾向。成玄英的断句并不是首创，但他对这一章的解释却完全不同于陈义。对比一下《老子河上公章句》和王弼对这一章的注解，可以很清楚地看到他们在注解意趣上的巨大差异。

"故常无欲，以观其妙；常有欲，以观其徼"一句，王弼注解的重点是强调如何以"无欲空虚"来"观其始物之妙"，以及以"常有欲"来"观其终物之徼"。至于何为"无欲"和"有欲"，王弼没有详细解释。那么，既然王弼强调的是"无"和"无欲"，为何还要以"有欲"来"观其徼"呢？这当然首先是由于《老子》原文本身就有"无欲"，有"有欲"，注家必须对"有"、"无"和"有欲"、"无欲"都给出合理的解释。王弼这样注："徼，归终也。凡有之为利，必以无为用；欲之所本，适道而后济。故常有欲，可以观其终物之徼也。"其中，"欲之所本，适道而后济"的"欲"是指"有欲"。"济"究竟是什么意思，后人理解不同，有人解为"止"，也有人解为"达成"等。王弼此句大意是说，有所欲求必须顺势合道才能有用，这其实是"有之以为利"的另一种说法。

成玄英的注解重点不在"有"和"无"二者的关系上，而是落在主体应该"观"什么、如何"观"。照成玄英的理解，《老子》第一章的宗旨不在于从"有"和"无"的关系来认识"道"，也不在于从"有名"和"无名"的层面来理解"道"，而在于作为认识主体的人如何以一己之心来把握即如何"观"这个"道"，这是成玄英解《老》与王弼等人解《老》的最大区别。

对成玄英来说，"有欲"和"无欲"就是"有无二心"，"有无二心，徼妙两观，源乎一道，同出异名"。王弼说"无欲"时，无欲和空虚往往不分——"无欲空虚"；说"有欲"时，往往没有具体所指。他既肯定"无欲"在认识微妙之"道"的过程中的决定性作用，也肯定"有欲"的应有功能——"无欲"观道之始与妙，"有欲"观道之归与终。成玄英则彻底否定"有欲"的价值，这是由于他坚信"有欲"不能见"空"——"适见世境之有，未体即有之空"。"道可道非常道，名可名非常名"这段经文，成玄英解释说，前一句"道可道非常道"意在阐明"无名有名之优劣"，后一句"名可名非常名"意在显示"无欲有欲之胜负"，"无欲"胜"有欲"。

"无欲"与"观"密不可分，成玄英这样解释"观"："观，明察己身也。"这个"明察己身"的"观"，从后文看，就是佛教心性论和境智观的运用。成玄英释"有欲"和"无欲"之"欲"，采用佛教的染净说："欲，情染也。"为了与佛教的境智观联系起来，"常有欲，观所徼"①的"所"被成玄英曲解为"境"。这样的话，无论是"无欲"之观，还是"有欲"之观，所观之"境"就是唯一的，这是就"境"而言。"境"既然相同，"无欲"之观和"有欲"之观究竟又有什么不同呢？成玄英在这里引入佛教境智说，认为这二观的差别在于——所观之境唯一，能观之智有殊。二观既然有"智"的区别，那么就有徼妙两名之异。换句话说，"观"又可以分为所观和能观，所观之境唯一，但能观之智有殊。"一"与"殊"即是"境"与"智"之别。这个唯一的"境"其实就是成玄英追求的理想境界或者说最高境界，他称之为"重玄至道之乡"，非"无欲"之"能观"不能致之。"境"和"智"又分别对应"道"和"德"——"道是虚通之理境，德是志忘之妙智"②。第一章中的"常无欲，观其妙"，成玄英注云："言人常能无欲无为、至虚至静者，即能近鉴己身之妙道，远鉴至理之精微也。""常有欲，观其徼"正好相反，"言人不能无为恬淡，观妙守真，而妄起贪求，肆情染滞者，适见世境之有，未体即有之空，所以不察妙理之精微，唯睹死生之归趣也"③。这些注解都是根据《老子》经文的逻辑进一步强调上述无欲、能观、重玄至道之乡等观点。

弄清楚"此两者"所指之后，我们再来看成玄英对"此两者同

---

① 传世本和简帛本这段经文有一些不同。河上本、王弼本、傅奕本均作"故常无欲，以观其妙；常有欲，以观其徼"；帛书本作"故恒无欲也，以观其妙；恒有欲也，以观其所嗷"；成玄英使用的底本是减字本也就是五千文本，根据疏文，原经文应是"常有欲，观所徼"，与帛书本略同。

② 成玄英：《老子道德经开题序诀义疏》，见《老子集成》第一卷，第 287 页。

③ 成玄英：《老子道德经开题序诀义疏》，见《老子集成》第一卷，第 287 页。

出而异名，同谓之玄，玄之又玄，众妙之门"句的疏解，"重玄"的基本内涵便非常清楚了：

> 玄者，深远之义，亦是不滞之名。有无二心，微妙两观，源乎一道，同出异名。异名一道，谓之深远。深远之玄，理归无滞，既不滞有，亦不滞无，二俱不滞，故谓之玄。
>
> 有欲之人，唯滞于有；无欲之士，又滞于无。故说一玄，以遣双执。又恐行者滞于此玄。今说又玄，更祛后病。既而非但不滞于滞，亦乃不滞于不滞，此则遣之又遣，故曰玄之又玄。①

成玄英把"玄"解释为"深远之义"，这与《老子》中"玄"的本义接近，是从"道"的本源义角度对"道"的存在状况做出的解释。接着他又指出，"玄"是"不滞之名"，也就是说，"不滞"是"玄"的内在本质，这已超出了《老子》"玄"的本义，是从心性角度做出的解释。为了强调"玄"的"不滞"义，成玄英又进一步对"不滞"进行了解释，指出此"不滞"实乃"理归无滞"，是"既不滞有，亦不滞无"，归结起来是四个字——"二俱不滞"。但这只是"玄之又玄"的第一个"玄"字的意蕴。

"二俱不滞"只是遣除了双执——执有和执无（包括有欲和无欲），这还不够彻底。成玄英说，老子为什么要说"玄之又玄"的"又玄"呢？是因为老子担心有人执滞于"一玄"（"玄之"）之遣，所以才接着以"又玄"尝试祛除前面的"玄之"，必须经过"又玄"这一步才能达到"不滞于不滞"的理想状态。这个认识过程经历了双重遣除，也就是成玄英说的"遣之又遣"——前遣有和无，后遣前遣。成玄英几乎将《老子》中所有的"玄"字均释为"深远"和"不滞"，突出遣之又遣，不滞于不滞的重玄义。

以上可见成玄英重玄遣除思想之大概。从中可以看出，成玄英

---

① 成玄英：《老子道德经开题序诀义疏》，见《老子集成》第一卷，第288页。

明显借鉴了隋唐时期广泛流行的佛教中观思想，并且极可能受到了略早于成玄英的三论宗创派人吉藏佛学思想的影响。龙树《中论》说"诸法不有不无者，第一真谛"，吉藏在其所著《三论玄义》中，进一步阐发了《中论》的这种非有非无的立场。吉藏认为，对于"至道"，"有之者乖其性，无之者伤其体"。他强调"四忘为真"。所谓"四忘"，就是"绝四句离百非"的"绝四句"或者"超四句"，是三论宗的四种根本否定法：非有、非无、非亦有亦无和非非有非无。

有意思的是，《三论玄义》卷上记载，吉藏曾明确表达老子"唯辨有无，未明绝四"，远不及佛教中观思想"空"得彻底。有人向吉藏提出这样的问题："伯阳之道，道曰太虚；牟尼之道，道称无相。理源既一，则万流并同。"也就是问道、佛究竟是否有区别。吉藏反问此人："伯阳之道，道指虚无；牟尼之道，道超四句。浅深既悬，体何由一？"问者又说："牟尼之道，道为真谛，而体绝百非；伯阳之道，道曰杳冥，理超四句。弥验体一，奚有浅深？"吉藏回答说："九流统摄，《七略》该含，唯辨有无，未明绝四。若言老教亦辨双非，盖以砂糅金，同盗牛之论。"可见吉藏不认同问者将道家老子之道等同于佛教的"真谛"，不承认老子有非有非无的双非思想，也不认可老子达到了"体绝百非"、"理超四句"的高度。从《集古今佛道论衡》、《广弘明集》等佛教典籍的记载可知，吉藏对道家的上述认识在当时是相当普遍的。成玄英似乎并不在意这些来自佛教方面的意见，他的《老》、《庄》二疏大张旗鼓地借用佛教中观论和三论宗思想，他坚持说老子的"道"是虚通之理，是"超四句之端"，"离百非之外"的，"百非四句，都无所滞，乃曰重玄"，而这就是"《经》云'玄之又玄，众妙之门'"的道理。成玄英也坚持强调，老子和一切体道圣人完全达到了"超兹四句，离彼百非"的境界，佛学作为成玄英的宗教思想工具体现得淋漓尽致。

二、一中之道

道教拥有复杂多样的各类道术。由于成玄英接受了佛教万法皆空的认识论，一切现象和行为都是无自性的，虚幻的，是必须否定的，所以一切有为之修行也必须否定。根据遣之又遣的一中之道，道教的肉体长存追求必须上升为超越的精神追求而以虚凝为理想境界。从哲学角度看，魏晋玄学在有与无之间寻求解决方案的核心议题，在重玄学中被推进到"二俱不滞"和"不滞于不滞"的理论高度，玄学非有则无的对立和矛盾因此而被消解。

印度佛典中很早就出现了苦乐中道、无记中道、有无中道和断常中道等中道思想，但中道思想无疑是在中观派产生后才在佛教思想中脱颖而出。不过，"中"、"中道"等与中道思想相关的用语在中观派经典《十二门论》、《百论》中都没有出现，只有在《中论》的《观四谛品第四》中出现过一次，即"离有无二边，故名为中道"。"中道"在龙树的《大智度论》里开始频繁出现，《中论》中的中道思想得到进一步深化，如卷六"非有亦非无，复非有无，此语亦不受，如是名中道"。秉承中观学派中道精神的三论宗宗师吉藏作《三论玄义》，对中道思想的探讨更加精密，"中"、"中道"、"一中道"等概念屡次出现，如"理实不偏，故理名为中"，"偏病若尽，则名为中"，"本对偏病，是故有中。偏病既除，中亦不立，非中非偏，为出处众生，强名为中，谓绝待中"；又释"中道"云："中以实为义，中以正为义……此之正法，即是中道，离偏曰中。"《大涅槃经》卷二十七《狮子吼菩萨品》所说"无常无断，乃名中道"一再被吉藏征引。所谓"无常无断"，即《大涅槃经》所说"众生起见，凡有二种，一者常见，二者断见。如是二见，不名中道。无常无断乃名中道"。成玄英在疏解《老》、《庄》的过程中，反复多次提到"中道"、"一中之道"，把"中道"视为道教徒修炼的方法和境界，但是成玄英更喜欢使用否定语句来表达道教修炼中的中道思想。在《庄子疏》里，"一中"、"中一"出现了近十次，"中道"出现了三次，但"不二"、"无二"出现近四十次。这一特点也体现在他的《老疏》中。

在《老子》中，"道"无疑是核心概念。成玄英《老疏》中的"道"有很多属性，这些属性大多都被赋予了鲜明的佛教色彩。"道"

既是本迹意义上的"至道妙本"，是虚通意义上的"凝常之道"，也是不滞两边的"一中"之道，是遣之又遣的"重玄之道"。

"一"和"中"合称"一中"，"一中"这个概念，成玄英是这样解释的："中，一道也。多闻适足有为，守中即长生久视。以此格量，故不如守中也。"① 可以说守中就是守一，而守一、抱一是道家、道教的固有概念，是道教的重要修炼之术，这个概念源于《老子》第二十二章"是以圣人抱一为天下式"。成玄英注此句：

> 是以，仍上辞也。抱，守持也。式，法则也。言圣人持此一中之道，执范群生，故为天下修学之楷模也。②

什么是"一中之道"？这句经文前面的"少则得，多则惑"，成玄英的注语是这样的：

> 少者，谓前曲全等行，不见高下，处一中也。多谓滞于违顺等法，不离二偏也。体一中则得，滞二偏故惑也。③

所以一中之道就是无分别、去二偏之义。"至道以中为用"④，道和一中是妙本与妙用的关系。

成玄英《老疏》中多次论及这个一中之道，如注第二十九章"是以圣人去甚、去奢、去泰"：

> 怀道圣人，妙体虚假，故不执上之八法，而能去下之三事。……去此三惑，处于一中。⑤

---

① 成玄英：《老子道德经开题序诀义疏》，见《老子集成》第一卷，第 291—292 页。
② 成玄英：《老子道德经开题序诀义疏》，见《老子集成》第一卷，第 304 页。
③ 成玄英：《老子道德经开题序诀义疏》，见《老子集成》第一卷，第 303 页。
④ 成玄英：《老子道德经开题序诀义疏》，见《老子集成》第一卷，第 290 页。
⑤ 成玄英：《老子道德经开题序诀义疏》，见《老子集成》第一卷，第 309 页。

"八法"即经文中的"或行或随，或嘘或吹，或强或羸，或接或隳"八种方式，"三惑"是经文中的"甚"、"奢"、"泰"。"处于一中"，就是处于去其分别，不滞二偏的状态。类似的注解还有很多，下举几例，比如成玄英疏《老子》第八章"动善时"：

> 水冬凝夏释，流结随时。况圣智虚忘，感来则应。观机动寂，不失事宜。出处默语，不二而一。①

注第二十二章"枉则正"：

> 枉，滥也。体知枉直不二，故能受于毁谤，而不伸其怨枉，翻获正直也。此一句忘毁誉。②

注第三十七章"无名之朴，亦将不欲"：

> 非但不得欲于有法，亦不得欲于此无名之朴也。前以无遣有，此则以有遣无，有无双离，一中道也。③

注第三章"使知者不敢不为，则无不治"：

> 前既舍有欲得无欲，复恐无欲之人滞于空见，以无欲为道，而言不敢不为者，即遣无欲也。恐执此不为，故继以不敢也。治，正也。行人但能先遣有欲，后遣无欲者，此则双遣二边，妙体一道，物我齐观，境智两忘，以斯为治，理无不正也。④

从上述注文中可以很清楚地看出，成玄英一中之道的本质是

---

① 成玄英：《老子道德经开题序诀义疏》，见《老子集成》第一卷，第293页。
② 成玄英：《老子道德经开题序诀义疏》，见《老子集成》第一卷，第303页。
③ 成玄英：《老子道德经开题序诀义疏》，见《老子集成》第一卷，第314页。
④ 成玄英：《老子道德经开题序诀义疏》，见《老子集成》第一卷，第290页。

"有无双遣"①。先"以无遣有"或者"以空遣有"，再"以有遣无"，最后有无双遣，至于一中。

"至道"首先是一中之道，但双遣有无后所处一中之道，还只是行"中道"的第一步，若要获得真正的"至道"，还需要进一步"遣中"，连这个"一中"（又称"中一"）也必须遣除。唯有遣中、忘中，才算真正达到了重玄之境。成玄英《庄子疏》也有相关论述，如他说："既遣二偏，又忘中一，则能虚通而浮游于代尔。"②

在注解《老子》第一章"玄之又玄"时，成玄英就已经点出了双遣是至关重要的方法："既不滞有，又不滞无。二俱不滞，故谓之玄……此则遣之又遣。"紧接着在注解"众妙之门"时又说："前以一中之玄，遣二偏之执。二偏之病既除，一中之乐还遣。唯药与病一时俱消，此乃妙极精微，穷理尽性。"③ 第四章"道冲而用之或不盈"的注语说："冲，中也。言圣人施化，为用多端，切当而言，莫先中道，故云道冲而用之。此明以中为用也。而言又不盈者，盈，满也。向一中之道破二偏之执，二偏既除，一中还遣。今恐执教之人住于中一，自为满盈，言不盈者，即是遣中之义。"④ 反反复复都在阐述唯一的真理——遣中。照成玄英的理解，第四章"道冲章"之所以紧接第三章"不尚贤"章，虽然是"明至道以中为用"的，但修道之人不能停止于此，还需要"遣中"，它是对前一章"不尚贤"章阐明的"妙体一中"的继续推进。真正的中道还不是"以中为用"，而是用而不用之"遣中"，即遣之又遣，将一中之道也遣除，直至遣无可遣，这才是真正的重玄之道。唯有先以"一中"、"中一"或"中道"遣除二偏，再遣除此"一中"之执，才能真正达于真道、至道。"遣中"内含认知过程中否定再否定的两个阶梯性递进。

类似的疏解很多，比如成玄英释第十五章"保此道者，不欲盈"：

---

① 成玄英：《老子道德经开题序诀义疏》，见《老子集成》第一卷，第 314 页。
② 郭庆藩撰，王孝鱼点校：《庄子集释》，第 668 页。
③ 成玄英：《老子道德经开题序诀义疏》，见《老子集成》第一卷，第 288 页。
④ 成玄英：《老子道德经开题序诀义疏》，见《老子集成》第一卷，第 290 页。

> 保，持也。盈，满也。言持此动寂不殊一中道者，不欲住中而盈满也。此遣中也。①

第十六章"致虚极，守静笃"的"笃"，成玄英也释为"中"，"言人欲得虚玄极妙之果者，须静心守一中之道，则可得也"②。

成玄英对第六章"谷神不死……绵绵若存，用之不勤"的疏解也很特别：

> 玄者，不滞之名。……言此深玄不滞之道，雌虚柔静之法，能开导万物，生化两仪，故云根也。③

"谷神"即是"如彼空谷，虚容无滞"之义。谷神何以不死？成玄英说："只为守中，故得谷神不死。"④ 可见"守中"还是通向"不死"途径。"玄牝"之"玄"是"不滞"之名，"不滞"就是重玄之道，是"深玄不滞之道"。成玄英还引入佛教认识论中的"断见"和"常见"，加以说明：

> 若言神空，则是断见。若言神有，则是常见。前说神空，故得不死。仍恐学者心滞此空，今言若存，即治于断也。又恐学人心溺于有，故继似字，以治于常也。⑤

"断"即断见，断见是相对于永恒实体的"常见"而言。佛教否认大千世界是永恒的，认为它终将归于断灭空无。中观学拒绝断见，也拒绝常见，认为这是两种极端。根据佛教对世界的认识，成玄英认为经文"绵绵若存"的"若存"是指好像存在一样，这句经文的目

---

① 成玄英：《老子道德经开题序诀义疏》，见《老子集成》第一卷，第299页。
② 成玄英：《老子道德经开题序诀义疏》，见《老子集成》第一卷，第299页。
③ 成玄英：《老子道德经开题序诀义疏》，见《老子集成》第一卷，第292页。
④ 成玄英：《老子道德经开题序诀义疏》，见《老子集成》第一卷，第292页。
⑤ 成玄英：《老子道德经开题序诀义疏》，见《老子集成》第一卷，第292页。

的是"治于断"。"绵绵若存"四个字包括两层内涵，一是由"绵绵"两字表达的永无断灭之意，这是遣除断见的；二是由"若"字表达的对"绵绵"的否定，即"又恐学人心溺于有，故继似字，以治于常也"，是遣除常见的。断见和常见全部遣除就是"守中"。"若言神空，则是断见。若言神有，则是常见"，不空不有才是真理。修道者如果能够进入不空不有的"守中"状态，就是断见和常见均已得治，如此就可"用之不勤"，以至于不死。重玄之道再次与道教修炼结合起来：

> 即用此非无非有之行、不常不断之心，而为修道之要术者，甚不勤苦而契真也。故《西升经》云："动则有载劫，自惟甚苦勤。吾学无所学，乃能明自然。"①

总之，圣人养神如谷，虚容不滞，然后以诸法不实、不断不常之真理对所养之神予以否定，这是守中对于修道的价值所在。绵绵若存之神在脱离了断见和常见之后，不必勤苦用力即可结成道果，而这种契真的境界，成玄英认为就是道教《西升经》早已明载的真道。通过引证道经《西升经》，他将重玄境界与佛教的涅槃境界区别开来。而这种论证方法，就是蒙文通所说"成公之疏，不舍仙家之术，更参释氏之文"②的鲜明体现。

又如注解《老子》第三十七章："道常无为而无不为"，成玄英在科判中认为它的作用是"结道宗"，即对老子之"道"的总结性论述。从体用关系看，前句（"道常无为"）是本，后句（"而无不为"）是末，从无为到无不为就是"从体起用，应物施化"的过程，因此这句经文是"明本迹迹本，寂动动寂之意"③的。而后面的经文"化而欲作……"则被成玄英认为是紧接着"结道宗"之后，"结学

---

① 成玄英：《老子道德经开题序诀义疏》，见《老子集成》第一卷，第292页。
② 董文通：《校理老子成玄英疏叙录（节录）》，见《古学甄微》，第346页。
③ 成玄英：《老子道德经开题序诀义疏》，见《老子集成》第一卷，第314页。

人宗，显妙极重玄"的，也就是"以空遣有"。"以空遣有"的"有"指的是学人修道所怀果报之心，这种"有心"的状态其实也是有欲的表现，必须以"朴素之道"加以遣除。因此经文"无名之朴，亦将不欲"就是在双遣之后的进一步遣除：

> 非但不得欲于有法，亦不得欲于此无名之朴也。前以无遣有，此则以有遣无，有无双离，一中道也。

但是这还是不够的，还必须遣除此中，"不欲以静，天下自正"，即是遣中的过程：

> 静，息也。前以无名遣有，次以不欲遣无。有无既遣，不欲还息。不欲既除，一中斯泯。此则遣之又遣，玄之又玄，所谓探幽索隐、穷理尽性者也。既而一切诸法无非正真，稊稗瓦甓悉皆至道。故云天下自正。此一句结众妙之门也。①

第三十七章是上经《道经》部分的最后一章，成玄英对这一章的注解，高度呼应《道经》第一章，这两章都是围绕遣之又遣的重玄之道大做文章。这一章的科判文是："道常无为章即是第三段文，正明结会。"② 呼应他在《道经》第一章前所写科判文："今就上卷三十七章大分三别，第一，一章，标道宗致；第二，三十五章广明道法；第三，一章总结指归。"③ 这样成玄英的《道经》注解就以第一章的"玄之又玄"（重玄）开始，以最后一章的"一中斯灭"的重玄结束，重玄宗旨首尾一贯，贯穿整个《道经》三十七章。

从成玄英的注解来看，"遣中"的重玄之道于修道者至为关键。成玄英反反复复地从正反两方面进行了阐述和论说，他的论说对象既

---

① 成玄英：《老子道德经开题序诀义疏》，见《老子集成》第一卷，第314页。
② 成玄英：《老子道德经开题序诀义疏》，见《老子集成》第一卷，第314页。
③ 成玄英：《老子道德经开题序诀义疏》，见《老子集成》第一卷，第287页。

有一般的学人、道人，也有理想人物君子和圣人，但是唯有圣人才能守中、处中、遣中，"独此遣中圣人，于有为敝浊之内，复能慈救苍生，成大功德……人欲得虚玄极妙之果者，须静心守一中之道，则可得也"①，"圣人持此一中之道，执范群生，故为天下修学之楷模也"②。

一中之道也贯穿在成玄英的《庄子疏》中，比如《达生篇》注"周将处乎材与不材之间。材与不材之间，似之而非也，故未免乎累。若夫乘道德而浮游则不然"："言材者，有为也。不材者，无为也。之间，中道也。虽复离彼二偏，处兹中一，既未遣中，亦犹人不能理于人、雁不能同于雁，故似道而非真道，犹有斯患累也。夫乘玄道至德而浮游于世者，则不如此也。既遣二偏，又忘中一，则能虚通而浮游于代尔。"疏"无誉无訾，一龙一蛇，与时俱化，而无肯专为"："此遣中也。既遣二偏，又忘中一，遣之又遣，玄之又玄。言既妙遣中一，远超四句，岂复诡情毁誉，惑意龙蛇！故当世浮沉，与时俱化，何肯偏滞而专为一物也！"③ 诸如此类，不胜枚举。总之就是反反复复地表达遣中的重玄思想，这是成玄英《老》、《庄》注疏的共同特点。

成玄英在他的《老》、《庄》二疏中体现的重玄思想集中反映了隋唐之际道教在教理教义方面的探索。在现存隋唐之际的道经中，同样表达了重玄思想的，还有刘进喜、李仲卿的《太玄真一本际经》以及《玄门大义》、《无上内秘真藏经》、《海空经》等道经。比如以"重玄义门"为标榜的《太玄真一本际经》④ 卷八《最圣品》就有以

① 成玄英：《老子道德经开题序诀义疏》，见《老子集成》第一卷，第288—289页。
② 成玄英：《老子道德经开题序诀义疏》，见《老子集成》第一卷，第304页。
③ 郭庆藩撰、王孝鱼点校：《庄子集释》，第668—669页。
④ 饶宗颐指出，《本际经》从《灵宝经》中分出，盛行于唐初，在敦煌写卷道教典籍中占了四分之一弱，可见其盛行程度，参见饶宗颐：《法藏敦煌书苑精华·道书》，广东人民出版社1993年版，第227—228页。《本际经》及其研究概况，姜伯勤《〈本际经〉与敦煌道教》（《敦煌研究》1994年第3期）一文有综述，姜文主要讨论《本际经》所反映的隋唐之际道教重玄义门如何从龙树中论、鸠摩罗什的般若之学和隋唐三论宗借鉴了某些范畴，也讨论了道教在借鉴佛教的同时，《本际经》如何保持了中国道教的固有思想等内容。

下论述：

> 帝君又问：何谓重玄？太极真人曰：正观之人，前空诸有，于有无著，次遣于空，空心亦净，乃曰兼忘。而有既遣，遣空有故，心未纯净，有对治故。所言玄者，四方无著，乃尽玄义。如是行者，于空于有，无所滞著，名之为玄，又遣此玄，都无所得，故名重玄，众妙之门。

这与成玄英《老疏》所论何其相似。众所周知，唐代道教思想深受《本际经》影响，成玄英在《老》、《庄》二疏中体现出来的很多思想因素，都可以在《本际经》中找到相近表达，成玄英就是将这种"都无所得"的境界看作"重玄道果"。他在《老子》第十六章"致虚极，守静笃"章的科判文说："致虚极章所以次前者，前章正明境智相会，故能妙极重玄，故次此章显出重玄道果。今就此章，义分三别。第一略标道果，令物起修。第二劝返本还源，归根复命。第三示从小入大，妙契虚玄。"① "虚极"被认为是境智相会的重玄道果，而"欲得虚玄妙极之果者，须静心守一中之道，则可得也"②。

三、重玄与言教

《老子》中有很多有关语言以及与语言相关的学、教活动的论述，其中直接涉及语言的有"正言若反"、"不言之教，无为之益"，这是广为人知的名言。其他如"言善信"、"多言数穷"、"悠兮其贵言"、"希言自然"、"善言无瑕谪"、"美言可以市尊，（美）行可以加人"、"信言不美，美言不信"、"知者不言，言者不知"、"不争而善胜，不言而善应"等，不一而足。这些经文大多数是格言警句，主要涉及语言的六个方面——"不言"、"希言"、"多言"、"美言"、"信言"、"贵言"。与"言"相近的词汇还有"名"、"道"和"教"

---

① 成玄英：《老子道德经开题序诀义疏》，见《老子集成》第一卷，第299页。
② 成玄英：《老子道德经开题序诀义疏》，见《老子集成》第一卷，第299页。

等。第一章的"可道"、"可名"和"非常道"、"非常名"就涉及语言的形式和本质问题。"言"还和"教"常常相提并论，称"言教"或"不言之教"。《老子》有关语言的基本思想是认为"言"不如"不言"，第二、四十三、五十六和七十三章中四次出现"不言"或"不言之教"的用语，这说明《老子》对语言的局限性及其本质有着深刻的认识。从形式上看，《老子》五千言的存在本身也是一种言教，成玄英疏解《老子》，面临的问题之一是如何理解言教的合理性以及澄清言教的本质。

佛教中道观认为佛说一切法皆是对治法门，"一中之道"即是通过忘却一切相对分别，体得本来无分别之道或理的言教。言教虽然是必需的，但又是必须忘却的。如果不能忘却言教本身，言教的作用就不能真正发挥。也就是说，言教的作用是在遣除一切包括遣除言教后方能真正实现的。成玄英的《老疏》充分融合了道教和佛教有关言教的思想，极力主张忘言遣教，这是构成其重玄之道的重要内容。这样的言论很多，例如：

> 至道绝言，言即乖理。唯当忘言遣教，适可契会虚玄也。①
> 不能忘言，而执言求理，虽名信道，于理未足，所以执言滞教，未达真源，故于重玄之境，有不信之心也。②
> 不言之言，言而不言，终日言，未尝言，亦未尝不言，故谓之善言也。③
> 知此不言之言，是淳和之理者，乃曰体于真常之道也。④

《老子》首章的注解最能体现成玄英的道论，他从本迹、有无和理教观出发疏解"道"和"名"的关系，旁及"可道"和"可名"、"常道"和"常名"以及"非常道"和"非常名"这几对概念。

---

① 成玄英：《老子道德经开题序诀义疏》，见《老子集成》第一卷，第 304 页。
② 成玄英：《老子道德经开题序诀义疏》，见《老子集成》第一卷，第 305 页。
③ 成玄英：《老子道德经开题序诀义疏》，见《老子集成》第一卷，第 307 页。
④ 成玄英：《老子道德经开题序诀义疏》，见《老子集成》第一卷，第 329 页。

首先，"可道"之道就是"名言"，是"可称之法"，而"名者，教也"，"可道"之道是可以说出来的"名"，所以《道经》首章第一句经文"道可道"可以替换为"理教"。然而这个可以名、可以言的"理教"，并不是"真理"，也不是"至教"，总而言之不是真正的道。真正的道是那个叫"常道"的东西，这个"常道"本质上是"众生之正性"。常道不可以名言辩，不可以心虑知，必须求之于言象之表，"真理既绝于言象，至教亦超于声说"①。

成玄英论"道"，表面上看是从理教关系入手，实际上是对王弼《老子注》讨论过的名实说的继承和发展。王弼认为默然无有之"玄"是始与母之所出，而这个"玄"是不可得而名的，也就是说，是"不可言"的，无可言却不得不言，如此才有"玄"之名。也就是说，之所以把始与母都名之为"玄"，"取于不可得而谓之然也"。那么什么才是"玄之又玄"呢？王弼的解释十分朴素，他说，正因为"玄"是"不可得而谓之然"——语言是不可能真正表达"玄"的本质的，所以"不可以定乎一玄而已"。反过来说，如果拘泥于"玄"这个名，定乎一玄，"则失之远矣"，所以《老子》才说"玄之又玄"，一玄不足，斯有二玄。在《老子微旨例略》中，王弼用"名之不能当，称之不能既"表达名、称赋予它所指的局限性。这个道理其实并不深奥，用王弼的话说，就是"名必有所分，称必有所由，有分则有不兼，有由则有不尽。不兼则大殊其真，不尽则不可以名，此可演而明也"。

王弼以辨名析理知名，他对名实、言意等关系的深入分析，对后世有深远影响。对事物名称的思考，以王弼《老子微旨例略》中的一段话最有代表性："名也者，定彼者也。称也者，从谓者也。名生乎彼，称出乎我。故涉之乎无物而不由，则称之曰道；求之乎无妙而不出，则谓之曰玄。……故名号则大失其旨，称谓则未尽其极，是以谓玄则玄之又玄也，称道则域中有四大也。"我们从后面成玄英论言教可以看出，成玄英对名实关系的认识既是对王弼的继承，也

---

① 成玄英：《老子道德经开题序诀义疏》，见《老子集成》第一卷，第287页。

是对他的超越。

成玄英认为道是理，名是教；从本迹关系看，无名是本，可名是迹。"名"是"称谓"，其内涵是"教"。"重玄之道，本自无名"，之所以有"道"这个"名"，是因为"从本降迹，称谓斯起"，这叫"因无名立有名，寄有名诠无名"①。《老子》原文"道"和"名"是并列的，成玄英将"道"和"名"看作是本与迹的关系，所以这一段文字被认为是"略标理教，泛明本迹"。

第七十章的"言有宗，事有君"的"言"，成玄英解释为"经教"，"至言虽广，宗之者重玄"②。"道以虚通为义，常以湛寂得名。所谓无极大道，是众生之正性也。而言可道者，即是名言，谓可称之法也……常道者，不可以名言辩，不可以心虑知。妙绝希夷，理穷恍惚。故知言象之表，方契凝常真寂之道。可道可说者，非常道也"。③ 因此，成玄英特别注意阐发常道之不可言说，必须以重玄之道遣除名言。所能"名"的只是"教"，他注解"希言自然"说："希，简少也。希言，犹忘言也。自然者，重玄之极道也。欲明至道绝言，言即乖理。唯当忘言遣教，适可契会虚玄也。"④ 忘言有何所得呢？忘言可以得道："至德之人即事即理，即道即物，故随顺世事，而恒自虚通。此犹是孔德唯道是从之义。道得之者，只为即事即理，所以境智两冥，能所相会。道得之，犹得道也。"⑤

忘言是通达真源和至理的必然之路，成玄英注第二十三章尾句"信不足，有不信"："不能忘言，而执言求理，虽名信道，于理未足。所以执言滞教，未达真源。故于重玄之境，有不信之心也。"⑥ "真理既绝于言象，至教亦超于声说"⑦。真理（常道）和至教其实就

① 成玄英：《老子道德经开题序诀义疏》，见《老子集成》第一卷，第 287 页。
② 成玄英：《老子道德经开题序诀义疏》，见《老子集成》第一卷，第 340 页。
③ 成玄英：《老子道德经开题序诀义疏》，见《老子集成》第一卷，第 287 页。
④ 成玄英：《老子道德经开题序诀义疏》，见《老子集成》第一卷，第 304 页。
⑤ 成玄英：《老子道德经开题序诀义疏》，见《老子集成》第一卷，第 304 页。
⑥ 成玄英：《老子道德经开题序诀义疏》，见《老子集成》第一卷，第 305 页。
⑦ 成玄英：《老子道德经开题序诀义疏》，见《老子集成》第一卷，第 287 页。

是一回事，理教教理，不一不异。"不言"不是杜口，而是指"出处语默，其致一焉"，因为虽然"妙体真源，绝于言象"，但却可以"施化无方"，施化即是应物，"真不乖应"，所以"语不妨默"。①

成玄英对语言有着高度警觉。他疏《庄子·齐物论》云："至教至言，非非非是，于何隐蔽，有是有非者哉？"又言：

> 陶铸生灵，周行不殆，道无不遍，于何不在乎！所以在伪在真而非真非伪也。玄道真言，随物生杀，何往不可而言隐邪？故可是可非，而非非非是者也。小成者，谓仁义五德，小道而有所成得者，谓之小成也。世薄时浇，唯行仁义，不能行于大道，故言道隐于小成，而道不可隐也。故老君云，大道废，有仁义。荣华者，谓浮辩之辞，华美之言也。只为滞于华辩，所以蔽隐至言。所以老君经云，信言不美，美言不信。②

将"信"解释为"实"，"美"解释为"浮艳"，"上德之人冥真契道，所说言教，实而不华。浮艳之言，俗中小说，既乖至理，所以不信"。因此，"知道之人忘言绝学，所以不博。博学之士耽滞名教，所以不知"。③

"希言自然"这句经文的中心词是"言"，成玄英将其内涵扩展至"教"。所谓"教"，狭义而言就是《老疏》里多次阐述的老君之教、教主之圣教、圣人教化之教、学者所学之教，实际上就是道教之教，可统称为"经教"。④ 成玄英也将"言"和"教"看作是一回事，或者直接将它们合为一体，称为"言教"。比如疏第七十章"言有宗，事有君"："言，经教也。君，天子也。至言虽广，宗之者重玄。"疏第八十章"鸡狗之声相闻"："鸡以司晨，狗以警夜，譬一切

---

① 成玄英：《老子道德经开题序诀义疏》，见《老子集成》第一卷，第289页。
② 郭庆藩撰、王孝鱼点校：《庄子集释》，第64页。
③ 成玄英：《老子道德经开题序诀义疏》，见《老子集成》第一卷，第345页。
④ 成疏《老子》第七十章"则我者贵"："则，法也。依我经教则而行之，证于圣果，所以为贵也。"《老子集成》，第340页。

言教警长昏之夜，司智惠之晨。此之言教，近涂一心，故云不相闻也。"疏第八十一章"信言不美，美言不信"："言上德之人冥真契道，所说言教，实而不华。"①

"教"常与"理"并列，成玄英注第八十章"虽有舟舆，无所乘之"，用佛教的"三乘"（声闻乘、缘觉乘、菩萨乘）解释"舟"："舟在于水，喻教能舟航万物，渡于生死海也。"②"乘"本指交通工具，是佛教用来比喻运渡众生至彼岸的三法门，用"三乘"喻"舟"，不无恰当。彼岸已达，舟亦不用，在《老子》这里比喻得理忘言，"遣教而不用"。成玄英还使用了《庄子·外物》的"筌者所以在鱼，得鱼而忘筌"，比喻理与教的关系，虚心证理，"舍教忘筌"。理教关系至此似乎已经圆满，但对于成玄英而言，若衡之于佛教中观思理，理与教，不一不异，其实是一回事。依照重玄思维方法，遣教当然不够，还必须遣理。这个道理，成玄英在《开题》中已经揭示："据教而言，有此三解；约理而辩，只自是一。"③

成玄英心中的理想修道者首先需要"依教修行"，但是必须牢记言与教都只是实现目标的第一步，是手段，修道者还必须做到"得理忘言"、"体教忘言"，言与教都遣而不用，才是真道。就圣人而言，圣人虽然与道合一，但并不与世隔绝。圣人自利利他，以垂迹显教的方式实现化导万物的目的，圣人之"教"本质上是有为之法，可遣而不可执；"理"才是"教"所要揭示的真理，理教的关系必然是以教会理——绝弃语言，遣除玄教，无心言教方能通向虚通玄道。反之，"执言滞教，未达真源"，于"重玄之境"不仅"有不信之心"，而且由于不信，终究不能进入"重玄之境"。④即便是经中戒律、经中教斋威仪，均只是渐教法门，"事涉有为"，因而"未能与理相应"或者说"未阶虚妙"。⑤

---

① 成玄英：《老子道德经开题序诀义疏》，见《老子集成》第一卷，第340、345页。
② 成玄英：《老子道德经开题序诀义疏》，见《老子集成》第一卷，第345页。
③ 成玄英：《老子道德经开题序诀义疏》，见《老子集成》第一卷，第281页。
④ 成玄英：《老子道德经开题序诀义疏》，见《老子集成》第一卷，第305页。
⑤ 成玄英：《老子道德经开题序诀义疏》，见《老子集成》第一卷，第315页。

第五十六章"知者不言，言者不知"，也关乎"语言"。成玄英反复说明"理无言说"、"理超言象"。对重言即重复出现的经文，成玄英的解释是："所以重言者，明此数句于学问切当，故再出之耳。"① 比如在第五十二章和第五十七章重出的"塞其兑，闭其门"，在第五十二章出现时，成玄英详加疏解；在第五十七章重出时，仅简单地归纳："塞其兑，息言论也。闭其门，制六情也。"第五十七章在"塞其兑，闭其门"后还有"挫其锐，解其忿，和其光，同其尘，是谓玄同"，这里的"玄同"，成玄英没有像解释其他的"玄"字那样，给出具体解释，而是笼统地说："前既断伏身心，次则和光晦迹，所以行圆德满，故与玄理符同。"② "玄理"从字面意思看就是重玄之理。因为这一章"是谓玄同"后面的经文"故不可得亲，不可得疏"，成玄英疏云："道契重玄，境智双绝。既两忘乎物我，亦一观乎亲疏。"③ 借亲疏无别点出重玄是物我两忘、泯灭了一切分别的超越境界。成玄英对《老子》经文中"知"的理解完全是从佛教认识论出发的，在他看来，真正的"知"是"心不缘历前境"而"能体知诸法实相，毕竟空寂"。如第七十一章"知不知，上"，注云："至人妙契重玄，迹不乖本，洞忘虚远，知则无知，至本虚凝，故称为上。故《庄》云：子知子之不知耶？曰：吾恶乎知之？"④

第七节　以理释道，复归妙本

一、以理释道

以理释道，历史悠久。唐代注《老》以理释道的现象十分普遍，

① 成玄英：《老子道德经开题序诀义疏》，见《老子集成》第一卷，第329页。
② 成玄英：《老子道德经开题序诀义疏》，见《老子集成》第一卷，第329页。
③ 成玄英：《老子道德经开题序诀义疏》，见《老子集成》第一卷，第330页。
④ 成玄英：《老子道德经开题序诀义疏》，见《老子集成》第一卷，第340页。

成玄英亦然。

　　"道"是《老子》的核心概念，作为天地万物运行的统一性原则的"道"，包括"天之道"以及从"天之道"中推理出来的"人之道"。《老子》一再强调"道"不仅先天地生，还是万物之所从出和万物存在的根据。这样的表达很多，如"道生之"、"万物恃之而生"、"可以为天下母"、"道者万物之奥"等。在"道"之外，《老子》还创造了"德"这个概念，用来表达"道冲而用之或不盈"的功用，如"道生之，德蓄之"（第五十一章），"生而不有，为而不恃，长而不宰，是谓玄德"（第十章），"孔德之容，惟道是从"（第二十一章）等。"道"的最高最大之"德"是"生"，但是《老子》的"生"显然不能从一物生一物的物象的角度去简单理解。《老子》不仅说"无名，天地之始"，也说"天下万物生于有，有生于无"和"有无相生"。严遵《老子指归》将《老子》的"道生之，德畜之，物形之，势成之"四句分别解释为"禀物性也，授物命也，品万方也，遂物形也"。"生"作为道之德，是道赋予的，但"有类之属，得道以生，而道不有其德"，"德"是道的自然而然的功用。王弼《老子注》："道者，物之所由也。德者，物之所得也。"陆德明《老子音义》："德者，得也。"这些注解都深得《老子》之旨。

　　德，既然是得，得之于道，那么，于万物而言，得之于道并使其成其为它自己的，就是"物之理"。以理释道有着悠久的历史。现存最早的注《老》解《老》作品《韩非子》的《解老》和《喻老》篇，就以"理"释"道"。《解老》说：

　　　　道者，万物之所然也，万理之所稽也。理者，成物之文也；道者，万物之所以成也。故曰：道，理之者也。物有理不可以相薄，故理之为物之制。万物各异理而道尽……凡道之情，不制不形，柔弱随时，与理相应。万物得之以死，得之以生；万事得之以败，得之以成……凡理者，方圆、短长、粗靡、坚脆之分也，故理定而后可得道也。①

这段话清晰地表达了韩非子对道和理关系的认识。首先，道不仅赋予了天地万物存在的合理性，塑造了天地万物的本性，而且还是天地万物之所以如此即天地万物之理的根源。其次，在韩非子那里，理并没有获得与道等同的意义，而是侧重事理。韩非子《说老》、《喻老》的最终目标指向法家主张的价值观层面，告诫君主应该如何运用道和理治理天下才是他关心的问题。故韩非子提出，人心有所畏惧，行为才会端正不邪，才会认真思考问题并在思考中获得"事理"，并由此走向成功。他认为君主的职责之一就是教导老百姓"明事理"："人有祸则心畏恐，心畏恐则行端直，行端直则思虑熟，思虑熟则得事理。行端直则无祸害，无祸害则尽天年。得事理则必成功，尽天年则全而寿，必成功则富与贵。"② 这是从正面论述"得事理"的功用，得事理则必成功。反之，"不知事理"则必败，"众人之所以欲成功而反为败者，生于不知道理而不肯问知而听能"③。这里的"事理"实际上就是"道理"，一事有一理，万事有万理，总称就是"道理"，是行动必须遵守的原则，这个原则是内在于事物本身，也就是根源于最高原则"道"的。韩非子的"理"或"道理"就是法家那一套用来维护君主统治的法、术、势。

后来的注家如严遵尽管然没有明确指出"道"就是"理"，但也常将二者并列，如"天地之道，生杀之理，无去无就，无夺无与，无为为之，自然而已"，"因天地之理，制万物之宜"，"其处小弱也，因道而动，修理而行"，"失其理则王事不成，去其道则性情不则"等。④ 什么是天地之理或者万物之理？其实不过是日常所见"物之理"，比如大胜小、易胜险、富胜贫、众胜寡、高胜卑、近胜远、强胜弱等，这些不言自明、无须证明的自然规律和"积坚者败，体柔

---

① 韩非子：《解老喻老》，见《老子集成》第一卷，第60页。
② 韩非子：《解老喻老》，见《老子集成》第一卷，第57页。
③ 韩非子：《解老喻老》，见《老子集成》第一卷，第58页。
④ 严遵：《道德真经指归》，见《老子集成》第一卷，第116、70、102、109页。

者胜"一样，都是"自然之称"①，是本来就如此。

王弼注《老子》第四十七章说："道有大常，理有大致，执古之道，可以御今。……得物之致，故虽不行，而虑可知也。识物之宗，故虽不见，而是非之理可得而名也。明物之性，因之而已。故虽不为，而使之成矣。"② 所谓"是非之理可得而名"的"名"，《释名·识言语》释为"明"，就是明理的意思。"物之致"就是基于"物之性"的"理"和"道"，是事物本身的内在规定性。道就是"至理"，《老子》所谓"善为道者"，就是既其义，尽其理。

唐代注家以理释道的现象更多了。如唐初颜师古就说"道是真境之理"："道者，理也，通也。王弼《易论》云：谌之子也。道者，通物者也。今经题称道，对德以立名，道是真境之理，德是至人之智。"道有"理教之殊"，为君者当"事理相符"，"五千之教既道被黔黎，万乘之君亦恩周动殖，事理相符，故谈其义"。李荣说"道者，虚极之理也"；赵志坚说"与理冥一"，人和物"咸得分理，不失其宜"③。赵志坚深受佛教影响，他注"塞其兑，闭其门"，认为闭有二闭——"事闭"和"理闭"，"事闭"是指闭口和节制口欲，因为口是佛教中恶业作起的六根之一；"理闭"就是闻道而使境不乱心，闻道就是知理，"欲食亦无所味，欲言亦无所道。恣耳目之视听，不足见闻；放心神于有城，寂然不动"④。一言以蔽之，与理冥一就是境不染心。"理"既是万物的本根和本源，也是万物自身及其万物之规定性。

成玄英《老疏》在继承前人以理释教的传统上，也从理教的角度阐述道德关系，但又从本迹、境智等视角强化了道和德的关系，以本迹不二为道德，以境智相会为道德。第一章的科判文中，他就指出本章有四层大意，第一是"略标理教"，第二是"泛明本迹"。从理教和本迹两重关系中深入剖析"道"的本质。

---

① 严遵：《道德真经指归》，见《老子集成》第一卷，第 123 页。
② 王弼：《道德真经注》，见《老子集成》第一卷，第 225 页。
③ 李荣：《道德真经注》，见《老子集成》第一卷，第 369 页。
④ 赵志坚：《道德真经疏义》，见《老子集成》第一卷，第 402 页。

成玄英是从描述"道"的"虚通"、"湛寂"等特点出发，逐步引入理教和本迹关系之中。"虚通"、"湛寂"是成玄英对老子之"道"基本特征的典型描述，虚则能通，虚是道的本质属性，通是道的根本功能。成玄英在他的《庄子疏》里已就此反复论述过，他释"道"为"达也，通也"，"虚通至道，无始无终"，"至道玄通，寂寞无为，随迎不测，无终无始"，等等。

"达"、"通"字义相近，都是指"道能通生万物，故谓道为大通也"，还因为"道无不在，名曰周行，所在皆通"。然而"道本无名，不可以智知道名……取其有通生之德，故字之曰道"。① 可见"道"因"通"之德而得名，"通"就是"道"之"德"。"虚通"有时又称为"冥通"，也用来形容圣人的境界，如"圣人上德，法道虚通"，"圣人灵鉴虚通，达于善恶"。②

"道"之所以能"通"，是由于"唯道集虚"，虚才能"包容万物"，故道"以虚通为义"。"虚"是《老子》中的一个概念，与"无"接近，《老子》"有之以为利，无之以为用"的说法，即第十一章以"车毂"、"埏埴"和"户牖"为喻，阐明当其无、有其用的道理。"妙理"、"湛寂"、"妙绝"、"深玄"、"不可涯量"等，都是对"虚通"之道的描述，成玄英又称之为"凝常真寂之道"。所谓"众生之正性"、"在假不假"、"居真不真"、"非无非有"、"不常不断"则是利用佛教中观思想中双遣二边的否定之否定的思辨方法，修此虚通之道、虚通之妙理，达到泯是非，同有无、遣物我、忘智境的目的。

由于虚通之"道"是"不可以名言辩，不可以心虑知"的，是"妙绝希夷，理穷恍惚"的，修道者必须心极虚无，出"言象之表"，方能与这个虚通湛寂之道合而为一，达到了这个状态就是获得虚极玄妙之"道果"。言象即是可道之理，所以成玄英说，"前言可道，盛明于理"，将道德关系引入理教关系之中。成玄英疏"名可名，非常名"云：

---

① 成玄英：《老子道德经开题序诀义疏》，见《老子集成》第一卷，第306页。
② 成玄英：《老子道德经开题序诀义疏》，见《老子集成》第一卷，第346、345页。

名者，教也。前言可道，盛明于理。今言可名，次显于教。真理既绝于言象，至教亦超于声说。理既常道不可道，教亦可名非常名。欲明理教教理，不一不异也。然至道深玄，不可涯量，非无非有，不断不常。而义有抑扬，教存渐顿，所以立常以破可。故言可道非常道。至论造极处，无可无不可，亦非常非不常。①

注中既以"理"释"道"，同时还把"理"同"常道"等同起来，由此赋予了"理"超越性的意义。如果说韩非、严遵、王弼所言之"理"主要指道理、事理、物理而言，那么到成玄英的老学中，"理"已经具备了本体论的因素。

二、复归妙本

《老子》多章使用"始"、"母"概念特别是"母"来阐明道为万物根本，如第一章"无名，天地之始；有名，万物之母"；第二十章"我独异于人，而贵食母"；第二十五章"有物混成，先天地生。寂兮寥兮，独立而不改，周行而不殆，可以为天下母"；第五十二章"天下有始，以为天下母。既得其母，以知其子，既知其子，复守其母，没身不殆"；第五十九章"有国之母，可以长久"等。这里面最有深意的是第一章从无名和有名的角度将道的本源性细分为"始"与"母"。而对无名和有名的注解，以王弼的注解深得老氏之旨，"凡有皆始于无，故未形无名之时，则为万物之始。及其有形有名之时，则长之育之，亭之毒之，为其母也。言道以无形无名，始成万物，以始以成，而不知其所以玄之又玄也"②。成玄英注"有名，万物母"："所以圣人因无名立有名，寄有名诠无名者，方欲子育众生，令其归本"③，将之比作子归于母。又注第五十二章"天下有始，以

---

① 成玄英：《老子道德经开题序诀义疏》，见《老子集成》第一卷，第 287 页。
② 王弼：《道德真经注》，见《老子集成》第一卷，第 208 页。
③ 成玄英：《老子道德经开题序诀义疏》，见《老子集成》第一卷，第 287 页。

为天下母":

> 始,道本也。母,道迹也。夫玄道妙本,大智慧源,超绝
> 名言,离诸色象,天下万物皆从此生。今泛言天下者,欲令行
> 人识根知本,故上经云无名天地始也。以为母者,言从本降迹,
> 导引苍生,长之育之,如母爱子,故上经云有名万物母。

成玄英认为"天下有始,以为天下母"的主要意思就是"道为始母,劝物起修"。道为始为母,"始"是指"道本","母"是指"道迹"。当说"道本"时,成玄英用"玄道妙本":"夫玄道妙本,大智慧源,超绝名言,离诸色象,天下万物皆从此生。"[1] 从这里可以看出,第一,"玄"和"妙"分别用来修饰"道"和"本",它们都是《老子》经文中本就有的词汇,成玄英进行了创造性利用。第二,"道本"不是"玄道"本身,而是从本迹视角说"玄道"时,作为"玄道"的属性而存在。同样"道迹"也不是"玄道"本身,它和"妙本"一样,也是作为"玄道"的属性而存在。"道本"是抽象的,而"道迹"是具象的。由于这个"道本"是"大智慧源,超绝名言,离诸色象,天下万物皆从此生",既玄且妙,所以用"妙本"来表达。

值得注意的是,作为一名道士,成玄英的《老疏》带有鲜明的道教信仰的特点,比如他十分钟爱使用"妙"字,《老疏》中由"妙"字组合构成的词汇比比皆是,如"妙本"、"妙理"、"妙智"、"妙言"、"妙法"等,也有作为动词修饰语的,如"妙体"、"妙契"、"妙绝"、"妙达"等,更有"观妙"、"微妙"、"要妙"等用法。惯用"妙"、"玄"等字眼,正是道教宗教神化色彩的体现,很多道教经典也偏爱使用这些字眼,如道经《升玄经》、《玄妙内篇》经名有"玄"有"妙";又如《九天生神经》说"圣人以玄元始三气为体,言同三天之妙气也",有气曰"妙气"。"玄"、"妙"、"真"这些字眼在《老子》经文中本来就存在,成玄英在《老疏》中就更有理由继续发挥。

---

① 成玄英:《老子道德经开题序诀义疏》,见《老子集成》第一卷,第325—326页。

这样的例子非常多，如"道是圆通之妙境"、"德是志忘之妙智"、"至道微妙"、"道非智愚，妙绝名言"、"能近鉴己身之妙道，远鉴至理之精机也"、"观妙守真"、"常无欲，观其妙"、"无为之妙法"、"览察妙理"、"妙体真源，绝于言象"、"妙体尘境虚幻"、"妙体虚极"、"妙体一中"、"妙体真空"、"显明妙用"、"妙达玄理"、"妙体希夷"、"妙极重玄"、"妙契虚玄"等。

"妙"究竟是什么意思？成玄英注第一章"常无欲，观其妙"的是"妙"是"精微"，注"众妙之门"的"妙"是"要妙"，注第十四章"抟之不得名曰微"的"微"为"妙"。总的来说，"妙"是指"精微"。所以"常无欲，观其妙"就是"近鉴己身之妙道，远鉴至理之精微"，或者叫"观妙守真"。"至理之精微"其实就是"妙本"。他注第十四章：

> 既不见不闻不得，即应云无色无声无形，何为乃言夷希微耶？明至道虽言无色，不遂绝无。若绝无者，遂同太虚，即成断见。今明不色而色，不声而声，不形而形。

这个夷希微的至道，不增不减，是不可执名求理的至道，最后要"复归于无物"。成玄英认为"复归"是"还源"，"无物"是"妙本"，即重新回到它的源头那里，而这个源头就是无物，是虚无，是妙本。这再次说明成玄英的"至道"不完全等于"妙本"，"至道"、"应机降迹"时，即可见可闻。当它"复本归根"时，即无名无相，妙本是指这个"无名无相"状态的道。"复归于无物"紧接经文"是谓无状之状，无物之象"，成玄英注云："妙本希夷，故称无状无象；迹能生化，故云之状之象。"由于"妙本非有，应迹非无，非有非无，而无而有。有无不定"，所以叫作"恍惚"，"复于真空，归于妙本也"。[①]

这里可以对比李荣和唐玄宗的注解。《御注》"绳绳不可名，复

---

① 成玄英：《老子道德经开题序诀义疏》，见《老子集成》第一卷，第 308 页。

归于无物"："不皦不昧，运动无穷，生物之功，名目不得，非物能物，故常生物而未始有物，妙本湛然，故云复归于无物。"① 未始有物，妙本湛然，和成玄英说"无物者，妙本也"，差别不大，只不过成玄英特别强调这个"无物"是复本归根时的状态，是"无名无相"之无物，而复本归根则是相对于至道"应物降机"而言的，本和迹，是道的一体两面。

李荣对第十四章"绳绳不可名，复归于无物"的理解十分特别："言乎至道不皦不昧，不可以明暗名；非色非声，不可以视听得。希夷之理，既寂三一之致，亦空以超群有，故曰归无。无，无所有，何所归？复须知无物，无物亦无。此则玄之又玄，遣之又遣也。"② 李荣认为"归无"是一个复杂的过程，至少包括两步，第一步是"寂"三一，"空"群有，是从有到无。但为什么《老子》不说"复归于无"而是说"复归于无物"呢？李荣使用了重玄学的思维方法，他认为这是一个双遣有无的过程。他自设了一个问句"无无所有，何所归复？"无是无所有，是什么也没有，那到底为何要归复于无？难道是要归复于无物吗？要知道，无物也是无。可见，李荣担心习道者执滞于"无物"上，特意解释经文所说的"复归于无物"，无物不是没有，而是空，所谓"无物亦无"。如果认识到这一点，复归于无物的这个思维过程就是遣之又遣的重玄。李荣为何要这样曲折反复地强调"无物亦无"的重要性？他接下来对经文"是谓无状之状，无物之象，是谓恍惚"的解释，清楚地回答了这个问题：

> 超有物而归无物，无物亦无色，视听而契希夷，希夷还寂，恐迷涂之未悟，但执无形，示失路之有归。更开有象无状之状，此乃从体起用，无物之象，斯为息应还真。息应还真，摄迹归本也。从体起用，自寂之动也。自寂之动，语其无也，俄然而有。摄迹归本，言其有也，忽尔而无。忽尔而无，无非定无，

---

① 唐玄宗：《唐玄宗御注道德真经》，见《老子集成》第一卷，第 422 页。
② 李荣：《道德真经注》，见《老子集成》第一卷，第 356 页。

恍然而有，有非定有。有无恍惚，无能名焉。①

复归于无物，就是要明白无物也是无，这叫"超有物而归无物"。达到这种状态，就是契合希夷。但是老子又担心那些执迷不悟者执着于无和无形，于是又继续指明遣除这种执着于无的道路，所以老子有下一句经文"是谓无状之状，无物之象"。说"无状之状"是为了祛除执迷不悟者对于无的执着，明白"无状之状"的真正内涵是"有象无状之状"，即无状里也有象，其作用是使人明白"从体起用"；说"无物之象"的作用是为了使人明白"息应还真"和"摄迹归本"，也就是从有回到无。从这番论述中我们可见看到，李荣是从体与用、应与真、本与迹的多重关系中去把握"道"的本质。这个"道""机微要妙，玄寂虚通"，有道之士行此"道""亦极细穷微，不滞无壅"，与道相合，但是十分神秘，"不测难知"。② 可以看出，李荣对"道"的阐发，总体方向与成玄英是一致的。

第八节　成玄英的为学和修道思想

一、权不丧实，应不离真

权和实是一对佛教概念，"权"是"方便"的异名，适于一时机宜之法名曰"权"，究竟不变之法名曰"实"。在隋唐佛教典籍中，权、实这对概念经常出现，如《摩诃止观》卷三说："权谓权谋，暂用还废；实谓实录，究竟旨归。"③《老子》中两次出现"实"，一作名词用，一作动词用，"处其实，不居（处）其华"（第三十八章），

---

① 李荣：《道德真经注》，见《老子集成》第一卷，第356—357页。
② 李荣：《道德真经注》，见《老子集成》第一卷，第357页。
③ 参见何建明：《道家思想的历史转折》，华中师范大学出版社1997年版，第131页。

"华"是针对该章经文中的仁义礼智而言，"实"指"上德不德"的"上德"。此外，还有第三章的"虚其心，实其腹"的"实"。实与华和虚对举，表明《老子》重实，主张实生于虚，居实处厚。严遵、王弼都能领悟《老子》重实的思想。如严遵注第三十八章"前识者，道之华，而愚之始"："夫礼之为事也，中外相违，华盛而实毁，末降而本衰。"① 深得老氏之旨。王弼《老子注》深入名实关系中讨论道的本质，已为我们所熟悉。六朝隋唐时期，佛教理论中的缘起说和实相论广为士人接受，实体、实相、权实等与"实"相关的佛教名理也开始在道家道教典籍中出现，利用佛教义理解读《老子》势在必然，比如也有人把《老子》的"难易相成"解释为"体非是实，相待而成"②，就是利用佛教万法无实的理念。在成玄英的《庄》、《老》二疏中，权实两智、体性自空、举体不实、万法无实等说法俯拾皆是。

历代《老子》注疏中，最早将"行权"与《老子》经文联系在一起的是《老子河上公章句》。第三章首句经文"不尚贤"，注曰："贤谓世俗之贤。辨口明文，离道行权，去质为文。"行权被看作是离道的表现。《老子河上公章句》还将《老子》第三十六章的"国之利器，不可以示人"的"利器"释为"权道"，主张"治国权者不可以示执事之臣也"，似乎权道是治国者的专利。不过，从上述注解看，"行权"和"权道"含义并不完全相同。《老子河上公章句》将"世俗尚贤"这种行为看作是"离道行权"，那么"行权"就是相对于真道而言，是权宜的意思。佛经将方便智慧译为"权智"，可能正是取汉语"权"之权宜、权变义，或者是取成玄英所说"方便开化"的"机权"③ 之意。如果非要对应的话，"离道行权"的"道"大约相当于佛教权实论中的"实"。除了这两处外，《老子河上公章句》中的"权"更多指的是威权、权诈、权谋、权势等与权力相关的内

---

① 严遵：《道德真经指归》，见《老子集成》第一卷，第70页。
② 《老子道德经注》，见《老子集成》第一卷，第255页。
③ 成玄英：《老子道德经开题序诀义疏》，见《老子集成》第一卷，第293页。

容。在佛教中，权智和实智合称权实二智。佛教认为，诸法有权实二法，如来种种智慧，皆不出权实二智。成玄英将佛教的权实说与中国传统思想中的行权思想融合在一起，反复论述"权不丧实，应不离真"是道教修炼的基本原则。

二、俗学无学

"教"和"学"均属于与无为原则相反的行为，它们涵盖了施与受两方几乎全部的精神和言语行为。《老子》一书的基调是顺应天道自然，视无为为人类一切行为的最高原则，因此对于"教"和"学"，《老子》非常警惕，有"学不学，复众人之所过"（第六十四章）和"为学日益，为道日损"（第四十八章）的论述，更有"绝学无忧"（第二十章）的惊世之论。"学"与"教"密不可分，《老子》强调无为与不言之教的重要性，如第二章"圣人处无为之事，行不言之教"和第四十三章"不言之教，无为之益，天下希及之"。关于"教"，《老子》第四十二章还有一段重要论述："人之所教，我亦教之①。强梁者不得其死。吾将以为教父。"

成玄英的《老疏》是一本几乎只谈修道的书，但成玄英却很少使用"修道"一词，而是多用"为学"或者"修学"、"学者"等表达道教的修炼或者修炼者，这说明他将修炼过程看成是一个不断学习的过程。或许是为了祛除修道者的执滞之心，成玄英特别强调世俗意义上的学和教不是达道的真正途径，用他的话说就是"俗学非学"。那么，修道者如何才能既不断学习以体道契真，又能彻底解脱学习的束缚呢？同样，圣人如何以教化者的身份陶育万物，又能妙体虚极呢？

第六十四章的"学不学，复众人之所过"是接着"圣人欲不欲，

---

①　此句经文，《老子河上公章句》和王弼《老子注》都写作"我亦教之"，严遵《道德真经指归》写作"亦我教之"。现存唐代《老子》注疏经文受道教五千字本影响，都写作"亦我义教之"，如成玄英、李荣、唐玄宗、赵志坚、李约、陆希声的注疏和唐代无名氏《道德真经次解》，全都写作"亦我义教之"，唯一例外是敦煌本无名氏《老子道德经传》写作"亦我所以教人"。

不贵难得之货"说的，"圣人"与"众人"的行为正相反。《老子河上公章句》注"学不学"："圣人学人所不能学。人学智诈，圣人学自然。人学治世，圣人学治身，守道真也。"王弼认为"学不学"是指圣人"不学而能者，自然也"，言下之意，众人不能做到不学而能，自然如此，这是众人之过。应该说，汉魏旧注中，王弼的注解最得《老子》无为的本质，它抓住了圣人之学并非有为之学这一点。这比《老子河上公章句》说"圣人学人所不能学"，"圣人学自然"，"学治身"而"人学智诈"的注解更符合《老子》的精神。如果圣人连"自然"也需要"学"，那什么才是"无为"呢？

成玄英是怎么解决这个问题的呢？他在《老子》第四十八章"为学者日益，为道者日损"句的疏解中，先将"学"界定为"俗学"，这个"俗学"是与"修道"相对立的不同的学习方式。真正的修道是修"真道"，俗学与真道，好比筌蹄，真道与俗学因此而有了佛教真俗之别的意味，这是成玄英《老疏》真俗之别的特别之处。

首先，圣人是修道者、修学者的楷模。成玄英说"圣人持此一中之道，执范群生，故为天下修学之楷模也"，"善者谓无欲修学之士，不善者谓有欲滞境之人"。其次，道人当勤修以达真道，"上机之士，智慧聪达，一闻至道，即悟万法皆空，所以勤苦修学，遂无疑怠"。"修学"是指追求真道过程中的初步阶段。修学之人又有根机深浅的差异，即成玄英说的"上机"、"下机"、"上根"、"利根"、"中根"、"下根"① 等。第十七章的"太上，下知有之"的"下"，是太上之下，他们之中有利根（上根）之人、中根之人和下机之人。在修学方面，上机之人自不待说；中根之人的问题在于"机神稍暗，不能忘言证理，必须执相修学，所以耽著经教，亲爱筌蹄，依文生解，共相誉赞也"；下机之人更加不如中根之人，岂止"耽著经教"，他们"性情愚钝，纵心逐境，耽滞日深，唯畏世上威刑，不惧冥司考责，所以欺侮圣言，毁谤不信"②，这也是"下士闻道大笑之"的

---

① 成玄英：《老子道德经开题序诀义疏》，见《老子集成》第一卷，第300页。
② 成玄英：《老子道德经开题序诀义疏》，见《老子集成》第一卷，第300页。

根由。根机深浅不同，修学路径也不同。

《本际经》说"道身不从因生，自然有者"，那么一切众生也就不必苦苦修道，皆可成道，那为何元始天尊又要传演经教引导众生学"俗学"呢？《本际经》说：

> 今言道者，寄言显示，令得悟入，解了无言，忘筌取旨，勿著文字。所言道者，通达无碍，犹如虚空，非有非无，非愚非智，非因非果，非凡非圣，非色非心，非相非非相，即一切法亦无所即。何以故？一切法性，即是无性，法性道性，俱毕竟空。是空亦空，空空亦空，空无分别。……而诸众生不能解了如是义，故于无法中而生法想，于不空中而生空想，以有如是心想倒故，而有见著。具是四倒，妄造诸法，计我及物，故名生死，不得道身。天尊大圣了此实性，毕竟无性，洞会道源，混体冥一，故名得道，身与道一，故名道身。①

凡俗之人陷于俗学，不得真道，故从俗学入手开启众生，是一种方便门。此点成玄英的《老疏》与之类似："圣人虚照自天，不同凡智，了知诸境空幻。不见可欲之物，故于欲中即不见欲相，何玉帛之可贵乎？又达真假无差，故能忘学。学即不学，不学即学，学不见学，学真学故，学能所学，乃能明自然。……众人执滞有为，不能忘学。"②

三、以真照俗

如前所论，成玄英接受了佛教缘起性空、诸法空幻的认识论，这一认识论贯穿在他的所有注释文字中，成玄英的圣人观、修道观等都必须从这一理论基础出发来把握。《老疏》中常见真俗相对、理

① 叶贵良：《敦煌本〈太玄真一本际经〉辑校》，第 203 页。
② 成玄英：《老子道德经开题序诀义疏》，见《老子集成》第一卷，第 336 页。

教并举，显然也是受到了佛教理论特别是三论宗思想的影响。

如成玄英疏第四十七章"是以圣人不行而知，不见而名，不为而成"：

> 不行者，心不缘历前境。而知者，能体知诸法实相，必竟空寂。譬悬镜高堂，物来斯照，照而无心也。故《庄子》云：圣人不由心，而照之于天矣。此一句解不出户知天下。
>
> 不见者，了知诸法虚幻，无可见之物也。而名者，能正名百物，垂迹显教也。不见而名，不应而应，名而不见，应而不应也。此一句解不窥牖见天道也。
>
> 不为者，凝神寂泊，妙绝于有为也。而成者，能施化群品，成就学人。此明寂而动也。①

缘起性空是佛教的根本理论，它的另一种表现形式是真俗二谛。真谛又名第一义谛或胜义谛，俗谛又名世俗谛或世谛。真谛是讲空而俗谛是说有，所以真俗二谛又叫空、有二谛。某种意义上也可以说，俗谛是世间之真理，真谛是出世间之真理。真俗二谛是相待而有，本来非真非俗，离此真俗二边之见，即是二谛中道。

三论宗关于真俗二谛有两种说法，一是以真谛为理，俗谛为教，也就是说诸法皆是空实相之理，世间因缘所成而有的各种假名语言文字之教。此世间语言文字可以表达诸法实相之真理，如来借此缘起之法来说明真如法性之理，所以说俗谛是教。二是说非空非有是中道，说空说有是方便，真俗二谛皆是言教，空有不二才是真俗二谛的真实含义。真如法性之理离言绝相，是为中道实相之理。

成玄英《老疏》多见论说真俗，注语中有很多地方阐述以真照俗、以智照真的道理，如："户者，谓知觉、攀缘、分别等门也。有道之人虚怀内静，不驰心于世境，而天下之事悉知。此以真照俗也。""隳体坐忘，不窥根窍，而真心内朗，睹见自然之道。此以智

---

① 成玄英：《老子道德经开题序诀义疏》，见《老子集成》第一卷，第322页。

照真也。"不出户的"户"，不窥牖的"牖"，都是比喻，因为"户通来去，譬从真照俗"，而"窗牖内明，喻反照真源也"。①

如何才能以真照俗？必须无心于物。比如释"是以圣人不行而知"："不行者，心不缘历前境。而知者，能体知诸法实相，必竟空寂。譬悬镜高堂，物来斯照，照而无心也。"此处引用《庄子》"圣人不由心，而照之于天矣"。所以"颠倒之夫不能照理，其心逐境弥远而无厌，其知浅近暗昧而少鉴"。因此"是以圣人不行而知，不见而名，不为而成"自然被解释为："不行者，心不缘历前境。而知者，能体知诸法实相，必竟空寂。譬悬镜高堂，物来斯照，照而无心也。""不为而成"也是圣人的境界："不为者，凝神寂泊，妙绝于有为也。而成者，能施化群品，成就学人。此明寂而动也。"②

成玄英认为凡圣有别，别在凡圣"二心"。注解常常以圣人或达道之人的行为和境界对照凡人或世俗之人的所作所为，以区别凡与圣、道和俗。如"为学章所以次前者，前章正明凡圣二心缘照差异，故次此章即明道俗两学，损益不同"。"不为者，凝神寂泊，妙绝于有为也"。③

成玄英将世界划分为"无识"和"有情"："所以先举天地，次显圣人。圣人虽复拯救苍生，竟不见能化所化，亦同刍狗，虚幻无实也。前举二仪，遍该无识，故称万物。后显圣人，意在有情，故言百姓。非是不化无识，为有识能禀教故也。"④ 又言："行人所以不终天年而轻入死地者，以其迷情颠倒，不能悟达，不知物我俱幻，即生无生，既而多贪六尘，厚资四大，故也。"⑤ 成玄英《庄子疏》也再三申论一切是虚幻的，如："夫道无不在，所在皆无，荡然无际，有何封域也？""夫理无分别，而物有是非，故于无封无域之中，而起有分有辩之见者，此乃一曲之士，偏滞之人，亦何能剖析于精

---

① 成玄英：《老子道德经开题序诀义疏》，见《老子集成》第一卷，第322页。
② 成玄英：《老子道德经开题序诀义疏》，见《老子集成》第一卷，第322页。
③ 成玄英：《老子道德经开题序诀义疏》，见《老子集成》第一卷，第322页。
④ 成玄英：《老子道德经开题序诀义疏》，见《老子集成》第一卷，第291页。
⑤ 成玄英：《老子道德经开题序诀义疏》，见《老子集成》第一卷，第342页。

微、分辩于事物者也。”“夫万象森罗，悉皆虚幻。”①

佛教缘起论主张世界万物无自性，一切名相皆为虚假。成玄英将《老子》第二章中的有与无、长与短、高与下、先与后等相辅而成的概念，均看作是人心因爱染而生美与恶、善与不善思维方式的具体表现。所以他说，这一章的前一段经文是论诸法之“体”——“初泛辨美善，举体不真”，后一段则是“明诸法无实”，“无实”就是“空”。《老子》论美与恶、善与不善，乃至有无、长短等，强调的是对立认识相辅相成的一面，成玄英则是从缘起说角度，以这种相互依赖的认识的有限性来否定其存在的本性和合理性，所以，有无、长短、高下、音声等分别其实都是不存在的，它们之所以有这种不同的名，皆因一心染尘的缘故，“有无二名，相因而立。推穷理性，即体而空。既知有无相生，足明万法无实”②。在疏解“高下相倾”时，成玄英明确地说：“高下竟无定相，更相倾夺，所以皆空也。”疏解“音声相和”时，说：“推求性相，即体皆寂。以况万有，虚假亦然。”疏解“先后相随”则说：“是有先有后者，三时相随，而竟无实体也。”③ 成玄英以佛教的“空”观，进一步发展了《庄子》和郭向《庄子注》对世界万物的认识。成玄英将《老子》的“欲”和“可欲”解释为“境”、“前境”或“世境”，如第四十六章的“罪莫大于可欲”之“可欲”：“可欲，境也。言前境美丽，称可欲之心，故言可欲也。然境能逼心，是起罪之缘，以戒行人不可染境也。”④世俗者不知万有皆虚的道理，但对于修道者来说，当体会到万法皆空，万境皆幻：“夫宫商丝竹，相和而成。推求性相，即体皆寂。以况万有，虚假亦然。”⑤ “妙悟诸法，同一虚假，不舍虚假，即假体真，无劳算计，划然明了。此明意业净。”⑥ 至于正确的修道方法，

---

① 郭庆藩撰，王孝鱼点校：《庄子集释》，第 83、86、80 页。

② 成玄英：《老子道德经开题序诀义疏》，见《老子集成》第一卷，第 288 页。

③ 成玄英：《老子道德经开题序诀义疏》，见《老子集成》第一卷，第 288—289 页。

④ 成玄英：《老子道德经开题序诀义疏》，见《老子集成》第一卷，第 322 页。

⑤ 成玄英：《老子道德经开题序诀义疏》，见《老子集成》第一卷，第 288 页。

⑥ 成玄英：《老子道德经开题序诀义疏》，见《老子集成》第一卷，第 307 页。

成玄英给出的仍然是不偏不倚的持中态度，即"忘善恶而居中，方会无为之致也"。① 所谓"居中"，就是成玄英强调的"一中之道"，"一中之道"是他区分真俗的真正标准。

第九节　成玄英道教生命观的新突破

成玄英的生死观有三个要点，一是在认识论上，主张不生不死，否定生死的存在；二是根据佛教缘起论和万物无自性的观点，否认作为肉体和精神寄托之物理性"身"的真实存在。三是肯定修学修道可致肉体或精神的长生、长存，他认为道教在这点上与佛教"无生无灭"的生命观相一致。

一、《老子》之"身"

《老子》具有贵身思想，经文共有九章提到"身"，包括第七、九、十三、十六、二十六、四十四、五十二、五十四和六十六章。《老子》在使用"身"这个词时，往往是将"身"与"天下"、"民"、"功"、"名"、"货"等对举，或阐述"身"与某种对象的先后次序，或直接论及"身殁"、"没身不殆"，这些"身"都可以确定是指人的物理性身体或者指生命而言。如"天长地久。天地所以能长久者，以其不自生，故能长久。是以圣人后其身而身先，外其身而身存"（第七章）；"功成名遂身退，天之道"（第九章）；"奈何万乘之主，而以身轻天下？轻则失臣，躁则失君"（第二十六章）；"名与身孰亲？身与货孰多？得与亡孰病？是故甚爱必大费，多藏必厚亡。故知足不辱，知止不殆，可以长久"（第四十四章）；"用其光，复归其明，无遗身殃，是谓袭常"（第五十二章）；"修之身，其德能真"（第五十四章）；"欲先民，以其身后之"（第六十六章）。这些句子中

---

① 成玄英：《老子道德经开题序诀义疏》，见《老子集成》第一卷，第288页。

的"身"，大致都是在强调要重视和珍惜肉体之身，内涵很清楚。

第十三章有关"身"的经文比较特殊。在《老子》全书涉及"身"的九章文字中，唯有这一章是先谈"有身"的客观现实性和"无身"的重要性，再谈"身"与"天下"的关系，其主旨落实在"天下"上，而不是"身"上，这与上举其他有"身"的句子有比较明显的差别。

帛书本和简本的这一章均有和传世本对照的文句，各本显现出一些差异，如蒋锡昌所言，"此段经文，诸家纷纷，鲜有同者"①，这在《老子》整个文本中显得比较突出，但其实文本大意并不存在根本不同，特别是第一句"宠辱若惊，贵大患若身"，除简本可能在开头多出一个"人"字外，各本完全一致。不过，这并不等于大家对文意的理解也是一致的。事实上，如刘笑敢已经指出的，后人对此章的解读颇多不同，有的甚至完全相反，但似乎都有道理，都说得通。比较有代表性的是利己主义倾向和利他主义倾向，② 这是两种完全对立的看法。

譬如，冯友兰将此句与杨朱的利己主义联系起来，说"'贵以身为天下'者，即以身为贵于天下，即'不以天下大利，易其胫一毛'，'轻物重生'之义也'"③。对个人来说，由于身体比天下更重要，要在二者之间做出抉择，自然就要贵己之一身，"贵身"则必须不为任何外在的"名"和"货"所诱惑，不以任何外在利益为转移，哪怕这个利益是至大之天下。冯友兰理解的杨朱，基本延续了《孟子》对杨朱影响深远的评价。《孟子》说："杨氏取为我，拔一毛而利天下，不为也。"（《尽心上》）又说"杨氏为我，是无君也；墨氏兼爱，是无父也；无父无君，是禽兽也。"（《滕文公下》）无父无君几同于禽兽。从《孟子》的论述来看，杨朱的确是将天下和己身置于对立面的。《吕氏春秋》将杨朱的思想总结为"贵己"，相比《孟

① 蒋锡昌：《老子校诂》，商务印书馆 1937 年版，第 75 页。
② 参见刘笑敢：《老子古今》，中国社会科学出版社 2006 年版，第 179 页。
③ 冯友兰：《中国哲学史（上）》，长春出版社 2017 年版，第 109 页。

子》的"无君"和"禽兽"表述，可以说是对杨朱思想的合理评价。当然冯友兰的理解有其更深远的历史依据，《庄子》就非常明确地表达了和杨朱大致一致的价值取向。《庄子·让王篇》在讲述了尧以天下让许由、大王亶父居邠"尊生"的故事后，有这样一段论述："能尊生者，虽贵富不以养伤身，虽贫贱不以利累形。今世之人居高官尊爵者，皆重失之，见利轻亡其身，岂不惑哉!"该篇最后又总结说："故曰：'道之真以治身，其绪余以为国家，其土苴以治天下'。由此观之，帝王之功，圣人之余事也，非所以完身养生也。今世俗之君子，多危身弃生以殉物，岂不悲哉!"《让王》篇为圣人的三件大事排列了轻重高下的次序，即养身为上，治国其次，治天下最次。如果不考虑《孟子》反复强调至孝则可以治理天下的出发点，道家对天下的"轻视"，与《孟子·尽心上》说舜"视弃天下犹弃敝蹝（屣）也"的取向其实是一致的，都认为有比天下更值得圣人去优先选择的，在儒家是孝，在道家是身。

《老子》关于"身"的论述，第五十四章是另一个重点，它有助于我们理解第十三章的"有身"、"无身"。这一章里出现一个整齐的排比句，论及身、家、乡、国、天下的关系。现存《老子》古本以及出土简帛本的这一部分文字略有差别，但不影响文意的理解。河上公本和王弼本写作"修之于身，其德乃真；修之于家，其德乃余；修之于乡，其德乃长；修之于邦，其德乃丰；修之于天下，其德乃普"。

这一章中出现的身、家、乡、邦（国）四个范围性的概念，身居于首位。"修之身"自然是修身之意，根据身、家、乡、邦和天下在经文中的前后顺序，"修之身"是"修之家"、"修之乡"、"修于邦"、"修之天下"的必要前提，后数者都是"修身之真的扩充"。[1]这与《礼记·大学》"身修而后家齐，家齐而后国治，国治而后天下平"的认识是一致的。因此"儒家与道家都重视自身的人格品格的修养，又将个人的品德修养看作家族、社群、邦国以及天下太平的

---

[1]　刘笑敢：《老子古今》，第 531 页。

根基，都将个人的修养问题与国家、天下的治理直接联系起来。在这方面，儒、道两家显然是相通一致的。毕竟儒家、道家都是同一文化土壤上的苍松翠柏"①。但是，在对这一章的理解上，高亨、詹剑锋等却认为"以身为天下"者，是"视其身为天下人也"，是"无我"和"无私"的意识，只有无我和无私，才可以天下寄托之。②

可见老子的贵身思想既可以做利己的解释，也可以做利他的解释。唐代以成玄英等为代表的道教学者却做出了新的诠解。

二、重玄思维中的身体观

唐初佛教空宗对知识分子影响非常大，贞观年间以校正五经知名的颜师古所著《玄言新记明老部》卷一言："且常道所尚，以无名为宗；帝王所贵，以无〔为〕本。故下文云：道常无名。又云：我无为而民自化。明治身者，身为得道之器，道亦不离于身。但即身之道，道则是无，无即道之身；身则是有，有则有累大患，所以见空之士不有其身。故下文云：及吾无身，吾有何患？寻累之所生于贪欲，若息则众累自止。前文云：故常无欲，以观其妙。是知治身治国，莫不贵于无欲无为。此略举一篇之大意也。"③ 佛教以身为累，所谓"见空之士不有其身"。颜师古这样诠释《老子》的"无身"在唐代具有一定的代表性。成玄英同样认为身为虚幻，如《庄子·大宗师》疏："水火金木，异物相假，众诸寄托，共成一身。是知形体，由来虚伪。既知形质虚假，无可欣爱，故能内则忘于脏腑，外则忘其根窍故也。"成玄英教人不执着于身形，不可"爱形大甚"，这些认识体现出佛学影响下成玄英对《老子》"有身"的认识与早期道教身体观的某种背离。

成玄英指出，"载营章所次前者，前章略显骄矜之过，谦退之德。其于修习法门，犹自未具，故次此一章，即广明内外两行次第

① 刘笑敢：《老子古今》，第 531 页。
② 高亨：《重订老子正诂》，古籍出版社 1956 年版，第 30—31 页。
③ 颜师古：《玄言新记明老部》，见《老子集成》第一集，第 269 页。

功能。"前章即第九章"持而"章。他认为"三十辐章所以次前者，前章虽显自利利他内外二行，其于空有两慧，犹自未圆。故次此章，具明资导之义"。"五色章所以次前者，前章泛举车器，欲显假法不真，故次此章正辨色声，以明实法虚幻相对，所以次之"。① 可见在成玄英的逻辑里，第十章"载营"章是讲自利利他的"修习法门"的，而第十一章和第十二章则是讲如此修习的认识论基础——一切皆虚假空幻。第十三章和上一章的关系就是："宠辱章所以次前者，前章正辩根尘等法，举体不真，故次此章明身及荣华适为患本。"② "故"并不具有从逻辑上将两章有机联系起来的功能，因为成玄英并不认为"身"也是不真，他说"贵大患若身"的"贵"是"贵己身也"，"患"是"烦恼老病等也"，凡夫俗子都知道矜贵此身，却厌恶大患，这是因为"不知大患即是我身"。贵身则"多求资养，终归灭境"，实际上却是贵患。反过来，如果恶患，即可恶身，就是对所贵之身造成伤害。"贵大患若身"的意思就是"贵与大患俱以身为本"，这个解释不同前人。③

在疏解"吾所以有大患，为吾有身"时，成玄英重点放在贵身就是贵患上，也就是不能厌恶烦恼老病等"患"。虽然他也说"执着我身，不能忘遣。为身愁毒，即是大患"，将"大患"的内涵从人避之不及的"烦恼老病等"肉体病患，扩展到对我身的精神执着上。照他在本章开题中所言，世界万物皆虚幻不实，肉体之身也属万物之一，也应该是虚幻不真的，是应该从精神上彻底遣除的对象。所以，"贵我身者，与贵患不殊也"④，奈何要贵身而恶大患？

到这里为止，成玄英似乎已经用佛教空观否定了"身"的真实性，但接着他又回到了道教经典《西升经》那里，引该经"身为恼

① 成玄英：《老子道德经开题序诀义疏》，见《老子集成》第一卷，第294、295页。
② 成玄英：《老子道德经开题序诀义疏》，见《老子集成》第一卷，第296页。
③ 成玄英：《老子道德经开题序诀义疏》，见《老子集成》第一卷，第296页。
④ 成玄英：《老子道德经开题序诀义疏》，见《老子集成》第一卷，第296页。

本，痛痒寒温，吾拘于身，知为大患，即其事也"① 加以说明。但是《西升经》说"身为恼本"显然并不是佛教意义上的烦恼。

这一章后面的经文"及吾无身，吾有何患？"历来颇多解释。成玄英对"无身"的疏解，体现了他在佛教空观和道教身体观上的折中处理。一方面他说"只为有身，所以有患。身既无矣，患岂有焉？故我无身，患将安托？"这是顺着原文解释"无身"与"无患"的因果关系，在《老子》那里，"无身"可以理解为忘身，本来只是一种精神上的忘我境界。但成玄英接着解释了"无身"之"无"的内涵："所言无者，坐忘丧我，隳体离形，即身无身，非是灭坏而称无也。"② 强调这个"无身"之"无"与《庄子·大宗师》中的"坐忘"、"吾丧我"之意相通。成玄英的理解，固然受到了佛教的影响，但并非绝对的虚无，而是显示出其修道思想由重视身体到重视精神的转变。这点在他的《庄子疏》中也有鲜明的体现，如《人间世》顺着郭注"虚其心则至道集于怀也"，以"虚心"疏"心斋"和"唯道集虚"："唯此真道，集在虚心。故如虚心者，心斋妙道也。"郭注又言："未始使心斋，故有其身。既得心斋之使，则无其身。"心斋即是忘身。成疏则云："未禀心斋之教，犹怀封滞之心，既不能隳体以忘身，尚谓颜回之实有也。既得夫子之教，使其人以虚斋，遂能物我洞忘，未尝之可有也。"③

"无身"本是《老子》经文中出现过的词。《老子》多次提到"身"，表现出对肉体生命之身体的极度珍爱，名也好，利也好，天下也好，与生命之"身"相比，都是不值得追求的。刘笑敢指出，《老子》是第一个将"无身"作为重要哲学概念的人。④ 特别是第十三章，集中阐述了"贵身"、"无身"以及"身"与"患"的关系等内容。过去的注解多把"身"理解为物质性的身体，但也有理解为

---

① 成玄英：《老子道德经开题序诀义疏》，见《老子集成》第一卷，第 297 页。
② 成玄英：《老子道德经开题序诀义疏》，见《老子集成》第一卷，第 297 页。
③ 郭庆藩撰，王孝鱼点校：《庄子集释》，第 148 页。
④ 刘笑敢：《老子古今》，第 707 页。

"生"的，即整个"生命"。① 成玄英的无身观，已经远离《老子》身体观的原意。他的无身论否认身的真实存在，身与万物一样，皆以空为本性。成玄英的这一看法，显然受到了《庄子》的齐同生死观和佛教缘起性空论的深刻影响。

三、长生久视与不死不生

成玄英将《老子》第五章的"多闻数穷，不如守中"的"守中"释为"一道"，即"一中之道"，但又把"一道"释为"长生久视"，可见仍以道教修道为最终目标。不过成玄英的"长生久视"应该如何理解，必须接着看下一章的疏解，这一章首句"谷神不死"之"不死"，成玄英释为"不复生死"，和以往释为"不死"、"不朽"等全然不同。成玄英认为，修道者如能"导养精神，如彼空谷，虚容无滞"就可以不复生死了。不复生死不是指肉体不死，而是心灵上和精神上完全泯灭了生死，"欲明养神如谷，令其不死者，无过静退雌柔，虚容不滞也"②。

成玄英认为《庄》、《老》在很多方面是相通的，他有关不死不生的论述，在《庄子疏》里体现得最为充分。"色若孺子"的女偊对南伯子葵讲述他如何教卜梁倚学道（女偊自称是"以圣人之道告圣人之才"），女偊提到她虽有"圣人之道"，"犹守而告之"，也就是在正式教授卜梁倚前需要做的一番准备工夫。这个"守"，又称"独守"，照女偊的描述，"守"指的是阶段性的渐进功夫，从守三日到

---

① 刘笑敢认为，"无身"之"身"与"贵身"之"身"内涵不同，不能机械地理解。"无身"之"身"重在一己之利，是世俗利益之身，必然会引起利益纠葛、祸患缠身，因此与"大患"同等。"贵身"之"身"是生命之真，是脱离了世俗利益之纠缠的真身。一个贵身于天下的人，必定是没有权欲、没有野心，不懂贪婪之人。把天下交给这样的人，才可以放心无虞。以"无身"、"忘身"而"贵身"、"爱身"，以放弃私利纠缠之身而成全生命之真身，这样解释符合本章文义，也符合《老子》全书以反求证的思想风格。（参见刘笑敢：《老子古今》，第 181 页）在第四十四章的"析评引论"中，刘笑敢再次就《老子》是"重身"还是"无身"进行了辨析。

② 成玄英：《老子道德经开题序诀义疏》，见《老子集成》第一卷，第 292 页。

守七日，再到守九日，在这三个阶段，女偊分别达到了"外天下"、"外物"和"外生"的境界。"外"是遗忘之意，即分别达到了遗忘天下、物和生的境界。"外生"之后，女偊依次进入"朝彻"、"见独"、"无古今"乃至最后"入于不死不生"的境界。这段文字所述"守"的功夫，繁复曲折，颇能体现《庄子》的修养论。郭象注和成玄英疏都很有特色，但郭注很简略，成疏则在部分接受郭注的基础上，从重玄思维角度进行了丰富的发挥。

成玄英称女偊的"独守"功夫为传道之师在方欲教人之前的一种必备功夫。女偊"三日而后能外天下"，成玄英疏云："凝神静虑，修而守之，凡经三日，心既虚寂，万境皆空，是以天下地上，悉皆非有也。"①"外"字，郭象和成玄英都解释为"遗"或"遗忘"，遗忘天下并不是指天下非有，而是体会到万境皆空，虚幻不实。

郭注"朝彻"："遗生则不恶死，不恶死故所遇即安，豁然无滞，见机而作，斯朝彻也。"成疏："朝，旦也；彻，明也。死生一观，物我兼忘，惠照豁然，如朝阳初启，故谓之朝彻也。"郭注"见独"："当所遇而安之，忘先后之所接，斯'见独'者也。"仍是以"所遇而安"来解释"见独"。郭注"见独，而后能无古今"又说："与'独'俱往。"但究竟何为"独"，没有讲清楚。成疏"见独"："夫至道凝然，妙绝言象，非无非有，不古不今，独往独来，绝待绝对。睹斯胜境，谓之见独。故《老经》云'寂寞而不改'。""见"被明确疏解为"睹"，即看见的意思，"独"则被疏解为"至道"，成玄英将看见"至道"的"胜境"称为"见独"，"与'独'俱往"就是与道俱往，这比郭注清晰多了。但他又说女偊之所以面若孺子，是因为"久闻至道"（也就是"见独"），可见"见独"之"见"并非看见之意，而是闻见之意。成玄英还就"独"的字面意思引入《老子》第二十五章"寂寞而不改"阐明"见独"——"道"的至真无二。郭注"无古今，而后能入于不死不生"："夫系生故有死，恶死故有生。是以无系无恶，然后能无死无生。"成疏："古今，会也。夫时有古

---

① 郭庆藩撰，王孝鱼点校：《庄子集释》，第 253 页。

今之异，法有生死之殊者，此盖迷徒倒置之见也。时既运运新新，无今无古，故法亦不去不来，无死无生者也。会斯理者，其唯女偶之子耶。"① 郭象是从既不系生又不恶死来理解不死不生，成玄英则是从时间流动不常、万法不去不来理解不死不生。

在《老疏》里，成玄英也多次用不死不生描述圣人的得道状态，如"行愿具足，内外道圆，理当不死不生，无夭无寿。而今言死而不亡寿者，欲明死而不死，不寿而寿也"②。李荣进一步认为"有生有死不可言道"。成玄英《老疏》论及不死，大多是从神灵空虚处着手，"若能导养精神，如彼空谷，虚容无滞，则不复生死也"，这才是"静退雌柔，虚容不滞"之道，是不死之道。所谓"空"，其实是"神空"。但是神空也必须遣除，"恐学者心滞此空，今言若存，即治于断也"。③ 类似的言论还有很多，比如：

> 量等太虚，无来无去，心冥至道，不灭不生。既与此理相符，故义说为久。④

> 没，灭也；殆，危也。匿端灭迹，谓之没身。应感赴机，谓之不殆。又解迹有兴废，故言没身。本无生灭，故言不殆。⑤

> 行愿具足，内外道圆，理当不死不生，无夭无寿。而今言死而不亡寿者，欲明死而不死，不寿而寿也。应身迁谢，名之为死。圣体常在，义说为寿。⑥

蒙文通曾指出，隋唐以降，道教重玄宗和坐忘论广为流行，道教教义深受佛学影响，由原来主张蝉蜕羽化、肉体飞升，逐步发展为倡导心性修养，即由修命到修性。在《坐忘论考》一文中，他说：

---

① 郭庆藩撰，王孝鱼点校：《庄子集释》卷三，第 254 页。
② 成玄英：《老子道德经开题序诀义疏》，见《老子集成》第一卷，第 312 页。
③ 成玄英：《老子道德经开题序诀义疏》，见《老子集成》第一卷，第 292 页。
④ 成玄英：《老子道德经开题序诀义疏》，见《老子集成》第一卷，第 300 页。
⑤ 成玄英：《老子道德经开题序诀义疏》，见《老子集成》第一卷，第 300 页。
⑥ 成玄英：《老子道德经开题序诀义疏》，见《老子集成》第一卷，第 312 页。

"由今观之，道家自齐、梁而后，已受佛法影响，以不生不死言长生。显与汉、魏殊致。汤锡予先生论儒家易道与《太平经》，皆主积善之家必有余庆，积不善之家必有余殃，是以作业，为子孙受报；佛法主三世轮回，作业为自身来生受报。隋、唐以还道教诸师，皆信轮回之说，不以形躯即身成道为旨要，以不生不死言长生。此为罗什注《老》以来，道家之一变。"① 成玄英以"不生不死"解《老子》，就是这一转变的突出表现。

我们还可以举出与成玄英同时代而略后的李荣是如何论"不死不生"境界的例子。比如李荣疏"谷神不死，是谓玄牝"：

> 河上以为，养神乃是思存之法。辅嗣言谷中之无。此则譬喻之义。虽真贤之高见，皆指事之说也。今则约理，尝试言。谷，空也。玄，道也。牝，静也。夫有身有神则有主，有生有死不可言道，流动无常，岂得言静？若能空其形神，丧于物我，出无根气，聚不以为生，入无窍气，散不以为死，不死不生，此则谷神之道也。生死无常，浮动之物也。幽深雌静，湛然不动，玄牝之义也。②

李荣注"绵绵若存，用之不勤"更是以"无心"解天地，以"不常不断"、"不死不生"解生死：

> 绵绵，微妙也。玄牝之道不生不灭，雌静之理非存非亡。欲言有也不见其形，欲言亡也万物以生。不盛不衰，不常不断，故曰绵绵也。勤者，苦也。得玄牝之道，运用无穷，无为逸乐，故曰不勤也。③

---

① 蒙文通：《坐忘论考》，见《古学甄微》，第365页。
② 李荣：《道德真经注》，见《老子集成》第一卷，第353页。
③ 李荣：《道德真经注》，见《老子集成》第一卷，第353页。

又李荣注第七章"天长地久……其不自生，故能长生"：

> 故标天地之德，问乎长久之由，莫不彼无心，不自营生也。
> 言人若能法天地以无心，不自营以厚养，仙骨冠金石以长存，
> 惠命络方圆而永固。①

成玄英对女偊所称"不死不生"境界的疏解更为明白。他疏
《庄子·大宗师》说："时有古今之异，法有生死之殊者，此盖迷徒
倒置之见也。时既运运新新，无今无古，故法亦不去不来，无死无
生者也"。又疏《庄子·逍遥游》："达于生死，则无死无生。"无死
无生，则"不欣于生"，也"不恶于死"。②成玄英融合庄佛的生命观
相当达观，相对于道教对肉体长存的追求，"不生不灭"是反传统的
生命哲学。③

成玄英在道教义学方面的理论成就，在唐初即脱颖而出，并对
整个唐代的道教产生了广泛的影响。唐代是三教走向全面会通的时
代，成玄英的重玄学理论充分吸收了佛教思想的精华，但并未混同
二教，而是融佛入道，为我所用。这样的创造性工作甚至得到了开
明僧人的尊重，如华严四祖释澄观在他所著《大方广佛华严经随疏
演义钞》中说："老子云'杳兮冥兮，其中有精，其精甚真'，庄子
云'有真君存焉'，如是等文。后儒皆以言词小同，不观前后本所建
立，致欲混和三教。现如今时成玄英尊师作《庄》、《老》疏，广引
释教，以参彼典。但见言有小同，岂知义有大异。"综观成玄英现存
著作，特别是《老》、《庄》之疏，我们再来看澄观之论，才能理解
澄观为何如此评价成玄英。从成玄英的注疏中可以看到，他不仅精
通传统的道教老庄学，在佛学方面也有很深的造诣。成玄英的

---

① 李荣：《道德真经注》，见《老子集成》第一卷，第353页。
② 郭庆藩撰，王孝鱼点校：《庄子集释》卷三，第254、261页。
③ 李刚：《道教反传统派的生命哲学》，见陈昌文主编：《宗教·哲学·艺术》，宗教
文化出版社1999年版，第203页。

《老》、《庄》注疏大规模援佛入道，如澄观所云，"广引释教，以参彼典"，但是其道教本位思想仍然十分鲜明。东晋南北朝时期的佛道论争中，僧人常常讥讽道士偷用佛经佛理，而成玄英在他的著述中大量使用佛教术语和理论，其论著却能得到僧人的尊重和世人的称许，如释慧琳《一切经音义》、释安澄《中论疏记》等，均曾引述成玄英的著作，或解释字义，或印证义理，这或许在一定程度上说明成玄英的思想具有不同凡响的独特性和深刻性。

第八章　李荣的老学思想

　　在唐代重玄学理论建构中，能与成玄英比肩而立的是与他同时而稍后的另一位道士李荣。李荣，号任真子，主要活动在唐高宗和武则天时期，曾"挥玉柄于紫庭，听金章于丹陛……"①。成、李虽然是两代人，但曾同时活跃于唐高宗时期，为唐皇室所倚重，二人思想也颇多相近之处，他们可能是师徒关系。杜光庭说二人皆以重玄为宗，明重玄之道。成玄英于贞观五年（631）被唐太宗召至长安，唐高宗永徽间遭流放。李荣被召，恰好在成玄英流放之际。终高宗朝李荣都备受重用，曾五次应诏，代表道教界出席由朝廷组织的道佛论辩大会，被释道宣称为"老宗魁首"。重玄学在唐代的发展，通过成、李二人的论著即可以把握其大概。

第一节　李荣生平事迹及著述

　　李荣的生平事迹，散见于唐宋史乘及佛道典籍。早在半个多世纪以前，小岛祐马、王重民、蒙文通等学者已对李荣生平及其著作进行考证、辑佚和校勘。最近三四十年来，李刚、黄海德、强昱、砂山稔等学者又在前人基础上，深入辨析考证，李荣行年之大概基

---

① 李荣：《道德真经注》，见《老子集成》第一卷，第349页。

本可以把握。^①下面以学界已有研究为基础，综述李荣的生平事迹，同时对相关细节作进一步的讨论。

一、李荣的生平事迹

李荣生平事迹的主要资料来自唐代佛教方面的记载，如释道宣的《集古今佛道论衡》记载李荣多次参与僧道论辩，其中《上以西明寺成召僧道士人入内议文》一文里，有"荣在蜀日，已闻师名"之语。又有佛教徒以"区区蜀地老，窃好道门英"怒斥李荣的记录。佛教典籍对道教徒事迹的记载虽不可尽信，但是在李荣的籍贯上应该是没有问题的。此外，从诗人王维撰写的《大荐福寺大德道光禅师塔铭》里，可以见到一些李荣家族的信息。据该铭文，李荣和塔铭主人道光禅师是叔侄关系。铭文前半部分为：

> 禅师讳道光，本姓李，绵州巴西人。其先有特有流，若实有蜀，盖子孙为民。大父怀节，隐峨嵋山，行无辙迹。其季父荣，为道士，有文知名。禅师幼孤，在诸儿，其神独不偶。家颇苦乏绝，去诣乡校，见周、孔书，曰："世教耳。"誓苦行求佛道……得其门者寡，故道俗之烦而息化城，指尽谓穷性海而已。（上有阙文）焉足知恒沙德用，法界真有哉！春秋五十二夏，以大唐开元二十七年五月二十三日，入般涅槃于荐福僧坊。门人明空等建塔于长安城南毕原。……维十年座下，俯伏受教。欲以毫末，度量虚空，无有是处，志其舍利所在而已。铭曰：呜呼人天尊！全身舍利在毕原。^②

---

① 可参见蒙文通撰《辑校老子李荣注跋》，原载《图书集刊》1948年6月第8期，后收入《道书辑校十种》，后改为"《辑校〈老子李荣注〉叙录》"；强昱撰《成玄英李荣著述行年考》，见《道家文化研究》第十九辑；黄海德撰《李荣其人及其〈老子注〉研究》，见《世界宗教研究》1988年第1期；黄海德撰《李荣〈老子注〉重玄思想初探》，见《宗教学研究》1988年Z1期。

② 王维撰，赵殿成笺注：《王右丞集笺注》卷二十五《碑铭二首》，中华书局1983年版，第849页。

铭文说，道光禅师是西蜀人，其"季父"是"道士"李荣。道光禅师的祖父也就是李荣的父亲，名李怀节。铭文说李怀节"隐峨嵋山，行无辙迹"，看来是一位行迹接近道人的隐士。铭文又说道光禅师"其先有特有流，若实有蜀，盖子孙为民"，说明其祖是西晋末年巴氏人李特和李流兄弟。据《晋书》卷一百二十："李特字玄休，巴西宕渠人，其先廪君之苗裔也……汉高祖时，更名其地为巴郡。……汉末，张鲁居汉中，以鬼道教百姓，賨人敬信巫觋，多往奉之。值天下大乱，自巴西之宕渠迁于汉中杨车坂，抄掠行旅，百姓患之，号为杨车巴。魏武帝克汉中，特祖将五百余家归之。魏武帝拜为将军，迁于略阳，北土复号之为巴氏。"西晋末年，李特之子在成都建立成汉政权，以天师道首领范长生为相，维持了将近半个世纪的统治。碑铭与史籍记载李荣为绵州巴西人（即今四川绵阳人）一致。

张鲁居汉中时，賨人多信奉天师道。李荣家族亦受其影响，其父有道士风范。李荣则是名副其实的道士，道行深厚，以文知名，李氏家族可能为巴蜀众多奉道世家之一。不过以上碑铭的主人道光禅师却信仰佛教，说明东晋南朝以来，随着佛教的广泛传播，到唐朝前期，李氏家族的信仰开始趋向多元化。

能与此碑铭文字相互印证的还有《全唐诗》卷八六九和卷八七一收录的署名李荣的一首半诗。之所以说是一首半，是因为其中一首是由李荣和僧人法轨的应答诗合并而成。先看完整的《咏兴善寺佛殿灾》："道善何曾善，言兴且不兴。如来烧赤尽，惟有一群僧。"题后注："京城流俗，僧道常争二教优劣，递相非斥。总章中，兴善寺为火灾所焚，尊像荡尽，东明观道士李荣因咏此。荣，巴西人也。"《大唐新语》十三《谐谑》也记载了这首诗，唯个别字词有差异。"道善何曾善，言兴且不兴"正喻兴善寺。这首诗也证明李荣是"巴西人"，此时为长安东明观道士。

李荣在长安时，曾多次参加京城的僧道辩论。据《旧唐书·罗道琮传》载，道琮在"高宗末，官至太学博士，每与太学助教康国安、道士李荣等讲论，为时所称"。

骆宾王在咸亨四年（673）所作长诗《代女道士王灵妃赠道士李

荣》也与李荣有关。如果诗的赠予对象的确是这位蜀中道士李荣，它至少透露了李荣的一些鲜为人知的信息。这首诗很长，主要写情，兼及道趣，意蕴接近古代闺情诗。全诗以"玄都五府风尘绝，碧海三山波浪深"开篇，五府三山均为道教神仙信仰的象征。中有"自言少小慕幽玄，只言容易得神仙。佩中邀勒经时序，箫里寻思复几年。寻思许事真情变，二八容华识少选。漫道烧丹止七飞，空传化石曾三转"等，描写李荣在长安时与女道士王灵妃相恋，李荣归蜀后，王灵妃在故地满怀期待的深情。清人陈熙晋为骆宾王诗作笺注，说"此当是李在蜀，灵妃居长安，故拟代赠云。盖亦蜀中作也"。骆宾王代拟诗中有"不能京兆画蛾眉，翻向成都骋骀引。青牛紫气度灵关，尺素赪鳞去不还"，以及"龙飙去去无消息，鸾镜朝朝减容色。君心不记下山人，妾欲空期上林翼。上林三月鸿欲稀，华表千年鹤未归。不分淹留桑路待，只应直取桂轮飞"，表达幽怨情绪。又有许多深情倾诉之语，如"想知人意自相寻，果得深心共一心。一心一意无穷已，投漆投胶非足拟……此时空床难独守，此日别离那可久……春时物色无端绪，双枕孤眠谁分许"等。王世贞《艺苑卮言》称赞此诗"缀锦贯珠，滔滔洪远，故是千秋绝艺"，道士李荣与王灵妃的故事也因此诗流传下来。

李荣著述仅存《道藏》收录的《道德真经注》残本，署名"元天观道士李荣"。查唐代两京并无元天观，与"元"有关的道观只有先天观和昊天观，与"天"有关的道观也只有开元观、乾元观。李荣究竟在哪家道院，还需要进一步考察。据元人骆天骧纂修的《类编长安志》，这几个道观情况如下：（1）先天观。在"咸宁县务本坊，景龙三年韦庶人立为翊圣女冠观。景云元年，改景云观。天宝八载，改为龙兴道士观。至德三载改先天观"。此时李荣早已羽化。（2）昊天观。"在保宁坊。贞观初，为晋王宅；显庆元年，为太宗追福，立为观，高宗御书额并制《叹道文》"。（3）乾元观。"在长兴坊，《代宗实录》曰：'大历十三年七月，以泾原节度使马璘宅作乾元观，置道士四十九人，其地在皇城南长兴里。'璘初创是宅，重价募天下巧工营缮，屋宇宏丽，冠绝当时，璘临终献之。代宗以其当王城形胜之地，墙宇新洁，遂命为观，以追远之福，上资肃宗，加乾元观之名。乾元，肃宗尊号也，然则与《德宗录》之言相戾"。（4）开元观。"在道德坊，本隋秦王浩宅，武后朝，置永昌县。神龙元年县废，遂为长宁公主宅。景云元年，置道士观，开元五年，金仙公主居之，改为女冠观。十年改为开元观"。①

综上观之，先天观、乾元观和开元观始立时间都较晚，乾元观更是始置于唐代宗时期，只有昊天观较早，建于贞观初年，与李荣的活动时间最为接近。元天观可能是"昊天观"之误，李荣可能正是在昊天观完成了《道德经注》的工作。大约在唐高宗麟德元年（664）前后，李荣改居长安的朝廷道观东明观。当然，昊天观也是重要道观，毕竟曾经是唐太宗为晋王时旧宅，唐高宗下令立为道观，高宗亲书额并制作《叹道文》。

李荣的生卒年，一般写作"不详"，我们可以从前引王维撰写的《大荐福寺大德道光禅师塔铭》中李荣"大父"道光禅师的生平略作推测。《王右丞集》说道光禅师"春秋五十二夏"，收入《全唐文》中的铭文却写作"春秋五十二，凡三十二夏"，多出了"凡三十二"四个字。《王右丞集》中的"春秋五十二夏"的"夏"颇难理解。事实上《全唐文》中的记载才是正确的，《王右丞集》可能有脱文，原文应和《全唐文》一样，写作"春秋五十二，凡三十二夏"。

之所以这样说，是因为"春秋五十二夏"不是我国古代文献记载僧人寿命的常规书写格式。僧人年岁有春秋多少年和法腊或戒腊多少年的区别，法腊又称夏腊或僧夏，相当于今天的僧腊，即僧人从出家到入寂的年岁，戒腊则从受戒开始计算。据《释氏要览》卷下记载，"夏腊即释氏法岁也，凡序长幼，必问夏腊，多者为长"。僧人称夏腊，本义在别僧俗。中国佛教徒有结夏安居的传统，一般于每年四月十六日至七月十五日举行，称"夏安居"、"结夏"或"坐夏"等。也有寺院于每年十月十六日到次年正月十五日间举行

---

① 骆天骧纂修，黄永年点校：《类编长安志》卷五《寺观》，中华书局 1990 年版，第 148—153 页。

"冬安居"的。僧人夏腊的计算，与结夏安居制度密切相关，结夏期间，僧人禁止外出。每年安居结束时，称为"解夏"，僧人于此时增一"法岁"。唐人韦应物《起度律师同居东斋院》诗曰："释子喜相偶，幽林俱避喧。安居同僧夏，清夜讽道言。"说的就是僧夏生活。

古代文献中僧人年岁的常见书写方式有两种，一种是仅记"春秋"若干，格式是"春秋＋数字"；另一种既记"春秋"多少，又记"夏腊"多少，格式大约为"春秋＋数字，凡＋数字＋腊"或"春秋＋数字，僧腊＋数字"。普通人只记"春秋"若干，格式是"春秋＋数字"。无论是僧人还是普通人，均不会以"春秋＋数字＋夏"的格式记录。《王右丞集》中的"春秋五十二夏"的"夏"应该是衍文。王维所作另一碑铭《沂阳郡太守王公夫人安喜县君成氏墓志铭》即是一例："呜呼！降年不永，春秋五十，以某载月日薨于长安平康里之私第，某月日祔于咸阳洪渎原之先茔，礼也。"这位墓主的年寿即写作"春秋五十"。王维所作其他神道碑文，也有因故隐去数字，直接写作"春秋若干"的。

当然僧人年岁的记录格式，也不能一概而论，早期文献大部分只记春秋若干，少数同时记僧腊若干。例如南朝齐梁间僧祐作《出三藏记集》卷九《贤愚经记》记载，参与翻译《贤愚经记》的京师天安寺沙门有"释弘宗者……此经初至，随师河西，时为沙弥，年始十四，亲预斯集，躬睹其事。洎梁天监四年，春秋八十有四，凡六十四腊，京师之第一上座也"；卷十三《支谦传》却只写作"后卒于山中，春秋六十"，又记竺法护"卒，春秋七十有八"；卷十四《佛驮跋陀传》说佛驮跋陀"以元嘉六年卒，春秋七十有一"，求那跋摩"其弟子后至，奄然已终，春秋六十有五"；卷十五说帛远"春秋五十有七"，也只记年岁若干。以上数人，除了释弘宗外，其他均只记春秋若干，格式为"春秋＋数字"。南朝梁慧皎所作《高僧传》一般也写作"春秋＋数字"，或直接说"年＋数字"，或"在道＋数字"，不记夏腊。

大约从隋唐开始，僧人年岁既记春秋多少，同时也记夏腊多少。唐初释道宣《续高僧传》成书于贞观年间，记梁至唐贞观十九年

（645）数百僧人事迹。传主年岁的写法，大多数还是继承《高僧传》的形式，只记春秋若干。但也有少数僧人的年岁格式是"春秋＋数字，数字＋夏"，如释道杰"以贞观元年七月二十八日因疾卒山，春秋五十五，三十六夏"；释慧约"言毕合掌便入涅槃。春秋八十有四，六十三夏。天子临诀悲恸"；释昙询"以开皇末年风疾忽增，卒于柏尖山寺。春秋八十五，五十夏矣"；释僧稠"春秋八十有一，五十夏矣"。

查唐代文献，僧人年岁记录格式似乎还没有固定下来，如《大慈恩寺志》卷二十三《大唐三藏大遍觉法师塔铭并序》作于唐文宗开成年间，记玄奘法师"俄尔去，春秋六十九矣"。同卷记圆测法师"迁化于佛授记寺，实万岁通天元年七月二十二日也，春秋八十有四"，都不记夏腊。又如《六祖坛经》说惠能"大师春秋七十有六"，也不记夏腊。到五代南唐时泉州招庆寺静、筠禅德于保大十年（952）所编《祖堂集》（现存第一部禅宗史）时，"春秋＋数字，僧夏＋数字"似已成为记录僧人生卒年的标准格式（当然也有个别例外，如《祖堂集》卷五记道吾和尚"打钟三下便告寂，春秋六十七"），相关例子比比皆是，例如，卷八曹山和尚"春秋六十二，僧夏三十七，敕谥元证大师矣"；卷九落浦和尚"师光化二年戊午岁十二月二日迁化。春秋六十五，僧夏四十六矣"；卷六投子和尚"师于甲戌岁四月六日跏趺端坐，俄然顺化。春秋九十六，僧夏七十六矣"；卷七夹山和尚"师便示化矣。春秋七十七，僧夏五十七"；卷七南泉和尚"师大和八年甲寅岁十二月二十五日迁化。春秋八十七，僧夏五十九矣"；卷四石头和尚"师唐贞元六年庚午岁十二月六日终，春秋九十一，僧夏六十三。僖宗皇帝谥号无际大师、见相之塔"。

王维主要生活在唐玄宗时期，与《续高僧传》的作者道宣时代相近，可能以相同方式记载僧人年岁，即使用"春秋＋数字，凡＋数字＋夏"（"春秋五十二，凡三十二夏"）的方式，而不是后世的标准格式"春秋＋数字，僧夏＋数字"。

因此，假如将"春秋五十二夏"理解为指道光禅师出家为僧计五十二年，而不是指他终年五十二岁，① 那么对道光禅师生年的估计将出现较大的误差。②

　　道光禅师入寂于开元二十七年（739）五月，如按"春秋五十二，凡三十二夏"计算，虚算一年，道光应该出生于 688 年，即武则天垂拱四年，于唐中宗神龙三年（707）出家为僧，此时道光 19 岁。李荣是道光的季父，主要活动在唐高宗朝，其一生最早有明确年代可考的事迹是显庆三年（658）四月，李荣与大慈恩寺僧人慧立辩论"道生万物"义。此时的李荣应该已在成熟年龄。如果以 25 岁至 30 岁的折中年龄计算，李荣大约出生于 623 年至 628 年期间，长道光禅师 60 岁至 65 岁。道光的父亲是李荣兄长，自然年长于李荣，这样的话，叔侄或父子年龄似乎相差过大，但并不是不可能的。照此推理，垂拱年间李荣尚在人世，则李荣享年 57 岁至 65 岁。如果李荣显庆三年（658）的年龄在 20 岁至 25 岁之间，则李荣长道光 50 岁至 55 岁，李荣出生于 633 年至 638 年期间，那么李荣至少享年 47 岁至 55 岁，这都在合理范围之内。不过我们还可以假设李荣显庆三年时已经在 35 岁以上，这样的话，他与道光年龄差距就在 65 岁以上，可能性略小。

　　综上所述，以道光禅师的年龄为参照，我们可以将李荣的出生

---

① 道光碑铭文中提到"禅师幼孤，在诸儿，其神独不偶。家颇苦乏绝，去诣乡校"。唐代已在乡村广泛设置乡校，乡校学童年龄参差不齐，有七八岁的学童，也有十七八岁的少年。《唐故处士王君之碣》说上党黎城人王讳"七岁能自致于乡校，乃心专经，笃意儒"。卢藏用《陈氏别传》记载，陈子昂十七八岁后才入乡校读书："子昂……始以豪家子，驰侠使气，至年十七八未知书。尝从博徒入乡学，慨然立志，因谢绝门客，专精坟典。"碑铭文说道光"幼孤"，根据上下文逻辑，不能理解为道光幼时即入乡校，但是道光入乡校时最大不超过十八岁是没有问题的。

② 强昱根据铭文道光"幼孤"和"去诣乡校"、"誓苦行求佛道"等记载，推测"道光出家当在十五岁至二十岁间，即高宗仪凤元年或二年，道光当出生于高宗显庆年间"，而李荣为道光禅师季父，当"长道光十岁显然无疑"，由此推测出李荣的出生年。但若以年长十岁推算，李荣入京时年龄过小，与应诏之事不合。李荣的《道德真经注》作于唐高宗朝，确切地说是作于乾封元年（666）之前，若据此推论，李荣当出生于唐高祖武德末年至唐太宗贞观初年。李荣的卒年尚无法推测，武则天朝李荣还活着，但是到唐肃宗时期还活着的可能性不大。

年大致确定在唐高祖末年至唐太宗早期。① 假如他进京时已 30 岁，那么他就出生于贞观二年（628）。成玄英在贞观五年（631）受诏入京，那么成玄英和李荣应为两代人。根据佛教方面的记载，唐高宗朝的佛道论辩，李荣常常作为道教一方的领袖人物出现，而这时的成玄英正处于流放状态，或已辞世。

唐朝历代皇帝中，以唐高宗最热衷以朝廷的名义组织三教讲论，以至于三教论辩在后来逐步形式化和戏谑化。但是，不可否认的是，唐朝佛道论辩的高潮发生在唐高宗时期，而李荣恰逢其时，多次以道门之秀的身份参与其中，成为他人生中难得的经历。显庆五年（660）八月，唐高宗又一次在长安洛阳宫中举行以《老子化胡经》为主题的佛道大论辩，李荣在这次论辩中不敌僧人静泰，败落后失宠，被贬回老家蜀地梓州。据《集古今佛道论衡》记载，李荣"形色摧恶，声誉顿折。道士之望，唯指于荣，既其对论失言，举宗落采"。但是次年即龙朔元年（661），李荣复受诏，随高宗巡洛阳。龙朔三年五月，李荣再度奉诏入京，并于六月二十日奉命与佛教徒论义于蓬莱殿。此次李荣的对手是僧人灵辩，李荣先发论，以道教经典《升玄经》之"道玄不可以言象诠"立义，以佛教中观思想答辩，谓"玄道实绝言，假言以诠玄。玄道或有说，玄道或无说，微妙至道中，无说无不说"等。假如如前所述，以 628 年为李荣出生年，此时参与论辩的李荣大约 35 岁，在壮年之时。到唐高宗总章年间时，李荣还住长安的东明观，仍有声望，此时李荣年龄当在 40 岁至50 岁之间。这之后李荣行踪成谜。如果我们以垂拱三年（687）为李荣生年之下限，则李荣享年应在 70 岁左右。

二、李荣与佛教的论辩

李荣一生的主要事迹，即是上述由佛教典籍《集古今佛道论衡》、《续高僧传》等记载的三教论辩活动。六朝至唐初，三教论辩

---

① 黄海德推测李荣约生于隋末大业间，于武则天朝去世。参见黄海德：《李荣〈老子注〉重玄思想初探》，《宗教学研究》1988 年 Z1 期。

从未停息，至唐初随着李唐尊柱下为其先祖，三教之争渐趋白热化，三教讲论活动也逐步成为朝廷例程。成玄英和李荣先后活跃于唐高宗至唐玄宗时期，此时正是释道二教水火不相容之际。《集古今佛道论衡》的编纂者释道宣在记录僧人护法护教功业时，也让我们有机会看到这一时期参与佛道论衡的十一位道士的部分事迹，即刘进喜、李仲卿、成玄英、李荣、蔡子晃、黄赜、潘诞、张惠元、姚义玄、方惠长。该书前三卷均为集纂前朝史事，但第四卷丁卷撰作于唐高宗麟德元年（664），为释道宣亲身经历，专记唐高宗时期重要的佛道论辩活动，值得重视。李荣在京期间，参与多次佛道论辩，这些论辩主题各有不同，其中有不少关涉《道德经》经文的具体解释和老子的身份问题，比如道法自然问题、《老子化胡经》的真伪问题等。

众所周知，佛道论辩往往是僧人和道士之间的理论交锋，双方都能从思想碰撞中获益，而道教似乎受益更多。参与论辩的道士，上列十一名有名有姓的道士中，几乎都是当时道门翘楚，蔡子晃、成玄英和李荣尤为突出。如果我们将李荣在佛道辩中涉及《道德经》的内容与李荣的《道德真经注》结合起来考查，或许有助于我们更好地理解李荣的思想。

《集古今佛道论衡》记载的几次有李荣参与的佛道论辩，涉及的道教主题主要有：道生万物、六洞名数、本际义、道法自然、《老子化胡经》以及《道德经》经文"天下大患莫若有身，使我无身，吾何患也"等，详情如下。

《集古今佛道论衡》丁卷第一篇题为"今上召佛道二宗入内详述名理事第一"，记载的是高宗"显庆三年四月下敕追僧道士各七人入内论义"事，大致情况如下："时会隐法师竖五蕴义，神泰法师立九断知义；道士黄颐、李荣、黄寿等次第论义，并以莫识名体，茫如梦海，虽事往返，牢落无归。次下敕，遣道士竖义，李荣立'道生万物'义"。

《集古今佛道论衡》丁卷第二篇题为"上以西明寺成功德圆满佛僧创入荣泰所期又召僧道士入内殿躬御论场观其义理事第二"，记载唐高宗显庆二年（657）皇家寺庙西明寺建成后，高宗首次入寺召集僧道辩论的经过。高宗入西明寺后，"寻即下敕，追僧道士各七人入，上幸百福殿。内官引僧在东，道士在西，俱时上殿。帝曰：'佛道二教同归一善，然则梵境虚寂，为于无为。玄门深奥，德于不德。师等栖诚碧落，学照古今，志契宝坊，业光空有，可共谈名理，以相启沃。'"这次由曾被玄奘罗致译经的慧立法师代表僧徒奉对，中途有会隐加入协助。道宣称慧立"自强不息，通镜今古，一坐北荒二十余载，声荣藉甚，曜逸京皋。慈恩译经，通访岩穴，以文辩腾誉，致此征延"。道教一方的代表是清都观①道士张惠元和李荣。争得先开题的机会后，会隐法师先竖"四无畏义"，道士七人"各陈论难"。具体情况因《集古今佛道论衡》以"无足叙之，事在别传"敷衍过去，不得其详。

第二轮是道士李荣"开六洞义，拟佛法六通为言，立升论席"。僧人先问李荣"六洞名数"，李荣答毕，释征云："夫言洞者，岂不于物通达无拟义耶？"李荣答云："是。"僧继续问："若使于物通达无拥名洞，未委老君于物得洞以不？"李荣答云："是，老君上圣，何得非洞？"征曰："若使老君于物通洞者，何故道经云，'天下大患莫若有身，使我无身，吾何患也？'据此则老君于身尚碍，何能洞于万物？"之后双方反复诘问，但无实质内容，结果不过是"主上解颐大笑"而已。

《集古今佛道论衡》丁卷所记第三件事是"帝以冬旱内立斋祀召佛道二宗论议事第三"，记载的是高宗显庆三年（658）冬，"敕召大慈恩寺沙门义褒，东明观道士张惠元等入内"，"时道士李荣先升高座，立本际义"。这次辩论涉及的道教义理是本际义及道法自然义。僧人一方首先问难的是大慈恩寺沙门义褒，其难云："道本于际，际为道本，亦可际本于道。道为际元？"答云："何往不通。"并曰："若使道将本际互得相通，返亦可，自然与道互得相法。"答曰："道

---

① 据《类编长安志》卷五记载，清都观"在咸宁县东永乐坊，隋开皇七年道士孙昂为文帝所重，常自问道，特为立观。本在永兴坊，武德初徙于此地，本隋宝胜寺"。

法自然，自然不法道。"又并曰："若使道法于自然，自然不法道，亦可道本于本际，本际不本道。"于是道士著难，恐坠厥宗，但存缄默，不能加报。褒即覆结难云："汝道本于本际，遂得道际互相本。亦可道法于自然，何为道自不得互相法？"当李荣试图圆场时，义褒却强调"对圣言论"，要"申明邪正"，李荣怎么回答的不得而知。

《集古今佛道论衡》丁卷记载的第五件事是"今上在东都有洛邑僧静泰敕对道士李荣叙道事第五"，记"显庆五年八月十八日，敕召僧静泰、道士李荣在洛宫中。帝问僧曰：《老子化胡经》述化胡事，其事如何？可备详其由绪。"这次辩论，道教一方的代表仍然是李荣。静泰先奏言，力斥《老子化胡经》为道士王浮伪造，只承认《老》、《庄》二书是道教经典。论辩中静泰多次指责道士偷窃"僧言"、"梵语"、"佛经"，如李荣奏云："老释二教并是圣言，非荣、静泰即能陈述。"静泰接着奏言："荣自不能，泰即能矣。"李荣重云："荣据《道劫经》云'道生于佛'，佛还小道，化胡之事断亦不虚。"静泰接着奏言："道士语称'檀越'，已窃僧言。经引'劫'文，还偷梵语。蹶角受化，尚戴黄巾。既渐佛风，不披缁服。食我桑葚，不见好音。人之无良，胡不遄死。'劫'是梵语，岂是道言？边境有人，其名窃矣。"静泰指责李荣偷窃，李荣以佛道不二对答。后面的继续辩论渐渐走向戏谑。这次论辩的结果，似乎李荣明显居于下风，龙颜不悦。"明日，帝令给事王君德责李荣曰：'汝比共长安僧等论激，连环不绝，何意共僧静泰论义，四度无答？李荣事急，报云：'若不如此，恐陛下不乐。'"道宣认为这次论辩足见李荣名不副实，"恃其管见，亲预微延，屡遭勃敌，仍参胜席"。

《集古今佛道论衡》丁卷"大慈恩寺沙门灵辩与道士对论第六"记"（龙朔）三年四月十四日于蓬莱宫月陂北亭与道士姚义玄等五人、西明寺僧子立等四人讲论"。这次论辩内容比之前的几次都要丰富，涉及道教义理中的一些重要问题，比如何为道、象与物、道生万物、道体等问题。道宣笔下的灵辩对李荣及道士极尽嘲讽，此不详述。

以上记载均来自佛教典籍，并不完整，也并不完全可信，编纂者释道宣具有强烈的宗教偏见也是众所周知的，不过这些记载多少反映了当时佛道辩论的概况以及李荣遭遇的思想交锋。

三、李荣《道德真经注》概况

李荣的著述，见于记载的有《道德真经注》（《老子注》）、《道德经集注》、《庄子注》和《西升经注》等，除《道德真经注》的《道经》部分有残卷保存在正统《道藏》中外，其他均已不存。李荣的《老子》注似乎有两种，一为注，一为集注①。唐宋以来多有著录，如《旧唐书·经籍志》说"《老子道德经集解》四卷，任真子注"；《新唐书·艺文志》说"任真子《集解》二卷"；杜光庭《道德真经广圣义》中说"任真子李荣，《注》上下二卷"。另外，《宋史·艺文志》说"李荣《道德经注》二卷"；宋尤袤《遂初堂书目》说"李荣注《老子》"；宋人高似孙《子略》卷二的"《老子》注"中，也有"《任真子集注》"，并注"李荣，道士"。以上各书记载的书名和卷数大同小异，有注，也有集注。

李荣《道德真经注》现存两种残本，一为正统《道藏》洞神部玉诀类所收，存李荣自序及《道经》三十六章注四卷内容，自序以"道士臣荣言"开篇。在第一卷（正文）卷名和署名"天元观道士李荣注"后，有"道经"二字，下接《老子》各章经、注文，注文比经文低一格，经、注文均不分章。缺三十七章"道常无为而无不为"章经、注文。在第四卷卷末，即第《老子》三十六章注文结尾"民可使由之不可使知之是知执权智道不易其人"后，低一格有"后文元阙"四字，可见李荣《道德真经注》的《德经》部分至少在正统

---

① 李荣究竟有没有集注《老子》，学界有争议。根据历代著录和称引，似乎确实有两种，一为李荣创作的《老子注》，一为汇集众人注解的《集解》。但是从史籍称引来看，并没有任何一种明确表示引文出自李荣《集解》。唐宋时期出现了不少《老子》集注本，有些早已亡佚，有些无明确作者，有些是误题，蒙文通曾根据引文内容认为正统《道藏》原题吴郡征士顾欢的《道德真经集注》就是两唐志著录的李荣的《老子道德经集解》。

《道藏》修成前已经亡佚。

二为敦煌残抄本。敦煌抄本中李荣《老子注》共有六件，即 P.2594、P.2864、P.3237、P.2577、P.3237、S.2060，具体情况如下：

P.2594 有通行本第三十九章到第四十二章的注文。

P.2864 有第四十二章到第五十三章章首的注文。

S.2060 有第五十三章中段到第六十一章中段的注文。

P.3237 有第六十一章中段到第六十七章的注文。

P.2577 有第六十七章末尾到第七十六章中段的注文。

P.3237 有第七十六章中段到第八十一章注文，最末尾有《道经》第三十七章的注文。

《德经》首章第三十八章注文所阙部分，由强思齐《道德真经玄德纂疏》所引佚文补足。①

S.2060 之外的五个卷子，早在 20 世纪 30 年代已有日本学者小岛祐马缀合和著录。王重民和向达两位先生也分别远游巴黎和伦敦，遍查两国所藏敦煌文献，王重民于 1957 年编成《敦煌古籍叙录》出版。在该书卷四"子部下"中，收入题名《老子道德经注》的法藏敦煌抄本残卷五种，题名"李荣撰"。王重民声明这一结论首先来自日本学者的研究："此注为李荣所撰，日人小岛祐马氏已先我证明。"他还从抄本用字、纸色、笔记等方面论证该本的抄写时间是在唐高宗时期。②《敦煌古迹叙录》出版较早，收录的敦煌抄本《老子》数

---

① 参见中岛隆藏：《从现存唐代〈道德经〉诸注看唐代老学思想的演变》，《宗教学研究》1992 年第 Z1 期。李荣《老子注》注文的辑佚过程，蒙文通在《辑校〈老子李荣注〉序录》（见《辑校道书十种》，第 553—561 页）中有详细论述。黄海德通过考察敦煌道经写卷和检核《道藏》典籍，认为伦敦收存的 S.2060 写卷应该是李荣的《老子注》。该残卷存《老子》经文第五十三章至第六十一章，下有双行注。王重民《敦煌古籍叙录》著录了巴黎收藏的多个《老子》写卷，其中有五个写卷被认为是李荣《老子注》的下篇《德经》部分的内容，"惜第五十三章以后，六十一章以前未见，《德经》未能复获全书"。参见黄海德：《伦敦不列颠博物院藏敦煌 S.二〇六〇写卷研究》，《四川师范大学学报》1992 年第 3 期。

② 王重民自注该文的写作时间是"一九三七年八月七日"。

量不多，仅有六种，除了中日学者均一致确定为李荣所著的《老子道德经注》外，主要的《道德经》注疏还有后来被确定为成玄英所著《老子道德经义疏》（《老子道德经开题序诀义疏》）、唐明皇所著《道德真经疏》、佚名《想尔注》。李荣《道德真经注》六个敦煌卷子的最终缀合出于英国汉学家翟理斯之手，1957 年他在自己的著述中首次指出 S. 2060 与其他五个卷子为同一写卷，应该是 P. 2864 和 P. 3237 中间断裂的卷子。①

这两种残本经、注文均误夺严重。另外，唐宋《道德经》集注本如强思齐纂集的《道德真经玄德纂疏》中也有大量注明"荣曰"的引文。这些文献可以相互比照对勘。正统《道藏》阙李荣注第三十七章，而 P. 3237 抄本（内容为第七十六章中段到第八十一章注文）的最末尾，恰好抄写的是《道经》第三十七章的注文。从这一巧合来看，李荣注本使用的《道德经》底本可能是六朝道教灵宝系按上经三十六章、下经四十五章分篇的《道德经》。②

李荣《老子注》的辑佚工作主要是由蒙文通完成的。在辑校成玄英《老子道德经开题序诀义疏》时，他发现唐宋《道德经》集注本凡引成疏处，并皆引李荣注，遂一并辑校而成李荣《道德经注》。辑本既成，再将辑本《道经》部分与《道藏》残本相比对，完成了《道经》的辑校工作。王重民《敦煌古籍叙录》初版时，蒙文通辑校李荣《道德经注》的工作已经完成，但尚未正式刊出。王重民后来选录了蒙文通先期发表在 1948 年 6 月出版的《图书集刊》第八期中的《辑校老子李荣注跋》，以补其说所未备。蒙文通在辑校李荣注文的过程中还有一个发现，即成、李二注"殆一系之传，固不相远，

---

① 敦煌抄本李荣《老子注》的缀合、著录和研究情况详情，可参见朱大星：《敦煌写卷李荣〈老子注〉及相关问题》，见张涌泉，陈浩主编：《浙江与敦煌学——常书鸿先生诞辰一百周年纪念文集》，浙江古籍出版社 2004 年版，第 371—384 页。

② 《道藏》本李荣《道德经注》残本仅分卷，未分章。整理本一般按通行本分别章次，但是尽量尊重李荣本原貌，为上经三十六章，下经四十四章。例如大型丛书《中华道藏》和《老子集成》收入的李荣《道德经注》整理本（周国林点校，王卡复校）都将第三十七章置于第八十章之后，但章次仍标"三十八章"。

亦更足验前定成《经》，尚无大失。而正统本《李注》经文，每与注违，则为后之朴野羽流妄依他本改易者"①，因此也同时对李注经文进行了校正。

由于敦煌卷子被斯坦英、伯希和等人带到了欧洲，20世纪二三十年代已经成为国际学术界关注的焦点，中英法日等国学者都有大量成果问世。在翟理斯、小岛祐马等学者专心于敦煌《道德经》抄本时，蒙文通也在稍后充分利用了这批新出文献。他在利用传世文献完成李荣《道德真经注》辑本后，再将辑本与巴黎所藏敦煌抄本中当时未署名的《老子注》残抄本相比对，发现有几种实为李荣注《老》之《德经》部分的残文，同时在敦煌抄本中还发现了辑本中所阙《道经》第三十七章的注文。之后，蒙文通又得到北平图书馆所藏李荣注《德经》的前半部，使《德经》部分更为完善，"窃怪正统、敦煌所存，一为《道经》，一为《德经》；巴黎、北平所寄，一为《德经》前卷，一为《德经》后卷，事之巧合，乃至于此；正统所阙《上经》一章，敦煌于《下经》之末补出之，宇宙间之诡奇，竟有如是者，非鬼物呵护，曷克臻此"②。

敦煌本不仅使李荣注得以复原，而且可以与其他集注本互证。这里举一例说明。《道藏》本强思齐《道德真经玄德纂疏》抄录诸家注疏，比如第六十章"治大国，若烹小鲜"，强思齐引"御疏：烹，煮也。小鲜，小鱼也。烹小鱼者不可挠，挠则鱼溃。喻理大国者不可烦，烦则人乱。皆须用道，所以成功尔"。又此章"以道莅天下，其鬼不神"经文下，引"荣曰：治国烦则下乱，修身烦则精散。以道莅天下，其鬼不神。以，用也。莅，临也，人神处幽为鬼神者，灵效之谓。夫人有求则神应。今若上德之化，人自安任，岂惟上忘帝力，亦不傍请鬼神，故处幽之鬼，无以效其明灵也"③。这段文字错漏明显，不仅在注文中混入经文"以道莅天下，其鬼不神"，而且

① 蒙文通：《辑校李荣〈道德经注〉》，见《道书辑校十种》，第555页。
② 蒙文通：《辑校李荣〈道德经注〉》，见《道书辑校十种》，第554页。
③ 参见强思齐：《道德真经玄德纂疏》，见《老子集成》第二卷，第464—465页。

文中"以，用也"以下的注文，全部出自唐玄宗《御疏》。大概纂集者将《御疏》经文和疏文一股脑儿抄录过来了，且忘记在《御疏》引文前标注"御疏"二字，使读者误以为"荣曰"后的文字全部出自李荣。敦煌抄本"治大国，若烹小鲜"下的注文写作："鲜，鱼也。烹鲜不挠，挠则鱼烂。故曰理国烦则下乱，修身烦则精散也。"可见李荣和唐玄宗对"治大国，若烹小鲜"的注解相近。强疏所引"荣曰"，仅"治国烦则下乱，修身烦则精散"十六字是准确的。假如没有敦煌抄本对照，即便强疏中有多处声称"荣曰"，也很难弄清楚李荣《老子注》的《德经》部分究竟有哪些内容。

李荣《道德真经注》的《道藏》残本外在形式与成玄英《老疏》不同，也和《老子河上公章句》、王弼《老子注》的形式有异。河、王、成三书都是分章施解，李荣注不分章，且经、注文连书。敦煌抄本 P.3247 将通行本第三十七章经文和注语抄写在第八十一章之后，证明李荣注所据底本为《道经》三十六章、《德经》四十五章的灵宝系《道德经》。而据敦煌卷子 S.4681v 与 P.2639 两件抄本缀合的《老子河上公章句》同样是《道经》三十六章、《德经》四十五章。这说明唐代的《老子》注本，除了存在《道经》三十七章、《德经》四十四章这种通行的分章方式外，还有《道经》三十六章、《德经》四十五章（将《道经》第三十七章移到《德经》第八十一章后）的较为特殊的分章形式。对此，王卡是这样解释的：

> 据南宋谢守灏《混元圣记》卷三称："《老子》有八十一章，共云象太阳之极数。道经在上以法天，天数奇，故有三十七章；德经在下以法地，地数偶，故有四十四章。而葛洪等不能改此本章，遂减道经'常无为'一章，继德经之末。乃曰天以四时成，故上经四九三十六章；地以五行成，故下经五九四十五章，通上下经以应九九之数。"今考敦煌 S.4681v＋P.2639 抄本，当即"葛洪本"。[1]

---

[1]　王卡：《敦煌道教文献研究》，第 169 页。

《老子》葛洪本在唐代的传播，对了解道教老学在魏晋隋唐的发展是有意义的。关于敦煌本李荣《老子注》的价值，王卡指出："敦煌本李荣注《德经》几近完足，甚可珍贵。唯卷首尚缺38章及39章部分文字，可据《道藏》所收强思齐《道德真经玄德纂疏》引文补足。"[1] 通过蒙文通、王卡等学者的校理和补充，李荣《老子注》残本终成完璧。

李荣在《道德真经注序》里回顾前人注《老》概况时说：

> 是以往之贤俊争探深隐。魏晋英儒滞玄通于有无之际，齐梁道士违惩劝于非迹之域。雷同者望之而雾委，唯事谈空；迷方者仰之以云蒸，确乎执有。或复但为上机，则略而不备；苟存小识，则繁而未简。遂使此经一部，注有百家，薰犹乱馨于仙风，泾渭混流于慧海。佐时导俗，时有辟于玄关；彻有洞空，乍未开于虚钥。[2]

足见李荣对过去的《道德经》诠释包括成玄英的疏解都不甚满意，这种不满意，部分来自观念上的根本分歧，部分是由强烈的现实关怀所引发。李荣不满意魏晋士人的玄谈，认为他们执着于崇有贵无，使道之玄通大义滞而不通。他也反对齐梁道士以非迹之说消解道的惩戒功能，更反对注家对待此经或略而不备或繁琐不堪的两极态度。他认为这些人的《道德经》探究既不能有益于长生成仙的宗教追求，也未能发挥《道德经》"佐时导俗"的妙用。在呈给唐高宗的表文中，此意表述得十分明确：

> 谨案经文，"是以圣人治，处无为之事，行不言之教"。又云："圣人治，虚其心，实其腹"。前后灵证，有若合符。今古师资，不详幽旨，当由皇灵未睹圣德凝寂。今天启之心，昭然

---

① 王卡：《敦煌道教文献研究》，第175页。
② 李荣：《道德真经注》，见《老子集成》第一卷，第349页。

显著，实所谓兆太平之玄化，发挥百代之前；勒无为之至功，
摘祥千载之后。岂止河图录籍，空传汉后之名；昌户丹书，才
表姬文之字……①

所引《道德经》两段文字，前者强调圣人之治要遵循"无为"原则，
后者强调"圣人"实施无为的"虚心"、"实腹"途径。两者关系紧
密，"前后灵证，有若合符"，君主无为则能治国，亦能虚心实腹，
身治而国治。李荣批判前人"不详幽旨"不免夸大其词，不过这正
好说明了他撰写《道德真经注》的明确目标。《道德真经注》就是紧
紧围绕"佐时导俗"这个主题，利用当时道教内部流行的重玄思维
方法，尽力详其幽隐。值得注意的是，李荣虽然是一名道士，但是
《道德真经注》的核心内容却并不是道教的宗教修炼，而是劝诫君主
如何以无为和虚心治国理政。正如他在上表中所言，他寄希望于唐
高宗以"天启之心"，利用"昭然显著"之时机，实现"兆太平之玄
化"、"勒无为之至功"的天下大治理想。

　　蒙文通认为强思齐的《道德真经玄德纂疏》偏重摘引成、李之
注疏，是因为成、李"二家说，最为相近，文亦每同，盖李之为说，
亦多六朝旧训入己注中，亦成公法也"②。这可能只说出了一半，成、
李义说相近是实，其实相异也不少。成玄英《老疏》基本上不谈治
国治天下，李荣则念念不忘为君主提供根本性的治国治天下之道；
成玄英《老疏》纯粹以道教修身为说，极富宗教性；李荣的《道德
真经注》则力图回到君主如何治国理政上来，宗教性单薄。李荣书
前以奉表代序言，自道"漱清流而心非止水"，体现了他身处山林而
心不忘庙堂的抱负。可以说，李荣注的主要目标是阐发《道德经》
蕴含的佐时导俗幽旨。

---

① 李荣：《道德真经注》，见《老子集成》第一卷，第348—349页。
② 蒙文通：《校理老子成玄英疏叙录（节录）》，见《古学甄微》，第347页。

第二节　对"道法自然"的诠释

一、三教讲论中的"道法自然"问题

高宗显庆和龙朔年间，李荣等道士参与的佛道论辩论题中，与《道德经》有关的重要主题是"道法自然"和"道生万物"。当然这两个问题早在李荣之前就已经是佛道之间辩论的主题之一，成玄英等人的《老》、《庄》注解也论及这些问题。我们之所以要放在李荣这一节讨论，是因为史籍明确记载李荣参与了这些问题的辩论。我们可以结合李荣的《道德真经注》，来看李荣是如何思考这些问题的。

早在唐初武德和贞观年间的佛道之争中，李荣的前辈李仲卿等人就已在佛道论衡中遭遇此类问题。以武德八年（625）发生的事件最有代表性，当时僧人慧乘奉命与李仲卿论辩，主题就是《老子》的"道法自然"，这次辩论以慧乘先向李仲卿发难而揭开序幕，具体过程见于道宣的《集古今佛道论衡》。为了理解的方便，按对话格式录文如下：

> （慧乘）先问道（刘仲卿）云："先生广位道宗，高迈宇宙，向释《道德》云：上卷明道，下卷明德。未知此道更有大此道者，为更无大于道者？"
>
> 答曰："天上天下，唯道至极、最大，更无大于道者。"
>
> 难曰："道是至极、最大，更无大于道者，亦可道是至极之法，更无法于道者。"
>
> 答曰："道是至极之法，更无法于道者。"
>
> 难曰："《老经》自云，人法地，地法天，天法道，道法自然。何意自违本宗，乃云更无法于道者？若道是至极之法，遂更有法于道者，何意道法最大？不得更有大于道者？"

答曰："道只是自然，自然即是道，所以更无别法能法于道者。"

难曰："道法自然，自然即是道，亦得自然还法道不？"

答曰："道法自然，自然不法道。"

难曰："道法自然，自然不法道，亦可道法自然，自然不即道。"

答曰："道法自然，自然即是道，所以不相法。"

难曰："道法自然，自然即是道，亦可地法于天，天即是地。然地法于天，天不即地，故知道法自然，自然不即道。若自然即是道，天应即是地。"

《老子》第二十五章经文"人法地，地法天，天法道，道法自然"，这句话在字面上表明人、地、天、道、自然五者存在着逻辑递进关系。前三句比较容易理解，但第四句"道法自然"容易产生歧义。在《老子》阐述的五个对象中，人、地、天是可见的物质性存在，道和自然是抽象的存在。我们知道，《老子》的"自然"是自己如此、自然而然的意思。《老子》第十七章："功成事遂，百姓皆谓我自然。"自然而然，日用不知。《说文》释"法"为"刑"，引申为模范、效法、效仿等义。如果人、地、天、道这四者之间存在逻辑递进关系，那么，道与自然也应该存在同样的逻辑递进关系。可是《老子》又将"道"称为"大道"或"道大"，如"大道废，有仁义"，"大道泛兮，其可左右"，"行于大道"，"大道甚夷"，"天下皆谓我道大"，不曾说"自然"为大，甚至在同一章里先说"道大，天大，地大"，似乎"道"才是最大的，这个最大的"大道"是作为万物的本源存在的，如"渊兮似万物之宗"、"可以为天下母"、"道者万物之奥"等表述，这就必然和"道法自然"中表达的"道"有所效法于"自然"的逻辑相矛盾。佛教徒正是抓住了这一字面上显而易见的矛盾，在二教论辩中频频发动攻击，让道士措手不及。

这次辩论，理论意义并不大。慧乘立义，目标明确，就是为了快速挫败道士。他使用佛教擅长的逻辑推理方法，先诱导李仲卿肯定"道"为最大，再追问"道法自然"的逻辑递进关系。如果李仲卿肯定"道"为最大，就会落入"道"仍需效法"自然"的自相矛盾之中，败局一开始就已注定。面对慧乘咄咄逼人的追问，李仲卿反复回答"道"只是"自然"，"自然"即是"道"，"道"和"自然"并不相法。慧乘顺着李仲卿的回答，再采取反问的方式难倒李仲卿：既然"道法自然，自然即是道"，那么言下之意，"法"的意思就不是效仿、效法之意，而是"是"之意，那么"地法天"也就可以理解为"天即是地"了。反过来，如果李仲卿反对慧乘"天即是地"的逻辑结论，那么"道法自然"也就不能理解为"自然即是道"，这是简单的逻辑推理，李仲卿因此陷入左右为难、无法自圆其说的尴尬境地。

二、汉唐注家对"道法自然"的注解

如上所述，按字面意思理解，《老子》经文似乎存在矛盾，那么道士如果要解决这个问题，关键在于如何解释"道法自然"的"法"。慧乘的质疑，就是照字面意思理解《老子》经文。这个问题至迟在汉代的《老子河上公章句》中已经体现出来，注者意识到只有不照着字面意思解释"道法自然"，才能避免与《老子》的整体道论产生冲突。所以《老子河上公章句》虽然将"人法地"解释为"人当法地，安静和柔也"，但是"地法天，天法道"的"法"，《老子河上公章句》没有出注，只陈述了天和道之德："天湛泊不动，施之不求报，生长万物，无所收取也。道法清净不言，阴行精气，万物自然生长。"[1] 并且将"道法自然"解释为"道性自然，无所法也"[2]，成功避免了上述冲突。尽管这个注解并不怎么合乎原文逻辑，但是"道性自然，无所法也"的解释却广为六朝隋唐注家所继承，无论是敦煌残抄本拟南朝梁道士宋文明《道德义渊》、魏征《老子治要》、成玄英《老子注》等注《老》者，还是成玄英以后的唐代注家，在注解"道法自然"时，几乎都引用了《老子河上公章句》"道

---

① 河上公：《道德真经注》，见《老子集成》第一卷，第150页。
② 河上公：《道德真经注》，见《老子集成》第一卷，第149页。

性自然，无所法"作为论据或别解。如敦煌残抄本拟宋文明《道德义渊》注："经云：道法自然。河上公云：道性自然，无所法也。经又云：以辅万物之自然。物之自然，即物之道性也。"① 魏征《老子治要》说："道性自然，无所法也。"② 成玄英认为"法自然"是指"（王）法自然之妙理，所谓重玄之域也"，自然与道是本迹关系，"法"就是"以本收迹"，就是"体绝修学"。他引用的"又解：道性自然，更无所法"即出自《老子河上公章句》。③

除了《老子河上公章句》，《想尔注》也不抠字眼，只有一段注语："自然者，与道同号异体，令更相法，皆共法道也。天地广大，常法道以生，况人可不敬道乎?"④ 将道和自然看作是同号异体，但又说道和自然相法，在逻辑上是不能自洽的。王弼释法为"法则"，并且从否定面释"法"为"不违"，"道法自然"就是"道不违自然"，他注云："法谓法则也，人不违地，乃得全安，法地也。地不违天，乃得全载，法天也。天不违道，乃得全覆，法道也。道不违自然，乃得其性。法自然者，在方而法方，在圆而法圆，于自然无所违也。"⑤ "道不违自然，乃得其性"，与《老子河上公章句》"道性自然，无所法也"十分接近。王弼还不厌其烦地解释了什么是"道法自然"的"自然"："自然者，无称之言，穷极之辞也。用智不及无知，而形魄不及精象，精象不及无形，有仪不及无仪，故转相法也。道顺自然，天故资焉；天法于道，地故则焉；地法于天，人故象焉。所以为主其一之者，主也。"⑥ 这即是说，道法自然即是顺应自然，不违自然。王弼注文中常见"自然"一词，如"天地任自然"、"任自然之气"、"伤自然"、"归之自然"、"自然之道"等，"任自然"是"顺"自然、不违自然的另一种说法，"自然"就是自己如

---

① 宋文明：《道德义渊》，见《老子集成》第一卷，第 249 页。
② 魏征：《老子治要》，见《老子集成》第一卷，第 275 页。
③ 成玄英：《老子道德经开题序诀义疏》，见《老子集成》第一卷，第 306 页。
④ 《老子道德经想尔注》，见《老子集成》第一卷，第 188 页。
⑤ 王弼：《道德真经注》，见《老子集成》第一卷，第 217 页。
⑥ 王弼：《道德真经注》，见《老子集成》第一卷，第 217 页。

此、无须人为干涉的意思，毫无道效法自然之意。

三、李荣对"道法自然"的理解

道法自然问题，既然遭遇了佛教的诘难，必然引起道教徒的反思。李荣是如何注解"道法自然"的呢？下面是他的注释：

> 夫为人主者，静与阴同德，其义无私，法地也。动与阳同波，其覆公正，法天也。清虚无为，运行不滞，动皆合理，法道也。圣人无欲，非存于有事；虚己，理绝于经营；任物，义归于独化，法自然也。此是法于天地，非天地以相法也。①

李荣明确指出，这段话说的是"法于天地，非天地以相法也"。"法于天地"的主体是什么？李荣将"人法地，地法天，天法道，道法自然"的前三句的主体都释为"人主"，认为这是老子教导人主应该法天地之公正无私，法道之清虚无为。"道法自然"的主体则稍有不同，根据李荣的注文可知，是"圣人"而非"人主"，"道法自然"意味着圣人无欲、虚己、任物，无所施为。其实不管是人主还是圣人，人法地，地法天，天法道，道法自然的主体都只有一个，那就是人，而不是人、地、天和道各为主体，只有这样，才是"法于天地，非天地以相法"。李荣的解释，较好地回应了佛教界对"道法自然"问题的挑战。

值得注意的是，李荣所说"任物"，指万物"独化"，没有主宰者，自己如此。类似的说法还见于第二章注解"生而不有"："付之于独化，日用而不知也。"以及注解"万物作而不辞"："四民各安其业，万物不失其真，任化自然，无所辞谢。"注解"万物恃之以生而不辞"："物之得生，皆赖大道。道则信之以独化，物则称之于自然。"②

---

① 李荣：《道德真经注》，见《老子集成》第一卷，第362—363页。
② 李荣：《道德真经注》，见《老子集成》第一卷，第351、367页。

众所周知，独化说来自郭象的《庄子注》。仅从字面上来说，"独化"是指世界万物中的每一个个体都是独立存在和发展变化着的，不存在外因，也就是甲生乙、乙生丙这种前后因果关系，这也是个体事物或现象之所以呈现出独一无二特征的根本原因。但是个体为何是"独"一无二的呢？郭象《庄子·大宗师注》说："夫相因之功，莫若独化之至也。"可见独化说其实与相因说密不可分，离开相因说就无法真正理解独化说。郭象说的"相因之功"指的是每一个个体与其他个体相互依存产生的自然而然的结果，对于相因的彼此（不同的"独"）而言，对方就是自己存在的必要条件和根据。所以《大宗师注》又说："故天地万物凡所有者，不可一日而相无也。一物不具，则生者无由得生；一理不至，则天年无缘得终。"但是，独化说虽然以"相因"即事物彼此之间的相互依赖为前提，但在郭象看来，既然彼此不可分离，互为存在的前提，与其说彼是我存在的根据，我是彼存在的根据，不如直接说我自己是我存在的根据，因为说我自己的时候，说的其实也是彼。也就是说，我存在的根据是根源于我自身的，郭象独化论的实质即体现了其相因说。这种关系，郭象用了"唇亡齿寒"来形容，《庄子·秋水注》说："天下莫不相与为彼我，而彼我皆欲自为，斯东西之相反也。然彼我相与为唇齿，唇齿者未尝相为，而唇亡则齿寒。故彼之自为，济我之功弘矣，斯相反而不可以相无者也。"唇齿相依而为彼此，否则不称其为唇或齿，但唇和齿以自为为目的，却产生了"济我之功"。独化说，在郭象那里有很多相关表述，如独化与天、与自然，与无为等概念的关系，《庄子·知北游注》："物之自然，非有使然。"《庄子·山木注》："凡所谓天，皆明不为而自然。言自然则自然矣，人安能故有此自然哉？自然耳，故曰性。"

"体道则百应俱遗，任真则万涂皆适，实亦无逆无顺，不美不恶"[1]，李荣道号"任真子"，不知是否与他特别欣赏"任真"有关。

---

① 李荣：《道德真经注》，见《老子集成》第一卷，第 359 页。

"君上无心于有为，任百姓之自化"①，"质朴无知，任物自化，各事其业，俗乐家安，物我无伤，君臣俱泰，国之德也"②，"不逆物性，任之自然，斯大顺也"③。从李荣"自化"的思想，可看出其与郭象独化论的关联。再看以下各注：

> 是故布气施化，贷生于万有，为而不恃，付之于自然。④
>
> 天道者，自然之理。不假筌蹄得鱼兔，无劳言教悟至理，此不窥牖见天道。⑤
>
> 悟自然者，混之于和同。⑥
>
> 归无为之大道，保自然之无累。⑦
>
> 物之性也，本乎自然，欲者以染爱累真，学者以分别妨道，遂使真一之源不显，至道之性难明，不入于无为，但归于败失。圣人显自然之本性，辅万物以保真，不敢行于有为，导之以归虚静也。⑧

道以自然为性，这是从《老子河上公章句》以来的普遍性诠释，李荣亦然。与《老子河上公章句》以及郭象独化论不同的是，李荣强调了自然的主体是圣人或体道者，例如他说"今圣化既深，神功莫测，日用不知，故言自然"⑨，学道之人"抱自然合道，宁有忧乎"⑩，上德之人"因万物之化，任自然之性"⑪，"圣人同道德之生

① 李荣：《道德真经注》，见《老子集成》第一卷，第 374 页。
② 李荣：《道德真经注》，见《老子集成》第一卷，第 381 页。
③ 李荣：《道德真经注》，见《老子集成》第一卷，第 382 页。
④ 李荣：《道德真经注》，见《老子集成》第一卷，第 371 页。
⑤ 李荣：《道德真经注》，见《老子集成》第一卷，第 373 页。
⑥ 李荣：《道德真经注》，见《老子集成》第一卷，第 380 页。
⑦ 李荣：《道德真经注》，见《老子集成》第一卷，第 380 页。
⑧ 李荣：《道德真经注》，见《老子集成》第一卷，第 381 页。
⑨ 李荣：《道德真经注》，见《老子集成》第一卷，第 358 页。
⑩ 李荣：《道德真经注》，见《老子集成》第一卷，第 359 页。
⑪ 李荣：《道德真经注》，见《老子集成》第一卷，第 358 页。

畜，长黔黎于淳化，养庶类于自然"① 等。

李荣对"道法自然"的解释，对唐玄宗《御注》、《御疏》都有影响。例如《御注》注"人法地……道法自然"说：

> 人谓王也，为生者先当法地安静。既而又当法天，运用生成。既生成已，又当法道，清静无为，令物自化。人君能尔者，即合道法自然之性。②

《御注》的解释和李荣的解说差不多，都认为道以自然为性，人王应该法天、法地、法道，如此则合"道法自然"之性，但它并没有详细解释为何要这样理解。《御疏》针对《御注》"人君能尔者，即合道法自然之性"，疏云：

> 言道之为法自然，非复仿法自然也。若如惑者之难，以道法效于自然，是则域中有五大，非四大也。又引《西升经》云：虚无生自然，自然生道，则以道为虚无之孙，自然之子。妄生先后之义，以定尊卑之目，塞源拔本，倒置何深？且尝试论曰：虚无者，妙本之体，体非有物，故曰虚无。自然者，妙本之性，性非造作，故曰自然。道者，妙本之功用，所谓强名，无非通生，故谓之道。幻体用名，即谓之虚无。自然道尔，寻其所以，即一妙本，复何所相仿法乎？则知惑者之难，不诣夫玄键矣。③

"言道之为法自然，非复仿法自然也"，这就说得非常明白了，"道法自然"不是指"道"去"仿法"自然。《御疏》接着说，"若如惑者之难，以道法效于自然，是则域中有五大，非四大也"，这显然是对质疑者的回应，换句话说，如果理解为"道"去"法效自然"，域中

---

① 李荣：《道德真经注》，见《老子集成》第一卷，第 355 页。
② 唐玄宗：《唐玄宗御注道德真经》，见《老子集成》第一卷，第 427 页。
③ 唐玄宗：《唐玄宗御制道德真经疏》，见《老子集成》第一卷，第 471 页。

就有了五大，与"域中有四大"之说冲突了。《御疏》又引《西升经》"虚无生自然，自然生道"，如果据此认为"道为虚无之孙，自然之子"，那就是"妄生先后之义，以定尊卑之目"，这么做就是塞源拔本，倒置何深！《御疏》并没有顺着《御注》进一步疏解"道法自然"，而是通过疏解《西升经》的"虚无生自然，自然生道"来间接论证《御注》之说，阐明何为"生"。虚无和自然，一为妙本之体，一为妙本之性，二者之间并不存在时间上的先后和等级上的尊卑。道即是妙本，或者道以通生显妙本之功用，但"道"字不过是一个强加的名，自然和虚无究竟不过是一妙本。《御注》开篇就给出定义，"道者，虚极之妙用。名者，物得之所称"①，"名"不仅是"物得之所称"，"名"也是"生于用"的，有一用则有一名。但是"道"之用广大无边，"应用且无方"，所以"道"是无法定于一"名"的，"道"字，它只是一个强加的名。《御注》多用"妙本"来说"道"，认为"无名者，妙本也……有名者，应用也"②，"虚极者，妙本也"③，"道生之"就是"妙本动用降和气"，"妙本湛然常寂"④等。所以，妙本也好，妙用也好，都是在说"道"，《御疏》以"道者，虚极妙本之强名"⑤概括《御注》第一章的宗旨，是非常中肯的。

至于李约《道德真经新注》将"人法地，地法天，天法道，道法自然"断句为"人法地地，法天天，法道道，法自然"，并释为"言地天道三者，皆有自然妙理，王者当法之尔"⑥，不仅句读不通，解说也大乖旧说，但其意与李荣的解释一致，都强调"道法自然"的主体是人，从而有效消解了解读经文"道法自然"时潜在的逻辑矛盾。

---

① 唐玄宗：《唐玄宗御注道德真经》，见《老子集成》第一卷，第417页。
② 唐玄宗：《唐玄宗御注道德真经》，见《老子集成》第一卷，第417页。
③ 唐玄宗：《唐玄宗御注道德真经》，见《老子集成》第一卷，第422页。
④ 唐玄宗：《唐玄宗御注道德真经》，见《老子集成》第一卷，第427页。
⑤ 唐玄宗：《唐玄宗御制道德真经疏》，见《老子集成》第一卷，第451页。
⑥ 李约：《道德真经新注》，见《老子集成》第一卷，第545页。

第三节 道与俗反的价值观

一、道俗之分

"道与俗反"，是道教的宗教信仰，是不言自明的道理，这一思想在道教经典以及历代道教《老子注》中逐步得到强化，首先与《老子》经文本身有关。《老子》以"反者道之动"描述"道"的基本特征，"反"即"返"，有返归、回归之意。又有"归根曰静，静曰复命"以及"吾以观复"等与"反"接近的说法，这些都被后人理解为一种从人类社会的世俗堕落生活向着本来淳朴天真完美的本然状态的回归。当然这些描述也很容易使读者产生联想，以为世俗世界之外，还存在一个可以不断追求乃至超越的不同世界。《道德经》虽然没有明显的宗教超越思想，但它有将"我"与"俗人"、"众人"或"人"对立起来的各种表述，如第二十章"众人熙熙，如享太牢，如春登台……众人皆有余，而我独若遗……俗人昭昭，我独若昏；俗人察察，我独闷闷"等。"我"就如鹤立鸡群一般，与"众人"格格不入，由此而成为学道者的榜样。早在汉代《道德真经指归》中，严遵塑造的"得道之士"，其基本特征之一就是"执道履和，物无不理。不合时俗，与天地友"①，"不合时俗"就是与大多数人的言行背道而驰。

之后，这种观念在道教中逐渐被表述为"道与俗反"，例如在道教早期经典《想尔注》中，《老子》的"我"化身为"仙士"，"众人"被解释为"众俗之人"②，二者白黑分明，"仙士与俗人异"③。

---

① 严遵：《道德真经指归》，见《老子集成》第一卷，第110页。
② 《老子道德经想尔注（敦煌本）》，见《老子集成》第一卷，第185页。
③ 《老子道德经想尔注（敦煌本）》，见《老子集成》第一卷，第185页。

仙士学道，"学道反俗"①。不仅如此，被《想尔注》人格化的可以往来人身中的神秘的"道"，其种种表现也与俗世所闻所见完全不同，比如"道之所言，反俗绝巧，于俗人中甚无味也"②。在可能是顾欢所作的《老子义疏治纲》残卷的敦煌抄本中，第七十七章"天之道，损有余而补不足；人之道则不然，损不足而奉有余"的"人"，被解释为与自然之道和天之道背道而驰的"俗人"，"俗人"所行就是"流俗之道"③，与《老子》奉行的真道（自然之道、天之道）相悖。该残卷又将《老子》第七十八章的"天下莫不知，莫能行"的"天下（之人）"也解释为与《老子》的理想人格"圣人"相反的"俗士"④。顾欢以"意党道教"知名，他的注解多少体现了道教信仰者心目中的道俗之别。在后世道教徒的《老子》注解中，"俗"不仅被看作是"仙"和"圣"的对立面，也是"道"的对立面。

　　以上说明道与俗反的价值观至少在汉魏时期就开始在道经中被反复强调，并在晋唐时期得到进一步强化，至少在《道德经》的注疏传统中，道与俗反的价值观是一脉相承的。例如敦煌残抄本颜师古《玄言新记明老部》在第四十章"反者道之动"的开题中说："此释一空之理与万有之事其旨不同。即是与俗反，所以此章深明反义。"⑤ 在下一章的开题中又说，"（此章）所以次反者道之动，前既明道与俗反"⑥。道教中道与俗反的价值观的形成，与汉唐《老子》注疏有着密切的关系。

　　如果说在成玄英之前的《老子》注疏中，道与俗反的价值观已经形成，那么成玄英《老子注》的一个突出特点是进一步强化了这一观念。在成玄英的《老疏》乃至《庄子疏》中，道与俗几乎处处于对立状态，相关阐述不胜枚举，例如"世俗浮伪之言"与"至

---

① 《老子道德经想尔注》（敦煌本），见《老子集成》第一卷，第186页。

② 《老子道德经想尔注》，见《老子集成》第一卷，第192页。

③ 顾欢：《老子道德经注》，见《老子集成》第一卷，第244页。

④ 顾欢：《老子道德经注》，见《老子集成》第一卷，第245页。

⑤ 颜师古：《玄言新纪明老部》，见《老子集成》第一卷，第271页。

⑥ 颜师古：《玄言新纪明老部》，见《老子集成》第一卷，第271页。

道真实之教"、"俗智分别"与"圣智平等"①等。

道与俗反的一个突出表现,成玄英认为是《老子》第二十五章"吾不知其名,字之曰道,强为之名曰大",老子先说道的字,再说道的名,这与世俗社会"人皆先名后字"不同,"欲表道与俗反也"②,这个就从根本上规定了道与俗反。和汉魏旧注一样,他也将《老子》的"俗人"解释为与圣智对立的"流俗之人"③,流俗之人无论是心智还是言行,都与圣智相反,背道而驰,如"心灵暗昧,昭然分别,自眩其能"④,诸如此类。

成玄英《老疏》深受佛教心性论的影响,他往往从心与境的关系出发解释圣人和俗人的差异,将圣俗的差异归结为心性不同。俗人当然是因为有"俗心",而俗心有很多表现,最典型的表现是"俗心滞有,伺察是非,妄生遮遣"⑤。相反,圣智之人因为心灵"虚通","明如日月,而韬光匿曜",又能与无相冥,"体知虚幻,恒自闲静"⑥。圣人和俗人各有智慧,但俗人由于"滞有",其智慧就只能叫"俗智",也是有分别之心的智慧,不同于圣贤"师资两忘,圣凡一揆"⑦;不仅如此,成玄英把人类社会的政治生活都归结为俗心俗智的运用,凡是出自俗心的"俗人儒教"和"俗学",与"我之法门"⑧都是两两对立的。这种对立体现在很多方面,如"道俗两学,损益不同"⑨,《老子》说的"为学日益"之"为学"是"修营俗学","言修俗学之人锐情分别,故累欲日增也";《老子》的"为道日损"之"为道"是"修道","言修道之士虚夷恬淡,所以智德渐明,累

---

① 成玄英:《老子道德经开题序诀义疏》,见《老子集成》第一卷,第308页。
② 成玄英:《老子道德经开题序诀义疏》,见《老子集成》第一卷,第306页。
③ 成玄英:《老子道德经开题序诀义疏》,见《老子集成》第一卷,第302页。
④ 成玄英:《老子道德经开题序诀义疏》,见《老子集成》第一卷,第302页。
⑤ 成玄英:《老子道德经开题序诀义疏》,见《老子集成》第一卷,第302页。
⑥ 成玄英:《老子道德经开题序诀义疏》,见《老子集成》第一卷,第302页。
⑦ 成玄英:《老子道德经开题序诀义疏》,见《老子集成》第一卷,第308页。
⑧ 成玄英:《老子道德经开题序诀义疏》,见《老子集成》第一卷,第319页。
⑨ 成玄英:《老子道德经开题序诀义疏》,见《老子集成》第一卷,第322页。

惑日损也"①。

成玄英论道俗，还借鉴了佛教概念"真"。他的《老疏》除了道俗对举外，也常常真俗并论。比如，成玄英认为虚怀内静的有道之人"不驰心于世境，而天下之事悉知。此以真照俗也"②。真与俗，真与应，在敦煌残抄本保存的成玄英《老子道德经开题》中，成玄英就大谈老子之身有"真应之别"，认为老子之身"非真非应，而应而真"。所谓"应"就是"圣人赴感，逗机应物，或寄人间，或生天上，随方显见，相好不同"。③ 成玄英说的圣人之应身，据其自述，来源于根据臧玄静（宗道）的"用三一为圣人应身"。

道家很早就将有道或得道的人叫作"真人"，有"守真"、"真朴"等说法，把《老子》称为《道德真经》，道家道教的"真"主要是抱素守真、不尚文饰的意思，当然有时"真"是作为假或者邪伪的对立面，与佛教的真如、真常、真俗之"真"表示虚假不实是不同的。成玄英《老疏》惯用"真"字，如"真人"、"修真"、"守真"、"真心"、"体道契真"、"真宗"、"至道真实之教"等，更有"诸法无实"、"举体不真"、"妙体真空"、"真常之道"等用法。这两种意义上的"真"有时其实很难区分。之所以说成玄英的道与俗反思想具有佛教真俗之别的意味，主要是由于《老子》只有"非常"思想，而没有"真常"思想。比如成玄英疏解《老子》第四十七章"不窥牖，见天道"，认为"隳体坐忘，不窥根窍，而真心内朗，睹见自然之道"，这就是"以智照真"。户通来去，是譬喻"从真照俗"；窗牖内明，是比喻"反照真源"④，以智照真的"真"表面上指向的是"自然之道"，但是真心、真源等词汇的使用，以及成玄英在整个疏解中一再强调的万物虚幻不实、举体不真，都表明"真心"所照之"真"已经不是《老子》中那个无名无形的宇宙本根之道了。

---

① 成玄英：《老子道德经开题序诀义疏》，见《老子集成》第一卷，第323页。
② 成玄英：《老子道德经开题序诀义疏》，见《老子集成》第一卷，第322页。
③ 成玄英：《老子道德经开题序诀义疏》，见《老子集成》第一卷，第282页。
④ 成玄英：《老子道德经开题序诀义疏》，见《老子集成》第一卷，第322页。

二、反俗合道

李荣和成玄英一样，也称《老子》中的"俗人察察"之"俗人"是"流俗众人"，或直接称之为"俗人"，他把《老子》中"人"、"众人"也释为与"我"不同的"俗人"。道俗之别当然是通过人的具体行为体现的，"凡夫滞俗，圣人用道"①。李荣的注解，特别强调要去俗人之"滞"，这一点也和成玄英一样。总体而言，"滞"的表现是有欲有为，为声名所困，耽溺俗世之乐而不知其危害。如李荣注第二十章"众人熙熙，如享太牢，如春登台"："流俗众人，务学以规名声，纵情以昏色味。悦之以色，不知盲之有时；适之以口，不知爽之有日。逐欲老而愈溢，劳形困而不休，仍自欣欣，以为悦乐。"② 注"众人皆有余，我独若遗"："俗人于清虚而不足，在昏浊而有余，积财货以为外累，肆情欲以增内垢。"③ 注"我愚人之心也哉"："俗人愚也，自以为智，惑于情欲，秽乱日以至。"④《老子》的"正言若反"，也被李荣解释为"反于俗而合于道"⑤，虽不如《老子河上公章句》释为"此乃正直之言，世人不知以为反言"⑥ 更合于经文本义，倒是和《老子节解》颇为相近，《老子节解》云："谓俗人所欲者，以鲜洁为尊，香美为上，而道以受垢为主，处下为王，言一与人反也。"⑦《老子节解》的"一"就是"道"，"一与人反"相当于说道与俗反。

李荣在成玄英的基础上，进一步强调道与俗反和反俗归道，但主要从治国方面劝导统治者以无为为原则，少私寡欲，导俗化民，和成玄英从修身角度进行的阐发在内容和目的上都不尽相同。成玄

---

① 李荣：《道德真经注》，见《老子集成》第一卷，第 360 页。
② 李荣：《道德真经注》，见《老子集成》第一卷，第 360 页。
③ 李荣：《道德真经注》，见《老子集成》第一卷，第 360 页。
④ 李荣：《道德真经注》，见《老子集成》第一卷，第 360 页。
⑤ 李荣：《道德真经注》，见《老子集成》第一卷，第 387 页。
⑥ 河上公：《道德真经注》，见《老子集成》第一卷，第 175 页。
⑦ 葛玄：《老子节解》，见《老子集成》第一卷，第 207 页。

英强调修道要以真照俗，李荣强调治国要反俗合道。

李荣注有一个十分特别的地方，就是将《老子》第一章的"道可道，非常道"的"常"解释为"常俗"：

> 非常道者，非是人间常俗之道也。人间常俗之道，贵之以礼义，尚之以浮华，丧身以成名，忘己而徇利。失道后德，此教方行。今既去仁义之华，取道德之实，息浇薄之行，归淳厚之源，反彼恒情。故曰非常道也。①

接着注"名可名，非常名"句：

> 名者，大道之称号也。吾强为之名，曰大哉。名非孤立，必因体来；字不独生，皆由德立。理体运之不壅，包之乃无极。遂以大道之名，诏于大道之体，令物晓之。故曰名可名也。
>
> 非常名者，非常俗荣华之虚名也。所以斥之于非常者，欲令去无常以归真常也。名有因起，缘有渐顿，开之以方，便舍无常，以契真常。陈之于究竟，本无非常之可舍，亦无真常之可取。何但非常，亦非无常。既非无常，常亦无常，亦非非常，非无常也。②

"道"既是虚极之"理"，又是"体"，合称"理体"。"名"是这个大"道"理体之名，字之曰"道"，李荣称其为"圆通之名"。"道"这个"名"所承载的"道"之内涵就是"教"，名、字、教三者皆因"道"这个理体而来，以道为根据为本始。概而言之，可名之"教"是圣人对虚极之理体的具体呈现，"圣人欲坦兹玄路，开以教门，借圆通之名，目虚极之理"③。李荣理教说几乎是成玄英道论说的翻版，

---

① 李荣：《道德真经注》，见《老子集成》第一卷，第349页。
② 李荣：《道德真经注》，见《老子集成》第一卷，第349—350页。
③ 李荣：《道德真经注》，见《老子集成》第一卷，第349页。

简单对比一下就很清楚了。成玄英注此章云："理既常道不可道，教亦可名非常名。欲明理教教理，不一不异也。"① 又释"名可名"："名者，教也。前言可道，盛明于理。今言可名，次显于教。"② 但是，与成玄英不同的是，李荣将第一章的"常"解释为"常俗"，而不是一般注家理解的恒常之义，整句的注解与成玄英也全然不同，从一开始就显示了他与成玄英注解旨趣的疏离。李荣将"非常道"解释为"非是人间常俗之道也"，这个"人间常俗之道"是指礼义浮华等《老子》认为等而次之的有为之俗政，这个俗政最高的治理原则是无为，李荣说："常俗之道，贵之以礼义，尚之以浮华，丧身以成名，忘己而徇利。失道后德，此教方行。今既去仁义之华，取道德之实，息浇薄之行，归淳厚之源，反彼恒情。故曰非常道也。"③ 这一解释很有新意，指向性也很强。

"常"一般作恒常义解，这是符合《老子》本义的，自《韩非子·解老》就是如此。《解老》云："唯夫与天与地之剖判也具生，至天地之消散也不死不衰者谓常者。"④。后世注家解"常"，在细节上虽不尽一致，但从来没有人将其解释为"常俗"的。如严遵理解的"常"是"微妙穷理，非智之所能测；大成之至，非为之所能得。"⑤《老子河上公章句》的"常道"很特别，是指"自然长生之道"，这个常道"当以无为养神，无事安民，含光藏辉，灭迹匿端，不可称道"⑥。例如《老子河上公章句》注第五十二章"是谓习常"云："人能行此，是谓习修常道。"⑦ 这里的"常道"指的也是长生之道。王弼的"常道"是指不可"指事造形"："可道之道，可名之名，指事造形，非其常也，故不可道，不可名也。"⑧ 与李荣最近的成玄

---

① 成玄英：《老子道德经开题序诀义疏》，见《老子集成》第一卷，第 287 页。
② 成玄英：《老子道德经开题序诀义疏》，见《老子集成》第一卷，第 287 页。
③ 李荣：《道德真经注》，见《老子集成》第一卷，第 349 页。
④ 韩非：《解老》，见《老子集成》第一卷，第 60 页。
⑤ 严遵：《道德真经指归》，见《老子集成》第一卷，第 127 页。
⑥ 河上公：《道德真经注》，见《老子集成》第一卷，第 137 页。
⑦ 河上公：《道德真经注》，见《老子集成》第一卷，第 163 页。
⑧ 王弼：《道德真经注》，见《老子集成》第一卷，第 208 页。

英认为"常道"是言象之外的"真常凝寂之道"①，这个"常道"既不可以名言辩，也不可以心虑知。唐玄宗《御疏》将"道可道"释为"虚极妙本之强名"，"非常道"释为"妙本生化，用无定方"。②唐玄宗的"常道"针对"道"和"名"的关系而言，他受前学影响，也将"道"看作是"虚极之妙用"，"名"看作是"物得之所称"，由于物"应用且无方"，所以是"非常于一道"。③

李荣的注解与上引注家都不同，这是由于他偏重阐发《老子》治国思想。我们还可以从成、李二人对"教"的不同理解上得到进一步证明。他们都将可"名"之"道"看作是具体的世俗之"教"，抽象的"道"正是通过具体的"名"呈现内涵丰富的"教"。不过李荣的"名"虽然是"大道之称号"，"常名"却是"常俗荣华之虚名"，"非常名"就是"非常俗荣华之虚名"。而成玄英说"名，教也"，认为《老子》之所以说"名可名"，是为了显"教"。然而，"理既常道不可道，教亦可名非常名"，所以《老子》"立常"——"道可道，非常道"是为了"破可"，先立后破。这是为了表明"理教教理，不一不异"的道理。可见成玄英的"常名"和"常道"显然不是李荣说的世俗之教。

根据李荣对第一章的注解，如"道者，虚极之理也"，"以理可名，称之可道"以及"非常道者，非是人间常俗之道也"等，"道可道，非常道"的意思就是说，可名之理（道）不是人间常俗之道。又根据他对"常俗之道"的注解——"人间常俗之道，贵之以礼义，尚之以浮华，丧身以成名，忘己而徇利"以及常俗之道是"失道后德，此教方行"④的不得已而为之，或者说"物既失理，圣人设教"，前后连贯起来表述，就是说可名之理不是贵之以礼义、尚之以浮华、丧身以成名、忘己而徇利的世俗之教。说白了，李荣表达的仍是理

---

① 成玄英：《老子道德经开题序诀义疏》，见《老子集成》第一卷，第287页。
② 唐玄宗：《唐玄宗御制道德真经疏》，见《老子集成》第一卷，第451页。
③ 唐玄宗：《唐玄宗御注道德真经》，见《老子集成》第一卷，第417页。
④ 李荣：《道德真经注》，见《老子集成》第一卷，第349页。

和教的关系，"教具文字为有也，理绝名言为无也"①。通过上述曲折反复，李荣将成玄英《老疏》的超越和空灵意味大大降低了，从而将成玄英《老疏》开辟的纯粹的心性修道方向拉回到帝王治国理政的轨道上来。

尽管李荣刻意回归《老子》的传统治国思想，但是其注解却无法完全脱离佛教中观思想的影响，比如他一面说"非常名"是指"非常俗荣华之虚名"，一面又认为"常"是指"去无常以归真常"。"非常"是《老子》固有的思想，但"无常"和"真常"却是佛教的。从非常到无常，再到非非常非无常，也是佛教中观思路。

李荣也说这个"虚极之理"的"道"是"玄玄非前识之所识，至至岂俗知而得知，所谓妙矣难思，深不可识也"，但他的这个"常道"毕竟不是成玄英那个抽象的形而上的"真常凝寂之道"，这就从根本上扭转了成玄英以佛教义理注解《老子》的路向，老学回到了以传统的君人南面之术为基本前提的身国同治的诠释轨道上。李荣在序言里批评的"唯事谈空"和"彻有洞空，乍未开于虚钥"，或许正是对成玄英等人以佛教空论注解《老子》的委婉批评。道与俗反的"反俗"思想也为后世注家所继承，如唐玄宗注"正言若反"："是必正言初若反俗。"② 赵志坚《道德真经义疏》："向说柔弱攻坚受垢而为王者，皆是合道。正言信实非谬，但为常流所闻，将似反俗。"③

第四节　重玄中道思维方法

在重玄思维方法上，李荣和成玄英有着相同的进路，都是广参

---

① 李荣：《道德真经注》，见《老子集成》第一卷，第355页。
② 唐玄宗：《唐玄宗御注道德真经》，见《老子集成》第一卷，第447页。
③ 赵志坚：《道德真经疏义》，见《老子集成》第一卷，第413页。

佛理，注解中大量使用佛教词汇和佛教理论，说明他们在认识方法这一根本点上是一致的。比如他们对"玄之又玄"的注解就十分接近，李荣注云：

> 道德杳冥，理超于言象。真宗虚湛，事绝于有无。寄言象之外，记有无之表，以通幽路，故曰玄之。犹恐迷方者胶柱，失理者守株，即滞此玄，以为真道。故极言之，非有无之表，定名曰玄，借玄以遣有无，有无既遣，玄亦自丧，故曰又玄。又玄者，三翻不足言其极，四句未可致其源。寥廓无端，虚通不碍，总万象之枢要，开百灵之户牖。达斯趣者，众妙之门。

李荣总体上是将"玄之又玄"注解为对有无的"遣之又遣"，也就是"双遣有无"。玄之又玄的第一个"玄"，是"借玄以遣有无"，即"非有无之表"，不为有和无的现象所桎梏，这是认识的第一步。但若滞于遣有遣无之"玄"，即是"守株"、"胶柱"，不得"真道"。玄之又玄的第二个"玄"，是"有无既遣，玄亦自丧"。这里的"丧"，是以主动语态表示被动的被遣，是认识的第二步。通过这样的否定和再否定，最后归于"寥廓"和"虚通"境界，与"虚通"之"道"化为一体。此境界"总万象之枢要，开百灵之户牖"，所以是"众妙之门"。

三翻与四句，都来自佛教中观论，以之释《老》，体现在道论上为虚通妙理，落实在修养上则表现为破除执着，做到"万境无染"、"守一不移"。①试看以下注文：

> 舍有归无，损之者也。有去无忘，又损之者也。有去，无也。理冥真寂，至无为也。②
> 言有不能从化，欲起有为之心。当以无名之朴镇之，有为之心自息。……理本空灵，体非无有。无真无真，无俗何舍。

---

① 李荣：《道德真经注》，见《老子集成》第一卷，第359页。
② 李荣：《道德真经注》，见《老子集成》第一卷，第374页。

但以起有之心者是病，以圣人将无名之朴为药，药本除病，病去药忘，故云无名之朴，亦将不欲也。①

若乃清重玄之路，照虚寂之门，知人者识万境之皆空，自知者体一身之非有。一身非有内，岂贪于名利。万境皆空外，何染于声色？内外清静，故曰明。物我皆通，故言智。②

上述各注充满佛教的理趣，药病并忘的比喻，正是重玄思辨的形象表达。

李荣释道为"虚极之理"，与成玄英将道释为"凝常真寂之道"具有一致性。两者的相近处在于，他们都强调道是虚通之理，如成玄英说"道以虚通为义"，也将道看作是理和体，"名以召体，字以表德。道即是用，大即是体，故名大而字道也"③。在成玄英那里，"道"也是"理"的根据，"名者，教也。前言可道，盛明于理"。"可道"之"言"和"可名"之"教"都不是真正的"道"和"教"，"真理既绝于言象，至教亦超于声说。理既常道不可道，教亦可名非常名"，"欲明理教教理，不一不异也"。④ 由于成玄英是从理与教的关系来阐述道的特征，所以他说《老子》第一章有两层内涵，一是"略标理教"，二是"泛明本迹"，实际上是从理教和本迹两个角度丰富了道的内涵。

对于这个超绝言象的无极大道，成玄英以为，"至道深玄，不可涯量，非无非有，不断不常"，但是"义有抑扬，教存渐顿"⑤，仍然需要"名"和"教"去显现。在这点上，李荣和他相同，李荣注云："所以斥之以非常者，欲令去无常以归真常也。"李荣引入佛教的真常概念，将常俗之道视为真常必须抛弃的"无常"。李荣进而指出，"名"作为"大道之称号"，它的存在是由于"道"这个"体"的存

---

① 李荣：《道德真经注》，见《老子集成》第一卷，第389页。
② 李荣：《道德真经注》，见《老子集成》第一卷，第366页。
③ 成玄英：《老子道德经开题序诀义疏》，见《老子集成》第一卷，第306页。
④ 成玄英：《老子道德经开题序诀义疏》，见《老子集成》第一卷，第287页。
⑤ 成玄英：《老子道德经开题序诀义疏》，见《老子集成》第一卷，第287页。

在，是"因体而来"，同时它也是体现"理"这个道体的。大道之名的使用，不过是使"大道之理"昭然显现，"令物晓之"。这就好比成玄英释"名"为"教"，并将真理与这种以"名"显现的言教相对举。为了区别道与俗，李荣还认为，作为大道之号的这个"名"，并不是"常俗荣华之虚名"①，因为"名"是因德而生，因"体"而立，"德"是它存在的内在根据，"体"是它成立的本原性依据，所以"名"不是"独立"的，是在它与德和体的关系中获得合理性的。

李荣反对贵无也反对崇有，和成玄英一样，他们的逻辑归宿必然是双遣有无的重玄之道。在万物究竟从何而来的问题上，成玄英和李荣都深受郭象《庄子注》中阐述的独化思想的影响。在对道的种种解释中，他们二人有很多相近甚至相同的地方，但由于李荣有意要纠正成玄英注《老》置治国思想于不顾，专注于阐发其修养论的偏颇，在不放弃重玄思维的前提下，李荣的诠释必然出现不能自圆其说的弊病。因此，从理论深度和思想价值而言，李荣明显有所退步。但就两种注解救时补弊的政治功用而言，李荣的注解是对《老子》"君人南面之术"的自觉回归。

需要注意的是，成、李的道论既有相同也有不同。同是解释"道可道非常道"，成、李均以"虚"之"理"定义"道"，成玄英说"道以虚通为义，常以湛寂得名"，但又说这个虚通之道就是"无极大道，是众生之正性也"。"而言可道者，即是名言，谓可称之法也"，"可道可说者，非常道也"。所谓"常道"，成玄英认为，它作为"非常道"的对立面，既"不可以名言辩"，亦"不可以心虑知"，"妙绝希夷，理穷恍惚"。② 李荣的注解，首先缺少了成玄英"众生之正性"的规定；其次，他对"可道之道"的解释停留在"不可以名言辩"上，缺乏成玄英"不可以心虑知"角度的理解。成玄英不仅赋予了"道"佛教心性的因素，也从否定言语进一步到否定心虑。

李荣认为"非常道"是"人间常俗之道"，并以《老子》第十六

---

① 李荣：《道德真经注》，见《老子集成》第一卷，第350页。
② 成玄英：《老子道德经开题序诀义疏》，见《老子集成》第一卷，第287页。

章阐述过的以仁义礼智为用的治国之道来解释"常俗之道"，比较忠实于经文原意。进一步而论，明白了什么是真正的"道"，如何将之运用于实践之中呢？成玄英给出的答案是"故知言象之表，方契凝常真寂之道"①，落实在心性修炼上。李荣则认为，"今既去仁义之华，取道德之实，息浇薄之行，归淳厚之源，反彼恒情"②，落实在社会治理上。相比而言，李荣的注解，更具有实践性，更适合统治者依道而行。从第一章的注解中，我们就可以看到成、李二人的立论之基础已有区别。

另外，成玄英十分擅长借用佛教理论疏解《老子》，无论是方法还是内容，都体现出了脱离《老子》经文原意的特点。正如蒙文通所说，成玄英"每疏文义竟，复起内解，内解皆仙术也"③，未曾脱离道教仙学本色。不过，成玄英的内解往往附在正解之后，正解与内解有时并无密切的逻辑关系，与经文原意也相去甚远。李荣则不同，他的注解既合理借用了佛理，又力图回归道教本色和中国固有思想的传统轨道。

第五节　有为而归无为的治国观

一、治身亦治国

李荣在序文中批评"魏晋英儒滞玄通于有无之际，齐梁道士违惩劝于非迹之域"，这里的"魏晋英儒"，可能是指以何晏、王弼、裴頠等为代表的玄学中坚，而"齐梁道士"则可能是指以孟智周和臧玄静等为代表的倡导重玄之风的南朝道门领袖。杜光庭《道德真

① 成玄英：《老子道德经开题序诀义疏》，见《老子集成》第一卷，第 287 页。
② 李荣：《道德真经注》，见《老子集成》第一卷，第 349 页。
③ 蒙文通：《校理老子成玄英疏叙录（节录）》，见《古学甄微》，第 344 页。

经广圣义序》说："何晏、钟会、杜元凯、王辅嗣、张嗣、羊祜、卢氏、刘仁会、皆明虚极无为、理家理国之道。"但李荣对玄学的不满，显然不是其"虚极无为、理家理国"，而是玄学在理论的"滞"，即滞于有无之际，重玄学者的双遣有无以及"遣中"思想就是以批判玄学为逻辑前提。杜光庭罗列齐梁注《老》之人，道士身份的有梁道士臧玄静、孟安排、孟智周、窦略，其中"皆明重玄之道"者为孟智周和臧玄静，他们的《道德经》注解被杜光庭以"以道德为宗"概括其宗旨。杜光庭本人宗承重玄，他称南朝隋唐重玄学一流"深了重玄，不滞空有"。但作为重玄思潮的预流者的李荣，却似乎并不满意齐梁道士的重玄学，其中缘由就是前述他在《道德真经注》的序言中提到的"齐梁道士违惩劝于非迹之域"。

与成玄英多从佛教中观思想和修道角度注解《老子》有别，李荣多从政治角度注解。如第二章"音声相和"注云："调高则弦绝，上躁则下急。是知五声和则八音克谐，其政和则其人欢悦。故曰王者人之师，而下取则。""先后相随"注："君先而臣随，父先而子随。故为君父者，不得轻躁而失道心；宜重静以契德也。""是以圣人治，处无为之事，行不言之教，万物作而不辞"注云："……四民各安其业，万物不失其真，任化自然，无所辞谢。""夫唯不居，是以不去"注云："至道弥纶于宇宙，上德范围于两仪。虽忌功用，百姓戴之。垂拱而清九野，无为而朝万国。凝神常湛，故言不去也。"[1]这些注文都强调了老子的治国思想。当然，李注也重视修身，如第三章"不见可欲，使心不乱"注云："耳不闻郑卫丝竹之声，眼不见褒姒妲己之色，洗心洁己，遗情去欲，岂有乱乎？""虚其心"注云："除嗜欲，绝是非，遗万虑，存真一。""实其腹"注云："道实于怀，德充于内。""弱其志"注云："心志柔弱，顺道无违。""强其骨"注云："唯道集虚，虚心怀道。道在物无害者，得成仙骨自强。"[2]可以看出，治身治国，是李荣老学中的重要主题。

---

① 李荣：《道德真经注》，见《老子集成》第一卷，第351页。
② 李荣：《道德真经注》，见《老子集成》第一卷，第352页。

又如李荣注第三十三章"不失其所者久"：

> 上乘所说，本以教人。依教修行，不乖其理也。欲言不失
> 其所。理国者用之，则国祚长久。修身者用之，则性命长久。①

此句《老子河上公章句》注云："人能自节养，不失其所受天之精
气，则可以久。"② 王弼注云："以明自察，量力而行，不失其所，必
获久长矣。"③ 魏征《老子治要》注："人能自节养，不失其所，则可
以久也。"④ 成玄英注云："应机赴感，随病与药，咸使得宜，不失其
所。以斯接物，久而强固。"成玄英还把下一句"死而不亡者寿"解
释为"死而不死，不寿而寿"，因为"行愿具足，内外道圆，理当不
死不生，无夭无寿"。⑤ 李荣的注则不忘国身两兼，先解说"国王有
道"，即便遭遇危害，也能"保于万寿"，再论"修道者以百年将尽
之身，获万劫无期之寿"。⑥

在老子思想中，治国之要在于无为，对此，李荣提出了他的看
法。他注第四十八章"为道日损，损之又损之，以至于无为。无为
无不为"云：

> 行不言之教，文理双忘。体虚玄之道，物我同遣。为无为
> 百为兼丧，事无事万事都损。岂惟骄盈奢侈也。
>
> 舍有归无，损之者也。有去无忘，又损之者也。有去，无
> 也。理冥真寂，至无为也。
>
> 夫欲去有累，所以归无为，而惑者闻无为，兀然常拱手，
> 以死灰为大道，土块为至心，理恐其封执无为不能悬解，故云

---

① 李荣：《道德真经注》，见《老子集成》第一卷，第 366 页。
② 河上公：《道德真经注》，见《老子集成》第一卷，第 154 页。
③ 王弼：《道德真经注》，见《老子集成》第一卷，第 219 页。
④ 魏征：《老子治要》，见《老子集成》第一卷，第 276 页。
⑤ 成玄英：《老子道德经开题序诀义疏》，见《老子集成》第一卷，第 312 页。
⑥ 李荣：《道德真经注》，见《老子集成》第一卷，第 366 页。

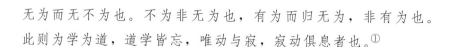

> 无为而无不为也。不为非无为也，有为而归无为，非有为也。此则为学为道，道学皆忘，唯动与寂，寂动俱息者也。①

为学只能"增之以卷轴，长之以见闻，利之以名声，加之以嗜欲"。名声和嗜欲一向为道家所警惕，《老子》将它们看作是戕害自然人性的刀斧。为了避免这一危害，道家主张避声名、祛嗜欲，无为被认为是达成这一目标的不二法宝。李荣则指出，《老子》的无为并非拱手不为，而是"物我同遣"，以至"理冥真寂"，就其最终效果来说，无为和有为并不矛盾。

他又注"为之于未有，治之于未乱"：

> 若制之以静，毫末之罪不生；止之于微，一篑之基易破，安然不动，千里之行无至。②

所谓"制"、"止"，看似有为之为，其实不过是"安然不动"的一种自然结果。可见，在李荣眼里，"为"仍然是无为的另一种表述。"安然不动"就是无为，但无为并不是块然独坐、心如死灰的消极状态。李荣认为"为之于未有，治之于未乱"相当于重复经文"其安易持"、"其脆易破"，指的是意识活动上的"思"和"虑"，即"思除其恶，制之于未动；虑息其患，持之于安静，恶兆无由得起，不谋自然无患"③，乃"上士防患"之道。李荣还认为无为是一个动态的"归"的过程，是"不为"的自然而然的结果。无为其实就是有为，但有为却最终归于无为之结果，所以无为和有为本来就是一回事，为而非为，无执于为，无心而为。李荣的无为，最后落脚在"心无"上。

李荣无心而为的思想可上溯到梁道士宋文明之老学。敦煌抄本

---

① 李荣：《道德真经注》，见《老子集成》第一卷，第374页。
② 李荣：《道德真经注》，见《老子集成》第一卷，第381页。
③ 李荣：《道德真经注》，见《老子集成》第一卷，第381页。

BD6097 和 S.1438 可能是宋文明《道德义渊》残卷，其"上德无为第二"言："无为之道，至在因循；因循之化，是为上德。上德之义有二：一者述无为，二者序浇淳。"之后有开题："第一开无为之义。有四开：第一序本文，第二者无为为，第三为无为，第四无为无不为。"① 该注详说"无为"义，颇有特点。四条开题分别解释了经文"损之又损，以至于无为"和"上德无为而无以为"，"道常无为而无不为"，"为无为，事无事"，"无为无不为者"。

《道德义渊》注解"道常无为而无不为"颇有代表性：

此心无为而迹有为也。迹有为者，因循自然，乘机适会之义。义复有三：一者化淳，二者化浇，三者救乱也。②

又注"为无为，事无事"：

此是心有为而迹无为也。心有为者，防微虑渐，绝祸未萌，有心有虑，而形迹不显。不显之义，义亦有三：一者防形，二者防心，三者防迹也。③

又注"无为无不为"：

第四无为无不为者，冥理无为，心与形迹俱无为也。无为之义，义亦有三：一者无心无形，二者不心不迹，三者非形非心也。④

李荣以"无心而为"解释老子的无为，当是受到了宋文明这类注

---

① 宋文明：《道德义渊》，见《老子集成》第一卷，第247页。"无为无不为"，"不"字原缺，据文意补。
② 宋文明：《道德义渊》，见《老子集成》第一卷，第247页。
③ 宋文明：《道德义渊》，见《老子集成》第一卷，第248页。
④ 宋文明：《道德义渊》，见《老子集成》第一卷，第248页。

《老》者的影响。他在注解第一章"常有欲，与以观其徼"的"有欲行"时，将"有欲行"看作是"无欲行"的反面，批评"有欲行"的根本错误是认识上的，"若未能遗识情在有封，驰骛于是非，躁竞于声色，但归有为之事迹，岂识无为之理本"①。正确做法是"无欲之行"，即"夷心寂路，濯志玄津"，神不为纷繁"可欲"所乱，心灵自然澄明。《老子》第六十三章说的"为无为"，李荣也认为是指心神归于寂灭的"凝神虚己"，"息躁动，凝神于安静。绝繁务，虚己于自然。除嗜欲，耽之于玄妙"②。为什么修道者要奉行无为原则呢？李荣认为"无为"是圣人之为圣人的特征，无为不过是"圣人显自然之本性，辅万物以保真，不敢行于有为，导之以归虚静也"③。圣人处无为之事，行不言之教，"四民各安其业，万物不失其真，任化自然，无所辞谢"④。

二、治国不用智

治国有两种方法，一种是用智，另一种是不用智。《老子》第六十五章言："故以智治国，国之贼；不以智治国，国之德。""以智治国"就是有为，"不以智治国"就是无为，李荣认为，无为的本质是"任物自化，各事其业。俗乐家安，物我无伤，君臣俱泰"⑤。能使"百姓无伤"是治国者的楷模法式，是为"玄德"。君主必须懂得用愚不用智，君主无为于物，是"不逆物性"，无为于人，是"顺人之性"。⑥

用智就是常俗之道，是"顺俗求道"，如缘木求鱼；用愚则是"反俗修德"，入之于妙，归之于真。但是圣人也有"顺俗"的时候，不过那只是外在面貌上的"顺俗同尘，外示粗服"，内心仍然是"玄

---

① 李荣：《道德真经注》，见《老子集成》第一卷，第350页。
② 李荣：《道德真经注》，见《老子集成》第一卷，第380页。
③ 李荣：《道德真经注》，见《老子集成》第一卷，第381页。
④ 李荣：《道德真经注》，见《老子集成》第一卷，第351页。
⑤ 李荣：《道德真经注》，见《老子集成》第一卷，第381页。
⑥ 李荣：《道德真经注》，见《老子集成》第一卷，第382页。

德无染，纯白光生"①。李荣的道与俗反、反俗归真思想是对成玄英真俗思想的继承和扬弃，并为后世注家所继承。

我们再次对比一下成玄英的注解，成玄英也强调圣人或修道之人要"返俗合真"，"反俗顺道"。② 他注第六十五章"民之难治，以其多智"的"智"是"分别"，或者说"智"是"心多分别"。③ 成玄英在根本上是否定智的，所有智都不过是分别之智，是"俗智"，"以智治国"即以"俗智"治国，就是有欲有为之治。"智"的对立面不能用肯定来表达，只能是智的否定和反面，也就是无分别之心的无欲无为之治。如果无分别之心可以用智慧来表达的话，那它就是一种十分深远的智慧，是"乖于俗"的非俗智之智，也是"冥真契道"的"玄德"。按照成玄英对真俗的理解，道和理是真，违道悖理是俗，圣人治国当反俗归真。"常知无分别为治身之楷式者，可谓深玄之大德也"④。但是，圣人治国本来就是不得已而为之的顺世之举，如果一味顺理，就会与俗事前境相隔绝，断裂为两块，归真最终将无法落实。所以，成玄英做了一个折中处理，将"顺"分为两种，"一顺于理，二顺于俗"，顺理就是顺道，顺道就是契于妙本，顺俗则同尘降迹。⑤ 也就是说，当成玄英明白"俗"只能从精神上超越，而不得不在现实中相遇时，他选择用本迹观来自圆其说。李荣继承了成玄英的真俗思想，但与成玄英侧重修道不同，李荣更加重视治国理政。

无为而治本来是《老子》设想的上古社会的理想状态，世风遭到破坏后，无为而治的理想状态瓦解，圣教因此而起，设立圣教的目的当然是回到以前的无为状态，"欲使反浇还淳，去华归实"⑥。李荣生活的唐代是大国，《老子》的"小国寡民"之论，与时代不相适

---

① 李荣：《道德真经注》，见《老子集成》第一卷，第384页。
② 成玄英：《老子道德经开题序诀义疏》，见《老子集成》第一卷，第337页。
③ 成玄英：《老子道德经开题序诀义疏》，见《老子集成》第一卷，第336页。
④ 成玄英：《老子道德经开题序诀义疏》，见《老子集成》第一卷，第337页。
⑤ 成玄英：《老子道德经开题序诀义疏》，见《老子集成》第一卷，第337页。
⑥ 李荣：《道德真经注》，见《老子集成》第一卷，第388页。

应。李荣对"小国寡民"的注解，却颇得《老子》精义。他向唐高宗强调，无论是小国还是大国，统治者的治国策略是一样的，都应该效仿圣人，"用无为之道"，比如不轻易用兵，即便有武器，悉皆不用，百姓自然从化。在这种状态下生活的百姓，有甘美安乐之实，却不知甘美安乐为何物。"物情不悦，食玉衣锦不以为美；人心既适，饭蔬被褐足可为甘。今陶圣化过大钧，人无贵贱，所食者皆甘也；服无好恶，所衣者皆美也；家无贫富，所居者皆安也；乡无丰俭，所住者皆乐也。既无远徙之者，自绝弱丧之人也"①。人人自足，家家俱有，无不是甘美，无不是安乐，这难道不是统治者梦寐以求的理想社会吗？

即便是对待战争，也应待以无心和心静，"虚心实腹，坐忘合道，不假威权，无劳勇猛"，"心王既静，志在冲虚"，这都是"合自然之理"的。② 我为何如此？因为"兵由彼起，我实不行"，我不过是"应物而行，无心而动，行无行也"。③ 应而无心，这实际上是为而无为。

李荣的无为无心等统治术最终都可以归结为体道自然，"道贵幽静，是故制物以无为，务在安人，不令有害。若退失无为之道，进无静寇之兵，轻侮前敌，国破人亡，祸之大也"④。

民之难治，民不畏死，根本原因在哪里？"小国"的整体理想状态如前所述，但如何才能做到？《老子》六十五章说："民之难治，以其智多。"第七十五章说："民之难治，以其上之有为，是以难治。"多智则多巧伪，所以《老子》说"古之善为道者，非以明民，将以愚之"，所谓"将以愚之"，《老子河上公章句》注云："不以道教民明智巧诈也。将以道德教民，使质朴不诈伪。"⑤ 强调民众要质朴，少诈伪。《老子河上公章句》也将"民之难治，以其上之有为"

---

① 李荣：《道德真经注》，见《老子集成》第一卷，第388页。
② 李荣：《道德真经注》，见《老子集成》第一卷，第383页。
③ 李荣：《道德真经注》，见《老子集成》第一卷，第383页。
④ 李荣：《道德真经注》，见《老子集成》第一卷，第383页。
⑤ 河上公：《道德真经注》，见《老子集成》第一卷，第170页。

的"有为"释为"民之不可治者，以其君上多欲，好有为也"①，有为就是多欲的表现。魏征《老子治要》的注解几乎完全来自《老子河上公章句》："人民不可治者，以其君上多欲，好有为。"② 王弼的注解大致与《老子河上公章句》相近，认为民之难治，一是民"多智巧诈"③，二是君主有欲有为，但他强调后者才是根本原因，君主有为多欲是民多智巧诈的源头，所以"民之所以僻，治之所以乱，皆由上不由其下也"④，真正的治理，还得从君上着手。

李荣的《道德真经注》是献给唐高宗的，有明确的经世目标，他比以前的注家更加强调从君主的视角规范自身行为。当然，光君主自我规范是不够的，百姓也应该配合，不过在李荣看来，君主自身的能动性更为重要。李荣对"人之难治，以其多知"和"人之难治，以其上有为，是以难治"分别做了如下发挥：

> 君上守质，臣下归淳。未假威刑，自然顺化。若也不行虚寂道德，唯明奸巧智慧，智多乱甚，故难理也。⑤
> 有为挠物，所以难理。无为正身，自然易化也。⑥

经文"人之难治，以其多知"，主体是"人"，人多知和难治构成明确的因果关系，但李荣的注却是落脚在君上应该如何行动以及从反面阐述其后果。如果君上不行虚寂道德，专务彰明百姓的奸巧智慧，天下自然难以治理。可见李荣把民多智归因于君上，这相当于说，难治是君上咎由自取，解决问题还得从君上自身做起。

那么，什么是"有为"之治？李荣依经文逻辑从君和民两个方面做了阐发。首先是君。"猛士上将，承威以定四方，宰辅阿衡，论

---

① 河上公：《道德真经注》，见《老子集成》第一卷，第 174 页。
② 魏征：《老子治要》，见《老子集成》第一卷，第 280 页。
③ 王弼：《道德真经注》，见《老子集成》第一卷，第 231 页。
④ 王弼：《道德真经注》，见《老子集成》第一卷，第 234 页。
⑤ 李荣：《道德真经注》，见《老子集成》第一卷，第 381 页。
⑥ 李荣：《道德真经注》，见《老子集成》第一卷，第 386 页。

道而清百揆，化不以言。故云行不言之教也"。"四民各安其业，万物不失其真，任化自然，无所辞谢"。① 其次是民。民之难治，虽然是由于君上有为，具体体现就是"民不畏威"。表面上人们看到的是种种难治的现象，百姓争名夺利，不畏刑罚，其危害，一是天下不可能得到真正治理，二是百姓轻死不重生，两者密切相关，"不惧尘累，纵欲不止，欲纵则精散形秽，形秽则神离，神离则形败，精散则体枯。入真道而无缘，为生死之所害，大威至"②。李荣是道士，虽然他很少直接讲长生不死和修命之术，但生死毕竟是道教信仰的核心内容，所以用大威来说生死，颇有说服力。"人不畏死，本由罚酷，宜须在宥，用德忘刑。如何还以酷法理人，欲惧之于死？此叹当时之失"③。这是对唐高宗的委婉劝诫。唐玄宗《御注》此句云："君将明道以临下，下必役智以应上，智多则诈兴，是以难治。"④ 又云："天下之民所以难治化者，以其君上之有为，有为则多难，多难则诈兴，是以难治。"⑤ 真可谓得李荣注之精髓。

第六节　不死不生的修身论

一、不死不生

作为一个道教学者，李荣注《老》固然重视治国之道，但对修身思想同样没有忽视。他注第六章"谷神不死，是谓玄牝"句云：

　　河上以为，养神乃是思存之法。辅嗣言谷中之无。此则譬

① 李荣：《道德真经注》，见《老子集成》第一卷，第 351 页。
② 李荣：《道德真经注》，见《老子集成》第一卷，第 384 页。
③ 李荣：《道德真经注》，见《老子集成》第一卷，第 385 页。
④ 唐玄宗《御注道德真经》，见《老子集成》第一卷，第 443 页。
⑤ 唐玄宗《御注道德真经》，见《老子集成》第一卷，第 446 页。

喻之义。虽真贤之高见，皆指事之说也。今则约理，尝试言。谷，空也。玄，道也。牝，静也。夫有身有神则有主，有生有死不可言道，流动无常，岂得言静？若能空其形神，丧于物我，出无根，气聚不以为生；入无窍，气散不以为死，不死不生，此则谷神之道也。生死无常，浮动之物也。幽深雌静，湛然不动，玄牝之义也。①

李荣生死观和养生论的思想基础是佛教的无常论、中观思维和虚静思想。由于一切都是"流动无常"的，生死也属无常。生死本身也是"浮动之物"，既然是流动的、浮动的，在流动不息的循环往复中，又怎么可以说是"静"呢？执着于生死，必将落入佛家所说的轮回之中，永不得解脱。就《老子》的最高原则"道"而言，若持有生有死之念，是不可以言道的，必须否定有生有死才可以言道。因此，"谷神不死"的"谷"是"空"，"谷神"就是空其形神，"谷神之道"则是如何以"空"为道，打破生死轮回往复流动的常规。谷神之道好比玄牝，幽深雌静，湛然不动，与浮动的生死万物形成动寂两极。以中观之道观之，"玄牝之道不生不灭，雌静之理非存非亡。欲言有也不见其形，欲言亡也万物以生。不盛不衰，不常不断"②。相反，"有死有生，故断；不死不生，故常。迷斯理者开，悟此道者明"③。

根据不死不生的基本原则，李荣对汉代以来道教的黄白金丹、饵食服药等有形方仙道术进行了否定，如批判《老子河上公章句》的"思存之法"和王弼的"谷中之无"是"指事之说"，真正的"谷神之道"是气聚不以为生、气散不以为死的不死不生。具体来说，修道者应像赤子，"怀道抱德，积行深厚，气专精固，绝欲无贪，不散真童"④，李荣对此有具体的解释：

---

① 李荣：《道德真经注》，见《老子集成》第一卷，第353页。
② 李荣：《道德真经注》，见《老子集成》第一卷，第353页。
③ 李荣：《道德真经注》，见《老子集成》第一卷，第358页。
④ 李荣：《道德真经注》，见《老子集成》第一卷，第376页。

> 精散则身枯，身枯则命竭。含德之人外情欲而爱其精，去劳弊而宝其气。无心于动，动不妨寂；虚己于寂，寂不妨动。寂不妨动，虽动而非动；动不妨寂，虽寂而非寂。非动非寂，精之至也。①

"宝神惜气，固精志道"乃长生的真言，它要求外情欲，去劳弊，洁体以安神，养精而护体，不是单纯的拱默端坐、吐纳呼吸，而是归向无心与虚己，动静如一，冲气似渊，实现"会无名之始，归有名之母"的"修身之道"。② 如此顺物从道，百害无侵，"形神虚静，纯白日以生也"③。

修道之人不仅要"无心"，还有"空身"④，做到身心皆空。"及我无身，吾有何患？"并不是抱怨一己之肉身的拖累，而是指如果不能做到"虚己忘心"，则患累斯起，"身苟忘也，则死生不能累，宠辱不能惊，何患之有？"⑤ 因此，李荣认为，《老子》的"没身不殆"不是说的肉体生命的不死，而是"与天为期，与道同久"⑥ 的精神性超越。他又注解"死而不亡者寿"云：

> 修道者以百年将尽之身，获万劫无期之寿，此亦死而不亡也。然物则百生有死，人则有存有亡者，皆为天也。道则不生而能示生，虽生而不存。不死而能示死，虽死而不亡。不存不亡，故云寿也。但存亡既泯，寿夭亦遗。⑦

注第三十三章"胜人者有力，自胜者强"：

---

① 李荣：《道德真经注》，见《老子集成》第一卷，第 377 页。
② 李荣：《道德真经注》，见《老子集成》第一卷，第 375 页。
③ 李荣：《道德真经注》，见《老子集成》第一卷，第 360 页。
④ 李荣：《道德真经注》，见《老子集成》第一卷，第 353 页。
⑤ 李荣：《道德真经注》，见《老子集成》第一卷，第 356 页。
⑥ 李荣：《道德真经注》，见《老子集成》第一卷，第 358 页。
⑦ 李荣：《道德真经注》，见《老子集成》第一卷，第 366 页。

夫用力者，力大则胜人。用德者，德高则伏物。进德修业，自强不息，不溺于非，斯自胜也。修道者忘怀，则外物无害，故曰胜人。虚心而仙骨日强，故言自胜也。①

人的生死更替乃是天数，修道者怎样才能够超越生死，做到不生不死呢？其方法不外乎法自然之无心，导之以虚静：

人若能法天地以无心，不自营以厚养，仙骨冠金石以长存，惠命络方圆而永固。②

近而为语，强梁不得其死，名之中夭。虚静保其天年，是谓复命。远而言之，动则有生有死，失于真性；静则不死不生，复于慧命也。有死有生，故断。不死不生，故常。③

李荣将物质性的身体看作是"空"，"若乃清重玄之路，照虚寂之门，知人者识万境之皆空，自知者体一身之非有。一身非有内，岂贪于名利？万境皆空外，何染于声色？内外清静，故曰明。物我皆通，故言智"④。又言："百年寄身，过客也。"⑤ 作为过客的身体，最终是要"归往于道"的，"可以平物情，不悟少能依止，乃留心于丝竹，以此畅情，依身于兰桂，用兹适口，不能执象，欲泰难乎？"⑥

李荣又释"夫唯无以生为者，是贤于贵生"："视身非有，悟理无生。不见虚假之形，自祛染爱之累。与虚净而合德，共至道而同根。虽不养生而生自养。"⑦ 在李荣看来，长生久视源自涵养德性，

① 李荣：《道德真经注》，见《老子集成》第一卷，第366页。
② 李荣：《道德真经注》，见《老子集成》第一卷，第353页。
③ 李荣：《道德真经注》，见《老子集成》第一卷，第358页。
④ 李荣：《道德真经注》，见《老子集成》第一卷，第366页。
⑤ 李荣：《道德真经注》，见《老子集成》第一卷，第367页。
⑥ 李荣：《道德真经注》，见《老子集成》第一卷，第367页。
⑦ 李荣：《道德真经注》，见《老子集成》第一卷，第386页。

明觉智慧。将传统的养生修炼纳入重玄学的思想体系中，这是李荣对重玄学的重大贡献。

二、以性制情

和所有注家一样，李荣也强调《老子》的少私寡欲。对于何为欲，何为有欲和无欲，如何才能寡欲和无欲，尽管历代注家各有论述，李荣有他自己的独到看法。其中关于如何遏制欲望，李荣吸收了唐代儒家的性情说，提出"以性制情"，认为"以性制情，寡欲也"[①]，开唐代中期李翱复性论的先河。在唐末陆希声的《道德真经传》中，我们也可以看到李荣复性思想的影子。

李荣指出，无欲有两个层面的内涵，第一是指无为，第二是绝弃声色等情欲。有欲则是有为和执有。他注解第一章的"常无欲"和"常有欲"："若未能遗识情在有封，驰骛于是非，躁竞于声色，但归有为之事迹，岂识无为之理本，此有欲行也。"[②]"无欲行"则是心灵湛寂，"照希微，通要妙"[③]，"有欲行"是"失虚静"和"染粗法"的后果。又注第三十七章"无欲以静，天下自正"："用智理国国之贼，有为挠物物恒动。在上若能无欲守静，百姓不须整理而自齐，万国无烦教令而自正也。内明若舍兹有累，归彼无名，有归还成有欲。若其有欲则非安静，则失正道。今不见有累之可舍，不见无名之可取，取舍既忘，则情欲不起。情欲不起，自然安静。无心欲合于道，云将正道相合，故云天下自正也。"[④]

李荣反对"以欲为乐"，此"欲"指的是一般的世俗声色之愉悦。他注"天下皆知美之为美，斯恶已"云：

　　　　美，乐也。言人之禀性，咸不能以道为娱，而以欲为乐，

---

① 李荣：《道德真经注》，见《老子集成》第一卷，第359页。
② 李荣：《道德真经注》，见《老子集成》第一卷，第350页。
③ 李荣：《道德真经注》，见《老子集成》第一卷，第350页。
④ 李荣：《道德真经注》，见《老子集成》第一卷，第389页。

乐不可极，乐极则哀来。欲不可纵，纵欲则伤性。故曰人皆以色声滋味为上乐，不知色声滋味，祸之大朴。既为祸朴，复为哀本。灭性伤身，斯恶已也。①

就修身而言，世俗之人大都以欲为乐，不知色声滋味之类的口腹欲望祸及淳朴的道心，所以应该远离"欲"："可欲乱正，得失滑心，纷也。遗彼忘我，远欲制情，解也。"② 又说："声色聋盲于耳目，香味因爽于鼻口，形劳于外，心疲于内，则百年同于朝露，千金齐于暮槿。"③ "欲"由"性"而起，耽欲就是"纵性任心"，危害极大，"殃咎斯至"。④ "绝欲"是修道的前提，"杜欲路，绝祸源；折贪欲之锋，释是非之争"⑤；"绝欲"是长生的关键，"九窍四关为十三也。若能绝欲，则为生之类。必其放荡，则为死之徒也"⑥。

就理国而言，百姓的"无知无欲"是一种自然淳朴的状态，即"上扇无为之风，下行淳朴之化"⑦。君王如能"遗情去欲，祸自除"，能够做到这一点的就是"有道之人"。⑧ 情与欲相连，与道相离，故"凡情贪而浊，圣道廉而清"⑨，"泯是非以契道，遗情欲以凝真"⑩。"俗人于清虚而不足，在昏浊而有余，积财货以为外累，肆情欲以增内垢"⑪。李荣将"我愚人之心也哉"的"我愚人"曲解为"俗人愚也"，俗人终身不得解脱，还自以为是智，其实终究是"愚"，"惑于情欲，秽乱日以至"。⑫ 李荣将放逐欲望称为"失本逐末"，"不礼真

---

① 李荣：《道德真经注》，见《老子集成》第一卷，第 350 页。
② 李荣：《道德真经注》，见《老子集成》第一卷，第 352 页。
③ 李荣：《道德真经注》，见《老子集成》第一卷，第 353 页。
④ 李荣：《道德真经注》，见《老子集成》第一卷，第 373 页。
⑤ 李荣：《道德真经注》，见《老子集成》第一卷，第 377 页。
⑥ 李荣：《道德真经注》，见《老子集成》第一卷，第 374 页。
⑦ 李荣：《道德真经注》，见《老子集成》第一卷，第 374 页。
⑧ 李荣：《道德真经注》，见《老子集成》第一卷，第 373 页。
⑨ 李荣：《道德真经注》，见《老子集成》第一卷，第 378 页。
⑩ 李荣：《道德真经注》，见《老子集成》第一卷，第 353 页。
⑪ 李荣：《道德真经注》，见《老子集成》第一卷，第 360 页。
⑫ 李荣：《道德真经注》，见《老子集成》第一卷，第 360 页。

宗"，"放情违性"。①

　　与情欲相对的是本性、真性、正性，故李荣强调以性制情。"除可欲则外无所求，清本性则内无所乏"②，这才是真正的合于道的知足。但百姓往往做不到这一点："百姓不能以性制情，而乃纵心逐欲，注耳目于声色，专鼻口于香味，因兹昏惑，以此聋盲。"③ 李荣又言："重生之人，利浮情于正性；轻死之士，溺邪识于爱流。取彼有生命□，以养虚假之生身，故言生生之厚。"④ 李荣和成玄英一样，以佛教万物皆空为认识论基础，因而也否定身体、生命的真实性，批评生生之厚者"以生为有"，"厚养过其分"，以至"伤生"，不是真正的"重生"。⑤ 重生之人，即是以性制情的有道者。

---

①　李荣：《道德真经注》，见《老子集成》第一卷，第 384 页。
②　李荣：《道德真经注》，见《老子集成》第一卷，第 373 页。
③　李荣：《道德真经注》，见《老子集成》第一卷，第 374 页。
④　李荣：《道德真经注》，见《老子集成》第一卷，第 386 页。
⑤　李荣：《道德真经注》，见《老子集成》第一卷，第 386 页。

第九章　唐玄宗的老学思想

在漫长的中国历史上，以人君之尊亲自注释道家经典的不在少数，《隋书·经籍志》著录有南朝梁武帝《老子讲疏》六卷、梁简文帝《老子私记》十卷等等，可惜这些都没有流传下来。现存《道德经》帝王注疏有唐玄宗、宋徽宗、明太祖和清顺治帝注本，前三注均收于《道藏》，顺治帝注收入《四库全书》。后人将前三注合称"三圣注"。在《老子》注疏史上，尽管三圣注在思想创见上乏善可陈，远不如王弼、成玄英、司马光、王安石、释德清、王夫之等人的注解《老子》创见频出，但是不可否认，正因为它们是"御注"，它们对当时和稍后的《老子》注疏必然产生了较大影响，值得研究思想史的学者注意。柳存仁在 20 世纪 60 年代末曾著文指出："然三圣注实亦各有其特点与值得注意之处，读书与治思想史者不宜以其为帝王所制而轻加忽略……唐贤著述中，如陆希声《道德真经传》、王真《道德经论兵要义述》、杜光庭《道德真经广圣义》、李约《道德真经新注》、强思齐《道德真经玄德纂疏》等，或引玄宗《御注》，或从《御注》说。《广圣义》之作，义更显明。"① 《广圣义》指的是唐末杜光庭总结前代《老子》注疏而成的《道德真经广圣义》五十卷。杜氏以为，唐玄宗《御注》可以"季仲《十翼》，辉映《二南》"②。此语虽不免阿谀之嫌，但考虑到杜氏的道士身份、在当时所享声誉及其所处唐末之时代，也许是真诚的叹服。本章结合唐玄

---

① 柳存仁：《道藏本三圣注道德经之得失》，见《百年道学精华集成》第六辑《经籍考古》卷一，第 390 页。
② 杜光庭：《道德真经广圣义》，见《老子集成》第二卷，第 3 页。

宗时期的政治和文化背景，根据现存唐玄宗《御注》、《御疏》文本，阐述唐玄宗《道德经》注疏的内容、特点和影响。

第一节　唐玄宗与《道德经》

一、尊道崇经，推广《御注》

唐朝是在结束了东汉末年以来四百余年的动荡之后再次建立的稳定帝国，在王朝建立之初，三教并重的政策就已大致确立。"三教"作为一个概念形成于南朝时期，从唐高祖开始，唐朝的大多数帝王都很重视三教在维护专制统治上的作用，三教精英经常在朝廷的组织下，共处一堂，相与诘难，辩论各教义理之异同、地位之高低。唐玄宗李隆基于延和元年（712）即帝位，改年开元，唐朝开始进入鼎盛时期。755年安史之乱爆发，唐玄宗避难入蜀，次年禅位于太子李亨。唐玄宗时期总体上延续了唐高祖以来的政策，从治理和维护天下秩序的角度出发，努力维持儒释道三教平衡，于三教均十分重视。

唐玄宗开元二十九年（741）九月的策问中有"三教兼举，成不易之则"之语。唐玄宗对三教经典各自的特殊作用也有明确认识，如他说"道为理本，孝实天经"，这是针对《孝经》而言的；"不坏之法，真常之性，实在此经……与夫《孝经》、《道经》，三教无阙"，这是针对《金刚经》而言的；"会三归一，初分渐顿，理皆共贯"，这是说教分为三，理实一贯，于维护李唐天下，三教殊途同归。唐玄宗本人先后撰写了"御注三经"：注《孝经》、注《道德经》和注《金刚经》，三教一贯的思想贯穿于三注中，三注也在唐玄宗统治时期先后被勒石颁行天下，部分石碑今天仍保存在西安碑林、河北易县龙兴观和北京房山云居寺等地。

不过，从史书所载唐玄宗的具体言行来看，三教之中，他个人最为倾心、用力最勤的还是道教，他最钟爱的三教经典还是《道德经》，正如他自言："恭惟老氏，国之本宗，遗述元经，朕之凤好。"这样的爱好，当然不能排除唐朝视老子为先祖的影响。

唐玄宗为《道德经》作注的时间，杜光庭《道德真经广圣义序》说"开元十一年躬为注解……开元二十一年颁下"，说明《御注》可能经历了长达十年的思考和撰写。但在开元十一年（723）之前，唐玄宗已经采取多种措施在全国推行道教，大力褒崇《道德经》，为《道德经》作注不过是众多措施中的一种。据《旧唐书·玄宗本纪》，唐玄宗开元十年为《孝经》作注的同时，令"两京、诸州各置玄元皇帝庙，并崇玄学，置生徒，令习《老子》、《庄子》、《列子》、《文子》，每年准明经例考试"。明经、进士二科隋炀帝时始置，顾名思义，明经本来是专门针对儒生的科目，以儒家经典为考试内容，唐玄宗颁令"准明经例考试"，这是道经被纳入科举考试，儒道并重的政策正式确立的标志性事件。开元二十一年《御注》颁行天下的同时，唐玄宗还有其他重要举措，如"制令士庶家藏《老子》一本，每年贡举人，量减《尚书》、《论语》两条策，加《老子》策"，这是对开元十年重《老》政策的进一步强化。在完成《道德经》注疏之后，唐玄宗又为《金刚经》作了注，据其自述，是由于"僧徒固请，欲以兴教，心有所得，辄复疏之"。唐玄宗是否真有心得不得而知，可能更多是出于政治目的，"兴教"的"教"，应该是"教化"而不是"佛教"解。唐玄宗在位四十多年，始终强调三教在教化百姓上是殊途同归的。

在唐玄宗的大力倡导下，这一时期《道德经》地位大为提高，围绕《道德经》的各种活动也更为丰富，其中不少活动是唐玄宗亲自发起并积极参与的，《唐会要》卷五十《尊崇道教》、《册府元龟》卷五十三和卷五十四"帝王部·尚黄老"对此有较系统的记载。除以上提到的外，还有以下一些重要举措，例如：

开元九年（721）三月，"置石柱于景龙观，令天台道士司马承祯依蔡邕石柱三体，书写老子《道德经》"。

开元十八年（730）十月，命集贤院学士陈希烈等于三殿讲《道德经》。侍中裴光庭等上奏极力推重老子及《道德经》，说："今陛下化成天下，与道玄同……其为道德之乡，固在老、庄之术，遂命集贤院学士中书舍人陈希烈、谏议大夫王回质、侍讲学士宗正少卿康子元、赞善大夫冯朝隐等于三殿侍讲，敷畅真文，演襄城之七圣及姑山之四子。理之于国，唯清唯净之风；修之于身，久视长生之道。圣化玄运，寰瀛乐康，咸日用而不知，实旷代之未有。臣忝职司，望编入史册，宣示天下。"唐玄宗下诏："……端拱多暇，留意典坟，以为道者玄妙之宗，德为教化之本，讲讽微旨，稽详秘文，庶无为而政成，不宰而物应，岂敢比德尧舜，论功汤武者哉？然必先正其心，深思逮于遐迩，务惟齐俗，亦欲申于兆庶。必若同归清净，共守玄默，所陈编示，良用多惭。"

开元二十年（732）十二月，"尚书左丞相集贤院学士萧嵩奏曰：伏见去年以来，有敕令集贤院学士工部侍郎陈希烈……，每日侍讲玄元皇帝《道德经》及《周易》、《尚书》、《庄子》等，以今月二十四日讲毕……"

开元二十三年（735）三月癸未，"亲注《老子》并修《疏义》八卷，及至《开元文字音义》三十卷颁示公卿、士庶及道释二门，听直言可否。文武百官、右丞相萧嵩等奏曰：'臣等准敕牒问百司，并宣示道俗，各得报称，咸以为玄言造微，字说该洽，刊成代则，钦若圣规……四海同文，一辞宁措，并请编入史册藏之秘府。'许之。"

开元二十六年（738）诏令："道释二门，皆为圣教，义归弘济，礼在遵崇，其天下观寺大小，各度十七人……"（《册府元龟》卷五十三原文误为三十六年）

开元二十八年（740）五月诏令："自今已后，尝令讲习《道德经》，以畅微旨。所置道学，须倍加敦劝，使有成益。是知真理深远，弘之在人，不有激扬，何以励俗。诸色人等，有明《道德经》及《庄》、《列》、《文子》等，委所由长官访择，具以名闻，朕当亲试，别加甄奖。"同年九月，唐玄宗"御兴庆门，数亲试明《道德经》及《庄》、《文》、《列子》举人"，并有"问策"。

　　《唐六典》卷二十一《国子监》也有唐玄宗时期在全国大力推行《御注》的记录。除比授儒经外，"《孝经》、《论语》、《老子》，学者兼习之"，一改《孝经》用孔安国、郑玄注，《老子》用《老子河上公章句》的旧令，规定《孝经》和《老子》"并开元御注"。《御注》完成后，唐玄宗广泛征求臣下意见，之后多次诏令在京师长安和全国各地推广。据杜光庭《道德真经广圣义》，"暨明年，乃御书四石幢注经，立于左街兴唐观、右街金仙观，又诸州节度使、刺史各于龙兴观、开元观①形胜之所，各立石台，以传不朽"。《御疏》成书于《御注》完成后不久，据杜光庭说，"又寻御制此疏，宣布寰瀛"，并有敕令如下：

　　　　《道德》五千，实惟家教。理国则致乎平泰，修身则契乎长生。包万法以无伦，冠六经而首出。宜升《道德经》居九经之首，在《周易》之上。以《道德》、《周易》、《庄子》为三玄之学，仍以《庄子》为《南华真经》、《文子》为《通玄真经》、《列子》为《冲虚真经》、《庚桑子》为《洞灵真经》。准明经例，赴举其《老君传》内，析出韩非，不令同传。②

　　敕令明确规定《道德经》居九经之首，这是官方对《道德经》空前绝后的尊崇。儒家五经概念在汉代形成，至唐代逐渐由五经拓展到九经，这些经典以《周易》为首，都是公认的先秦典籍。汉武帝时期确定儒家的独尊地位，《史记》和《汉书》的目录分类雏形中，儒道泾渭分明，从来没有一部属于道家的典籍居于儒家之前的。为了配合《道德经》的至高无上地位，唐玄宗又下令从《史记·老庄申

---

① 龙兴观的由来，据《旧唐书》卷七《中宗本纪》载，神龙元年（705）中宗废除武周，恢复李唐国号，敕令天下"诸州置寺、观一所，以'中兴'为名"。神龙三年（707）又诏"改中兴寺、观为龙兴"。开元观的由来，据《唐会要》卷五十《尊崇道教》，"（开元）二十六年六月一日，敕每州各以郭下定形胜观寺，改以开元为额"。

② 杜光庭：《道德真经广圣义》，见《老子集成》第二卷，第6页。

韩列传》中析出法家韩非，明确老子与韩非不为同类。①《史记·老庄申韩列传》虽然写了四个人，但是老子和韩非子才是主角。韩非与司马迁时代最近，《史记》用于书写韩非的篇幅也最长。析出韩非后，老子自然是该列传当仁不让的主角了。

唐玄宗《御注》完成之后，曾多次诏令在全国推广并在各地刻石刊布，其中第一道诏敕在现存《道藏》中的《唐玄宗御注道德经》序言中，唐玄宗自述中有"今兹绝笔，是询于众公卿臣庶道释二门，有能起予类于卜商，针疾同于左氏，渴于纳善，朕所虚怀，苟副斯言，必加厚赏"②云云，"今兹绝笔"应该就是唐玄宗正式完成《御注》的时间，可惜《道藏》本序言前后均未标明诏敕发布的时间。前述杜光庭《道德真经广圣义序》说玄宗于"开元十一年躬为注解"，杜氏言之凿凿，似乎信而有征。大约成书于唐德宗贞元年间的《封氏闻见记》也说："开元二十一年，明皇亲注《老子道德经》，令学者习之。"和杜氏一致。但是，清人缪荃孙艺风堂收藏的唐代河北易州《道德经》石刻本拓片在敕文末明确标有"开元廿年十二月十四日"③。据石刻原文可知，易州《道德经》石碑是在开元二十六年（738）奉敕建立，当时各地立碑很多，但立碑时间有先有后，清人

---

① 《史记》将老、庄、韩、申四人同传，照《太史公自序》所说，是因为"李耳无为自化，清净自正；韩非揣事情，循执理"，道家和法家在精神上是一致的。后世学者论先秦诸子，也多继承司马迁的认识，乃至认为道儒法皆有关联，而道为之源。例如章太炎在《国故论衡》中说："孔父受业于征藏史，韩非传其书，儒家、道家、法家异也，有其同；庄周述儒、墨、名、法之变，已与老聃分流，尽道家也，有其异。"吕思勉也认为道法儒同源。章太炎认为《老子》之所以言术，"将以揣前王之隐匿，取之玉版，布之短书，使人人户知其术则术败"，而能真正把握《老子》这种精神的莫若法家韩非（"知此者韩非最贤"），儒家、扬雄乃至玄学家都不如韩非："凡周秦解故之书，今多亡佚，诸子尤寡。《老子》独有《解老》、《喻老》二篇。后有说《老子》者，宜据《韩非》为大传，而疏通证明之，其贤于王辅嗣远矣。"汉代对先秦百家的总结受到暴秦速亡的历史结果影响，刻意扩大和强化了法家与儒家、道家的差异。唐玄宗从《老庄申韩列传》中析出韩非，是这种意识的登峰造极。

② 唐玄宗：《唐玄宗御注道德真经》，见《老子集成》第一卷，第416页。

③ 陈垣：《道家金石略》，文物出版社，第116页。

王昶《金石萃编》对多种石刻本有详尽考释，石刻文是值得信任的。所以这篇二百余字的序文应该是唐玄宗完成《道德经》注之后，于开元二十年十二月十四日向天下发布的敕文，次年遂有令士庶家藏一本《老子》及加《老子》策的诏令，故杜光庭《道德真经广圣义》卷一《叙经大意解疏序引》称此序为"诏曰"。① 由此可见，唐玄宗注应该完成于开元二十年十二月之前。杜氏撰写《广圣义》是在唐昭宗天复元年（901）九月，上距玄宗颁下诏敕已有一百六十多年，和封演一样，都误把颁行天下的时间记在开元二十一年。

如果说《御注》前面的短序是第一道诏敕的话，那么紧接着在开元二十一年（733）年初唐玄宗又追加了第二道诏敕。张九龄《曲江集》卷八收有这道诏敕的全文，题为《敕岁初处分》，敕文说："其《老子道德经》宜令士庶家藏一本，仍劝令习读，使知指要。每年贡举人，量减《尚书》、《论语》一两条策，准数加《老子》策，俾敦崇道本，附益化源。朕推诚与人，有此教诫，必验行事，岂垂空言。今之此敕，亦宜家置一本，每须三省，以识朕怀。"艺风堂藏唐代石经拓片有全文，末标时间为"开元廿一年正月一日"。《旧唐书》卷八《玄宗纪》、《唐会要》卷七十五"帖经条例"均载这道敕文发布于开元二十一年元旦。

据《旧唐书》卷八《玄宗本纪》，为了使《御注》为全天下知晓，唐玄宗先后颁布了很多诏令，最后一次有记载的是天宝十四年（755）冬十月的一道诏令，"颁御注《老子》并义疏于天下"。《册府元龟》卷五十四对这次的诏敕记载更为详细："十月，御注《道德经》并义疏，分示十道，各令巡内传写，以付宫观。"不过当年年底安史之乱爆发，次年唐玄宗即禅位于太子李亨，这次颁行实行得如何不得而知。据王重民《老子考》附录六所载《道德经碑幢略目》，现存或已知《御注道德经碑》、《御注道德经台》、《御注道德经幢》等，有易州、成都、闻乡县、怀州、邢台县、荆州、明州、苏州、

---

① 董恩林：《〈道藏〉本四卷本〈唐玄宗御制道德真经疏〉辨误》，《宗教学研究》2005 年第 1 期。

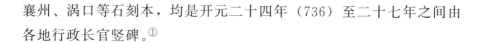

襄州、涡口等石刻本，均是开元二十四年（736）至二十七年之间由各地行政长官竖碑。①

二、《御疏》与《御注》的关系及其价值

南宋晁公武《郡斋读书志》卷十一《子部·道家类》著录：

> 明皇《老子注》二卷，《疏》六卷。右唐玄宗撰。玄宗既为注二卷，又为疏六卷。天宝中，加号《玄迈道德经》，世不称焉。

正统《道藏》收录的题名中有"唐玄宗"的《道德经》注、疏有三种，第一种是"《唐玄宗御注道德真经》"，该书前有一篇二百余字的自序。正文分为上下两篇，上为《道经》，下为《德经》，上下篇各二卷，合为四卷。第二种和第三种为题名相同、内容不同的两种疏——《唐玄宗御制道德真经疏》，其中一种为十卷本，不分上下篇；另一种为四卷本，《道经》、《德经》各二卷。十卷本《御疏》的篇幅约为《御注》的二倍，四卷本《御疏》篇幅稍长于《御注》。

《御注》一般被认为是唐玄宗亲注，但也不排除有亲近大臣参与其中；十卷本《御疏》则很明确是假手众人而成，《道藏》本没有标明作者，很可能是由于这个因素。据《玉海》卷五十二《艺文·老子》引《集贤记注》云："开元二十年九月，左常侍崔沔入院修撰，与道士王虚正、赵仙甫并诸学士参议修《老子疏》。"彭耜《道德真经集注杂说》引董卣《广川藏书志》云："王顾等奉玄宗命撰所注经《疏》。"尽管如此，正如柳存仁论三帝王（唐玄宗、宋徽宗和朱元璋）注时所论，"然玄宗绩学，徽宗多艺，非不能撰书者。玄宗于儒佛道皆有所涉，徽宗又尝注《西升经》（唐以前伪托之道教经典）、《冲虚至德真经》（《列子》）"，唐玄宗完全具备自撰注释的能力。

---

① 参见王重民：《老子考》；董恩林：《〈道藏〉本四卷本〈唐玄宗御制道德真经疏〉辨误》，《宗教学研究》2005 年第 1 期。

又说："不知《老子》一书，于治术政象，多有所见，实不容其不为早年锐精图治之玄宗，深思睿慧之徽宗，及具有开国雄心与治绩之明祖所注意。且老子所谓开阖张歙、用阴用柔之方，宗之而善者固不失为帝王之佐师，而书中所言之圣人，又往往为古代理想中之帝王。是三帝君以帝王之尊，囊括四海之智，其于此道家经典，应莫有不色焉心喜者。谓其于所制悉无所用心，毫无主张于其间，庸得为事物之平？"① 这个分析合情合理，合于现存史料有关唐玄宗崇老的种种记载。

四卷本《御疏》在《道藏》中虽然也叫"《唐玄宗御制道德真经疏》"，但它并不是唐玄宗撰写，也不是另一种不同的唐玄宗《御疏》，而是以杜光庭的《道德真经广圣义》为主，杂采成玄英《老疏》和唐玄宗《御疏》汇编而成。② 《老子集成》收入时，暂定名为《道德真经广圣义节略》，本文不作为讨论对象。

《御注》大约有二万五千多字，比成玄英《老子注》（约五万五千字）和李荣《道德真经注》（约四万字）的篇幅都要少很多，在唐代《老子》注疏中算得上是简约的了。但是《御疏》却有近六万字，篇幅是《御注》的两倍多，内容亦有所拓展和丰富。《御疏》按照《道德经》八十一章的先后顺序逐一疏解《御注》，基本格式是先牒经文，不出注文，下接"疏"字，引出疏文，但有时为了更清楚地讲解注文大意，也会以"注云"字样引用某些注文。疏文一般先摘要疏解字词，再综括文义。比如，第二章"生而不有，为而不恃，功成不居"，《御注》如下：

> 令万物各遂其生，不为己有，各得所为，而不负恃，如此即太平之功成矣。犹当日慎一日，不敢宁居也。③

---

① 柳存仁：《道藏本三圣注道经之得失》，见《百年道学精华集成》第六辑《经籍考古》卷一，第391页。
② 参见董恩林：《〈道藏〉本四卷本〈唐玄宗御制道德真经疏〉辨误》，《宗教学研究》2005年第1期。
③ 唐玄宗：《唐玄宗御注道德真经》，见《老子集成》第一卷，第417页。

《御疏》如下：

> 疏：令物各得成全其生理，圣人不以为己有。令物各得其营为，圣人不恃为己功。如此太平之功，弘济日远，犹且慎终如始，不敢宁居。此圣人自忘其功。注云：日慎一日，《尚书》文也。①

又如疏第八十一章"知者不博，博者不知"：

> 疏：知，了悟也。博，多闻也。言体道了悟之人，在乎精一，不在多闻，故《庄子》云：博溺心也。
>
> 疏：夫多闻则滞于言教，滞教则终日言而不尽，既非了悟，故曰不知。②

对照《御注》可以发现，《御疏》主要是对《御注》的解说和敷演，有一些疏文是对注文的重复和引申。《御疏》对于读者理解《御注》极有帮助。粗略地说，《御疏》有以下两个主要特点。

第一，增补了《御注》所没有的章前开题文字，深化了《御注》的理身理国思想。六朝隋唐注《老》多使用开题格式，成玄英《老子道德经开题序诀义疏》就很有代表性。《道藏》本《御注》没有开题文字，每章都是直接出注文，或许是其原貌。《御疏》增加的这部分内容，置于每章疏文开始前，总结前章要旨，归纳本章大意，起着承上启下的作用。不过《御疏》的开题与成玄英《老子注》的开题相比，只是简化的程序，远不如成玄英那样既有章次的说明，也有每章的层次说明。比如第二章，《御疏》在疏文前的开题文字说："前章明妙本生化入两观之不同，此章明朴散异因万殊而逐境，逐境则流浪，善化则归根。故首标美善妄情，次示有无倾夺，结以圣人

---

① 唐玄宗：《唐玄宗御注道德真经》，见《老子集成》第一卷，第453页。
② 唐玄宗：《唐玄宗御制道德真经疏》，见《老子集成》第一卷，第513页。

之理，冀达还淳之由。"① 值得注意的是，《御疏》的开题文字仅说明前章和本章的主旨，至于两章的关系，《御疏》没有像成玄英那样，使用"故"字连接前后章。"故"是表达因果关系的词汇，但是《老子》原文的章序，大部分并不存在严密的逻辑。前章有关成玄英的论述中，已提及成玄英对《道德经》内容的体系化建构存在牵强之处。唐玄宗《御注》、《御疏》或许认识到了这一点，《御注》没有开题部分，《御疏》相当于开题的部分仅仅是两章的内容提要，无关章序的逻辑关系。

开题部分并不是毫无价值，它能使读者在阅读抽象文本的过程中，始终围绕注疏者想要表达的主旨来理解《道德经》，不断强化读者已有的知识。比如《御注》想要表达的是唐玄宗作为帝王的身治则国治的政治理想，《御疏》的开题部分就集中阐明《道德经》的身国同治思想，开题又再三陈说，不断强化。当然这些内容未必出于唐玄宗本人，只是得到了唐玄宗的认可后，作为《御注》的参考读物，与《御注》一起颁行天下，它仍然可以看作是唐玄宗及其《御注》思想的反映。

第二，《御疏》对《御注》的解说，佛教色彩更为浓厚，远远超过了《御注》对佛理的有限借用。如《御注》比较明确地吸收了诸法性空、重玄中道等佛理，但是只需稍作对比就能发现，《御注》对佛理的援引和利用，在程度上不仅远不如成玄英和李荣，也远不如《御疏》。从《御疏》对《御注》的解说来看，其中必定有深谙佛学的人参与。其表现主要有两个方面。其一，有一些佛教名相和术语，在《御注》中要么没有出现，要么只是昙花一现，《御疏》则普遍使用。比如"无住"这个词，在佛教中是实相的代名词，《御注》根本就没有使用，但《御疏》在第一章的疏文中就出现了，用来解释"玄之又玄"，疏云："故寄又玄以遣玄，欲令不滞于玄，本迹两忘，是名无住，无住则了出矣。"② 此后又在第八章、第十五章、第二十

---

① 唐玄宗：《唐玄宗御制道德真经疏》，见《老子集成》第一卷，第 452 页。
② 唐玄宗：《唐玄宗御制道德真经疏》，见《老子集成》第一卷，第 451 页。

章出现过"无住",如"至人虚怀,于法无住,忘善而善,是善之上"①,"夫能无所凝滞,以至无为,于法无住"②,"绝学之人,忽忽无心,常若昏昧,而心寂然,曾不爱染,于法无住,故似无所止著尔"③。简单对比一下《御注》和《御疏》对"玄之又玄,众妙之门"的理解就更加清楚了。《御注》云:"意因不生,则同乎玄妙,犹恐执玄为滞,不至兼忘,故寄又玄以遣玄,示明无欲于无欲。能如此者,万法由之而自出,故云众妙之门。"④《御疏》将《御注》的"兼忘"直接解释为"本迹两忘,是名无住,无住则出矣"。"兼忘"是老、庄道家本有的思想,《庄子》多有阐发,"无住"、"了出"则是佛教的说法。

又如"致虚极,守静笃",《御注》说:

> 虚极者,妙本也。言人受生皆禀虚极妙本,及形有受纳,则妙本离散。今欲令虚极妙本必致于身,当须绝弃尘境染滞,守此雌静笃厚,则虚极之道自致于身也。⑤

《御疏》说:

> 疏:虚极者,妙本也。言人受生皆禀虚极妙本,是谓真性。及受形之后,六根爱染,五欲奔驰,则真性离散,失妙本矣。今欲令虚极妙本必自致于身者,当须守此雌静,笃厚性情而绝欲,无为无狭而不厌,则虚极妙本自致于身。⑥

《御疏》中的六根(六尘)、五欲和真性都是佛教术语,《御注》

---

① 唐玄宗:《唐玄宗御制道德真经疏》,见《老子集成》第一卷,第456页。
② 唐玄宗:《唐玄宗御制道德真经疏》,见《老子集成》第一卷,第462页。
③ 唐玄宗:《唐玄宗御制道德真经疏》,见《老子集成》第一卷,第466页。
④ 唐玄宗:《唐玄宗御注道德真经》,见《老子集成》第一卷,第417页。
⑤ 唐玄宗:《唐玄宗御注道德真经》,见《老子集成》第一卷,第422页。
⑥ 唐玄宗:《唐玄宗御制道德真经疏》,见《老子集成》第一卷,第462页。

中并没有。《御注》解释妙本离散的原因是"形有受纳",《御疏》将其归结为六根爱染、五欲奔驰和真性离散,这其实是用佛理重新解释了《御注》。

其二,《御疏》强化了佛教义理。如佛教性空论,《御注》稍及,其注《道德经》第二章,认为美与恶,善与不善,俱是"妄情所生",皆根源于人心封执有无的分别心,《御注》没有进一步否美和恶、善和不善,乃至高下、长短等的真实性。然而《御疏》皆以佛教性空来解释《御注》,它不仅批评认识主体的分别心,也彻底否定了认识对象的真实性。《御疏》是这样疏解的:"夫有不自有,因无而有,凡俗则以为无生有。无不自无,因有而无,凡俗则以为有生无,故云相生。而有无对法,本不相生,相生之名,犹妄执起。"这是解释有无之相生,表明有无性空。这就好比美和恶一样,不过是世人欲心驱动,妄情所致。"如美恶非自性生,是皆空故,圣人将欲救其迷滞,是以历言六者之惑"。"六者"是指《老子》经文中所举——有无、难易、长短、高下、音声和前后。有无之相生是"明有无性空",难易之相成是"明难易法空",其实有无皆是虚幻,难易均是无实,所有这些名称都是妄生,是为法空。总之,六者皆空——"有无性空"、"难易法空"、"长短相空"、"高下名空"、"(音声)和合空"、"三时念空",诸法皆空。① 由诸法性空出发,《御疏》进一步导出圣人为何要行无为之治:"故圣人知诸法性空,自无矜执,则理天下者当绝浮伪,任用纯德,百姓化之,各安其分。各安其分则不扰,岂非无为之事乎?"②

和《御注》相比,《御疏》使用"空"的频率要高得多,如"声色性空","学相皆空","是法(学和教)都空","今善摄生之人,照法性空,悟身相假","除诸有见,有见既遣,知空亦空,顿舍二偏,回契中道","夫法性本空,而非知法,圣人悟此,不有取相之知","圣人得平等智,了法性空,理无去取","圣人妙达理源,深

---

① 唐玄宗:《唐玄宗御制道德真经疏》,见《老子集成》第一卷,第 452 页。
② 唐玄宗:《唐玄宗御制道德真经疏》,见《老子集成》第一卷,第 453 页。

明法性，悟文字虚假，了言教空无"等。而《御注》只有第四十章和第七十一章中的"空"明确指向"性空"，其他的都是指有无意义上的无之"空"，非佛教之"空"，如第四十一章注云"诸法性空，不相因待"，第七十一章注云"了法性空，本非知法，于知忘知，是德之上。不知知法，本性是空，于知强知，是行之病"。

总之，《御疏》在形式上和内容上丰富和改造了《御注》，特别是《御疏》对《御注》的进一步佛理化，促进了佛道的深度融合，有助于读者从整体上把握《道德经》和《御注》，《御疏》因此成为理解《御注》的必要参考。当然，《御疏》对《御注》的改造远不止于此，比如我们还注意到，"人君"一词在《御注》中出现了二十余次，在《御疏》却出现了五十余次，如果算上"君位"、"君主"、"君子"、"有道之君"和"圣人"等与君主有关联的称谓，这个数字会更加可观，这说明《御疏》在一定程度上强化了《道德经》对君主的诫勉价值。

《御疏》卷前有一卷类似序言的文字——《唐玄宗御制道德真经疏释题》，全文七百余字，既称"御制"，又有"肃肃皇祖，命氏我唐"，"听理之余，伏勤讲读"等语，当出于唐玄宗本人，它是对成于众人之手的《御疏》的"释题"。

《道德经》文字简约，含义隽永，富有哲理，人人都能读出自己的不同理解。《明太祖文集》记载，明太祖朱元璋读书不多，他初次接触《道德经》就有一个发现，"见数章中尽皆明理，其文浅而意奥，莫知可通"，的确可作为"王者之上师"，以此为观察点，他读古人旧注，便觉得皆不称意，感慨如此一本字少"文浅"的经典，竟然"所注者人各异见"，于是效仿唐玄宗和宋徽宗，授意大臣炮制出一本《道德经》注。唐玄宗和朱元璋都专注于阐发《道德经》的治国思想，个性十分鲜明，毫无疑问这与他们的帝王身份息息相关。

唐玄宗向全国推广《御注》的第一道诏书以序言的方式置于《御注》前。在这道诏书里，唐玄宗先强调老子著五千言启迪后世，意义重大："昔在元圣，强著玄言，权舆真宗，启迪来裔。"① 然而，时代久远，五千言虽在，后人的理解却乖悖其真。比如《指归》，晋常璩《华阳国志》说，严君平"著《指归》，为道书之宗"；又比如《老子河上公章句》，不仅是六朝以来道教内外最流行的读本，更是唐玄宗以前的官方教材。但即便是这两种古注，在唐玄宗眼里，也不尽人意，"撮其指归，虽蜀严而犹病；摘其章句，自河公而或略"。杜光庭《道德真经广圣义》对这两句话是这样解释的：

> 当时以为《道德》之说，文止五千，《指归》之多，将及数万，演之于世，谓为富赡广博。议之于理，伤于蔓衍繁丰，故云虽蜀严而犹病也。
>
> "或略"者，圣旨以为《道德》尊经并包万法，围制三才，理国理家之宗，修身修道之要，无所不摄，无所不周。而河上公分为八十一章，局于九九之数，有失大圣无为广大之趣。故云自河公而或略也。②

杜光庭的解说，于严遵《指归》确有道理。现存《指归》仅《德经》部分，唐代谷神子注本经注文合计有近七万字，其中绝大部分是《指归》原文。据笔者粗略统计，严遵每一章的"指归"文字几乎都在一千五百字以上，有的甚至有三四千字，如《德经》第一章"上德不德"章有近二千八百字，第二章"昔之得一"章有近两千字，第二十章"以正治国"章的注解大约有三千字，此所谓"蔓衍繁丰"的毛病。但是唐玄宗说的"自河公而或略"，杜光庭的解释有些不着边际。《老子河上公章句》的问题似乎并不是"分为八十一章，局于九九之数"，而是它的注解太简略。现存《老子河上公章句》是逐句作注，既有简单说文解字，也有大义分析，都很简略，经注文合计不及二万五千字。比如《德经》第一章的注解，《指归》有近三千

---

① 唐玄宗：《唐玄宗御注道德真经》，见《老子集成》第一卷，第416页。
② 杜光庭：《道德真经广圣义》，见《老子集成》第二卷，第4—5页。

字，《老子河上公章句》只有四百余字，繁简皎然有别。《指归》在后世的亡佚，应该与其过于繁琐有关。而《老子河上公章句》在汉魏以后的长期流行，也应该部分得益于其言简意赅。唐玄宗担忧的是，"则我玄元妙旨，岂其将坠"？如此，由他自己勇担责任，传承斯文，就是顺理成章的事情了，"朕诚寡薄，尝感斯文，猥承有后之庆，恐失无为之理。每因清宴，辄叩玄关，随所意得，遂为笺注。岂成一家之说，但备遗阙之文"。① 在套路式的谦逊之辞背后，可以看到唐玄宗的雄心、信心和用心。

唐玄宗本人非常重视《御注》，从开元十一年（723）开始动笔，到开元二十年颁行天下，这十年期间，身边的饱学之士参与讨论是可以想见的。后人在评论《御注》、《御疏》时，也多认为它们是唐玄宗和朝廷文人高道的共同成果。但正如前面已经论及的，《御注》可能基本是唐玄宗自撰，比如改动经文时透露出来的得意之情，都非身边大臣可以替代。

对于《御注》，唐玄宗也是相当自信的。《御注》序说："今兹绝笔，是询于众公卿臣庶道释二门，有能起予类于卜商，针疾同于左氏，渴于纳善，朕所虚怀，苟副斯言，必加厚赏。且如谀臣自圣，幸非此流，县市相矜，亦云小道，既其不讳，咸可直言，勿为来者所嗤，以重朕之不德。"② 可见《御注》完成后，有一个"询于众公卿臣庶道释二门"的广泛征求意见的过程。诏书中引了两个典故，一个是《论语·八佾》孔子对学生子夏在"礼"的问题上能够启发自己发出的由衷赞赏："起予者，商也，始可与言《诗》已矣"；另一个是东汉公羊家何休批评左氏《春秋》的《左氏膏肓》。《御注》经过这番公示，是否真的进行了修改不得而知。从《御注》中我们可以看到，唐玄宗既充分吸收了汉魏旧注和唐代前期流行的道教重玄思辨方法，也舍弃了道教的宗教成分，其诠说宗旨是身国同治、儒道佛为一。《御注》文辞颇为雅驯，说理通俗易懂，要言不烦，有

① 唐玄宗：《唐玄宗御注道德真经》，见《老子集成》第一卷，第 416 页。
② 唐玄宗：《唐玄宗御注道德真经》，见《老子集成》第一卷，第 416 页。

极高的可读性。①

最后谈谈唐玄宗《御注》的底本经文问题。晁公武在《郡斋读书志》卷十一《子部·道家类》"明皇《老子注》二卷，《疏》六卷"后注云：

> 右唐玄宗撰。玄宗既为注二卷，又为疏六卷。天宝中，加号《玄迈道德经》，世不称焉。又颇增其辞，如"而贵食母"作"而贵求食于母"之类。"贵食母"者，婴儿未孩之义。诸侯之子，以大夫妻为食母，增之赘矣。

验之于《御注》，的确如《郡斋读书志》所言，《老子》第二十章经文写作"我独异于人，而贵求食于母"②。查晚于唐玄宗的李约所著《道德真经新注》以及敦煌白文本（道教内部使用的五千字本）等唐代《道德经》，此句经文与《御注》经文相同，可见受到了唐玄宗改写经文的影响。③ 而唐代后期的王真、陆希声的《道德经》注疏使用的底本经文已经摆脱了唐玄宗的影响。

《御注》对于改变《老子》经文有自圆其说的解释：

> 求食于母者，贵如婴儿无营欲尔。上文云如婴儿之未孩，

---

① 比如注解第十三章"何谓宠辱？宠为下，得之若惊，失之若惊，是谓宠辱若惊"："前标宠辱如惊，恐人不了，故问何谓宠辱？夫得宠骄盈，无不生祸，是知宠为辱本，故答云宠为下矣。宠辱循环，宠为辱本。凡情惑滞，惊辱而不惊宠，故圣人戒云：汝之得宠，当如汝得辱而惊，则汝之失宠得辱，亦如吾戒，汝得宠而惊惧也。故结云是谓宠辱若惊。"唐玄宗：《唐玄宗御注道德真经》，见《老子集成》第一卷，第421页。

② 唐玄宗：《唐玄宗御制道德真经疏》，见《老子集成》第一卷，第466页。

③ 敦煌《道德经》白文本参见《老子集成》第一卷第40页。另，《道藏》本李荣的《道德真经注》此句经文也是"而贵求食于母"（李荣：《道德真经注》，见《老子集成》第一卷，第360页），但根据注文"凡人滞俗，圣人用道，故言食母也"，可知经文原本应为"而贵食母"，与成玄英所据经文一致。他们都说"食，用也。母，道也"。经文和注解都和《老子河上公章句》相同。它们都在唐玄宗之前，所据《老子》都是道教内部通行的五千文本（葛本），李荣注本经文似为《道藏》刻印时所改。

下经云含德之厚，比于赤子。如此所以独异于人。先无求、于两字，今所加也。且圣人说经，本无避讳，今代为教，则有嫌疑。畅理故义不可移，临文则句须稳便。便今存古，是所庶几。又司马迁云，老子说五千余言，则明理诣而息言，不必以五千为定格。①

日本学者岛邦男在其著作《老子校正》校后记中，就中国历史上各种《老子》注本的经文价值做了探讨，他指出《御注》影响所在："玄宗注本取舍想尔河本而成之，是虽为俗本，中唐以降推尊之，其所影响及于宋元。"又由于"道教隆昌，尊崇《想》、《河》，为王本亡于宋，今校诸本，欲复汉经文，暂以所校王本为上篇定本，以严本为下篇校本"。说明今存唐玄宗《御注》本在校对《老子》经文上是有参考价值的。他认为唐玄宗《御注》的意图很明确，就是要改正天后淫佛之风，故其注所据《老子》经文，并不严格遵从某种底本，而是唐玄宗根据葛本与河本亲自校订而成，并在注疏中排斥了道教的解释，而做了独到的注解，在当时被视为权威解释。岛邦男还对现存各种版本的《御注》经文（包括敦煌残抄本）做了研究，指出开元二十六年（738）所立河北易县龙兴观石碑和二十七年邢台县龙兴观石碑御注《道德经》（拓本在陈垣《道家金石略》中均有收录），虽然全本保存至今，但因受了《想尔》本的改易而失去了玄宗本之真。好在杜光庭《广圣义》是对玄宗《御注》、《御疏》的解说，经文忠实于玄宗《御疏》原本，而《广圣义》因为保存在《道藏》中，避免了篡改。对照现存《道藏》本唐玄宗《御注》和杜光庭《广圣义》，发现二者所据经文几乎是一致的。又据南宋彭耜《杂说》卷上，《道藏》本是唐《道藏》本的传本，所以这两个版本都可以说是传玄宗本经文之真。② 唐玄宗《御注》之后的唐代注本，因为其经文都是折中本，作为资料也就失去了价值。这虽然是从经

---

① 唐玄宗：《唐玄宗御注道德真经》，见《老子集成》第一卷，第425页。
② 刘韶军：《日本现代老子研究》，福建人民出版社2006年版，第538页。

文价值的角度所做的估量，但也从一个侧面说明了《御注》的整体价值。事实上，唐玄宗《御注》对近世日本治老子者颇有影响，除了岛邦男，其他如鹈泽总明、武内义雄、木村英一等日本学者在他们的《老子》义理研究中，亦颇参三圣之注，比如鹈泽总明的《老子的研究》首章解释"道法自然"就用唐玄宗和宋徽宗之说。[①]

三、《御注》和《御疏》与政治的关系

首先，《御注》体现了唐玄宗的帝王身份。李姓是唐朝皇室之姓，老子姓李名耳，从唐初开始，唐朝皇室就有意将其家族源头追溯到老子那里，唐朝皇室常常称道教为"本宗"或者"本家"、"家教"，如唐玄宗说，"恭惟老氏，国之本宗"。在《御疏》前所附《唐玄宗御制道德真经疏释题》中，唐玄宗对老子与唐皇室的关系以及《道德经》的价值有全面论述，他说：

> 老子者，太上玄元皇帝之内号也。玄玄道宗，降生伊亳，肃肃皇祖，命氏我唐。垂裕之训，无疆之祉，长发远祥，系本瓜瓞。其出处之迹，方册备记。道家以为玉晨应号，马迁谓之隐君子，而仲尼师之。翻经中其大谩问礼，叹乎龙德，是孔丘无间然矣。在周室久之，将导西极，关令尹喜请著书，于是演二篇焉。

《道德经》"明道德生畜之源，罔不尽此，而其要在乎理身理国"，这是唐玄宗对《道德经》主旨的总结。《道德经》以理身理国为要旨，这是从西汉严遵《老子指归》以来就有的认识，唐玄宗的理解也许并不新鲜，但却非常符合其帝王身份。我们知道，在唐玄宗之前的唐朝前期，《道德经》的笺注诠疏多受佛学影响，注重抽象思辨，具有强烈的致思倾向，显示出很高的思辨水平，但与现实政治有所疏

---

① 柳存仁：《道藏本三圣注道德经之得失》，见《百年道学精华集成》第六辑《经籍考古》卷一，第 390 页。

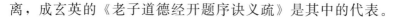

离，成玄英的《老子道德经开题序诀义疏》是其中的代表。

六朝隋唐时期在道教内外流传最广的是《老子河上公章句》，其长处是阐发身国同治思想，语言简明易懂。然而到了唐初，其真实性开始广为士大夫和释氏所质疑。据载，唐太宗时期，刘知幾曾在朝廷公开说《老子》无河上公注，请用王弼注。再如佛教方面的《法苑珠林》卷六十九《破邪篇》就说，"道士之号老教，先无河上之言，儒宗未辨"。释子诘难《老子河上公章句》，目的不言自明，南朝以来几成惯例。刘知幾等大臣不满《老子河上公章句》，原因值得揣摩，可能并非计较是否真有河上公这个人，而是在于《老子河上公章句》本身。正如晁公武《郡斋读书志》所言，"其书颇言吐故纳新、按摩导引之术，近神仙家。刘子玄称其非真，殆以此欤？"刘知幾等大臣反对的并不是《道德经》，而是"神仙家"的《老子河上公章句》，毕竟神仙虚诞，上不了大雅之堂。即便刘知幾等大臣不反对《老子河上公章句》，于唐朝这样一个将老子奉为李氏圣祖和万教之祖，将《道德经》尊为群经之首的统一帝国来说，无论是《老子河上公章句》还是王弼《老子注》，都是远远不够的。

留下了长篇著述的道士成玄英和李荣，先后活跃于唐太宗、唐高宗时期，都曾被誉为道门之秀或李宗之望，都曾深受皇室宠信，二人服务于朝廷的忠心没有什么不同。然而我们从两人的《老子》注可以发现，尽管他们都推崇以重玄双遣来发掘《道德经》的玄妙奥义，都深谙佛学，但二人的注解却有着显著的差异。成玄英《老子道德经开题序诀义疏》以抽象思辨见长，以对精神自由乃至绝对超越为最高追求，其疏文对《道德经》理国思想较为忽视，专以阐发修身为务。李荣稍后于成玄英，他的《道德真经注》同样采用成玄英使用过的重玄中道方法，但他似乎发现了成玄英的不足，有意加强了成玄英忽略的治国一面，将《道德经》注疏拉回到了身国同治的传统轨道上。

其次，以理身理国为宗旨。唐玄宗晚于成、李，在思想脉络上，他的《御注》和《御疏》接续李荣《道德真经注》，更加强调身国同治，而重玄意趣进一步褪色。这种不同，首先应该从他们的身份差异去理解，其次则需要从时代需求去理解。

《御注》具有明显的帝王身份特征，比如第二十九章注云：

> 天下者，大宝之位也，有道之者，必待历数在躬，若暴乱之人，将欲以力取而为之主者。老君戒云：吾见其不得已。
>
> 大宝之位，是天地神明之器，谓为神器，故不可以力为也。故曰为者败之，此戒奸乱之臣。
>
> 历数在躬，已得君位，而欲执有斯位，凌虐神主，天道祸淫，亦当令失之。此戒帝王也。①

"神器"，《指归》注曰："天下者，神灵所成，太和所遂。神灵所察，圣智所不能及而威力之所不能制。"② 严遵认为"神器"指"天下"。《老子河上公章句》释为"人乃天下之神物也"③，"神器"指"人"。王弼注云："神，无形无方也。器，合成也。无形以合，故谓之神器也。万物以自然为性，故可因而不可为也，可通而不可执也。"④ "神器"指道生万物的神奇功用，或者说指的是万物本身。成玄英注云："含识之类，悉有精灵，并堪受道，故名神器，亦是帝位也。"⑤ 这说明将"神器"释为"帝位"，唐玄宗并不是第一人，但是这种解释在现存六朝注《老》中并没有发现，这或许说明它可能是隋唐之际注家有意迎合帝王需要而出现，不是一种通用的解释。比如初唐魏征《老子治要》仍然将"神器"释为"人"，他说："器，物也。人乃天下之神物也，神物好安静，不可以有为治也。"⑥

又如第五十四章"子孙祭祀不辍"，《御注》云：

---

① 唐玄宗：《唐玄宗御注道德真经》，见《老子集成》第一卷，第 429 页。
② 严遵：《道德真经指归》，见《老子集成》第一卷，第 135 页。
③ 《老子道德经想尔注》，见《老子集成》第一卷，第 152 页。
④ 王弼：《道德真经注》，见《老子集成》第一卷，第 218 页。
⑤ 成玄英：《老子道德经开题序诀义疏》，见《老子集成》第一卷，第 309 页。
⑥ 魏征：《老子治要》，见《老子集成》第一卷，第 275 页。

言善以道德建抱之君，功施于后，爱其甘棠，况其子孙乎？而王者祖有功，宗有德，故周之兴也，始于后稷，成于文武，周之祭也，郊祀后稷，宗祀文王，故虽卜代三十，卜年七百，毁庙之主，流溢于外，而后稷文王郊宗之祀，不辍止也。①

"爱其甘棠"出自《诗·召南·甘棠》，诗分三组，《毛诗序》说它是"美召伯也。召伯之教，明于南国"。该诗主要歌颂文王之子召公姬奭勤政爱民而为百姓拥戴、流芳后世的事迹，儒家认为它表达了圣智之君、甘棠之臣、君臣相得等意蕴。孔子非常推重召公，《孔子家语》记载孔子论《诗》："吾于《甘棠》，见宗庙之敬也。甚尊其人，必敬其位，顺安万物，古圣之道几哉！"《老子道德经序诀》说老子生于殷末，为文王师。可见《御注》以甘棠之诗、后稷文王的故事等儒家典故解释《老子》经文"子孙祭祀不辍"，颇有深意，是以儒解《老》。唐代后期王真的《道德经论兵要义述》、陆希声的《道德真经传》等以儒解《老》的风格与之相近。

不难理解，唐玄宗会将《老子》第二十六章的"是以君子终日行，不离辎重。虽有荣观，燕处超然"中的"君子"看作是"人君"："人君者，守重静，故虽有荣观，当须燕尔安处，超然不顾也。"唐玄宗看到《老子》说"奈何万乘之主，而以身轻天下。轻则失臣，躁则失君"，不免深有感触："奈何者，伤叹之辞也。天下者，大宝之位也。言人君奈何以身从欲，轻用其身，令亡其位也。君轻易，则人离散，故失臣。臣躁求，则主不齿，故失君。"② 也不难理解，为何唐玄宗会把"始制有名，名亦既有"理解成"人君以道致平，始能制御有名之物，故有名之物，亦尽为侯王所有矣"，把"夫亦将知止，知止所以不殆"理解成"若侯王能制有名之物，则夫有名之物，亦将知依止于侯王，知依止有道之君，所以无危殆之事"，把"譬道之在天下，犹川谷之与江海"理解成"天降甘露，以瑞

---

① 唐玄宗：《唐玄宗御注道德真经》，见《老子集成》第一卷，第 438 页。
② 唐玄宗：《唐玄宗御注道德真经》，见《老子集成》第一卷，第 427—428 页。

有道，故譬有道之君，在宥天下，天则应之，犹如川谷与江海通流尔"。①

　　对于《道德经》一书的主旨，唐玄宗说："道德生畜之源，罔不尽此，而其要在乎理身理国。""理国理身"为何是《道德经》一书之要？他先说"理国"：

> 理国则绝矜尚华薄，以无为不言为教。故《经》曰：道常无为而无不为，侯王若能守，万物将自化。又曰：我无为而人自化，我无事而人自富，我好静而人自正，我无欲而人自朴。②

　　这段话相当准确地抓住了《道德经》的思想核心。《御注》所引《道德经》第三十七章和第五十七章两段经文，都直接说到了"自化"，一说"万物"之"自化"，一说"人"之"自富"、"自正"和"自化"，不仅涵盖了统治者兼治天下的所有对象，也符合所有统治者的政治理想。

　　至于"理身"，《御注》接着说：

> 理身则少私寡欲，以虚心实腹为务。故《经》曰：常无欲以观其妙。又曰：不贵难得之货，不见可欲。又曰：塞其兑，闭其门，挫其锐，解其纷。而皆守之以柔弱雌静。故经曰：柔胜刚，弱胜强。又曰：知其雄，守其雌。此其大旨也。③

　　以少私寡欲、虚心实腹、柔弱雌静作为理身原则，也是直接从《道德经》经文中归纳出来的，并无额外发挥。

　　但是，唐玄宗处在佛教思想以及重玄思潮的深刻影响之下，前有成玄英、李荣等道门之秀发挥《道德经》的重玄意趣，唐玄宗不

---

① 唐玄宗：《唐玄宗御注道德真经》，见《老子集成》第一卷，第 430 页。
② 唐玄宗：《唐玄宗御注道德真经》，见《老子集成》第一卷，第 450 页。
③ 唐玄宗：《唐玄宗御制道德真经疏》，见《老子集成》第一卷，第 450 页。

能自外于这一时代潮流，故其《御注》和《御疏》也有一定的重玄趣味。只不过与成、李等人的《老子》注疏相比，超越意味大为褪色而略显苍白而已。以理身理国、无为无欲归纳《道德经》一书大旨，这与前人没有太大的差异，然而《御注》却认为，前述尚不足以表达《道德经》的全部意蕴，因此它接着又说：

> 及乎穷理尽性，闭缘息想，处实行权，坐忘遗照，损之又损，玄之又玄，此殆不可得而言传者矣。其教圆，其文约，其旨畅，其言迩，故游其廊庑者，皆自以为升堂睹奥，及研精覃思，然后知其于秋毫之端，万分未得其一也。①

直接提炼出《道德经》朴素的理身理国要旨后，《御注》还表达了唐玄宗对《道德经》语言的深刻性和思想的深邃性的充分领会。唐玄宗认为在那些可以把握的"柔弱雌静"等普遍道理之外，《道德经》还有更多奥义，所谓"及乎穷理尽性，闭缘息想，处实行权，坐忘遗照，损之又损，玄之又玄，此殆不可得而言传者矣"。这些不可得而传的玄之又玄的奥妙，即是《御注》中通过重玄思辨方法表达的思想。

《道德经》文约义丰，包罗万象，任何人都不能浅尝辄止。唐玄宗一生于《道德经》用功甚勤，自言"遗述元经，朕之夙好"，"每惟圣祖垂训，贻厥孙谋，听理之余，伏勤讲读"，但即便自己如此勤奋，仍未必通达老经玄妙之万一。他谦虚地说："今复一二诠疏其要妙者，书不尽言，粗举大纲，以裨助学者尔。"②帝王朕躬亲劳，殚精竭虑，目标当然不仅仅"以裨助学者"，不然，何必要大张旗鼓颁行天下，令百姓人人奉习？

四、《御注》的三教并用思想

唐玄宗不偏主一教，这既表现在他多次以诏令的形式将三教并

---

① 唐玄宗：《唐玄宗御制道德真经疏》，见《老子集成》第一卷，第 450 页。
② 唐玄宗：《唐玄宗御制道德真经疏》，见《老子集成》第一卷，第 450 页。

用的政策颁布全国，也表现在他个人的三教修养上。诏令如"道教释教，其来一体，都忘彼我，不自贵高"，"缁黄二法，殊途一致，道存仁济，业尚清虚"，"道释二门，皆为圣教，义归宏济，理在尊崇"等；① 从唐玄宗的个人修养上看，他耽溺道教，兼习佛理，熟读儒家经典更是分内之事。理政之余，亲注三教经典《孝经》、《道德经》和《金刚经》，即是最好的证明，三教兼融的特征也体现《御注》和《御疏》中。

首先，注疏常常引用儒家经典以证其说，或利用《老子》的思想融贯儒学，这对唐玄宗而言是合情合理，无须证明的，也不是本文要阐述的重点。儒道会通最显而易见的表现当然是在《道德经》的注疏中直接引征儒家经典，但这并不是说，在注解《老》、《庄》的过程中引征儒家典籍，注家的思想就一定是主儒家的，因为《诗》、《书》、《易》等儒家经典是所有人共享的一般性知识，与佛经和道经作为专门性知识而主要为信仰者所拥有是不同的。唐玄宗主张三教并用，《御注》的根本目的却很明确，就是以佛道会通儒学，发挥《道德经》的政治教化功能，而不是要以道家道教取代儒学，这与道士解《老》引征儒经不同。唐朝朝廷对待道教的态度十分微妙，一方面，教主老君是李唐王室的圣祖，道教是圣教，从唐朝开国至唐玄宗，中间除了武则天有所反复外，道教一直位于三教之首。唐玄宗将亲注《道德经》和《孝敬》颁示天下时，诏书中宣称"道为理本，孝实天经"。事实上，唐玄宗对道教的尊崇，撇开个人修身不谈，主要目的是利用其教化功能，服务于李唐天下，这或许是唐玄宗理解的自利利他。《加应道尊号大赦文》即可见其帝王心态："道教之设，淳化之源，必在宏阐，以敦风俗。"《御注》大量引用儒家经典《周易》、《尚书》、《礼记》和《左传》等，并在一定程度上进行了创造性解释。

以引征《易》为例。《御注》第十章"天门开阖"："形而上者曰

---

① 分别载《全唐文》卷三《令僧尼无拜父母诏》、卷二九《禁僧道不守戒律诏》和卷二四《春郊礼成推恩制》。

道，形而下者曰器。"语出《易·系辞》。《御注》第十一章"故有之以为利，无之以为用"，直接引《易》："又解云：《易》曰：一开一辟谓之变，言圣人抚运，应变无常，不以雄成，而守雌牝，亦如天门开阖，亏盈而益谦也。"① 《御注》第十六章"不知常，妄作凶"："不恒其德，或承之羞，失常妄作，穷凶必至矣。"② "不恒其德，或承之羞"语出《易·恒卦》九三爻辞。

《御注》引儒家经典，是否只是在字面上寻求相似性呢？我们以《御注》第八章"言善信"的注解为例略分析。其注曰："发言信实，亦如水之行险，不失其信矣。"③ "水之行险，不失其信"语出《周易》坎卦象辞曰："'习坎'，水流而不盈。行险而不失其信，维心亨，乃以刚中也。"这是《御注》引儒家典籍最有代表性的一处。坎卦在六十四卦中是非常特别的一卦，卦名又称"习坎"，意为重叠的两个单卦构成坎卦。象辞的意思是说，坎卦这个卦，水流而不盈，似坎卦之卦象。上下两坎重叠而成卦，表示水流陷坎，不能盈满。但是坎卦二五爻为阳爻（其他均为阴爻），表明阳居阴中，为行险而不失信之象。"水之行险，不失其信"是解释坎卦卦辞"有孚，维心亨"的。应该说，《御注》引用坎卦的象辞注解"言善信"十分独到，经文"言善信"本来明白易懂，不需要多加解释，更何况最后一章八十一章有经文"信言不美，美言不信"，前后一贯。比如《老子河上公章句》释"言善信"为"水内影照形，不失其情"④；《想尔注》说，"人当常相教为善，有诚信"⑤；成玄英注有所发挥，但仍然注重的是"信"，谓"信，实也。水能澄鉴仪貌，妍丑不欺。圣言证理，信如符契"⑥，他们都是从正面强调"信"。《御注》引坎卦"险"意入注，使语义出现了微妙变化，有意凸显了语言不诚信的危害，

① 唐玄宗：《唐玄宗御注道德真经》，见《老子集成》第一卷，第420页。
② 唐玄宗：《唐玄宗御注道德真经》，见《老子集成》第一卷，第423页。
③ 唐玄宗：《唐玄宗御注道德真经》，见《老子集成》第一卷，第419页。
④ 河上公：《道德真经注》，见《老子集成》第一卷，第141页。
⑤ 《老子道德经想尔注》，见《老子集成》第一卷，第180页。
⑥ 成玄英：《老子道德经开题序诀义疏》，见《老子集成》第一卷，第293页。

使"言善信"这句陈述句具有了祈使和告诫的意味。所以《御疏》说："上善之人，言必真实，弘化凡庶，善信不欺。如彼泉流，岂殊坎险？故云言善信。"① 与《老子河上公章句》等相比，《御注》和《御疏》的解释落脚在圣人的言语诚信上，这已经是创新了。象辞的"不盈"，在《道德经》中出现了两次，"道冲而用之，或似不盈"，"夫唯不盈，故能弊，不新成"，"不盈"即不盈满，被《道德经》作为道的一种伟大品格。"不盈"是坎卦象辞和《道德经》之间获得联系的线索，唐玄宗利用这一线索，不仅实现了儒道相通，也进一步深化了他对《道德经》"言善信"的理解。

其次，《御注》对佛教思想的借用，体现了唐玄宗在政治治理外的某种内在追求。正如柳存仁指出的："玄宗之思想既深受佛经熏陶，耳濡目染，或亦有时有难于摆脱佛教藩篱之苦。"② 此说一针见血。近年来，道教学界对蒙文通在 20 世纪 40 年代辑佚《老子》注疏过程中发掘的道教重玄思想颇为重视，在蒙文通已有研究的基础上，对重玄学的发生和发展做了大量梳理，本书论及的成玄英、李荣和唐玄宗的《老子》注疏，都被置于此一思想背景中去重新理解。如果将《御注》也放在重玄学的视野内考察，柳存仁指出的唐玄宗"有难于摆脱佛教藩篱之苦"，正是佛教教义的超越精神带来的。试图逃离这种藩篱之苦，成玄英等重玄学者早已付出过艰苦努力。前论成玄英的老学，已经指出作为六朝隋唐道教重玄学的集大成者，成玄英在其老、庄注疏中呈现出来的精神，正是这种"难于摆脱佛教藩篱之苦"的焦虑。

和成玄英、李荣一样，唐玄宗深受佛教因缘和合、诸法性空认识论的影响，真诚认可佛教双遣双非的中道观，了解这一点，才能真正把握《御注》、《御疏》的精神实质。从老学史的视角看，唐玄宗《御注》自觉延续了唐初重玄兼忘的思想轨迹，并体现出某种类

---

① 唐玄宗：《唐玄宗御制道德真经疏》，见《老子集成》第一卷，第 456 页。
② 柳存仁：《道藏本三圣注道德经之得失》，见《百年道学精华集成》第六辑《经籍考古》卷一，第 397 页。

似成玄英的精神超越气息，但和成玄英相比，这种超越精神不免大打折扣。究其原因，不得不再次说，这是唐玄宗的帝王身份决定的。成玄英的《老疏》专注于从《老子》中发掘道教重玄修身新理念，刻意放弃其中的治国思想，致力于追求百非四句、都无所滞的妙极精徽、穷理尽性的精神新境界。唐玄宗则不然，他必须兼顾修身和治国平天下，如何做好人间天子更为急迫和重要。但政治往往是束缚人心的，与成玄英崇尚的重玄超越精神难以真正契合，这种冲突必然给他带来焦虑，《御注》在一定程度上体现了这种矛盾。

但不管怎样，对佛理的运用是唐玄宗《御注》的重要特点。如《御注》第二章"天下皆知美之为美，斯恶已"："美善无主，俱是妄情，皆由封执有无，分别难易，神奇臭腐，以相倾夺。大圣较量，深知虚妄，故云恶已。"因此，"六者相违，递为名称，亦如美恶，非自性生，是由妄情，有此多故"。[①] 又如注"吾所以有大患者，为吾有身。及吾无身，吾有何患？"：

> 身相虚幻，本无真实，为患本者，以吾执有其身，痛瘥寒温，故为身患。能知天地委和，皆非我有，离形去智，了身非身，同于大通，夫有何患？[②]

又注第四十三章"无有入于无间，吾是以知无为之有益"：

> 无有者，不染尘境，令心中一无所有。无间者，道性清净，妙体混成，一无间隙。夫不为可欲所乱，令心境俱静，一无所有，则心与道合，入无间矣。故圣人云吾见身心清净则能合道，是知有为之教，不如无为之有益尔。[③]

---

①　唐玄宗：《唐玄宗御注道德真经》，见《老子集成》第一卷，第417页。

②　唐玄宗：《唐玄宗御注道德真经》，见《老子集成》第一卷，第421页。

③　唐玄宗：《唐玄宗御注道德真经》，见《老子集成》第一卷，第435页。

注第五十六章"知者不言，言者不知。塞其兑，闭其门"：

> 知，了悟也。言，辩说也。了悟者于法无爱染，于言无执滞，故云塞其兑也。既无爱染，则嗜欲之门闭矣。①

上述各注，以佛解《老》十分明显。

柳存仁曾举《御注》对第二十七章"善行无辙迹"的注解，说明唐玄宗已经不满足经文所表达的道家的教导，而企图追求更高的意境。"善行"之"善"，在《老子》经文中是作为形容词修饰"行"的，《御注》将《老子》的善行、善言、善计、善闭、善结合称为"五善"，并认为"圣人常用此五善之教以教之"。但是《御注》将这五善的内容全部佛教化了，以"善行"为例，《御注》说它是指"于诸法中体了真性，行无行相，故云善行。如此则心与道冥，故无辙迹可寻求"②。《御疏》对此加以如下说明：

> 此明法性清净也。行谓修行也。法性清净，是曰重玄。虽藉勤行，必须无著，次来次灭，虽行无行，相与道合，故云善行。能如此，则空有一齐，境心俱净，欲求辙迹，不亦难乎？故云善行无辙迹。③

其他四善大致如此，善言是不滞言教，是阐明圣人明白诸法皆方便门，究竟清净，不生他见，不耽不滞，心照清净，境尘不起等。总之，圣人兼行五善，体了真性，不滞言象之表。

比较之前诸家注解，《御注》此章因为使用了佛教理论，显得颇有新意。其注与成玄英《老疏》最为接近，他们都释以佛理，但具体解释却不同。成玄英将五善中的善行、善言、善计和后两善分开，

---

① 唐玄宗：《唐玄宗御注道德真经》，见《老子集成》第一卷，第439页。
② 唐玄宗：《唐玄宗御注道德真经》，见《老子集成》第一卷，第428页。
③ 唐玄宗：《唐玄宗御制道德真经疏》，见《老子集成》第一卷，第472页。

释前三善为佛教的身口意三业，后两善之"善闭"释为六根解脱，"善结"释为结愿坚固的五种心——发心、伏心、知真心、出离心和无上心，[1] 都是借用佛教名相表达道教修炼思想。比如佛教的无上心，成玄英认为它相当于道教的"直登道果，乃至大罗也"。因此，"是以圣人常善救人，而无弃人"的这个"圣人"，"即是前三业清净、六根解脱之人也"，圣人之所以人物两不弃，"为能发弘誓愿，救度众生，故常在世间，有感斯应，慈善平等，终不遗弃也"。成玄英塑造的得道之人，俨然是大乘菩萨的化身。

根据《老子》经文的前后逻辑，"是以圣人常善救人，而无弃人；常善救物，而无弃物。是谓袭明"，"袭明"是对圣人无弃的总结，是圣人具有的众多品格之一。"是谓袭明"的道教注解，我们可以举以下几例。首先是《老子河上公章句》，注云："圣人善救人物，是谓袭明大道。"[2] 这个注解非常符合原文的语义逻辑，而且简单明了。其次是成玄英和李荣注，成玄英说"袭明"是"承用圣明之道"，李荣说是"袭明"是"承道而用"，说法略有不同，其实都是袭用《老子河上公章句》。下面来看《御注》的解释，其别出心裁就很明显了：

> 密用曰袭。五善之行在于忘遗，忘遗则无迹，故云密用。密用则悟了，故谓之明。[3]

为了进一步理解上文，下引《御疏》对应文字：

> 善行救人，在于忘遗，若滞教矜有，辙迹必存，故虽常救人，终使慧心无滞，如此密用，则悟了。故云是谓袭明。[4]

---

① 成玄英：《老子道德经开题序诀义疏》，见《老子集成》第一卷，第307页。

② 河上公：《道德真经注》，见《老子集成》第一卷，第151页。

③ 唐玄宗：《唐玄宗御注道德真经》，见《老子集成》第一卷，第428页。

④ 唐玄宗：《唐玄宗御制道德真经疏》，见《老子集成》第一卷，第473页。

唐玄宗将"袭"释为"密用"，前所未有，这显然是脱离《老子》原义而将"袭明"神秘化了。这一新解，后被陆希声《道德真经传》继承："是以此五善者，皆圣人善救之要也……教无弃人，用无弃物，斯乃密用知常之术，故谓之袭明焉。"①《御注》在这一章结束前注解"不贵其师，不爱其资，虽知大迷，是谓要妙"，述本章要义如下：

> 此章深旨，教以兼忘，若存师资，未为极致。今明所以贵师为存学相，学相既空，自无所贵，所以爱资为存教相，于教忘教，故不爱资。贵爱两忘，而道自化。
>
> 师资两忘，是谓玄德。凡俗不悟，以为大迷，故圣人云虽知凡俗以为大迷。以道观之，是为要妙。②

对比成玄英的注解，可以见其新意。这一章的注解大意，成玄英说是"师资两忘，圣凡一揆"，《御注》说是"教以兼忘"，即老子教以教相学相两忘，其实一样。但《御注》更重忘遣和兼忘，认为五善均是圣人言行的准则，如善行就是"于诸法中体了真性，行无行相"，善结就是"体了真性，本以虚忘，若能虚忘，则心与道合"。因此，五善的目的也"在于忘遣"，"忘遣则无迹"，无迹则曰密用。成玄英注解所谓五善，仅强调圣人三业清静、六根解脱、德能广济、利物无弃，无明显的遣除或兼忘义。经文"故善人，不善人之师；不善人，善人之资"中的"善人"，成玄英释为"向来袭明之人"③，也就是圣人，而唐玄宗仅释为与不善人对应的一般的善人。他们的区别是，同一章经文，成玄英认为前半经文论述的是圣人的品格，后半经文论述的是圣人教学双遣。而唐玄宗《御注》则认为整章经文都是讨论兼忘的，"此章深旨，教以兼忘若"。相较而言，《御注》

①　陆希声：《道德真经传》，见《老子集成》第一卷，第 596 页。
②　唐玄宗：《唐玄宗御注道德真经》，见《老子集成》第一卷，第 428 页。
③　成玄英：《老子道德经开题序诀义疏》，见《老子集成》第一卷，第 308 页。

更连贯系统。为了更全面地把握《御注》,《御疏》用了约二百字阐明《御注》此章的注解:

> 夫初地进修,两存学相,未能忘教,故贵爱师资。若能了其行门,则学无所学,师资之名既去,贵爱之字不存。然此章大宗,教之忘遣,语以渐顿,不无阶级,论其造极,是法都空,故前举为师为资,示进修之路,后云不贵不爱,导悟证之门。则明所以贵师为存学相,学相既空,自无所贵。所以爱资为存教相,于教兼忘,故不爱资,相忘江湖,自无濡沫。乍闻斯道,凡俗不悟,执学滞教,则必以为大迷,故老君格量云,虽知凡俗以为大迷,于道而论,是谓要妙也。①

《御疏》这段文字,除了强调教相学相兼忘,更点明所谓兼忘,"论其造极,是法都空",这一层意思是《御注》没有明示的。柳存仁评论说:"此不可谓玄宗不知道家本义,然玄宗所了解此事之层次,实更出普通道家之上,其胸襟与抱负或能包融道家义,但已不能承认道家所谓袭明之法术为有意义,以其所追求之意境为慧心无滞故也(参《疏》)。"② 道家袭明术,就是《老子河上公章句》所说"圣人善救人物,是谓袭明大道"。《御疏》则指出,只有认识到一切皆空,袭而不袭,遣之又遣,心灵无滞,才是真自由。

还可以再举一例。唐玄宗《御注》非常重视阐发他对权道的见解,某种程度上权道就是君道,这一点后面详论。唐玄宗使用的理论武器之一就是"诸法性空,不相因待",如第四十章"反者道之动,弱者道之用。天下之物生于有,有生于无",这一章的主题,一般认为是道论。《御注》的注解十分特别:

---

① 唐玄宗:《唐玄宗御制道德真经疏》,见《老子集成》第一卷,第473页。
② 柳存仁:《道藏本三圣注道德经之得失》,见《百年道学精华集成》第六辑《经籍考古》卷一,第397页。

天实之于权，犹无之生有，故行权者贵反于实用。有者必资于无。然至道冲寂，离于名称，诸法性空，不相因待，若能两忘权实，双泯有无，数舆无舆，可谓超出矣。①

言道至极之体，冲虚凝寂，非权亦复非实，何可称名？诸法实性理中，不有亦复不无，事绝因待，所言物生于有，有生于无者，皆是约代法而言尔。若知数舆无舆，即知数诸法无诸法，岂有权实而可言相生乎？悟斯理者，可谓了出矣。②

唐玄宗用《老子》表达有无关系的经文来说明权道和权实关系，表明自己如何看待君主行权的问题。但注文却将佛教诸法性空的思想融贯其中，说明玄宗试图以无滞之慧心去落实君道之实践。

第二节　道生德蓄，体用互陈

一、道德次序

传说《道德经》是老子"在周之久，将导西极，关令尹喜请著书，于是演二篇焉"，这是道教内外都一致接受的说法。但是，《道德经》为何分为《道经》、《德经》二篇，又为何《道经》在前，《德经》在后（唐代通行本），注家往往各陈己见。先秦典籍在西汉有一个整理和校订的过程，《道德经》可能有很多种版本。出土战国竹简本《道德经》还没有明确的分章，西汉帛书《道德经》《德经》在前，《道经》在后，篇序与通行本相反。《老子指归》残本同样是《德经》在前，《道经》在后，且总章数只有七十二章，不合于今本。战国秦汉《道德经》异本状况可以想见。汉代以来，随着《道德经》

---

① 唐玄宗：《唐玄宗御注道德真经》，见《老子集成》第一卷，第434页。
② 唐玄宗：《唐玄宗御制道德真经疏》，见《老子集成》第一卷，第484页。

文本的逐渐定型，注家在注解《道德经》时，都会尽力解释自己信从的《道德经》版本的篇章结构。比如《老子指归》谷神子注认为，《道德经》经文的字数是定数，"增一字即成疣赘，损一文即成瘢疮"①，理由是，老子作此二篇，"原本形气，以至神明……参以天地，稽以阴阳……章有表里，不得易位。章成体备，若本与根。文辞相践，不可上下。广被道德，若龙与麟……"② 这即是说，《道德经》一书虽然出自老子，但它的内容和形式都取决于天地阴阳的内在规定性，反映了天地宇宙的本质，是不能人为更改的。《指归》所据经文，首章是今本《德经》第三十八章"昔之得一者"。对此，谷神子的解释是："自大陈小为之上，纪道论德谓之经。始焉上德不德，化由于道而道不为之主，故授之以昔之得一……"③ 严遵《指归》原序文《君平说二经目》里，也详细解释了为何《道德经》分为上下二篇，以及为何《德经》在前《道经》在后，为何上经众下经寡等问题，认为这一切都是取"天地为象"，合于阴阳大数，比如"上经配天，下经配地"，"阴道八，阳道九，以阴行阳，故七十有二"云云。严遵好《易》，这是以《周易》筮法解《道德经》篇目。

关于《道德经》的这些形式问题，六朝隋唐注家通过开题和科判形式，力求在注解时集中给出合理解释。以成玄英的《老子道德经开题序诀义疏》为例，在正文前的《道德经开题》里，成玄英辟出专篇，从五个方面详论老子"所说正法"，"第一道德"，"第二释经"，"第三宗体"，"第四文数"，"第五章卷"。开题文字十分繁复，光是"第一道德"，下面又分出五个问题，反复陈说。这里面的"第四文数"和"第五章卷"，和《指归》想要解决的问题属于同一类。成玄英是道士，他奉为经典的是六朝隋唐道教内部流行的葛本《道德经》，也就是经文不多不少正好五千个字的所谓减字《道德经》。葛本是当时道士日常诵习的标准读本。葛本前面所附序言名为《老

---

① 严遵：《道德真经指归》，见《老子集成》第一卷，第66页。
② 严遵：《道德真经指归》，见《老子集成》第一卷，第66页。
③ 严遵：《道德真经指归》，见《老子集成》第一卷，第66页。

子道德经序诀》，据传出自晋代高道太极左仙公葛玄。在道教内部，葛玄和《老子道德经序诀》地位非常高，北齐高祖诏敕陆修静，以"祖述三张，弘衍二葛（葛玄和葛洪）"一语赞扬其功业。成玄英正是根据葛玄《老子道德经序诀》所言"于是作《道德》二篇，五千文上下经焉"，得出下列不容置疑的结论："是知五千之文，先有定数，后人流传，亟生改易。"[①] 成玄英也因此断定，《老子河上公章句》中的之乎者也之类虚词，是此经在流传过程中，"好异之徒例皆添糅"，"遂使鱼目乱珠，玉石无辨"。于是，"太极仙公欲崇本抑末，乃示以本文止五千字"。葛玄在《老子道德经序诀》中称"吾已于诸天校定，得圣人本文者乎"，五千这个数就成了不可动摇的定数。至于"五千奥典，上下二卷，八十一章，各有表明，咸资法象，岂徒然哉？良有以也"。[②]

唐玄宗打破了前人的说法，他认为：

> 而经分上下者，先明道而德之次也。然体用之名，可散也，体用之实，不可散也，故经曰：同出而异名，同谓之玄，语其出则分而为二，咨其同则混而为一，故曰可散而不可散也。则上经曰：是谓玄德，又曰：孔德之容，又曰：德者同于德，又曰：常德不离，下经曰：失道而后德，又曰：反者道之动，又曰：道生一，又曰：大道甚夷。是知体用互陈，递明精要，不必定名于上下也。[③]

唐玄宗正是从体用的角度认识到，道和德名虽不一，其实不过是体用互陈，不分彼此的，因此不一定要用上下之分来对待《道经》和《德经》。前述《指归》以天地阴阳解释《道德经》篇章结构中包含的数序问题，认为《道德经》的字数和结构是天经地义的，但最后

---

① 成玄英：《老子道德经开题序诀义疏》，见《老子集成》第一卷，第285页。
② 成玄英：《老子道德经开题序诀义疏》，见《老子集成》第一卷，第285页。
③ 唐玄宗：《唐玄宗御制道德真经疏》，见《老子集成》第一卷，第450页。

仍不得不说，"上经为门，下经为户"。其实，门和户又有什么区别呢？

二、从本降迹，摄迹归本

《御注》继承了成玄英《老疏》的道论，主要从体用、本迹两个角度阐明道生德蓄的道理，即体用互陈，道体德用，从本降迹，摄迹归本。

《道德经》第五十二章论"始"、"母"和"天下"的关系："天下有始，以为天下母。既得其母，以知其子。既知其子，复守其母。"成玄英从本迹关系的角度，释"天下有始"的"始"为"道本"或"玄道妙本"，"母"为"道迹"。注云："始，道本。母，道迹也。夫玄道妙本，大智慧源，超绝名言，离诸色象，天下万物皆从此生。"[①] 之所以把"道迹"叫作"母"，是因为这个至道妙本"从本降迹，导引苍生，长之育之，如母爱子"。本迹关系就是道物关系，同时也是本末关系，因为"道能生物，道即是本。物从道生，物即是末"。反过来，由于本能摄末，所以必须返归于本；母能生子，所以必须持守于本，[②] 这就是《道德经》多次强调复归的根源所在。就连"道"这个名，也是因"迹"而得，用成玄英的话说，就是"重玄之道，本自无名，从本降迹，称谓斯起"[③]。

"吾不知其名，但见其大通于物，将欲表其本然之德，故字之曰道"。"其"指妙本。不过，在唐玄宗看来，妙本还不是最深层的世界本体，最深层的世界本体是虚无。而此虚无与妙本之间，也是体与用的关系。他说："虚无者，妙本之体。体非有物，故曰虚无。"作为世界的真正本体，虚无并非含蕴具体的事物，而是通过妙本来显现作为世界之本体的意义。而妙本又通过道来表现其通生世界万物的特性。《唐玄宗御制道德真经疏释题》这样阐述理由：

---

① 成玄英：《老子道德经开题序诀义疏》，见《老子集成》第一卷，第326页。
② 成玄英：《老子道德经开题序诀义疏》，见《老子集成》第一卷，第326页。
③ 成玄英：《老子道德经开题序诀义疏》，见《老子集成》第一卷，第287页。

经曰：有物混成，先天地生，吾不知其名，字之曰道，强
为之名曰大，故知大道者虚极妙本之强名，名其通生也。《庄
子》曰：太初有无，有无者，言有此妙无也。又曰：无有无名，
无名者，未立强名也，故经曰：无名天地之始。强名通生曰道，
故经曰：有名万物之母。《庄子》又曰：物得以生谓之德，德，
得也，言天地万变，旁通品物，皆资妙本而以生成。得生为德，
故经曰：道生之，德畜之，则知道者德之体，德者道之用也。①

文中概述道、德之意，引《老》、《庄》互证，指出道是"虚极
妙本之强名"，道以"通生"为德。德者得也，得之于道，得乃道之
用。《御疏》概述《御注》首章宗旨是"明妙本之由起，万化之宗
源。首标虚极之强名，将明众妙之归趋"②。《道德经》之所以说可道
可名，是为了表明道和德的体用关系；之所以说无名有名，是为了
表明道和德的本迹关系。《唐玄宗御制道德真经疏释题》云：

故可道可名者，明体用也。无名有名者，明本迹也。无欲
有欲者，明两观也。同出异名者，明朴散而为器也。同谓之玄
者，明成器而复朴也。玄之又玄者，辩兼忘也。众妙之门者，
示了出也。所谓进修之阶渐，体悟之大方也。③

先看《御注》如何理解"道"：

道者，虚极之妙用。名者，物得之所称。用可于物，故云
可道。名生于用，故云可名。应用且无方，则非常于一道。物
殊而名异，则非常于一名。是则强名曰道，而道常无名也。④

---

①　唐玄宗：《唐玄宗御制道德真经疏》，见《老子集成》第一卷，第450页。
②　唐玄宗：《唐玄宗御制道德真经疏》，见《老子集成》第一卷，第451页。
③　唐玄宗：《唐玄宗御制道德真经疏》，见《老子集成》第一卷，第451页。
④　唐玄宗：《唐玄宗御注道德真经》，见《老子集成》第一卷，第417页。

照《御疏》的解释，"道者，虚极妙本之强名"，这个妙本通生万物，是万物之由径，从这个角度将"妙本"强名为"道"，是为"可道"。但是这个可道之"道"，不是"常道"，因为妙本生化万物，其妙用不可限定，不可遍举，无论说它是大还是逝，是远还是近，还是说其他，万千不足以尽其义，所谓"不常于一道"，是为"非常道"。一物有一用，此用得之于道，有用故"可与立名"，是为"可名"。就道而言，万物之名，皆源于道，然一本万殊，万物之名皆不同，即万物"得一虽不殊，约用则名异"，比如在天则曰清，在地则曰宁，所谓"不常于一名"，是为"非常名"。可见本质上，道在万物，万物即道。假如说万物均因有用而得名，那么道因何而得名？道之用又在哪里？道又从何而来呢？《御注》第二十五章"有物混成，先天地生"说："将欲明道立名之由，故云有物。言有物混然而成，含孕一切，寻其生化，乃在天地之先。"道以通生万物为用，万物之用即是道之用，所以"以通生表其德，字之曰道"。[①] 能含孕一切的道在天地之先已经存在，但这不是发生论上的先后，而是本体论上的先后。

当然唐玄宗《御注》也有宇宙生成论的解释，如注"无名，天地之始；有名，万物之母"：

> 无名者，妙本也。妙本见气，权舆天地，天地资始，故云无名。有名者，应用也。应用匠成，茂养万物，物得其养，故有名也。[②]

根据《御疏》的解释，万化在未作之时，连"道"这个强名都没有时，此时之无形却是天地万物之始，如《庄子》所言"太初有无，无有无名"，但"妙本降气，开辟天地，天地相资"，所以为天地之本始。"道"有了这个强名的时候，也就是"万化既作，品物生成"

---

① 唐玄宗：《唐玄宗御注道德真经》，见《老子集成》第一卷，第 427 页。
② 唐玄宗：《唐玄宗御注道德真经》，见《老子集成》第一卷，第 417 页。

的时候，由天地相资开始，"妙本旁通，以资人用，由其茂养"，所以为万物之母，"母以茂养为义"。①《御注》将这种"妙本见气"、生化万物的功用，比之于《易》之太极生两仪。

唐玄宗也说"妙本湛然"，道有生物之功，但物不能生物，只有非物才能生物，所以道是"非物"，这叫"非物能物"。或者说，道"常生物而未始有物"。唐玄宗把这个意义上的道叫作妙本。"非物"其实就是无，是什么也没有，或者说是虚无。唐玄宗在注解第一章时，开篇就说"道者，虚极之妙用"，特别强调道的功用。又说道这种功用是"应用且无方，则非常于一道"②，用以解释"道可道，非常道"。因此，唐玄宗的道既是妙本，又是妙用。说道是妙本，着眼于其无物而能生物的本源性；说道是妙用，着眼于物能有所得的功用。

气在唐玄宗的道论里也有重要的地位。《老子》的宇宙论言及了气，唐玄宗注则大大丰富了气论，如《御注》第三十九章"昔之得一者"：

> 一者，道之和，谓冲气也。以其妙用在物为一，故谓之一尔。③

《御注》第四十二章：

> 一者冲气也，言道动出冲和妙气，于生物之理未足，又生阳气，阳气不能独生，又生阴气，积冲气之一，故云一生二。积阳气之二，故云二生三也。
>
> 阴阳含孕，冲气调和，然后万物阜成，故云三生万物。
>
> 万物得阴阳冲气生成之故，故负抱阴阳，含养冲气，以为

---

① 唐玄宗：《唐玄宗御制道德真经疏》，见《老子集成》第一卷，第 451 页。
② 唐玄宗：《唐玄宗御注道德真经》，见《老子集成》第一卷，第 417 页。
③ 唐玄宗：《唐玄宗御注道德真经》，见《老子集成》第一卷，第 433 页。

柔和也。①

唐玄宗强调了气或者冲气在道与物之间的中介作用。对气的重视，显示《御注》的道论是不纯粹的本体论，杂糅了传统的气化宇宙论。与成玄英等以重玄方法解《老》相比，《御注》在抽象思辨方面明显后退。比如第四章"道冲而用之，或似不盈。渊兮似万物之宗"，《御注》说：

> 言道动出冲和之气，而用生成。有生成之道，曾不盈满。云或似者，于道不敢正言。渊，深静也。道常生物，而不盈满，妙本渊兮深静，故似为万物宗主。②。

《御注》先将道常生物与气生万物结合在一起，道与万物之间，以气为媒介，其中的逻辑关系如下：道—动—冲和之气—万物，这显然是宇宙论意义上的道论。

这一章的注解，唐玄宗与成玄英、李荣等人区别十分明显。《御注》将"道冲而用之"的"冲"释为"冲和之气"，成玄英和李荣都释为抽象的"中"、"中道"或"一中之道"、"中和之道"，认为这句话的意思是明圣人以中为用。但是"道"又是哪里来的呢？《御注》接着注下面的经文"吾不知其谁之子，象帝之先"："吾不知道所从生，明道非生法，故无父道者，似在乎帝先尔。帝者，生物之主。"③这句话的注释，唐玄宗与成、李也不同。根据《御注》，道是万物之源，但道自身并无父母，无生之者，也就是"不知其谁之子"，它自古已自存。可是，万物由道而生，"责寻所以，不测由来"，追寻万物从所由来，竟不知为何道能生万物。于是，"道"似乎在"帝"这个"生物之主"之先。换句话说，抽象的"道"是万物生成的根据，

① 唐玄宗：《唐玄宗御注道德真经》，见《老子集成》第一卷，第434页。
② 唐玄宗：《唐玄宗御注道德真经》，见《老子集成》第一卷，第418页。
③ 唐玄宗：《唐玄宗御注道德真经》，见《老子集成》第一卷，第418页。

"帝"才是那个类似母子关系的"生物之主"。

　　将《道德经》的"帝"释为"天帝",始于《老子河上公章句》:"道自在天帝之前,此言道乃先天地生也。"① 六朝隋唐注家多继承此说,如成玄英、李荣均释"帝"为"天"或"天帝","象帝之先"就是"似如天帝之先"的意思。成玄英认为《道德经》之所以说"象帝之先",就好比《庄子》说"神鬼神帝,生天生地",不过是使用了比喻手法。这个天帝或者说上帝,渊源甚古,在甲骨文中就已经出现,可以说是中国先民最早的至上人格神,在道教神仙谱系建立之前,它曾是宇宙间的一切事物的主宰,也是天地万物的生化者。因此,当《道德经》以抽象的"道"作为万物根源后,帝作为万物之主的思想就需要重新解释。《道德经》说"吾不知谁之子,象帝之先",就是在具体的生物之主前,增添了一个抽象的生物之主"道"。成玄英对此理解最深刻,他否定道和帝有时间上的先后,"然至道虚玄,寂寥恍惚,不生不灭,不先不后。而今言先者,欲明先而不先,不先而先,故加以象也"。我们知道,成玄英接受了佛教的缘起说,在缘起说中,大千世界万事万物都是相因而生,无所谓先后。

　　《御注》和《御疏》都认为,《道德经》用"似"字来阐述"道",是因为"道非有法"(《御注》写作"道非生法"),所以不正言,正言大概是指用"某某是什么"的方式来表达。也就是说,只有"有法"才能明确肯定地表达出来。如果非要说出来,就只能用"似","他皆仿此"。"他皆仿此"的"他"大概是指《道德经》中的"似"、"若"等表示犹如意思的经文,《道德经》中这种用法不少,如"下皆谓我道大,似不肖","湛兮似或存","众人皆有余,而我独若遗",等等。而关于第四章的解释,唐玄宗认为,如果万物是从"道"动而产生冲和之气中产生的,则道是万物之本源;如果"帝"是"生物之主",那么道就是万物和"帝"的根据。可见,唐玄宗《御注》没有取成玄英、李荣的"中道",而是回归到传统的注解。

---

① 河上公:《道德真经注》,见《老子集成》第一卷,第139页。

第三节　理身理国

一、身国同治

杜光庭为强思齐《道德真经玄德纂疏》所作序言称《道德经》"绵夏商周汉，越数千百年，焕乎与日月齐光，巍乎与乾坤并运。虽百家诠注，群彦校扬，挹之弥深，酌之不竭，行之于国，刑措而太平，修之于身，神全而久视"①。此说既体现了道教的传统，也准确地概括了《道德经》治身治国的主题。

《道德经》第十章经文使用六个排比句提问，涉及后来被认为是道教养生术源头的"抱一"、"专气"等概念。《御注》认为这一章的宗旨是身国同治：

> 爱养万人，临理国政，能无为乎？当自化矣。自上"营魄"，皆教修身。身修则德全，故可为君矣。②

从"天门开阖"以下至"是为玄德"的经文，在唐玄宗眼里，都是老子教导人君如何治国：

> 天门，历数所从出。开阖，谓治乱。言人君应期受命，能守雌静，则可以永终天禄矣。又解云：《易》曰：一阖一辟谓之变，言圣人抚运，应变无常，不以雄成，而守雌牝，亦如天门开阖，亏盈而益谦也。
>
> 人君能为雌静，则万姓乐推其德，明白如日四照，犹须忘

---

① 强思齐：《道德真经玄德纂疏》，见《老子集成》第二卷，第316页。
② 唐玄宗：《唐玄宗御注道德真经》，见《老子集成》第一卷，第420页。

功不宰，故云能无知乎？

　　令物各遂其生，而畜养之。遂生而不以为有修，为而不恃其功，居长而不为主宰，人君能如此者，是谓深玄之德矣。①

"天门开阖，能为雌乎"的"天门"，道教一般释为"北极紫微宫"，"治身之天门谓鼻孔"。② 王弼却将"天门"释为"天下之所由从"，"开阖"解为"治乱之际"，谓"或开或阖，经通于天下，故曰天门开阖也。雌应而不昌，因而不为"③。成玄英取《老子河上公章句》并加以发挥："天地开阖，谓劫运成坏也。言圣人混迹二仪之中，不为三灾所及，虽劫有废兴，而心恒虚静。"④ 唐玄宗说"天门"是"历数所从出"，"开阖"是"治乱"，显然是吸收了王弼注，不取道教的解说。唯一不同的是唐玄宗将王弼的"天下之所由从"改成了"历数所从出"。这一修改，变化很大，反映了唐玄宗对自己作为君主的身份思考。

　　"历数"顾名思义是指历法之数，本来是指古人观天察象以推算时节气候，或泛指天道天运，后来演化为帝位得天之授的合理性论证，儒家经典《尚书·大禹谟》说："予懋乃德，嘉乃丕绩，天之历数在汝躬，汝终陟元后。"唐玄宗的帝位来之不易，他本来是唐睿宗的第三子，辅睿宗复位，后立为太子。据《新唐书·玄宗纪》，延和元年（712），星官上言："帝坐前星有变。"睿宗曰："传德避灾，吾意决矣。"当年七月壬辰，"制皇太子宜即皇帝位"。"太子惶惧入请，睿宗曰：'此吾所以答天戒也。'"唐睿宗所言，正是《尚书》"天之历数在汝躬"的意思。唐玄宗即位之初，及时镇压太平公主谋反，帝位才真正稳定。因此，唐玄宗对天之"历数"在己身，有着强烈的体验。《御疏》对此有进一步的说明：

---

① 唐玄宗：《唐玄宗御注道德真经》，见《老子集成》第一卷，第420页。
② 河上公：《道德真经注》，见《老子集成》第一卷，第141页。
③ 王弼：《道德真经注》，见《老子集成》第一卷，第211页。
④ 成玄英：《老子道德经开题序诀义疏》，见《老子集成》第一卷，第295页。

修德可以为君，为君须承历数，即天门者，帝王历数所从出也。开谓受命，阖为废黜，天降宝命，以祚有道，能守雌柔，可享元吉。故云能为雌乎？又解云：《易》曰：一阖一辟谓之变，言圣人设教，应变无常，不以雄盛，而守雌牝，亦如天门开阖，亏盈而益谦也。①

《御注》只说"开阖"是"治乱"，开就是治，阖就是乱。《御疏》直接说"开阖"就是"受命"和"废黜"，也就是说受命就是治，废黜则是乱。《御疏》的目的之一是论证唐玄宗的帝位是"天降宝命"，唐玄宗为修德之君和上承历数之君。

这一章最后部分重出经文"生之畜之，生而不有，为而不恃，长而不宰，是谓玄德"，是《道德经》对大道之德的描述，唐玄宗从中读出了深意："人君能如此者，是谓深玄之德矣。"②

《御注》对君主的身份多有突出，如第二十六章注：

> 人君者，守重静，故虽有荣观，当须燕尔安处，超然不顾也。
> 奈何者，伤叹之辞也。天下者，大宝之位也。言人君奈何以身从欲，轻用其身，令亡其位也。③

第二十九章注：

> 天下者，大宝之位也，有道之者，必待历数在躬，若暴乱之人，将欲以力取而为之主者。老君戒云：吾见其不得已。
> 大宝之位，是天地神明之器，谓为神器，故不可以力为也。故曰为者败之，此戒奸乱之臣。

---

① 唐玄宗：《唐玄宗御制道德真经疏》，见《老子集成》第一卷，第 457 页。
② 唐玄宗：《唐玄宗御注道德真经》，见《老子集成》第一卷，第 420 页。
③ 唐玄宗：《唐玄宗御注道德真经》，见《老子集成》第一卷，第 427—428 页。

历数在躬，已得君位，而欲执有斯位，凌虐神主，天道祸淫，亦当令失之。此戒帝王也。①

同时，唐玄宗以"有道之君"自许。如第三十二章注：

人君以道致平，始能制御有名之物，故有名之物，亦尽为侯王所有矣。既，尽也。

若侯王能制有名之物，则夫有名之物，亦将知依止于侯王，知依止有道之君，所以无危殆之事。

天降甘露，以瑞有道，故譬有道之君，在宥天下，天则应之，犹如川谷与江海通流尔。②

唐玄宗作为历史上著名的崇道皇帝，上述注解体现了他对帝王之功的一份自信。

二、对无为思想的阐释

怎么去求道得道？《道德经》给出的答案是"无为"，无为本质上就是"顺自然"③。王弼用"崇本息末"四个字精辟地概括了《道德经》一书主旨，无为是崇本息末的最好论证。

唐玄宗的无为思想，是与其帝王身份密切联系在一起的，我们有理由相信它是基于唐玄宗作为一国之君的深入思考，不完全是拾人牙慧。无为是唐玄宗心目中的"玄元妙旨"。在《御注》序言里，他说自己担心无为妙旨将欲坠失，"朕诚寡薄，尝感斯文，猥承有后之庆，恐失无为之理"④，正是认识到了《道德经》的无为没有得到正确的理解和应用。唐玄宗站在帝王的立场，有必要重新诠释无为。通观《御注》和《御疏》，唐玄宗的无为思想有以下几个特点。

① 唐玄宗：《唐玄宗御注道德真经》，见《老子集成》第一卷，第429页。
② 唐玄宗：《唐玄宗御注道德真经》，见《老子集成》第一卷，第430页。
③ 王弼：《道德真经注》，见《老子集成》第一卷，第220页。
④ 唐玄宗：《唐玄宗御注道德真经》，见《老子集成》第一卷，第416页。

第一，无为即顺从性分。

历代注家理解的"无为"不尽相同，最早将无为与守分联系起来的是《老子指归》，它认为万事万物都有其"分"，"万物之性，各有分度"①，比如动静失和，是失道之分；耕织不时，是失天之分；去彼任己，是失君之分，诸如此类。反之，失道之分，则性不可然；失天之分，则家不可安；失主之分，则国不可存；失臣之分，则命不可全。《指归》告诫世人要"守分如常，与天地通"，反对"过分"，② 此可见守分、不失分的重要性。《指归》还将自然、性分和无为联系起来，认为《老子》的"自然"其实就是做"性分之内"的事，比如"水自然润下，火自然炎上"，都在"性分之内"而不是有意为之。这是早期道家性分思想的朴素表达。成玄英、唐玄宗对无为的认识，应该都受到了《指归》上述性分无为思想的影响。如成玄英提出"守分知足"说，"所以佐世之功成，富贵之名遂者，必须守分知足，谦柔静退，处不竞之地，远害全身。能如是者，深合天真之道也"③，守分符合天道，天道就是自然。但是，无为守分思想在成玄英的《老子注》中无足轻重，而注重政治思想诠释的《御注》则不同。唐玄宗是一朝君主，政事纷繁，块然独坐、玄玄默默、不理政事的懒政行为当然不是真正的无为，熟读《道德经》的唐玄宗不会没有这个认识。《老子》无为精神如何才能既对个人修身起指导作用，又能为帝王的政治实践提供确实可行的借鉴呢？唐玄宗以性分为切入点，对无为做出了自己的解释。

《御注》第三章"为无为，则无不治矣"："于为无为，人得其性，则淳化有孚矣。"所谓无为即顺从人的本性。《御注》第六十三章："于为无为，于事无事，于味无味者，假令大之与小，多之与少，既不越分，则无与为怨。若逐境生心，违分伤性，则无大无小，皆为怨对。今既守分全和，故是报怨以德。"无为就是不做违背性分

---

① 严遵：《道德真经指归》，见《老子集成》第一卷，第 79 页。
② 严遵：《道德真经指归》，见《老子集成》第一卷，第 119 页。
③ 成玄英：《老子道德经开题序诀义疏》，见《老子集成》第一卷，第 294 页。

之事。因此，第六十四章的"为者败之"就是"凡情不能因任，营为分外，为者求遂，理必败之"。"是以圣人欲不欲，不贵难得之货"的解释则是："难得之货，为性分所无者，今圣人于欲不欲，不营为于分外，故常全其自然之性，是不贵难得之货。"①

第二，无为即无心。

李荣以无心而为解释老子的无为思想，《御注》也指出，"无为"其实不是块然独坐，而是"无心"，这是唐玄宗受到重玄思潮影响的体现。对于"无心"之义，《御注》多有强调，如第二十章"乘乘兮若无所归"注："至人无心，运动随物，无所取与，若行者之无所归。"② 第七章"天长地久"注："摽天地长久者，欲明无私无心，则能长能久。结喻成义，在乎圣人，后身外身，无私成私耳。"③ 《御注》、《御疏》类似论述很多，如"含容应物，应物无心"④，"有物之体寂寥虚静，妙本湛然，故独立而不移改，物感必应，应用无心，遍于群有，故周行而不危殆"⑤。无心往往与虚心、虚静不可分离，虚心、静心不等于无心，而是无心的前提。《老子》以橐籥、谷神、埏埴、户牖等为喻，再三阐明无、虚的意义。《御注》注解第五章"天地之间，其犹橐籥乎？"："橐之鼓风，笛之运吹，皆以虚而无心，故能动而有应。则天地之间，生物无私者，亦以虚而无心故也。"⑥唐玄宗从橐籥虚而无心，故能鼓风吹运，悟出天地虚而无心，而能生物。《御疏》则将君主从中所悟讲得很明白，说橐籥和天地都是用来比喻"人君虚心玄默，淳化均一，则无屈挠，日用不知，动而愈出也"⑦。

再看第二十五章"大曰逝，逝曰远，远曰返"之注：

---

① 唐玄宗：《唐玄宗御注道德真经》，见《老子集成》第一卷，第 418、442—443 页。
② 唐玄宗：《唐玄宗御注道德真经》，见《老子集成》第一卷，第 425 页。
③ 唐玄宗：《唐玄宗御注道德真经》，见《老子集成》第一卷，第 419 页。
④ 唐玄宗：《唐玄宗御注道德真经》，见《老子集成》第一卷，第 423 页。
⑤ 唐玄宗：《唐玄宗御制道德真经疏》，见《老子集成》第一卷，第 470 页。
⑥ 唐玄宗：《唐玄宗御注道德真经》，见《老子集成》第一卷，第 418 页。
⑦ 唐玄宗：《唐玄宗御制道德真经疏》，见《老子集成》第一卷，第 455 页。

> 妙用无方，强名不得，故自大而求之，则逝而往矣。自往
> 而求之，则远不及矣。若能了悟，则返在于身心而证之矣。①

将求道的路径从外求转向了内求。又如第二十章"绝学无忧"，《御
注》将"绝学"释为"绝有为俗学，则淳朴不散"，俗学即有为：
"唯则恭应，阿则慢应，同出于口，故云相去几何？而恭应则善，慢
应则恶，以喻俗学。"② 也就是说，唯与阿，善与恶的区分，针对的
是有分别的俗学，而俗学是要绝弃的。怎么绝呢？方法很简单，"只
在心识回照"，从心性深处认识到一切皆空，俗学不学，无唯无呵，
无善无恶，"岂复相去远哉？"③ 这是从内在心性的角度诠释无为，可
以看出佛教空观的影响。《御注》第四十九章"圣人无常心，以百姓
心为心"又言：

> 圣人之心，物感而应，应在于感，故无常心。心虽无常，
> 唯在化善，是常以化百姓心为心。④

此句《御疏》解释说，圣人之所以无常心，是因为他心境虚忘，就
像"谷神"一样。从圣人的角度看，心虚在于虚而能应；从万物的
角度看，心虚在于物感斯应。万物与圣人之间的这种默契的感应，
是圣人与万物联系的方式。然而圣人应物，应无定法，所以"无常
心"指的"应无常心"⑤，可见《御注》和《御疏》都特别强调无心
是圣人作为主体的一种自然而然的状态，万物之感应，归结为圣人
之一心。唐玄宗的这一诠释，一方面极大地提高了无心在悟道中的
地位，另一方面，又彰显出君主推行无为之治的主体性，即无为的
主体是君主，而君主无为，就是君主要做到无心。

---

① 唐玄宗：《唐玄宗御注道德真经》，见《老子集成》第一卷，第 427 页。
② 唐玄宗：《唐玄宗御注道德真经》，见《老子集成》第一卷，第 424 页。
③ 唐玄宗：《唐玄宗御注道德真经》，见《老子集成》第一卷，第 424 页。
④ 唐玄宗：《唐玄宗御注道德真经》，见《老子集成》第一卷，第 436 页。
⑤ 唐玄宗：《唐玄宗御制道德真经疏》，见《老子集成》第一卷，第 490 页。

无心的反面为有心、有迹。第三十七章注云：

> 言人君既以无名之朴镇静苍生，不可执此无名之朴而令有迹，将恐寻迹丧本，复入有为，故于此无名之朴，亦将兼忘，不欲于无欲，无欲亦亡，泊然清净，而天下自正平矣。①

再如《御疏》第六十三章：

> 为，造作也，修道行人则坐忘，去欲心，无造作，凡所施设，功与化冥，于为非为，故曰无为。此明心也。即事不滞，故于事而无事，此明身也。即味不耽，故于味而无味，此明口也。三业既尽，六根尘自息尔。若夫大小之为，多少之事，苟涉有为之境，无非怨对之雠，若能体彼无为，舍兹有欲，悟真实相，无起虑心，自然怨对不生，可谓报怨以德尔。②

以"兼忘"、"坐忘"解释无为，无为也就是没有执着，亦即无心，而有心有迹均涉有为，注文再次强调了无心对于无为的重要意义。

《御注》第八十一章又云：

> 上下二篇，通明道德。始标宗旨，以开众妙之门。终结会归，将通得意之路。故寄信美以彰言教，论辩善以戒修行。书知博以示迷误，陈不积以教忘遗。假有多以畅法性，结不争以明圣人。将令学者造精微于言象之中，导筌蹄于理性外。悟教而能忘教，何必杜口于毗耶？因言以明无言，自可了心于柱下尔。③

---

① 唐玄宗：《唐玄宗御注道德真经》，见《老子集成》第一卷，第432页。
② 唐玄宗：《唐玄宗御制道德真经疏》，见《老子集成》第一卷，第502页。
③ 唐玄宗：《唐玄宗御制道德真经疏》，见《老子集成》第一卷，第513页。

"了心于柱下",即无心兼忘。无心而为,既是为政之道,也是精神境界,《御注》认为这种境界指的是圣人不染尘境,心境俱静,与道相合。

第三,无为即谦卑清静。

《御注》第四十二章"人之所教,亦我义教之":

> 老君云:人君所欲立教教人者,当以吾此柔弱谦卑之义以教之。①

这一章是老子论道的重要篇章,是老子关于宇宙万物从何而来的终极思考。唐玄宗以帝王之尊注解《道德经》,能够体会到老子思想中的谦卑之义,颇为不易。该章经文的后半部分是"人之所恶,唯孤、寡、不谷,而王公以为称",《御注》注云:

> 万物皆以冲和之气为本,而冲气和柔守本者,当须谦卑柔弱,故王公至尊,而称孤寡不谷者,以谦柔为本故也。
>
> 自损者,人益之。自益者,人损之。
>
> 吾见强梁者亡,柔弱者全,故以柔弱之教为众教之父也。②

《御注》将老子的宇宙论落实到政治实践,万物以和柔为本,人君体道,以无为治国,则要谦柔,施行柔弱之教,此为万全之策。与此相关,"体道"清静也是唐玄宗反复强调的,如第三十五章注:

> 乐,音乐也。饵,饮食也。言人家有音乐饮食,则行过之客皆为之留止。如帝王执道以致平泰,亦为万物所归往矣。……故人君体道清净,淡然无味,始除察察之政,终化淳淳之人,故下文结云用不可既也。

---

① 唐玄宗:《唐玄宗御注道德真经》,见《老子集成》第一卷,第435页。

② 唐玄宗:《唐玄宗御注道德真经》,见《老子集成》第一卷,第434—435页。

人君以道德清净为教，初出于口，淡乎其无味，不似俗中言教，有亲誉畏侮等也。

以道镇净，初无言教，故视之不足见，听之不足闻，而淳风大行，万物殷阜，岁计有余，故用不可既。既，尽也。[①]

又如《御注》第七十九章：

左契者，心也。心为阳藏，与前境契合，故谓之左契耳。圣人知立教则必有迹，有迹即是余怨，故执持此心，使令清静，下人化之，则无情欲，不烦诛责，自契无为。

司，主也。彻，通也。言有德之君主司心契，则人自化。无德之主，则将立法以通于人，为法之弊，故未为善。

司契则清静，立法则凋残，皇天无亲，唯德是辅，故人君者，常思淳化于无为，不可立法而生事。[②]

清静是无为的应有之义，《御注》将《道德经》第七十九章的"左契"解释为"心"，显然是另立新义，与无为即无心的诠释保持了语意与思想上的一致。

第四节　权道及权实关系

老子教导后人理身理国的道理遍见于《道德经》，大多数明白无误，唐玄宗《御注》对此有很多新阐发。至于其中的玄言奥义，如《御注》序言所称，"及乎穷理尽性，闭缘息想，处实行权，坐忘遗

---

①　唐玄宗：《唐玄宗御注道德真经》，见《老子集成》第一卷，第 431 页。
②　唐玄宗：《唐玄宗御注道德真经》，见《老子集成》第一卷，第 447 页。

照，损之又损，玄之又玄"等，虽然唐玄宗认为是"不可得而言传者"①，但他仍然有深层次的思考。其中，"处实行权"是其最有心得的一个方面，《御注》说"此道甚微，而效则明著"②，《御疏》说"权道反常而难晓"③，道出了权道的几个基本特征。《御注》对君子行权和权实关系的论述，反映了唐玄宗作为君主对仁义礼智等儒家伦理本质的深入思考以及对一国之君应该如何有效治理天下的切身体验。

一、上德不德与礼义为治

《道德经》把"生而不有，为而不恃，长而不宰"之德称为"玄德"。又有上德、下德说。上德其实就是最高之德，相当于"玄德"。《道德经》说德，还有一个特点，就是常常将道与德，或者将道、德与仁义礼智置于可以相互对比关联的逻辑链条中，从而显示出失道而后德，仁义礼智不如下德，下德不如上德的价值观。其中第三十八章是注家表达政治思想的关键性章节，所言上德、下德之后，依次还有上仁、上义、上礼，合计五个阶梯式的差异性存在。我们先看《御注》对上述经文的注解：

> 上古淳朴，德用不彰，无德可称，故云不德，而淳德不散，无为化清，故云是以有德。建德下衰，功用稍著，心虽体道，迹涉有为，执德可称，故云不失。迹涉矜有，比上为粗，故云是以无德也。④

德是"道之用"，所以叫"德用"，是道这个虚无妙本之功用。德之用为何有上德、下德之别？《道德经》第三十八章开头就说"上德不德，是以有德。下德不失德，是以无德。上德无为而无以为；下德

---

① 唐玄宗：《唐玄宗御制道德真经疏》，见《老子集成》第一卷，第450页。
② 唐玄宗：《唐玄宗御注道德真经》，见《老子集成》第一卷，第431页。
③ 唐玄宗：《唐玄宗御制道德真经疏》，见《老子集成》第一卷，第484页。
④ 唐玄宗：《唐玄宗御注道德真经》，见《老子集成》第一卷，第432页。

为之而有以为"，没有任何时间信息，也没有解释为何德有上下，只说明了何为上德、下德。《御注》的解释是："时有淳醨，故德有上下。"德有上下之分，是由时代决定的。上古时期，一切淳朴，德用不彰，无德可称，所以说是不德。不德之世，淳德不散，无为自化，所以虽然无德可称，实际上却是有德。或者用《老子指归》的话说，"德动玄冥，天下王之，莫有见闻，德归万物，皆曰自然"①。然而，上德状态最终遭到了破坏，因为时代变化了。在上德丧失后的下德之世，淳朴散离，于是德开始彰显，也即注文说的"功用稍著"。这个时期的圣人，心虽体道，迹涉有为，其德显现，有德可称，所以叫"不失德"。因为这个阶段圣人"迹涉矜有"，与"上德"相比，就有了精粗之别。那么相对于上德而言，下德失德，本质上就是无德。

汉魏旧注对上德与下德何以会出现的思考，视角颇为不同。例如《指归》是以君主所受性、命不同来解释这个问题的，上德之君"性受道之纤妙，命得一之精微，性命同于自然"，下德之君"性受道之正气，命得一之下中，性命比于自然"，②显然在是否自然无为上，已不如上德之君。同样，上仁、上义、上礼之君的差别，无不归结为各自所受性、命之不同。从时移世易和时代变化的角度解释这个问题，思考仁义礼智兴起的根源的，始于《老子河上公章句》。《老子河上公章句》将"上德不德"的"上德"，解释为"太古无名号之君"，他们"德大无上"，所以叫"上德"。③《道德经》第十七章的"太上，下知有之"的"太上"，《老子河上公章句》也释为"太古无名号之君"。这种思路是将上德看作是逝去的黄金时代，相当于后世儒家眼中的三代。"太古"与后世和当下形成强烈对比，因而成为后人追慕的对象。儒道有一个共同思维方式，都在追忆中将已经逝去的时代美化为黄金时代，《道德经》中有不少这样的表达，如

---

① 严遵：《道德真经指归》，见《老子集成》第一卷，第69页。
② 严遵：《道德真经指归》，见《老子集成》第一卷，第69页。
③ 河上公：《道德真经注》，见《老子集成》第一卷，第156页。

"太上，下知有之，其次亲而誉之，其次畏之，其次侮之"（第十七章），"古之善为士者，微妙玄通，深不可识"（第十五章），"古之所以贵此道者何？"（第六十二章），"古之善为道者，非以明民，将以愚之"（第六十五章），"执古之道，以御今之有。能知古始，是谓道纪"（第十四章）等。《御注》正是从时移世易的角度来理解儒家的仁义礼智的。

仔细阅读有关上德、下德的注文，可以发现，唐玄宗区分上下的主要标准是圣人是否有心而为，有心则有迹，无心则无迹，上德就是"心迹俱无为"。那么，什么是"心迹俱无为"呢？《御注》说：

> 知无为而无为者，非至也。无以无为而无为者，至矣。故上德之无为，非徇无为之美，但含孕淳朴，适自无为，故云而无以为，此心迹俱无为也。①

以此类推，下德虽然无心，但却迹涉有为，所以下德是"心无为而迹有为"，上仁就是"行仁而忘仁，亦欲求无为"，上义是"心迹俱有为"。上礼最下，"礼尚往来，不来非礼，行礼于彼，而彼不应，则攘臂而怒"。换句话说，上礼的时代，"六纪不和，则为礼以救之"，这是心迹俱有为，但即便如此，也于事无补。

有了这样的认识，唐玄宗进一步认为，《道德经》所谓"故失道而后德，失德而后仁，失仁而后义，失义而后礼"，不过是道丧德失之后，随不同时代应运而生的不同的统治方略而已，注云：

> 失道者，失上德也，上德合道，故云失道。夫道德仁义者，时俗夷险之名也，故道衰而德见，德衰而仁存，仁亡而义立，义丧而礼救，斯皆适时之用尔。故论礼于淳朴之代，非狂则悖；忘礼于浇醨之日，非愚则经。若能解而更张者，当退礼而行义，退义而行仁，退仁而行德，忘德而合道，人反淳朴，则上德之

---

① 唐玄宗：《唐玄宗御注道德真经》，见《老子集成》第一卷，第432页。

无为也。①

在唐玄宗看来，道、德、仁、义、礼，是"时俗夷险之名"，"斯皆适时之用尔"，都是合理的时代产物。如果在淳朴时代论礼，非狂则悖；可是在浇漓之日，如果忘礼，非愚则经。既然淳朴时代已经一去不复返，现实世界是浇漓之日，忘礼、不要礼当然是不行的。这就从时代变化出发肯定了礼治的"适时之用"的合理性，而这和《道德经》本义是不一致的。

《道德经》指出，对仁义礼之类的追求将伤及人的本性，对此，李荣的注解说，散朴以为器，失道而后德，仁、义都非出自本性和自然，信不由衷，则礼饰于外，"于是大圣老君痛时命之大谬，愍至道之崩沦，欲抑末而崇本，息浇以归淳，故举大丈夫经国理家，修身立行，必须取此道德之厚实，去彼仁义之华薄，则捐俗礼，归真道"②。成玄英说得更干脆直接："去彼华薄，则是绝仁弃义。取此实厚，则是返朴还淳。"③ 唐玄宗理解的处厚居实，是指圣人处无为之事，退礼义之行，与成、李等人的理解差不多，但是其前提是肯定仁义礼的合理性，这是本质性的不同。与李荣认为仁义礼是"时命之大谬"相对比，唐玄宗说仁义礼是"适时之用"，不啻天壤之别。继续看《御注》第三十八章"夫礼者，忠信之薄而乱之首"：

> 制礼者，为忠信衰薄而以礼为救乱之首尔，用礼者，在安上理人，岂玉帛云乎哉！④

对于该句经文的解释，《老子河上公章句》云："言礼废本治末，忠信日以衰薄也。礼者，贱质贵文，故正直日以少，邪乱日以生。"⑤

---

① 唐玄宗：《唐玄宗御注道德真经》，见《老子集成》第一卷，第432—433页。
② 赵志坚：《道德真经疏义》，见《老子集成》第一卷，第369页。
③ 成玄英：《老子道德经开题序诀义疏》，见《老子集成》第一卷，第316页。
④ 唐玄宗：《唐玄宗御注道德真经》，见《老子集成》第一卷，第433页。
⑤ 河上公：《道德真经注》，见《老子集成》第一卷，第156页。

王弼注云："夫仁义发于内，为之犹伪，况务外饰而可久乎？故夫礼者，忠信之薄，而乱之首也。"[1] 成玄英言："徒自外彰文饰，未是情发于衷。既非信实之厚，适足忠诚之薄。不惩浮悖之源，更资昏乱之首。"[2] 李荣认为礼"贱质贵文，转增邪乱"[3]。赵志坚认为"自淳至浇，礼为下极"[4]，从道教的角度看，则是"道贵心而礼贵形"[5]。和诸家之注相比，《御注》特别强调大道废后的浇漓之世，圣人以礼治天下的合理性，肯定圣人应时而出的贡献。而老子正是看到了仁义礼智有可能造成人性的虚伪，所以才有"大道废，有仁义。智慧出，有大伪。六亲不和，有孝慈。国家昏乱，有忠臣"的深刻反省。对第十八章这段明确批评仁义、智慧、孝慈和忠臣等俗世认为理所当然的道德伦理的经文，唐玄宗以前的注家几乎都只是围绕经文中提及的大道、仁义、智慧、大伪等进行解释和发挥，《御注》则不同：

> 浇淳散朴，大道不行，曰仁与义，小成遂作。濡沫生于不足，凋弊起于有为。然则圣人救代之心未尝异，而夷险之迹不得一尔。[6]

《御注》的创新体现在它在解释完"大道废，有仁义"等之后，突然将话题转到了圣人身上，"然则圣人救代之心未尝异，而夷险之迹不得一尔"，这层意思完全是唐玄宗自己体会出来的，跟原文没有关联，现存唐玄宗之前的注家都不曾这样联想。在唐代《老子》注家中，唯有受《御注》影响且持儒道相通思想的陆希声做了相似的延伸。陆希声的解释更有趣，他说："朴散为器，岂非大道废焉，有仁

---

① 王弼：《道德真经注》，见《老子集成》第一卷，第222页。
② 成玄英：《老子道德经开题序诀义疏》，见《老子集成》第一卷，第316页。
③ 李荣：《道德真经注》，见《老子集成》第一卷，第369页。
④ 赵志坚：《道德真经疏义》，见《老子集成》第一卷，第392页。
⑤ 赵志坚：《道德真经疏义》，见《老子集成》第一卷，第392页。
⑥ 唐玄宗：《唐玄宗御注道德真经》，见《老子集成》第一卷，第423页。

义耶？是以仲尼兴叹于褿宾，老氏垂文于道论，其指一也。"[1] 又说："于乎大道废而有仁义，大朴散而为成器。圣人能用其器，故可以为群材之帅。"[2]

除了通行本《道德经》第十八章，第十九章的经文也被认为是最直接反对儒家仁义礼智价值观的，我们看看《御注》是怎样理解的。

注"绝圣弃智，民利百倍"：

> 绝圣人言教之迹，则化无为。弃凡夫智诈之用，则人淳朴。淳朴则巧伪不作，无为则矜徇不行。人抱天和，物无天枉，是有百倍之利。[3]

注"绝仁弃义，民复孝慈"：

> 绝兼爱之仁，弃裁非之义，则人复于大孝慈矣。[4]

注"绝巧弃利，盗贼无有"：

> 人矜偏能之巧，必有争利之心，故绝巧则人不争，弃利则人自足。足则不为盗贼矣。[5]

按照《道德经》"失道而后德，失德而后仁，失仁而后义，失义而后礼"，以及"上礼为之，而莫之应，则攘臂而仍之"的逻辑，"礼"制或者"上礼"社会是最不堪的，它象征的正是当世，因此《御注》重点阐发对"礼"的认识。《御注》"上礼为之，而莫之应，则攘臂

---

① 陆希声：《道德真经传》，见《老子集成》第一卷，第 592 页。
② 陆希声：《道德真经传》，见《老子集成》第一卷，第 597 页。
③ 唐玄宗：《唐玄宗御注道德真经》，见《老子集成》第一卷，第 424 页。
④ 唐玄宗：《唐玄宗御注道德真经》，见《老子集成》第一卷，第 424 页。
⑤ 唐玄宗：《唐玄宗御注道德真经》，见《老子集成》第一卷，第 424 页。

而仍之"注云：

> 六纪不和，则为礼以救之，故曰为之。礼尚往来，不来非
> 礼，行礼于彼，而彼不应，则攘臂而怒，以相仍引也。①

注"前识者，道之华而愚之始"：

> 识者，人之性识也，谓在人性识之前，而制此检外之礼，
> 虽欲应时，实丧淳朴，故云道之华。礼以救乱，所贵同和，而
> 失礼意者，则将矜其玉帛，贵其跪拜，如此之人，故为愚昧
> 之始。②

总而言之，《御注》表达了礼和礼治具有合理性，统治者应该注重礼
的内容而不是形式等思想，这其实就是儒家政治思想中一以贯之的
传统。

当然，唐玄宗并不是没有认识到礼治不是最理想的治国之术，
最理想的当然是不需要仁义礼的无为而治的上德之世：

> 有为者，道之薄。礼义者，德之华。故圣人处无为之事，
> 其厚也，不处其薄矣。退礼义之行，其华也，自居其实矣。③

《道德经》的厚、薄和实、华，《老子河上公章句》认为分别是指敦
朴和违道，忠信和尚言。去彼取此，就是"去彼华薄，取此厚实"，
即不违道、不尚言，这是符合经文本义的。《御注》表达得更具
体——处无为之事，退礼义之行，一个"退"字，表明礼义之行是
可以抛弃的，但这终究不过是一种难以实现的政治理想而已。《御

---

① 唐玄宗：《唐玄宗御注道德真经》，见《老子集成》第一卷，第 432 页。
② 唐玄宗：《唐玄宗御注道德真经》，见《老子集成》第一卷，第 433 页。
③ 唐玄宗：《唐玄宗御注道德真经》，见《老子集成》第一卷，第 433 页。

疏》继承《老子河上公章句》，将经文中主语"大丈夫"释为"有道之君子"和"上德之君"。《御疏》申明《御注》的意思是"言圣人先道德之化，故云处厚处实，后礼义之教，故云不居华薄"，给道德之化（厚实）和礼义之行（薄华）安排了先后关系。也就是说，理想的治理是不要礼义的，但在现实政治中礼义之教不能抛弃，有道之君的做法是以道德化民为先，不得已则以礼义之教为后。

上德无德、无为而治的黄金时代已经一去不返了，或许正是意识到这样的政治理想无法真正实现，唐玄宗才将大量精力放在了个人修身和觉悟上。而本章最后一句经文"故去彼取此"的疏解，的确表达了一种试图彻底摆脱一切，超越现实羁绊的追求：

> 彼谓礼义也，此谓道德也，圣人去礼义之浮华，取道德之厚实，故云去彼取此。确论圣人百虑同归，二际俱泯，岂有彼此，而去取耶？设教引凡论之尔。①

《御注》本来只有一句话，乃照搬《老子河上公章句》："去彼华薄，取此实厚。"②《御疏》利用佛教中道思想为《御注》作了上述拓展，《御疏》在《御注》的基础上，否定了彼此之分和去取之别，何为道德，何为礼义，无有分别，同归寂灭。这一点，《御疏》更接近或是有意效仿成玄英，略加对比即很清楚。《成疏》是这样说的：

> 去彼华薄，则是绝仁弃义。取此实厚，则是返朴还淳。且上德圣人，体无分别，岂有心于彼此，情系于去取者乎？盖明不去而去，虽去不去，亦不取而取，虽取不取，非去之而去，取之而取者也。去取既尔，彼此亦然。③

———————————

① 唐玄宗：《唐玄宗御制道德真经疏》，见《老子集成》第一卷，第482页。
② 唐玄宗：《唐玄宗御注道德真经》，见《老子集成》第一卷，第433页。
③ 成玄英：《老子道德经开题序诀义疏》，见《老子集成》第一卷，第316页。

"且上德圣人，体无分别"云云，是成玄英的题外发挥；"确论圣人百虑同归，二际俱泯"云云，是《御疏》的题外发挥，二者相似之处一目了然，都是在讨论仁义礼的产生的根源及其本质之后，得出去华薄、处厚实的结论。道德也好，礼义也好，其实不过是妄情所致，人为分别。圣人二际俱泯，无道德和礼义之别，无分别则不执着，不执着则无所谓取弃，因此，取道德和弃礼义就失去了必要性。"二际俱泯"，即祛除分别的意思。联想到《御注》对"以身观身"的理解，"观身"即"观身实相本来清静，不染尘杂，除诸有见，有见既遣，知空亦空，顿舍二偏，回契中道"①，这里描述的知空亦空、顿舍二偏的中道修身方法，和二际俱泯在精神上其实是相通的。事实上，成玄英和唐玄宗都认为去华薄、取厚实是不够的，还应该更进一步，彻底跳出封执，摆脱一切羁绊。当然这一层意思是《老子》本义中没有的。

二、处实行权与反经合义

《御注》主张行权道，故对仁义礼加以肯定，并提出了处实行权、反经合义等原则。第三十六章注集中阐述权实之道，提出了"君子行权贵于合义"的观点：

> 经云：正言若反，《易》云：巽以行权。权，反经而合义者也。故君子行权贵于合义，小人用之则为诈谲。孔子曰：可与立，未可与权。信矣。故老君前章云执大象，斯谓之实。此章继以歙张，是谓之权。欲量众生根性，故以权实覆却相明，令必致于性命之域。而惑者乃云非道德之意，何其迷而不悟哉？故将欲歙敛众生情欲，则先开张，极其侈心，令自困于爱欲，则当歙敛矣。强弱等义，略与此同。此道甚微，而效则明著，故云是谓微明。②

---

① 唐玄宗：《唐玄宗御制道德真经疏》，见《老子集成》第一卷，第495页。
② 唐玄宗：《唐玄宗御注道德真经》，见《老子集成》第一卷，第431页。

《御疏》解说《御注》，说前一章第三十五章"执大象，天下往"意在说明"王能用道，则人归平泰之化"，第三十六章接上一章，则是说明"道或用权，国之利器，归往则归于平泰，利器则不可示人。初标歙张之权，次示柔弱之行，终结渊鱼之喻，以明权道之微"①。将权道看作是"国之利器"。《御疏》又说第四十章的主旨是阐明"权实两门，是道之动用"。该章"反者道之动"句疏云：

> 反以反俗为义，动是变动之名，谓权道也。言众生矜执其生，而失于道，故圣人变动设权，令反俗顺道尔。注云反经合义者，经，常也，义，宜也。今贵以贱为本，高以下为基，有以无为用，初则乖反常情，而后合顺于道，故谓此为道之运动也。孔子曰可与立，未可与权。权道反常而难晓，故举棠棣之喻，言其华先反而后合，以喻权道先逆而后顺尔。②

疏"弱者道之用"句云：

> 此明实道也，言人皆贱弱而贵强，是知强梁雄躁者，是俗之用也。道以柔和而胜刚，是知柔弱雌静者，是道之常用，故云弱者道之用尔。③

疏"天下之物生于有，有生于无"句云：

> 实之于权，犹无之生有也。又云至道冲寂，离于名称，谓诸法性空，不相因待者，言道至极之体，冲虚凝寂，非权亦复非实，何可称名？诸法实性理中，不有亦复不无，事绝因待，所言物生于有，有生于无者，皆是约代法而言尔。若知数舆无

① 唐玄宗：《唐玄宗御制道德真经疏》，见《老子集成》第一卷，第 479 页。
② 唐玄宗：《唐玄宗御制道德真经疏》，见《老子集成》第一卷，第 483—484 页。
③ 唐玄宗：《唐玄宗御制道德真经疏》，见《老子集成》第一卷，第 484 页。

奥，即知数诸法无诸法，岂有权实而可言相生乎？悟斯理者，可谓了出矣。①

疏文集中阐述了权道和权实关系。由于"权实两门，是道之动用"，所以道实际上可以分为权道和实道两种，那些上智之士，所闻之道既有权道，也有实道，"闻道权则微明，实则柔弱，闻斯行诸，皆不懈息"。② 权道效果可观，所以《道德经》说"是谓微明"。处实行权十分微妙，与《道德经》所言损之又损、玄之又玄等，均属于《道德经》书中"殆不可得而言传者"之一，是统治者需要用心体验的一种治术。

为了更好地理解唐玄宗的处实行权思想，有必要回顾一下唐以前儒家的权道思想。经和权，是儒家哲学的一对重要范畴。③ "经"一般指织布的经丝，凡织布必先经而后纬。"权"，本来也是一种植物，《说文》云："权，黄花木，从木，雚声。一曰反常。"徐灏《说文解字注笺》认为"权"可以"借为权衡之权，今所谓秤锤也。衡主平，秤物之轻重"。后世从"权"字引申出权谋、权变和智慧等义，从"经"字引申出经典、经常等义，如《礼记·丧服四制》说："权者，智也。"能知权变是智慧的重要表现。经权关系在《孟子》那里有了较为明确的表达，《孟子》有名言："男女授受不亲，礼也；嫂溺，援之以手者，权也。"即是守礼行权的意思。作为"经"的"礼"是不能随意更改的标准，否则"权"就失去了规范，变得漫无边际。

汉代儒家经学建立后，经权关系在孟荀的基础上得到进一步发展。当时出现了两种有代表性的观点，一是守经行权，行权必须以守经为前提，行权是一种有限度的变通。如《史记》说："为人臣者不可以不知《春秋》，守经事而不知其宜，遭变事而不知其权。"这

---

① 唐玄宗：《唐玄宗御制道德真经疏》，见《老子集成》第一卷，第 484 页。

② 唐玄宗：《唐玄宗御制道德真经疏》，见《老子集成》第一卷，第 484 页。

③ 参见何建明：《道家思想的历史转折》，第 131 页。

里的"经"具体到儒家经典《春秋》，体现了"经"的恒常义。二是反经合道，例如王充《论衡·本性》从人性论的角度提出："余固以孟轲言人性善者，中人以上者也；孙卿言人性恶者，中人以下者也；扬雄言人性善恶混者，中人也。若反经合道，则可以为教；尽性之理，则未也。"这相当于为君子行权提出了比"经"更高也更抽象的原则——"道"。魏晋时期，经权关系进一步得到讨论，王弼在《论语释疑》中解释说："权者道之变。变无常体，神而明之。存乎其人，不可豫设。"晋韩康伯注《周易·系辞传》则说："权，反经而合道，必合乎巽顺，而后可以行权也。"这是比较典型的反经合道思想。

六朝隋唐时期又从"反经合道"发展出"反经合义"，如唐杨倞注《荀子·仲尼》："或曰：《荀子》非王道之书，其言驳杂，今此又言以术事君。曰：不然。夫荀卿生于衰世，意在济时，故或论王道，或论霸道，或论强国，在时君所择，同归于治者也。若高言尧、舜，则道必不合，何以拯斯民于涂炭乎？故反经合义，曲成其道，若得行其志，治平之后，则亦尧、舜之道也。"这即说，"反经合义"的目的是"曲成其道"，这是对王弼权是道之变的具体化。可见汉儒最初主要论经权关系，后来在抽象的"经"之外，提出了比较具体的行权标准"道"和"义"，将"权"的内涵由守经合道发展到反经合道乃至反经合义，也就是说无论是守经还是反经，只需要合乎道、合乎义即可。汉代以前的经权关系中的"经"意义比较抽象和宽泛，有恒常不变之意，不专指儒家五经。朱熹对汉儒关于行权的解释是很不以为然的，他在《四书章句集注》中曾引程颐的话批评"汉儒以反经合道为权，故有权变权术之语，皆非也。权只是经也。自汉以下无人识权字"。《朱子语类》中又说"汉儒说权，是离了个经说"，"汉儒谓'权者，反经合道'，却是权与经全然相反"。朱熹的批评不能不说没有道理，他说汉儒以"反经合道"理解"权"，容易衍生出权变权术，有违先儒经权观的本质。

《御注》中说到的"行权"，语出儒家经典《周易·系辞下》"巽以行权"，表示巽卦之用在于因势利导，便宜行事。韩康伯注《周易》，将"行权"之"权"释为"反经而合道"，但"反经"之"反"必须有所约束，以"必合乎巽顺"作为"行权"的前提。孔颖达作疏，以"顺时"解释"巽顺"，疏云："巽，顺也，既能顺时合宜，故可以权行也。若不顺时，制变不可以行权也。"极大拓展了行权的范围，也就是说统治者可以随着时代或时机变化而行权宜之计，只要合乎"道"就可以了。唐玄宗《御注》和《御疏》中所说"巽顺可以行权，权行则能制物"的认识显然来自上述易学知识，这是唐玄宗以儒释《老》的一个表现。

根据《周易》"巽以行权"的理论前提，《御注》顺理成章地将第三十六章末句经文"鱼不可脱于渊，国之利器，不可以示人"中的"利器"释为"权道"，注云："此言权道不可以示非其人，故举喻云：鱼若失渊，则为人所擒；权道示非其人，则当窃以为诈谲矣。"①《御注》对第四十章"反者道之动"的解释最有新意："此明权也，反者取其反经合义。反经合义者，是圣人之行权，行权者是道之运动，故云反者道之动也。"②将"反"直接解释为"反经合义"，这在以前的《老子》注释中还没见过。《老子河上公章句》将"反"释为大道运动而生万物之"本"，③成玄英释为"还"，④即返还的意思。大概从六朝开始，道教解《老》者将"反者道之动"的"反"释为"道与俗反"，不再强调"道"的返回义和根本义。在敦煌残抄本唐初颜师古所作《玄言新记明老部》中就有下列明确的表述：

> 第三反〔者道之动〕章，所以次昔之得一者，前既明所得之境，境是一空，此释一空之理与万有之事其旨不同。即是与俗反，所以此章深明反义。
>
> 第四上士章，所以次反者道之动，前既明道与俗反，今明

---

① 唐玄宗：《唐玄宗御注道德真经》，见《老子集成》第一卷，第431—432页。
② 唐玄宗：《唐玄宗御注道德真经》，见《老子集成》第一卷，第433—434页。
③ 河上公：《道德真经注》，见《老子集成》第一卷，第157页。
④ 成玄英：《老子道德经开题序诀义疏》，见《老子集成》第一卷，第317页。

体道之人不无优劣。①

李荣《道德真经注》也释"反"为"反俗"，这大概是唐代老学的共同之处，比如他注"反者道之动，弱者道之用"："道以柔弱为用，动皆反俗，以刚强在心，举皆失道也。"② 刚强在心是俗人的做法，道不用刚强用柔弱，就是反于俗。对于宗教信仰者来说，"反俗"具有不容置疑的区分凡圣的意义，所以我们可以看到，《御注》对"反者道之动"的解读，有意识地避开了那些具有道教宗教意味的前人解说。早于《御注》的成玄英《老疏》没有直接用"反俗"两字解释"反者道之动"，但是他说"得道圣人超凌三境，但以慈悲救物，反入三罗，混迹有中，赴机应化"，这个"得道圣人"事实上就是反俗的，更何况在他的《老疏》中，"反俗"两字处处可见。不过需要注意的是，成玄英的"反俗"，刻意强调"反俗合真"、"反俗顺道"，而不是"反经合义"，"真"和"道"是宗教信仰目标，"义"却不具备宗教内涵，他们的"反俗"目标是不同的。事实上，《御注》极少使用"反俗"字眼，唯一一处见于第七十八章"正言若反"，《御注》曰："受国之垢，为社稷主，受国之不祥，为天下王，是必正言初若反俗，故云正言若反。"③《御注》关注现实政治而不是凡圣问题，此处可见一斑。

那么究竟什么是"反经合义呢"？《御疏》第四十章是这样理解《御注》④ 的：

前章明天地得一，以戒矜执之弊。此章明权实两行，将申反经之义。不矜则全夫贵本，合义则方可与权。欲令深悟道无，

① 颜师古：《玄言新纪明老部》，见《老子集成》第一卷，第 271—272 页。
② 李荣：《道德真经注》，见《老子集成》第一卷，第 370 页。
③ 唐玄宗：《唐玄宗御注道德真经》，见《老子集成》第一卷，第 447 页。
④ 《御注》第四十章注"反者道之动"："此明权也，反者取其反经合义。反经合义者，是圣人之行权，行权者是道之运动，故云反者道之动也。"

所以再明冲用也。①

又疏"反者道之动"云：

> 注云反经合义者，经，常也。义，宜也。……权道反常而难晓，故举棠棣之喻，言其华先反而后合，以喻权道先逆而后顺尔。②

"经"是"常"，"义"是"宜"。哪些又是"常"呢？这是十分微妙的问题，《御疏》认为"权道反常而难晓"，是君主需要掌握的隐秘的不可外泄的统治术，它是一个"先逆而后顺"的过程。"逆"就是"反"，先以是否合义而反经行权，行权之后再遣除权道而回归实道，就是"顺"。

儒家认为行权、权道有其必要性。《御疏》说《御注》第三十六章的目的是"明圣人用权道以摄化众生也"，这是由于前一章中的"执大象，天下往"讲的是"人君执持大道，以理天下，无为无事，物遂其生，候日观风，皆归有道"，是最高的实道。③ 在圣人的无为治理下，四方之人自然慕化而往。但是由于众生根性不同，有钝根有利根，所以圣人有权也有实。也就是说，权道是用来教化钝根之人的。对钝根之人，行权的表现就是"将欲歙之，必固张之。将欲弱之，必固强之。将欲废之，必固兴之。将欲夺之，必固与之"。这一章《御注》几乎都是用儒家行权说来解释，"此章继以歙张，是谓之权。欲量众生根性，故以权实覆却相明，令必致于性命之域"④。佛教的根性说融入了儒家行权说中。

事实上，唐以前注家大多是以"权道"解释《老子》第三十六

---

① 唐玄宗：《唐玄宗御制道德真经疏》，见《老子集成》第一卷，第483页。
② 唐玄宗：《唐玄宗御制道德真经疏》，见《老子集成》第一卷，第484页。
③ 唐玄宗：《唐玄宗御制道德真经疏》，见《老子集成》第一卷，第479页。
④ 唐玄宗：《唐玄宗御注道德真经》，见《老子集成》第一卷，第431页。

章的。《喻老》说得最为直白，权道几乎就是权谋和阴谋。① 《老子河上公章句》大概是最早将这一章的"利器"释为"权道"的，注曰：

> 先开张之，欲极其奢淫；先强大之，欲使遇祸害……此四事，其道微，其效明也。……利器者，谓权道也。治国权者不可以示执事之臣也。治身道者不可以示非其人也。"②

王弼没有明说将欲必固这种欲擒故纵的思想就是权道，而是说："因物之性，令其自戮，不假刑为大以除将物也。"③ 他把《道德经》经文中将欲必固四种行为视为统治者治理天下的必要手段，认为统治者"将欲除强梁，去暴乱，当以此四者"④。但是王弼认为这种治理手段并不是强行为之，而是因其自性，符合自然无为的原则。他把"利器"释为"利国之器"⑤，相比《老子河上公章句》释为"权道"并特别强调"治国权者不可以示执事之臣也"⑥，王弼的注解少了权谋的意味，但本质上不出儒家行权说。

成玄英也是以"行权"来理解这一章的，行权是圣人赴感，逗机应物，应世而治理天下的必然之举，圣人"将欲行权，摄化群品，令其歙敛，不为贪染者，必先开张纵任，极其奢淫，然后歙之"⑦，所谓开张纵性，也可以理解为王弼所说的"因物之性"。成玄英的目标不在治国，而是修身，他把"柔弱胜刚强"的"柔弱"释为心境虚无的"实智"，把"刚强"释为欲教化众生不得不使用的"权智"，⑧ 这既不同于王弼，也不同之前任何其他注解。李荣注与成玄英注差不多："八十一章广陈化道，而凡情有系，所执不同，以实示

---

① 韩非：《喻老》，见《老子集成》第一卷，第63页。
② 河上公：《道德真经注》，见《老子集成》第一卷，第155页。
③ 王弼：《道德真经注》，见《老子集成》第一卷，第220页。
④ 王弼：《道德真经注》，见《老子集成》第一卷，第220页。
⑤ 王弼：《道德真经注》，见《老子集成》第一卷，第220页。
⑥ 河上公：《道德真经注》，见《老子集成》第一卷，第155页。
⑦ 成玄英：《老子道德经开题序诀义疏》，见《老子集成》第一卷，第313页。
⑧ 成玄英：《老子道德经开题序诀义疏》，见《老子集成》第一卷，第314页。

之，而不从将权化之，令知返玄教，深远左右宜之。"①

由此可见，权道、行权之论，自《老子河上公章句》以下，可谓一脉相承，《御注》继承了这一注解传统，又能从时代背景和实际需要出发，集中论证君主行权的合理性，服务于自己的专制统治。唐玄宗的根性说虽然可能借鉴自佛教，且流于肤浅，但至少是自圆其说的。

"权"既然可以理解为智慧，当然也可以理解为极端使用智能的权谋，而权谋当然是有害于"实"的。《御注》在论证行权的合理性之外，不忘强调返本归实，注"人多利器，国家滋昏"云："利器，谓权谋，人主以权谋为多，不能反实，下则应之以诈谲，故令国家滋益昏乱。"②"行权"终究是权宜之计，君主治理天下的原则应该是行权处实，最理想的是权实两忘。《御注》第四十章"天下之物生于有，有生于无"云：

　　　若能两忘权实，双泯有无，数誉无誉，可谓超出矣。③

这样的语言是我们熟悉的，前文论述成玄英、李荣的老学，两忘、双遣在二人的《老》注中比比皆是，唐玄宗《御注》在一定程度上继承了重玄思想。成玄英《老疏》的一个非常鲜明的特点就是广泛使用权实说，因此不排除《御注》的权实观和双遣有无思想可能受到了成玄英的影响。成玄英认为圣人和君主行权具有合理性，是"摄化群品"的必要手段，但是"权不及实"，"权劣实胜"，所以君主行权要以"权不丧实，应不离真"④为原则。所谓"应不离真"指的是虽用权智而以实道为上，就好像用兵是由于"君子善人，贵能用道。事不获已，方动兵戈"⑤，乃不得已而为之。即便战胜前敌，

① 李荣：《道德真经注》，见《老子集成》第一卷，第368页。
② 唐玄宗：《唐玄宗御注道德真经》，见《老子集成》第一卷，第439页。
③ 唐玄宗：《唐玄宗御注道德真经》，见《老子集成》第一卷，第434页。
④ 成玄英：《老子道德经开题序诀义疏》，见《老子集成》第一卷，第310页。
⑤ 成玄英：《老子道德经开题序诀义疏》，见《老子集成》第一卷，第311页。

也不要以为是什么好事，仍要以丧礼对待胜利，因为武是权，文是实，武不及文，权不及实。治国不得已而用武，就好像应化不得已而行权。① 君主如何才能合理行权而不乱用权呢？如何把握尺度呢？成玄英的回答很玄妙，"权道是隐密明智"②，不为一般人所知，权道实行得如何取决于君主行权时具备的智慧——权智。与权智相对立的则是实智。什么是实智呢？唐代注《老》家并没有从正面给予明确界定，需要从权智的对立面去把握。如成玄英注《老子》第三十六章"柔弱胜刚强"："柔弱，实智也。刚强，权智也。欲教化众生，故须权智。确论二智，实智胜权也。"③ 从成玄英的注文来看，以正治国、以奇用兵是权智，以无事取天下是实智，所以实智其实就是无为之智慧。凡有为之治，如"立天子，置三公"等，在成玄英看来，都是"真君出世"、"大道权应"、"应为帝王"时实行权道的表现。在儒家政治观念中，权智对应的是五霸时期，无为之实智对应的是五霸以前的三皇五帝时期。在赵蕤编写的《长短经·适变》，就有"三皇以道治，五帝用德化，三王由仁义，五霸用权智"的说法。由此看来，无论是成玄英还是唐玄宗，他们对实智的强调，不过是一种政治理想的表达。

　　"行权"、"权智"、"权道"等概念在李荣的《道德真经注》以及后来的唐玄宗《御注》、《御疏》以及李约的《道德真经论兵要义述》、赵志坚的《道德真经疏义》、陆希声的《道德真经传》等唐代注《老》作品中也常常出现，尤其是唐玄宗《御注》和陆希声对此发挥得最为充分。而被视为与成玄英一脉相承的李荣注，反倒有意放弃了成玄英的权实说。

　　我们还是以成玄英和唐玄宗借以集中发挥权实说的《道德经》第三十六章"将欲歙之，必固张之"为例来说明。陆希声注如下：

---

① 成玄英：《老子道德经开题序诀义疏》，见《老子集成》第一卷，第311页。
② 成玄英：《老子道德经开题序诀义疏》，见《老子集成》第一卷，第314页。
③ 成玄英：《老子道德经开题序诀义疏》，见《老子集成》第一卷，第314页。

圣人之渊奥莫妙于权实，实以顺常为体，权以反经为用。权所以济实，实所以行权，权实虽殊，其归一揆。老氏既以实导人，立知常之教；又以权济物，明若反之言。①

"权以反经为用"以及"明言若反"的说法明显来自唐玄宗《御注》。对比一下李荣对这一章的注解：

上之权道观之，则未似施教。究理则极有潜资，甚自微妙，分明历然有益，故谓微明。八十一章广陈化道，而凡情有系，所执不同，以实示之，而不从将权化之，令知返玄教，深远左右宜之。权释辩于前，实解彰于后。欲噏敛之，开经化之；欲弱俗情，强其仙骨。欲废邪志，与之正道；欲夺恶行，与之善业……利器不可以示人，示人则危殆。故曰人可使由之，不可使知之。是知执权之道不易其人。②

李荣的《道德真经注》全篇只有这一章的注解用了权实说，这一章里出现了"权"、"实"、"权道"等在成玄英和唐玄宗御注中频频出现的词汇。但李荣对权实的理解和成玄英、唐玄宗都不同。成玄英几乎将所有世俗之治都看作是"权"或"权智"的应用，是一种不得已而为之的权道、权宜之计，他强调"权不丧实，应不离真"③，说权是为了显实。李荣却几乎放弃了权实说，他对世俗之政治的解释，明显向传统回归。

我们再以第五十七章为例。李荣注曰：

前忌讳下是四种有为之病，是故圣人说四种无为之药，欲令除乱得化，去动之静，家安俗乐，无事无为。④

---

① 陆希声：《道德真经传》，见《老子集成》第一卷，第600页。
② 李荣：《道德真经注》，见《老子集成》第一卷，第368页。
③ 成玄英：《老子道德经开题序诀义疏》，见《老子集成》第一卷，第310页。
④ 李荣：《道德真经注》，见《老子集成》第一卷，第378页。

这四种有为之病，按照李荣的注解，"以政理国"即是"养百姓者，妙在于平均。宣风化者，要归于正直。此所谓诸侯牧宰导德齐礼，文之教之也"；"以奇用兵"即是"临难制变，兵不厌诈。三略六奇，九政百胜，上将军师，静难息寇，武之功"。[①] 李荣虽然也借鉴了成玄英的权实说，但主要还是从无为与有为关系的传统视角做出解释。

再回过头来看《御注》第四十章：

> 此明权也，反者取其反经合义。反经合义者，是圣人之行权，行权者是道之运动，故云反者道之动也。
> 此明实也。弱者取其柔弱雌静，柔弱雌静者，是圣人处实。处实者，是道之常用，故云弱者道之用也。
> 天实之于权，犹无之生有，故行权者贵反于实用。有者必资于无，然至道冲寂，离于名称，诸法性空，不相因待，若能两忘权实，双泯有无，数舆无舆，可谓超出矣。[②]

在唐玄宗看来，"权道"是一种十分微妙的统治术，"处实行权"也是不可得而言传的。作为君主，唐玄宗的苦闷在于，不行权无以治理天下，不处实无以从根本上实现天下大治，所以他提出要处实而行权，反经而合义。但是这仍然是不够的，和成玄英一样，唐玄宗还有更高的追求，那就是重玄思维为他开辟的"超出"方向——两忘权实，双泯有无，"兼忘言行，不入异门，心无边境之迷，境无起心之累"[③]。

---

① 李荣：《道德真经注》，见《老子集成》第一卷，第377页。
② 唐玄宗：《唐玄宗御注道德真经》，见《老子集成》第一卷，第433—434页。
③ 唐玄宗：《唐玄宗御注道德真经》，见《老子集成》第一卷，第428页。

第十章　李约、王真与唐代中后期的儒道会通

　　萧公权论唐五代道家之政论，对唐代老庄学的情况有如下概述："唐代自以李姓，奉老聃为远祖，庙赠号，极尽尊崇。甚至道经用以贡士，老庄并立国学。而道士至高官者，亦颇有其例。推朝廷之用意或在借道以抗佛，而其结果则佛未见衰，儒家之地位，反受影响。白居易与元微之于元和初将应制举，揣摩时事，为《策林》七十五篇，其中多黄老之言。则当时风气，可以想见。然道教经此提倡，虽取得略似国教之优势，而老、庄思想并未因之有显著之进展。无为之治术既不合盛世之政风，故其复兴必在贞观开元以后，迭遭丧乱之衰世。就现在之文献论，李唐五代老庄学派之政论，较著者共有五家，玄宗时有《亢仓子》及《元子》。"① 这是仅仅就狭义的道家政论而言，没有涉及《老》、《庄》注疏，但他对整个道家无为治术与时代背景的分析，却是相当精当的。

　　唐玄宗《御注》、《御疏》究竟在当时起了多少实际作用，着实无可估算，但玄宗朝的政治，未必就是无为而治。现存安史之乱后的几种《道德经》注疏，虽然不免受到唐玄宗《御注》和《御疏》的影响，但也有意识地纠正了《御注》和《御疏》的佛老互释倾向，转而向儒老相通的方向回归。唐代中后期的《道德经》注疏，现存三种文本较为完整的，分别是李约的《道德真经新注》、王真的《道德经论兵要义述》和陆希声的《道德真经传》，它们都具有儒道会通的特点，都可以看作是广义的道家政论。至于它们与唐代前期成、李二注的区别，正如蒙文通所言："至陆希声、李约辈之书，虽同为

---

① 萧公权：《中国政治思想史》，新星出版社 2005 年版，第 278—279 页。

唐作，但殊类唉、赵说经，义自别出，希声、李约二家为近，与任真、西华之宗违矣，不复及之。"①三注所处的时代，在"贞观开元以后，迭遭丧乱之衰世"，因而不约而同强调无为治术，具有强烈的现实针对性。

三注《旧唐书·经籍志》不载，《新唐书·艺文志》仅记载陆氏《道德经传》四卷。三注中李约《注》最为寂寂无闻，唐宋目录均无载，仅宋人彭耜的《道德真经集注杂说》卷上有一个简单叙述："唐兵部李约，勉之子也，注《道德经》四卷，其说谓'世传此书，为神仙虚无言，不知六经乃黄老之枝叶尔。'"日本学者中岛隆盛认为，"他（李约）的注释跟玄学和佛学没有密切关系，是站在基于传统养生思想的道教的立场上，和《河上公注》的立场差不多"，又认为"成玄英、李荣、玄宗的《道德经》注释都有三教混淆色彩，到了李约的注释先除却佛教色彩，到了王真的解释连道教色彩也被清除了……陆希声的《道德真经传》是在王真的基础上更进一步增强了儒家色彩。这本注释书一出现，《道德经》就变为宪章尧舜文武孔子的性命道德之学"，②这些归纳基本是站得住脚的。本章分两节，分别概述李约和王真的《道德经》注及其特点。

第一节　李约与《道德真经新注》

李约，字存博，陇西成纪人，汧公李勉之子，自称萧斋，官兵部员外郎。李约生卒年不详，主要生活在唐德宗时期。现存《道德真经新注》（以下简称"《新注》"）四卷，上经《道经》和下经《德经》经各二卷，收于正统《道藏》洞神部玉诀类。《道藏》本

---

① 蒙文通：《辑校成玄英〈道德经义疏〉》，见《道书辑校十种》，第359—360页。
② 参见中岛：《从现存唐代〈道德经〉诸注看唐代老学思想的演变》，《宗教学研究》1992年第1期。

《新注》经注不分，随经出注，也无章序和章名，只有经文和注文，正文前有短序一篇。李约原书应该标明了章序，入《道藏》前已遭改动。

《道藏》本《新注》第一卷卷题"道经上"三字下，有一行说明文字："自然之性静，故天地万物生。生久而凌替，修之令反自然，故曰道。凡三十七章。"[①] 第三卷卷题"德经上"三字下也有一行文字，但只有五个字"凡四十一章"。三十七加四十一，总计七十八章。检阅该书，实际章数是八十一章，上经三十七章，下经四十四章，"四十一"应是"四十四"的误写。"凡四十四章"五字前应该有脱文，脱文与第一卷卷首说明《道经》的文字相类，旨在概述下经何以称为《德经》。

一、《新注》之新

李约非常推崇道家，认为道家宗旨一言以蔽之，"盖清心养气，安家保国之术也"。在儒道关系上，李约赞同前人"六经乃黄老之枝叶"[②] 的论断，这是他为《道德经》作注的初衷。

《新注》篇幅适中，经注文合计二万字出头，语言简短、朴实、浅显，可读性强。书虽题名"新注"，但是整体上较为忠实于《道德经》原文的字面意思，并无过多发挥，绝大部分经文的注解借鉴了汉魏旧注，且受当时官方定本唐玄宗《御注》和《御疏》影响较大，有些注文明显来自开元注疏。

当然，此书既然号称"新注"，总有一些与众不同之处，不然有何理由称"新注"？李约撰有简短序文一篇，四百字左右，其中可见其对《道德经》的独特体会以及《新注》之"新"。下面结合序文和经注正文，概述《新注》之新意。

第一，李约认为，正确理解《道德经》的关键是第二十五章经文"人法地地法天天法道道法自然"，对这句话的理解关系到能否从

① 李约：《道德真经新注》，见《老子集成》第一卷，第 540 页。
② 李约：《道德真经新注》，见《老子集成》第一卷，第 540 页。

512

源头上避免对《道德经》的误读，而他的注解工作就是正本清源，还《道德经》以本来面目。这句《道德经》中最耳熟能详的经文，他的断句是：

> 人法地地，法天天，法道道，法自然。①

经过他的重新断句和解释，这句话成为《新注》区别于晋唐时期其他老学作品的标志。序言主要就这个问题进行了说明。李约说：

> 自然之道静，故天地万物生于其中。人为万物之主，故与天地为三才焉。老君在西周之日，故秉道德以救时俗。道者，清净自然之道也。德者，以法久而失，修而得之谓之德也。故曰道大，天大，地大，王亦大，是谓域中四大焉。盖王者，法地、法天、法道之三自然妙理，而理天下也。天下得之而安，故谓之德。凡言人属者耳，故曰人法地地，法天天，法道道，法自然，言法上三大之自然理也。其义云：法地地，如地之无私载。法天天，如天之无私覆。法道道，如道之无私生成而已矣，如君君、臣臣、父父、子子之例也。②

天地人三才，人居其一。但是人中之"王"的地位是特殊的，他负责治理天下，那么，作为王者就要"法地、法天、法道之三自然妙理"。也就是说，《道德经》这句话，主要是针对统治者而言的，其中心并非抽象的"道"。这个道理，李约认为，就好像《论语》里孔子说的"君君、臣臣、父父、子子"一样，是一个道理。由于这样理解经文，李约对过去的注解断句都进行了批判：

> 后之学者不得圣人之旨，谬妄相传，凡二十家注义皆云：

---

① 李约：《道德真经新注》，见《老子集成》第一卷，第 539 页。
② 李约：《道德真经新注》，见《老子集成》第一卷，第 539—540 页。

"人法地，地法天，天法道，道法自然。"即域中五大矣，与经文乖谬，而失教之意也。岂王者只得法地而不得法天、法道乎？又况地法天，天法道，道法自然，义理疏远矣。源流既挠，支派遂昏，或宗之为神仙书，或语之以虚无学。论者非云先黄老而后六经，乃浅俗之谈也，殊不知六经乃黄老之枝叶尔。余少得旨要，故辩而释之，盖清心养气，安家保国之术也。①

除上述断句为《新注》之最新处之外，李约的注解，还有很多标新立异处。下举三例予以说明。

第一例，如注第三十二章的"始制有名……夫亦将知止"：

道至于此，始可制服有名之物。有名之物，即山川可祭之神，林泉可征之士。如此，有名之物有封禅而必从伏林泉，而尽出朝见也。夫此辈亦将知安于所止……有名之物依于有道之君，而安于乐土，况百姓乎？有道之主在于天下君臣道合，上恩下流，下情上达，如川谷之与江海通流也。②

《道德经》第三十二章主要论道，以"道常无名。朴虽小，天下不敢臣"开头，"始制有名，名亦既有，夫亦将知止，知止所以不殆"是接着"道常无名"讲的，与第一章的"无名"、"有名"形成前后呼应关系，都是讨论作为万物根源的"道"的特点。河上公、王弼注都能把握这一精神本质。如《老子河上公章句》"始制有名"注云："始，道也。有名，万物。道无名，能制于有名；无形，能制于有形。"③ 天下归道，如川谷归江海。王弼认为这句话是讲朴散道离后，天下始制官长，始立名分，"知止"即是任名以号物，循名以责实。他从名实关系理解这句话："始制，谓朴散始为官长之时也。始制官

---

① 李约：《道德真经新注序》，见《老子集成》第一卷，第539—540页。
② 李约：《道德真经新注》，见《老子集成》第一卷，第547页。
③ 河上公：《道德真经注》，见《老子集成》第一卷，第153页。

长，不可不立名分以定尊卑，故始制有名也。"① 这一章经文中的"知止"，王弼认为是老子教导人们要避免"任名以号物"。李约之前的成玄英也是从名实关系理解这段话，但他的注解更加抽象，他从"道"这个名是"因无名以立有名，寄有名以明无名"出发，提醒人们了解"道"是没有称谓（"名"）的，"道"降迹立名，意在"引物向方，归根反本"。"知止"就是要知道"止名求实"②，不可滞执筌蹄，失于鱼兔。这个解释在精神上与王弼是相通的，都是提醒人们要拨开"名"的遮蔽，体会物名背后那个本质性的"实"。

李约的注文"道至于此"是接着前文说的，在前文中他认为，侯王若能守道，则王道无偏，只有到了这个程度，侯王才能"制服有名之物"。而"有名之物"并非其他注家认为的是泛泛而论的天下万物，而是特指"山川可祭之神，林泉可征之士"，也就是各种山川鬼神和隐逸之士，他们原本是不依止于侯王的。"制服有名之物"的表现是什么？就是这些山川之神和林泉之士纷纷走出泉林，依于有道之君。可见李约直接将"道"替换为"有道之君"、"有道之主"。他对"有名之物"的解释，十分标新立异，既悖经文，亦乏依据，可以看出他一心服务于君主的政治倾向。李约本章的注解旨趣，与汉魏旧注和唐代成玄英、李荣等人都相去甚远，却与唐玄宗《御注》较为接近。《御注》此章云：

> 人君以道致平，始能制御有名之物，故有名之物，亦尽为侯王所有矣。既，尽也。若侯王能制有名之物，则夫有名之物，亦将知依止于侯王，知依止有道之君，所以无危殆之事。③

看来，李约和唐玄宗都将"始制有名"看作是侯王、君主制御天下的手段。但李约上述注解与《御注》也有不同，即《御注》将"始

---

① 王弼：《道德真经注》，见《老子集成》第一卷，第219页。
② 成玄英：《老子道德经开题序诀义疏》，见《老子集成》第一卷，第311页。
③ 唐玄宗：《唐玄宗御注道德真经》，见《老子集成》第一卷，第430页。

制有名"的"有名"解释为"天下有名之物",范围很大,也比较抽象。而李约却解为"山川可祭之神,林泉可征之士",这其实是对《御注》"有名之物"的具体化。或许李约是专门针对那些"天子不能臣"的隐逸之士而言。

第二例,李约对"利器"的解释也颇有新意。《道德经》通行本在第三十六章和五十七章两次出现"利器"一词。李约注第三十六章"鱼不可脱于渊,国之利器,不可以示人":

> 利器者,机事也。凡事机微之时,则能制之,不使至其强大,此实理身理国之要道也,必不得示诸小人。若机落小人之手,则何异夫鱼之入渊乎?①

注第五十七章"民多利器,国家滋昏。人多伎巧,奇物滋起":

> 民皆畏死,因须挟藏弓矢以卫其生,故国家日益昏乱。②

李约之前的注家,如赵志坚、成玄英、李荣等也多将"利器"看作是权谋或机心,如赵志坚说"利器"是"机权谋计","堪以损人益己者"都属于"利器",而这种机权谋计,无论是用在治家还是治国上,都属于"好事有为",是应该摒弃的。③ 成玄英也将"利器"释为"权柄",认为利器不可轻易示人,"鱼藏于水,权隐于心,故物莫之害也"。④ 他们基本是否定"利器"的,因为"利器"属于有为。从唐玄宗《御注》开始,肯定"利器"是君主必不可少的治国之道,如《御注》说权道"不可以示非其人",否则,"当窃以为诈谲矣"。⑤ 当然《御注》也认为权谋不可滥用,"人多利器,国家滋昏"注云:

---

① 李约:《道德真经新注》,见《老子集成》第一卷,第547页。
② 李约:《道德真经新注》,见《老子集成》第一卷,第552页。
③ 赵志坚:《道德真经疏义》,见《老子集成》第一卷,第403页。
④ 成玄英:《老子道德经开题序诀义疏》,见《老子集成》第一卷,第314页。
⑤ 唐玄宗:《唐玄宗御注道德真经》,见《老子集成》第一卷,第432页。

"利器，谓权谋，人主以权谋为多，不能反实，下则应之以诈谲，故令国家滋益昏乱。"① 与唐玄宗一样，李约也充分肯定利器为理身理国之要道，不可舍弃。

第三例，李约对"德"的理解也不同于一般注家。"德"一般被释为"得"，如王弼、成玄英等人。王弼的"得"是指"常得而无丧，利而无害"。德从何而得？"由乎道也"。② 成玄英等主重玄的学者也认为德是"得"之义，德"以克获为义"③，"道是圆通之妙境，德是至忘之圣智"④。李约不重视哲学思辨，他更关注《道德经》的现实功用价值，他理解的"德"虽然也是以"得"为义，但却不是"得之于道"的"得"，他的注解是："德者，以法久而失，修而得之谓之德也。"⑤ 即强调通过修炼而得"法"，不是根源于"道"的物之所得和道之功用。李约抛弃了过去注家在道、德问题上的形上思辨，直接将"德"与行为上的"修"连接起来，从而突出了《道德经》在儒家道德实践上的指导价值。

那么，李约说的"以法久而失"，必须修而得之的这个"法"，究竟指的是什么呢？我们发现，李约《新注》多次论及"法"。有时"法"指的是刑法、法律，这是《道德经》经文中本有的意思，如"法令滋彰，盗贼多有"。有时则是指的老子的修炼之法，如"老子教人营卫之法，不使妄出构祸也"⑥。"以法久而失"的"法"显然不是指后者。李约这样注解第三十三章"死而不亡者寿"：

> 人能行道以利天下，所垂法则制度皆生于神识机智，一成之后，万古传之，是身死形谢而神长存，故曰寿也。⑦

① 唐玄宗：《唐玄宗御注道德真经》，见《老子集成》第一卷，第 439 页。
② 王弼：《道德真经注》，见《老子集成》第一卷，第 221 页。
③ 成玄英：《老子道德经开题序诀义疏》，见《老子集成》第一卷，第 315 页。
④ 成玄英：《老子道德经开题序诀义疏》，见《老子集成》第一卷，第 284 页。
⑤ 李约：《道德真经新注》，见《老子集成》第一卷，第 539 页。
⑥ 李约：《道德真经新注》，见《老子集成》第一卷，第 541 页。
⑦ 李约：《道德真经新注》，见《老子集成》第一卷，第 547 页。

可见，李约理解的"德"，就是包含了刑法、法律在内的儒家的"法则制度"。所以，他又说："至人立功，立事，立言，立法，万古不朽。"① 将《左传》的"太上有立德，其次有立功，其次有立言"的所谓"三不朽"，扩展为"四不朽"。四不朽中没有立德，但却有立事和立法。看来李约是用立事和立法取代了立德。我们可以认为这是李约对立德的新理解。

二、六经乃黄老之枝叶

李约评价前人注《老》，认为第二十五章"人法地，地法天，天法道，道法自然"断句错误，是后世义理疏远，分歧渐多，以及儒道相黜的根源：

> 源流既挠，支派遂昏，或宗之为神仙书，或语之以虚无学，论者非，云先黄老而后六经，乃浅俗之谈也。殊不知六经乃黄老之枝叶尔。②

正因为李约认为六经乃黄老之枝叶，所以《新注》既要纠正上述"错误"，也要通过真正的新注解使众人理解《道德经》何以与儒家并不矛盾，同时也希望《道德经》成为当朝统治者的有益借鉴，《新注》因此而具有强烈的现实关怀。李约把《道德经》中的称谓"人"作为说教的对象。"人"在《道德经》中主要是指普遍意义上的人，如"人之所恶，唯孤、寡、不谷"，"人之迷，其日固久"。有时"人"与"圣人"或"天"相对举，如"天之道，损有余而补不足。人之道则不然，损不足以奉有余"。有时与"众"、"俗"等字构成双字词，用来突出圣人的不同凡响，如"众人皆有余，而我独若遗"，"俗人昭昭，我独若昏"等。李约将《道德经》的"人"扩大到了人中之主——君王，将《道德经》看作是老子对君主的教导。李约的

---

① 李约：《道德真经新注》，见《老子集成》第一卷，第543页。
② 李约：《道德真经新注》，见《老子集成》第一卷，第539—540页。

注解都是在对君主苦口婆心献计献策，而不是针对一般人讲道理。例如他注"天下神器……执者失之"：

> 神器者，人也。身中居神，所以谓之神器。人性恶扰，有为则扰人，故知不可以取天下。为之则民散也。不信厚言，固守本意，则必失帝业。①

对于《道德经》反对的仁义礼智，李约认为其产生是不得已的，因此是必要的。李约注第十八章"大道废，有仁义；智慧出，有大伪；六亲不和，有孝慈；国家昏乱，有忠臣"，对仁义礼智的产生是这样论述的：

> 大道非欲避仁义而废之，而仁义立，故大道不得不废，由时舍本崇末也。
> 智慧出，非欲兴大伪，而大伪不得不兴，为凭迹而生也。
> 父慈子孝之日，岂有曾参之名？
> 君贤臣良之时，焉有比干之节？②

第十九章的"三绝"——绝圣弃智、绝仁弃义和绝巧弃利，李约的解释也是从仁义礼智的合理性角度出发，注云："绝圣弃智，则无法令。无法令，则民不忧其抵犯。民不忧其抵犯，则恣而为生，与其名韩之时，而计其利不啻百倍。绝膻行之仁义，则天下不奉不及之法，皆复于自然孝慈。绝越常之巧，则其利均。其利均，则民各足。民各足，则谁为盗贼？三者足以教君，夫足以教民，故更继四句。"③这与唐玄宗《御注》说"绝兼爱之仁，弃裁非之义，则人复于大孝慈矣"④ 非常接近，也都是对《道德经》文意的继续发挥。

---

① 李约：《道德真经新注》，见《老子集成》第一卷，第 546 页。
② 李约：《道德真经新注》，见《老子集成》第一卷，第 543 页。
③ 李约：《道德真经新注》，见《老子集成》第一卷，第 544 页。
④ 唐玄宗：《唐玄宗御注道德真经》，见《老子集成》第一卷，第 424 页。

尽管李约不是道士，但他与成玄英、李荣和唐玄宗一样，也反对俗学，这是唐代《道德经》注疏的共同点之一。《道德经》经文有"绝学无忧"，李约释"学"为"人间之学"①，人间之学汲汲于分别，长此以往，伤害人的自然之性，无休无止："自然之性，日向荒凉，未有休止之势也。"② 李约还用老子的口吻告诫世人，人间之学不是可学之学。第二十章的经文"我独怕兮其未兆，如婴儿之未孩"注云：

> 老子云：我于人间之学绝来已久，今纵见之，情实怕然，未有兆朕，似婴儿之未孩者，未识人之意也。③

因此，"我独若遗"即是表明"唯我于俗学，则似神不足而遗忘"；"我所以独异于人者，为求饲于道也。道亦以我能绝俗学，故常以元和妙气而饲之"④。"绝学无忧"这句在通行本中置于第二十章章首的经文，和该章后面的经文"唯之与阿，相去几何"等其实很难建立逻辑联系。当代学者多认为它是错简所致，可能应该置于第十九章绝圣弃智章的章末，上接经文"见素抱朴，少私寡欲"。唐代以前的注家在注解第二十章的时候，很少受"绝学无忧"句的影响，也很少将这一章都从俗学或言教的角度进行注解的。如王弼是从无欲于求的角度理解"绝学无忧"，注云："下篇为学者日益，为道者日损，然则学求益所能而进其智者也。若将无欲而足，何求于益？"⑤ 至于成玄英、李荣等人，虽然是从绝弃俗学的角度理解"绝学无忧"，但也并未将整章都看成于是有关"俗学"的论述。真正从这一视角解读该章的是唐玄宗《御注》。而李约的具体注解虽然不同于《御注》，但整章的主旨显然受到了《御注》的影响。《御疏》"我独怕兮其未

---

① 李约：《道德真经新注》，见《老子集成》第一卷，第544页。
② 李约：《道德真经新注》，见《老子集成》第一卷，第544页。
③ 李约：《道德真经新注》，见《老子集成》第一卷，第544页。
④ 李约：《道德真经新注》，见《老子集成》第一卷，第544页。
⑤ 王弼：《道德真经注》，见《老子集成》第一卷，第214页。

兆，如婴儿之未孩"云：

> 我，老君自称，言我畏绝俗学，抱道含和，独能怕然安静，
> 于彼世间有为之事，情欲等法，略无形兆。如彼婴儿，未能孩
> 笑，无分别也。孩者，别人之意。《庄子》曰：不至于孩而
> 始谁。①

"俗学"的内容究竟是什么，其实并不是很清楚。唐代《道德经》中的"俗"主要是相对"道"而言，"俗学"则是相对"无为"而言的"有为之学"，或者说是"逐境之学"。唐玄宗《御注》就将"绝学无忧"释为"绝有为俗学"，又说"善士所畏者，俗学与有为也。皆当绝之，故不可不畏"②。俗学也是俗人之学，圣人、玄德之人必然要绝弃，这一点我们在前面已经提到。是否能够绝弃俗学，也与修道境界相连，正如《御注》所说"心寂兮绝于俗学，似无所止著"③。李约既然认为"六经乃黄老之枝叶"，那么他也是从根本上倡导《道德经》的无为之学、无为之治的。值得注意的是，李约还将俗学释为"人间之学"和"世人之学"，这也是一个创造，唐代《道德经》注疏大概只有他是这么解释的。学"人间之学"的危害是伤害自然之性，那么儒家言教岂不正是这种学问吗？这样看来，李约的解释也有不够圆融的地方。

在李约《新注》中，像这种阐扬唐玄宗《御注》、《御疏》的地方还有很多，比如李约注第十六章"王乃天，天乃道，道乃久，没身不殆"：

> 王道无偏，如天之覆。其功莫大，又能忘之。忘功之主，福祚敢忌。爱及甘棠，洗其人乎？言至人立功、立事、立言、

---

① 唐玄宗：《唐玄宗御制道德真经疏》，见《老子集成》第一卷，第465—466页。
② 唐玄宗：《唐玄宗御注道德真经》，见《老子集成》第一卷，第424页。
③ 唐玄宗：《唐玄宗御注道德真经》，见《老子集成》第一卷，第425页。

立法，万古不朽，身谢而神存也。①

唐玄宗《御疏》云：

> 王德合天，能行其道，道行则久享福祚，天下之人就之如日，戴之如天，泽之如雨，望之如春，则终殁其身，复何危殆之事？故云殁身不殆。②

两者的相似之处一目了然。可以说，李约进一步发扬了唐玄宗《御注》、《御疏》中的儒家治国思想，但却摒弃了《御注》、《御疏》中的佛学成分。

三、清静虚心

《道德经》论"道"，直接或间接赋予其丰富的内涵和特点，如冲、渊、弱、柔、反、虚、静、无为、谦退等，这些均属抽象的本质性特点。李约认为《道德经》的"道"，最大的特点是"清静"和"自然"，而不是隋唐注家一致强调的虚无或虚通。他的《新注》重点阐发的主题之一是《道德经》道静人亦静的道理。尽管李约也不断提醒君主要掌握机权，不可将机权轻示于人，否则易反为小人利用，但是李约总体上是劝导君主无为而治的。《新注》特别强调"君不生事以扰民"，则"民安于清静之中"③的道理。君主理民，要在"使其自得则安，扰之乱矣"④。如果君主行严酷之政，则危害甚大，"君政严而民无所措其手足，动则触纲，故畏而避之，由是日益凋残"⑤。当然，《道德经》主旨本来就是以无为为核心，李约也从理论上论证了君主为何要无为以及如何才能做到无为。

---

① 李约：《道德真经新注》，见《老子集成》第一卷，第543页。
② 唐玄宗：《唐玄宗御制道德真经疏》，见《老子集成》第一卷，第463页。
③ 李约：《道德真经新注》，见《老子集成》第一卷，第552页。
④ 李约：《道德真经新注》，见《老子集成》第一卷，第553页。
⑤ 李约：《道德真经新注》，见《老子集成》第一卷，第552页。

李约在《新注》序言的开篇就给"道"下了一个断语——"自然之道静"。紧接着又说，"道者，清净自然之道也"①。在"道经上"经题下，李约再次强调"自然之性静"。这相当于说，道即是自然，自然即是静。人应该"法道自然"，清心养气，如此则家国两治。

首先，"至虚至静"是道生化万物的前提条件："元气圆凝之时，未有天地也。至虚至静，不与物群，复不随物化也。"② "自然之性静，故天地万物生。"③ 类似注解还有注"渊兮似万物之宗"："渊然深静，不可测知，故似为庶类之宗师。"④ 总之，"静"为道之性，在"道"的所有属性中，"静"是天地万物所以生的主要根据，这是李约特别强调的一点。

万物由动归静，不静则生命不能再次生发，因此静是宇宙万物生生不息的必要前提。注同章"夫物芸芸……复命曰常"云：

> 夫物芸芸，茂盛至秋。秋冬之交，生性未有不归于根者，为根静故也。若动则不能更生也。万物至十月，其气皆归于根。冬至后，乃一阳生，方萌芽动也。周而复始，此自然之本也。常生之道。⑤

这是老子观察世界总结出的朴素观念。二十四节气就是古人对自然规律的把握，冬至作为节气之一，为极阴转阳的标志，也是万物由静复动的开始，可见"静曰复命"，命系于"静"。李约对此进行重点阐发。

其次，根据人法地地，法天天，法道道，法自然的逻辑前提，自然之性静，道性静，人也应该重静，人君首先要做到心清净，守静是得道之由。李约注"万物并作，吾以观其复"："恐人未信守静

① 李约：《道德真经新注》，见《老子集成》第一卷，第 539 页。
② 李约：《道德真经新注》，见《老子集成》第一卷，第 545 页。
③ 李约：《道德真经新注》，见《老子集成》第一卷，第 540 页。
④ 李约：《道德真经新注》，见《老子集成》第一卷，第 541 页。
⑤ 李约：《道德真经新注》，见《老子集成》第一卷，第 543 页。

是得道之由，故以此喻明之。万物动作，吾观其摇落之后，生气无不归于静中也。"① 将"处无为之事"理解为"置心于清静中"，而"行不言之教"就是"正身以率下也"。李约将"守静"看作是君主奉行的最高原则和得道之主要途径，相关注解还可以列出很多，如注"天门开阖，能为雌乎"：

> 天辅有德，而爱民之君守雌用静，动不离道，故天门长开，授其福祚。②

注"谷神不死，是谓玄牝"：

> 女子处幽闺之中，是谓玄牝，此玄牝性柔而静，不以外伤内，所以能制不测之神于身也。③

注"不尚贤，使民不争；不贵难得之货，使民不为盗；不见可欲，使心不乱"：

> 夫能不尚己贤，孰与我争？若以不贪为宝，则下皆化之，又何人为盗也？凡与我对者，无不忘之，则心必自静。④

注"无名之朴，亦将不欲。不欲以静，天下将自正"：

> 兼忘守道之心，乃合自然之素。夫有心于静者，则无时而静也。今放之于自得，我无一物于胸中，然后君臣上下各正性命。⑤

---

① 李约：《道德真经新注》，见《老子集成》第一卷，第543页。
② 李约：《道德真经新注》，见《老子集成》第一卷，第542页。
③ 李约：《道德真经新注》，见《老子集成》第一卷，第541页。
④ 李约：《道德真经新注》，见《老子集成》第一卷，第540页。
⑤ 李约：《道德真经新注》，见《老子集成》第一卷，第547页。

这些都是强调心静的。李约甚至直接以心灵清静理解"无为"，"是以圣人处无为之事"就是"置心于清静中"①。

《道德经》第二十六章有"静为躁君"，李约抓住这句话，对"静"的重要性进行了集中阐发：

> 故兆民未有不受制于君者，为君静也。君子欲有所诣，必先备其辎重，用防寒暑饥乏之患。超然者，超脱之貌也。荣观，春台也，燕燕尔也，治容之所也，此皆守重静者之能超脱者也。物之与人皆守重静，如何天下之主不重其身，轻其出入也。轻其举措则难服事，故失臣心。躁其情性，不自安静，则失其君位。②

可见君主能否守静关系到天下百姓能否服从其统治，《道德经》中的圣人终日随身不离的"辎重"，被李约理解成"守重静"。

再次，心静之外，还必须虚心。道既然是夷希微不可见不可闻，介于有无之间，"今欲执守，未闻其方"。那么究竟该如何才能修道、体道、得道呢？李约认为首先要诚，诚而后能虚，虚而后道将至，"方在虚心，心诚能虚，道将自至，然后执之以御群有，无不致理"。

因此，"虚其心"则"外物不复入于内也"；"实其腹"则"元和不复出于外也"。③ 又注"致虚极，守静笃"："将欲求道集于身者，必须先致其虚。令虚至极，则道必自至于身中矣。"④ 注"执古之道，以御今之有"："虽非视听可得，又非寻摘所知，自古有之，谓之曰道。今欲执守，未闻其方。方在虚心，心诚能虚，道将自至，然后执之以御群有，无不致理。"⑤ 注"致虚极，守静笃"："笃，厚也。

---

① 李约：《道德真经新注》，见《老子集成》第一卷，第540页。
② 李约：《道德真经新注》，见《老子集成》第一卷，第545页。
③ 李约：《道德真经新注》，见《老子集成》第一卷，第540页。
④ 李约：《道德真经新注》，见《老子集成》第一卷，第543页。
⑤ 李约：《道德真经新注》，见《老子集成》第一卷，第542—543页。

将欲求道集于身者，必须先致其虚。令虚至极，则道必自至于身中矣。"① 这些注文都突出了虚心的意义。

最后，主张无心、无情。如注"天地不仁，以万物为刍狗，圣人不仁，以百姓为刍狗"：

> 夫恩生乎心，天地无心，焉得恩？刍，草也。夫报起乎情，刍狗无情，焉得报？圣人法天地之无心，但虚怀而在上，则何仁之有乎？百姓象刍狗之无情，遂忘帝力于其下耳。②

《道德经》的常用语是"是以圣人"如何如何，李约认识到"是以圣人"下面要讲的，"必不与前言同"③，可谓抓住了《道德经》的语言特点。"前言"一般是讲天下的普通人也就是"俗人"如何，"后言"则是结论，是圣人如何，与"前言"不同或者说正好相反。《道德经》崇尚的是圣人身上体现的原则和道理，圣人又为君主树立榜样。《道德经》中可为君主效法的原则很多，如无为、无欲、知足、知止、虚心、守静等，在这些原则中，李约特别强调君主要"守重静"。从逻辑上看，欲望和有为皆源于一心，都是性情之动。"躁其情性，不自安静，则失其君位"，不能"安静"的根源在于性情之躁动。李约解《老》重静，主张无心，反映了唐代道家心性学对他亦有影响。

最后要说的是，尽管李约的《新注》基本上是以儒解《老》，并受到了唐玄宗《御注》、《御疏》的影响，但李约并不一味排斥历史上众多的道教解《老》，对一些早已宗教化的经文，李约基本是认同的。在《新注》序言中他已指出，《道德经》的"旨要""盖清心养气，安家保国之术也"。不可否认的是，《新注》主要关注的是安家保国之术，然而安家保国的前提必然是清心养气，所谓身治则国治，

---

① 李约：《道德真经新注》，见《老子集成》第一卷，第543页。
② 李约：《道德真经新注》，见《老子集成》第一卷，第541页。
③ 李约：《道德真经新注》，见《老子集成》第一卷，第540页。

这是历代注者一致承认的《道德经》一书的基本精神。李约《新注》继承了历史上注家对《道德经》养生思想的阐发，如强调抟气、养精、抱一等术。比如李约注"载营魄抱一，能无离乎"："人之生也，必载魂，魂是阳神，阳神欲人生。魄是阴鬼，阴鬼欲人死。故老子教人营卫之法，不使妄出构祸也。营卫之法，无过抱一。一，专一也，抱专一之心，魄故无由离身，合于前境也。"注"专气致柔，能如婴儿乎"："能专养和气，至四体之柔弱似婴儿乎？"再如李约注"而贵求食于母"：

> 所以独异于人者，为求饲于道也。道亦以我能绝俗学，故常以元和妙气而饲之。[1]

经文"而贵求食于母"是唐玄宗在撰写《御注》时修改的，经文原作"而贵食母"，唐玄宗说："先无'求'、'于'两字，今所加也。"[2]《御注》释此句为："求贵食于母者，贵如婴儿无营欲尔。"[3] 婴儿求食于母是自然而然的行为，《御注》使用这一意象来阐明"我独异于人"的独特性——人有情欲，我无爱染。又李约注"其中有精"云："精，道之妙也。言道以精妙之气，出入于万物之中，莫见其朕，唯虚心者能得之。"[4] 这个解释显然也受到了《御注》的影响。

　　总之，李约《新注》，颇值得注意的有这样几点。首先，《新注》预设的阅读对象是人中之王——君主，因为王者是"理天下者"，"域中有四大，而王居其一焉"，《新注》是为统治者提供根本的治国策略的。李约对"人法地，地法天，天法道，道法自然"的新解，前无古人，后少来者。而他之所以如此标新立异，乃是由于发现

---

① 李约：《道德真经新注》，见《老子集成》第一卷，第 544 页。
② 唐玄宗：《唐玄宗御注道德真经》，见《老子集成》第一卷，第 425 页。
③ 帛书本写作"而贵食母"，的确没有"求"和"于"字。五千字本、傅奕本、王弼本和成玄英、李荣使用的经文都没有这两个字。可见李约使用的经文是唐玄宗修改过的定本。到唐末陆希声时，此句经文已改回"而贵食母"。
④ 李约：《道德真经新注》，见《老子集成》第一卷，第 544 页。

《道德经》经文本身累积下来的矛盾需要解决，且认为《道德经》并不是空洞的道论，而是为现实社会的君主立论的。其次，李约对《道德经》养生思想的阐发十分有限，仅限于上述传统注《老》中被反复解释过的抱一、守精、爱气等养生观念，一反唐代中期以前道教重玄解《老》的潮流。再次，李约本人生活的时代上距唐玄宗时代不远，《新注》明显受到了当时的权威读本唐玄宗《御注》、《御疏》的强大影响，但是李约有意识地摒弃了《御注》、《御疏》中无处不在的佛教因素。而这一阐释方向的转变，与唐代中期韩愈、李翱等人为代表的排佛潮流是一致的。李约生活在唐代中后期，唐德宗年轻时经历过安史之乱，继位后颇有一番中兴气象，可惜统治后期政事多端，纵容宦官，敛财无度，民怨沸腾。李约的《新注》，直接针对人君，或许是有感而发。《新注》能够在明《道藏》中保存下来，也说明它自身的价值所在。

第二节　王真与《道德经论兵要义述》

杜光庭《道德真经广圣义》记载"汉州刺史王真（作《论兵述义》上下二卷）"①。该书收入正统《道藏》，书题"朝议郎使持节汉州诸军事守汉州刺史充成胜军使赐绯鱼袋臣王真上"。王真生卒年不详，约活动于唐德宗和唐宪宗时期，稍晚于李约。他于唐宪宗元和年间拜为朝议郎使，持节汉州诸军事。王真自称"少习儒业"，熟读儒道之书，更认为《道德经》一书主旨是论兵，因此"独取《道德经》所论兵战之要，撷拾玄微"，撰《道德经论兵要义述》四卷。

《道藏》本前有《进道德经论兵要义述状》，进呈时间为唐宪宗元和四年（809）。进表里说，此书为王真前作，呈上时将原二卷析为四卷，并叙、表等。又称"惟《诗》也三百，义必在于无邪；惟

---

① 杜光庭：《道德真经广圣义》，见《老子集成》第二卷，第3页。

经也五千，理必归于自正"①。后有《手诏》、《叙表》，《叙表》中称书名为"《道德论兵要义述》"。

王真自述进献此书的目的是："伏惟皇帝陛下，体至道，为人君，以无事理天下，一自临驭，万国康宁。日月不照之乡，声教犹暨；霜露表均之地，恩信仍加。刑罚措而得谓无冤，干戈戢而亦不复用。无为无事，虽休勿休，海内欢娱，天下幸甚。"② 致用的意图很明显。因此，王真注《老》，特意拈出其中论兵要义，"道德经文，远有河公训释，中存严氏指归，近经开元注解，微臣狂简，岂敢措词。今之所言，独以兵战之要，采摭玄微"。由于前有官方读本唐玄宗《御注》、《御疏》，所以王真注解《道德经》的方法是，以《道德经》中章首为题序，在每章章题后先粗述唐玄宗注疏之意，"或先经以始其事，或后经以终其义"。

历史上将《道德经》看作是兵书的不乏其人，比如清人魏源，他在《孙子集注序》里说："《易》其言兵之书乎！'亢之为言也，知进而不知退，知存而不知亡，知得而不知丧'，所以动而有悔也，吾于斯见兵之情。《老子》其言兵之书乎！'天下莫柔弱于水，而攻坚强者莫之能先'，吾于斯见兵之形。《孙武》其言道之书乎！'百战百胜，非善之善者也；不战而屈人之兵，善之善者也，故善用兵者，无智名，无勇功'，吾于斯见兵之精。故夫经之《易》也、子之《老》也、兵家之《孙》也，其道皆冒万有，其心皆照宇宙，其术皆合天人、综常变者也。"③ 但魏源解《老》并没有以兵书视之，王真则属于以兵解《老》的代表性注家。

一、《道德经论兵要义述》的特点

王真之前的《道德经》注疏，无论注疏者所持立场和使用的方法如何，基本上都是发掘《道德经》的治身和治国思想，而王真的

---

① 王真：《道德经论兵要义述》，见《老子集成》第一卷，第562页。
② 王真：《道德经论兵要义述》，见《老子集成》第一卷，第562页。
③ 魏源：《魏源全集》十三，岳麓书社2011年版，第203—204页。

《道德经论兵要义述》（以下简称"《要义述》"）则是专注于阐发其论兵思想，因而在老学史上别具一格，开后代从兵战角度解释《道德经》的先河。

王真认为《道德经》是圣人"救弊"之作，是玄元皇帝老子"以代天地而言，将善救其弊者"，是有关"圣人用兵之深旨"的，目的是"防其后人君轻用其兵也"，而五千言，"先举大道至德，修身理国之要，无为之事，不言之教，皆数十章之后，方始正言其兵，原夫深衷微旨，未尝有一章不属意于兵也"①。当然，《要义述》并非主张好用兵或讲如何用兵，"忘战则危，好战则亡；是知兵者可用也，不可好也"②。相反，如陈鼓应所说，该书"却主张戢戈止兵，偃武息争。作者牢牢地抓住《老子》不争的思想而加以发挥。整本书都充满了浓厚的反战思想"③。

王真的上述思想，与当时的政治需要有密切关系。陈寅恪论牛李党争说："牛李党派之争起于宪宗之世，宪宗为唐室中兴英主，其为政宗旨在矫正大历、贞元姑息苟安之积习，即用武力削平藩镇，重振中央政府之威望。当时主张用兵之士大夫大抵属于后来所谓李党，反对用兵之士大夫则多为李吉甫之政敌，即后来所谓牛党。而主持用兵之内廷阉寺一派又与外朝之李党互相呼应，自不待言。是以元和一朝此主用兵派之阉寺始终柄权，用兵之政策因得以维持不改。及内廷阉寺党派竞争既烈，宪宗为别一反对派之阉寺所弑，穆宗因此辈弑逆徒党之拥立而即帝位，于是'销兵'之议行，而朝局大变矣。"④ 王真于元和四年（809）七月献书唐宪宗，正值宪宗指派吐突承璀出兵讨伐王承宗，以革河北藩镇世袭之弊。王真不仅没有因阐述戢兵息战之理而引起唐宪宗的反感，而且还得到唐宪宗的赞誉，宪宗亲敕手诏："卿职在藩条，诚存裨补，本乎道德之旨，参以

---

① 王真：《道德经论兵要义述》，见《老子集成》第一卷，第563页。
② 王真：《道德经论兵要义述》，见《老子集成》第一卷，第562页。
③ 陈鼓应：《老子注译及评介》，第377页。
④ 陈寅恪：《唐代政治史述论稿》，上海古籍出版社1982年版，第97—98页。

理化之源，用究玄微，有兹述作。省阅之际，嘉叹良深。"① 这显然与五年后金州刺史张仲方 "驳李吉甫谥议，言用兵征发之弊由吉甫而生，宪宗怒"，将张仲方 "贬为遂州司马" 的行为大相径庭。这说明王真的戢兵思想并没有张仲方那样带有明显的反对李吉甫的倾向，不会与一向看重李吉甫的唐宪宗产生明显的对立。同时，由于他肯定了在不得已的情况下用兵的合理性与必要性，实际上从李家祖典《道德经》中为唐宪宗 "合理" 用兵找到了理论根据。"王真的思想，在当时牛李党争之中表现出一定的调和倾向。但究其实质，在很大程度上与穆宗朝'销兵'派，即新兴阶级之急进派牛党的观念更接近。这也反映出王真的用兵之道是自觉地顺应着正在崛起中的新兴地主阶级"②。

元和四年（809），承德节度使王承宗叛乱。宪宗派遣中使告诉王承宗，让他把薛昌朝送回德州，王承宗不肯接受命令。于是宪宗下制书削去王承宗的官爵，任命左神策中尉吐突承璀为左右神策，以及河中、河阳、浙西、宣歙等道行营兵马使、招讨处置等使。翰林学士白居易上奏疏认为国家征伐，派遣将帅不宜任命宦官，引人耻笑。宪宗不听，派遣吐突承璀率领神策军从长安出发，命令恒州四面的藩镇各自进兵招讨王承宗（投降则招之，叛逆则讨之）。此时吐蕃也不断入边，朝廷兴兵在即。王真的《要义述》是有针对性的，他对君主抱有十分殷切的希望，在进表中他说：

> 夫争者，兵战之源、祸乱之本也。圣人先欲埋其源、绝其本，故经中首尾重迭，唯以不争为要也。夫唯不争，则兵革何由而兴？战阵何因而列？故道君叮咛深诫，其有旨哉！其有旨哉！
>
> 戢干戈于方兴之时，却行阵于已列之地，无为无事，上德

---

① 王真：《道德经论兵要义述》，见《老子集成》第一卷，第 562 页。

② 何建明：《王真的道家用兵思想》，见《百年道学精华集成》第五辑《思想大要》卷五，第 30—34 页。

> 上仁贵五千之至言、贱百二之重险，结绳而理，大化克被于生灵，击壤之歌，至德亟闻于野老。天下幸甚！天下幸甚！①

在王真眼里，《道德经》阐述普遍性道理的某些章和经文都是论兵的，比如第八章经文有"水善利万物而不争"，王真借"不争"一词，充分阐发了他不争的用兵之道："此一章特谕理兵之要，深至矣！夫上善之兵，方之于水。"②第七十章注则言："天下之利害，莫大于用兵。是以道君殷勤恳恻于此，前章已极言用兵重敌之义矣，犹恐后之人不能晓达，于此章又特云：吾言甚易知，甚易行。……此谓吾之云言皆有宗本，吾之叙事皆有主守，而人但不能知不能行尔！"③

总的说来，由于王真解《老》的主旨在于言兵，故《要义述》重实用，少哲学趣味，如注《道德经》第一章，与唐代其他注解区别很明显：

> 盖天地之道，四时行焉，百物生焉，是为一玄也；圣人之道，代天理物，各正性命，复为一玄也。故曰：玄之又玄。是以，道君将明王者，治天下、安万国、正师旅，孰不由于此户者也。故曰：众妙之门。④

注者常常借"玄之又玄"大做文章，对它的解释最能体现一个注释者的思想特色。王真的注解，淡化了哲学气息，完全是政治化、实用化的解读。

二、圣人用兵之旨：文武兼用，二柄兼行

王真认为兵是治国理国的必要手段，统治者应该文武兼用，兵

---

① 王真：《道德经论兵要义述》，见《老子集成》第一卷，第 563 页。
② 王真：《道德经论兵要义述》，见《老子集成》第一卷，第 565 页。
③ 王真：《道德经论兵要义述》，见《老子集成》第一卷，第 580 页。
④ 王真：《道德经论兵要义述》，见《老子集成》第一卷，第 564 页。

可用可战，但不可好，也不可忘。

王真对《道德经》的"夫礼者，忠信之薄而乱之首"是这样认识的：

> 何谓礼者乱之首？乱，犹理也。乱矣，非礼则无以理之，故曰"乱之首也"。夫文者，武之君也；武者，文之备也。斯盖二柄兼行，两者同出，常居左右，孰可废坠？故曰："忘战则危，好战则亡。"[1]

所谓"乱，犹理也"，即是说乱而后理，礼也是治乱的手段，也就是"非礼则无以理之"之意。这个解释，是直接来自唐玄宗《御注》，不是王真的创造。我们看《御注》的解释："制礼者，为忠信衰薄而以礼为救乱之首尔，用礼者，在安上理人，岂玉帛云乎哉！"[2] 沿用《御注》一目了然。《道德经》明明是反对礼治的，唐玄宗和王真却将以礼看作是"救乱之首"。有了这个前提，王真才说："夫文者武之君也，武者文之备也。"也就是说，用兵是礼治的一部分，"盖二柄兼行，两者同出，常居左右，孰可废坠"。废兵不可，好战也不可，"是知兵者可用也，不可好也；可战也，不可忘也"。

王真十分擅长分析历史事件，以事说理。文武兼用的道理，他从五帝说起，彰明圣人治理天下的用兵原则，以此告诫当下的统治者应该如何用兵：

> 自轩辕黄帝以兵遏乱，少昊以降，无代无之，暨于三王之兴，虽有圣德，咸以兵定天下，则三王之兵，皆因时而动，动毕而后戢，戢即不复用也。及至嗣君，或骄或僻，或暴或淫，或怒或贪，或矜或忌，乃为我师我旅我国我家，动必取强，用必求胜，载穷载黩，且战且前，或不戢而自焚，或无厌而取灭，

---

① 王真：《道德经论兵要义述》，见《老子集成》第一卷，第 562 页。
② 唐玄宗：《唐玄宗御注道德真经》，见《老子集成》第一卷，第 433 页。

> 涂万姓之肝脑，决一人之忿欲，毒痛海内，灾流天下。是以道
> 君哀其若此，又不可得而废去，遂不得已而用之。①

第六十九章首句经文"用兵有言：'吾不敢为主而为客，不敢进寸而退尺'"，是《老子》引他人所言用兵之道。《老子河上公章句》说这是老子疾时用兵，故托己设其义。"主，先也。我不敢先举兵。客者，和而不倡兵，当承天而后动"②，表明"我不敢先举兵"的道理。王真注云："夫兵者，必以先举者为主，后应者为客也。且圣人之兵常为不得已而用之，故应敌而后起；应敌而后起者，所以常为客也。"这基本是符合《道德经》原义的。

可是为什么我"不敢进寸而退尺"呢？王真的解释与其他注家一样，重点阐述《道德经》的三宝精神，同时并不主张一味谦退。王真注云：

> 进少退多者，是沉机密用，重敌之意也。故虽有敌至，我
> 则善师而不阵，善师而不阵，即自无征伐矣，故曰行无行也。
> 既无征行，即我之师徒抱义以守，何攘臂之有哉。夫有道之君，
> 纵有凶暴之寇，妄动而来，我师告之以文词，舞之以干羽，彼
> 必闻义而退，自然无敌。故曰仍无敌。敌既退却，干戈戢藏，
> 故曰执无兵。兵既戢藏，恐其忘战，故又戒之曰：祸莫大于轻
> 敌，轻敌几丧吾宝。轻敌者谓好战于外，无备于内，与其无备
> 于内，宁好战于外，好战于外，犹有胜负，无备于内，必至
> 灭亡。③

对比一下前人的注解，就可知王真的注解有所不同，如《老子河上公章句》说："侵人境界，利人财宝为进。闭门守城为退也。"④《老

---

① 王真：《道德经论兵要义述》，见《老子集成》第一卷，第562—563页。
② 河上公：《道德真经注》，见《老子集成》第一卷，第171—172页。
③ 王真：《道德经论兵要义述》，见《老子集成》第一卷，第580页。
④ 河上公：《道德真经注》，见《老子集成》第一卷，第172页。

子河上公章句》释"吾宝"为"身",王弼释为"三宝",即慈、俭、不敢为天下先,这是由于王弼将经文"行无行,攘无臂,扔无敌,执无兵"理解为"谦退、哀慈、不敢为物先用战"①。唐玄宗《御注》对这一章的"不争"精神也有精彩的论述,他说"为客退尺,不与物争","引敌者,欲争不争,故若无敌可引","执兵所以表杀,今以慈和为主,故虽执兵,与无兵同",② 基本上阐述的也是《道德经》的三宝精神。

战争是用来对付敌人的,眼中敌人越多,战争就越是频繁,危害就越大。王真对当下的统治者眼中尽是敌人的状况提出批评,他说:"夫圣人在上,诚无敌于天下,然以其时主理乱言之,则敌亦众矣,何者?《书》云:抚我则后,虐我则雠。若然者即天下皆吾敌也,一国亦吾敌也,一乡亦吾敌也,一家亦吾敌也,一身亦吾敌也。"把天下看成是自己的敌人,战争就不会停止。所以王者要"遗卑小之臣",即可以得"万国之欢心",推之于天下都是一个道理。"公侯不侮于鳏寡,即得百姓之欢心矣。卿大夫不失其臣妾,即得小大之欢心矣!士庶人不忘于修身,即得真实之欢心矣!夫然乃可以全吾所宝矣!吾宝者身与位也,故曰抗兵相加,哀者胜矣"。③

究竟什么才是用兵之道?王真强调这样几点,第一,用兵的禁忌。兵战不是发泄、抢夺、抱怨、杀伐的工具,只是防范和威慑的手段。"夫圣人用兵之道,不以其愠怒也,不以其争夺也,不以其贪爱也,不以其报怨也。盖整而理之,蓄而藏之,以谨无良,以威不谲,非用之于战阵,非用之于杀伐,非用之于田猎,非用之于强梁,此圣人用兵之深旨也"④。所谓"整而理之,蓄而藏之,以谨无良,以威不谲",就是说要治国要有备无患,相当于今天的国防思想。那么,为什么不能作为发泄、抢夺、抱怨和杀伐的工具呢?王真是从

---

① 河上公:《道德真经注》,见《老子集成》第一卷,第 232 页。
② 唐玄宗:《唐玄宗御注道德真经》,见《老子集成》第一卷,第 444 页。
③ 王真:《道德经论兵要义述》,见《老子集成》第一卷,第 580 页。
④ 王真:《道德经论兵要义述》,见《老子集成》第一卷,第 563 页。

道德的角度给出解释的，他提出"王者必先务于道德而重用兵"①。他认为"怒者逆德也，兵者凶器也，争者人之所甚恶也"，若果以逆德、用凶器、行人之所甚恶，怎么可以呢？他总结道：

> 上德者天下归之，上仁者海内归之，上义者一国归之，上礼者一乡归之，无此四德者，人不归也。人不归即用兵，用兵即危之道也，故谓不祥之器，又曰死地。②

王者如果不具备上述四德（上德、上仁、上义、上礼），则人民不归附。在人民不归附的情况下用兵就是危险的，这也解释了《老子》为何说"兵者不祥之器"和"动之死地"。总的来说，王真上述文武并用、王者有德的用兵思想，仍然是围绕《道德经》上德、玄德思想进行的发挥。

三、无为：戢兵息战

王真强调好战、用兵危害极大："凡天下之害，知之尽无为也；天下之利，知之即无不为也。夫天下之害，莫大于用兵；天下之利，莫大于戢兵。言王侯但能守此自然之道，则物无不自化者。"③ 并对战争造成的社会危害痛加斥责，注第四十六章云：

> 夫去奔走之马，粪荆棘之田，非有道欤。四郊多垒，戎马生于其间，非有道欤。是以人君恣可欲于心，则天下之人皆得罪矣！嗜欲至而不知止足之分，则天下之人皆受祸矣。又人君所欲尽得，则天下悉罹于殃咎矣，必也上之人能知足之为足，则天下之人孰不常足矣。④

---

① 王真：《道德经论兵要义述》，见《老子集成》第一卷，第563页。
② 王真：《道德经论兵要义述》，见《老子集成》第一卷，第563页。
③ 王真：《道德经论兵要义述》，见《老子集成》第一卷，第572—573页。
④ 王真：《道德经论兵要义述》，见《老子集成》第一卷，第575页。

《道德经》将"却走马以粪"和"戎马生于郊"分别视为有道之世和无道之世的体现，以田野是否得到耕种比喻和平和战争两种不同的社会景象，生动形象。《道德经》还指出，祸莫大于不知足，战争是由于贪欲驱动的。王真的注解，又一次直指战争祸害的源头是人君，正是由于"人君恣可欲之心"，才置天下人入于水火之中，祸殃极大。全书多处可见王真语气激愤难抑。

那么，兵战如何起源？王真注第二章："夫物既有名，人既有情，则是非彼我存乎其间，是非彼我存乎其间，则爱恶起而相攻矣。爱恶起而相攻，则战争兴矣！"① 从源头解决争战，唯有不争。如何才能不争呢，进一步则是要求统治者行无为。在注第八章"上善若水，水善利万物而不争"时，王真大发感慨："夫惟不争，故无尤者，臣伏以道君之意深切诲谕者，正欲劝其人君无为于上、不争于下尔！夫无为者，戢兵之源；不争者，息战之本。若王侯能明鉴其源，洞观其本，简其云为，息其争斗，则金革宁矣。臣又窃尝习读五千之文，每至探索奥旨、详研大归，未尝不先于无为，次于不争，以为教父。"② 这一章是《老子》集中阐述水德，以为水"不争，处众人之所恶，故几于道"，水德近乎道。王真认为"此一章特谕理兵之要深至矣。夫上善之兵，方之于水"③，因此花了大约七百字的篇幅论述何为"不争"，可能是八十一章注文中篇幅最多的。"上善若水"相当于说"上善之兵若水"，居善地，心善渊，与善仁，言善信，正善治，事善能，动善时为"七善不争之德"。又注第十九章：

　　　　此言绝有迹之圣、弃矜诈之智，则人受大利矣，故曰百倍。又仁生于不仁，义生于不义，今欲令绝矫妄之仁，弃诡谲之义，俾亲戚自然和同，则孝慈复矣。又绝淫巧，弃私利，则兵革不兴，兵革不兴，则盗贼不作矣。④

---

① 王真：《道德经论兵要义述》，见《老子集成》第一卷，第 564 页。
② 王真：《道德经论兵要义述》，见《老子集成》第一卷，第 566 页。
③ 王真：《道德经论兵要义述》，见《老子集成》第一卷，第 565 页。
④ 王真：《道德经论兵要义述》，见《老子集成》第一卷，第 568 页。

然而正如《道德经》所说"此三者以为文不足，故令有所属，见素抱朴，少私寡欲"，根源还在君心。"见素"就是"外其质野之容"，"抱朴"就是"内其真实之意"，内外兼修，祛除嗜欲。王真对经文"少私寡欲"的理解具有时代特点。他肯定欲望是人性的一部分，"绝欲"是不合理的，也是不可能的，因为"思虑嗜欲者，人之大性存焉。可节也不可绝也。故劝王侯令少之寡之，则国延其祚，人受其赐也"①。

王真指出，从用兵的角度理解无为，无为即是不争、无兵战。如第七十五章"民之难治，以其上之有为，是以难治"注：

> 又言有为者是人君好为兵革之事，夫一家有兵以及一乡，一乡有兵以及一国，一国有兵以及天下，天下有兵，乱靡有定，于是耕夫释耒而执干戈，工女投机而休织纤，齐人编户，太半从戎，子弟父兄，邻里宗党，同为锋侠，共作奸回，虽善诱恂恂，孰云孔易，故曰难治。②

第五十七章"以无事取天下"，王真认为"无事者，无兵革之事"③。注第二十二章"不自见故明，不自是故彰，不自伐故有功，不自矜故长。夫唯不争，故天下莫能与之争"："又从不自见以下四节，皆不争之道也。故曰夫唯不争，故天下莫能与之争。天下莫能与之争，则兵战自然息矣。"④ 类似的注文还很多，例如：

> 然至于王侯之动，即无不用其金革矣，为患之大，莫甚于斯。故偃武修文，兴利除害，其事既理，故曰无为。其教既行，故曰不言，是以云圣人处无为之事，行不言之教也。⑤

---

① 王真：《道德经论兵要义述》，见《老子集成》第一卷，第568—569页。
② 王真：《道德经论兵要义述》，见《老子集成》第一卷，第581页。
③ 王真：《道德经论兵要义述》，见《老子集成》第一卷，第577页。
④ 王真：《道德经论兵要义述》，见《老子集成》第一卷，第569页。
⑤ 王真：《道德经论兵要义述》，见《老子集成》第一卷，第564页。

　　　　为无为者，直是戒其人君无为兵战之事也。语曰舜何为哉，
　　恭己正南面而已，若人君皆能如舜之德，则天下安得不治矣，
　　故曰为无为则无不治矣。①

　　　　爱人治国能无为者，夫欲治其国，先爱其人；欲爱其人，
　　先当无为。无为者即是无为兵战之事，兵战之事为害之深欲爱
　　其人，先去其害，故曰无为兵战之事也。②

王真将《道德经》的核心思想"无为"，具体化为无兵革戎马之事，
以和平安宁的社会状态为最高追求。王真之所以如此重视《道德经》
的兵论，当然是有感而发。正如他在注第四十三章时说："又经曰：
行不言之教是也。然圣人之治，无以加于是乎，又道君叹其当代罕
能行之，故曰天下希及之。"③"天下希及之"这几句话，从《老子河
上公章句》开始就将"天下"释为"人主"，认为这句话是说明人主
少有能有及道之无为，并能以无为治身治国的。唐玄宗《御注》仅
说"天下众教，少能及之者"，主语是"教"而不是"人"，更不是
君主。王真承继《老子河上公章句》，且指明这是"当代"问题，这
就比《老子河上公章句》和《御注》的泛泛而谈更直截了当。

　　与很多注家不同，王真认为五千言的精华在最后一章（第八十
一章）中。为了清楚说明问题，先录这章经文："信言不美，美言不
信。善者不辩，辩者不善。知者不博，博者不知。圣人不积，既以
为人己愈有，既以与人己愈多。天之道，利而不害；圣人之道，为
而不争。"王真总结：

　　　　此一章道君自以为亲著五千之文，将传亿万之代，明彰日
　　月，德合乾坤，弘大道先天而生，表圣人法地而理，定德仁之
　　优劣，论礼义之重轻，去彼薄华，居斯厚实，是以重标三节，

---

① 王真：《道德经论兵要义述》，见《老子集成》第一卷，第 565 页。
② 王真：《道德经论兵要义述》，见《老子集成》第一卷，第 566 页。
③ 王真：《道德经论兵要义述》，见《老子集成》第一卷，第 574 页。

> 将明两端，此盖同出而异涂，言行之深戒者也。夫诚信者不务谄谀、不矜捷给，无甘巧之说，绝诡饰之词，安得而美哉。[1]

"重标三节，将明两端"，即这段经文有三节，其中两端是指这一章的头端"信言不美，美言不信"，尾端是"圣人之道，为而不争"，头端说言，尾端说行，是为"言行"之深戒，两者同出而异途。王真用"圣人之道，为而不争"概括《道德经》一书旨意，也就是用兵之道。那么《道德经》一直都在讲圣人所贵事"不争"，为何最后一章要讲"为而不争"？王真说：

> 臣以为此之一章，乃是八十篇之末章，此之一句又是五千文之末句，故知言之宗，事之君，其义尽在此矣。此盖不言有为与无为，而直言为者，欲其人君为无为也；又欲其无不为也，其义明矣。夫一家不争，即斗讼息矣。一国不争，即战阵息矣。天下不争，则征伐息矣。夫斗讼息于家，战阵息于国，征伐息于天下，此圣人之理也。故曰圣人之道为而不争，其此之谓欤。[2]

王真在这里强调用兵之道是"为而不争"，意在说明征伐之事不会自然止息，消弭战争需要圣人或者人君善用老子的无为之道，即为无为。

以"为而不争"之道用兵，需要发挥人君的主体作用。因此，王真提出，君主需要提高自身的修养："圣人虚其心者，除垢止念也，实其腹者，怀忠抱信也；弱其志者，谦柔不犯于外也；强其骨者，坚固有备于内也。常使人无知无欲者，盖率身以正人，故使夫智者亦不敢为也。"[3] 君主还要善于用兵，如注第二十七章的"五

---

① 王真：《道德经论兵要义述》，见《老子集成》第一卷，第583页。
② 王真：《道德经论兵要义述》，见《老子集成》第一卷，第583页。
③ 王真：《道德经论兵要义述》，见《老子集成》第一卷，第565页。

善"："此五善者皆圣人密谋潜运，不露其才，不扬其己，不显其迹，不呈其形，常欲令戢兵于未动之际、息战于不争之前。"① 注第五十六章"知者不言，言者不知"云："夫以道用兵，则知者必不言其机也，言者必不知其要也，故曰知者不言，言者不知。塞其兑，闭其门者，兵之深机也。挫锐解纷，和光同尘者，兵之至要也，并不可得而言也。是以谓之玄同，故圣人之师，以战则胜，以守则固，非天下之所敌也。"② 同时，人君还要具有守静、柔弱等品德："是以圣人慎其动而常处无为，深达归根守静之义，乃能知常。能知常然后能不妄作，能不妄作故为之明。"③ 总之，王真将《道德经》主张的柔弱、雌静、无为、不争等相互关联的一系列美德与息战、天下大治联系起来，而将其反面与战争和天下不治联系起来，从正反两方面反复论证各自的利弊得失，拳拳之心，溢于言表，以图分主上之忧勤，救生灵之罢弊。

---

① 王真：《道德经论兵要义述》，见《老子集成》第一卷，第 570 页。
② 王真：《道德经论兵要义述》，见《老子集成》第一卷，第 577 页。
③ 王真：《道德经论兵要义述》，见《老子集成》第一卷，第 574 页。

第十一章　陆希声与《道德真经传》

陆希声（827—?）是生活唐代中后期的名儒。现存陆希声《道德真经传》收录于明正统《道藏》洞神部玉诀类，题名"《道德真经传》"（《新唐书》著录为"《道德经传》"）。该书序文后和正文前均有明确署名"吴郡陆希声"。书分四卷，上经《道经》和下经《德经》各二卷，其中《道经》第一至二十章为卷一，二十一至三十七章为卷二；《德经》第三十八至五十八章为卷三，五十九至八十一章为卷四。《道德真经传》的思想与唐玄宗《御注》和《御疏》有着明显的继承和发展关系，但是陆希声的最大不同是他抛弃了六朝隋唐时期盛行的佛道不分的解《老》理路，彻底回归到以儒解《老》的传统轨道上。

第一节　陆希声生平事迹及《道德真经传》 的特点

一、生平事迹

陆希声是苏州吴县人，出生世家。《新唐书·陆元方传》有其附传，但未记其生卒年。陆希声五世祖陆元方（639—701），初试明经，后举八科皆中，累转至监察御史。武后时，曾出使岭外，一生两度拜相。陆元方生子数人，《新唐书》称陆元方"诸子皆美才，而象先、景倩、景融尤知名"，陆象先、陆景融兄弟均颇有政绩。陆象先历户部尚书、知吏部选事、扬州大都督府长史、太子少保等，封兖国公，卒后赠尚书左丞相，谥"文贞"。陆景融"宽中而厚外，博学，工笔札。以阴补千牛，转新郑令，政有风绩，累迁工部尚书、东京留守。卒，赠广陵郡都督"。陆希声为陆景融四世孙，虽曾短暂出仕，但在事功上乏善可陈，远不如乃祖。本传仅有如下简略记载：

> 希声博学善属文，通《易》、《春秋》、《老子》，论著甚多。商州刺史郑愚表为属。后去，隐义兴。久之，召为右拾遗。时懿腐秉权，岁数歉，梁、宋尤甚。希声见州县刑散，上言当谨视盗贼。明年，王仙芝反，株蔓数十州，遂不制。擢累歙州刺史。昭宗闻其名，召为给事中，拜户部侍郎、同中书门下平章事。在位无所轻重，以太子少师罢。李茂贞等兵犯京师，舆疾避难。卒，赠尚书左仆射，谥曰文。

又据《新唐书》，陆希声由给事中擢为户部侍郎、同中书门下平章是在唐昭宗乾宁二年（895）正月己巳，但当年四月"陆希声、韦昭度罢"。"在位无所轻重"六字可以大略概括陆希声的仕宦生涯。他一生的主要事业，还是著述。

《新唐书·艺文志》著录陆希声著作有五种：《周易传》二卷、《春秋通例》三卷、《道德经传》四卷、《颐山诗》一卷，以及陆希声纂集的《李观集》三卷。①

陆希声用力最深的是易学，著有《周易传》二卷。该书早佚，唯其自作序言尚存，"核诸时代，对易学的发展，宋易的兴起，曾起重要作用"②。其自序说：

---

① 《新唐书》卷二〇三《李华传》记载，李华从子李观，有名当世。贞元中举进士、宏辞，连中，授太子校书郎，然于二十九岁早卒。李观有文才，"观属文，不旁沿前人，时谓与韩愈相上下"。陆希声欣赏李观，以为"观尚辞，故辞胜理；愈尚质，故理胜辞。虽愈穷老，终不能加观之辞；观后愈死，亦不能逮愈之质"云云。

② 潘雨廷著，张文江整理：《易学史丛论》，上海古籍出版社 2017 年版，第 345 页。

予乾符初任右拾遗，岁莫端居。梦在大河之阳，旷野数百里，有三人偃卧东首，长各数十丈。有告者曰：'上伏羲，中文王，下孔子也。'三圣皆无言。意中甚愕，瘤而震悸，伏而思之，河与天通，图之自出，三圣卫列，乾之象也。天道无言，示人以象，天将以易道畀予乎。由是考核少小以来所集诸家注说，贯以自得之理，著《易传》十篇。①

陆氏《周易传》十篇，前八篇分说《易》义，后两篇（第九和第十）总括《易》旨，即序言所说"第九通天下之理，第十成天下之务"，可惜内容不得见。另据其自序，在《周易传》十篇正文外，陆氏别作《指说》一卷、《释变》一卷、《征旨》一卷，以及为勘正《易经》文字古今谬误而作的《撰证》一卷。

陆氏有门人李阮等，故其易学后世有传。据北宋《崇文总目》："……初，陇西李阮学其说，以为上、下经传二篇思属近妙，故希声自为之解。余篇差显，不复为注。盖近世之名家欤？今二篇外，余篇逸。"又"晁公武曰：'希声大顺中弃官居阳羡，自号君阳遁叟。'冯椅曰：'希声本苏州吴县人。'葛立方曰：'希声隐居宜兴君阳山，今金沙寺其故宅也。尝著《易传》十卷，自序谓梦在大河之阳，有三人偃卧东首，上伏羲中文王下孔子，以易道畀予，遂悟八卦小成之位。质之象数有符契，且云今年四十有七，已及圣人之年，于是作《易传》以授门人崔澈、王赞之徒，复自为注。今观其书无可取者而怪诞如此。后避难死于道路，盖不能终君阳之居也"。②

以上有关文献，是我们推测陆氏大致生卒年的主要来源。据其《周易传》自序，"乾符初任右拾遗"时，夜梦儒家三圣。葛立方所引陆氏自序，云陆希声于此年始作《周易传》，且陆自言"今年四十有七"。据此可以推测陆希声约生于唐文宗大和元年（827），唐僖宗

---

① 董诰等编：《全唐文》，中华书局 1983 年版，第 8553 页。
② 参见潘雨廷著，张文江整理：《易学史丛论》，第 347 页。潘雨廷又说："合上诸家之说，乾符初梦三圣时年已四十七。以乾符元年论，则生于大和元年（827）。"

乾符初任右拾遗，其间遭遇王仙芝起义。在出任右拾遗前，陆氏隐居在义兴。唐昭宗大顺中弃官居阳羡（据上述晁公武《郡斋读书志》）。义兴、阳羡均属今江苏省宜兴市。唐昭宗大顺年号仅使用两年，如果以大顺二年（891）论，陆希声弃官时年约六十四岁。在阳羡隐居四五年后，于唐昭宗乾宁二年（895）元月复召入朝，但四月即因故被罢，其后活动不可考。据本传，陆希声死于避难途中，但究竟死于何时何地，不得而知。陆希声死后谥曰"文"，可见其一生事业所在。

从上述书目还可以看出，陆氏少年习《易》，长而不废，遂至精通，易学是陆氏一生主要用功处，宋代仍有人称其为"近代之名家"。陆希声是典型的儒生，这一点，无论是从其家庭背景还是从其现存著述来看，都无疑义。他的《道德真经传》频繁引用《周易》、《礼记》、《论语》等儒家经典。据笔者统计，仅明引《易经》就有近三十处，凡所引处，均长篇累牍，不惮繁复。在一定程度上，陆氏《道德真经传》可以看作是一部《易》、《老》互证的著作。

二、《道德真经传》的特点

唐人为《道德经》作注疏者不在少数，陆希声的《道德真经传》之所以能流传至今，可能是因为该书以儒道不二为前提，以治国理身为主旨，文辞通达，说理得当，既符合一般文人的口味，也与道教的价值观相符，因此虽遭唐末五代之乱，仍能传之后世，并赖《道藏》得以保存至今。《四库未收书目提要》编者颇有感慨，说该书唯见于《道藏》，且卷帙完善，"洵可宝也"。

陆氏《道德真经传》有自己鲜明的特点。首先是融儒入道。《四库未收书目提要》认为陆氏"发明老氏之旨，条达曲畅，视宋人之援《老》入佛者大不侔矣"。其实，宋人援《老》入佛是众所周知的事实，唐人援佛入《老》或有过之。与其拿陆氏与宋人比较，不如就陆氏与其所处时代之唐人进行对比。今存唐代前中期的《道德经》注疏，如赵志坚、成玄英、李荣、唐玄宗等注本，无不援佛入《老》。两相对比，陆希声的《道德真经注》可谓真正的"大不侔"。

　　其次是以阐发统治术为主旨。我们可以看到，从成玄英的《老疏》到李荣的《道德真经注》，到唐玄宗的《御注》和《御疏》，再到李约的《道德真经新注》、王真的《要义述》，唐代《道德经》的注解从偏重阐发抽象玄思和个人身心修炼之术，逐渐回归到注重挖掘以儒道合一为前提的治国理政的传统轨道上。陆希声生活在唐代后期，他对唐代已有的《道德经》注疏大约不会陌生，然而对于一度风行的重玄思潮和融佛入老，陆希声却不置一词，其注解也少受其影响。陆希声对前代老学给予了较为宽泛的批评，却似乎很谨慎地止于魏晋，且限制在道教界外，因此我们仅从此注是无法全面了解他对前代老家的认识的。

　　再次是陆希声对《道德经》文本结构进行了隐蔽改造。陆希声的《道德真经传》虽然是按照当时通行的《道德经》八十一章先后顺序依次疏解，但却并未按惯例标明章序，也无章题，这在六朝隋唐《道德经》注疏中显得比较特殊。如果现存《道藏》本是其原貌，则可能是由于陆希声在不能打乱章序的前提下，对《道德经》的部分章进行了合并和拆分，所以未能标明章序。将两章合并为一章的只有一例，即第四十二章"道生之"章和四十三章"天下之至柔"章。陆希声抄写《道德经》经文均标明"经"字，传文则写"传"字。这两章经文情况如下："经：道生一，一生二，二生三，三生万物。万物负阴而抱阳，冲炁以为和。人之所恶，唯孤、寡、不谷，而王公以自称。故物或损之而益，或益之而损。人之所教，亦我义教之，强梁者不得其死，吾将以为教父。天下之至柔，驰骋天下之至坚。无有入于无间。吾是以知无为之有益。不言之教，无为之益，天下希及之。"一章拆分为两章的有四例，它们是第三十二章、五十二章、六十三章和六十四章，具体情况如下：

　　第三十二章"道常无名"章，以"始制有名"为界，分为前后两部分。"经：道常无名，朴虽小，天下不敢臣。侯王若能守，万物将自宾。天地相合，以降甘露，人莫之令而自均。""经：始制有名，名亦既有，夫亦将知止，知止所以不殆。譬道之在天下，犹川谷之与江海。"

第五十二章"天下有始"章，以"塞其兑"为界，分为两部分。"经：天下有始，以为天下母。既得其母，以知其子。既知其子，复守其母。殁身不殆。""经：塞其兑，闭其门，终身不勤。开其兑，济其事，终身不救。见小曰明，守柔曰强。用其光，复归其明，无遗身殃，是谓袭常。"

第六十三章"为无为"章，以"图难于其易"为界，分为两部分。"经：为无为，事无事，味无味。大小多少，报怨以德。""经：图难于其易，为大于其细。天下难事必作于易，天下大事必作于细。是以圣人终不为大，故能成其大。夫轻诺必寡信，多易必多难，是以圣人犹难之，故终无难矣。"

第六十四章"其安易持"章，以"为者败之"为界，分为两部分。"经：其安易持，其未兆易谋，其脆易破，其微易散。为之于未有，治之于未乱。合抱之木，生于毫末；九层之台，起于累土；千里之行，始于足下。""经：为者败之，执者失之。是以圣人无为故无败，无执故无失。民之从事，常于几成而败之。慎终如始，则无败事。是以圣人欲不欲，不贵难得之货；学不学，复众人之所过。以辅万物之自然而不敢为。"

陆希声为什么要合并第四十二章和四十三章？从传文看，是由于他发现了两章的内在联系。第四十二章的经文，是由四个意义单位构成的，彼此之间似乎关联不大或者关联并不明显，"道生一，一生二，二生三，三生万物。万物负阴而抱阳，冲炁以为和。//人之所恶，唯孤、寡、不谷，而王公以自称。故物或损之而益，或益之而损。//人之所教，亦我义教。//强梁者不得其死，吾将以为教父。"第四十三章与第四十二章关联也不大，但谈到了"天下之至柔"和"不言之教"、"无为之益"。其中，"天下之至柔"，根据第七十八章经文"天下莫柔弱于水"，被陆希声以"水"为媒联系在一起。在这两章之间，陆氏找出两点联系，一是上一章的"强梁"和下一章的"至柔"可形成对比关系，二是两章都谈到"教"。

陆希声通过下面的注解将"强梁者不得其死，吾将以为教父"与第四十三章的"天下之至柔，驰骋天下之至坚"联系起来了：

> 吾知彼强梁为万物所恶，故以此柔弱为众教之父。何以明之？夫水以至柔为用，而穿于石之至坚；炁以无形为体，而入于物之无间。是知有为之教本于事，以刚健为主；无为之教本于理，以柔顺为先。吾见水之攻至坚，炁之入无间，是以知无为之有益，有为之有损也。夫行多言之教，滞有为之事，则有为之有损也。行不言之教，通无为之理，则无为之有益也。多言之教，有为之损，举天下皆是也。不言之教，无为之益，则天下希及之。于乎知我者希，则我者贵信矣。①

这样，第四十三章就成了第四十二章的补充论证，水的柔弱和无为的隐喻性都被充分发掘出来。

事实上，第四十二章这种由多个意义单位构成的章，在《道德经》中并不少见，陆希声用心不可谓不良苦。他通过将两章经文合并阐释，使上下两章的逻辑关系更为密切，增进了思想的连贯性。但是这样做却并不能完美解释第四十二章第一个意义单元和后面几个意义单元之间的联系，因为第一个单元谈的是宇宙生成，是天道，而第二个单元谈的是损益之道，是人道。陆希声只能从"圣人立教之指，必原夫天地之道，穷万物之理，然后知人之生也，亦以冲炁为主焉"开始，逐步推及"为道之人务治身心之要，治身心之要在处众人之所恶"，以及"强梁为万物所恶"等，② 勉为其难地自圆其说。

《道德经》文本以格言警句为主，八十一章的篇章结构在唐代已经十分稳固，对于陆希声来说，为了更好地阐释《道德经》内含的儒家治国思想，拆分比合并更为必要，这也是为什么他合并的只有两章，而拆分的却有四章。陆希声拆分的这四章，经文都较长，且都是经文所表达的意义内在关联性较小或者明显无关联的。比如第六十四章的经文大约一百三十个字，是通行本《道德经》经文字数最多的章之一，前半部分经文讲积小成大、防微杜渐，经文明确说

---

① 陆希声：《道德真经传》，见《老子集成》第一卷，第 605 页。
② 陆希声：《道德真经传》，见《老子集成》第一卷，第 604 页。

"为之于未有，治之于未乱"，这是有为；后半部分经文讲无为无执、"欲不欲"和"辅万物之自然而不敢为"，这是无为。前后两部分经文似乎并无明显的内在关联，甚至存在有为和无为的冲突。以往注家对此处理不同，一种是和陆希声一样，将"为者败之，执者失之"后面的经文与前面的经文断为两部分，分开来解释。唐代注家大多如此，如唐玄宗《御注》、无名氏《道德真经次解》、成玄英《老子注》；另一种是将"为者败之，执者失之"作为前半部分经文的结束语，如王弼《老子注》、李荣《道德真经注》。王弼之所以这样理解，是由于他认为这一章的所有经文都是围绕"慎终如始"这个主旨展开的。相比唐代注家的处理，王弼的解释多少受到了经文的牵扯而略显牵强。陆希声将经文划分为两部分，或许受到了《御注》等已有唐代注疏的影响，但他的注解却与他们全然不同。前一部分，陆希声主要阐明了圣人治国要防患于未然，"为之于未有，治之于未乱"，论证它与《易》"履霜坚冰至"之理相合；后一部分则主要阐明圣人治国，"神器者不可取而为之"的无为要旨，"神器"就是"国"，也是圣人"大宝"之"位"。整章都是阐明圣人和君主如何从根本上治理天下。

其他三章的拆分，遵循了与第六十四章大致相同的原则，此不赘述。

除了上述六章进行了合分处理，陆希声的《道德真经传》都是整章出传，这和大多数《道德经》注疏逐句列举经文，逐句展开不同，这种形式既有利于注者流畅表达思想，也有助于读者保持思维的连贯性。事实上，现存最古老的《老子》注本之一《道德真经指归》就已经使用这种形式，"严书之体，原为经文居前，而论则系各章之后自为一篇"①。唐末道士强思齐《道德真经玄德纂疏》等集注

---

① 蒙文通：《严君平〈道德指归论〉佚文》，见《道书辑校十种》，第 127 页。《老子指归》残本的当代整理本可参考者：（1）《老子集成》本《道德真经指归》，刘固盛点校，收入《老子集成》第一卷。该整理本同时收谷神子注，晁公武《郡斋读书志》认为谷神子即唐人冯廓；（2）《老子指归》，王德有点校，中华书局 1994 年版，未收谷神子注。

本均摘引严书而系于各经句下，今所见《指归》辑佚本遂失原貌。《道德真经传》每一章都以"经"字开头，先贴出这一章的完整经文（除上述六章外），再以"传"字开头，引出传文。传文一般不解释字词，而是直接阐明义理。陆希声学问渊博，无所不窥，且擅长说理和作文，每一章传文篇幅都是经文的数倍。据笔者统计，每章传文字数一般在一百以上，大多数有二三百字，多的可达千余字，如第十八章"大道废，有仁义"章，经文不过二十六字，传文却有六百五十字左右；第三十六章"将欲歙之，必固张之"章经文五十六字，传文接近一千一百字。当然也有个别章的篇幅比较短，比如第七章"天长地久"章的传文不足一百字。不过这种情况比较少，大概陆希声认为这些经文义理浅显明白，没有深入阐发的必要。

第二节　孔老之术不相悖

陆希声的《道德真经传序》开篇即论儒道殊途同归："大道隐，世教衰，天下方大乱，当是时，天必生圣人。圣人忧斯民之不底于治，而扶衰救乱之术作。周之末世其几矣，于是仲尼阐五代之文，以扶其衰，老氏据三皇之质，以救其乱，其揆一也。"[1] 儒道归一的说法并不新鲜，在陆希声之前的现存唐代注本中，至少李约、王真、唐玄宗事实上都是以儒解《老》的，他们骨子里认同儒道不相悖，但陆希声比他们更进一步，他不仅态度更为明确，甚至直接将《道德经》的"道"等同于儒家的"道"。比如《道德经》第四十一章，陆希声全用《易》作注，所论之道也是《易》之道："《易》曰：形而上者谓之道。道也者，通乎形外者也。形而下者谓之器。器也者，止乎形内者也。上士知微知彰，通乎形外，故闻道而信，则勤行

---

[1]　陆希声：《道德真经传》，见《老子集成》第一卷，第584页。

之……"①《道德经》中的上士、中士和下士所闻之道都是《易》之"大道"，儒道差异完全泯灭。

在声明儒道于救弊治乱上殊途同归后，为老氏辩诬就成为《道德真经注》的首要目标。唯有以辩诬为前提，方能证得孔老为一。从陆希声现存《周易注》自序以及本书关注的《道德真经注》来看，陆希声是一个不折不扣的儒生。他读《老》注《老》，隐居阳羡，并不表明他就是道家人物，这一点是可以确定的。陆希声是以认同儒家基本伦常和价值观为前提，以批评学《老》用《老》之失为直接目标，以天下大治为根本目的，着手开展传注工作的。因此，对于学《老》者捶提仁义、绝灭礼学，陆希声最为忧惧，大呼"于乎，世之迷其来远矣，是使老氏受诬于千载，道德不行于当世，良有以也"②！陆希声的辩诬，既有总结历史教训的整体性批判，也有重新解释部分经文的各个击破。

一、圣人之迹有显有隐

在《道德真经传》序言中，陆希声对春秋已降至于汉魏时期的老氏余绪进行了毫不客气的批判，直指杨朱、庄子、申不害、韩非子和何晏、王弼为老氏六"罪人"。陆氏的理由是："杨朱宗老氏之体，失于不及，以至于贵身贱物；庄周述老氏之用，失于太过，故务欲绝圣弃智；申、韩失老氏之名，而弊于苛缴刻急；王、何失老氏之道，而流于虚无放诞。此六子者，皆老氏之罪人也。"这即是说，六人虽上承老氏，但均仅得其一偏。得其一偏，必有其失。然而权衡得失，六人之中任何一人之偏"得"，都远大于其"失"，对后世造成的影响也极坏，其中最坏的就是后人读老氏书竟以为"老氏之指，其归不合于仲尼"，继而"訾其名则曰捶提仁义，绝灭礼学；病其道则曰独任清虚，何以为治"，六人罪莫大焉！③

① 陆希声：《道德真经传》，见《老子集成》第一卷，第 603 页。
② 陆希声：《道德真经传》，见《老子集成》第一卷，第 585 页。
③ 陆希声：《道德真经传》，见《老子集成》第一卷，第 584—585 页。

除了从儒家基本价值观层面指出六人之罪外，陆希声还重点批评了王弼和阮籍对老子其人的贬毁，重提司马迁对老子的评价。汉魏时期流行人物品评，论者往往以上中下三品相分别。对于古之贤能，又有贤不如圣的衡量，衡量标准之一就是能否"体道"。陆希声首先指出，阮籍将老子看作是上贤亚圣之人，与王弼以为圣人与道合体，而老氏未能体道，其实都是一个意思，二人对老子评价太低，而这是不符合事实的。他反问，这难道是由于"以老氏经世之迹，未足充其所言耶"？然后自问自答，认为问题其实并不在此，而在于圣人之迹不一，有显有隐，有"有迹"和"无迹"之别，"圣人之在世也，有有迹，有无迹，故道之不行也，或俯身历聘以天下为其忧，或藏名飞遁示世故不能累。有迹无迹，殊途同归，斯实道义之门，非徒相反而已"。[①] 有迹是显，无迹是隐。这是利用《周易》和《论语》的显隐出处观念来解释司马迁说的"老子，隐君子也"。

前面陆希声笼统说圣人品格，具体到孔子和老子，他认为二人出处显隐不同，其实是圣人秉承的行为原则的再现。陆希声认为，王弼、嵇康于老氏，所"失"在于"不识"："仲尼之所以出老氏之所以处，老氏之所以默仲尼之所以语，盖屈伸隐显之极也，二子安能识之哉？"[②]

既然老氏和孔子没有什么不同，只不过是圣人之迹有殊，那么老、孔当然同为圣人。不仅如此，老子既合于孔子，又上合于伏羲、文王，而"此三君子者，圣人之极也，老氏皆变而通之，反而合之，研至变之机，探至精之赜，斯可谓至神者矣"[③]！在陆德明看来，老子的品级，甚至要比儒家三圣还高。

说到历史人物的品级，最著名的莫过于班固在《汉书》中将古人按上中下三品九等进行排位。班固没有继承司马迁对老子的褒扬，他将老子"黜"为第四品（中上），远不及第一品孔子（上上）。在

---

① 陆希声：《道德真经传》，见《老子集成》第一卷，第585页。
② 陆希声：《道德真经传》，见《老子集成》第一卷，第585页。
③ 陆希声：《道德真经传》，见《老子集成》第一卷，第585页。

陆希声看来，黜老子其人尚可，黜老氏之道却是班固之罪，只有司马迁能"统序众家，以道德为首，可谓知本末矣"。但班固为司马迁作传，以儒家正统思想为标准，批评他"是非颇缪于圣人，论大道则先黄老而后六经……此其所蔽也"，这也是应该批评的。在班固眼里，既然黄老不如六经，老子当然也不及圣人。后人对班固贬低老子颇有微词，如汉人张晏注《汉书》就说："老子玄默，仲尼所师，虽不在圣，要为大贤。"魏晋玄学、佛学都爱谈论老子，但孔圣老贤的定位并没有大的变化。如果我们撇开道教不论，专就一般人而言，真正将老子的地位从班固的评论中拔脱出来，与孔圣人平起平坐的应该是儒生陆希声。

那么老氏为何与儒家三圣伏羲、文王和孔子不殊呢？陆希声认为关键是老氏善于变通，陆氏云：

> 昔伏羲画八卦，象万物，穷性命之理，顺道德之和；老氏亦先天地，本阴阳，推性命之极，原道德之奥，此与伏羲同其元也。文王观《大易》九六之动，贵刚尚变而要之以中；老氏亦察《大易》七八之正，致柔守静而统之以大，此与文王通其宗也。孔子祖述尧舜，宪章文武，导斯民以仁义之教；老氏亦拟议伏羲，弥纶黄帝，冒天下以道德之化，此与夫子合其权也。此三君子者，圣人之极也，老氏皆变而通之，反而合之，研至变之机，探至精之赜，斯可谓至神者矣。①

老氏之教以秉要执本为宗，故能变通儒家三圣具体之教，"且老氏本原天地之始，历陈古今之变，先明道德，次说仁义，下陈礼乐之失，刑政之烦，语其驯致而然耳。其秉要执本，在乎情性之极，故其道始于身心，形于家国，以施于天下，如此其备也。而或者尚多云云，岂不谓厚诬哉"。总而言之，"老氏之术，见弃于当代久矣，斯数子

---

① 陆希声：《道德真经传》，见《老子集成》第一卷，第585页。

者之由也"。① 数子即陆希声批评的老氏六罪人和阮籍、班固。

陆希声的批评，仅及于战国至魏晋时期几位影响较大且于老氏有"罪"的历史人物。对于道教内部的《道德经》注解、利用以及两晋南北朝至唐代的注《老》诸家，陆希声不置一词。这一方面可见陆氏对历史上从不同信仰角度所作注解相当宽容，但对于以消极思想看待《道德经》乃至贬低《道德经》的普通人却不能容忍。用陆希声自己的话说，他作《道德真经传》，并不是要排斥异己，而是希望"极其致，显其微，使昭昭然与群圣人意相合"，也就是发明老氏与儒家三圣相通之幽情。

陆希声在书中处处引用儒家经典，反反复复，不厌其烦，力图从不同层面发其微，尽其致。除了在序言里提纲挈领为老子辩诬外，更多详细的辩诬分布在《道德真经注》的不同篇章中。如《道德经》第十八章以四个排比句阐述儒家视为根本的仁义、智慧、孝慈和忠臣是大道废、大伪出、六亲不和以及国家昏乱之后才出现的所谓美德。传统注解多认为这是反儒的表现，陆希声在注解中首先就指出："夫老氏之指，执古御今，故辨其必然之理，盖不得已而为之者。后世不能通其意，乃谓不合于仲尼，在此与后章也。于乎老氏之受诬久矣，吾今乃阐而明之。"② 其注解广引儒家典籍，三问历代"厚诬"老子者——"岂老氏非（指仁义、智慧、孝慈和忠臣）之哉"？"又岂老氏非之耶？""然则仲尼之意与老氏何异？"语言掷地有声，铿锵有力。最后，陆希声以"学者能统会其旨，则孔老之术不相悖矣"③结束本章注解。

第十九章"绝圣弃智，民利百倍"等，也被视为《道德经》经文中的经典反儒言论。陆希声辩诬也更加用力，最后他同样以强有力的反问结束该章注解——"自此以反，其渐可知。老氏之术，焉有不合于仲尼者？且此章之末在少私寡欲耳。然则绝仁弃义，岂老

---

① 陆希声：《道德真经传》，见《老子集成》第一卷，第585页。
② 陆希声：《道德真经传》，见《老子集成》第一卷，第592页。
③ 陆希声：《道德真经传》，见《老子集成》第一卷，第592页。

氏之指哉?"① 下面我们看看陆希声是如何为老子辩诬的。

二、《道德经》不反仁义

后人特别是一些儒家士大夫之所以批评老氏，与《道德经》传世本中有一些非毁仁义的文字有极大的关系。陆希声对这几章特别用心，即上文提到的十八章以及第十七和十九章。陆希声在序言中说：

> 老氏本原天地之始，历陈古今之变，先明道德，次说仁义，下陈礼乐之失，刑政之烦，语其驯致而然耳。其秉要执本，在乎情性之极，故其道始于身心，形于家国，以施于天下，如此其备也。②

陆氏注第十七章，先阐明这一章经文里提到的诚和信产生的根源：

> 太古有德之君，无为无迹，故下民知有其上而已……德既下衰，仁义为治，天下被其仁，故亲之；怀其义，故誉之。仁义不足以治其心，则以刑法为政，故百姓畏之。刑法不足以制其意，则以权谲为事，故众庶侮之……③

儒家和道家思想传统中都存在将远古时代特别是三代视为理想的黄金时代的意识，在这个理想的黄金时代，有德之君无为无迹，百姓各安其命，并不知道有德之君的存在，因此也就无所谓诚、信和仁、义这类"名"。但是后世德衰，于是乎就有了诚，有了信。诚就是"心之有孚"，信就是"言之可复"。④ 然而在衰世、乱世，诚既不孚，言则不复，还要强行"贵重爽言"，那么诚、信还可以说是诚、信

---

① 陆希声：《道德真经传》，见《老子集成》第一卷，第593页。
② 陆希声：《道德真经传》，见《老子集成》第一卷，第585页。
③ 陆希声：《道德真经传》，见《老子集成》第一卷，第591页。
④ 陆希声：《道德真经传》，见《老子集成》第一卷，第591页。

吗？同样，道、德还可以说是道、德吗？

太古之世的有德之君，其实就是儒家追求的理想人格"圣人"。他可以"执古御今，斫雕为朴，功成而不执，事遂而无为"①，他所治理下的社会，就是百姓口中的"我自然而然"，我不知道我是如何有这种状态，我也不知道上有一个有德之君存在，更不知道有诚信、仁义和道德，一切都是自然如此，都是无为之为。

陆希声的注解中值得注意的有两个词："性"和"心"，百姓所以能"我自然而然"，是因为有德之君的统治不是有为之治，他的治理是无心而为的，百姓不过是"遂其性"而已；反过来，百姓也不知有君，不生"亲誉畏侮之心"②。统治者和被统治者都是无心而为，自然而然的，这是儒家和道家共同认可的理想社会形态。

第十八章和第十九章往往被认为是对儒家仁义礼智的直接诋毁。陆希声注解第十六、十七和十八章，用了很大的篇幅，在给老子辩诬的同时，竭力论证老子和仲尼相合，奠定了后面分别论证的理论基础。陆希声首先声明，"夫老氏之指，执古御今，故辨其必然之理，盖不得已而为之者。后世不能通其意，乃谓不合于仲尼，在此与后章也。于乎老氏之受诬久矣，吾今乃阐而明之"③。陆希声的论证方法，当然还是引用儒家经典作为证据。他先引《礼记》有关"大同"的论述，"大道之行也，人不独亲其亲，不独子其子"，在那个时代，"下知有之而已，岂容行仁义于其间哉？"又引《礼记》有关小康的论述，"大道既隐，人各亲其亲子其子"，说明为何天下会浑然不觉仁义之存在，到"仁义彰矣"。陆氏用《礼记》描绘的"大同"和"小康"之世，对应《老子》说的"（大道）废"和"有（仁义）"，以此证明儒家和道家关心的问题其实没有什么不同。陆氏的注解很巧妙，他从《道德经》经文中找到"朴散为器"几个字，反问朴散为器"岂非大道废焉，有仁义耶"。同样，智慧、孝慈、忠臣

①　陆希声：《道德真经传》，见《老子集成》第一卷，第591页。
②　陆希声：《道德真经传》，见《老子集成》第一卷，第591页。
③　陆希声：《道德真经传》，见《老子集成》第一卷，第592页。

的彰显和仁义的出现如出一辙。陆氏的论据几乎全部来自儒家经典《礼记》、《春秋》等。

在论述过程中，陆希声还不忘适时引入他的人性论。例如在注解"六亲不和，有孝慈"时，他认为"孝慈"本是父子之间的天性，既然是天性，那么它虽然在事实上是存在的，但是身处其中的人们并没有意识到那就是孝慈，没有刻意去行孝慈，也就是没有"孝慈"这个"名"。六亲不和是父子之间这种虽有而无的"孝慈"本性为"情"所乱导致的。陆氏注"六亲不和，有孝慈"云：

> 父子之道，天性也。率天之性，薰然大和，父子相亲，孰知慈孝？及为外物所诱，性化为情，情生而物或间之，则有离其天性者矣。圣人修道为教以顺天下，使父子交相爱，而孝慈之名显矣，故曰六亲不和有孝慈。[1]

也正因如此，儒家引以为道德榜样的瞽叟与舜父子，以及曾皙与曾参父子，他们之间的慈孝亲情，完全出自天性，是必然之"理"，老氏并不为非。也就是说陆希声认为老氏本质上并不否定孝慈，如此一来，孔老也就没有什么根本性的不同了。如果有不同，也仅在于"仲尼兴叹于褅宾，老氏垂文于道论，其指一也"[2]，只是二圣之"迹"的不同。陆希声希望学习者能"统会其旨"，不要肤浅简单孤立地看待老子所言，才能领会"孔老之术不相悖"。世人因为不识不解老氏，才会厚诬其人。

进一步而言，《道德经》第十八章"智慧出，有大伪"等"抨击"仁义的经文也就并不表明老子就否定智能、孝慈和忠臣，后人只是误读了。陆希声对这几句导致后世恶评老子的经文进行了重新解释。和他论证孝慈的产生和老氏不反孝慈的理路一样，"智慧出焉，有大伪"的正确理解应该是：

---

[1] 陆希声：《道德真经传》，见《老子集成》第一卷，第 592 页。
[2] 陆希声：《道德真经传》，见《老子集成》第一卷，第 592 页。

> 圣人智周万物而不以饰行，慧利天下而不以示义，方此之
> 时，人未知为智慧也。逮世下衰，争夺滋生，用智以行其奸，
> 用慧以贼其义，然后智慧之术显而奸伪之迹匿矣。

圣人本来就有智慧之实而无其名，后世因争夺而生奸伪，于是智慧彰显，用以祛除奸伪。"有大伪"的"有"，指的是奸伪虽然匿迹灭端，却仍然存在。可见"智慧出"的"出"是指智慧之名的产生，"有"是指有大伪存在，这相当于把原文的逻辑颠倒过来——有大伪，智慧出。

"六亲不和，有孝慈"如何理解？前文已论及，陆希声用来回答这个问题的工具是人性论，他认为孝慈本是与生俱来的情感，是"率天之性"。孝慈之为孝慈，是在天性为情所坏之后——用陆希声的话说，就是"及为外物所诱，性化为情，情生而物或间之，则有离其天性者矣"——为了复其天性，"圣人修道为教以顺天下，使父子交相爱，而孝慈之名显矣"，① 这才是"六亲不和，有孝慈"的真正含义。这里的"有"是有其名的意思，与前面陆希声解释"智慧出焉，有大伪"的"有"含义不同。从这里可以看出，陆希声是持性善论的，以为孝慈乃天性，"有"不是"产生"的意思，而是彰显或者知道的意思。

《德经》里与这几章内容最接近的是第三十八章"上德不德"章，论道德仁义礼忠信的渐次下落，与儒家基本伦理息息相关，陆希声的注解方法和他注解第十七、十八和十九章相同。这一章的注解大致重复了上述几章的注解大意，即阐明老氏之所以说"失道而后德，失德而后仁，失仁而后义，失义而后礼"，目的是"举其失礼之甚，讥其起争之由，将使人反礼之本，复归于太一者耳"②，并不表明老子反对仁义礼智。陆希声仍然在《礼记》和《周易》等儒家经典中寻找证据，如《礼记》说"爱人而不亲，则反其仁；礼人而

---

① 陆希声：《道德真经传》，见《老子集成》第一卷，第592页。
② 陆希声：《道德真经传》，见《老子集成》第一卷，第602页。

不答，则反其敬"，与《道德经》"失仁而后义，失义而后礼"意蕴相同。总之，陆希声认为老氏是从根本上探究大道，解决问题；儒家则注重现实，从眼下着手。

第二十三章，陆希声颇有创造性地将经文"飘风不终朝，骤雨不终日"与道德衰落后统治者所行仁义礼刑联系起来，以飘风和骤雨比喻仁义礼刑的不可长久：

> 道德既隐，仁义不行，曲礼烦刑，不得已而为之耳。而惑者不能知礼，以时为大刑，期于无刑之指，乃欲执其一方，谓可行于百世，斯过矣。[1]

飘风和骤雨都不是符合四时之运的"天地之常"，既不能终则复始，也不能"久于"这个"非常"。这即是说，仁义、大刑都是"非常"之举，都有悖自然之"常道"，都好比飘风和骤雨。

传世本《道德经》第十九章有"绝圣弃智，民利百倍；绝仁弃义，民复孝慈；绝巧弃利，盗贼无有"的"三绝"，用词和语气都比第十七、十八和第三十八章更强烈，被认为是老氏与儒学格格不入的根本源头。这一句文义清楚，"绝"，当然是绝弃、抛弃之意。当然，老子批评的不是仁义礼乐本身，而是其中虚伪、生硬、强制的成分，反对的是其形式而非内容；老子重自然，似乎儒家就反对自然，这只是后人的机械思维，事实上儒家并不反对自然而然。尽管如此，儒道二家在最高价值和理想目标上是有根本区别的，儒家以仁义道德作为最高的价值追求，以君子、圣人作为其理想人格；道家则以个体的生命自由以及在此基础上形成的社会乃至宇宙秩序的和谐为最高价值追求，以真人为其理想人格。陆希声的注解与众不同，他认为后人都误解了老子，老子根本就没有绝圣弃智、绝仁弃义、绝巧弃利的意思，换句话说，这段经文恰恰是老氏"正言若反"的表现，老氏是在以绝弃说不可绝弃。陆希声是这样论述的：

---

[1] 陆希声：《道德真经传》，见《老子集成》第一卷，第 594—595 页。

夫圣智所以利物，而物有因利受害者，则反责于圣智，故或者乃谓绝而弃之，则可以利百倍矣。仁义所以和民，而民有因和得怨者，则顾尤于仁义，故或者复谓放而弃之，则可以和六亲矣。巧利所以资人，而人有因资致盗者，则归过于巧利，故或者又谓绝而弃之，则可息攱戴矣。夫利害之相生，犹形影之相随，自然之理不可灭也。或者睹世俗衰渐之事，不能达弊不新成之始，则谓绝而弃之，乃可以复于古始，是犹恶影者不知处阴而止，遂欲灭去其形也。①

传世本《道德经》中的这段反对儒家的经文，以其直言不讳而著称，其形同异端的表达，实有惊世骇俗之效，正如李荣所言，"（老子）今言弃绝，所未闻也"②。《老子河上公章句》把"绝圣弃智，民利百倍；绝仁弃义，民复孝慈；绝巧弃利，盗贼无有"称为"三事绝弃"。一般注家也都能正确理解这章经文的字面意思，以《老子河上公章句》为例，它把"此三者以为文不足，故令有所属"释为"文不足以化民，当如下句"，也就是说，仁义礼智等文教不足以教化百姓，当如下句所说"见素抱朴，少私寡欲"。如何解释三绝，对于把握《道德经》十分重要。以"绝圣弃智"为例，《老子河上公章句》说："绝圣制作，反初守元。五帝画象，仓颉作书，不如三皇结绳，无文而治也。"③ 应该说，《老子河上公章句》的解释契合《道德经》的总体思想。后世注家的解释大都万变不离其宗，而以王弼《老子注》的解释最为清楚。他认为圣智、仁义和巧利是才之善、人之善和用之善。《道德经》明明白白说要绝弃这三者，可是绝弃之后又该如何呢？也就是说，绝弃之后，如果"不令之有所属，无以见其指"，有破无立，三绝就失去了意义。那么属之于何呢？王弼说："属之于素朴寡欲。"在素朴寡欲这点上，陆希声是认同《老子河上

① 陆希声：《道德真经传》，见《老子集成》第一卷，第592页。
② 李荣：《道德真经注》，见《老子集成》第一卷，第359页。
③ 河上公：《道德真经注》，见《老子集成》第一卷，第146页。

公章句》和王弼等前代注家的，但是他却否定老子提出这一建议的前提，以达到儒道不二的论证目的。为了给老氏辩诬，陆希声这样说："老氏病世人迷道已久，举或者过差之论，皆谓文教不足以致治，遂欲绝而弃之，故特云此三者以为然，明非老氏之指也。① 这即是说，"以为文不足"——"文教不足以致治"，"遂欲绝而弃之"这种话，是老子所举迷失在道外的世人的"过差之论"，而不是老子自己的意思。那么，既然三绝"非老氏之指"，什么才是真正的"老氏之指"呢？陆希声继续说：

> 我则不然，圣智者，成器之长也。仁义者，群伦之美也。巧利者，工用之善也。苟其事将弊，吾必因而救之，所谓弊不新成，常善救物之道也。②

老氏不仅没有"绝弃"圣智仁义巧利的意思，且原本就是倡导圣智仁义巧利的。为了和前面孔老不二的论述相连贯，陆希声在这一章结束前，引《论语·子路》"刚毅木讷近仁"和孔子对仁者的外在表现的描写，在《道德经》的"见素抱朴"和与孔子提倡的仁和义之间建立了联系，并再次得出老氏之术合于仲尼的结论：

> 于乎夫能见素抱朴，则木讷而近仁矣；少私寡欲，则质直而好义矣。自此以反，其渐可知，老氏之术，焉有不合于仲尼者。且此章之末在少私寡欲耳，然则绝仁弃义，岂老氏之指哉。③

最后值得一提的是，作为儒生的陆希声，对儒家伦常的合理性和积极作用是充分肯定的，这是他主张儒道为一、孔老不二，力辩老氏

① 陆希声：《道德真经传》，见《老子集成》第一卷，第 592 页。
② 陆希声：《道德真经传》，见《老子集成》第一卷，第 592 页。
③ 陆希声：《道德真经传》，见《老子集成》第一卷，第 592—593 页。

之诬的前提，"然则仁义礼智皆圣人适时之用，所以与世污隆，随时升降者耳。故执古御今，则以道德为之本，礼智为之末。化今复古，则以礼制为其始，道德为其终，所谓损之又损之以至于无为者也"①，仁义礼智都是圣人在不同的时机因时而用的手段，因此都是合理的。但是他又十分赞同老子对仁义礼智产生根源的深刻认识，认同老子"上德无德"，认为真正的治道"在于寻流还源，去末归本，正礼义以反仁德，用有名而体无名"②。所以，他一方面赞美"圣智者，成器之长也。仁义者，群伦之美也。巧利者，工用之善也"③，一方面也强调应该像老子那样，认识到圣智仁义巧利都只是圣人"救弊"的工具，是"道德既隐，仁义不行，曲礼烦刑，不得已而为之耳"④，是权宜之计，不是终极真道。这相当于成玄英、李荣、唐玄宗等注家说的权道、权智或行权。

　　陆希声对两种极端做法也持批判态度，一是世人的三绝之论，二是"惑者"滥用仁义礼智。滥用仁义礼智，本质上是不知仁义礼智，没有认识到仁义礼智产生的根源，因为不知，所以滥用大刑，并且"期于无刑之指，乃欲执其一方，谓可行于百世"，绝弃和滥用两种态度都是过犹不及。陆希声用"斯过矣"⑤三字批评这种做法。而《道德经》第二十三章"希言自然"章，推天地以明人事，以天地之自然无为推衍出人类行为的自然无为，在陆希声看来，这是"老氏将行不言之教，以契自然之理，故标而目之"。四时行焉、百物生焉是自然之理，自然之理乃大道之常，而大刑就像违背天地之常的飘风骤雨，是不能长久的。统治者只有效法天地，行不言之教，才能契自然之理，天下才能长治不衰。陆希声对大刑等暴政的批评，未必不是唐末社会现实的反映。

---

① 陆希声：《道德真经传》，见《老子集成》第一卷，第602页。
② 陆希声：《道德真经传》，见《老子集成》第一卷，第602页。
③ 陆希声：《道德真经传》，见《老子集成》第一卷，第592页。
④ 陆希声：《道德真经传》，见《老子集成》第一卷，第595页。
⑤ 陆希声：《道德真经传》，见《老子集成》第一卷，第595页。

第三节　以《易》会通儒道

　　《道德经》和《周易》的关系，班固《汉书·艺文志》说："道家者流，盖出于史官，历记成败存亡祸福古今之道，然后知秉要执本，清虚以自守，卑弱以自持，此君人南面之术也。合于尧之克攘，《易》之嗛嗛，一谦而四益，此其所长也。及放者为之，则欲绝去礼学，兼弃仁义，曰独任清虚可以为治。"所谓"合于尧之克攘，《易》之嗛嗛，一谦而四益"，即《尚书·尧典》所称尧之德"允恭克让"，言其信恭能让。"《易》之嗛嗛"，"嗛"同"谦"，指六十四卦的谦卦。"四益"指谦卦的彖辞所云"天道亏盈而益谦，地道变盈而流谦，鬼神害盈而福谦，人道恶盈而好谦"，天、地、鬼神、人为四。又《系辞》云："劳谦，君子有终，吉。子曰：'劳而不伐，有功而不德，厚之至也。语以其功下人者也。德言盛，礼言恭；谦也者，致恭以存其位者也。'"可见谦德乃儒家守成存身之法。班固最先将老子的"君人南面之术"与《尚书》和《易》的让、谦精神联系在一起。自汉至唐，凡是认同儒道相通的人都认同这一点。陆希声精通易学，他不仅进一步阐扬了儒道二家"一谦而四益"的共同精神，还以自己深厚的易学素养为基础，结合其他儒家经典，从多个层面努力论证老孔归一。《道德真经注》具有鲜明的以《易》会通《道德经》的特点。

　　在《道德真经传》序言里，陆希声用来统括孔老、证明二圣殊途同归的论据就来自《周易》。陆希声需要回答的一个问题是，既然老氏不输儒家三圣人，那么为什么孔教显而老教隐呢？陆希声说："性情之极，圣人所不能异；文质之变，万世不能一也。"但这样的回答显然是不够的，文质之别根源于《论语》记载的子曰"质胜文则野，文胜质则史。文质彬彬，然后君子"，这只能说明孔文老质，却无法回答为何孔子奔走列国而老子却是隐君子。陆希声引《周易》

"显诸仁"与"藏诸用"来回答这个问题。《道德真经传序》云：

> 《易》曰：显诸仁。以文为教之谓也。文之为教，其事彰，
> 故坦然明白。坦然明白，则雅言者详矣。《易》曰：藏诸用。以
> 质为教之谓也。质之为教，其理微，故深不可识。深不可识，
> 则妄作者众矣。夫唯老氏之术，道以为体，名以为用，无为无
> 不为，而格于皇极者也。①

仔细分析这段话，可知陆希声的论据来自《周易·系辞上》："仁者
见之谓之仁，知者见之谓之知，百姓日用而不知，故君子之道鲜矣！
显诸仁，藏诸用，鼓万物而不与圣人同忧，盛德大业至矣哉。"陆希
声拈出"显诸仁，藏诸用"的"显"和"藏"二字，将其与《系辞
上》所引孔子之言"君子之道，或出或处，或默或语"联系起来。
显即是彰，是出，隐则是微，是处，它们既是圣人应世之教的差异，
也是圣人个人行为表现的差异。

陆希声还将老氏之教提高到"格于皇极"的地位，这是以往注
疏不曾使用过的用语。"皇极"典出《尚书·洪范》，箕子对话周武
王，所言天赐给禹的"洪范九畴"中，有"次五曰建用皇极"语，
为洪范九畴中之第五。孔颖达疏云："皇，大也；极，中也。施政
教，治下民，当使大得其中，无有邪僻。"可见，陆希声认为老氏之
术已臻帝王治理天下的大中至正之道。

在陆希声的注解中，处处可见他明引暗引《易》理来解说经文，
下面略举几例。

第一个例子，《道德经》第十六章注，陆希声的注解很长，有五
百多字。陆希声先从体用角度解读"致虚极"和"守静笃"的关系：
"致虚玄而妙极者，有德之用也。守静专而笃实者，得道之体也。其
用无方，故万物并作；其体湛然，以观其复。""观复"就是观道之
体，这里还没有明确用到《周易》。接着陆希声说："雷在地中者，

---

① 陆希声：《道德真经传》，见《老子集成》第一卷，第 584 页。

天地之复也；动在静中者，圣人之复也。复，其见天地之心乎。"①
这段文字出自《周易》复卦。我们知道，复卦卦象是雷下地上，震
下坤上。复者，归本之名。复卦卦辞说："亨。出入无疾，朋来无
咎。几次其道，七日来复，利有攸去。"此卦卦象是通泰、吉利的象
征。其象辞又说："复亨……复，其见天地之心乎？"东汉荀爽注解：
"复者，冬至之卦。阳起初九，为天地心。万物所始，吉凶之先，
故曰'见天地之心'矣。"这即是说，复卦是二十四节气中冬至的
象征，而古人认为冬至是阴极之至阳气复返的标志，阳气从初九
爻开始，慢慢升起，虽然此时吉凶还未显现，但却是万物复苏的
开端，这就是天地之心。通读此章，还会发现陆希声几乎全用复
卦的象征意义注解"致虚极，守静笃"以及"万物并作，吾以观
复"。

接下来，陆希声注"夫物芸芸，各归其根。归根曰静，静曰复
命"云：

> 凡物芸芸，复则归于根；庶事靡靡，复则归于理。理者，
> 事之源也。静者，动之君也。性者，情之根也。夫人生而静，
> 天之性，感物而动，人之情。情复于性，动复于静，则天理得
> 矣。《易》曰：穷理尽性，以至于命。故能穷天之理，则能尽人
> 之性；能尽人之性，则能知天之命。故曰"归根曰静，静曰复
> 命"也。

到这里似乎可以结束了，但接下来陆氏却转入了对《中庸》"天命之
谓性，率性之谓道，修道之谓教"的解释："自天命而观之，则万物
之性可见矣。故曰天命之谓性，性命之极谓之至赜。然则性命之理，
由赜而生也，故能率其性，则入于赜矣。赜可以通理，通理之谓道，
能修其道，则复于性矣。可以接物，接物之谓教，故曰'率性之谓

---

① 陆希声：《道德真经传》，见《老子集成》第一卷，第591页。

道，修道之谓教。"① 陆希声通过引入《周易》"穷理尽性，以至于命"，将理、事、道、性、赜等儒家和道家的概念融会在一起，使《道德经》和《周易》会归为一。特别值得注意的是，陆希声说"性者，情之根也"，是对传统儒家人性论的继承，也是唐代中后期儒家人性论的重点。他说：

> 然则继可传之教者，在于善成，可常之道者，在乎性至。赜之体深不可识，仁智则滞于所见，百姓则用而不知，故体道君子盖亦希矣。故曰继之者善也，成之者性也。仁者见之谓之仁，智者见之谓之智，百姓日用而不知，故君子之道鲜矣。②

"由赜而生"的"赜"也来自《周易》："圣人有以见天下之赜，而拟诸其形容，象其物宜，是故谓之象。""继之者善也，成之者性也"则来自《周易·系辞上》："一阴一阳之谓道，继之者善也，成之者性也。"

魏晋以来注家大都释"复"为"本"或"根"，如王弼注："言吾以观万物无不皆归其本也，人当重其本。"③ 李荣说："复，本也。"由于《道德经》在"吾以观复"后接着说"归根曰静，静曰复命"，"归根"近"复"，所以也有注家释"复"为"静"的，如李约说："万物动作，吾观其摇落之后，生气无不归于静中也。"④ 王真说："生生之理尽，故各复归其根本，以守其静。"⑤ 但是"本"、"根"和"静"并非毫无关联，例如唐玄宗《御注》释"复"为"本"和"根"⑥，"反本"就是反"根"，但《御注》也强调静才能反本，所以无论是将"复"释为"本"还是"静"，本质上没有区别。现存唐代

① 陆希声：《道德真经传》，见《老子集成》第一卷，第591页。
② 陆希声：《道德真经传》，见《老子集成》第一卷，第591页。
③ 河上公：《道德真经注》，见《老子集成》第一卷，第144页。
④ 李约：《道德真经新注》，见《老子集成》第一卷，第543页。
⑤ 王真：《道德经论兵要义述》，见《老子集成》第一卷，第568页。
⑥ 唐玄宗：《唐玄宗御制道德真经疏》，见《老子集成》第一卷，第462页。

《道德经》注疏中，唐玄宗《御疏》最早开始使用《周易》复卦的义理注解这一章：

> 此明守静笃必致虚极之意。夫万物万形，动作不同，及观其归复，常在于本，《易》曰：雷在地中，复。复者，反本之谓也。故静则归复，动则失本也。①

《御注》在唐代的影响，前面已经论及。陆希声生活在唐末，其注或受《御注》影响。无独有偶，王真在《要义述》中也引用了《周易》复卦的《彖辞》注解《道德经》的"观复"，其注云："复者，其见天地之心，故曰吾观其复。"②

第二个例子是《道德经》第三十六章注，这一章陆希声主要从权实关系来解说经文，然而在解读过程中，陆希声引《易》"所谓曲成万物而不遗，范围天地而不过者也"，论证"圣人之渊奥莫妙于权实，实以顺常为体，权以反经为用，权所以济实，实所以行权，权实虽殊，其归一揆"③。这段文字是该章注语开篇，用来说明权实关系就是体用关系，权实归一，体用一如。老氏既然不输圣人，在权实的处理上与圣人也是一致的。在序言里陆希声已经指出，就"权"而言，孔子和老子相合，"孔子祖述尧舜，宪章文武，导斯民以仁义之教；老氏亦拟议伏羲，弥纶黄帝，冒天下以道德之化，此与夫子合其权也"④。在这一章的注解中，陆希声进一步说，"老氏既以实导人，立知常之教；又以权济物，明若反之言"⑤，弥补了序言里未论老氏之"实"的遗憾。陆希声认为前引《易》语与此相通。

后面具体解读"将欲歙之，必固张之。将欲弱之，必固强之；

---

① 唐玄宗：《唐玄宗御制道德真经疏》，见《老子集成》第一卷，第 462 页。
② 王真：《道德经论兵要义述》，见《老子集成》第一卷，第 568 页。
③ 陆希声：《道德真经传》，见《老子集成》第一卷，第 600 页。
④ 陆希声：《道德真经传》，见《老子集成》第一卷，第 585 页。
⑤ 陆希声：《道德真经传》，见《老子集成》第一卷，第 600 页。

将欲废之，必固兴之；将欲夺之，必固与之"，陆希声引明夷卦六四爻的象辞"入于左腹，获明夷之心，不出门庭是也"，解说"反者道之动，弱者道之用……是谓微明"和"柔弱胜刚强"。引巽卦"巽以行权"、"巽称而稳"等语，以巽象风为顺，引申出"风能应四时，挠万物，而万物莫见其形"，用来说明"权能乘天机，适世变，而人莫知其用"。

这一章的注文中，共有七处引《易》，一处引《论语》：

（1）《易》所谓曲成万物而不遗，范围天地而不过者也。[1]

（2）《易·明夷》六四：入于左腹，获明夷之心，不出门庭是也。[2]

（3）《易》曰：巽以行权。又曰：巽称而稳。夫巽之为象，风也。风能应四时，挠万物，而万物莫见其形。[3]

（4）《易》曰：一阖一辟谓之变，往来不穷谓之通。[4]

（5）《易·乾》之九四曰：或跃在渊，无咎。[5]

（6）《坤》之六四曰：括囊，无咎无誉。[6]

（7）子曰：天地变化，草木蕃；天地闭，贤人隐。（按：出自《文言》）[7]

（8）孔子曰：可与适道，未可与立。可与立，未可与权。[8]（按：出自《论语·子罕》）

陆希声《道德真经传》以《易》会通道家，由此可见一斑。

① 陆希声：《道德真经传》，见《老子集成》第一卷，第600页。
② 陆希声：《道德真经传》，见《老子集成》第一卷，第600页。
③ 陆希声：《道德真经传》，见《老子集成》第一卷，第600页。
④ 陆希声：《道德真经传》，见《老子集成》第一卷，第601页。
⑤ 陆希声：《道德真经传》，见《老子集成》第一卷，第601页。
⑥ 陆希声：《道德真经传》，见《老子集成》第一卷，第601页。
⑦ 陆希声：《道德真经传》，见《老子集成》第一卷，第601页。
⑧ 陆希声：《道德真经传》，见《老子集成》第一卷，第601页。

第四节　体道用名，循名责实

　　陆希声的《道德真经传》以阐明儒家治国理政思想为中心，"体道用名"四个字可以很好地概括陆希声的老学政治思想。围绕"道"这个《老子》的核心概念，陆希声详细阐述了他对"道"、"名"关系的认识，^① 奠定了儒道合一的政治思想的理论基础。

　　陆希声特别强调，"唯知体用之说，乃可玄通其极耳"^②。圣人最懂体用之说，他们体无名而用有名，"体无名则无为而事自定，用有名则不言而教自行"。圣人以无为为最高原则，真正的无为是什么？"为无为者，用有名而体无名"^③。"无名"其实就是"道"的代名词，"有名"则是具体事物的代名词。

　　阐明圣人"体道"是汉魏以来《老子》的注释传统，自严遵《道德真经指归》以降，历代注家几乎没有不谈"体道"的，区别仅在于各家对"体道"的理解不同，如严遵说："上德之君，体道而存……下德之君，体德而行"^④，强调"体道合德"、"体道抱德"、"体道同德"、"体道合和"。《老子河上公章句》第一章章题就叫"体道"，"能知天中复有天，禀气有厚薄，除情欲，守中和"^⑤。《老子》虽然没有直接说圣人是"体道"者，却常以圣人作为榜样，或者以圣人之言作为权威，因为圣人实际上是道的体现者。但是魏晋王弼和阮籍都认为老子未能和孔子一样"体道"而贬之为上贤亚圣之人，

---

① 　强昱对陆希声的形上学有详细论述和高度评价，认为"北宋程颐的'体用一源，显微无间'的命题，代表了新儒家在本体论哲学领域取得的最高成就，只是同样的观念早已被陆希声反复陈述"。参见强昱：《陆希声〈道德真经传〉的形上学》，《宗教学研究》2015年第1期。
② 　陆希声：《道德真经传》，见《老子集成》第一卷，第586页。
③ 　陆希声：《道德真经传》，见《老子集成》第一卷，第587页。
④ 　严遵：《道德真经指归》，见《老子集成》第一卷，第69页。
⑤ 　河上公：《道德真经注》，见《老子集成》第一卷，第138页。

地位不及孔子。陆希声在序言中已反驳了王、阮等人，并从本迹有异的角度论证孔老同为圣人，儒道殊途同归。至于成玄英的《老疏》描绘的"体道契真"、"体道虚忘"、"体道洞忘"等境界，几乎就是针对"体道圣人"而言的重玄境界。进入此境界的人，"境智冥符，能所虚会，超兹四句，离彼百非"①。

陆希声理解的"体道"是"用名"，"用名"即是"体道"。老子被认为是深刻了解如何体道、用名道理的先圣。陆希声注第二十三章"故从事于道者，道者同于道，德者同于德"云：

> 故从事于道，体道者也。法乎自然，不失常道，故道亦得之，则同于道矣。从事于德，用德者也。②

又注第二十一章"以阅众甫"：

> 吾何以知众物之名可阅乎？以此众物之名非常名，故其名随世而迁灭。唯道之常名不去，故能阅可名之名耳。夫唯知道之名者，乃可以抚运应务，虽万物日作于前，而我故无为而治也。③

这即是说，必须从体用角度才能把握不可道不可名的"道"。他也指出众物之名是"随世而迁灭"的，大有循名以求实的意思。名不是一成不变的名，那么体道就是以恒常不变之道，应变化万端之名，是以不变应万变，以不变应万变，就是无为的本质。

《道德经》论道，虽然有体用意味，但还不足以说是现代哲学意义上的体用论。《道德经》五千文里面也没有一个"体"字，但却多次使用"用"字，强调道虽无形无名却具有无穷无尽的用的功能，

---

① 成玄英：《老子道德经开题序诀义疏》，见《老子集成》第一卷，第344页。
② 陆希声：《道德真经传》，见《老子集成》第一卷，第595页。
③ 陆希声：《道德真经传》，见《老子集成》第一卷，第594页。

如"道冲而用之或不盈，渊兮似万物之宗"（第四章），"绵绵若存，用之不勤"（第六章），"视之不足见，听之不足闻，用之不可既"（第三十五章），"大成若缺，其用不弊。大盈若冲，其用不穷"（第四十五章），"反者道之动，弱者道之用"（第四十章）等。用的内涵主要是指世界万事万物所以如此的状态。陆希声对《道德经》之道的认识，上承汉魏以来的哲学思考，以体用论为切入点，引入动静、理事等观念，充分发掘道之用。

陆希声《道德真经传》的全部注解旨趣，可以说是竭力发覆老氏之大"用"，从而扭转前人认为老氏反儒，不能用之以治天下的误读。一旦老氏之"用"的功能凸显了，名正言顺了，"用"就可以转化为"术"，特别是治国之术。所以陆希声特别强调道之用，以致直接将用解释为治术和权术，如"有能体其道，用其名，执古以御今，致治如反掌耳"。又说"自昔言老氏术者，独太史公近之；为治少得其道，唯汉文耳。其他诐辞诡说，皆不足取"。[①]

在强调道之用这一点上，陆希声的注解体现了他鲜明的儒家立场。我们可以对比一下唐初孔颖达奉命所作《周易正义》对六十四卦之首卦乾卦之名的解释。孔颖达的解释也是从体用关系入手："此（按：乾卦）既象天，何不谓之天而谓之乾者？天者定体之名，乾者体用之称，故说卦云'乾健'也，言天之体以健为用，圣人作《易》本以教人，欲使人法天之用，不法天之体，故名乾不名天也。""乾"卦既然是象征天的，为何不直接名之为"天"，而要命之为"乾"呢？这是因为"天"名其体，"乾"是名其"用"的，圣人作《易》的目的在于教化世人用天之"健"，而不是停留在抽象的"体"上。孔颖达十分明确地道出了乾之体用的落脚点是用而不是体，论体是为了显用。陆希声的思路与孔颖达完全一致。

在王弼《老子注》之前，体用关系尚不具有哲学上的本体论意味。汉代严遵、《老子河上公章句》都有体用之说，仔细琢磨，他们所说的"体"，多数时候仍然是物质性的物体、块体的意思，如严遵

---

① 陆希声：《道德真经传》，见《老子集成》第一卷，第 585 页。

说："故道之为物，窥之无户，察之无门，揣之无体，象之无容，意不能尽，而言不能通，万物以生，不为之损，物皆归之，不为之盈。"① 这里的"无体"是指道没有固定的形体。严遵反对将天地看成是道德之"体"，这个"体"也是物体之意，注云："或谓道德是天地之用，天地是道德之体，此瓮中蠛蠓之见，衣中虮虱之知，不可以语于道也。"② 严遵也说"道体虚无"，如"夫道体虚无而万物有形，无有状貌而万物方圆，寂然无音而万物有声"③，这个"体"，还不是哲学上的本体论。

王弼是第一个通过注解《道德经》将体和用紧密联系起来，并赋予其哲学意义的学者。④ 尽管如此，王弼注《道德经》，也是将道之用而不是道之体置于首位，体不是他关注的重点，例如他以"无物不成"注"绵绵若存，用之不勤"，以"用之不可穷极"注"用之不可既"，以"有以无为用……柔弱同通，不可穷极"注"弱者道之用"，以"冲而用之，用乃不能穷。满以造实，实来则溢。故冲而用之，又复不盈，其为无穷亦已极矣"注"道冲而用之，或不盈"，都是强调道之用，强调其无可限量之功用。那么，道为什么能"其用不穷"呢？这是必须回答的问题，《道德经》是以"无"或"虚"来解释的，"无"、"虚"是"用"的前提条件，第十一章说得最为明白，王弼注云："毂所以能统三十辐者，无也。以其无能受物之故，故能以实统众也。木埴壁所以成三者，而皆以无为用也。言无者，有之所以为利，皆赖无以为用也。"⑤ 空间上空无一物，是受物的必要前提条件，或许正是从这个自然现象中，老子得出了有生于无的感悟。又王弼注第三十八章"上德不德……上德无为而无以为"云："何以尽德？以无为用。以无为用则莫不载也……虽贵以无为用，不能舍无以为体也。［不能］舍无以为体，则失其为大矣，所谓'失道

---

① 严遵：《道德真经指归》，见《老子集成》第一卷，第89页。
② 严遵：《道德真经指归》，见《老子集成》第一卷，第89页。
③ 严遵：《道德真经指归》，见《老子集成》第一卷，第99页。
④ 张岱年：《玄儒评林》，湖南人民出版社1985年版，第1页。
⑤ 王弼：《道德真经注》，见《老子集成》第一卷，第211页。

而后德'也。"① "无"作为"道"之"体"，与"用"不可分割，"不能舍无以为体"，否则"以无为用"就不能落实。又由于"道以无形无为，成济万物"②，因此不可舍无而论道、论体。这样自然就推论出"天下之物，皆以有为生。有之所始，以无为本"的结论。③

值得注意的是，王弼《老子注》注其实很少说"体"，他强调的同样是"用"。即便说到"体"，很多情况下指的也是物理或形体意义上的"体"，如"玉石琭琭珞珞，体尽于形，故不欲也"④；"形虽大，不能累其体；事虽殷，不能充其量"⑤；"不随于所适，其体独立，故曰反也"⑥；"物得其真，与道同体，故曰同于道"⑦。但是不可否认的是，正是王弼对"体道"之"无"的属性以及道之为"用"的不可限量的强调，使其有关有无体用的论说开始具有本体论的意味。

六朝隋唐时期，由于佛教教理教义的普及，其抽象的本体论学说和中国传统的体用说得以融合，体用论在《老》、《庄》注解中也更加常见，例如成玄英《老疏》通篇都以万物之"体"虚假不实为理论根据展开其体用说，如"推穷性理，即体而空"⑧，"推求性相，即体皆寂"⑨。其他如"举体不真"⑩，"遍体虚幻"⑪，"体非色声，而无方应物"⑫ 等用语比比皆是。成玄英还受六朝以来道教义理发展的影响，将体和用的关系转化为道和物的关系，比如他注第二十一章"道之为物，惟恍惟惚"："所以言物者，欲明道不离物，物不离道，

---

① 王弼：《道德真经注》，见《老子集成》第一卷，第 222 页。
② 王弼：《道德真经注》，见《老子集成》第一卷，第 216 页。
③ 王弼：《道德真经注》，见《老子集成》第一卷，第 223 页。
④ 王弼：《道德真经注》，见《老子集成》第一卷，第 223 页。
⑤ 王弼：《道德真经注》，见《老子集成》第一卷，第 209 页。
⑥ 王弼：《道德真经注》，见《老子集成》第一卷，第 217 页。
⑦ 王弼：《道德真经注》，见《老子集成》第一卷，第 216 页。
⑧ 成玄英：《老子道德经开题序诀义疏》，见《老子集成》第一卷，第 288 页。
⑨ 成玄英：《老子道德经开题序诀义疏》，见《老子集成》第一卷，第 288—289 页。
⑩ 成玄英：《老子道德经开题序诀义疏》，见《老子集成》第一卷，第 288 页。
⑪ 成玄英：《老子道德经开题序诀义疏》，见《老子集成》第一卷，第 295 页。
⑫ 成玄英：《老子道德经开题序诀义疏》，见《老子集成》第一卷，第 297 页。

道外无物，物外无道。用即道物，体即物道。亦明悟即物道，迷即道物。道物不一不异，而异而一，不一而一，而物而道，一而不一，非道非物。非物故一不一，而物故不一一也。"①

陆希声的体用说对前述有无体用等学说皆有继承，他的《道德真经传》特别强调对体用思想的把握，相关论述集中在第一章、第六章、第二十五章等章节中，特别是第一章中，"道"、"名"、"常道"、"常名"等关键词汇集中出现，是注家借以阐发名实问题的绝好题材。

这一章的经文，帛书本"常"写作"恒"，意思明确，表明《道德经》本义是说道是一体两面的存在，有恒常不变之道和恒常不变之名的一面，即"常道"和"常名"，也有"可道"、"可名"的一面。但是"可道"之道不是永恒之道，"可名"之名不是永恒之名。王弼《老子注》解释得很是明白，他说可道、可名是"指事造形"，而不可道、不可名当然是"指事造形"的反面，即无名无形。这个恒常之道必须"强为之容"、"强为之名"为"道"，而可道、可名的前提是因为道的大德——"用"。陆希声这一章的注解主要围绕道名、体用关系逐步展开，他先据《道德经》经文的原有逻辑说道和名，次说有名和无名、无欲和有欲，最后论始和母。下面我们具体看看他具体是如何论证的。

关于道和名，陆希声首先明确地将二者规定为体和用的关系：

> 夫道者，体也。名者，用也。夫用因体生，而体本无用，名因道立，而道本无名。体本无用，则用无不可，故曰可道。所可道者，以体当用耳。以体当用，是物之理，非道之常，故曰非常道也。道本无名，则名无不可，故曰可名。所可名者，以名求体也。②

---

① 成玄英：《老子道德经开题序诀义疏》，见《老子集成》第一卷，第303页。
② 陆希声：《道德真经传》，见《老子集成》第一卷，第586页。

道和名的体用关系表现在用（名）因体（道）而生，而体本无以用；名（用）因道（体）而立，而道本无以名。陆希声此章注解最有新意的是他将道和名的这种体用关系反过来解释为"可道"和"可名"成立的前提，即"体本无用，则用无不可，故曰可道。所可道者，以体当用耳"。同样，"道本无名，则名无不可，故曰可名"。总之，道和名，体和用相辅相成，道名不二，体用一如。

《道德经》论道，道虽然淡而无味、不可见、不可闻、不可说，却"用之不可既"，"用之或不盈"，"用之不勤"，"其用不穷"。陆希声认为道的绵绵无期之"用"，本质上是物之"理"的显现，物因其独特之"理"而具备"用"的功能，这个内在的"理"是物之"用"得以发挥的根据，一物有一理，万物有万理，万理归一，只是一个"道"，所以他说："以体当用，是物之理。"道并不在理之外。正如他注"域中有四大"："于乎域中之云者，明道非六合之外也。"[①]　道就在域中，不外于六合。事理其实是名实的另一种说法，陆希声多次指出治天下者必须"事理冥会"："圣人知道之纪，抱道之子，以理会事，以事会理，事理冥会，故可以为天下法则也。"[②]

那么，究竟什么是"理"，什么才是"事理冥会"呢？这里我们必须再次回顾一下以"理"释"道"的历史。以"理"释"道"并不是陆希声的创造，在第九章论述成玄英的老学时，我们已经对注家以"理"解"道"的历史进行了总结。最早以理解释道的是《韩非子·解老》，韩非子常常将二者合称为"道理"，"万物各异理而道尽"表达的是普遍性和特殊性的关系，这与成玄英说"道是虚通之理境"，说"可名"是"盛明于理"，以及"用即道物，体即物道"等实有共通之处。陆希声将"名"释为"用"，与成玄英释为"教"，唐玄宗释为"物得之所称"和"名生于用"，本质上并没有不同，都是强调物之用，以及道与名、道与理的体用关系。陆希声改造和利用了体用说、道理说等传统资源，杂糅儒道，努力阐明应该如何认

---

① 陆希声：《道德真经传》，见《老子集成》第一卷，第 595 页。

② 陆希声：《道德真经传》，见《老子集成》第一卷，第 586 页。

识和把握"道"的本质和功用，其说自有其思想史意义。

陆希声认为，就体用关系而言，由于"所可道者"是"以体当用"，而"以体当用"只是"物之理"，而不是物之根本，所以是"非常道"，"非常道"即是不得其体。也就是说，当道成为"可道者"时，也就是一事一物成为它自己，从而显示出道之用之时，它只是一事一物显示了它区别于其他个体的那个"理"，仅仅是道之部分的体现，因此不是"常道"；另一方面，"所可名者"就是"以名求体"，而名从用来，这相当于说是以用求体。但是以用求体只是"物之变"，只是一事一物之用体现的那个不完整的体，所以是"非常名"，并不能真正求得道之体。可见，照陆希声的说法，物之理、物之变都只体现了道的特殊性，不是普遍性的常道和常名，因为常道常名是不可道不可名的。

既然常道真道是不可道、不可名，那究竟怎样才能知道、体道呢？陆希声总结说："唯知体用之说，乃可玄通其极耳。"① 将体道的重点落实在主体的认识水平上。所谓"知体用之说"，即是充分把握物之理和物之变的规律。

最后，这些抽象的论说毕竟是要落实到治国治天下的政治实践中的，天下之人各以其所得不同，而为神、为圣、为哲、为贤才、为众人，"上得之为神，中得之为圣，下得之为哲，偏得之为贤才，无所得为众人"②。

对于统治者来说，最理想的境界当然是"体道用名"。陆希声注第一章"道可道，非常道；名可名，非常名"云：

> 常道常名，不可道不可名，唯知体用之说，乃可玄通其极耳。然则体道者皇，顺物之理也。用名者帝，适物之变也。③

---

① 陆希声：《道德真经传》，见《老子集成》第一卷，第 586 页。
② 陆希声：《道德真经传》，见《老子集成》第一卷，第 586 页。
③ 陆希声：《道德真经传》，见《老子集成》第一卷，第 586 页。

注"无名，天地之始；有名，万物之母。常无欲"云：

> 所谓无名者，道之体，动静之先也；有名者，道之用，善恶之元也。体为名本，故能离动静，原之则天地之始也。名因用立，故能生善恶，极之则万物之母也。故皇者守无名，而帝者行有名。守无名，故无为而无不为；行有名，故为之而无以为。皇者顺物之理，因其无欲而守以清静，故曰常无欲，以观其妙。妙谓静以照理，微妙玄通者也。帝者适物之变，因其有欲而行以节文，故曰常有欲，以观其徼。徼谓动以照事，殊涂同归者也。①

第一章"此两者，同出而异名"的"此两者"究竟何指，前代注家的解释很不相同。六朝隋唐重玄学者一般认为"此两者"是指无欲和有欲二心或二观，如成玄英、李荣以及敦煌 S.6044＋BD14677 残抄本《老子道德经义疏》、《道藏》所收唐代无名氏《道德真经次解》等，都作此解。唯有唐玄宗《御注》的"此两者"比较含糊笼统，它将可道和可名、无名和有名、无欲和有欲一网打尽。② 陆希声的注解与他们都不同，注云：

> 所谓此两者，言始与母也，即无名有名之术也，同于体而异于用者也。玄也者，事理俱照者也。能知夫无名之术微妙玄通，有名之术殊涂同归，静以制变，动以归根，动静不殊，则事理玄会矣。③

尽管这个解释不同于唐代前贤，却与王弼注相近。王弼说："两者，始与母也。……同出者，同出于玄也。异名所施，不可同也，在首

---

① 陆希声：《道德真经传》，见《老子集成》第一卷，第586页。
② 唐玄宗：《唐玄宗御制道德真经疏》，见《老子集成》第一卷，第451页。
③ 陆希声：《道德真经传》，见《老子集成》第一卷，第586页。

则谓之始，在终则谓之母。"① 但陆希声缺乏王弼深入探讨始、母与道的关系的哲学兴趣，他简单地将始、母替换为"无名有名之术"，即"始"是无名之术，"母"是有名之术，并认为之所以说始、母同出而异名，是因为始、母"同于体而异于用"，与王弼认为始、母仅仅是异名所施和两名相异，是完全不同的。通过这样的解释，陆希声将其阐释兴趣转向了挖掘君主治术的实用方向。

第二十五章"吾不知其名，字之曰道，强为之名曰大。大曰逝，逝曰远，远曰反"，陆希声的注解与众不同：

> 其体不可以名得，故不知其名。其用不可谓无名，故字之曰道。夫字因名立，名因用生，既与之为字，则知其有名矣。寻其名未知所谓，究其用见其极大，因强名其用谓之为大焉。于其用则名为大矣，于其体则实已逝矣。名去实其远乎？曰其去不远，在知其反。以名反实，以事反理，大施于家国，小施于身心，不能反躬则天理灭矣。故《记》曰：道不远人，人自远道，而远人不可以为道。又曰：道也者，不可斯须离，可离非道。故始所谓有物混成，先天地生者，无名之道也。②

为何给"道"强名之为"大"？王弼从语言的局限性出发给出这样的解释："吾所以字之曰道者，取其可言之称最大也。责其字定之所由，则系于大，大有系则必有分，有分则失其极矣。故曰强之为名曰大。"③ 成玄英、李荣、唐玄宗等主重玄的注家则是从体用的角度解释"大"，将"大"作为道之体，如成玄英说："名以召体，字以表德。道即是用，大即是体，故名大而字道也。"④ 大小是指形体而言，成玄英说"大"即是表道之体。《御注》则说："以通生表其德，

---

① 王弼：《道德真经注》，见《老子集成》第一卷，第209页。
② 陆希声：《道德真经传》，见《老子集成》第一卷，第595页。
③ 王弼：《道德真经注》，见《老子集成》第一卷，第216页。
④ 成玄英：《老子道德经开题序诀义疏》，见《老子集成》第一卷，第306页。

字之曰道；以包含目其体，强名曰大。"① 与成玄英思路相同。在陆希声那里，强名之曰大，不是因为道之体大，而是因为道之用"极大"，此亦可见陆希声重"用"的实用主义倾向。

陆希声认为，统治者把握道之用的同时，还需要循名以责实，否则"用名"就无法落到实处。在陆希声看来，"道"有极大之用，因此可以说它是"大"。但是当说道是"大"的时候，"大"这个"名"却因为强调其"用"而失去了道体之实。陆希声从体用关系剖析道之名，到讨论名实关系，并由此推及万事万物之名实关系。不过他讨论名实问题，与王弼的哲学思辨道路不同。他虽然指出"于其用则名为大矣，于其体则实已逝矣"，但并没有分析为何"大"这个"名"远离了道体之实，而是迫不及待地提出要"以名反实，以事反理"。"以名反实，以事反理"其实就是循名以责实。唐代注家大多不注重明辨名实关系，重玄学者更多关注的是抽象的体用关系。陆希声则不然，他重拾严遵和王弼对名实关系的重视，提出要善于"反躬"②。陆希声认为万事万物都有名有实，然而其名不能全部体现其实。但是名与实"其去不远"，只要"反躬"，就能实现名实相符，也就是所谓"以名反实，以事反理"。所反之"理"是什么呢？根据陆希声"不能反躬则天理灭矣"的注解，其实指的是"天理"，就是儒家的伦常道德。如前所述，陆希声把无名和有名均看作是治"术"，"无名之术微妙玄通，有名之术殊涂同归"③，"侯王能守此始与母之术，则万物之理得，而天下之事正"④。他强调"有名无名之术"是可以"大施于家国，小施于身心"⑤ 的。由此可见"用名"的重要性。

陆希声论体用的文字还有很多，略举几例予以说明：

①　唐玄宗：《唐玄宗御注道德真经》，见《老子集成》第一卷，第 427 页。
②　陆希声：《道德真经传》，见《老子集成》第一卷，第 595 页。
③　陆希声：《道德真经传》，见《老子集成》第一卷，第 586 页。
④　陆希声：《道德真经传》，见《老子集成》第一卷，第 601 页。
⑤　陆希声：《道德真经传》，见《老子集成》第一卷，第 595 页。

道以真精为体，冲虚为用，天下归之未尝盈满，万物宗之渊深不测。得其用则可以挫俗情之锋锐，解世故之纠纷。得其体则可以上和光而不皦，下同尘而不昧。①

谷者象道之体，神者况道之用。体真用妙，应物不穷，故曰谷神不死。夫唯谷神不死，则可以尽天地之体用。玄者，天之体也。牝者，地之用也。体玄而用牝，圣人之术也，故曰是谓玄牝焉。②

道谓真精之体，一谓妙物之用。既得其体，以知其用。既得其用，复守其体。③

致虚玄而妙极者，有德之用也。守静专而笃实者，得道之体也。④

在陆希声看来，《道经》的主旨就是体用论。他也认为《道经》第一章至最后一章是首尾一贯、围绕体用做文章的。"此篇以无为为体，无不为为用，而统之以兼忘。始末相贯，而尽其体用也。"⑤ 因此他注第三十七章自然也是从本迹体用角度切入。

总之，陆希声《道德真经传》的注解旨趣大异于唐代《老子》注疏主流重玄一脉，而在以儒解老子其人其书上，较为接近唐玄宗《御注》、《御疏》，这说明作为官方读本的《御注》、《御疏》对唐代老学的影响之巨。这一影响，我们也可以在唐末高道强思齐和杜光庭的老学作品中见到。另一方面，我们还应该看到，陆希声对《御注》、《御疏》的吸收，并不是机械的，而是有选择的，有继承也有扬弃。成玄英、李荣和唐玄宗的老学都具有重玄意趣，陆希声却有意不取唐玄宗的重玄思辨。故陆希声解说《老子》，全无佛教踪迹，这是他对《御注》、《御注》的扬弃，反映了唐代后期老学从前中期

---

① 陆希声：《道德真经传》，见《老子集成》第一卷，第 587 页。
② 陆希声：《道德真经传》，见《老子集成》第一卷，第 588 页。
③ 陆希声：《道德真经传》，见《老子集成》第一卷，第 608 页。
④ 陆希声：《道德真经传》，见《老子集成》第一卷，第 591 页。
⑤ 陆希声：《道德真经传》，见《老子集成》第一卷，第 601 页。

的佛道相通返回到儒道为一的轨道上了。

第五节　化情复性，以性正情

一、性情之论

陆希声用文质有殊、情性有别解释孔老之异："盖仲尼之术兴于文，文以治情；老氏之术本于质，质以复性。性情之极，圣人所不能异；文质之变，万世不能一也。"[1] 这段话可以看作是陆希声道家复性说的宣言。在佛教心性说广为流行的时代，陆希声虽然没有像韩愈那样公开排佛，但从他注《道德经》来看，显然他认为复性思想是《道德经》固有的，不必借助于佛教。

孔子没有明确谈论过人性问题，《论语》中仅记载了他曾经从文质有别的角度讨论君子问题，如《论语·雍也》说："质胜文则野，文胜质则史。文质彬彬，然后君子。"文、质与性、情关系密切，属于先秦人性论的范畴。孔子之后，性和情的问题在孟、荀那里均有所论及，魏晋已降性情问题更成为士人们谈论的热点话题。受佛教心性论的进一步影响，南朝隋唐时期，谈性说情更为深入。陆希声《道德真经传》的一个重要论点是承认"性情之极，圣人所不能异"，主张"化情复性"，这是接着孟、荀和魏晋玄学性情论讲的。从思想脉络上看，陆希声的性情说与韩愈、李翱的复性说不无关系，反映了唐代中期儒家心性思想的发展及其在《道德经》诠释中的应用。

性和情的关系是人性论的重要内容，也是中国思想史上的固有主题。这里有必要回顾一下魏晋玄学以来的性情观，以见陆希声注《老》对前人的继承和发展。

孟子主人性善，以情论性，其四端说在儒家心性论史上可谓影

---

[1]　陆希声：《道德真经传》，见《老子集成》第一卷，第584页。

响深远。孟子有个著名的说法："乃若其情，则可以为善矣。"恻隐、羞恶、辞让和是非之心，人皆有之，表明孟子的"情"主要是道德情感，而不是普遍意义上的七情六欲。魏晋玄学谈论"情"比较多见，但玄学家们谈论的情，已不是孟子说的道德感情，而是喜怒哀乐等情感性的"五情"。正始玄学主将何晏有一个著名的说法——"圣人无情"，此说在当时影响很大。王弼反对何晏，认为圣人与凡俗"五情同"，《三国志·魏书》记载如下：

> 何晏以为圣人无喜怒哀乐，其论甚精，钟会等述之。弼与
> 不同，以为圣人茂于人者神明也，同于人者五情也。神明茂故
> 能体冲和以通无；五情同故不能无哀乐以应物。然则圣人之情，
> 应物而无累于物者也。今以其无累，便谓不复应物，失之多矣。

五情和四端一样，贤愚皆有。不过，虽然圣人"同于人者，五情也"，圣人与凡俗毕竟是有区别的，区别在于圣人"神明茂于人"，因而"能体冲和以通无"，不为外物所累，不受制于情。凡俗则相反。王弼还论及情与性和理的关系，承认情是"自然之性"，圣人也不能无情。他还以孔子对待颜回的师生情为例加以说明："夫明足以寻极幽微，而不能去自然之性。颜子之量，孔父之所预在，然遇之不能无乐，丧之不能无哀。又常狭斯人，以为未能以情从理者也，而今乃知自然之不可革。"[①] 这里的"自然之性"指的就是情。至于情与性的关系，由于情被认为是性"应感而动"的真实状态和客观存在，是无法消除的，王弼遂用"性其情"三字总之。"性其情"就是"以情近性"的意思。

喜怒哀乐等情感表现总是活跃的、变动的，喜则笑，哀则哭，因此在儒家性情论中遂牵扯进了动静说，认为情静而性动，又牵扯进伦理道德说，认为情不仅是静的，还有正邪之分。王弼释"性相近，习相远"可见大概："不性其情，焉能久行其正？此是情之正

---

① 陈寿：《三国志》卷二十八《魏书》，第796页。

也。若心好流荡失真，此是情之邪也。若以情近性，故云性其情。情近性者，何妨是有欲。若逐欲迁，故云远也；若欲而不迁，故曰近。"① 可见"以情近性"相当于使自然之情接近自然之性。如果真能做到自然之情近自然之性，便是有欲又有何妨？妨碍人"性"的是逐欲而迁，不是"情"本身。所以王弼既不否定情，也不否定欲，他的《老子注》、《论语释疑》等都表达了同样的观点。不过，总的来说，王弼以及魏晋玄学对性情关系的讨论仍然不够深入。

陆希声注《道德经》第二章全部从人性论、从情与性的关系入手，这在唐代注《老》中也是很特别的。这一章经文常常被认为是《道德经》相对论的体现，经文里面出现了七对概念，即美恶、善不善、难易、长短、高下、音声、前后，其中美恶和善不善属于价值判断的范畴，后五对则基本属于事实判断。陆希声敏锐地看到了它们的本质性区别，他指出美恶之相生、善与不善之相成，以及难易、长短、高下、音声、前后等观念的出现，都是"情"动的结果，他说：

> 夫人之所谓美恶，皆生于情。以适情为美，逆情为恶，以至善不善亦然。然所美者未必美，所恶者未必恶，所善者未必善，所不善者未必不善，如此者何，情使然也。②

世上美与恶、善与不善等分别其实都生于情。但究竟何为美，何为恶，何为善，何为不善，其实都不是确定的，这是因为"人之性大同，而其情则异"，分别皆因情而起，即"以殊异之情外感于物，是以好恶相缪，美恶无主"。可见陆希声有一个先见性的判断，那就是"好恶相缪，美恶无主"是不对的。这一章的注解，陆希声的目标是以性情说引申出儒家建立在善恶观念上的道德教化思想，落脚点在如何扬善惩恶以及如何以善战胜不善的治理大道上，因此他将《道

---

① 王弼著，楼宇烈校释：《王弼集校释》，第 631—632 页。
② 陆希声：《道德真经传》，见《老子集成》第一卷，第 586 页。

德经》的有无相生和难易相成等曲解为性与情的相生相因关系，这已经明显脱离了原文。他这样说：

> 所谓有无之相生者，情性也。情性之相因，犹难易之相成也。夫为治者，以情乱性则难成，以性正情则易成。所谓长短之相形者，美恶也。美恶之相夺，犹高下之相倾也。所谓音声之相和者，善不善也。善不善之相资，犹先后之相随也。①

有无、难易乃性情相因的结果，而长短、高下、音声和前后这四种分别，陆希声则附会为善与不善的关系，将事实判断全部变成了价值判断，并说"世之多故，由此六者（有无、难易、长短、高下、音声和前后）"，这也是借着"好恶相缪，美恶无主"，阐明何以好恶、美恶是不对的。陆希声进而上升至人性的高度，以为"天下所以不治，万物莫得遂性"。天下所以不治，根本原因还在于失去了本来之性。因此，统治者治理天下，关键在于引导本性失而复得，只有回归本性，才能"大顺"，所以陆希声说："能知稽古之法式，则是玄妙之常德。常德深远，与物俱反，然后天下各复其性，以至于大顺矣。"②"大顺"，《老子河上公章句》释为"天理"③，《御注》释为"令物乃至大顺于自然之性也"④。陆希声以《中庸》"天命之谓性"解读"性"，以"天下各复其性"解读"大顺"。

解决方法是什么？陆希声提出"复性"作为手段，"天下各复其性"只是"复性"手段的结果。复性必须通过化情——"圣人将复其性，先化其情"⑤。复性就是使邪归正，"将何以正之哉？在乎复性而已。向则情之所生，必由于性，故圣人化情复性，而至乎大同"⑥。

---

① 陆希声：《道德真经传》，见《老子集成》第一卷，第586—587页。
② 陆希声：《道德真经传》，见《老子集成》第一卷，第614页。
③ 河上公：《道德真经注》，见《老子集成》第一卷，第170页。
④ 唐玄宗：《唐玄宗御注道德真经》，见《老子集成》第一卷，第443页。
⑤ 陆希声：《道德真经传》，见《老子集成》第一卷，第587页。
⑥ 陆希声：《道德真经传》，见《老子集成》第一卷，第586页。

　　以上是陆希声《道德真经传》中体现的性情论之大概。众所周知，李翱《复性书》是唐代中期儒家心性论的代表作，它集中讨论了儒家思想中的传统命题性情问题，并首次明确提出了"复性"的口号，对宋代理学产生了深刻的影响。陆希声注《道德经》，不仅明确提出了"复其性"，在一些基本观点上，与李翱也十分相近。此外我们还注意到，早在唐玄宗《御注》中，复性思想已有苗头。因此，陆希声利用复性说解读《道德经》，是唐中期以后儒家人性论在《道德经》注解中的具体表现，是融儒入道的思想工具。我们先看《御注》对"吾以观复"的注解：

　　　　老君云：何以知守雌静则能致虚极乎？但观万物动作云为，及其归复，常在于静，故知尔。又云所以知万物归复常在于静者，为物华叶芸芸，生性皆复归于其根本，故有作云云者，动作也。言夫物云云动作者，及其归复皆在根本尔。华叶云云者，生性归根则静止矣。人能归根至静，可谓复所禀之性命。守静复命，可谓有常。知守常者，更益明了。[1]

　　《御疏》则发展了《御注》中的复性思想，疏"夫物芸芸，各复归其根"：

　　　　此举喻明观复之意也。根者，本所受气而生也。今观万物，花叶芸芸，及其生性，皆复归于其根而更生，虚极妙本，人所禀而生也。今观情欲熙熙，能守静致虚，则正性归复命元而长久矣。[2]

　　《御注》、《御疏》提出"复性"，也就是复归到万物所受气而生的那个"虚极妙本"处，或者说是"正性归复命元"，这个角度的"复

①　唐玄宗：《唐玄宗御注道德真经》，见《老子集成》第一卷，第423页。
②　唐玄宗：《唐玄宗御制道德真经疏》，见《老子集成》第一卷，第462页。

性"离后来李翱提出的复性说还有一定距离。李翱在唐代中期高举复性说的旗帜，有着非常深切的现实关怀。他担心的是"性命之书虽存，学者莫能明，是故皆入于庄、列、老、释"，而唐玄宗《御注》、《御疏》并不反佛，反而大量借用佛教思想，仅此一点即可看出二者的不同。陆希声也有着同样的社会关怀，但是李翱是反对道家的，陆希声却认为儒道为一，并公开为老子辩诬。其实李翱也排佛，不过李翱和韩愈一样，都是口头上反佛反老，事实上对佛老的思想因素也有吸收。朱熹在《中庸集解序》中称李翱是"杂乎佛老而言之"，这是很有眼光的。我们在《复性书》中看到李翱借以发挥思想的都是儒家经典如《易》、《孟子》和《礼记·中庸》中的性命之说和至诚功夫，通篇不见一个佛教道教的词汇。陆希声则是明明白白地以《易》和《礼记·中庸》等儒家义理会通《老子》，这就使他的复性说与李翱的复性说相比，更加饶有趣味。可以说，陆希声继承并发展了李翱的复性说。

李翱总体上主张性善情恶，灭情复性。他认为性和情相辅相成，情由性而生，情不自情；因性而情，性不自性，由情以明。另一个层面，性和情的关系表现在"情乃性之动"。性是天之命，故天下人皆有性，"桀纣之性，犹尧舜之性也"，这一点明显受到了一切众生皆有佛性的佛教心性论的影响。因此，世人将尧舜之为尧舜、桀纣之为桀纣归因于性是不对的，"其所以不睹其性者，嗜欲好恶之所昏也，非性之罪也"，换句话说，桀纣之罪在于耽溺于情，性为情所弊，"情既昏，性斯匿矣，非性之过也"。圣人之性和百姓之性还是有区别的，圣人之性"寂然不动……制作参乎天地，变化合乎阴阳，虽有情也，未尝有情也"。百姓之性却被"情"遮蔽了，"情之所昏，交相攻伐，未始有穷，故虽终身而不自睹其性焉"。情之大者是喜怒哀惧爱恶欲七情，七情"循环而交来，故性不能充也"，因此"人之所以为圣人者，性也；人之所以惑其性者，情也"。可是，"性"究竟是什么，李翱似乎并没有说清楚，他只说性是"天之命也"。"情"则非常清楚，它是由性决定的，"性之邪"或者说"性之浊"就是情。追溯邪情的源头，邪情本来是不存在的，皆因性而起："情者性之邪也，知其为邪，邪本无有。"既然如此，邪就可以矫正，矫正的方法还得在"性"上下功夫，这就是"复性"。

如何才能使本然之性失而复得，即"复性"呢？矫正的唯一路径是不生情。在李翱看来，不生情的方法归根结底还是心性功夫，这才是"复性"说的至关重要处，也就是"心寂然不动"，寂然不动则"邪思自息"，"惟性明照，邪何所生"？"妄情灭息，本性清明，周流六虚，所以谓之能复其性也。"寂然不动并不是指身体的静止不动，而是精神层面的"正思"，即"弗虑弗思"，李翱称这种方法是彻底远离动静的前期功夫——"斋戒其心"。通过"斋戒其心"，斋戒者可以逐步达到"动静皆离，寂然不动"的"至诚"境界。前面提到李翱继承前人的说法，将情看成是"性之动"，至此可以看出，这个"动"，是就精神上的绝对虚静而言的，这个绝对虚静是超越动静的，也就是"动静皆离"，又叫"寂然不动"，这种状态就是"性"的本能状态。

李翱的不生情，其实就是灭情。朱熹在解说《孟子》的"乃若其情，则可以为善矣"时说："孟子道性善……则性善可知。'若夫为不善，非才之罪也'，是人自要为不善耳，非才之不善也。情本不是不好底。李翱灭情之论，乃释老之言。程子'情其性，性其情'之说，亦非全说情不好也。"① 这即是说，李翱的复性说受释老影响，是灭情复性。陆希声的性情论与李翱相比有同有异。

二、复性方法

前已论及陆希声谈性与情的关系以及提出复性的观点。这里阐述陆希声如何复性的思想。首先，陆希声提出以性正情。以性正情，相当于王弼说的"性其情"。不过，由于他们对性和情的界定不同，以性正情的方法也自然也不同。陆希声认为复性的方法有下列几个要点：

第一，化情为性，以性正情。

---

① 王星贤点校，黎靖德编：《朱子语类》第四册，中华书局1994年版，第1381页。

陆希声和李翱一样，都认为"性者，情之根也"。"夫人生而静，天之性，感物而动，人之情"①。性化为情，是由外物所诱。圣人的职责就是化动为静，化情为性。所谓"我无为而民自化"，就是当"德化既淳，天下清静，苟利欲之情将有萌兆"时，圣人"以此大道之质奠而正之，使无得动矣"。②天下之所以不治，是由于"万物莫得遂性。圣人将复其性，先化其情"③。人与万物一样，如果能够复其性，就可以抵御情的干扰，就可以各得其所，"复其性以御其情，斯质真若渝也。正乎内而行乎外，斯大方无隅也"④。

以性正情的关键是遏制欲望。性、情、欲三者密不可分，欲因情而生，性因情而动，"情所贵尚，则物徇其欲……以性正情者，不见贵尚之欲，从事于道而无奸伪之心"⑤。陆希声注《道德经》第五十二章"塞其兑，闭其门，终身不勤"云："兑者，嗜欲所之生也。门者，云为之所由也。以性正情，则嗜欲之原塞矣；以理正事，则云为之路闭矣。夫如此，然后可以无为无不为，故终身不复劳也。"⑥无欲则静，"静则人保天真之性，故其事自正"⑦。

第二，各复其性，性即是理。

陆希声将《老子》的"反"解释为向人之天性的复归，"能之稽古之法式，则是玄妙之常德。常德深远，与物俱反，然后天下各复其性，以至于大顺矣"⑧。

陆希声注解《老子》，也常常用《易》、《礼记》、《论语》等儒家经典中的论述，这似乎不是巧合。在性、情和理关系上，李翱和陆希声的观点可以上溯至王弼的《老子注》。由于"情"无处不在，无人不有，究竟如何才能使"情近于性"，或者说得其"情之正"呢？

① 陆希声：《道德真经传》，见《老子集成》第一卷，第 591 页。
② 陆希声：《道德真经传》，见《老子集成》第一卷，第 601 页。
③ 陆希声：《道德真经传》，见《老子集成》第一卷，第 587 页。
④ 陆希声：《道德真经传》，见《老子集成》第一卷，第 604 页。
⑤ 陆希声：《道德真经传》，见《老子集成》第一卷，第 587 页。
⑥ 陆希声：《道德真经传》，见《老子集成》第一卷，第 608 页。
⑦ 陆希声：《道德真经传》，见《老子集成》第一卷，第 610 页。
⑧ 陆希声：《道德真经传》，见《老子集成》第一卷，第 614 页。

王弼强调一个"理"字，也就是以性统情，以情从理。王弼有时用"理"来注解《道德经》的"道"，如"理有大致，执古之道，可以御今"①；"我之非强使人从之也，而用夫自然，举其至理，顺之必吉，违之必凶"②。王弼的"理"，内容比较复杂，这里不详论。值得注意的是，王弼以"理"说"道"，对后世《道德经》的注解影响较大。"弼之注《老子》，亦多平添'理'字以为说者……《老子》书明言'道'，弼《注》必改言'理'，此正弼注之越出原书而自有其贡献之所在也。又理与自然并举，即为自然之理。庄老言自然，而弼《注》改用'理'字，其事可谓始于董仲舒，然不得不谓其至于王弼，而此一观念始臻显白也。……至郭象注《庄子》，乃亦处处提及'理'字，一似弼之注《老》、《易》，而犹有甚焉。"③

陆希声认为性、情和理之间的关系是这样的："理者，事之源也。静者，动之君也。性者，情之根也。夫人生而静，天之性；感物而动，人之情。情复于性，动复于静，则天理得矣。"④ 当然，正如前面已经论述的，他说的"理"是"天理"，也就是儒家伦理，与王弼说的"自然之理"不同，但是其间的继承关系还是有脉络可寻的。陆希声完全用儒家思想来解释《老子》，他强调要"尽其性"，而"尽性"是《易》和《中庸》强调的原则，《易》曰："穷理尽性以至于命"；《礼记·中庸》曰："唯天下至诚，为能尽其性。能尽其性，则能尽人之性；能尽人之性，则能尽物之性；能尽物之性，则可以赞天地之化育；可以赞天地之化育，则可以与天地参矣。其次致曲，曲能有诚，诚则形，形则著，著则明，明则动，动则变，变则化，唯天下至诚为能化。"陆希声注《老子》第十六章"致虚极，守静笃……归根曰静，静曰复命"，引《易》、《礼记·中庸》中有关性命的阐述——"穷理尽性以至于命"，继而推论："故能穷天之理，

---

① 王弼：《道德真经注》，见《老子集成》第一卷，第 225 页。
② 王弼：《道德真经注》，见《老子集成》第一卷，第 224 页。
③ 钱穆：《王弼郭象注易老庄用理字条录》，见钱穆：《庄老通辩》，联经出版事业公司 1998 年版，第 471、473 页。
④ 陆希声：《道德真经传》，见《老子集成》第一卷，第 591 页。

则能尽人之性；能尽人之性，则能知天之命。故曰归根曰静，静曰复命也。"①

第三，得其所欲，各遂其性。

陆希声总体上对"情"是持贬损态度的，他"情"称为"俗情"，提倡以大道"挫俗情之锋锐"②。但他并不主张绝情，这与李翱主张灭情复性有所不同。陆希声认为统治者对待天下百姓，要"遂其性"。注"民之难治，以其上之有为，是以难治"云：

> 古之在上者，无为无欲，是以其民少事，各遂其性。③

上古淳朴之世，上上下下，一切皆出自天性。比如"父子之道，天性也。率天之性，薰然大和"，父子相亲而不知有孝慈，这就是"率天之性"④。自然天性是怎么破坏的呢？是由于天下之人"为外物所诱，性化为情，情生而物或间之，则有离其天性者矣"⑤，可见物质诱惑是罪魁祸首。陆希声注"其政闷闷，其民淳淳"云："夫有道之君闷闷然以宽大含容为政，民皆乐其生而遂其性，故淳淳然归于朴厚。"⑥ 又注"圣人无常心，以百姓心为心"云："然百姓之心常欲安其生而遂其性，圣人常使人人得其所欲，岂非以百姓心为心乎？"⑦ 上古之时，人人各安其生，遂其天性，本质上其实圣人使人人都各得其所欲。可见陆希声将复性说置于性、情、欲三者的关系中，在一定程度上是肯定欲和情的合理性的。然而对于圣人来说，并不存在复性的问题，圣人复天下人之性，因为"古之在上者，无为无欲"，与天地合其德，"其民少事，各遂其性"⑧。正如陆希声注《道

---

① 陆希声：《道德真经传》，见《老子集成》第一卷，第591页。
② 陆希声：《道德真经传》，见《老子集成》第一卷，第587页。
③ 陆希声：《道德真经传》，见《老子集成》第一卷，第617页。
④ 陆希声：《道德真经传》，见《老子集成》第一卷，第592页。
⑤ 陆希声：《道德真经传》，见《老子集成》第一卷，第592页。
⑥ 陆希声：《道德真经传》，见《老子集成》第一卷，第610页。
⑦ 陆希声：《道德真经传》，见《老子集成》第一卷，第606—607页。
⑧ 陆希声：《道德真经传》，见《老子集成》第一卷，第617页。

德经》第三章所说："是以圣人体无名则无为而事自定，用有名则不言而教自行。使万物各遂其性，若无使之然者，如天地之生万物而不有其用，如百工之为器用而不恃其成，如四时之成岁功而不居其所。夫唯如此，是以其道可常，其名不去也。"[1]

第六节　以无心取天下之人心

复性，看起来是一个运动的过程，但倘若如此，便是有为，与《道德经》强调的无为宗旨相悖。因此，无论如何强调复性，强调体道用名，循名责实，最后落实到圣人和君主身上，都必然要上升到无为的高度。李翱提倡以超越动静的"寂然不动"的至诚功夫实现复性的目标，陆希声则强调"无心"，强调以无心取天下人之心。二者异曲同工。

陆希声认为，"欲可久可大者，莫过于取天下之心"，治国根本在于取天下之人心，而不是救一时之患，解决种种眼前纷扰。如何才能取天下之心呢？当然是"莫过于无事"，"及其有事，则不足以取天下之心矣"。[2]《道德经》第五十七章经文中提到的正名、奇谋、利器、智慧、法令和各种禁忌避讳，皆属于"有事"，陆希声自然是反对的，"不塞其源而务壅其流"[3]，只能救患而不能长久。陆希声又从《道德经》的圣人不仁、圣人无为无事等经文中引申出"无心"，并将"无心"作为统治者治国理政的关键。注云：

> 夫唯无用则无私，无私则无恩。是以天地无恩而大恩生，圣人不仁而大仁成，故百姓不辞德于圣人，万物不谢生于天地。

① 陆希声：《道德真经传》，见《老子集成》第一卷，第 587 页。
② 陆希声：《道德真经传》，见《老子集成》第一卷，第 610 页。
③ 陆希声：《道德真经传》，见《老子集成》第一卷，第 610 页。

> 何以知其然哉？吾观天地之间，犹橐龠之无心也。橐龠无心，故其声不屈，其气愈出。天地无心，故生成而不息，故为治不至多言。①

首先，什么是"取天下人之心"？为什么要"取天下人之心"？陆希声说："无为者，因物性而辅之自然，故无事。无事则民逸，民逸则归之。夫圣人之心常虑一物失其所，将欲救弊乱之要，在于取天下人之心。取天下人之心，在使其自来归之耳。"②圣人虽"无事"，百姓却主动来归，才是治理天下的最高境界。

　　既然有事有为不能解决根本问题，那就必须从其反面——无事无为着手。"唯无事者则可以取天下之心矣，故老氏举圣人之言云者，以示不敢自专，其所举之言盖《三坟》之文也。"③老氏所举圣人之言，是指第五十七章经文中的"故圣人云：我无为而民自化，我无事而民自富，我好静而民自正，我无欲而民自朴"。陆希声既然已论证孔老不异，那么老子所引"圣人云"，在他看来就有可能来自上古《三坟》之文，因为老子曾做过周柱下史，有条件"遍观上世之遗书，故举其言以证其必然耳"④。同样，第七十八章"故圣人言：受国之垢，是谓社稷主；受国不祥，是为天下王"，在陆希声看来，也是"老氏举圣人之言以劝之，盖亦《三坟》之遗文也"⑤。这样解释，虽不免牵强，但符合陆希声儒道归一的注解旨趣，它既强化了无为、无事、无欲、好静等是上古圣人倡导的治理天下的原则，也强化了陆希声儒道同源的思想。

　　然而，无为无事只是圣人体道的外在表现，追根溯源，圣人之所以无为无事，还在于圣人无心。陆希声的无心说，上承唐代注家的无心说，本质上是将橐龠和天地拟人化后再推之于人类社会，即

---

① 陆希声：《道德真经传》，见《老子集成》第一卷，第 587 页。
② 陆希声：《道德真经传》，见《老子集成》第一卷，第 606 页。
③ 陆希声：《道德真经传》，见《老子集成》第一卷，第 610 页。
④ 陆希声：《道德真经传》，见《老子集成》第一卷，第 610 页。
⑤ 陆希声：《道德真经传》，见《老子集成》第一卷，第 618 页。

存在一个从"天地无心"到"圣人无心"的逻辑过渡。

除了"天地不仁"外，《道德经》原文多次论及"无"和"虚"的作用，如第五章"天地之间，其犹橐龠乎？虚而不屈，动而愈出"；第四十九章"圣人无常心，以百姓心为心"；以及第十一章以车毂、埏埴和户牖为例，说明"有之以为利，无之以为用"等。"不仁"并不等同于"无"和"虚"，但它们之间有紧密的联系。橐龠因为中空，所以能鼓风，陆希声却将橐龠的这种空之"无"解释为"无心"，这是他大不同于诸家注解之处，陆云："吾观天地之间，犹橐龠之无心也。橐龠无心，故其声不屈，其气愈出。"继而连类成例，推论"天地无心"："天地无心，故生成而不息，故为治不至多言。多言而无敬，则动而数穷矣，未若处无为之事，行不言之教。此为抱道之实，保生之质，乃守中之术也。"①

陆希声颇能抓住《道德经》的精华，刻意扭转唐代由于受佛教诸法皆空思想影响，注解往往不落实处的倾向。他的"无心"思想，也是承继唐玄宗《御注》、《御疏》而来。《道德经》第四十九章"圣人无常心，以百姓心为心"，是注家集中阐发"心"的篇章，注家多以不刻意、无心意、顺民之性等注解"无常心"，如严遵把"无常心"解释为"无心之心"："圣人无心，合民之神，慎民性命，归之素真"②，"昔之得一者……无心无意，无为无事，以顺其性；玄玄默默，无容无式，以保其命"③。"道德无形而王万天者，无心之心存也；天地无为而万类顺之者，无虑之虑运也。由此观之，无心之心，心之主也；不用之用，用之母也。"④《老子河上公章句》和王弼都解为"虚心"，如《老子河上公章句》"圣人重改更，贵因循，若似无心也"⑤ 王弼注："以天地虽广，以无为心。圣王虽大，以虚为主。"此外，最常被释为"无心"的，还有《道德经》第五章的"天地不

① 陆希声：《道德真经传》，见《老子集成》第一卷，第 587 页。
② 严遵：《道德真经指归》，见《老子集成》第一卷，第 67 页。
③ 严遵：《道德真经指归》，见《老子集成》第一卷，第 71 页。
④ 严遵：《道德真经指归》，见《老子集成》第一卷，第 85 页。
⑤ 河上公：《道德真经注》，见《老子集成》第一卷，第 161 页。

仁"之"不仁"。天地无心施化，圣人效法天地，与天地合德，就是无心。然而到了唐代，注家受佛教影响，往往用万法皆空解释无心，例如成玄英说"圣人无心，有感斯应"①，这个"无心"其实是"心无"，"外无可欲之境，内无能欲之心，心境两忘，故即心无心也"②。成玄英理解的"圣人无常心"则是"体道洞忘，虚怀绝虑，与死灰均其寂泊"③ 的状态。成玄英心无说重在精神超越，于理国治天下功用不大。后来李荣已经注意到了这种情况，他的《道德真经注》很少谈心无，多强调无心。同样是注解"圣人无［常］心，以百姓心为心"④，李荣释为"君上无心于有为，任百姓之自化"⑤。之后唐玄宗也将"圣人无常心"释为"圣人之心，物感而应，应在于感，故无常心"⑥，都不取佛教心无说。陆希声对"常心"的解释，接近唐玄宗的"圣人体道无为，物感则应，应其所感，故无常心"⑦，将无心落实在现实政治层面，通向无为之治。

最后要说的是，陆希声在《道德真经传》序言里说老氏"秉要执本，在乎情性之极，故其道始于身心，形于家国，以施于天下，如此其备也"⑧。因此陆希声的注解，也主要是从儒家人性论的角度，通过分析性、情、欲的关系，深入探索治国之道。陆希声的注解，是典型的以儒解《老》。他多方面继承了前代注家的精华，有选择地吸收了唐玄宗《御注》、《御疏》中偏向儒家治国的观点，而对唐代前中期以佛解《老》，包括《御注》、《御疏》中的佛教思想，陆希声都有意识地摒弃了。

陆希声《道德真经传》还有一些比较可贵的思想，如论大宝之

---

① 成玄英：《老子道德经开题序诀义疏》，见《老子集成》第一卷，第 289 页。
② 成玄英：《老子道德经开题序诀义疏》，见《老子集成》第一卷，第 290 页。
③ 成玄英：《老子道德经开题序诀义疏》，见《老子集成》第一卷，第 323 页。
④ 《道藏》本李荣《道德真经注》少一个"常"字。
⑤ 李荣：《道德真经注》，见《老子集成》第一卷，第 374 页。
⑥ 唐玄宗：《唐玄宗御注道德经》，见《老子集成》第一卷，第 436 页。
⑦ 陆希声：《道德真经传》，见《老子集成》第一卷，第 606 页。
⑧ 陆希声：《道德真经传》，见《老子集成》第一卷，第 585 页。

位，陆氏强调"天下者，天下之天下，非圣人之天下也"①。这种认识，本质上来源于陆希声熟悉的儒家经典《礼记》，《礼记》描述的禹以前的大同世界，是一个"大道之行也，天下为公"的世界，"公"即是公天下的意思，与"大道既隐，天下为家"的私天下不同。"天下者，天下之天下，非圣人之天下也"，类似《吕氏春秋·孟春纪·贵公》所说"昔先圣王之治天下也，必先公，公则天下平矣。……天下非一人之天下也，天下之天下也"，以及《六韬·武韬》所说"天下者非一人之天下，惟有道者处之"，都是表达天下为公的理念。陆希声认为《道德经》第二十九章的"天下神器，不可为也"与《礼记》相通，所以他说：

> 故尧不能以天下与舜，禹不能以天下与启，此乃天下与舜与启，故尧禹亦因而与之耳。若天下不与，欲强取而为之，吾未见其有得之者，而况能执而有之者哉。是何也？天下者，犹神明之大器，非人智力可取而为之。苟非天下所与，强取为之，其功必败。苟非天下乐推，强执有之，其身必失。②

陆希声《道德真经传》的很多思想，我们都可以在他之前的唐代《道德经》注疏中看到，有似曾相识的感觉。他的思想是与唐玄宗《御注》和《御疏》有着明显的继承和发展关系。例如权实说，我们在前面讨论成玄英、李荣和唐玄宗的老学时已经论及，唐玄宗有极为鲜明的权实思想。权实观是儒家思想的重要内容，陆希声也不忘大力阐发，《道德经》第三十六章，陆希声的注文长达一千一百余字，集中论述权实关系。再比如唐玄宗《御注》将《老子》第二十七章"是谓袭明"的"袭"释为"密用"，认为"五善之行在于忘遣，忘遣则无迹，故云密用"，"密用"指的是圣人无迹。陆希声将《老子》的"将欲"与"必固"，理解为统治者必须掌握的权术，"夫

① 陆希声：《道德真经传》，见《老子集成》第一卷，第597页。
② 陆希声：《道德真经传》，见《老子集成》第一卷，第597页。

欲除强梁，覆昏暴者，必困其利欲之心，以行歙张之术"，而这种权术，是符合《易》理的。这种权术"甚微而明，圣人所以密用也"。陆希声注"鱼不可脱于渊，国之利器，不可以示人"："夫权之为物，国家之利器也，必深藏之，密用之，不可显示于人，惧其窃以为乱也。"①"夫德用微妙，道体玄通，以其深隐难知，是以强为之象：其进也，豫然若涉川之无涯；其止也，犹然若畏邻之有知；其肃也，俨然若宾主之在观；其舒也，涣然若春冰之方泮。其质敦兮若材之尚朴，其器旷兮若山之有谷，其心浑兮若水之处浊。斯皆善为士者道德之形容，故众人莫得而识也。"②这样的注解，现实指向都十分鲜明。

① 陆希声：《道德真经传》，见《老子集成》第一卷，第601页。
② 陆希声：《道德真经传》，见《老子集成》第一卷，第590页。

第十二章 杜光庭与《道德真经广圣义》[①]

  杜光庭（850—933），字宾至（一云字宾圣），号东瀛子，是唐末五代著名学者。[②] 杜光庭学识渊博，但于唐懿宗咸通年间应试九经举不第，于是弃儒入道，拜天台道士应夷节为师。后经郑畋推荐，得到唐僖宗召见，并深获信任，被举为道门领袖，时人推服。中和元年（881），随僖宗避难成都，遂留于蜀地。后事前蜀王建，王建授其金紫光禄大夫、尚书户部侍郎、上柱国蔡国公，赐号广成先生。晚年归隐青城山白云溪。

  杜光庭一生著述宏富，仅《正统道藏》就收录了二十七种，主要包括《道德真经广圣义》五十卷、《广成集》十七卷、《太上老君说常清静经注》一卷、《道教灵验记》十五卷、《历代崇道记》一卷、《墉城集仙录》六卷、《神仙感遇记》五卷、《录异记》八卷、《洞天福地岳渎名山记》一卷、《道门科范大全集》八十七卷、《太上黄箓斋仪》五十八卷、《太上三五正一盟威阅箓醮仪》一卷、《太上三洞传授道德经紫虚箓拜表仪》一卷、《洞神三皇七十二君斋方忏仪》一卷、《太上洞渊三昧神咒斋清旦行道仪》、《太上正一阅箓仪》一卷、《太上宣慈助华章》五卷、《太上灵宝玉匮明真大斋忏方仪》、《太上灵宝玉匮明真大斋言功仪》一卷、《金箓斋忏方仪》一卷、《金箓斋启坛仪》一卷、《太上洞神太元河图三元仰谢仪》一卷、《太上洞玄

---

① 本章由刘固盛据其《道教老学史》（华中师范大学出版社 2008 年版）第三章第五节修改增补而成，特此说明。

② 关于杜光庭的出生地，或云长安，或云缙云，或云括苍，或云处州。据李大华、李刚、何建明所著《隋唐道家与道教》（广东人民出版社 2003 年版），认为称杜光庭为括州人最为适宜。

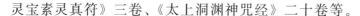

灵宝素灵真符》三卷、《太上洞渊神咒经》二十卷等。

《道德真经广圣义》是杜光庭的老学著作。所谓广圣义，是对唐玄宗《老子》注、疏做进一步的补充和发挥，而杜光庭本人的老学思想也包含其中。

第一节　老君事迹

从葛玄的《老子序诀》到成玄英的《老子开题》，其中的一个重要内容就是对老子的不断神化，这是道教人士解《老》的独有特点，是道教神仙信仰在老学中的具体反映。杜光庭《道德真经广圣义》卷二之"释老君事迹氏族降生年代"，分为三十段，对太上老君各种名号的由起进行解释，是南北朝隋唐以来关于老子神化的一次全面系统的总结。

杜光庭开篇指出："老君生于无始，起于无因，为万道之先，元气之祖也。无光无象、无音无声、无色无绪、幽幽冥冥，其中有精，其精甚真，弥纶无外，故称大道。大道之身，即老君也。万化之父母，自然之极尊也。"① 老君名号由老子变化而来，但道教认为，太上老君既是最高的天神，又是道的化身，是道与神的合一。同时，老君还是自然的体现者："大道元气，造化自然，强为之容，即老君也。虚无为体，自然为性，莫能使之然，莫能使之不然。不知其所以然，不知其所以不然，故曰自然而然。葛玄仙公《序诀》云'老子体自然而然，生乎太无之先，起乎无因，经历天地始终，不可称载'是也。"② 对于道教的这位最高尊神，杜光庭重点从三个方面加以描述和总结。

---

① 杜光庭：《道德真经广圣义》，见《老子集成》第二卷，第10页。

② 杜光庭：《道德真经广圣义》，见《老子集成》第二卷，第10—11页。

一、降生显灵

杜光庭指出，老君降生，是大道应化的结果。因悯时凋敝，故反神降生。老君于殷第十八王阳甲十七年庚申之岁，托孕于玄妙玉女，孕期八十一年，其间玄妙玉女所居之室"四时和畅，六气调平，冬无凝寒，暑无烦燠，祥光照室，灵风满庭，众恶不侵，万灵潜卫"[1]。这样，八十一年也不算久，老君于殷二十二王武丁九年庚辰之岁二月十五日降于人间。

由于老君是最高的天神，故降生时，大异于凡人。杜光庭在《道德真经广圣义·释老君事迹氏族降生年代》分十七条叙述了其降生的灵异之处，如第三条说："老君降生之时日童扬辉，月妃散华，七元流景，祥云荫真，四灵翊卫，玉女捧接。圣母因攀李树，忽而降生矣。"第五条说"老君降生之后，即行九步，左手指天，右手指地曰：天上天下，惟吾独尊。代间之苦，何足乐闻。"第六条说："老君降生者，为念时浇朴散，大道不行，委迹生神，以救于世。"第八条说："老君欲明妙道，须在修功，示有炼丹，以劝修习。"第九条说："老君教人习道，内外俱修。既炼金丹，又习真气。"第十三条说："老君降生之后，九日之中，身长九尺，七十二相，八十一好，蹈五把十，美眉方口，双柱三漏，日角月渊，具大圣之相也。"第十七条则记载老君显灵的各种事迹，如"汉桓帝时，感梦老君，修祠宇之日，卿云见在其上。隋文开皇五年，卿云白鹿，现于祠庭，帝遂修崇庭宇。武德三年，枯桧再生，其年卿云现于其上。上元元年，枯桧树于木枝上有朱书乾元亨利贞字，重重分明。太极元年，卿云现于其上。天宝七年，凤凰集于虚无堂上。宝应元年，有紫云属天，神光夜照。明日，龙见九井之上。大历三年，卿云现于宫上，甘露降于桧树。会昌二年，甘露降于庭树"。不胜全举。

二、创造天地

杜光庭指出，太上老君作为大道的化身，乃是天地之根本，万

---

[1] 杜光庭：《道德真经广圣义》，见《老子集成》第二卷，第14页。

物莫不由之而生成。他说："立乎不疾之途，游于无待之场，御空洞以升降，乘阴阳以陶埏。分布清浊，开辟乾坤，悬三光育群品，天地得之以分判，日月因之以运行，四时得之以代谢，五行得之以相生。"作为宇宙万物的最高主宰，老君首先创造了三十六天，他"于九万九千九百九十九亿万气之初，运玄元始三气而为天，上为三清三境。即始气为玉清境，元气为上清境，玄气为太清境是也。又以三清之气，各生三气三境，合生九气，为九天。……此之九天各生三气，气为一天，合二十七天。通此九天为三十六天"。诸天既分，又以三十六天淬阴之气，下为三十六位；每天立一天帝，每地立一地皇，七十二君同禀命于老君，而"日月分精，玄照其间，则天文地理、六甲五行、阴阳变化，皆老君运玄妙之机，生之成之，行之化之矣。故曰道者万物之宗元，天得以清，地得以宁，物得以生，神得以灵，海岳得之以安镇，王侯得之以太平，道士得之以神仙，枯朽得之以发荣也"。总而言之，"太上老君乃阴阳之主首，万神之帝君，元气之父母，天地之本根，先王之师匠，品物之魂魄。陶冶虚无，造化应因，衿带八极，载地悬天，游驰日月，运走星辰，呼吸六甲，咤御乾坤，改易四时，推移寒温，驱使风雨，奋鼓雷云，分别玄黄，历数虚盈，君臣父子，礼义备矣。是知阴阳虽广，天地虽大，非道气所育，大圣所运，无由生化成立矣"。①

三、代为国师

葛玄在《老子序诀》中即已讲到，老君"开辟以前，复下为国师，代代不休"，杜光庭则继续发挥，指出："老君极圣洞真，总领万化。化随方出，降德屈身。自亿劫之初至混沌之始，历羲娲一十八氏、三纪、五十八统、一百八十九代，代为国师。及神农之后，或为国主，或为师君，或为宾友，或为人臣，乃有郁华、录图等号，以道德妙旨更相发明。"②

---

① 杜光庭：《道德真经广圣义》，见《老子集成》第二卷，第11—12页。
② 杜光庭：《道德真经广圣义》，见《老子集成》第二卷，第13页。

由于老君神通广大，所以能够随机变化，在不同的时代以不同的面貌出现，"分形应感，无量无边"。《道德真经广圣义·释老君事迹氏族降生年代》指出：

上三皇时，人尚淳朴。以龙汉元年号玄中法师，以上清圣教一十二部大乘之道，开度人天也。

中三皇时，老君以赤明元年号有古先生，降《灵宝真经》一十二部中乘之法，开化一切，救度兆人也。

下三皇时，人心朴散。老君以开皇元年号金阙帝君，出《洞神经》一十二部小乘之法，开度万品也。

伏羲之时，人已浇漓，未有法度。老君以清浊元年号郁华子，下为师，说《元阳经》，教伏羲画八卦，以通神明之德，以类万物之情。

神农之时，人食禽兽，茹毛饮血。老君以清汉元年号大成子，下为师，说《太上元精经》，教以化生之道，播百谷以代烹杀，和百药以救百病。

祝融之时，人食生冷，未知火食。老君以天汉元年号广寿子，下为师，说《按摩通精经》，教陶铸为器，以变生冷，人保其寿焉。

自下三皇以后，伏羲以前，未有典礼，鸟兽同群。老君以道开化渐渐生心，辩形食味，参以五行，广施经法，劝化兆人矣。

自伏羲之后，老君示以世法，制礼乐以叙尊卑，造衣章以明贵贱，作宫室以代巢穴，为舟车以济不通，置棺椁以代衣薪，造弧矢以威不顺，立刑狱以戒凶暴，造书契以代结绳。

黄帝时，老君号广成子，居崆峒山。黄帝诣而师之，为说《道戒经》。教以理身之道。黄帝修之，白日升天。

颛顼时，老君下为师，号赤精子，居衡山。授帝《微言经》，教以忠顺之道。

帝喾时，老君下为师，号录图子，居江滨，授帝《黄庭经》，教以清和之道。

唐尧时，老君下为师，号务成子，居姑射山，授帝《政事离合经》，教以廉谨之道。

帝舜时，老君下为师，号尹寿子，居河阳，授舜《道德经》，说孝悌之道。

夏禹时，老君下为师，号真行子，居商山，授禹《戒德经》，说勤俭之道。又授灵宝五符，檄召神鬼，浚九江，通河海，决百川矣。

殷汤时，老君下为师，号锡则子，居潘山，授《长生经》，说恭爱之道。

神化老子为太上老君，乃道门弘宗演教之必需，而杜光庭对老君事迹的叙述，可谓集历代神化之大成。由于杜光庭的努力，太上老君的神化达到了空前的高度。

第二节　老学简史与《老子》大意

一、老学简史

对唐代以前各家《老子》注疏情况进行比较全面的清理，这是杜光庭在老学史上的一个重要贡献。杜氏在《道德真经广圣义序》中列举了汉唐以来《老子》注疏六十余家，它们是：

《节解》上下（老君与尹喜解）、《内解》上下（尹喜以内修之旨解注）、《想尔》二卷（三天法师张道陵所注）、河上公《章句》（汉文帝时降居陕州河滨，今有庙见存）、严君平《指归》十四卷（汉成帝时蜀人，名遵）、山阳王弼注（字辅嗣，魏时为尚书郎）、南阳何晏（字平叔，魏驸马都尉）、河南郭象（字子玄，向秀弟子，魏晋时人）、颍川钟会（字士季，魏明帝时人）、隐士孙登（字公和，魏文明二帝时人）、晋仆射太山羊祜（字叔子，注为四卷）、沙门罗什（本西胡人，符坚时自玉门关入中国，注二卷）、沙门图澄（后赵时西国胡僧也，注上下二卷）、沙门僧肇（晋时人，注四卷）、梁隐居陶弘景（武帝时人，贞白先生，注四卷）、范阳卢裕（后魏国子博士，一名白头翁，注二卷）、草莱臣刘仁会（后魏伊州梁县人，注二卷）、吴郡征士顾欢（字景怡，南齐博士，注四卷），松灵仙人（隐青溪山，无名氏年代）、晋人河东裴楚恩（注二卷）、秦人京兆杜弼（注二卷）、宋人河南张凭（字长宗，明帝太常博士，注四卷）、梁武帝萧衍（注《道德经》四卷，证以因果为义）、梁简文帝萧纲（作道德述义十卷）、清河张嗣（注四卷，不知年代）、梁道士臧玄静（字道宗，作疏四卷）、梁道士孟安排（号大孟，作经义二卷）、梁道士孟智周（号小孟，注五卷）、梁道士窦略（注四卷，与武帝、罗什所宗无异）、陈道士诸糅（作玄览六卷）、隋道士刘进喜（作疏六卷），隋道士李播（注上下二卷）、唐太史令傅奕（注二卷，并作音义）、唐嵩山道士魏征（作要义五卷，为太宗丞相）、法师宋文明（作义泉五卷）、仙人胡超（作义疏十卷，西山得道）、道士安丘（作指归五卷）、道士尹文操（作简要义五卷）、法师韦节（字处玄，注兼义四卷）、道士王玄辩（作河上公释义一十卷），谏议大夫肃明观主尹愔（作新义十五卷）、道士徐邈（注四卷）、直翰林道士何思远（作旨趣二卷、玄示八卷）、衡岳道士薛季昌（作金绳一十卷、事数一卷）、洪源先生王鞊（注二卷，玄珠三卷，口诀二卷）、法师赵坚（作讲疏六卷）、太子司议郎杨上善（高宗时人，作《道德集注真言》二十卷）、吏部侍郎贾至（作述义十一卷，金钮一卷）、道士车弼（作疏七卷）、任真子李荣（注上下二卷）、成都道士黎元兴（作注义四卷）、太原少尹王光庭（作契源注二卷）、道士张惠超（作志玄疏四卷）、龚法师（作集解四卷）、通义郡道士任太玄（注二卷）、道士冲虚先生殿中监申甫（作疏五卷）、岷山道士张君相（作集解四卷）、道士成玄英（作讲疏六卷）、汉州刺史王真（作论兵述义上下二卷）、道士符少明（作道谱第二卷）、玄宗皇帝所注《道德》上下二卷（讲疏六卷）。①

这是十分珍贵的老学文献资料。汉唐老学发展的大致情况从这一老学目录中得以反映出来。试比较《隋书·经籍志》著录的《老子》类著述：

河上公《老子注》二卷，王弼《老子注》二卷，钟会《老子注》二卷，孙登《老子注》二卷、《音》一卷，刘仲融《老子注》二卷，卢景裕《老子道德经》二卷，李轨《老子音》一卷，梁旷《老子》四卷，严遵《老子指归》十一卷，毌丘望之《老子指趣》三卷，顾欢《老子义纲》一卷、《老子义疏》一卷，孟智周《老子义疏》五卷，韦处玄《老子义疏》四卷，梁武帝《老子讲疏》六卷，戴诜《老子义疏》九卷，《老子节解》二卷，《老子章门》一卷。

此外，《隋书·经籍志》还著录了一批明确注明当时已亡佚的《老子》类著述书目：

河上丈人《老子注》二卷，毌丘望之《老子注》二卷，严遵《老子注》二卷，虞翻《老子注》二卷，张嗣《老子注》二卷，蜀才《老子注》二卷，羊祜《老子解》二卷、王尚《老子注》二卷，程韶《老子集解》二卷，邯郸氏《老子注》二卷，常氏《老子传》二卷，孟氏《老子注》二卷，盈氏《老子注》二卷，巨生《老子解》二卷，袁真《老子注》二卷，张凭《老子注》二卷，释惠琳《老子注》二卷，惠严《老子注》二卷，王玄载《老子注》，戴逵《老子音》一卷，何晏《老子道德论》

---

① 杜光庭：《道德真经广圣义》，见《老子集成》第二卷，第2—3页。

二卷，葛仙公《老子序次》一卷，何、王等著《老子杂论》一卷，梁简文帝《老子私记》十卷，韩壮《老子玄示》一卷，刘遗民《老子玄谱》一卷，宗塞《老子玄机》三卷，山琮《老子幽易》五卷、《老子志》一卷，释慧观《老子义疏》一卷。

隋志的著录很不全面，其中战国河上丈人《老子注》更是可疑。《旧唐书·经籍志》著录的《老子》类著述亦不全面，相对来说，《新唐书·艺文志》著录的《老子》类著述较多：

> 河上公注《老子道德经》二卷，王弼注《新记玄言道德》二卷、又《老子指例略》二卷，蜀才注《老子》二卷，钟会《注》二卷，羊祜《注》二卷、又《解释》四卷，孙登注《老子》二卷，王尚《注》二卷，袁真《注》二卷，张凭《注》二卷，刘仲融《注》二卷，陶弘景《注》四卷，树钟山《注》二卷，李允愿《注》二卷，陈嗣古《注》二卷，僧惠琳《注》二卷，惠严《注》二卷，鸠摩罗什《注》二卷，义盈《注》二卷，程韶《集注》二卷，任真子《集解》四卷，张道相《集注》四卷，卢景裕、梁旷等《注》二卷，安丘望之《老子章句》二卷、又《道德经指趣》三卷，王肃《玄言新记道德》二卷，梁旷《道德经品》四卷，严遵《指归》十四卷，何晏《讲疏》四卷、又《道德问》二卷，梁武帝《讲疏》四卷、又《讲疏》六卷，顾欢《道德经义疏》四卷、又《义疏治纲》一卷，孟智周《义疏》五卷，戴诜《义疏》六卷，葛洪《老子道德经序诀》二卷，韩庄《玄旨》八卷，刘遗民《玄谱》一卷，《节解》二卷，《章门》一卷，李轨《老子音》一卷，冯廓《老子指归》十三卷，傅弈注《老子》二卷，杨上善注《老子道德经》二卷，《老子指略论》二卷（太子文学），辟闾仁谞注《老子》二卷（圣历司礼博士），贾大隐《老子述义》十卷，玄宗注《道德经》二卷、又《疏》八卷（天宝中加号《玄通道德经》，世不称之），卢藏用注《老子》二卷，邢南和注《老子》（开元二十一年上），冯朝隐注

《老子》，白履忠注《老子》，李播注《老子》，尹知章注《老子》，傅弈《老子音义》（并卷亡），陆德明《老子疏》十五卷，陈庭玉《老子疏》（开元二十年上，授校书郎，卷亡），陆希声《道德经传》四卷，吴善经注《道德经》二卷（贞元中人），杨上善《道德经三略论》三卷，道士成玄英注《老子道德经》二卷、又《开题序诀义疏》七卷，孙思邈注《老子》（卷亡），道士李含光《老子庄子周易学记》三卷、又《义略》三卷，玄景先生《老子道德简要义》五卷，梁简文帝《老子私记》十卷，戴诜《老子西升经义》一卷，韦处玄集解《老子西升经》二卷。

与《旧唐书·经籍志》相比，《新唐书·艺文志》增加了近20种书目，尤其增加了唐代的老学书目，不过两志的记载都比较杂乱，都存在一些讹误，如杨上善《道德经三略论》应为《道德经略论》，且不知与《老子指略论》是否为同一部书。《新唐书·艺文志》著录的书目虽然多于《旧唐书·经籍志》，但同样不够全面，例如唐代李约《道德真经新注》、王真《道德经论兵要义述》、杜光庭《道德真经广圣义》等重要著作均未收入。与隋唐书志的记载相比，杜光庭所录《老子》书目具有自己明显的特点：其一，基本上按照时间顺序排列。整个书目大致按照汉魏六朝隋唐的时间线索排序，仅个别例子不符，如把梁朝道士宋文明后置于唐代，[①] 把晋代的孙登误为魏代的孙登。[②] 这样的安排显然有别于隋唐志的随意罗列，从中可以窥见不同时代的注《老》情况，也勾勒出了汉魏六朝隋唐老学发展的大致线索。其二，记录更加全面。书目自然不可能包括所有的老学著作，也有遗漏，但相对于隋唐志来说则全面一些。例如书目中载有张道

---

① 严灵峰以为宋文明为唐人，乃误。据《太平御览》卷六六六《道部》引唐代尹文操《老氏圣纪》："宋文同字文明，吴郡人也。梁简文时，文明以道家诸经莫不敷释，撰《灵宝经义疏》，题曰谓之'通门'。又作大义，名曰'义渊。'"杜光庭所列《老子》书目中有法师宋文明"作义泉五卷"，"义泉"即"义渊"，唐人避讳改"渊"为"泉"。

② 此点蒙文通已有辨正。参蒙文通：《道教史琐谈》，见《古学甄微》，第323页。

陵《老子想尔注》，该书隋唐志均未著录，但敦煌本《想尔注》的发现，证明杜光庭所记不虚。同样，僧肇《老子注》四卷亦不见于隋唐志，但载于杜氏这个书目，并见于金代赵秉文《道德真经集解》、元代刘惟永《道德真经集义》所征引，那么僧肇注《老》的可信度还是很高的。其三，具有鲜明的道教特色。杜光庭列举的《老子》书目，与隋唐志相比，增加了不少道士的解《老》著作，这既反映了当时老学发展的实际情况，尤其是唐代注《老》者以道士为主这一事实得到了体现，当然也有杜氏的道教立场。如孙亦平指出，杜光庭所记载的六十多家《老子》注者，其中三分之二是道士，"这说明，推动汉唐老学思想发展的主力是道教学者。道教学者对老子之道进行宗教性诠释以作为道教信仰的理论依据无疑成为汉唐老学思想发展之主脉"。而从注解的特点来看，"吸取道家、玄学、儒学、佛教等思想来诠释《道德经》已构成了汉唐老学思想发展的一种学术特色"。① 这些分析颇有道理，特别是关于道教老学在汉唐老学发展史上占着主流地位的观点，笔者表示赞同。

二、解《老》宗趣

杜光庭在梳理历代解《老》著作的同时还指出，诸家注《老》的内容与宗旨是各有分别的，他说：

> 《道德》尊经，包含众义，指归意趣，随有君宗。河上公、严君平皆明理国之道，松灵仙人、魏代孙登、梁朝陶隐居、南齐顾欢皆明理身之道。符坚时罗什、后赵图澄、梁武帝、梁道士窦略，皆明事理因果之道。梁朝道士孟智周、臧玄静、陈朝道士诸糅、隋朝道士刘进喜、唐朝道士成玄英、蔡子晃、黄玄赜、李荣、车玄弼、张惠超、黎元兴，皆明重玄之道。何晏、钟会、杜元凯、王辅嗣、张嗣、羊祜、卢氏、刘仁会，皆明虚

---

① 孙亦平：《杜光庭思想与唐宋道教的转型》，南京大学出版社 2004 年版，第 101、102 页。

极无为理家理国之道。此明注解之人意不同也。又诸家禀学立宗不同，严君平以虚玄为宗，顾欢以无为为宗，孟智周、臧玄静以道德为宗，梁武帝以非有非无为宗，孙登以重玄为宗。宗旨之中，孙氏为妙矣。①

这里，杜光庭确实指出了老学发展史上一个十分重要的现象，即不同时代、不同的学者解《老》，都有自己的见解和宗旨，这实际上是老学发展的一个普遍规律。初唐道士赵志坚已注意到历代《老子》注家的宗旨各不相同，并加以总结："诸家注解，多依事物，以文属身，则《节解》之意也。飞炼上药，《丹经》之祖也。远说虚无，王弼之类也。以事明理，孙登之辈也。存诸法象，阴阳之流也。安存戒亡，韩非之喻也。溺心灭质，严遵之博也。加文取悟，儒学之宗也。"② 成玄英也言："古今注疏，玄情各别。而严均平《旨归》以玄虚为宗，顾征君《堂诰》以无为为宗，孟智周、臧玄静以道德为宗，梁武帝以非有非无为宗，晋世孙登云托重玄以寄宗。虽复众家不同，今以孙氏为正，宜以重玄为宗，无为为体。"③ 杜光庭在赵志坚、成玄英的基础上进行了更加细致全面的总结，按照内容与宗旨，把诸家《老子》注解各分为五类。值得注意的是，在杜光庭两种不同标准的分类中，只有重玄一类是重复的，由此可见杜光庭对重玄学的重视。在各种解《老》宗旨中，杜光庭与成玄英一样推崇孙登的"以重玄为宗"，这也表明了他自己解《老》的立场，《道德真经广圣义》堪称唐代道教重玄学的一次全面总结。

三、《老子》大意

由于杜光庭十分注意各家解《老》之意趣旨归，故他研究《老子》时，首先亦标明了《老子》之宗意，他在《道德真经广圣义·

---

① 杜光庭：《道德真经广圣义》，见《老子集成》第二卷，第35页。
② 赵志坚：《道德真经疏义》，见《老子集成》第一卷，第415页。
③ 成玄英：《老子道德经开题序诀义疏》，见《老子集成》第一卷，第285页。

叙经大意解疏序引》中共列出了三十八条：

> 第一，教以无为理国；第二，教以修道于天下；第三，教以道理国；第四，教以无事法天；第五，教不以尊高轻天下；第六，教不尚贤、不贵实；第七，教化人以无事无欲；第八，教以等观庶物，不滞功名；第九，教以无执无滞；第十，教以谦下为基；第十一，教诸侯以正理国；第十二，教诸侯政无苛暴；第十三，教诸侯以道佐天子，不尚武功；第十四，教诸侯守道化人；第十五，教诸侯不玩兵黩武；第十六，教诸侯不尚淫奢，轻徭薄赋，以养于人；第十七，教诸侯权器不可以示人；第十八，教以理国、修身、尊行三宝；第十九，教人修身，曲己则全，守柔则胜；第二十，教人理身，无为无欲；第二十一，教人理身保道，养气以全其生；第二十二，教人理身，崇善去恶；第二十三，教人理身，积德为本；第二十四，教人理身，勤志于道；第二十五，教人理身，忘弃功名，不耽俗学；第二十六，教人理身，不贪世利；第二十七，教人理身，外绝浮竞，不炫己能；第二十八，教人理身，不务荣宠；第二十九，教人理身，寡知慎言；第三十，教出家之人，道与俗反；第三十一，教人出家，养神则不死；第三十二，教人体命，善寿不亡；第三十三，教人修身，外身而无为；第三十四，教人理心，虚心而会道；第三十五，教人处世，和光于物；第三十六，教人理身，绝除嗜欲，畏慎谦光；第三十七，教人哀多益寡；第三十八，教人体道修身，必获其报。

以上三十八条，反映出了杜光庭所总结的《老子》大意。据他前引葛玄之语："《道德经》者，乃天地之至妙，有天道焉，有人道焉，有神道焉。大无不包，细无不入。"[①] 这说明道教学者所理解的《老子》，包括天道、神道、人道三大部分，杜光庭也不例外。不过，杜

---

① 杜光庭：《道德真经广圣义》，见《老子集成》第二卷，第 7 页。

光庭解《老》，只是在开篇的时候大力神化老子，到标举《老子》大意，以及具体诠释老子思想时，则很少涉及天道、神道，重点讲的是理身理国之道，即人道。这一方面说明杜光庭的老学思想充满了对现实的关怀，同时也反映出重玄学发展到唐代末年，其旨趣已发生了变化。

第三节　对重玄学的总结

杜光庭作为唐末著名的重玄学者，其老学著作《道德真经广圣义》，虽以唐玄宗的注疏为基础，但实际上阐发的主要是杜光庭自己的老学思想。关于此书的历史地位，卿希泰主编的《中国道教史》指出："杜光庭的《道德真经广圣义》，是诸家注解《道德经》的历史性总结和发展，把《道德经》的研究推上了一个新阶段，成为道教理论建设上一部承前启后的巨作，在道教思想发展史上有着重要地位。"① 孙亦平所著《杜光庭思想与唐宋道教的转型》亦认为："杜光庭以唐玄宗《道德经》注疏为文本而总结前人的注《老》思想，在汇集、评判各种老学思想的基础上别立新解，使《道德真经广圣义》成为唐代老学思想的集大成著作。"②《道德真经广圣义》确实具有"集大成"的性质，其重要表现就是对六朝以来重玄学的发展进行了较全面的总结。

一、道之三义

杜光庭在《道德真经广圣义·释疏题明道德义》中指出：

> 道有三义：一理也，二导也，三通也。理者，理实虚无，

---

① 卿希泰主编：《中国道教史》，四川人民出版社1996年版，第439页。
② 孙亦平：《杜光庭思想与唐宋道教的转型》，第111页。

以明善恶。导者，导执令忘，引凡入圣。通者，通生万法，变通无壅。

道之三义，本出于《道教义枢》，① 但杜光庭做了进一步的发挥。

先看道的第一义。将道释为"理"，正是重玄学者解《老》的重要特点，如成玄英曰："道者，虚通之妙理"，李荣曰"至理唯一"，杜光庭同样用"理"来阐释道的本体意义。他说："所谓理者，理实虚无，言一切皆无，故云道在一切。有解云理者，兼通善恶。善道亦名道，恶道亦名道，善恶性空，不乖此义。但恶道称道，其意不然，正以徒类称道，非关就理为释。"② 由于理从本质上说就是虚无，故能超越一切，包括对善恶的分别，理实虚无，也即是说道体虚无，对此，杜光庭解释云：

> 道是不无之无，既能理有，亦能理无。惑者谓玉貌金容，道为实有。今明道是虚无，此即理于有惑。河上公云：道者，空也。王辅嗣云：道者，无之谓也。惑者或谓常道乃至上德，实是虚无。今明是以有德，此则除其无病，故《经》云杳冥中有精，此是一往相翻，闻名遣病。及其进悟，义则更深。明道之为无，亦无此无，德之为有，亦无此有。斯则无有无无，执病都尽，乃契重玄，方为双绝。③

欲契重玄之道，不能执有，亦不能执无，必须通过"双非双遣"的中观方法，将一切执着之病除尽。所以杜光庭又说：

> 夫摄迹忘名，已得其妙，于妙恐滞，故复忘之，是本迹俱忘。又忘此忘，吻合乎道。有欲既遣，无欲亦忘，不滞有无，

---

① 《道教义枢·道德义》提出"道德六义"：道者，理也，通也，导也。德者，得也，成也，不丧也。
② 杜光庭：《道德真经广圣义》，见《老子集成》第二卷，第31—32页。
③ 杜光庭：《道德真经广圣义》，见《老子集成》第二卷，第33页。

不执中道，是契都忘之者尔。①

杜氏此注进一步申述了重玄旨趣，虽借中道的方法破除执着，同时不能执于中道，这才是虚无之理，也即重玄之道。

关于道的第二义，即导也。杜光庭进一步解释说："所谓导者，导执令忘，引凡入圣。《自然经》云：导末归本。本即真性，末即妄情也。"② 可以看出，导应该从心性论的角度来理解，即引导回归本来真性。杜光庭发挥"玄之又玄，众妙之门"义曰：

> 万物自有而终，归于无也。夫以玄源澄寂，妙本杳冥，非言象可求。非无有可质，固亦讨论理绝，拟议道穷，而设教引凡，示兹阶级。然在于冥心感契，渐顿随机，不可滞教执文，拘于学相。澡心浴德之士，勖乎勉哉。③

既以"理"追求虚无之本体，又以"导"引导修道者不要执于现象，而要"冥心感契"，回归本性，这一注解充分反映了重玄学将本体论与心性论结合在一起的宗旨。

道的第三义是通。杜光庭解释说："道之言通，通无所通而无所不通，德之言得，得无所得而无所不得。故能忘己忘功，生物成物。"④ 将道释为"通"，强调道虚通无执的特点，这是重玄学者解《老》的共同看法。成玄英、李荣等人莫不如此。杜光庭则进一步加以强调：

> 道，通也。通以一气生化万物，以生物故，故谓万物之母。⑤

---

① 杜光庭：《道德真经广圣义》，见《老子集成》第二卷，第39页。
② 杜光庭：《道德真经广圣义》，见《老子集成》第二卷，第32页。
③ 杜光庭：《道德真经广圣义》，见《老子集成》第二卷，第39页。
④ 杜光庭：《道德真经广圣义》，见《老子集成》第二卷，第32页。
⑤ 杜光庭：《道德真经广圣义》，见《老子集成》第二卷，第29页。

夫其道也，极虚通之妙致，穷化济之神功，理贯生成，义该因果。纵之于己则物我兼忘，荡之于怀则有无双绝。①

天下之至通者，道也。滞于一方者，天地也。……唯大道能覆载照临，能生成长育，能寒暑散润，能阴能阳，能柔能刚，能今能古，能圆能方，能清能浊，能短能长，无不可也，无不能也，故用无定方。虽名曰大，而不拘于大，此可谓天下之至通乎。②

由于道体虚通，所以能够生育万物，而有滞碍之物，包括天地，是不能成为宇宙万物之本体的。

杜光庭指出，道作为宇宙万物之本体，它是先于宇宙万物而存在的，他发挥《老子》第二十五章"有物混成，先天地生"之义说：

道之起也，无宗无祖，无名无形，冲而用之，渐彰于有。其初也示若无状之状，无象之象，无物之物，无名之名。天地未立，阴阳未分，清浊未判，混沌圆通，含众象于内而未明，藏万化于中而未布，不可以名诘，不可以象言。③

正因为道无所不在，又无所不包，具有无限"圆通"之性状，故能成为宇宙万物之本体。那么，道又怎样化生万物呢？杜光庭强调了气的作用：

道以无形无名、不无不有、自然妙化而生乎一。一者，道之子也。天得以清，地得以宁，人得以长存，万物得以生。故此妙一修道者守之，抱之存之，得之以为证道之根矣。所言一者，即前始气为天也。一生二者，即玄气为地也。二生三者，

① 杜光庭：《道德真经广圣义》，见《老子集成》第二卷，第31页。
② 杜光庭：《道德真经广圣义》，见《老子集成》第二卷，第115—116页。
③ 杜光庭：《道德真经广圣义》，见《老子集成》第二卷，第113页。

即元气为人也。所以冲和妙气生化二仪，凝阴阳之华，成清浊
之体。然后人伦毕备，品物无遗，四序调平，五行运象。①

这是对《老子》第四十二章"道生一，一生二，二生三"的发挥。
杜光庭将一解释为道之子，也就是气，而气分为阴阳，阴阳二气交
感即为冲和妙气，由此生化天地万物。杜光庭借《周易》"乾下坤上
为泰"之义指出，天地交而万物通，阳气在上而下感于阴，阴气在
下而上感于阳，二气交感而生万物，如果二气不变，天地隔塞，则
孤阴孤阳不能生化。杜光庭继续发挥曰：

> 万物之生也，道气生之，阴阳气长养之。一昼一夜，一阴
> 一阳，更相递代，养育万物。其大也，阴为寒，阳为暑。其细
> 也，阳为明，阴为晦。以寒暑明晦，昼夜长育，万物各成其形，
> 非妙道冲和之气无以生也。虽有寒暑而无道气者，亦殂落矣。
> 二气更为内外，故万物负之抱之，不可离矣。②

这里杜光庭用到"道气"的概念，这是对气的生成作用的进一步强
调。而道、气连称，是杜光庭有意为之，如他说："混元以其气道化
生，分布形兆，乃为天地。而道气在天地之前，天地生道气之后。"③
道气的结合，可看出重玄学者在宇宙本体论方面的理论贡献。诚如
有学者所指出的那样，以道通气，道气既是虚，又是实，虚实通变
无方，圆融不碍，因而道气命题最终符合重玄精神。④
　　杜光庭继而论证，人的生成亦是由于道气的作用，即"人之禀
生，本乎道气"⑤。具体来说：

---

① 杜光庭：《道德真经广圣义》，见《老子集成》第二卷，第185页。
② 杜光庭：《道德真经广圣义》，见《老子集成》第二卷，第185页。
③ 杜光庭：《道德真经广圣义》，见《老子集成》第二卷，第28页。
④ 李大华等：《隋唐道家与道教》，广东人民出版社2003年版，第549页。
⑤ 杜光庭：《道德真经广圣义》，见《老子集成》第二卷，第227页。

人之生也，道以元一之气降之，为精为神；天以太阳之气付之，为动为息；地以纯阴之气禀之，为形为质。《生神经》曰：人之既生，天神一万八千，地神一万八千，故三万六千神。气一时生形，夫向之者阳也，背之者阴也。故曰负阴而抱阳。至矣哉，人生天地之间，惊天骇地，三元育养，九气结形，万神恭诺，司马敬顺，天真鉴映，擢形太阳亦不轻也。但人得生，而自不能尊其气，贵其形，保其命，爱其神，自取死坏，离其本真，岂不痛哉？①

杜光庭赞叹了人在天地之间的伟大，同时提醒爱气养神的重要性。气不仅有关人的生命，而且与人性的善恶亦有关联，杜光庭发挥《老子》第三章"不贵难得之货，使民不为盗"之义曰：

人之生也，禀天地之灵，得清明冲朗之气为圣为贤，得浊滞烦昧之气为愚为贱。圣贤则神智广博，愚昧则性识昏蒙。由是有性分之不同也。老君谓孔子说：易之生人，及万物鸟兽昆虫，各有奇偶，谓气不同。而凡人莫知其情，唯达道德者能原其本焉。文子云：清气为天，浊气为地，和气为人。于和气之间有明有暗，故有贤有愚。愚欲希贤，即越分矣。暗欲代明，即妄求矣。②

用气的清浊来说明人的贤愚之别，这是道家的传统，早在《文子》书中即有类似看法，杜光庭则在《文子》的基础上讲得更加具体深入了。

二、关于心性

成玄英、李荣重玄学思想的一个共同特点，就是将本体论与心

---

① 杜光庭：《道德真经广圣义》，见《老子集成》第二卷，第185—186页。
② 杜光庭：《道德真经广圣义》，见《老子集成》第二卷，第47—48页。

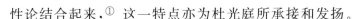

性论结合起来，^① 这一特点亦为杜光庭所承接和发扬。

唐玄宗《御疏》提出了一个重要的观点："法性清净，是曰重玄。"^② 这是将重玄学的旨趣落实到个人的具体修养中。杜光庭则进一步发挥说：

> 法性清净，本合于道。道分元气而生于人，灵府智性元本清净，既生之后，有诸染欲渎乱其真，故去道日远矣。善修行之人，闭其六欲，息其五情，除诸见法，灭诸有相，内虚灵台，而索其真性，复归元本，则清净矣。虽约教法三乘之行，修复其性，于法不住，行相之中，亦不滞著，次来者修，次修者灭，灭空离有，等一清净，故无心迹可得而见。于内曰心，心既寂矣，于外曰境，境亦忘之。所以心寂境忘，两途不滞。既于心而悟，非假远求，无车辙之迹出于四外矣。^③

人禀元气而生成，本性自然清净，换言之，清净之性是道在个体身上的呈现。但是，由于后天环境的影响，人的本性受到污染与破坏，故离道日远。怎么办呢？杜光庭提出了"返性归元"亦即"索其真性，复归元本"的主张。对此，他继续论述说：

> 自道所禀谓之性，性之所迁谓之情。人能摄情断念，返性归元，即为至德之士矣。至德之本即妙道也，故言修性返德，自有归无。情之所迁者有也，摄情归本者无也。既能断彼妄情，返于正性。正性全德，德为道阶，此乃还冥至道也。^④

道在人身上的体现就是性，并且是"正性"，这是与成玄英、唐玄宗等同样的看法。所谓返性归元，即是指抵御外物的影响，克制内心

---

① 可参见刘固盛《道教老学史》第三章的具体论述。
② 唐玄宗：《唐玄宗御制道德真经疏》，见《老子集成》第一卷，第472页。
③ 杜光庭：《道德真经广圣义》，见《老子集成》第二卷，第122页。
④ 杜光庭：《道德真经广圣义》，见《老子集成》第二卷，第103页。

的欲念，达到清净无染、虚空不滞的修养境界。而在这一修养的过程之中，杜光庭更加突出了"治心"的重要作用：

> 理身者以心为帝王，藏府为诸侯。若安静心王，抱守真道，则天地元精之气纳化身中，为玉浆甘露，三一之神与己饮之，混合相守，内外均和，不烦吐纳存修，各处玉堂琼室，阴阳三万六千神，森然备足，栖止不散，则身无危殆之祸，命无殂落之期，超登上清，泛然若川谷之赴海，而无滞著也。①
>
> 心之惠照，无不周遍。因境则知生，无境则知灭，所以役心用智者，因境而起也。境正则心与知皆正，境邪则心与知皆邪。苦乐死生吉凶善恶，皆由于此也。故心者入虚室则欲心生，入清庙则敬心生。万境所牵，心随境散。善之与恶，得不戒而慎之乎？②

"理身者以心为帝王"，反映出杜光庭对心的高度重视。心的本身活动以及与外界的互相交感，使心产生各种意念而使人流于恶，所谓"内心悦慕谓之爱，外境著心谓之染，因境生心谓之欲，制止不已谓之奔，意想交侵谓之竞"③，以致正性流散，随念生邪。因此，习道之人自然把修心视为第一要务，通过种种修养方法，使心归于寂静，境亦忘之，所谓"心寂境忘，两途不滞"④。又如以下论述：

> 惟道集虚，虚心则道集于怀也。道集于怀则神与化游，心与天通，万物自化于下，圣人自安于上，可谓至理之代矣。虚室生白者，《庄子·人间世篇》之词也。室者，心也。视有若无，即虚心也，心之虚矣，纯白自生。纯白者，大通明白之貌也。《内观经》云：夫心者，非青非赤，非白非黄，非长非短，

---

① 杜光庭：《道德真经广圣义》，见《老子集成》第二卷，第 147 页。
② 杜光庭：《道德真经广圣义》，见《老子集成》第二卷，第 147 页。
③ 杜光庭：《道德真经广圣义》，见《老子集成》第二卷，第 83 页。
④ 杜光庭：《道德真经广圣义》，见《老子集成》第二卷，第 122 页。

非圆非方，大包天地，细入毫芒，制之则止，放之则狂，清净则生，浊躁则亡，明照八表，暗迷一方。人之难伏，唯在于心，所以教人修道，即修心也，教人修心，即修道也。心不可息，念道以息之；心不可见，因道以明之。善恶二趣，一切世法，因心而灭，因心而生。习道之士，灭心则契道。世俗之士，纵心而危身。心生则乱，心灭则理。所以天子制官僚，明法度，置刑赏，悬吉凶，以劝人者，皆为心之难理也。无心者，令不有也；定心者，令不惑也；息心者，令不为也；制心者，令不乱也；正心者，令不邪也；净心者，令不染也；虚心者，令不著也。明此七者，可与言道，可与言修其心矣。①

把修道与修心等同起来，这是六朝以来道教教义发展的一种趋势，如王卡指出："陶弘景最早明确提出修心即修道的观点，标志着道教的修持从炼形养生转向修心合道。稍后问世的《老君内观经》照单全收了他的说法。隋唐重玄家以人先天所具的清静心性为成道之本据，以道性迷染为众生妄执烦恼、轮回生死之因，以遣除妄执为得道成真之要途。……可见重玄学的道性论最终归结为心性修养。"②这是王卡的一个很重要见解，杜光庭上述注文也证明了其见的精确。杜光庭引《内观经》之语，强调修道即修心，修心即修道，这表明他确已把道教修持的重点放到了修心上。心含万法，世间的一切都随心而生灭，因此，习道之士必须在心上大做文章。

那么，又该怎样修心呢？杜光庭提出了具体的办法：

修心之法，执之则滞著，忘之则失归宗，在于不执不忘，惟精惟一尔。心法之中，唯《定观经》得其旨矣。经曰：夫欲修道，先能舍事，外事都绝，无起于心，然后安坐，内观心起。若觉一念心起，即须除灭，随动随灭，务令安静，惟灭动心，

---

① 杜光庭：《道德真经广圣义》，见《老子集成》第二卷，第48—49页。
② 王卡：《道家与道教思想简史》，中州古籍出版社2019年版，第173页。

不灭照心。于此修之，务其长久。久而习之，则心有五时，身有七候。心五时者，第一时心动多静少，第二时心动静相半，第三时心静多动少，第四时心无事时静，事触还动，第五时心与道冥，触亦不动。心至于此，始得安乐，罪垢灭尽，无复烦恼。此五者于所修之中，即为行相。其七候者，即为修行所得之果身。七候者，心得定已觉无诸尘漏，举动顺时，容色和悦，一也。宿病普消，身心轻爽，二也。填补天损，回年复命，三也。延数千岁，名曰仙人，四也。炼形为气，名曰真人，五也。炼气成神，名曰神人，六也。炼神合道，名曰圣人，七也。圣人设教，本为众生，为其生死轮回，展转系缚，流浪恶趣，永失真常，故出我心以灭他心。上士若能法圣人之心，去住任运，不贪物色，不著有无，能灭动心，了契于道，既契道已，复忘照心，动照俱亡，然可谓长生久视、升玄之道尔。[1]

修心不仅要破除执着，而且还有其他讲究，即要注意所谓的"五时七候"，这是修道者的具体步骤。如果达到了"第五时"或者"第七候"，则能体悟"长生久视升玄之道"，成为炼气成神的圣人，到了此种境界，将"永超数运，无复变迁，以亿劫为斯须，以万天为指掌"[2]。但这一修炼得道的过程始终离不开心的修炼："道果所极，皆起于炼心。故《西升经》云：生我者神，杀我者心。以其心有人我，故形有生死。无心者可阶道矣。《灵宝经》云道为无心宗是也。"[3]

三、理身与理国

杜光庭解《老》，既继承和总结了六朝隋唐以来重玄学的理论成就，同时又有所变化，即相对前期来说，其现实政治关怀明显增强了，诚如何建明所指出的："唐前期盛行一时的道家重玄思辨哲学，

---

① 杜光庭：《道德真经广圣义》，见《老子集成》第二卷，第272页。
② 杜光庭：《道德真经广圣义》，见《老子集成》第二卷，第272页。
③ 杜光庭：《道德真经广圣义》，见《老子集成》第二卷，第272页。

经过唐玄宗导入政教合一之路，至晚唐五代，其思辨重玄色彩明显衰退，关怀理身理国的现实政治色彩十分浓厚。"①

从前面所列杜光庭关于《老子》的三十八条"大意"来看，直接讲到理身的占十四条，理国或"教诸侯"的占十条，其他各条也大都与理身理国相关，要言之，杜光庭认为《老子》之主旨即为理身理国。

道教本有身国同构的传统，主张治身犹如治国，杜光庭对此进行了充分的发挥，例如《老子》第三章"是以圣人之治"一语，唐玄宗疏云："圣人治国理身，以为教本。"杜光庭则广其义曰：

> 未闻身理而国不理者。夫一人之身，一国之象也。胸腹之位，犹宫室也，四肢之别，犹郊境也。骨节之分，犹百官也。神，犹君也，血，犹臣也，气，犹民也。知理身则知理国矣。爱其民，所以安国也。吝其气，所以全身也。民散则国亡，气竭则身死，亡者不可存，死者不可生。所以至人销未起之患，理未病之疾，气难养而易浊，民难聚而易散。理之于无事之前，勿追之于既逝之后。②

杜光庭继承了道教的传统，认为身国一体，理身即理国，但在具体阐述的过程中，又加入了自己的看法，如上引注文中强调理身理国贵在防病于未然。

在阐述理身理国之道时，杜光庭首先强调了无为清静的重要性。如下面的论述：

> 文子问老君曰：理国之本如何？老君曰：本在理身也。未闻身理而国乱，身乱而国理者。夫理国者静以修身，全以养生，则下不扰。下不扰则人不怨。为理之本，在于足用；足用之本，

---

① 何建明：《道家思想的历史转折》，第25页。
② 杜光庭：《道德真经广圣义》，见《老子集成》第二卷，第48页。

在于勿夺；勿夺之本，在于省事；省事之本，在于节用；节用之本，在于去就；去就之本，在于无为。夫天致其高，地致其厚，日月照，星辰期，阴阳和，非有为也。正其道而物自然化也。此乃绝矜尚，弃华薄，无为不言之旨也。①

无为的思想借老君与文子对话的形式表达出来，是为了增加其权威性。又如以下的"广圣义"：

重者，安静而合道。躁者，轻浮而丧真。举喻则花叶为轻，根蒂为重，花叶轻则易败，根蒂重则难伤。此比于行也。若夫重静于国则民安，重静于身则神泰。故政将乱也，积德以镇之。心将躁也，积和以制之。可谓得制轻持躁之术，无朵颐贪娈之诮。②

理国在于谦静，理身在于雌柔，万物顺从，众德归凑，则常享其祚，克全其身。婴儿者，未分善恶，未识是非，和气常全，泊然凝静，以喻有德之君、全道之士。其德若此，乃合道真。理身则神所归，理国则民交会之也。③

无为清静本是老子的根本思想，杜光庭抓住这一点大加发挥，可谓得老学要旨。

其次，杜光庭还注意把儒家思想纳入他的老学体系。

就儒道关系而言，初唐时期的重玄学对儒家存在批评的一面，如成玄英认为"夫仁义礼法约束其心者，非真性者也"④，"彼之仲尼，行于圣迹，所学奇谲怪异之事，唯求虚妄幻化之名。不知方外体道圣人，用此声教为己枷锁也"⑤，亦即说，儒学的礼教约束人的

---

① 杜光庭：《道德真经广圣义》，见《老子集成》第二卷，第 26 页。
② 杜光庭：《道德真经广圣义》，见《老子集成》第二卷，第 119 页。
③ 杜光庭：《道德真经广圣义》，见《老子集成》第二卷，第 128 页。
④ 郭庆藩撰，王孝鱼点校：《庄子集释》，第 455 页。
⑤ 郭庆藩撰，王孝鱼点校：《庄子集释》，第 205 页。

身心，为修道者所不取。但随着重玄学的发展，儒道关系亦在不断调整，所以唐玄宗解《老》时已体现出援儒入老的特色。陆希声则提出了"孔老之术不相悖"的主张，到杜光庭作《道德真经广圣义》时，更体现出了儒道合流的思想倾向。

老子思想中本来就蕴含有"君人南面之术"，但人君理身治国，自然也离不开儒家思想，因此，杜光庭的理身理国之道，自觉将儒家的有关内容援用过来。例如他广《老子》第二章"天下皆知美之为美，斯恶已。皆知善之为善，斯不善已"之义曰：

> 天下之人知道者稀，常俗者众；知修身者寡，徇物者多。皆知美善为是，而莫能为；皆知不善与恶为非，而莫能改。圣人叹之，故云恶已，不善已，夫载仁伏义，抱道守谦，忠孝君亲，友悌骨肉，乃美善之行也，皆知之矣，而不能为。反于此者乃不善之行也。①

认为儒家的仁义忠孝、君君亲亲之道皆为美善之行，这便是以道摄儒。又如广《老子》第二十七章"不善人，善人之资"之义云：

> 善人既以善行，能化不善之人，则不善之人景慕服从，为之使役。《论语》云有事弟子服其劳。先生者，父兄师长也。则弟子事师，服膺从教也。夫人之立身，有三尊焉。事父母以孝，事君以忠，事师以敬。身体发肤，父母生之也。道德礼乐，师以教之也。爵禄品位，君以荣之也。虽道在，即请学无常师，凡申请益之仪，便有在三之敬矣。②

对善的看法，儒道是有相通之处的，而杜光庭亦肯定了儒家忠孝恭敬的立身之道与礼乐教化原则，这些于理身理国无疑是有益的。

---

① 杜光庭：《道德真经广圣义》，见《老子集成》第二卷，第40页。
② 杜光庭：《道德真经广圣义》，见《老子集成》第二卷，第126页。

　　杜光庭不仅将儒道可通之处加以进一步融通，而且将儒道之间存在对立的思想因素亦设法加以沟通。典型的例子是对《老子》第三十八章"夫礼者，忠信之薄而乱之首"的解释：

　　　　乱者，理也。如周有乱臣乃理国之臣也。忠信既薄，上下离心，圣人设礼以教之，约法以检之，明尊卑上下以劝之，著降杀等伦以节之。虽忠衰信薄，人不敢为乱者，由行礼以理之矣。四者既失，而不以礼节之，则民无所措其手足矣。上文所谓曲为之防民，犹或逾之，斯礼所以救乱致理之大务也。《礼经》曰：安上理民莫善于礼，移风易俗莫善于乐。故王者功成作乐，理定制礼，各因时而垂教，历代以沿革，不可执古之道，守常不移矣。子曰：达于礼乐者，民之父母也。能达礼乐之原，以致五至而行三无，志气塞乎天地，礼乐通乎神明。所以乐云乐云，钟鼓云乎哉；礼云礼云，玉帛云乎哉？斯可以施及四海，以畜万邦，故礼之救乱致理，先王之所以急也。①

老子身为周王室史官，当然是懂礼的，但他是知礼而反礼，即对儒家之礼教是加以反对的。但杜光庭将老子思想进行了有意改造，其方法就是将"乱"释为"理"，这样，整个文句的意思就发生了根本的变化，按杜氏解释，忠信既薄，则需要礼加以教化与约束，因此，礼非但不是致社会动乱的祸首，反而是"救乱致理之大务"。经过杜光庭的改造，儒道两家学说得到了全面的沟通与融合。

　　从杜光庭老学体系中儒道融合趋势来看，重玄学经过杜光庭的总结，其现实政治关怀色彩确实明显增强，而这一点又直接影响到宋代道教老学的发展。

---

①　杜光庭：《道德真经广圣义》，见《老子集成》第二卷，第 166 页。

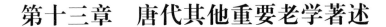

第十三章 唐代其他重要老学著述

　　唐玄宗之前的唐代老学著作，除了为时人所重的成玄英和李荣二注外，还有四部比较重要的，它们是陆德明的《老子音义》、傅奕的《道德经古本篇》、魏征的《老子治要》、敦煌残抄本署名颜师古的《玄言新记明老部》。唐玄宗以后成书的无名氏《道德真经次解》和强思齐编纂的《道德真经玄德纂疏》也颇有特点。

　　本章主要对署名颜师古的《玄言新记明老部》、无名氏所作《道德真经次解》以及强思齐的《道德真经玄德纂疏》略作分析。

第一节　《玄言新记明老部》

一、《玄言新记明老部》概况

　　《旧唐书·经籍志》著录"王弼《玄言新记道德》二卷"。敦煌抄本 P.2462《玄言新记明老部》（卷一、卷四和卷五称此名，故名《玄言新记明老部》，以下简称"《明老部》"），署名颜师古。日本学者斋藤智宽认为"没有材料能够证明颜氏和《玄言新记明老部》有关系，反而《汉书注》和《玄言新记明老部》之间有着明显的差异"，"颜师古不可能是该书的作者"。[1] 这一判断过于武断，国内已

---

① 斋藤智宽：《伯希和 2462〈玄言新记明老部〉初探——〈老子〉的义疏学》，收入台湾南华大学敦煌学研究中心编：《敦煌学》第 27 辑《柳存仁先生九十华诞祝寿专辑》，乐学书局有限公司 2008 年版，第 381—397 页。

有学者论证此书应为颜师古所作。①《明老部》以王弼《老子注》为底本，这可能是《旧唐书》误题王弼的缘由。

在该书正文卷一前，下接"太极隐诀"四字后有两行字，与正文字体大小一致："颜监注秘书监上护军琅玡县开国子颜仙字师古"，表明其作者是颜师古。颜师古曾担任过秘书监，官至上护军、琅玡县开国子，"颜监"即秘书监颜师古的简称。此书的成书时间难以断定，有学者根据唐代史料记载的颜师古获得上述职官的时间，推断《明老部》当撰成于颜师古最晚担任的职务秘书监之后，即贞观十六年（642）以后，下限则是贞观十九年（645）颜师古辞世。② 该书的作者是颜师古，我们认为是可信的。根据该书避讳和抄写缺笔，推论其抄写年代不晚于唐高宗。

《明老部》原书卷数，史无明载。敦煌 P.2462 抄本首尾皆残，现存经文五卷共 210 行，卷首为六朝时期流行的葛玄《老子道德经序诀》残本，起于"余富贵贫贱乎"，止于"无应仙之相好者不传也"，③ 下接"太极隐诀"四字，四字后是署名"颜监注"。

《明老部》正文残存五卷的情况如下，首卷前标"玄言新记明老部卷第一　秘书监上护军琅玡县开国子颜仙字师古"。五卷内容全部是《道德经》八十一章的分章解题，属于六朝隋唐时期流行的《道德经》开题体裁。第一卷至第五卷的内容分别涵盖的章数是：卷一：《道经》第一章至第十二章；卷二：第十三至第二十四章；卷三：第二十五至第三十七章；卷四：《德经》第一章至第十三章；卷五：尾残，第十四章至二十章（通行本第五十七章"以正治国"章）。卷四正文前有简短文字说明分篇意义，"分篇上下，法象天地"，"上篇卅七章总明常道，即以道为经初；此卷卅四章，通辨上德下德，亦以

---

① 参见李斌城：《敦煌写本〈玄言新记明老部〉残卷研究》，载史念海主编：《唐史论丛》第五辑，三秦出版社 1990 年版。

② 关于《明老部》残卷的成书年代、抄写时间等史实问题，参见李斌城：《敦煌写本〈玄言新记明老部〉残卷研究》，载《唐史论丛》第五辑，第 241 页。

③ 颜师古：《玄言新纪明老部》，见《老子集成》第一卷，第 268 页。

德为经"。①

前四卷每卷涵盖的章数都是十二或十三章，根据这个规律，卷五应该涵盖《德经》第十四至二十六或二十七章。抄本缺《德经》后半部分共二十四章的解题（科判文），因此《明老部》的科判文至少还有卷六，涵盖《德经》第二十七或二十八章至《德经》第四十四章的解题。如果《明老部》原书为六卷，那么一至三卷为《道经》，四至六卷应为《德经》。现存抄本佚失了《德经》共二十四章的解题，即通行本的第五十八章"其政闷闷"至第八十一章"信言不美"的解题。

从敦煌本《明老部》残抄本的字体和纸张等形式看，《明老部》应为道教信仰者抄写。敦煌《道德经》文献的绝大部分都是先抄写《老子道德经序诀》，再抄写《太极隐诀》，最后抄写《道德经》白文或《道德经》注疏文。颜师古《明老部》也是这种格式，但是在《序诀》抄写结束后的同一张纸上，只有"太极隐诀"四个字的标题，并没有《太极隐诀》的内容，"太极隐诀"同一行下接"颜监注"等著作人信息。《老子道德经序诀》和《太极隐诀》究竟是颜师古原《明老部》的原貌，还是抄写者所加？笔者认为后一种可能性更大。我们知道，《老子道德经序诀》和《太极隐诀》都是典型的道教宗教文本，为道教徒日常诵习《道德经》的基础性读物，亦为信仰者、抄经者所摹写的重要对象。《明老部》为道教信仰者所重视，抄手在抄写时按照道教的抄经习惯，添加《老子道德经序诀》和《太极隐诀》，这种可能性是非常大的。

既然校了，是否有可能 P.2462 只抄写到第二十章，抄写者将另一半抄写在另一个卷子上了呢？这是完全有可能的。据统计，现存抄本 210 行中，有 23 条校刊笔迹，的确是"校了"。但经注文今天看起来错误仍然不少，经仔细校对，仍然发现了 13 条错误，说明要么抄写的底本原来错误就很多，要么抄写者水平有限。

除了科判文字，《明老部》的完整组成部分可能还包括《太极隐

① 颜师古：《玄言新纪明老部》，见《老子集成》第一卷，第 271 页。

诀》的文字以及《道德经》的经文和注释。由于《老子道德经序诀》在卷首，且前面有残缺，故无法判断是否为《明老部》原貌。

《明老部》并不是严格意义上的《道德经》注，而是疏，所用注为王弼《老子注》。关于这一点，《明老部》有几处文字可以说明，如《德经》首章"注云：德者，得也。又云：何以得德，由乎道也"，这两句注文都与今传王弼《老子注》文相合。

《明老部》推崇简易之道，认为当时流行的科判过于繁琐，需要简化。关于科判，我们可以在晋皇侃《论语义疏》中看到具体的模式。皇侃疏解《论语》，都是先把每一章经文分成好几部分，然后对每一部分分别疏释。从《明老部》作者的叙述中可见当时的《道德经》注疏也使用了科判的形式。P.2517 号敦煌抄本《老子道德经义疏》卷第五就保留了"治大国章"至"信言章"，即通行本第六十章至八十一章的内容，每一章的经文都被分成了五个部分。

在唐代老学文献中，科判文字见于赵志坚《道德真经疏义》、成玄英《老子道德经开题序诀义疏》、《唐玄宗御制道德真经疏》、谷神子注《指归》、强思齐《道德真经玄德纂疏》，陆德明《经典释文》叙录也有"次第"。

现存《明老部》的内容全部属于科判文字，其基本格式是：第几某某章，所以次某某，前章既明某某，故此章言某某。如："第十二五色章，所以次卅辐者，前立通义，故兼无兼有，此明别义，故遣有入无。"① 然而现存抄本格式十分混乱，可能是抄手遗漏或改动所致。很多章的解题文字中缺"所以次"、"所以"，或者"前"、"此"等字。《德经》甚至漏抄第一章的解题文字。奇怪的是，敦煌抄本残卷最后，有两个大大的字"校了"②，这两个字不知是说抄手在抄写完成后校对了一番，还是抄手之外的人校对了一番。如果真的校对过，又为何会出现这么多的错漏？这些都无法解答。好在这

---

① 颜师古：《玄言新纪明老部》，见《老子集成》第一卷，第270页。
② 王重民原编，黄永武新编：《敦煌古籍叙录新编》第13册《子部》，台湾新文丰出版公司1986年版，第133页。

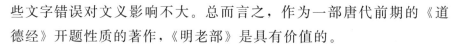

些文字错误对文义影响不大。总而言之，作为一部唐代前期的《道德经》开题性质的著作，《明老部》是具有价值的。

《明老部》这一题名是根据该残抄本卷一、卷四和卷五的卷题确定的。它不同于一般的《老子》注疏本书名，殊难理解，日本学者武内义雄、南山春树等都曾在其老学著述中论及。武内义雄认为，"玄言新记"是唐代《道藏》的一个部门，包括《老子》、《庄子》和《列子》等典籍的注释。他还在《隋书·经籍志》的子部道家类中发现了《玄言新记明庄部》二卷（梁澡撰）。斋藤智宽认为"明老部"、"明庄部"等书名"类似类书的部门"，"玄言新记""也许是一种道教类书的丛书"。这些意见可供参考。

二、简化科判

六卷只是《明老部》科判文的卷数，而不是《明老部》全部内容的篇幅。《道经》卷一前有这样一段话：

> 寻晋宋之前，讲者旧无科段，自齐梁以后，竞为穿凿，此无益能艺而有妨听览。且乾坤之道，贵存简易，今宜从省，皆没而不说。但文之详略，并有不同，或单句特出，的标一理，则辞约而义该，如有无相生、大小多少之类是也；或终始数行，共成一意，则言旷而事简，如上善若水、昔之得一之类是也。今并附文怗释，使皎然可见。①

这段话透露出一个重要信息，即晋宋之前还没有科判，也就是开题这种解经形式。但自齐梁以至隋唐科判这种独特的解经方式就很流行了。杜光庭《道德真经广圣义》在解释了唐玄宗《御疏》之由来后，正式入解正文，正文有两部分，"一者先解疏题，二者入文科判"②。"先解疏题"就是解释"老子道德经疏"这个经题，"入文科

---

① 颜师古：《玄言新纪明老部卷第一》，见《老子集成》第一卷，第 269 页。
② 杜光庭：《道德真经广圣义》，见《老子集成》第二卷，第 7 页。

判"的内容则十分复杂。根据杜光庭的叙述，科判包含的内容如下：

> 将释下文，约疏大料二段。一曰总标宗意，二曰开章释文。
> 总标中，又分为二，一者所诠之法，即指道德二字也。二者能
> 诠之教，即经之一字也。①

接下来杜光庭的科判文字非常繁琐，仅大料第一段"此门中大略宗意"就有"三十八别"，即《道德经》（所教）三十八项内容，或者说是"经之大意"。当然全部三十八项内容只是包罗万象的《道德经》内容的沧海一粟，三十八项只是"为存教义，泛举大纲"而已，"比之秋毫，万分未得其一也"②。以上内容构成《道德真经广圣义》第一卷。

照杜光庭所说，大料第二段即"开章释文"也属于"入文科判"。这部分内容构成《道德真经广圣义》第二至第五卷共四卷内容，其中第二卷包含下列内容：

（1）释老君事迹、氏族、降生年代。"今就老君位号之中，分为三十段，以解名号之由起也。"从"起无始者"，一直到"册鸿名者"，即老子于乾封元年（666）册封尊号，详述三十个名号的由来。

（2）释老君圣唐册号。详述唐高宗于乾封元年（666）和永淳二年（683，改元为弘道元年）册封老子和尊崇道教的圣旨。

接下来是杜光庭对唐玄宗亲自撰写的《御疏》序的疏解，共两卷。

第五卷是《释疏题明道德义》。这部分专门解说道德义，内容最为繁琐。其实在"总标宗意"中，杜光庭已经反复阐述过道德二义，但是在这一门中，杜氏又有进一步的解说，"于道德义中，分三门解释"，一释名，二明体，三明用③。其中又有道三义，德三义，共六

---

① 杜光庭：《道德真经广圣义》，见《老子集成》第二卷，第7页。
② 杜光庭：《道德真经广圣义》，见《老子集成》第二卷，第10页。
③ 杜光庭：《道德真经广圣义》，见《老子集成》第二卷，第31页。

义，"此六义者，互可相通"。其下又专就"道之言通"和"德之言得"再做说明，"今就此科，再分五别"。五别结束后，"今更举七义以通释"道德之义。"以上七义，互相交络。二而不二，一而不一"。总之，就是反复阐述"道必资于德，德必禀于道"，以及《道经》和《德经》"文义互相包含"的道理。

演说"道德"二字后，再说"经"，这一科又分为由、径、法、常四义。最后，再别演四门，从整体上阐明《道德经》的"宗趣指归"，"因为诸家所说，未为准的"，故说宗趣指归以祛其惑。四门演说完，科判才真正结束。

《明老部》批评晋宋之后，科判流行，一些讲《道德经》的人竞相穿凿。我们从上述杜光庭《道德真经广圣义》的科判文中可以看出，《明老部》的批评不是没有道理的。敦煌《明老部》虽不是完本，但从现存内容看它显然是有意摒弃了杜光庭这类科判文的。

《明老部》说"乾坤之道，贵存简易"，即是批评这些讲经者的科判过于繁琐。这说明科判这种形式在该书撰写时仍然很流行，敦煌 P. 2353 残抄本（首尾皆残）成玄英《老子注》的《开题》，相当于科判。该抄本在所说"正法"前，有关于老子的五门，第二名氏，第三法体，第四时节，第五方所，因卷首残，估计第一是老子的名号。所说正法，又开为五门，分别是道德、释经、宗体、文数和章卷。尽管《开题》是残卷，难窥全貌，但其繁琐仍相当明显。杜光庭的《道德真经广圣义》可能模仿成玄英的开题形式，且进一步复杂化了。

成玄英《老疏》在上经和下经之前均有一段文字，每章也解题，前已有述，这部分文字其实都属于科判文。《明老部》每章的解题，类似成玄英，但比成玄英的简单，仅大略叙述上下章所以相次的理由及本章要义，没有像成玄英那样在每章之内，再分多门。成玄英的标准格式是"就此一章，又开四（或三、五等）别"或"义分为两（或三、四等）"。《御注》每章有解题，也比成玄英简单。现存赵志坚的《道德真经疏义》也是这种格式，略比成玄英每章的开题简单。

《明老部》虽然也是科判文体，但它的做法是"今宜从省，皆没而不说"，即尽量简化科判文字。颜师古认为《道德经》经文本身"文之详略，并有不同"，仍然需要必要的说明。例如有的是"单句特出，的标一理，则辞约而义该"，他举的例子是"有无相生、大小多少之类"。有的是"终始数行，共成一意，则言旷而事简"，他举的例子是"上善若水、昔之得一之类"。"有无相生"指的是第二章"故有无相生，难易相成"，"大小多少"则可能指的是第六十三章"大小多少，报怨以德"。这两部分经文都属于"单句特出"，道理简明。"上善若水"指的是第八章，"昔之得一"指的是第三十九章。第三十九章大约是《道德经》中经文最长的一章，照颜师古的理解，它们虽然"终始数行"，文字较多，却是"共成一意"，有中心思想的。"今并附文怗释，使皎然可见"，便于理解。

"太极隐诀"四字下，有两行字，与正文字体大小一致，一行是"颜监注秘书监上护军琅玡县开国子"，另一行是"颜仙字师古玄言新记明老部卷第一"，其中"玄言新记明老部卷第一"以比正文小一号的夹注形式出现，接下来却是"老子道经上"的标题。可见抄写者对抄写的格式缺乏整体规划，似乎有些盲目。五卷的卷目也不一致，第二卷写作"玄言新记明老部卷第二"，第三卷写作"老子玄（言）新义卷第三"，"言"字漏抄，后以小字在一旁补出；第四和第五卷卷目写作"玄言新记明老部卷第四"和"玄言新记明老部卷第五"。[①]三十一"佳兵"章下有竖双排小字。[②]

科判文的具体内容，确实简明扼要，如卷一数条文字：

> 第一道可道章，所以最在前者，政言常道既有理教之殊，犹上德下德有空之有异，皆从庶以入妙，弃俗而崇道故也。……
>
> 第二天下皆知章，所以次道者，前既明常道之体，此即明

---

① 王重民原编，黄永武新编：《敦煌古籍叙录新编》第13册《子部》，第122、125、132页。

② 王重民原编，黄永武新编：《敦煌古籍叙录新编》第13册《子部》，第126页。目录则参见大渊忍尔编《敦煌道经目录篇》。

合道之人。

第三不尚贤章，说治国者，前章既明合道，合道之行可以理民，故次此章宜言治国。

第四道冲章，次不尚贤者，前明治国唯在圣心，圣心圆明，皆由用道，故次此章深明道用。

第五天地章，明圣人济俗之智，政言道为俗本，故道用居前，俗为道末，故济俗居后。①

这些科判文字尽管非常简易，但内容凝练，观点鲜明，反映了作者对老子思想主旨的认识。

三、历史价值

《明老部》虽为残卷，篇幅不长，但亦有较高的学术价值。其一，为魏晋隋唐老学史研究提供了新的资料。首先，提供了《老子》科判体的宝贵信息。唐代《老子》注疏，流行科判，此种形式应该是受儒家义疏体例和佛教讲经的影响。据《明老部》称，科判体这种独特的注《老》方式，兴起于南朝齐梁，渐趋繁琐。《明老部》亦援用这种体例，但主张文简意明。其次，记载了关于王弼及王弼《老子注》有价值的史料。《明老部》云："王弼，字辅嗣，山阳人，官至尚书郎，魏正始十年，时廿四。寻宋古本直云王辅嗣，下称注《道德》二篇，通象阳数极九，以九九为限，故有八十一章。"② "道者，理也，通也。王弼《易论》云：谌之子也。道者，通物者也。"③ 接下来解释经题则说："今经题称道，对德以立名，道是真境之理，德是至人之智。理境无拥（壅），故谓之通，即此之通能通于德，亦是即彼之德能得于通。"④ 虽仍以"通"为释，但在王弼注的基础上有了很大的发挥。又第三十一章，《明老部》注云："疑此非老子所

① 颜师古：《玄言新纪明老部》，见《老子集成》第一卷，第269页。
② 颜师古：《玄言新纪明老部》，见《老子集成》第一卷，第269页。
③ 颜师古：《玄言新纪明老部》，见《老子集成》第一卷，第268页。
④ 颜师古：《玄言新纪明老部》，见《老子集成》第一卷，第269页。

作，而不见引证明所出。寻《文子》篇内颇有其旨，是老子所说亦当非虚。又以八十一章为数，则不可阙。今既用王注，且而不论。"①作者虽有所疑惑，但还是遵循王弼注本，这从一个侧面反映了王弼《老子注》在唐代的影响力。

其二，体现了唐初老学佛道相融的情况。王卡认为《明老部》"大抵以唐代重玄学为本"②，这是有根据的。《明老部》云："第十六致虚章，所以次古之者，前明所绝之境，此章大意重说真境之妙，总为万有之宗。"③成玄英则认为这一章的宗旨是："致虚极章所以次前者，前章正明境智相会，故能妙极重玄，故次此章显出重玄道果。"④"真境之妙"和"重玄道果"都是指修道的境界，两者有相近之处。《明老部》和成玄英《老疏》对第十五章宗旨的理解也有关联。《明老部》认为第十五章"古之善为士者"章是在上一章的基础上，"进谈所绝之境"，成玄英则认为这一章不仅仅是谈"境"，而且是"正明境智相会，故能妙极重玄"。第十五章首段经文为"古之善为士者，微妙玄通，深不可识"，成玄英将"微妙"释为"能修之智"，"玄通"释为"所修之境"，那么"微妙玄通"就等于说古之善为士者能够"境智相会"，"境智相会"就是"能所俱深"。《明老部》提到："既遣名明能绝之智，此章（按：第十五章）进谈所绝之境"⑤，前一句是"能"，后一句是"所"，相当于成玄英说的"能所俱深"。"能所"、"境智"的说法也见于《明老部》解读《德经》第二章："第二昔之得一章，所以次上德者，前明能得之智，今言所得。所得之境，境空即一。"⑥这里用了"能得之智"和"所得之境"，"能所"就是"境智"的另一种说法。又如《明老部》《道经》开题说"道德"义："欲明道德相资，则境智冥会。"⑦这个说法和成

---

① 颜师古：《玄言新纪明老部》，见《老子集成》第一卷，第271页。
② 王卡：《敦煌道教文献研究》，第173页。
③ 颜师古：《玄言新纪明老部》，见《老子集成》第一卷，第270页。
④ 成玄英：《老子道德经开题序诀义疏》，见《老子集成》第一卷，第299页。
⑤ 颜师古：《玄言新纪明老部》，见《老子集成》第一卷，第270页。
⑥ 颜师古：《玄言新纪明老部》，见《老子集成》第一卷，第271页。
⑦ 颜师古：《玄言新纪明老部》，见《老子集成》第一卷，第269页。

玄英《老子道德经开题》解"道德"义基本上是相同的："第一道德者，道是圆通之妙境，德是至忘之圣智。非境无以导智，非智无以照境，境智相会，故称道德。"① 又成玄英疏第二十三章"故从事而道者，道得之"，认为至德之人就是"道得之者"，也就是得道者，得道者"只为即事即理，所以境智两冥，能所相会"②。类似表述还有"能所相应，道德真实"③，"能所相应，理无不契"④，"境智相符"⑤ 等。成玄英的这些阐述与《明老部》都有一致之处。当然成玄英最终主张"能所俱幻"⑥，与《明老部》的看法不同。如成玄英云："能所两空，物我清净，故一切诸法，真成胜妙之境也。"⑦ "道契重玄，境智双绝。"⑧ "体道圣人境智冥符，能所虚会，超兹四句，离被百非。"⑨ 李荣也讲能所，和成玄英一样，主张"所照之境，触境皆空。能鉴之智，无智不寂。能所俱泯，境智同忘"⑩。能所、境智均为佛教概念，颜师古、成玄英、李荣等注《老》者均以能所、境智解释《老子》的核心概念"道德"，其同其异，正反映出佛道思想在唐代老学中的发展和演变过程。

第二节　无名氏《道德真经次解》

正统《道藏》收，作者不详。《道德真经次解》（以下简称"《次

---

① 成玄英：《老子道德经开题序诀义疏》，见《老子集成》第一卷，第284页。
② 成玄英：《老子道德经开题序诀义疏》，见《老子集成》第一卷，第304页。
③ 成玄英：《老子道德经开题序诀义疏》，见《老子集成》第一卷，第328页。
④ 成玄英：《老子道德经开题序诀义疏》，见《老子集成》第一卷，第332页。
⑤ 成玄英：《老子道德经开题序诀义疏》，见《老子集成》第一卷，第341页。
⑥ 成玄英：《老子道德经开题序诀义疏》，见《老子集成》第一卷，第325页。
⑦ 成玄英：《老子道德经开题序诀义疏》，见《老子集成》第一卷，第340页。
⑧ 成玄英：《老子道德经开题序诀义疏》，见《老子集成》第一卷，第330页。
⑨ 成玄英：《老子道德经开题序诀义疏》，见《老子集成》第一卷，第344页。
⑩ 李荣：《道德真经注》，见《老子集成》第一卷，第384页。

解》")的最大特点是所据经文与一般传世本有多处不同。

该书序文叙述了作者得到这个底本的经过,此人"先经过遂州,见龙兴观石碑上镌《道德》二经,细而览之,与今本有别"。"今"到底是何时,从序文里看不出究竟,唯一可以确定的是此事发生在唐玄宗《御注》在各地立碑之后。《次解》第二十章经文,碑文写作"我欲异于人,而贵食母",根据《次解》注文"众人有恢殷之心,圣人如子求食于母,言不自作为也"①,可知该底本经文原貌应是"我独异于人,而贵求食于母",这是唐玄宗修改过的经文。唐玄宗《御注》的解释是:"求食于母者,贵如婴儿无营欲尔。"②《次解》注文接近《御注》。可见,从经文到注文,《次解》都受到了《御注》的影响。

《次解》的作者还发现,石碑本"字多差错,全无注解,亦无篇题。事既异同,义皆向背"。他举了几个与"旧云"有"差错"的例子,比如"为而不恃"写作"为而恃","不尚贤"写作"不上贤","不敢为"写作"不敢不为"等。根据朱谦之等学者的研究,《次解》作者抄录的这个有"差错"的本子,实际上是南北朝隋唐时期道教内部流传的五千文本。作者还认为,该版本不仅文字有误有异,"其于义类,自有区分",他觉得石刻文的异文体现了独特的义理,有一定的存在价值,因此以补缺的心态抄录下来——"后学前贤,各怀所见,睹斯遗阙,宁无补云"。在抄录石刻经文的同时,作者根据自己的理解,进行了简单注解,经注连书,分为二卷,名曰《道德真经次解》。作者自视甚高,其自我评价是:"不继他人之作,自成一家之文。"通观《次解》注文,的确有不少与众不同之处,下面略举要点加以说明。

一、对无欲、有欲的新理解

"无欲"和"有欲"是《老子》首章就使用的概念,后人对这一

---

① 无名氏:《道德真经次解》,见《老子集成》第一卷,第520页。
② 唐玄宗:《唐玄宗御注道德真经》,见《老子集成》第一卷,第425页。

对概念解说颇多。《次解》首章经文为"常无欲，观其妙；常有欲，观其徼"，比帛书五千文本少了两个"以"字。这一章的注解，《次解》作者放弃了对"无欲"和"有欲"的解释，仅简单解释了"妙"和"徼"的内涵，谓"万物之在世也，圣人观其要妙，本从道生，复从道灭。徼犹尽也，妙犹生也"①，落脚点是万物的生灭问题，这个解释同样与众不同。"此两者，同出而异名"，作者也仅解释了"同出"，谓"有欲无欲，同出于道"；"同谓之玄，玄之又玄，众妙之门"一句，作者认为是指"既有同，可谓玄矣。其中皆有妙用，为之又玄。世间万物，并属于此妙门而出也"②。第一个"玄"被解释为"同"，因为二者有同，所以可以称为"玄"，这个解释也与众不同。同时，作者并没有像其他注家那样，特别强调"无欲"的重要性。

《次解》还将第十九章经文"见素抱朴，少私寡欲"的"寡欲"解释为"无忧"③，和一般注家将"寡欲"释为"知足"、"息贪"或者"以性制情"不同。《次解》的这一理解或许受到了唐玄宗《御注》的影响，《御注》第二十章"绝学无忧"："绝有为俗学，则淳朴不散。少私寡欲，故无忧也。"④

第二十章的"众人皆有余，而我独若遗"，历代注家对"有余"的解释五花八门，有的解为"余财"、"余智"，如《老子河上公章句》说"众人皆有余财以为奢，余智以为诈"⑤。有的解为"余意"，如《想尔注》说"众俗人怀恶，常有余意计念思虑"⑥。有的解为"有怀有志"，与"余意"相近，如王弼注："众人无不有怀有志，盈溢胸心，故曰皆有余也。我独廓然，无为无欲，若遗失之也。"⑦ 有

---

① 无名氏：《道德真经次解》，见《老子集成》第一卷，第515页。

② 无名氏：《道德真经次解》，见《老子集成》第一卷，第515页。

③ 无名氏：《道德真经次解》，见《老子集成》第一卷，第519页。

④ 唐玄宗：《唐玄宗御注道德真经》，见《老子集成》第一卷，第424页。

⑤ 河上公：《道德真经注》，见《老子集成》第一卷，第147页。

⑥ 《老子道德经想尔注》，见《老子集成》第一卷，第185页。

⑦ 王弼：《道德真经注》，见《老子集成》第一卷，第214页。

的释为"滞有"，如成玄英注云："众生滞有，故耽染有余。圣智体空，独遗弃不取也。"① 都倾向于把"有余"理解为精神上的有累。《次解》更直白也更宽泛，它解"有余"为"余剩"，之所以有余剩，是由于有为："众人有为，常有余剩。圣人虚寂，如遗弃物。"② 众人之有为与圣人之道不符，从根本还是需要否定的。

不过，《次解》在一定程度上也肯定有为和有欲，这是它比较突出的地方。如注第三十七章"无名朴，亦将无欲。无欲以静，天下自正"③："大道本无为，则无所不为。王侯将有为化万物，万物被化之后，复示以朴④，令人无为，无为则无欲，无欲则安静。王侯以安静治，则天下自然归于正道。"⑤《老子》这一章都在告诫王侯要法道无为而无不为的精神，"王侯若能守，万物将自化"，没有涉及有为。但《次解》的作者注意到，王侯治理天下，虽然必须以无为为最高原则，但无为之前，先有有为，无有为，则无无为，有为最后终将归之于"朴"，"朴"是从有为到无为的必要过程，这就比直接以无为治国更容易使人理解，无为也更容易落实。《老子河上公章句》："我常无欲，去华文，微服饰，民则随我质朴。"⑥ 王弼善于从崇本息末的角度理解《老子》，处处强调除末须从根本处下手，他注此句云："上之所欲，民从之速也。我之所欲，唯无欲，而民亦无欲而自朴也。此四者，崇本以息末也。"⑦《老子河上公章句》和王弼注都简单明了，但都没有深入诠释应该如何处理无欲和有欲、无为和有为

---

① 成玄英：《老子道德经开题序诀义疏》，见《老子集成》第一卷，第 302 页。
② 无名氏：《道德真经次解》，见《老子集成》第一卷，第 520 页。
③ 传世本经文一般写作："无名之朴，亦将不欲。不欲以静，天下将自正。"傅奕本、河上公本、成玄英本都写作"不欲"，"不"或写作"无"，如王弼本写作"无名之朴，夫亦将无欲。不欲以静，天下将自定"。敦煌道士索洞玄本写作"无名之朴，亦将不欲。无欲以静，天地自正"。马王堆帛书乙本写作"化而欲作，吾将阗（镇）之以无名之朴。阗（镇）之以无名之朴，夫将不辱。不辱以静，天地将自正"。
④ "朴"原本误作"浮"，据上下文意改。
⑤ 无名氏：《道德真经次解》，见《老子集成》第一卷，第 524 页。
⑥ 河上公：《道德真经注》，见《老子集成》第一卷，第 165 页。
⑦ 王弼：《道德真经注》，见《老子集成》第一卷，第 228 页。

的关系。《次解》正是注意到现实社会的统治者如果想要实现有效统治，纯粹的无欲无为、拱手端坐是行不通的，而人们见到的都是有欲有为的君主，因此，统治者先行有欲以施化百姓，再以"朴"导民至于无为无欲，这才是天下归于"正道"的正确步骤。

《次解》另一个比较突出的地方是它虽然在根本上是否定有欲的，但也认为统治者应该在肯定百姓正常欲望的前提下，遣除其情欲，以无欲为最高境界。就个人修道的层面来说，有欲还是需要从根本上去除的。

我们先看《次解》如何否定有欲。《次解》多用"无为"而不是"无欲"对应"有欲"，这也是比较特殊的地方。如"世人执着有欲，动则乖违。圣人常事无为，不见衰盛"①。有欲和无为（无欲），往往是世人和圣人得以区别开来的主要标志，如果说圣人有欲的话，也是"欲于不欲"②，而"不欲"不是把已有的"欲"空掉，而是让"情欲不起"③。圣人不得已施化天下，应该叫"有为"而不是"有欲"。可见《次解》的作者对欲望的理解是很细致的。圣人的职责之一是"使世人尽知无为无欲，知后不敢也"④，这里可见圣人也有出于迫不得已的有为。

对于个人而言，既然有欲危害甚大，不利于得道，那么修道的过程自然就是一个减损欲望的过程，《老子》"为道日损"就是日损"情欲"："为道德日有所损，谓损情欲也。使至于无为无事之际，则天下之心无难取矣。"⑤ 对于修道者来说，"无欲"是生死之本，"修道则出生，耽欲则入死"⑥。

《次解》肯定百姓有欲，并不完全否定世人有欲的合理性，无欲（无为）首先是针对圣人而言的一种固有的品种。圣人纵有教导百姓

---

① 无名氏：《道德真经次解》，见《老子集成》第一卷，第532页。
② 无名氏：《道德真经次解》，见《老子集成》第一卷，第532页。
③ 无名氏：《道德真经次解》，见《老子集成》第一卷，第515页。
④ 无名氏：《道德真经次解》，见《老子集成》第一卷，第515页。
⑤ 无名氏：《道德真经次解》，见《老子集成》第一卷，第528页。
⑥ 无名氏：《道德真经次解》，见《老子集成》第一卷，第529页。

使其"无为无欲"的责任，但"有欲"却是百姓常态。因此，圣人无为而治的本质，不过是顺从百姓之欲。《次解》注"圣人无常心，以百姓心为心"云：

> 百姓有欲，圣人无为。以无为之心，从有欲之心，随其性矣。①

《次解》的作者认为，圣人顺从百姓之欲，就是随百姓之性。这个解释可谓得老氏"以虚无为本，以因循为用"之精髓。这既有对汉魏旧注的继承，也反映唐代老学对心性论的阐扬。《老子河上公章句》注此句云："圣人重改更，贵因循，若似无心也。百姓心之所便，因而从之。"② 王弼注云："动常因也。"③ 但是，什么是"百姓心之所便"？"因"什么？为什么要"因"以及如何"因"？《老子河上公章句》和王弼都没讲。《次解》直接将"百姓心"说成是"有欲之心"，这是非常客观而又通俗的解读，说明作者意识到应该充分肯定普通人的正常欲望，即"有欲"或者"有欲之心"。

《次解》在阐明《老子》的无欲无为精神的过程中，使用了性、情、欲等有关人性论的词汇。《次解》认为，圣人从百姓有欲之心，就是随其性，圣人治理天下，就是要"各从所欲"。这表明作者认为人性中有"欲"的成分，或者欲生于性。

《次解》认为无为而治的具体内容是圣人"不设法，以临人"，"不立名教，无人委知"。④ 圣人为什么不设法、不立名教就可以使天下得到治理？过去的注家都有论述，一般认为圣人无欲，百姓以圣人为榜样，自然也能无欲来论述。或者是从圣人在世，天下各得其所，民不知上有圣人，有仁义礼智之实而无仁义礼智之名，这叫"上德不德"。但是这种解释虽然符合《老子》的固有精神，却忽视

---

① 　无名氏：《道德真经次解》，见《老子集成》第一卷，第528页。
② 　河上公：《道德真经注》，见《老子集成》第一卷，第161页。
③ 　王弼：《道德真经注》，见《老子集成》第一卷，第225页。
④ 　无名氏：《道德真经次解》，见《老子集成》第一卷，第531页。

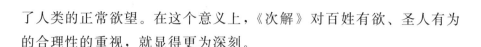

了人类的正常欲望。在这个意义上，《次解》对百姓有欲、圣人有为的合理性的重视，就显得更为深刻。

二、对生死的认识：生死是常

《次解》受到道教养生思想的影响，如注第六章云："玄属鼻，主生，为天也。牝属口，主死，为地也。鼻纳清气，口吐浊气，使联绵不绝，恬淡养神，外不入，内不出，即终身无勤劳之事。唯圣贤能修，世人罕有能行之者。"[1] 这一解释属于典型的道教传统。该注也重视修身，如注第十章"生之畜之，生而不有，为而不恃，长而不宰，是谓玄德"："圣人生长其身，畜养其身，不有其身，不恃其身，不宰伐其身，可谓玄妙之德也。"[2] 又注第五十章"故道生之，德畜之……是谓玄德"说："谓道能生、畜、长、育、成、熟覆、养之后，不宰其生，为之玄妙也。"[3] 前者说的圣人，后者说的则是道，注者将圣人与道比肩，前后呼应。

值得注意的是，《次解》承认死生是常，主张不执着生死，如注第五十章"生之徒十有三，死之徒十有三，人之生动之死地十有三"云：

> 人之在世，生死是常。纵死十分之中三分，有其生路。纵生十分之中三分，是其死路。为其求生之厚，不免有死有生，故动则犯其死地。[4]

追求神仙之道、超越生死是道教的基本信仰。承认生死为常态，这是道教对肉体飞升成仙信仰的调整，意谓修道的目的不在于肉身不死，而在于精神超越。与成玄英、李荣等道教学者充满哲理的注解不同，《次解》语言平实，语意明晰，但其生死观却与成、李具有一

① 无名氏：《道德真经次解》，见《老子集成》第一卷，第 516 页。
② 无名氏：《道德真经次解》，见《老子集成》第一卷，第 517 页。
③ 无名氏：《道德真经次解》，见《老子集成》第一卷，第 529 页。
④ 无名氏：《道德真经次解》，见《老子集成》第一卷，第 529 页。

致性，假如《次解》的作者是道士，那么我们或许可以说，它们共同体现了道教教义在唐代所发生的重要转变。

三、其他新解

首先，《次解》对"道"的理解十分独特。第一章"道可道，非常道；名可名，非常名"，《次解》注曰：

> 道之一字分为三等，上道字属无为无名之大道，中道字是有形可名之道，下道字谓常行应用之道。上名字是未有名之名，中名字是可呼之名，下名字谓常行应用之名。①

将"道"和"名"均判为上中下三等，这在已知的前人注解中从未出现过，的确是别树一帜。唐代《老子》注疏中大约只有唐玄宗《御注》中出现过"上道"一词，注"恍兮惚兮，其中有物"："物者，即上道之为物也。自有而归无，还复至道。"②《御疏》云："物者，即上道之为物，谓妙本也。"③ "上道"作为"道"的代名词出现，突出"道"的至高无上地位。《次解》将"常道"释为"常行应用之道"④，"常名"释为"常行应用之名"，类似李荣将"常道"释为"人间常俗之道"，"常名"释为"非常俗荣华之虚名也"⑤，都是将"常"别解为"常行"、"常俗"。我们知道，今本《老子》中的"常"字，在郭店竹简本《老子》和马王堆帛书《老子》中大部分都写作"恒"，如竹简本的"道恒无名"、"道恒无为"，帛书本第一章就写作"道，可道也，非恒道也。名，可名也，非恒名也"，后世将"恒"改为了"常"字。"常"、"恒"二字意义相通，都表示恒久、永恒之意。《次解》和李荣有意将"常"释为常俗、常行，与经文本

---

① 无名氏：《道德真经次解》，见《老子集成》第一卷，第 515 页。
② 唐玄宗：《唐玄宗御注道德真经》，见《老子集成》第一卷，第 425 页。
③ 唐玄宗：《唐玄宗御制道德真经疏》，见《老子集成》第一卷，第 467 页。
④ 无名氏：《道德真经次解》，见《老子集成》第一卷，第 515 页。
⑤ 李荣：《道德真经注》，见《老子集成》第一卷，第 349 页。

义相悖，其目的不过是强调圣俗之别。

《次解》作者虽然在首章就将道和名判为三等，似乎有待在后文中进一步阐发三分说，但是后面的注文里却再也没有出现过上道、中道、下道以及上名、中名和下名等名称，倒是注家常用的"大道"一词频繁出现，有些是随经文"大道"出现的，如"大道泛，其可左右"，"大道废，有仁义"。有些是作者对道的代称，"大道"与"上道"其实是一回事。由于注文前后缺乏连贯性，作者为何要这样定位道和"名"，颇令人费解。或许只是受了唐玄宗《御注》的影响。

其次，《次解》对第十章"涤除玄览"的注解是："洗涤要妙，使无疵病。"这个解释可谓前无古人。"要妙"二字，出于《老子》第二十七章经文"不贵其师，不爱其资，虽智大迷，是谓要妙"。"妙"字是《老子》的常用词，在第一章经文中就出现了两次。一般注家都将"要妙"和"妙"解释为道的不可思议和不可描述，例如王弼和成玄英。《次解》这样解释"常无欲，观其妙"的："万物之在世也，圣人观其要妙，本从道生，复从道灭。"[1] 可见《次解》对"要妙"的理解与前人并无不同。那么这里的"洗涤要妙"就很难理解了，圣人既然能观道之要妙，为何又要洗涤要妙呢？经文"涤除玄览"，《老子河上公章句》注云："当洗其心，使洁清也。心居玄冥之处，览知万事，故谓之玄览。"[2] 其对"涤除"的解释是合理的，即洗净的意思。王弼释"玄"为"物之极也"，虽然没有解释"览"，但他对整句的注解是："言能涤除邪饰，至于极览，能不以物介其明……则终与玄同也。"[3] 与《老子河上公章句》相近。成玄英释"览"为"察"，也就是"照"或"观照"的意思，谓"涤荡六腑，除遣五情，使神气虚玄，故能览察妙理，内外清夷，而无疵病也"[4]，圣人的智慧就像光照耀万物一样，称为"智慧明照"、"智照"、"慧照"

① 无名氏：《道德真经次解》，见《老子集成》第一卷，第515页。
② 河上公：《道德真经注》，见《老子集成》第一卷，第141页。
③ 王弼：《道德真经注》，见《老子集成》第一卷，第211页。
④ 成玄英：《老子道德经开题序诀义疏》，见《老子集成》第一卷，第294页。

或"圣照"等。这种智慧光明，"与日月齐照"，对内"照察己身"，对外"能照万法"。① 总之，"涤除玄览"是老子借以表达圣人"空慧明白，妙达玄理，智无不照，境无不通"②，是圣人"以真照俗"③的表现。唐玄宗将"玄览"解为"心照"，简单明白，"涤除玄览"就是"涤除心照"，令心境清净，能无瑕病，④ 这继承了《老子河上公章句》"洗其心"的观点，也吸收了佛教内观思想。唐中期以后解《老》多受唐玄宗注疏影响，如李约、王真都将"玄览"释为"心"，"涤除玄览"就是以道洗涤心灵，洗心内照，除其尘累。从上述简单对比可以看出《次解》的作者力图突破成见的尝试。

再次，第十二章"五色令人目盲，五音令人耳聋，五味令人口爽"，作者这样注解："青黄赤白黑，若观外色，失其正色，是盲。宫商角徵羽，若听他声，失其正声，是聋。酸苦甜咸辛，若耽其味，失其于恬淡。"⑤ 何谓"正色"、"正声"？作者没有解释。这几句经文，成玄英和唐玄宗都是用佛教即色是空的理论来注解，如成注云："不睹即色是空，与盲何别？"⑥《御疏》则说："不悟声色性空，岂惟形骸之有聋盲，此亦智之聋盲者尔。"⑦《次解》主张修内，摒弃修外，但作者不用佛教理论，唯以"正色"、"正声"阐明不能耽溺色、声、味的外在诱惑，与本章经文"是以圣人为腹不为目"的注解相得益彰，注云："为腹修内，为目修外，故去彼修外而取此修内。"⑧

最后，《次解》的另一个很特别的地方是，它将圣人的地位提到了天地之先且与大道并列的地位："圣人与大道差肩，故不为人子。大道在天地前生，圣人亦在天地前生，故称象帝之先。象帝，天地

---

① 成玄英：《老子道德经开题序诀义疏》，见《老子集成》第一卷，第290页。
② 成玄英：《老子道德经开题序诀义疏》，见《老子集成》第一卷，第294页。
③ 成玄英：《老子道德经开题序诀义疏》，见《老子集成》第一卷，第322页。
④ 唐玄宗：《唐玄宗御注道德真经》，见《老子集成》第一卷，第420页。
⑤ 无名氏：《道德真经次解》，见《老子集成》第一卷，第517页。
⑥ 成玄英：《老子道德经开题序诀义疏》，见《老子集成》第一卷，第296页。
⑦ 唐玄宗：《唐玄宗御制道德真经疏》，见《老子集成》第一卷，第459页。
⑧ 无名氏：《道德真经次解》，见《老子集成》第一卷，第517页。

也。"①"象帝"的"象"一般理解为好像、好似的意思，《次解》不解释"象"，它将"帝"客观化为"天地"。而一般注家将"帝"解释为高高在上的造物主上帝神，并且常用元气、阴阳、天地人三才思想的气化宇宙论解释天地万物的产生及其差异。

在传统三才思想中，阴阳二气化生万物，先有天地，再有人，人为天地万物之灵。既然圣人生于天地之先，该如何解释《老子》的"人法地，地法天，天法道，道法自然"呢？《次解》说，"地生万物，故人法之；天养万物，故地法之；道生天地，故号自然也"，将"道法自然"解释为道生天地，故号自然。显然作者也意识到"道法自然"这个成玄英、李荣等道教学者早已遭遇的诠释难题，但是他的解决方法比较简单，他没有继承成、李二人和唐玄宗的解释，而是自创新意。

《次解》在《道经》开篇时说，"此本与旧本虽不同，自有义理。细而议论，别有旨趣"②。该书整体上行文简略，以揭示经文字面意义为主，解释颇多特立独行、可圈可点之处。上举几例，旨在说明《次解》在字词疏解上的与众不同。作者自许的"自有义理"，通过以上几处诠解得到了证明。

第三节　强思齐《道德真经玄德纂疏》

一、《道德真经玄德纂疏》的特点

强思齐是晚唐五代著名道士，生平事迹不详，我们仅能从杜光庭为《道德真经玄德纂疏》（简称"《玄德纂疏》"）撰写的序文中得窥蛛丝马迹。杜序说"弘农强思齐，字默越，濛阳人"，又说强思

---

① 无名氏：《道德真经次解》，见《老子集成》第一卷，第516页。
② 无名氏：《道德真经次解》，见《老子集成》第一卷，第515页。

齐 "幼栖玄关，早探妙旨"，早年侍奉先师于长安金仙观，"讲论大德，赐紫全真，居葛仙宫中，焚颂之余，服勤不怠，绰有声称，为时所推"。① 可见强思齐曾为唐僖宗祝寿，获赐紫待遇。唐亡后，入前蜀，获高祖王建青睐，赐号"玄德大师"。

关于《玄德纂疏》的成书情况，杜光庭说，强思齐"奕世栖心，皆洽光宠，羽衣象简，其何盛与！每探讨幽玄，发挥流俗，期以谭讲之力，少报圣明之恩。手缵所讲《道》、《德》二经疏，采诸家之善者，明皇《御注》为宗，盖取乎文约而义该，词捷而理当者，勒成二十卷"②。从杜序中可知，该书是强思齐图报皇恩，将自己讲论《道德经》的讲稿编纂而成，成书二十卷。杜氏认为强书的编纂，"庶乎揽之易晓，传之无穷，后之学者，知强君之深意焉"，于是为该书题名《太上老君道德经玄德纂疏》。其中，"玄德"当来自强思齐的尊号"玄德大师"。

此书是强思齐以自己在朝廷内外讲论《道德经》的讲稿为基础，兼采诸家之注而成的合编本。杜光庭为《玄德纂疏》作序的时间是前蜀后主王衍乾德二年（920），此时杜光庭七十一岁。强、杜二人均名重一时，二人年龄相差可能也不大，"以时核之，年纪与杜相近"③。他们的活动时间可能有交集，故杜氏能将强氏著作编纂成册。可是杜光庭著述甚多，特别是《道德真经广圣义》影响很大，而强书却未引杜氏一言，令人不解。有学者推测，杜氏为强书作序时已在高龄，而强思齐可能早已去世。④

《玄德纂疏》的体例很有特点，"与《广圣义》相比，犹由博返约。然于每章前，各加如佛教之科判，分析殊详"⑤。这部分加在每章前面的"科判"文字，据蒙文通根据敦煌抄本和《道藏》中所存

---

① 强思齐：《道德真经玄德纂疏》，见《老子集成》第二卷，第 316 页。
② 强思齐：《道德真经玄德纂疏》，见《老子集成》第二卷，第 317 页。
③ 潘雨廷著，张文江整理：《易与佛教 易与老庄》，上海古籍出版社 2017 年版，第 162 页。
④ 参见何建明：《道家思想的历史转折》，第 141—142 页。
⑤ 潘雨廷著，张文江整理：《易与佛教 易与老庄》，第 162 页。

诸多《老子》注释文献考证，全部和成玄英《老子道德经开题序诀义疏》的开题文字相同。如今这部分文字已经从《玄德纂疏》中辑出，附在辑佚本成玄英《老子道德经开题序诀义疏》正文前。强思齐《玄德纂疏》所引诸家注《老》文字，绝大部分都有标识，如"成曰"、"荣曰"、"河上公曰"等。但这部分科判文字并未注明是出自哪里。科判文都是在每一章开头解释这一章之所以次于上一章的理由，并简要概述该章的主旨，最后再将该章的内容划分为三至五个层次。例如第一章科判文说这一章讲了四个问题，"第一略标理教，第二泛明本迹，第三显二观不同，第四会重玄之致"，接下来再逐一阐明这四个方面的内容。

《玄德纂疏》的每一章都是先出科判文，然后在适当的位置插入一段华丽的文辞，概述该章的整体思想。例如第一章，在"第一略标理教"字样和所引诸家注疏文字之前，夹入这样一段文字：

> 夫大道虚玄，言象斯绝，理超象系，事出筌蹄，非常名之所知，岂可道之能究。大包无外，小入秋毫，应现则运于慈舟，摄迹则归于杜默。……重玄至道，其大矣哉。①

在这之后，才是经文"道可道，非常道"和相关辑纂文字。这段文字来历不明，不知是抄录别家，还是强思齐自己的见解。其他各章情况类似。

接下来在经文"道可道，非常道"下面，强思齐先引"御疏"，次引"荣曰"，再引"河上公曰"，最后再引"荣曰"，而以"成疏"文字结束。以上是《玄德纂疏》的基本结构。

《道藏》本《玄德纂疏》错讹较多，仅以第一章为例：

> 御注：名者大道之称号也，吾强为之名曰大。夫名非孤立，必因体来，字不独生，皆由德立。理体运之不壅，苞之乃无极，

---

① 强思齐：《道德真经玄德纂疏》，见《老子集成》第二卷，第317页。

遂以大道之名，名于大道之体，令物晓之，故曰名可名。

> 御疏：名，教也，前言可道，盛明于理，今言可名，次显
> 于教，其理既绝于言象，至教亦超于声说。……非非无常亦非
> 非常非无常也。①

考以上所引，"御注"后面的引文，在《道藏》本《御注》中没有，其实是李荣的注解，应该写作"荣曰"②；"御疏"后面的引文，在《道藏》本《御疏》中也没有，其实是成玄英的疏解，应该写作"成疏"。今本（蒙文通辑校本，即本书使用的《老子集成》本）成、李二疏部分文字辑自《玄德纂疏》和其他唐宋《道德经》集注本，这两段文字显然不是出自玄宗《御注》和《御疏》的文字，蒙文通辑校本已正确归入成、李二人名下。唯需注意的是，今人在阅读强书时必须十分小心。

《玄德纂疏》文字似乎还存在其他改动，比如第一章首次引"荣曰"的文字，是李荣注解"道可道"的文字，止于"吾不知其名，字之曰道"，《玄德纂疏》写作"吾不知其名，成道以虚通为义，常以湛寂得名。所谓无极大道，是众生之正性也"③，"成"字前似有脱文"字之曰道"。而"成"字后也应该有脱文"曰"，因为"道以虚通为义，常以湛寂得名，所谓无极大道，是众生之正性也"既不是强思齐自己的议论，也不是李荣的注解，而是出自成疏。这之后的一大段文字，大约有数百字，从"天道者何也"到"严曰"，④ 分不清哪些是强思齐自己的议论，哪些是征引他人的注解。又如第一章"道可道，非常道"一句，《玄德纂疏》说：

> 御疏：虚极妙本之强名，训由训径，训法训常，首一字标
> 宗。言此妙本，通生万物之由径，可称为道，故云可道。堪称

---

① 强思齐：《道德真经玄德纂疏》，见《老子集成》第二卷，第319页。
② 李荣：《道德真经注》，见《老子集成》第一卷，第349—350页。
③ 强思齐：《道德真经玄德纂疏》，见《老子集成》第二卷，第318页。
④ 强思齐：《道德真经玄德纂疏》，见《老子集成》第二卷，第318页。

为道，经云：吾不知其名，字之曰道，欲使学者了性修心，所以字之曰道。寻其妙本，理竟清虚，适莫难知，非皎非昧。又按下经云：视之不见名曰夷……前之视之不见，以色求道，听之不闻，以声求道，抟之不得，以形求道，且妙道幽微，实非世间声色形法而求得。按：《九天生神经》云：圣人以玄元始三气为体……①。

从"虚极妙本之强名"到"故云可道"，的确出自《御疏》。但从"堪称为道"到"非皎非昧"，文字来源不明，不知是否是强思齐自己的议论。"又按下经云，视之不见名曰夷"以下的文字，都是征引成玄英《老疏》，其中"按：《九天生神经》"以前的文字，是征引自成玄英疏《老子》第十四章的疏文，"按：《九天生神经》"后面的文字，是征引自成玄英《老疏》的开题文字，这部分文字也见于敦煌 P. 2353 号残抄本。② 根据以上分析，这段由"御疏"引出的纂疏内容，实际上有三个来源，可是强思齐仅在开头注明了"御疏"二字，这就极易使读者误以为上述内容全部出自《御疏》。《玄德纂疏》中以"按"字引出的文字，有些可能是强思齐自己的议论，有些却是确切可知的征引他人的文字。

尽管《玄德纂疏》中有提示性的语言符号如"御疏"、"成曰"、"荣曰"等，但正如上文所论，这些语言符号并不规范。要在长约十五万字的《玄德纂疏》中精确分辨出哪些是强思齐自己的议论，是一件费时费力且非必要的事情。对于《玄德纂疏》这样的大型《道德经》注疏文本，我们在阅读和利用时，有几点是需要考虑进去的。首先，强思齐是从大量前人的《道德经》注疏中，有意识地挑选了五家（唐玄宗《御注》与《御疏》可视为一家），从中寻章摘句，所谓"采诸家之善者"。同时以"明皇《御注》为宗"，将符合自己标准的注疏汇聚在一起，标注于每一章对应的经文下面。这首先表明

---

① 成强思齐：《道德真经玄德纂疏》，见《老子集成》第二卷，第 317 页。
② 成玄英：《老子道德经开题序诀义疏》，见《老子集成》第一卷，第 281 页。

强思齐认同这些前贤的注解，他们的注疏可以部分替代他自己对《道德经》的理解。其次，强思齐采诸家之善，于诸家之中，必然有断章取义之处，从而使不同经句的注疏文字出现在上下文缺乏连贯性的语境中，造成理解的断裂。再次，强思齐所选五家，既有成书很早的汉代《老子指归》、《老子河上公章句》，也有本朝皇家著作唐玄宗的《御注》和《御疏》，更有以重玄为宗的本朝道门前辈成玄英、李荣二注。可以说，强思齐选取的这五家在唐末之前的《道德经》注中颇有代表性。但是这五家宗旨其实相去甚远，都有自己独特的思想体系。而将五家注疏分拆，按照经句汇聚在一起后，整部注疏即《玄德纂疏》则反映出了强思齐本人对《道德经》思想的判断与认识。

下面以第一章经文"此两者同出而异名"，予以简要说明。强思齐引四家注疏如下：

> 御注：如上两者，皆本于道，故云同也。动出应用，随用立名，则名异者也。
>
> 御疏：两者俱禀妙本，故同自本而降，随用立名，故异。
>
> 河上公曰：有欲无欲，同出人心。无欲长存，有欲亡身，故异也。
>
> 荣曰：近而言之，有欲无欲两者也，此谓人也，共受五常之质，俱怀方寸之心同也。……自静之，从体起用，故言出。通生之功著，道也。蓄养之义，彰德也。道［德］①殊号是曰异名也。
>
> 成疏：此两者同出而异名，两谓无欲有欲。二观也同出，谓同出一道也。异名者，微妙别也。原夫所观之境唯一，能观之智有殊，二观既其不同，微妙所以名异。②

---

① 此处有脱文"德"字。另，所引李荣注"境前识而纷纭"，"境"应为"竟"。参见成玄英：《老子道德经开题序诀义疏》，见《老子集成》第一卷，第320页；强思齐：《道德真经玄德纂疏》，见《老子集成》第二卷，第350页。

② 强思齐：《道德真经玄德纂疏》，见《老子集成》第二卷，第320页。

强思齐所引四家，皆将"此两者"看作是有欲和无欲，这是其唯一共同点。唐玄宗的"此两者"，还包含可道和可名，无名和有名。如果说它们四家还有其他共同点的话，那就是四家都倾向于认为无欲终究是高于有欲的。《老子河上公章句》说得最明白，"无欲长存，有欲亡身"。李荣则将有欲和无欲分别看作是"迷沦俗境"和"洞彻道源"，高下之别立判。

但是四家差异更大，注解宗旨和方法皆不同。唐玄宗注疏主动静和本迹，《老子河上公章句》主生死两途，李荣主体用生蓄，成玄英主境智两观。唐玄宗之所以从动静的角度切入，是因为他是利用人性论来解释欲望，认为"人生而静，是天之性。感物而动，性之欲"，人性本静，感而生情，情动而欲生。无欲的关键在拘情，使其返归人之本性，因此"无欲"就是"常守清静，解心释神，返照正性"。有欲就是无欲的反面，即正性被破坏后的任情，逐欲而动，欲动则"迷乎道原"，以致无法观道之奥妙。不过唐玄宗注疏并不完全否定有欲，而是认为有欲无欲是一个从本降迹和摄迹归本的必要过程。成玄英则是以佛教境智说为工具，深入剖析有欲和无欲二观的认识论本质，明确主张双遣有无，"有欲之人，唯滞于有。无欲之士，又滞于无。故说一玄，以遣双执"，以重玄为归宗。李荣则取折中调和态度，他对"此两者"做了远近两种解释，近而言之，两者是指有欲无欲；远而言之，是指道和德，"圣人欲畅清虚之理，遂以道德为宗，是以此之一章，盛明斯义，双标道德"①，这显然已经是题外发挥了。

五家之中，强思齐不取王弼注，《玄德纂疏》未透露原因。据陆德明《老子音义》所说，汉代河上公为《章句》以后，"其后谈论者，莫不宗尚玄言。唯王辅嗣妙得虚无之旨"②。仅从"此两者，同出而异名"这句经文的注解来看，王弼将"此两者"，释为"始与母"，而不是"有欲"和"无欲"，他的兴趣是论述有以无为本的抽

---

① 李荣：《道德真经注》，见《老子集成》第一卷，第350页。
② 陆德明：《老子音义》，见《老子集成》第一卷，第261页。

象道理，所以他说："同出者，同出于玄也。异名所施，不可同也，在首则谓之始，在终则谓之母。玄者，冥也，默然无有也，始、母之所出也，不可得而名，故不可言。"① 或许这样的注释不符合强思齐的解《老》宗旨，强思齐本人倾心的是唐玄宗《御注》、《御疏》以及成玄英和李荣为代表的重玄思辨，因此摘取的注疏自然突出了重玄思辨，摘录成玄英和李荣的注文最多。中岛隆盛认为强思齐的《玄德纂疏》成书时间和陆希声《道德真经传》差不多，并认为强思齐之前的唐玄宗和王真注《老》都没有重视成玄英和李荣的注本，而强思齐虽然表面上重视玄宗《御注》，其实他更重视成玄英的注疏。② 这一看法值得重视。

二、《道德真经玄德纂疏》的文献学价值

《玄德纂疏》不是个人独创著作，而是《道德经》集注本。杜光庭序言里说得很明白，此书乃强思齐"手缵所讲《道》、《德》二经疏，采诸家之善者，明皇《御注》为宗"而成。其"手缵"内容，当然也应该包括有强思齐自己的讲论文字。如果全部是移录他人，杜光庭的高度称赞就颇为费解。疏前有"唐玄宗御注并疏、河上公、严君平、李荣注、西华法师成玄英"字样，表明该书主要摘录五家，但其实书中也有其他人的注文，如《老子节解》，体现了其"采诸家之善者"的特点。

《玄德纂疏》篇幅较大，据统计，经注文合计大约接近十五万字，是现存唐代老学著作中篇幅仅次于杜光庭《道德真经广圣义》（约二十二万字）的集注本。它的文献学价值，近现代学者进行了多方面的发掘。如前所述，以蒙文通的研究最早，也最深入，贡献也最多。众所周知，湮没于历史长河中的道教重玄学，得益于蒙文通20世纪40年代在道家文献学方面的开创性工作，他据以发覆的主要

---

① 王弼：《道德真经注》，见《老子集成》第一卷，第209页。
② 中岛隆盛：《从现存唐代〈道德经〉诸注看唐代老学思想的演变》，载《宗教学研究》1992年第1期。

资料是《道藏》所收《道德经》注疏以及敦煌遗书中的《道德经》注疏残抄本，其中来自《道藏》的就包括了强思齐的《道德真经玄德纂疏》、原题顾欢的《道德真经注疏》以及南宋李霖的《道德真经取善集》等文献。

《玄德纂疏》大量征引成玄英、李荣等以重玄方法解《老》的著作，蒙文通正是根据《玄德纂疏》等唐宋集注本性质的《老子》著作，与敦煌本《道德真经义疏》残卷等文献相互比勘，最终辑成《辑校成玄英〈道德经义疏〉》和《辑校李荣〈道德经注〉》两种唐代前期的重要注《老》佚作以及《晋唐〈老子〉古注四十家辑存》。蒙文通在辑校这些老学文献的过程中，通过撰写《校理〈老子成玄英疏〉叙录》、《辑校〈老子李荣注〉叙录》等文章形成了他对道教重玄学基本历史脉络和内容结构的系统看法，为当代道教哲学的研究做出了突出贡献。

当然《玄德纂疏》的文献学价值远不止于此，强思齐主要引述的五家注，只有唐玄宗《御注》和《御疏》在《道藏》本中有完本流传下来，严君平《指归》只有《道藏》残本《德经》七卷，《道经》失传，李荣《老子注》也仅存《道藏》残本《道经》四卷。《玄德纂疏》保存了严君平说一百二十余条，保存李荣注若干条。其中引严君平《德经》注文基本上与《道藏》本《老子指归》相合，后世学者亦多赖《玄德纂疏》以补《老子指归》的《道经》注佚文。《玄德纂疏》对李荣《老子注》的校勘和辑佚作用，本书前面亦有论述。

三、《道德真经玄德纂疏》的思想史价值

《道藏》本《玄德纂疏》在当代道教学、老学研究中的文献学价值，已如上述。《玄德纂疏》的思想史意义，蒙文通也曾有所论及，他指出："强、顾两《疏》，皆据《成疏》而作，徒有纂辑之功，未尝附己意，编辑之际，复未精析文义，故排比多未适当，往往经文居后，而疏反居前，两书皆然。唐代原为疏自单行，故疏首皆先牒经文，次伸疏说。强、顾皆汇经于疏，于疏首牒文每刊削不尽，

适为冗累，而强本尤甚，以是知强、顾两氏皆出以粗疏，编次之际，强尤草草，于同一疏注之文，又不免重出，犹为非是。然即以此故，《成疏》原来面目借以保全。"[1] 尽管如此，《玄德纂疏》却保存了成玄英和李荣的大量注《老》文字，长期湮没在历史中的唐代道教重玄学因此得以重现。同时，该书虽有错讹，但不能掩盖其自身的文献与思想价值。

大概言之，《玄德纂疏》的思想史价值主要有二，其一，重视道教重玄思辨。《玄德纂疏》首章开篇有如下一段文字：

> 夫大道虚玄，言象斯绝，理超象系，事出筌蹄，非常名之所知，岂可道之能究。大包无外，小入秋毫，应现则运于慈舟，摄迹则归于杜默。轩辕黄帝斋三月而问之，前汉孝文穷数年而不答。其体也寂，其名也微，或驾龙轩而游玉京，或控鸾骖而浮金阙，西王母得之坐乎少广，东方朔遇之游乎汉庭，天地得之以财成，群方吹万而生育，重玄至道，其大矣哉。[2]

无论这些华丽的语言是强思齐本人所写还是借用，"重玄至道，其大矣哉"的感叹，至少道出了强思齐对重玄学的推重。强思齐大量征引成玄英、李荣的注文，在一定程度上继承并扩大了重玄学的影响。何建明将强思齐列为唐代后期振兴和推展道家重玄思辨的主要代表人物，认为《玄德纂疏》有两大思想特色：尊道弘老，重显重玄；引古证今，援史论道。[3] 杜光庭作《道德真经广圣义》也重视重玄之道，五代宋初陈抟学派亦继承重玄学，其中陈抟再传弟子、北宋高道陈景元撰《道德真经藏室纂微篇》，同样"以重玄为宗"，重玄的影响由此及于久远，如此种种，或都与《玄德纂疏》有关。

其二，彰显了道教的现实关怀。道教具有入世的传统，这一点

---

[1] 蒙文通：《辑校成玄英〈道德经义疏〉》，见《道书辑校十种》，第346页。

[2] 强思齐：《道德真经玄德纂疏》，见《老子集成》第二卷，第317页。

[3] 参见何建明：《道家思想的历史转折》。

《玄德纂疏》也有鲜明的体现。强疏征引的五家注，严遵、李荣、唐玄宗三家都是强调治国之道的，《老子河上公章句》以修身为先，亦谈治国。《玄德纂疏》专挑这五家，可见强思齐对《道德经》宗旨的认识。试看第八十一章的一段见解：

> 夫良药苦口，信言不美，大辩若讷，博者不知。散道德以教凡愚，圣人不积；叹长昏而迷不晓，我草斯凡。临欲海不解褰裳，见邪山谁能举足。不鸣不飞之鸟，一起冲天；怀痴怀骏之夫，百年何悟。劳大道指训，枉造化生成，暗而不知，更何言矣。余窃览至诚，修身理国，上致白日腾景，翱翔云天，下可清肠洗心，从游人代，行无为之事，道也斯尊；处冲和之源，德可资物。良冶之子，必自为裘，吾徒佩真，何不集矣。所愧黄卷学浅，清溪道贫，夙夜竞惶，无舍寐寤，恨不得想象圣影，物色函关，疲骨残魂，劳叹何极，同志之者，无忘此心也。①

这是全书总结性的阐述，它把《玄德纂疏》的主题归结为"修身理国"。强思齐既重成、李，又以"明皇《御注》为宗"，其思想旨趣，即是将重玄之道与理身理国之道结合起来。强思齐勉励同道不忘此心，体现了道教重视现实关怀的优良传统。

---

① 强思齐：《道德真经玄德纂疏》，见《老子集成》第二卷，第 508 页。

参考文献

一、古籍

1. 熊铁基、陈红星主编：《老子集成》第一卷至第二卷，宗教文化出版社 2011 年版。包括以下文献：

《老子道德经》（郭店楚简本）

《老子道德经》（马王堆帛书本）

《道德经古本篇》（傅奕本）

韩非：《韩非子·解老》

韩非：《韩非子·喻老》

严遵：《道德真经指归》

《老子想尔注》（敦煌本）

原题葛玄：《老子道德经序诀》

原题葛玄：《老子节解》

王弼：《道德真经注》

王弼：《老子微旨例略》

顾欢：《老子道德经注》（敦煌本）

拟宋文明：《道德义渊》（敦煌本）

无名氏：《老子道德经疏》（敦煌本）

陆德明：《老子音义》

魏征：《老子治要》

颜师古：《玄言新纪明老部》

成玄英：《老子道德经开题序诀义疏》

李荣：《道德真经注》

赵志坚：《道德真经疏义》

唐玄宗：《唐玄宗御注道德真经》

唐玄宗：《唐玄宗御制道德真经疏》

无名氏：《道德真经次解》

李约：《道德真经新注》

王真：《道德经论兵要义述》

陆希声：《道德真经传》

杜光庭：《道德真经广圣义》

强思齐：《道德真经玄德纂疏》

2. 白玉蟾：《道德宝章》影印本，文明书局 1922 年版。

3. 王溥：《唐会要》（全三册），中华书局 1955 年版。

4. 陈寿：《三国志》，中华书局 1959 年版。

5. 王钦若等：《册府元龟》，中华书局 1960 年版。

6. 赵翼：《廿二史札记》，中华书局 1963 年版。

7. 班固：《汉书》，中华书局 1964 年版。

8. 范晔：《后汉书》，中华书局 1965 年版。

9. 令狐德棻等：《周书》，中华书局 1971 年版。

10. 萧子显：《南齐书》，中华书局 1972 年版。

11. 司马迁：《史记》，中华书局 1973 年版。

12. 欧阳修、宋祁等：《新唐书》，中华书局 1973 年版。

13. 姚思廉等：《梁书》，中华书局 1973 年版。

14. 魏征等：《隋书》，中华书局 1973 年版。

15. 沈约：《宋书》，中华书局 1974 年版。

16. 魏收：《魏书》，中华书局 1974 年版。

17. 房玄龄等：《晋书》，中华书局 1974 年版。

18. 李延寿：《北史》，中华书局 1974 年版

19. 李延寿：《南史》，中华书局 1975 年版。

20. 刘昫等：《旧唐书》，中华书局 1975 年版。

21. 楼宇烈校释：《王弼集校释》，中华书局 1980 年版。

22. 阮元校刻：《十三经注疏》，中华书局 1980 年版。

23. 王明校释：《抱朴子内篇校释》，中华书局 1980 年版。

24. 赵殿成笺注：《王右丞集笺注》，中华书局 1983 年版。

25. 洪适：《隶释》，中华书局 1985 年版。

26. 郭庆藩撰，王孝鱼点校：《庄子集释》，中华书局 1985 年版。

27. 彭定求等编：《全唐诗》，上海古籍出版社 1986 年版。

28. 汪荣宝疏，陈仲夫点校：《法言义疏》，中华书局 1987 年版。

29. 吴树平校注：《东观汉记》，中州古籍出版社 1987 年版。

30. 王先谦：《荀子集解》，中华书局 1988 年版。

31. 《道藏》，文物出版社、上海书店、天津古籍出版社 1988 年版。

32. 钱大昕：《潜研堂文集》，上海古籍出版社 1989 年版。

33. 萧统：《昭明文选》，江苏广陵古籍刻印社 1990 年版。

34. 骆天骧纂修，黄永年点校：《类编长安志》，中华书局 1990 年版。

35. 杨伯峻编著：《春秋左传注》，中华书局 1990 年版。

36. 《弘明集广弘明集》，上海古籍出版社 1991 年版。

37. 饶宗颐校笺：《老子想尔注校笺》，上海古籍出版社 1991 年版。

38. 汤用彤校注，汤一玄整理：《高僧传》，中华书局 1992 年版。

39. 王星贤点校：《朱子语类》，中华书局 1994 年版。

40. 苏晋仁等点校：《出三藏记集》，中华书局 1995 年版。

41. 刘韶军校注：《太玄校注》，华中师范大学出版社 1996 年版。

42. 赵道一编纂：《历世真仙体道通鉴》，上海古籍出版社 1996 年版。

43. 李德范辑：《敦煌道藏》，中华全国图书馆文献缩微复制中心 1999 年版。

44. 李永晟点校：《云笈七签》，中华书局 2003 年版。

45. 张继禹主编：《中华道藏》，华夏出版社 2004 年版。

46. 司马光：《资治通鉴》，中华书局 2006 年版。

47. 余嘉锡笺疏：《世说新语笺疏》，中华书局 2007 年版。

48. 吴承仕疏证，张力伟点校：《经典释文序录疏证》，中华书局 2008 年版。

49. 张美兰校注：《祖堂集校注》，商务印书馆 2009 年版。

50. 赵益点校：《真诰》，中华书局 2011 年版。

51. 湖湘文库编辑委员会编：《魏源全集》，岳麓书社 2011 年版。

52. （日）孙猛校证：《郡斋读书志校证》，上海古籍出版社 2011 年版。

53. 吴仰湘校点：《皮锡瑞集》（全二册），岳麓书社 2012 年版。

54. 栾保群、田松青校点：《困学纪闻》，上海古籍出版社 2015 年版。

二、今人著作

1. 马叙伦：《老子覈诂》，中华书局 1924 年版。

2. 王重民：《老子考》，中华图书馆协会 1927 年版。

3. 侯外庐、赵纪斌等：《中国思想通史》，人民出版社 1957 年版。

4. 王重民：《敦煌古籍叙录》，商务印书馆 1958 年版。

5. 陈国符：《道藏源流考》，中华书局 1963 年版。

6. 严灵峰辑：《无求备斋老子集成初编》，台北艺文印书馆 1965 年版。

7. 严灵峰编著：《周秦汉魏诸子知见书目》，台北正中书局 1975—1979 年版。

8. （日）南山春树：《老子传说之考证》，日本东京创文社 1979 年版。

9. 陈寅恪：《唐代政治史述论稿》，上海古籍出版社 1982 年版。

10. 王明：《道家和道教思想研究》，中国社会科学出版社 1984 年版。

11. 王重民原编，黄永武新编：《敦煌古籍叙录新编》，台湾新文丰出版公司 1986 年版。

12. 郭朋：《汉魏两晋南北朝佛教》，齐鲁书社 1986 年版。

13. 蒙文通：《古学甄微》，巴蜀书社 1987 年版。

14. 王葆玹：《正始玄学》，齐鲁书社 1987 年版。

15. （日）柳田圣山著，毛丹青译：《禅与中国》，生活·读书·新知三联书店 1988 年版。

16. 陈垣：《道家金石略》，文物出版社 1988 年版。

17. （英）崔瑞德编，中国社会科学历史研究所西方汉学研究课题组译：《剑桥中国隋唐史（589—906 年）》，中国社会科学出版社 1990 年版。

18. （日）砂山稔：《隋唐道教思想史研究》，日本东京平河出版社 1990 年版。

19. 汤用彤：《理学·佛学·玄学》，北京大学出版社 1991 年版。

20. 周绍良等编：《唐代墓志汇编》，上海古籍出版社 1992 年版。

21. 卢国龙：《中国重玄学——理想与现实的殊途与同归》，人民中国出版社 1993 年版。

22. 熊铁基等：《中国老学史》，福建人民出版社 1995 年版。

23. 陈鼓应主编：《道家文化研究》第七辑，上海古籍出版社 1995 年版。

24. 卿希泰主编：《中国道教史》，四川人民出版社 1996 年版。

25. 王晓毅：《王弼评传》，南京大学出版社 1996 年版。

26. 何建明：《道家思想的历史转折》，华中师范大学 1997 年版。

27. 冯友兰：《中国哲学史新编》，人民出版社 1998 年版。

28. 刘大节：《魏晋思想论》，上海古籍出版社 1998 年版。

29. 许凌云：《中国儒学史》（隋唐卷），广东教育出版社 1998 年版。

30. 陈鼓应主编：《道家文化研究》第十六辑，生活·读书·新知三联书店 1999 年版。

31. 郑学檬、郑炳林主编：《中国敦煌学百年版文库》（文献卷一），甘肃文化出版社 1999 年版。

32. 张春林编：《白居易全集》，中国文史出版社 1999 年版。

33. 陈登原：《国史旧闻》第二册（上），辽宁教育出版社 2000

年版。

34. 陈寅恪著，万绳楠整理：《魏晋南北朝史讲演录》，黄山书社 2000 年版。

35. 宋家钰、刘忠编：《英国收藏敦煌汉藏文献研究》，中国社会科学出版社 2000 年版。

36. 汤一介：《郭象与魏晋玄学》，北京大学出版社 2000 年版。

37. 汤用彤：《汤用彤全集》，河北人民出版社 2000 年版。

38. 朱谦之：《老子校释》，中华书局 2000 年版。

39. 蒙文通：《道书辑校十种》，巴蜀书社 2001 年版。

40. 汤用彤：《魏晋玄学论稿》，上海古籍出版社 2001 年版。

41. 李泽厚：《美的历程》，天津社会科学出版社 2001 年版。

42. 熊铁基：《秦汉新道家》，上海人民出版社 2001 年版。

43. （日）小林正美著，李庆译：《六朝道教史研究》，四川人民出版社 2001 年版。

44. 王承文：《敦煌古灵宝经与晋唐道教》，中华书局 2002 年版。

45. 陈鼓应主编：《道家文化研究》第十九辑，生活·读书·新知三联书店 2002 年版。

46. 季羡林等主编：《敦煌吐鲁番研究》第六卷，北京大学出版社 2002 年版。

47. （法）施舟人讲演：《中国文化基因库》，北京大学出版社 2002 年版。

48. 强昱：《从魏晋玄学到初唐重玄学》，上海文化出版社 2002 年版。

49. （日）中岛隆盛：《云笈七签的基础研究》，东京研文出版社 2002 年版。

50. 董恩林：《唐代老学研究——重玄思辨中的理身理国之道》，中国社会科学出版社 2002 年版。

51. 李大华、李刚、何建明：《隋唐道家与道教》，广东人民出版社 2003 年版。

52. 陈国符：《陈国符道藏研究论文集》，上海古籍出版社 2004

年版。

53. 王卡：《敦煌道教文献研究——综述·目录·索引》，中国社会科学出版社 2004 年版。

54. 孙亦平：《杜光庭思想与唐宋道教的转型》，南京大学出版社 2004 年版。

55. 萧公权：《中国政治思想史》，新星出版社 2005 年版。

56. 钱穆：《庄老通辨》，生活·读书·新知三联书店 2005 年版。

57. （韩）金兑勇：《杜光庭〈道德真经广圣义〉的道教哲学研究》，巴蜀书社 2005 年版。

58. 刘笑敢：《老子古今》，中国社会科学出版社 2006 年版。

59. 刘韶军：《日本现代老子研究》，福建人民出版社 2006 年版。

60. 张岂之主编：《中国学术思想史编年·隋唐五代卷》，陕西师范大学出版社 2006 年版。

61. 强昱：《成玄英评传》，南京大学出版社 2006 年版。

62. 王卡：《道教经史论丛》，巴蜀书社 2007 年版。

63. 卢国龙：《道教哲学》，华夏出版社 2007 年版。

64. 刘固盛：《道教老学史》，华中师范大学出版社 2008 年版。

65. 熊铁基等：《中国庄学史》，湖南人民出版社 2008 年版。

66. 李泽厚：《新版中国古代思想史论》，天津社会科学出版社 2008 年版。

67. 樊有富等主编：《杜光庭学术研究论文集》，缙云县杜光庭学术研讨会 2008 年版。

68. 台湾南华大学敦煌学研究中心编：《敦煌学》第 27 辑《柳存仁先生九十华诞祝寿专辑》，乐学书局有限公司 2008 年版。

69. 刘固盛：《老庄学文献及其思想研究》，岳麓书社 2009 年版。

70. 卿希泰、詹石窗：《中国道教思想史》，人民出版社 2009 年版。

71. 陈鼓应：《老子注译及评介》，中华书局 2009 年版。

72. 冯达文：《中国古典哲学略述》，广东人民出版社 2009 年版。

73. 孙亦平：《杜光庭评传》，南京大学出版社 2011 年版。

74. 潘雨廷著，张文江编：《潘雨廷学术文集》，上海人民出版社 2011 年版。

75. 周予同著，朱维铮编校：《中国经学史讲义》（外二种），上海人民出版社 2012 年版。

76. 孙艳庆：《中古琅邪颜氏家族学术文化研究》，齐鲁书社 2013 年版。

77. 南怀瑾：《南怀瑾选集》第六卷，复旦大学出版社 2013 年版。

78. 范文澜著，刘洋编著：《据史言儒——范文澜说儒》，孔学堂书局 2014 年版。

79. 陈寅恪：《陈寅恪集》，生活·读书·新知三联书店 2015 年版。

80. 汤一介：《早期道教史》（增订本），中国人民大学出版社 2016 年版。

81. （日）大渊忍尔著，隽雪艳、赵蓉译：《敦煌道经目录编》，齐鲁书社 2016 年版。

82. 方勇主编：《诸子学刊》第 15 辑，上海古籍出版社 2017 年版。

83. 蒙文通：《佛道散论》，商务印书馆 2017 年版。

84. 潘雨廷著，张文江整理：《道教史发微》，上海古籍出版社 2017 年版。

85. 潘雨廷著，张文江整理：《易学史丛论》，上海古籍出版社 2017 年版。

86. 潘雨廷著，张文江整理：《易与佛教　易与老庄》，上海古籍出版社 2017 年版。

87. 詹石窗总主编：《百年道学精华集成》第四辑至第六辑，上海科学技术文献出版社 2018 年版。